中国企业信用发展报告 2020

中国企业改革与发展研究会
中国合作贸易企业协会 编
国信联合（北京）认证中心

中国财富出版社有限公司

图书在版编目（CIP）数据

中国企业信用发展报告.2020／中国企业改革与发展研究会，中国合作贸易企业协会，国信联合（北京）认证中心编. —北京：中国财富出版社有限公司，2021.4

ISBN 978-7-5047-7413-2

Ⅰ.①中…　Ⅱ.①中…　②中…　③国…　Ⅲ.①企业信用-研究报告-中国-2020　Ⅳ.①F832.4

中国版本图书馆CIP数据核字（2021）第065896号

策划编辑　杜　亮　　**责任编辑**　张红燕　郑晓雯

责任印制　尚立业　　**责任校对**　卓闪闪　　**责任发行**　董　倩

出版发行　中国财富出版社有限公司

社　　址　北京市丰台区南四环西路188号5区20楼　　**邮政编码**　100070

电　　话　010-52227588转2098（发行部）　　010-52227588转321（总编室）

010-52227588转100（读者服务部）　　010-52227588转305（质检部）

网　　址　http：//www.cfpress.com.cn　　**排　　版**　宝蕾元

经　　销　新华书店　　**印　　刷**　北京瑞达方舟印务有限公司

书　　号　ISBN 978-7-5047-7413-2/F·3289

开　　本　880mm×1230mm　1/16　　**版　　次**　2021年4月第1版

印　　张　31.75　**彩　　页**　4.5　　**印　　次**　2021年4月第1次印刷

字　　数　789千字　　**定　　价**　180.00元

诚信为本

服务社会

邹家华

追求质量诚信
践行社会责任

周铁石

《中国企业信用发展报告 2020》

编辑委员会

序　言

2020 年中央经济工作会议强调："明年是我国现代化建设进程中具有特殊重要性的一年。做好明年经济工作，要以习近平新时代中国特色社会主义思想为指导，全面贯彻党的十九大和十九届二中、三中、四中、五中全会精神，坚持稳中求进工作总基调，立足新发展阶段，贯彻新发展理念，构建新发展格局，以推动高质量发展为主题，以深化供给侧结构性改革为主线，以改革创新为根本动力，以满足人民日益增长的美好生活需要为根本目的，坚持系统观念，巩固拓展疫情防控和经济社会发展成果，更好统筹发展和安全，扎实做好'六稳'工作、全面落实'六保'任务，科学精准实施宏观政策，努力保持经济运行在合理区间，坚持扩大内需战略，强化科技战略支撑，扩大高水平对外开放，确保'十四五'开好局，以优异成绩庆祝建党 100 周年。"

2019 年是不平常的一年。贸易紧张局势造成的严重不确定性和市场信心低迷，令世界经济发展面临不断增加的下行压力，2019 年世界经济增速放缓至十年来最低水平。

2020 年是极不平凡的一年。国际货币基金组织（IMF）2020 年 10 月发布的《世界经济展望》（WEO）认为，新冠肺炎疫情对全球经济造成严重冲击。目前新冠肺炎疫情远未结束，2020 年全球经济深度衰退，但与 6 月预测相比，10 月预测的整体衰退程度有所缓和，第二季度和第三季度全球经济形势略好于预期。报告特别指出，中国经济复苏力度强于预期。我国 2020 年成为全球唯一实现正增长的主要经济体和全球唯一实现货物贸易正增长的主要经济体。立足新发展阶段，我国企业界要着力做好以下几个方面的工作。

第一，进一步深化国有企业改革，激活民营企业活力。要深入实施国企改革三年行动，优化民营经济发展环境，健全现代企业制度，完善公司治理，激发各类市场主体活力。国有企业要在提升产业链、供应链水平上发挥引领作用，国有企业特别是中央企业要带领中小企业共同发展，形成大河有水小河满的良好局面。混合所有制是一场企业制度创新，在国企改革三年行动中，积极稳妥深化混合所有制改革是一项重要的工作。混合所有制要想"混"好就必须在"合好"和"改好"上下功夫。要以更加开放的姿态深化与民营企业的合作，着力引入高匹配度、高认同感、高协同性的战略投资者，科学合理设置股权结构，切实转换经营机制，进一步推动混合所有制实施与融合，提高国有企业效率效益，激活民营企业活力。

第二，构建新发展格局，进一步优化升级产业体系。构建新发展格局，解决好发展不平衡、不充分的问题，首先要进一步优化升级产业体系。这就要求我们以新发展理念，构建新发展格局，畅通国内大循环，依托强大的国内市场，贯通生产、分配、流通、消费各环节，优化供给结构，改善供给质量，提升供给体系对国内需求的适配性，形成需求牵引供给、供给创造需求的更高水平动态平衡。优化国有资本布局，力推战略性重组、突破性重构、大格局创构、专业化整合，引导聚焦实体经济，服务实体经济，发挥国有企业的资源优势，做强做精主业，在畅通国内、国际两个循环方面发挥引领作用，科学合理探索中国在新时期的国际化，适应和引领新型全球化，发挥中国经济对全球经济的引领和推动作用。

第三，坚持创新驱动发展，全面塑造发展新优势。强化企业创新主体地位，促进各类创新要素向企业集聚。我国企业创新能力不断增强，但企业的创新活动不均衡、不充分。应该发挥好大企业引领支撑作用，支持创新型中小微企业成长为创新重要发源地，加强共性技术平台建设，推动产业链上中下游、大中小企业融通创新。发挥企业家在技术创新中的重要作用，激发人才创新活力。要始终坚持科技创新驱动不动摇，鼓励企业加大研发投入，健全支持基础研究、原始创新的体制机制，努力提高制造业和服务业的深度融合，建立以企业为主体、市场为导向、产学研深度融合的技术创新体系。特别是加强对中小型服务业企业的创新支持，促进科技成果转化落地，促进服务业高质量发展。

《中国企业信用发展报告 2020》对中国企业以及各行业的信用状况进行了较为客观的评价和成因分析，立足新发展阶段，揭示了当前宏观经济环境新变化以及中国企业信用发展面临的新问题、新挑战，并提出了可行的、具有操作性的对策建议，为政府、企业和社会提供了有价值的参考依据。值该报告公开出版发行之际，特为此作序。

李保国

2020 年 12 月于北京

目 录

第一章

2020 中国企业信用发展报告

一、综合分析与研究概述

2020 中国企业信用发展分析研究和发布活动，是由中国企业改革与发展研究会、中国合作贸易企业协会、国信联合（北京）认证中心联合开展的，也是自 2011 年以来连续第 10 次针对中国企业信用发展状况进行的分析研究。在此基础上，评价产生了 2020 中国企业信用 500 强和中国制造业企业信用 100 强、中国服务业企业信用 100 强、中国民营企业信用 100 强、中国上市公司信用 500 强，并分别进行了分析研究，作为本报告的组成部分。

本报告通过对 2019 年我国企业信用发展的综合分析与研究、2020 年发展预期及 2021 年发展展望，提出如下观点。

（一）全球宏观经济形势严峻，企业下行压力进一步加大

2019 年是不平常的一年。贸易紧张局势造成的严重不确定性和市场信心低迷，令世界经济发展面临不断增加的下行压力，2019 年世界经济增速放缓至十年来最低水平。

本报告对我国企业总体经济环境的分析显示，2019 年我国企业的景气指数为 105.31 点，较 2018 年的 106.70 点下降了 1.39 点；盈利指数为 99.76 点，较 2018 年的 97.81 点提高了 1.95 点；效益指数为 103.61 点，较 2018 年的 103.95 点下降了 0.34 点。2020 年我国企业的综合信用指数（CCI）为 84.79 点，较 2019 年的 84.07 点提高了 0.72 点。总体来看，我国企业供给侧结构性改革与调整成效进一步显现，受全球宏观经济环境的影响有限，这充分体现了我国企业总体抗风险能力较强，亦具有较强的发展韧性。

2020 年是极不平凡的一年。国际货币基金组织（IMF）2020 年 10 月发布的《世界经济展望》（WEO）认为，新冠肺炎疫情对全球经济造成严重冲击。目前新冠肺炎疫情远未结束，2020 年全球经济深度衰退，但与 6 月预测相比，10 月预测的整体衰退程度有所缓和，第二季度

和第三季度全球经济形势略好于预期。报告特别指出，中国经济复苏力度强于预期。

国家统计局 2020 年 10 月 19 日发布的 2020 年前三季度国民经济运行数据显示，2020 年前三季度国内生产总值同比增长 0.7%，扭转了上半年下降的局面；同时，多项主要指标同比增速实现由负转正。面对新冠肺炎疫情的巨大冲击和国内外复杂严峻的环境，各地区、各部门科学统筹新冠肺炎疫情防控和经济社会发展，有力有效地推动了生产生活恢复。总体上，前三季度经济增速由降转升，经济运行持续稳定恢复。

但是，全球宏观经济形势严峻复杂，企业面临的不确定因素增多，下行压力也进一步加大。本报告对企业经济效益指标的分析显示，2019 年我国企业的平均营收利润率为 3.89%，较 2018 年的 4.08%回落了 0.19 个百分点；资产利润率为 2.04%，较 2018 年的 2.06%回落了 0.02 个百分点；所有者权益报酬率为 4.92%，较 2018 年的 5.72%下降了 0.80 个百分点，虽然降幅有所收窄，但仍然处于最低水平区间。2019 年亏损的企业面占比 11.65%，较 2018 年的 11.46%提高了 0.19 个百分点。2019 年企业资产周转率为 0.66 次/年，较 2018 年的 0.67 次/年下降 0.01 次/年；所有者权益比率为 49.89%，较 2018 年的 48.33%提高了 1.56 个百分点，相对应的是理论负债率有所下降，企业的资金压力有所加大。2019 年企业的营收增长率为 9.63%，较 2018 年的 13.32%下降了 3.69 个百分点；利润增长率为 1.00%，较 2018 年的 0.12%回升了 0.88 个百分点；资产增长率为 10.12%，较 2018 年的 11.10%下降了 0.98 个百分点。总体来看，主要成长性指标负增长的企业面有所扩大，表明企业面临的经营困难增多，2020 年我国企业的总体下行压力会进一步加大，预计 2021 年开始呈现恢复性增长的态势。

（二）结构性调整基础尚不稳固，发展不平衡问题仍然突出

一是生产业进一步回暖，结构性调整效果明显。2019 年生产业的景气指数为 108.75 点，较 2018 年的 107.06 点提高了 1.69 点；盈利指数为 100.24 点，较 2018 年的 99.35 点提高了 0.89 点；效益指数为 102.83 点，较 2018 年的 103.02 点下降了 0.19 点。生产业总体信用环境明显改善，景气指数、盈利指数和效益指数均在荣枯线以上，结构性调整效果显现。尤其是 2019 年电力行业的景气指数为 121.65 点，盈利指数为 117.68 点，效益指数为 103.94 点，与 2018 年相比，三项指数均有较大幅度的提升，表明我国电力行业运行出现积极向好迹象，从而对其他行业，尤其是制造业也将产生积极影响。

二是制造业增速放缓，盈利能力持续减弱。2019 年制造业企业的景气指数为 103.44 点，较 2018 年的 108.39 点下降了 4.95 点；盈利指数为 98.26 点，较 2018 年的 99.26 点下降了 1.00 点；效益指数为 103.45 点，较 2018 年的 104.12 点下降了 0.67 点。三项指数均呈现一定幅度的回落，其中景气指数回落幅度较大，增速明显减缓；盈利指数连续回落到荣枯线以下，表明制造业的盈

利能力明显减弱。

三是服务业整体回升明显，且幅度较大。2019 年我国服务业的景气指数为 108.11 点，较 2018 年的 103.55 点提高了 4.56 点；盈利指数为 102.44 点，较 2018 年的 94.84 点提高了 7.60 点；效益指数为 104.05 点，较 2018 年的 103.82 点提高了 0.23 点。综合三项指数分析，2019 年我国服务业企业总体呈现上升的态势，且上升的幅度也较大，三项指数均在荣枯线以上，成为拉动整体经济上升的主要动力。

总体来看，我国企业转型升级和高质量发展初显成效，但同时表明不同所有制、不同规模以及不同地区之间存在的发展不平衡问题更加突出。

第一，民营企业和其他所有制企业盈利能力仍呈下降走势。2019 年民营企业的景气指数为 103.40 点，较 2018 年的 107.29 点下降了 3.89 点；盈利指数为 97.81 点，较 2018 年的 96.35 点提高了 1.46 点；效益指数为 102.52 点，较 2018 年的 103.80 点下降了 1.28 点。

第二，小型企业下行压力明显加大。2019 年小型企业的景气指数为 82.35 点，较 2018 年的 84.32 点下降了 1.97 点；盈利指数为 83.13 点，较 2018 年的 78.49 点提高了 4.64 点；效益指数为 97.41 点，较 2018 年的 97.83 点下降了 0.42 点。我国小型企业的三项指数均处在荣枯线以下，表明其仍然呈现负增长的态势。其中，景气指数和效益指数的负增长幅度有所扩大，盈利指数的负增长幅度有明显收窄。总体来看，我国小型企业面临的经营环境仍然十分艰难，这也是影响我国经济运行的主要因素。

第三，西部地区企业下跌幅度较大。2019 年西部地区企业的景气指数为 101.95 点，较 2018 年的 107.67 点下降了 5.72 点；盈利指数为 94.95 点，较 2018 年的 99.55 点下降了 4.60 点；效益指数为 103.02 点，较 2018 年的 103.38 点下降了 0.36 点。我国西部地区企业的三项指数均处于下行状态，且下跌幅度明显大于东、中部地区，下行压力持续加大。

（三）科研投入尚显不足，自主研发能力有待进一步增强

一是大企业的科研领军作用尚不突出。2019 年企业的科研经费投入占营业收入的 5.07%，较 2018 年提高了 0.06 个百分点，表明企业整体研发投入强度持续提高，为高质量可持续发展提供了动力。但是，大型企业特别是信用 500 强企业的科研投入强度明显偏弱。2019 年特大型企业的科研经费投入占营业收入的 1.96%，大型企业的科研经费投入占营业收入的 2.99%，中型企业的科研经费投入占营业收入的 5.50%，小型企业的科研经费投入占营业收入的 8.26%。综合来看，科研经费投入比率的大小与企业规模呈负相关，除与大企业的体量有关外，也反映出大企业在科研投入上尚显不足。

二是制造业企业的自主研发有待进一步提高。2019 年制造业企业的科研经费投入占营业

收入的 5.36%，服务业企业的科研经费投入占营业收入的 5.84%，制造业企业的科研经费投入比率明显低于服务业企业。

三是国有企业科研经费投入比率明显偏低。2019 年国有企业的科研经费投入占营业收入的 3.24%，民营企业的科研经费投入占营业收入的 5.98%，其他所有制企业的科研经费投入占营业收入的 6.14%。由此可见，科研经费投入比率的大小与企业所有制类型也有一定关联性。

总体来看，我国企业的科研经费投入比率也存在结构性的问题，尤其是大企业和国有企业在科研投入上要进一步加大力度，以进一步增强自主研发能力。

二、研究结论及若干建议

综合对我国企业总体信用环境、效益变化总体趋势和不同行业、不同所有制、不同规模以及上市公司的重点要素分析研究，提出以下主要结论和建议。

（一）进一步深化国企改革，推动混合所有制融合，激活民营企业活力

2020 年中央经济工作会议强调，构建新发展格局，必须构建高水平社会主义市场经济体制，实行高水平对外开放，推动改革和开放相互促进。要完善宏观经济治理，加强国际宏观政策协调。要深入实施国企改革三年行动，优化民营经济发展环境，健全现代企业制度，完善公司治理，激发各类市场主体活力。要放宽市场准入，促进公平竞争，保护知识产权，建设统一大市场，营造市场化、法治化、国际化营商环境。要健全金融机构治理，促进资本市场健康发展，提高上市公司质量，打击各种逃废债行为。要规范发展第三支柱养老保险。要积极考虑加入全面与进步跨太平洋伙伴关系协定。要大力提升国内监管能力和水平，完善安全审查机制，重视运用国际通行规则维护国家安全。

《中共中央关于制定国民经济和社会发展第十四个五年规划和二〇三五年远景目标的建议》提出，毫不动摇巩固和发展公有制经济，毫不动摇鼓励、支持、引导非公有制经济发展。深化国资国企改革，做强做优做大国有资本和国有企业。加快国有经济布局优化和结构调整，发挥国有经济战略支撑作用。加快完善中国特色现代企业制度，深化国有企业混合所有制改革。健全管资本为主的国有资产监管体制，深化国有资本投资、运营公司改革。推进能源、铁路、电信、公用事业等行业竞争性环节市场化改革。优化民营经济发展环境，构建亲清政商关系，促进非公有制经济健康发展和非公有制经济人士健康成长，依法平等保护民营企业

产权和企业家权益，破除制约民营企业发展的各种壁垒，完善促进中小微企业和个体工商户发展的法律环境和政策体系。弘扬企业家精神，加快建设世界一流企业。

要进一步强化国有企业市场主体地位，深化政企分开、政资分开，切实维护企业法人财产权和经营自主权。要完善中国特色现代企业制度，全面落实两个“一以贯之”，把加强党的领导和完善公司治理统一起来，加快建立各司其职、协调运转、有效制衡的公司治理机制。要不断健全市场化经营机制，坚决破除制约企业活力的体制机制障碍，大力推行经理层成员任期制和契约化，加快推行企业职业经理人制度，全面推进用工市场化，完善市场化薪酬分配制度，探索多种有效的激励方式，让广大干部职工共享改革发展成果。要进一步强化混合所有制改革，推动国有企业以更加开放的姿态加大与民营企业的合作力度，支持国有企业、民营企业和其他各类所有制企业取长补短，相互促进，共同发展。

国有企业要在提升产业链供应链水平上发挥引领作用，国有企业特别是中央企业要带领中小企业共同发展，形成大河有水小河满的良好局面。混合所有制是一场企业制度创新，在国企改革三年行动中，积极稳妥深化混合所有制改革是一项重要的工作。混合所有制要想“混”好就必须在 “合好”和“改好”上下功夫。要以更加开放的姿态深化与民营企业的合作，着力引入高匹配度、高认同感、高协同性的战略投资者，科学合理设置股权结构，切实转换经营机制，进一步推动混合所有制实施与融合，提高国有企业效率效益，激活民营企业活力。

（二）构建新发展格局，解决好发展不平衡问题，进一步优化升级产业体系

2020 年中央经济工作会议强调，加快构建以国内大循环为主体、国内国际双循环相互促进的新发展格局，要紧紧扭住供给侧结构性改革这条主线，注重需求侧管理，打通堵点，补齐短板，贯通生产、分配、流通、消费各环节，形成需求牵引供给、供给创造需求的更高水平动态平衡，提升国民经济体系整体效能。

《中共中央关于制定国民经济和社会发展第十四个五年规划和二〇三五年远景目标的建议》提出，加快发展现代产业体系，推动经济体系优化升级。坚持把发展经济着力点放在实体经济上，坚定不移建设制造强国、质量强国、网络强国、数字中国，推进产业基础高级化、产业链现代化，提高经济质量效益和核心竞争力。同时强调，坚持自主可控、安全高效，分行业做好供应链战略设计和精准施策，推动全产业链优化升级。锻造产业链供应链长板，立足我国产业规模优势、配套优势和部分领域先发优势，打造新兴产业链，推动传统产业高端化、智能化、绿色化，发展服务型制造。

构建新发展格局，解决好发展不平衡问题，首先要进一步优化升级产业体系。传统制造业

和基础性产业的供给侧结构性调整成效已经显现，一些领域的主要矛盾已经由传统的结构性矛盾转向了高质量发展不平衡的矛盾。在传统基础性制造业，深层次结构性矛盾仍然是制约我国制造业发展的主要问题。但同时存在的不同所有制之间、不同企业规模之间、不同地区之间、不同细分行业之间的高质量发展不平衡问题与矛盾日益突出，这就要求我们以新发展理念，构建新发展格局，畅通国内大循环，依托强大国内市场，贯通生产、分配、流通、消费各环节，优化供给结构，改善供给质量，提升供给体系对国内需求的适配性，形成需求牵引供给、供给创造需求的更高水平动态平衡。同时要以全球化的视野，充分利用国内国际两个市场两种资源，积极融入国际市场，集合企业内涵要素，整合产业链、价值链上的所有外部资源，形成质量、研发、成本、管理、文化、品牌等内涵竞争力。推动互联网、大数据、人工智能等同各产业深度融合，推动先进制造业集群发展，构建一批各具特色、优势互补、结构合理的战略性新兴产业增长引擎，培育新技术、新产品、新业态、新模式。优化国有资本布局，力推战略性重组、突破性重构、大格局创构、专业化整合，引导聚焦实体经济，服务实体经济，发挥国有企业的资源优势，做强做精主业，在畅通国内、国际两个循环方面发挥引领作用，科学合理探索中国在新时期的国际化，适应和引领新型全球化，发挥中国经济对全球经济的引领和推动作用。

（三）坚持创新驱动发展，加大科研投入，全面塑造发展新优势

《中共中央关于制定国民经济和社会发展第十四个五年规划和二〇三五年远景目标的建议》提出，坚持创新在我国现代化建设全局中的核心地位，把科技自立自强作为国家发展的战略支撑，面向世界科技前沿、面向经济主战场、面向国家重大需求、面向人民生命健康，深入实施科教兴国战略、人才强国战略、创新驱动发展战略，完善国家创新体系，加快建设科技强国。

中央经济工作会议确定的2021年工作重点任务中强调，要发挥企业在科技创新中的主体作用，支持领军企业组建创新联合体，带动中小企业创新活动。要增强产业链供应链自主可控能力，统筹推进补齐短板和锻造长板，针对产业薄弱环节，实施好关键核心技术攻关工程，尽快解决一批“卡脖子”问题，在产业优势领域精耕细作，搞出更多独门绝技。要实施好产业基础再造工程，打牢基础零部件、基础工艺、关键基础材料等基础。要加强顶层设计、应用牵引、整机带动，强化共性技术供给，深入实施质量提升行动。

一是强化企业创新主体地位，促进各类创新要素向企业集聚。我国企业创新能力不断增强，但企业的创新活动不均衡、不充分。少数创新型企业与大部分跟随企业并存，一些领域（如高铁、特高压、航天等少数领域）的新技术应用处于世界前沿，但大部分企业还处于产业

价值链的中低端。与发达国家相比，我国企业创新能力和管理水平还存在较大差距，制造业大而不强，核心关键技术不足，高端装备和关键部件依靠引进和进口。发挥好大企业的引领支撑作用，支持创新型中小微企业成长为创新重要发源地，加强共性技术平台建设，推动产业链上中下游、大中小企业融通创新。

二是发挥企业家在技术创新中的重要作用，激发人才创新活力。鼓励企业加大研发投入，对企业投入基础研究实行税收优惠。贯彻尊重劳动、尊重知识、尊重人才、尊重创造方针，深化人才发展体制机制改革，全方位培养、引进、用好人才，造就更多国际一流的科技领军人才和创新团队，培养具有国际竞争力的青年科技人才后备军。企业实现创新需要各层次人才，不仅需要科学家、研发人员，还需要大批高素质的一线管理人才和技能人才，特别是具有创新精神的企业家。因此，要建立多层次人才政策，改进和完善人才评价体系及用人机制，发挥市场和用人单位在评价和引进人才中的作用。落实以增加知识价值为导向的分配政策，系统设计、分类管理，构建体现智力劳动价值且适合科研人员、企业家、管理人员、技能工人等各类人才的薪酬体系和收入增长机制，调动全社会的创新积极性。改进高等教育和职业教育，培养适应新技术变化的人才；加强持续教育，通过企业教育支出减税等政策，加强在职培训和转岗培训。

我国企业要始终坚持科技创新驱动不动摇，健全鼓励支持基础研究、原始创新的体制机制，努力提高制造业和服务业的深度融合，建立以企业为主体、市场为导向、产学研深度融合的技术创新体系，特别是对中小型服务业企业的创新支持，促进科技成果转化落地，促进服务业高质量发展。

（四）坚持提质增效、效益优先，提升高质量发展内涵竞争力

一是进一步释放政策效应，激活企业发展潜能。负债水平较低、流动性放缓、资产经营效率效益不高，依然是制约中小型企业和民营企业信用发展的瓶颈。本报告统计显示，2019 年特大型企业的资产周转率为 0.89 次/年，大型企业的资产周转率为 0.87 次/年，中型企业的资产周转率为 0.55 次/年，小型企业的资产周转率为 0.33 次/年。

2019 年特大型企业的所有者权益比率为 26.28%，相对应的理论负债率为 73.72%；大型企业的所有者权益比率为 39.45%，相对应的理论负债率为 60.55%；中型企业的所有者权益比率为 59.39%，相对应的理论负债率为 40.61%；小型企业的所有者权益比率为 63.52%，相对应的理论负债率为 36.48%。

由此可见，我国企业的资产运行效率与企业的理论负债率水平有必然的关联性，理论负债率呈现逐级下降的走势。小型企业的理论负债率明显偏低，在一定程度上影响了流动性。在

目前企业整体下行压力加大的背景下，小型企业面临的经营困难明显增多，这也是影响我国经济整体运行的主要原因。因此，《中共中央关于制定国民经济和社会发展第十四个五年规划和二〇三五年远景目标的建议》提出，优化民营经济发展环境，构建亲清政商关系，促进非公有制经济健康发展和非公有制经济人士健康成长，依法平等保护民营企业产权和企业家权益，破除制约民营企业发展的各种壁垒，完善促进中小微企业和个体工商户发展的法律环境和政策体系。加快国家围绕民营企业和中小微企业融资难、融资贵，甚至融不到资等问题出台的一系列政策落地，要进一步切实而充分地释放政策效应，在确保结构性改革与调整的成果和防范系统性信用风险的前提下，精准施策，有针对性地适度提高民营企业和中小型企业的负债率，增强流动性，进一步激发企业内生动力和发展活力。

二是坚持提质增效、效益优先原则，提高企业高质量发展的内涵竞争力。企业作为宏观经济的微观主体，也是推动经济高质量发展的主体。企业在新发展阶段，要着力推进发展方式变革，用先进方式提质增效。企业要不断改进生产经营流程，优化资源要素配置，提高发展质量效益；坚持质量兴企，积极创建知名品牌，提高市场竞争力和影响力；锻造产业链供应链长板，补齐产业链供应链短板，打造新兴产业链，推动传统产业高端化、智能化、绿色化，发展服务型制造；推动互联网、大数据、人工智能等同各产业深度融合，培育新技术、新产品、新业态、新模式。加快由低端制造向高生产率的设计、研发、品牌、营销、产业链管理等环节延伸；推动生产性服务业向专业化和价值链高端延伸，推动现代服务业同先进制造业、现代农业深度融合，推动生活性服务业向高品质和多样化升级。

（五）坚持守法合规经营，守住诚信底线，切实履行好社会责任

《中共中央关于制定国民经济和社会发展第十四个五年规划和二〇三五年远景目标的建议》提出，健全市场体系基础制度，坚持平等准入、公正监管、开放有序、诚信守法，形成高效规范、公平竞争的国内统一市场。实施高标准市场体系建设行动，健全产权执法司法保护制度，实施统一的市场准入负面清单制度，继续放宽准入限制，健全公平竞争审查机制，加强反垄断和反不正当竞争执法司法，提升市场综合监管能力。深化土地管理制度改革，推进土地，劳动力、资本、技术、数据等要素市场化改革。健全要素市场运行机制，完善要素交易规则和服务体系。

党中央、国务院将加快社会信用体系建设作为全面深化“放管服”改革的一项重要任务着力部署推进。信用立法是社会信用体系建设高效运转的重要基础，是各项信用机制有效落地的关键保障。因此，企业界要积极推进 GB/T 31950—2015《企业诚信管理体系》标准的贯彻与实施，强化社会责任意识、规则意识、奉献意识，形成诚信价值观，培育诚信文化，以诚

信为准则来约束自身的行为；切实建立信用风险管理与控制体系，强化各类风险识别，建立预判预警机制，制定完善的应对预案，有效控制已经存在或可能存在的信用风险，尤其是控制系统性风险的发生；要坚持底线思维，确保合规合法经营，切实履行社会责任，以诚信建设推动企业持续健康和高质量发展。

第二章

2020 中国企业信用发展综合评价与分析报告

由中国企业改革与发展研究会、中国合作贸易企业协会、国信联合（北京）认证中心联合开展的2020中国企业信用发展分析研究和发布活动，是自2011年以来连续第10次针对中国企业信用发展状况进行的分析研究工作，并在此基础上，评价产生了2020中国企业信用500强、中国制造业企业信用100强、中国服务业企业信用100强、中国民营企业信用100强和中国上市公司信用500强。

中国企业信用评价模型是从企业的信用环境、信用能力、信用行为三个方面，综合企业的收益性、流动性、安全性、成长性等各项指标，采取以定量评价为主导、定量与定性评价相结合，以效益和效率为核心的多维度、趋势性分析研究，是企业综合信用状况和经营实力的客观体现。其中，信用环境、信用能力的数据采集时效是以2017—2019年（或以企业财年）的数据或信息为依据；信用记录时效是以2019年10月1日至2020年9月30日的信息为依据。本报告所采集的信息数据来源主要有以下三种渠道和方式：一是公开的信息；二是企业自愿申报的数据信息；三是信用调查评价活动获得的相关信息，如行业、市场、宏观经济、政策及法律法规等影响性分析。

经分析与研究，2020年中国企业综合信用评价结果为AAA级，综合信用指数（CCI）为84.79点，较2019年提高了0.72点（2019年综合信用指数为84.07点）。

一、2020中国企业信用发展总体评价与分析

（一）我国企业信用环境总体评价与分析

1. 全球经济增长同步放缓，不确定因素继续削弱经济增长

2019年，贸易紧张局势造成的严重不确定性和市场信心低迷，令世界经济发展面临不断增加的下行压力，世界经济增速放缓至十年来最低水平。

IMF2020 年 10 月发布的《世界经济展望》指出，疫情对全球经济造成严重冲击。目前新冠肺炎疫情远未结束，2020 年全球经济仍将深度衰退，但与 6 月预测相比，10 月预测的整体衰退程度有所缓和。第二季度和第三季度全球经济形势略好于预期。报告特别指出，中国经济复苏力度强于预期。

IMF 认为，近期的全球经济复苏趋势得益于各国超常规的刺激政策措施。“全球近 12 万亿美元的巨额财政支持，以及各国央行大幅降息、注入流动性和购买资产，有助于挽救生命和生计，并防止了一场金融灾难的发生。”IMF 首席经济学家吉塔·戈皮塔表示，受益于前所未有的支持政策，全球经济正走出上半年的严重衰退，但危机远未结束。

IMF 认为，中国将是世界主要经济体中唯一保持正增长的国家。同时，中国经济有望在 2021 年持续增长，增幅显著。

国家统计局 2020 年 10 月 19 日发布的 2020 年前三季度国民经济运行数据显示，前三季度国内生产总值同比增长 0.7%，扭转了上半年下降的局面；同时，多项主要指标同比增速实现由负转正。2020 年前三季度，面对新冠肺炎疫情的巨大冲击和国内外复杂严峻的环境，各地区、各部门科学统筹新冠肺炎疫情防控和经济社会发展，有力有效地推动了生产生活恢复。总体上，前三季度经济增速由降转升，经济运行持续稳定恢复。

2007—2020 年前三季度国内生产总值及其增长速度分析见图 2–1。

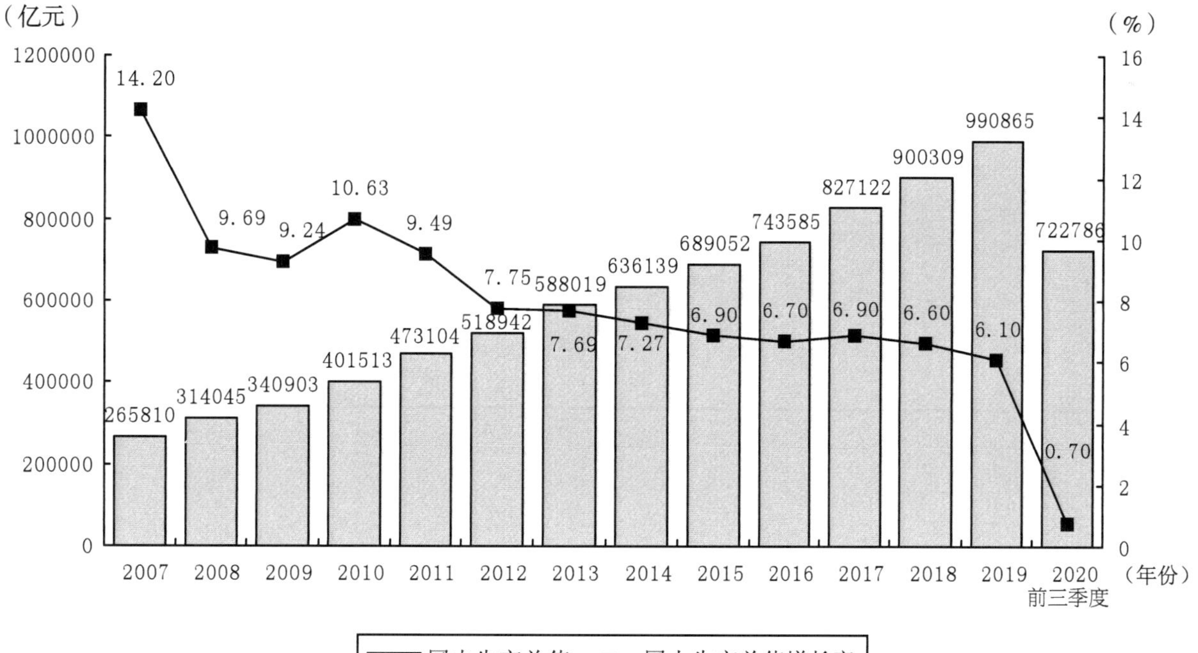

图 2–1 2007—2020 年前三季度国内生产总值及其增长速度分析

注：该图采用国家统计局当年公告数据，未进行调整或系统修订。

国家统计局新闻发言人、国民经济综合统计司司长刘爱华在国务院新闻办公室发布会上表示，总体上看，2020 年前三季度经济呈现出了持续稳定恢复的态势。同时也要看到，当前境外的疫情形势仍然比较严峻，国际环境不稳定、不确定性仍然客观存在，国内有效需求仍然不足，地区、行业、企业的恢复还不均衡，经济持续向好的基础需要进一步巩固。

刘爱华表示，目前经济仍然在恢复进程中，一些指标都还没有恢复到正常的增长水平，累计增速有一些也还是下降的。总体来讲，一方面，现在的回升态势有基础、有条件，中国经济整体向好的基本面没有发生变化；另一方面，也要看到国内外环境中存在的不确定性。下一步要按照推动经济高质量发展和构建新发展格局的要求，扎实做好“六稳”工作，全面落实“六保”任务，筑牢民生保障基础，助力企业纾困解难，奋力完成全年的目标任务。

2. 我国企业整体运行平稳，高质量发展初显效果

尽管我国面临的宏观经济环境日趋严峻，但整体运行相对平稳。本报告对 2019 年我国企业总体经济环境分析显示，2019 年我国企业的景气指数为 105.31 点，较 2018 年的 106.70 点下降了 1.39 点；盈利指数为 99.76 点，较 2018 年的 97.81 点提高了 1.95 点；效益指数为 103.61 点，较 2018 年的 103.95 点下降了 0.34 点。

2011—2019 年中国企业总体信用环境分析见图 2-2。

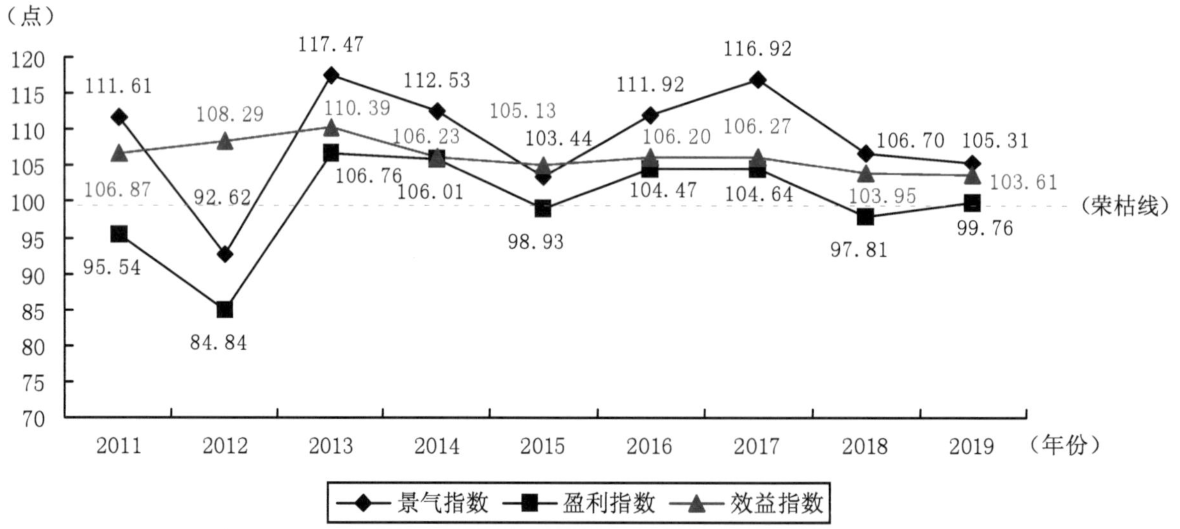

图 2-2 2011—2019 年中国企业总体信用环境分析

2019 年我国企业的景气指数和效益指数仍保持在荣枯线以上，表明保持正增长态势，但较 2018 年增速有所放缓；盈利指数虽然在荣枯线以下，但较 2018 年利润负增长幅度有所收窄，基本保持在 2018 年的盈利水平。

本报告整体评价结果显示，2020 年我国企业的综合信用指数（CCI）为 84.79 点，较 2019 年的 84.07 点提高了 0.72 点。2020 中国企业信用 500 强的入围门槛提高到净利润 6.81 亿元，比 2019 年的 6.30 亿元提高了 0.51 亿元；2020 中国制造业企业信用 100 强、中国服务业企业信用 100 强、中国民营企业信用 100 强的入围门槛则有所下降；中国上市公司信用 500 强的入围门槛较 2019 年有所提高。总体来说，我国企业高质量发展初显效果，受全球宏观经济环境的影响有限，这充分体现了我国企业总体抗风险能力较强，亦具有较强的发展韧性。

2016—2020 年中国企业信用 500 强入围门槛和 CCI 指数见图 2-3。

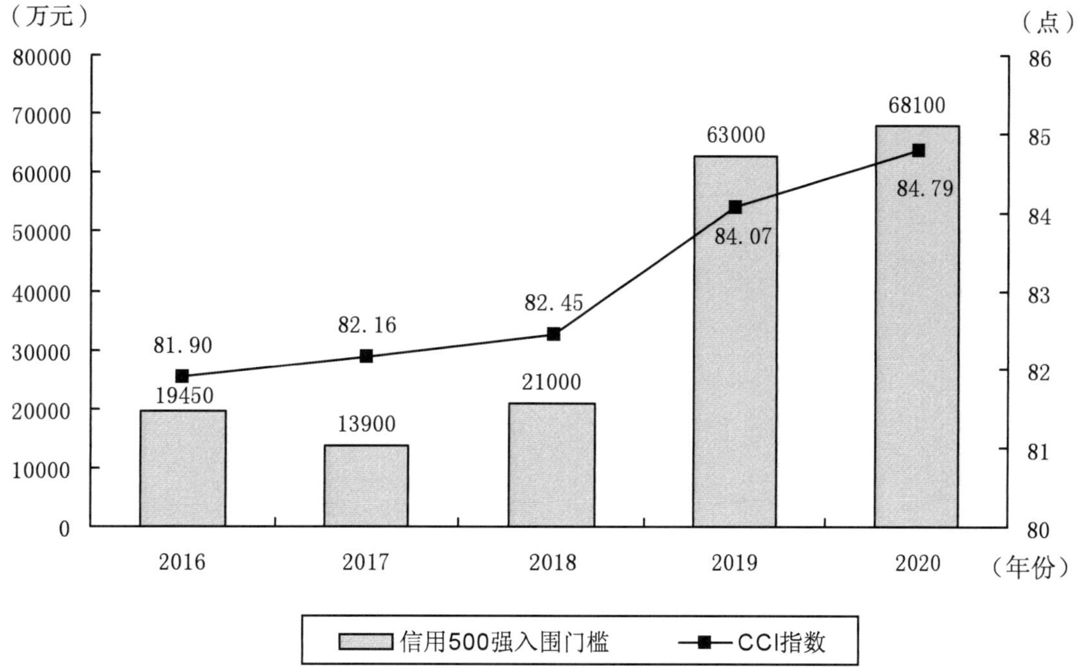

图 2-3 2016—2020 年中国企业信用 500 强入围门槛和 CCI 指数

（二）2020 中国企业总体效益及其趋势分析

1. 企业的收益性水平总体下行，亏损的企业面扩大

第一，从收益性指标分析，2019 年我国企业的营收利润率、资产利润率和所有者权益报酬率三项收益性指标均有所下降。其中，营收利润率为 3.89%，较 2018 年的 4.08%回落了 0.19 个百分点；资产利润率为 2.04%，较 2018 年的 2.06%回落了 0.02 个百分点；所有者权益报酬率为 4.92%，较 2018 年的 5.72%下降了 0.80 个百分点。

2011—2019 年企业收益性指标分析见图 2-4。

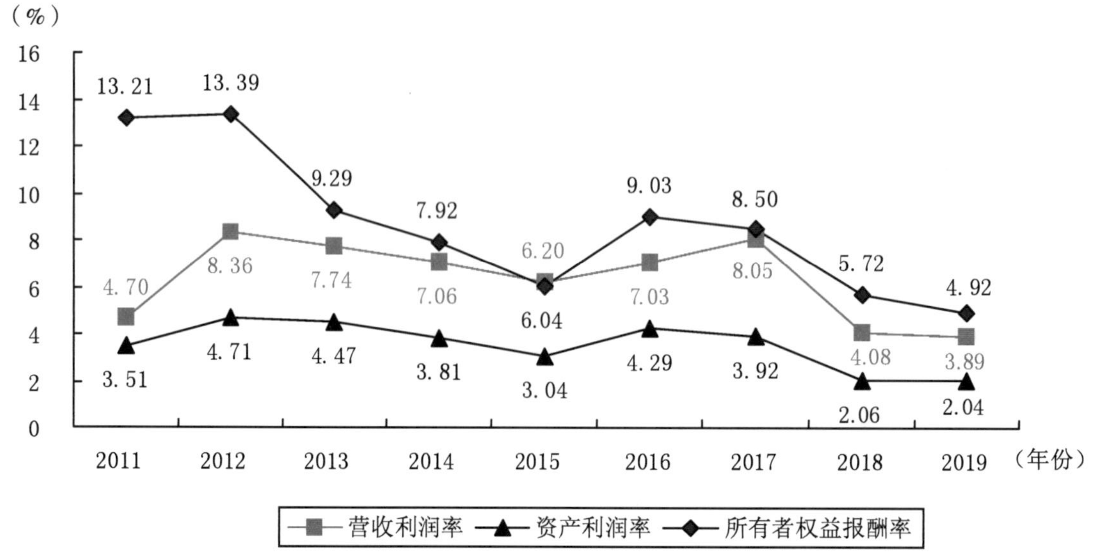

图 2-4 2011—2019 年企业收益性指标分析

从图 2-4 中可以看出，2019 年我国企业的三项收益性指标均呈下降趋势，虽然降幅有所收窄，但仍然处于近年来的最低水平区间。由此可见，我国企业整体收益性仍然面临着较大的下行压力，市场竞争烈度没有缓解的迹象，需要引起企业界的重视。

第二，从利润总额和亏损总额变动分析，2014—2019 年样本企业的利润总额分别增长了 7.88%、6.11%、12.05%、18.09%、9.01%和 9.38%，其中，2019 年利润总额增幅较 2018 年提高了 0.37 个百分点。2014—2019 年的亏损总额分别增长了 18.48%、107.44%、-36.44%、-3.33%、120.51%和 23.78%，亏损总额增幅较 2019 年有大幅下降。2014—2019 年的亏损比率分别为 3.69%、7.67%、4.35%、3.65%、7.17%和 7.81%，其中，2019 年的亏损比率上升了 0.64 个百分点。总体来看，亏损总额增速高于利润总额增速，表明企业间发展不平衡的矛盾更加突出。

2014—2019 年企业收益性分析见图 2-5。

从图 2-5 中可以看出，入库样本企业 2019 年利润总额增长了 9.38%，较 2018 年有所提升，仍然保持了相对较高增速；与此同时，亏损总额增幅虽有所下降，但仍然达到 23.78%，亏损比率也小幅上升。结合中国企业信用 500 强的入围门槛及企业综合信用指数（CCI）提高这一现象，表明我国企业发展不平衡问题仍然存在，且有继续扩大的趋势。部分企业实现转型升级，盈利能力明显提高，高质量发展成果显现；而另一部分企业仍然处于亏损状态，且呈现亏损进一步扩大的态势，表明这部分企业的转型升级和高质量发展仍然面临诸

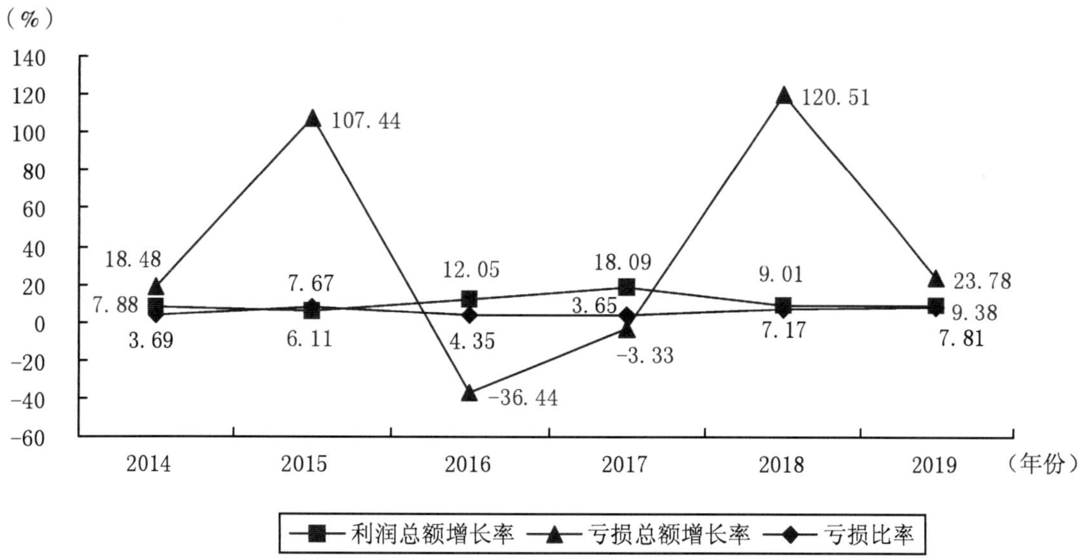

图 2-5 2014—2019 年企业收益性分析

多挑战。

第三，从亏损的企业面分析，2011—2019 年亏损的企业占比分别为 3.13%、5.48%、6.88%、7.32%、10.72%、6.95%、6.33%、11.46%、11.65%，2019 年亏损的企业面较 2018 年提高了 0.19 个百分点，继 2018 年之后再创新高。

2011—2019 年亏损企业面分析见图 2-6。

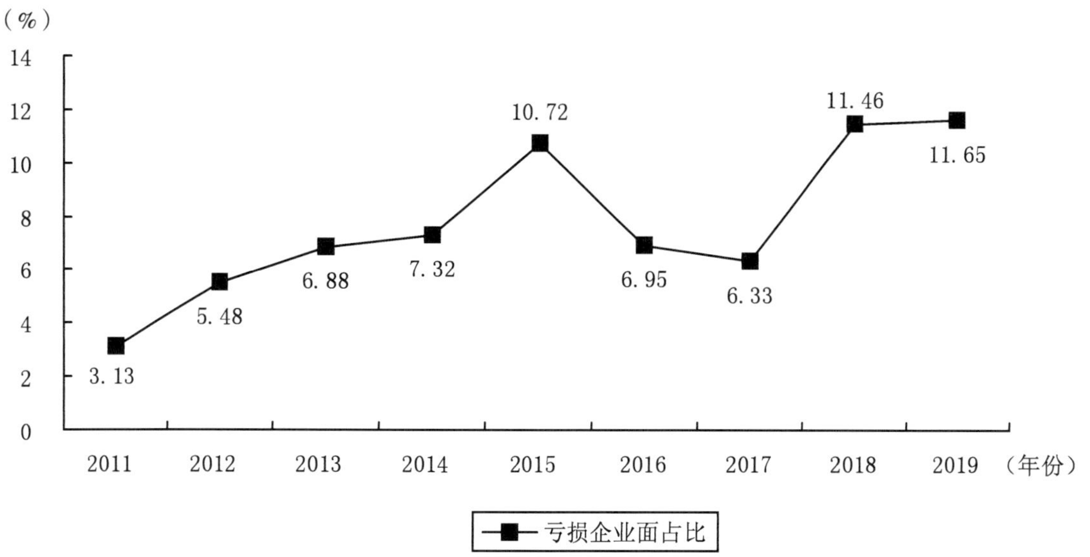

图 2-6 2011—2019 年亏损企业面分析

第四，从三项收益性指标下降的企业面分析，2019 年营收利润率下降的企业面为 49.70%，较 2018 年缩小了 10.91 个百分点；资产利润率下降的企业面为 50.46%，较 2018 年缩小了 7.52 个百分点；所有者权益报酬率下降的企业面为 53.76%，较 2018 年缩小了 2.11 个百分点。这种情况表明，收益下降的企业面仍较大，在低利润水平下企业的盈利空间仍受到挤压。

2012—2019 年收益性指标下降的企业面分析见图 2-7。

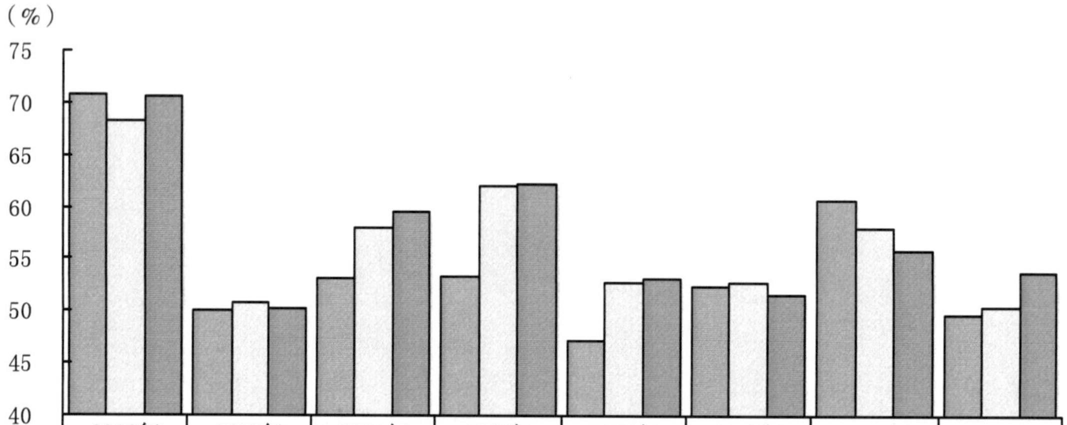

	2012年	2013年	2014年	2015年	2016年	2017年	2018年	2019年
营收利润率	70.79	50.13	53.09	53.33	47.06	52.31	60.61	49.70
资产利润率	68.16	50.76	57.95	61.99	52.77	52.74	57.98	50.46
权益报酬率	70.63	50.22	59.53	62.18	53.13	51.54	55.87	53.76

图 2-7 2012—2019 年收益性指标下降的企业面分析

综合收益性各项指标分析可以看出，企业的盈利能力进一步减弱，同时存在着较大的不确定性，主要表现在盈利能力处于历史较低水平，总亏损额增幅较高，亏损的企业面有所扩大，收益下降的企业面仍较大，企业的整体收益性下行压力加大。

2. 企业的流动性持续放缓，资金压力进一步加大

第一，从企业的流动性分析，2019 年企业的资产周转率为0.66 次/年，较 2018 年 0.67 次/年下降 0.01 次/年，总体上延续了持续放缓的态势。从资产周转率下降的企业面分析，2013—2019 年资产周转率下降的企业面分别为 50.80%、58.70%、69.60%、53.09%、45.42%、45.13%、51.58%，2019 年企业流动性并没有大的改善，仍然运行在较低水平区间，流动性压力依然较大。

第二，从企业的负债水平分析，2013—2019 年企业的所有者权益比率分别为 47.48%、44.46%、47.55%、53.29%、49.95%、48.33%、49.89%。2019 年所有者权益比率较上年有所提升，相对应的是理论负债率有所下降，表明企业的资金压力加大，但同时企业的总体负债水平相应下

降，整体信用风险处在安全可控的范围。

2013—2019 年企业负债水平分析见图 2-8。

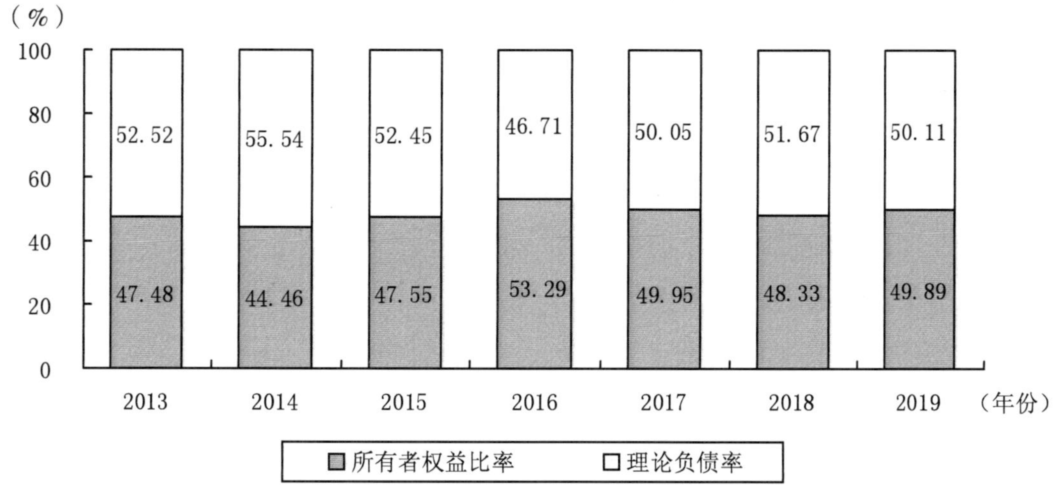

图 2-8 2013—2019 年企业负债水平分析

第三，从企业的资本保值增值率分析，2011—2019 年企业资本保值增值率分别为 112.28%、111.28%、114.09%、109.54%、108.23%、109.66%、110.40%、106.90%、106.58%。

2019 年企业的资本保值增值率小幅回落，延续了低水平运行的态势。

2011—2019 年企业资本保值增值率分析见图 2-9。

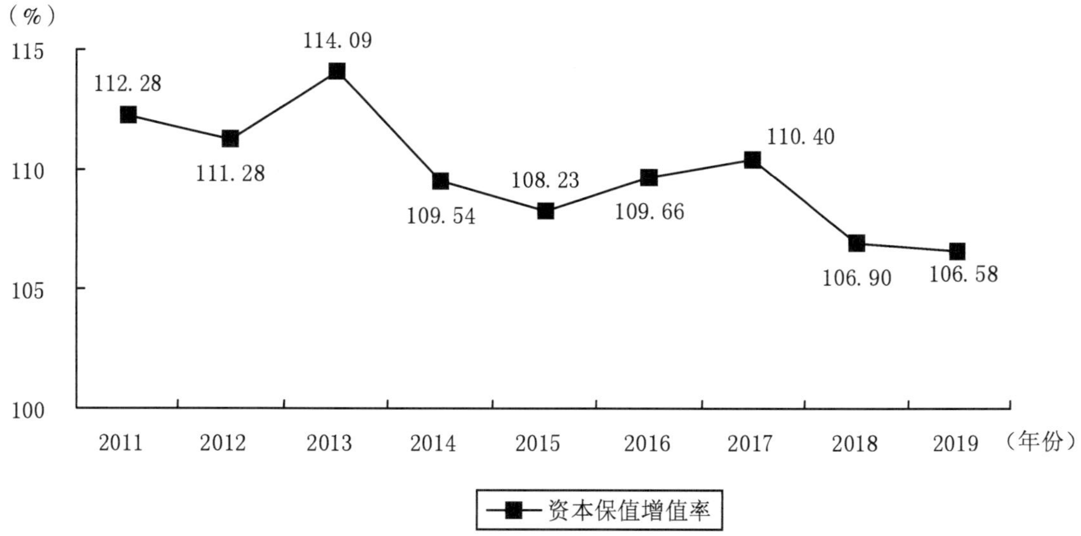

图 2-9 2011—2019 年企业资本保值增值率分析

综合流动性和安全性分析，2019 年企业的流动性略有放缓，理论负债率略有下降，总体流动性仍然处于较低水平，负债水平相对较低，一方面表明企业的整体信用风险处于安全可控状态，系统性风险相对较小，另一方面反映出企业的资金周转状况相对较为紧张，资金压力并没有得到明显改善，不利于企业经营发展。

3. 增长动力明显不足，内部潜能进一步释放

第一，从成长性指标分析，2011—2019 年企业营收增长率分别为 30.56%、14.70%、15.81%、11.65%、7.97%、15.40%、21.78%、13.32%、9.63%，利润增长率分别为-5.39%、-27.89%、30.79%、16.94%、-1.09%、8.50%、12.10%、0.12%、1.00%，资产增长率分别为 26.83%、15.81%、14.88%、17.66%、19.83%、20.43%、19.74%、11.10%、10.12%，资本积累率分别为-0.42%、14.19%、17.85%、17.72%、23.01%、23.85%、22.12%、8.96%、14.95%，从业人员增长率分别为 39.17%、7.93%、5.30%、4.07%、8.68%、6.87%、6.19%、5.30%、1.93%。

2011—2019 年企业成长性指标分析见图 2-10。

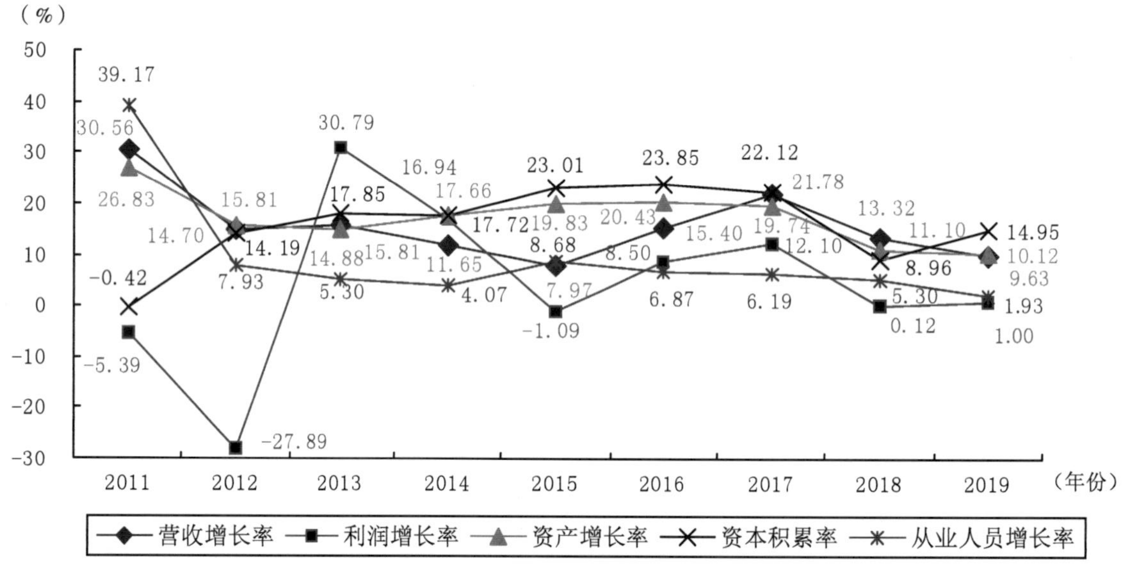

图 2-10 2011—2019 年企业成长性指标分析

从两项经营性成长指标分析，企业营收增长率连续两年呈现较大幅度回落，2019 年回落到 10%以下；2019 年利润增长率提升到 1%，但总体仍处于低水平区间。这一情况表明，企业面临的经营困难局面并没有得到明显改善，但整体利润仍然保持正增长态势，说明在宏观环境不利的条件下，企业更加注重效益优先，高质量发展。

从两项资产性成长指标分析，企业资产增长率自 2017 年起持续放缓，2019 年已经回落至

10%的边际，表明企业的投资规模增速放缓；而 2019 年企业的资本积累率有所提升，说明企业对于规模扩大持更加谨慎的态度。

从人员增速分析，2019 年从业人员增长率进一步回落到自 2011 年以来历史最低水平，表明整体就业压力进一步加大。

第二，从成长性指标负增长的企业面分析，2019 年营业收入表现为负增长的企业面占比为 30.17%，较 2018 年扩大了 5.83 个百分点；利润表现为负增长的企业面占比为 45.85%，较 2018 年缩小了 0.66 个百分点；资产表现为负增长的企业面占比为 27.47%，较 2018 年扩大了 2.30 个百分点；净资产表现为负增长的企业面占比为 16.44%，较 2018 年缩小了 5.95 个百分点；从业人员表现为负增长的企业面占比为 48.78%，较 2018 年扩大了 5.74 个百分点。综合来看，主要成长性指标负增长的企业面有所扩大，表明企业面临的经营困难增多，下行压力加大，增长动力明显不足。

2011—2019 年成长性指标负增长企业面占比分析见图 2-11。

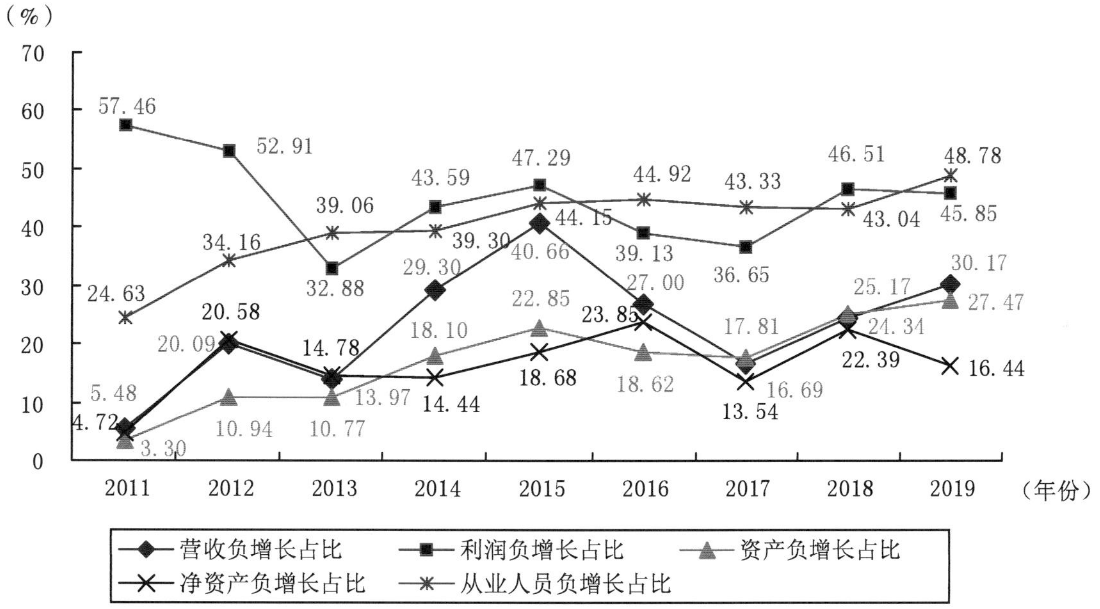

图 2-11 2011—2019 年成长性指标负增长企业面占比分析

第三，从企业的研发强度分析，2019 年企业的科研经费投入占营业收入的比例为 5.07%，较 2018 年提高了 0.06 个百分点，企业整体研发投入强度自 2015 年起持续提高，为高质量可持续发展提供了动力。

2013—2019 年企业科研经费投入占营业收入比例见图 2-12。

第四，从企业人均营业额和人均利润额分析，2014—2019 年企业人均营业额分别为 163.76 万元/(人·年)、157.83 万元/(人·年)、175.16 万元/(人·年)、200.78 万元/(人·年)、

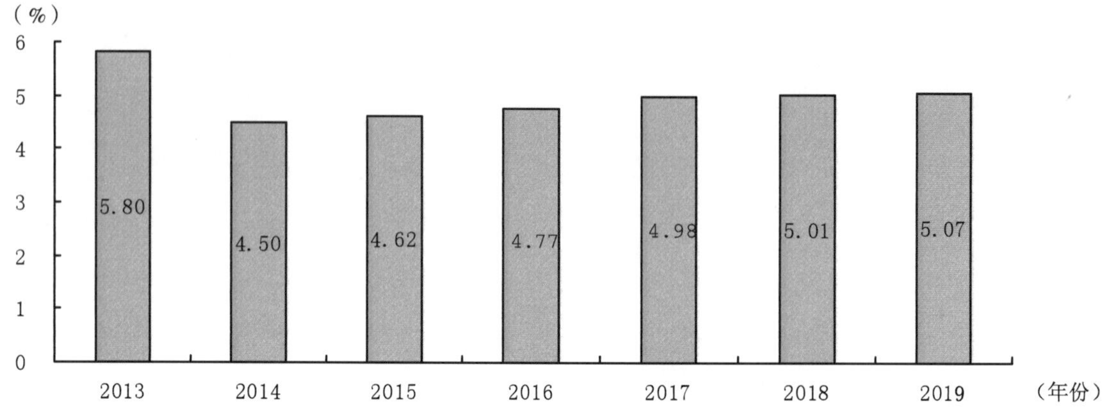

图 2-12　2013—2019 年企业科研经费投入占营业收入比例

213.96 万元/(人·年)、226.25 万元/(人·年)，2019 年较 2018 年提高了 12.29 万元/(人·年)；2014—2019 年企业人均利润额分别为 7.97 万元/(人·年)、7.74 万元/(人·年)、8.65 万元/(人·年)、10.31 万元/(人·年)、10.40 万元/(人·年)、11.22 万元/(人·年)，2019 年较 2018 年提高了 0.82 万元/(人·年)，表明企业的整体劳动效率和效益明显提高，内部潜能得到进一步释放。

二、2020 中国企业信用发展行业特征分析

(一) 生产业特征分析

1. 生产业进一步回暖，结构性调整效果明显

第一，从生产业总体信用环境分析，2019 年生产业的景气指数为 108.75 点，较 2018 年的 107.06 点提高了 1.69 点；盈利指数为 100.24 点，较 2018 年的 99.35 点提高了 0.89 点；效益指数为 102.83 点，较 2018 年的 103.02 点下降了 0.19 点。

2011—2019 年生产业总体信用环境分析见图 2-13。

从三项指数分析可以看出，2019 年生产业总体信用环境明显改善，景气指数、盈利指数和效益指数均在荣枯线以上，结构性调整效果显现。

第二，煤炭行业回升乏力，仍然处于低水平运行区间。2019 年我国煤炭行业的景气指数

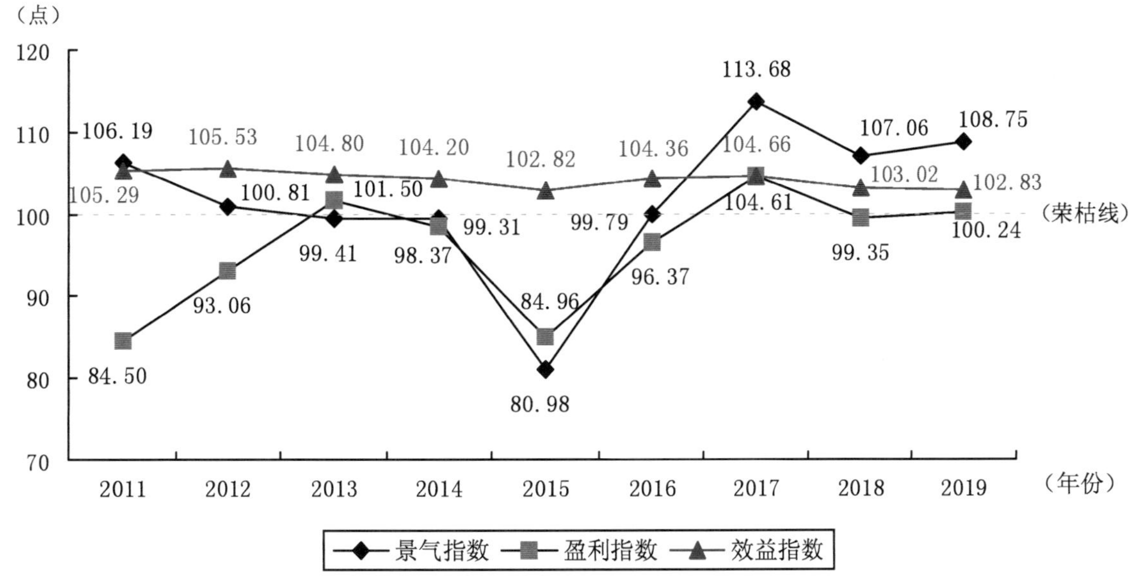

图 2-13 2011—2019 年生产业总体信用环境分析

为 95.98 点，较 2018 年的 99.27 点下降了 3.29 点；盈利指数为 92.75 点，较 2018 年的 92.65 点提高了 0.10 点；效益指数为 102.79 点，较 2018 年的 103.65 点下降了 0.86 点。其中，景气指数和盈利指数仍然运行在荣枯线以下，表明该行业持续处于负增长态势。

2011—2019 年煤炭行业信用环境分析见图 2-14。

第三，建筑行业运行平稳。2019 年我国建筑行业的景气指数为 110.44 点，盈利指数为 100.83 点，效益指数为 104.56 点。景气指数和盈利指数有明显回落，但三项指数均运行在荣

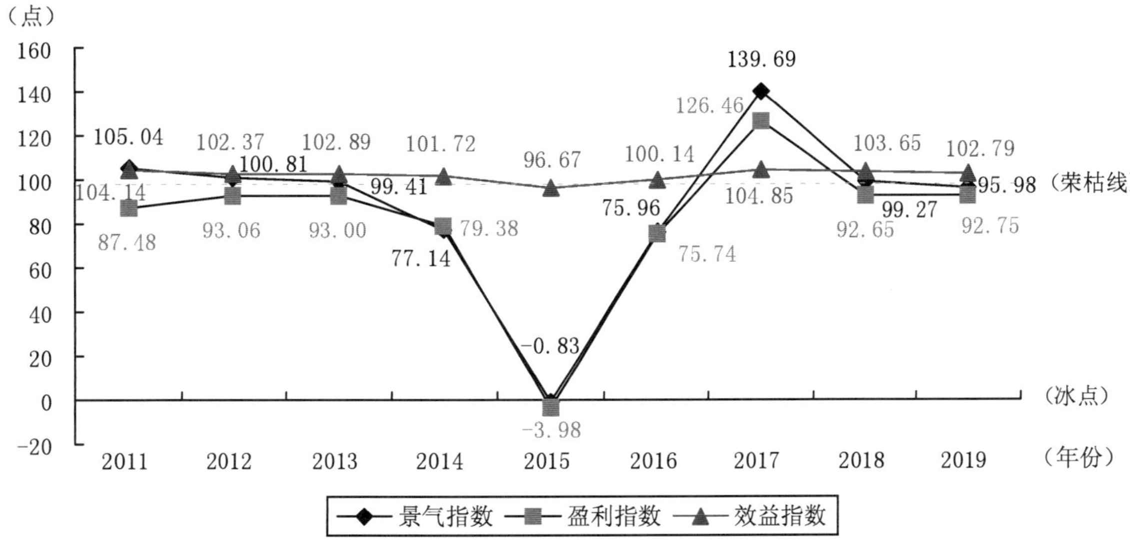

图 2-14 2011—2019 年煤炭行业信用环境分析

枯线以上，整体仍然存在较大的下行压力。

2011—2019 年建筑行业信用环境分析见图 2-15。

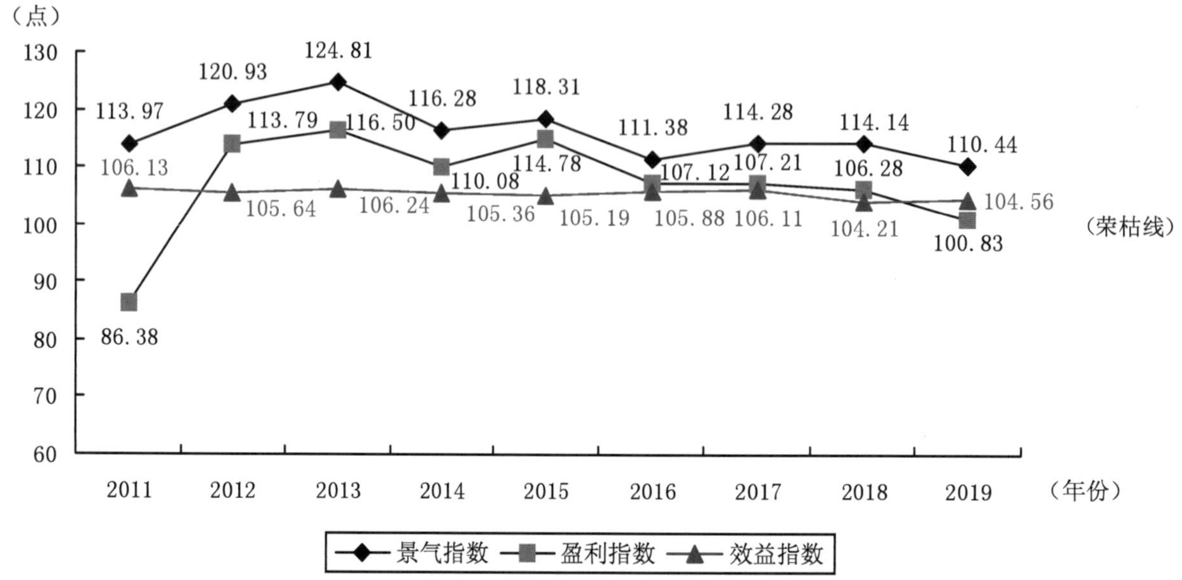

图 2-15　2011—2019 年建筑行业信用环境分析

第四，电力行业强势反弹。2019 年我国电力行业的景气指数为 121.65 点，盈利指数为 117.68 点，效益指数为 103.94 点，与 2018 年相比，三项指数均有提升，表明我国电力行业运行出现积极向好的迹象，从而对其他行业尤其是制造业产生积极影响。

2011—2019 年电力行业信用环境分析见图 2-16。

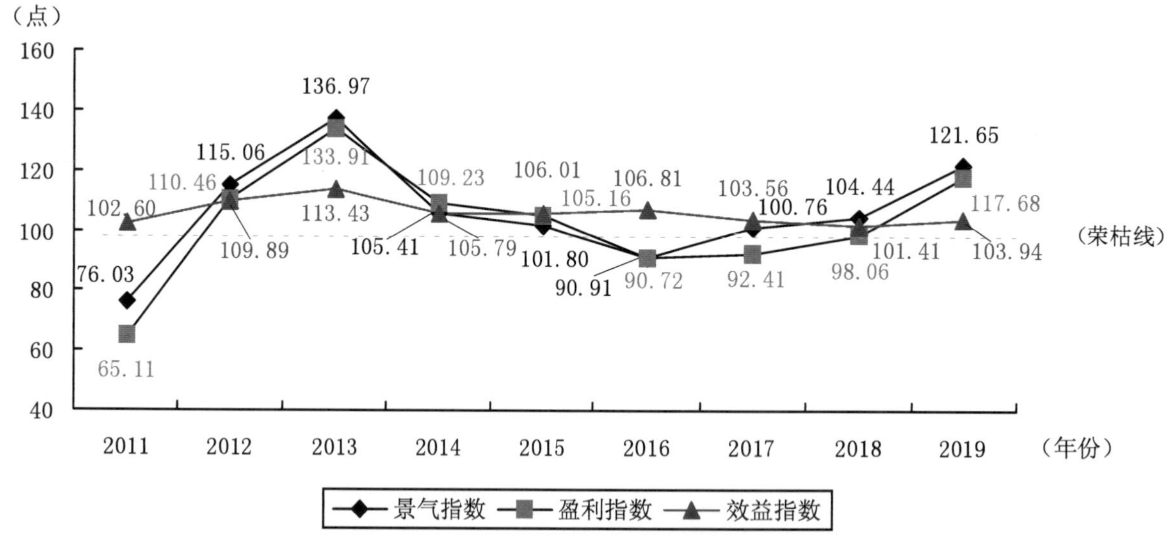

图 2-16　2011—2019 年电力行业信用环境分析

2. 生产业收益性指标表现相对平稳

第一，生产业总体收益性指标震荡回落。2019 年生产业营收利润率为 1.62%，较 2018 年的 2.18%下降了 0.56 个百分点；资产利润率为 1.65%，较 2018 年的 1.61%提高了 0.04 个百分点；所有者权益报酬率为 5.23%，较 2018 年的 5.27%下降了 0.04 个百分点。三项指标中经营性收益持续下降，资产性收益相对平稳，表明企业经营压力仍然较大。

2011—2019 年生产业收益性指标分析见图 2-17。

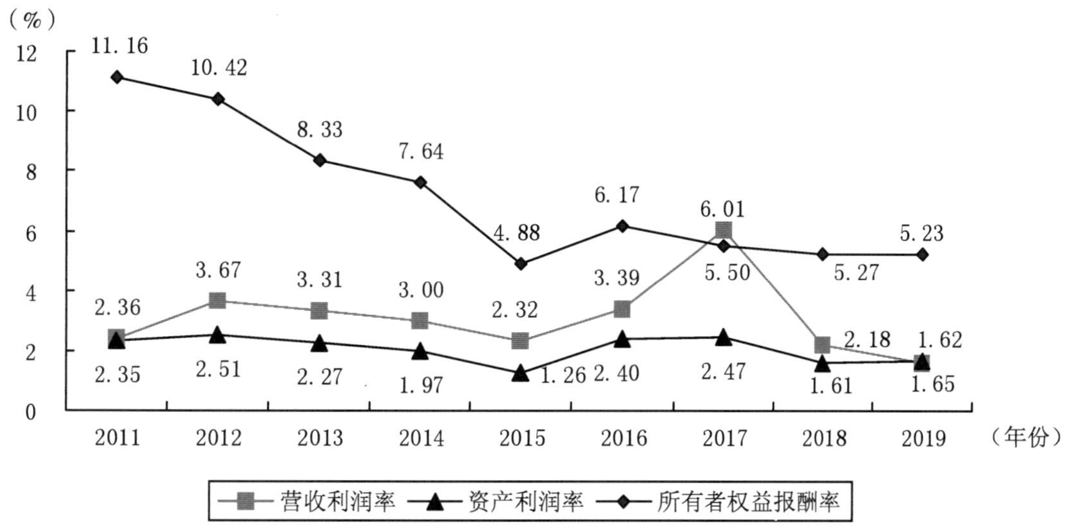

图 2-17 2011—2019 年生产业企业收益性指标分析

第二，煤炭、建筑、电力等行业收益性运行平稳。2019 年我国煤炭行业的营收利润率为 3.52%，较 2018 年的 4.63%下降了 1.11 个百分点；资产利润率为 1.88%，较 2018 年的 2.19%下降了 0.31 个百分点；所有者权益报酬率为 2.95%，较 2018 年的 4.14%下降了 1.19 个百分点。煤炭行业的三项收益性指标均有明显回落，盈利能力进一步减弱，但相对保持一定的盈利水平，没有出现行业性整体亏损。2011—2019 年煤炭行业收益性指标分析见图 2-18。

建筑行业的收益性表现平稳，营收利润率为为 2.67%，资产利润率为 2.19%，所有者权益报酬率为 8.81%，与 2018 年相比均有小幅下降。

电力行业的营收利润率为为 5.71%，资产利润率为 2.71%，所有者权益报酬率为 5.83%，与 2018 年相比均有一定幅度的提升。

3. 流动性运行相对平稳，安全性进一步加强

第一，从流动性分析，2019 年生产业企业的资产周转率为 0.60 次/年，较 2018 年的 0.59 次/年

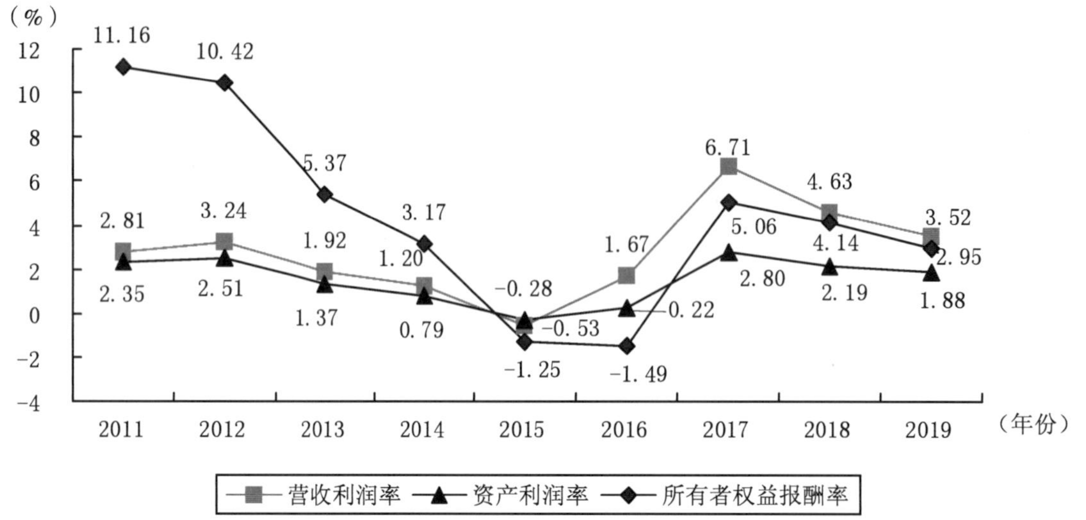

图 2-18 2011—2019 年煤炭行业收益性指标分析

提高了 0.01 次/年，总体运行平稳。

第二，从负债水平分析，2019 年生产业企业的所有者权益比率为 37.60%，较 2018 年的 34.78%提高了 2.82 个百分点，这也是自 2012 年以来的最高水平，与之相对应的是企业负债率下降到历史最低水平，安全性进一步加强。

第三，从资本保值增值率分析，2019 年生产业企业的资本保值增值率为 106.13%，较 2018 年的 107.16%下降了 1.03 个百分点，总体运行呈现稳中有降的态势。

2012—2019 年生产业所有者权益比率、资本保值增值率分析见图 2-19。

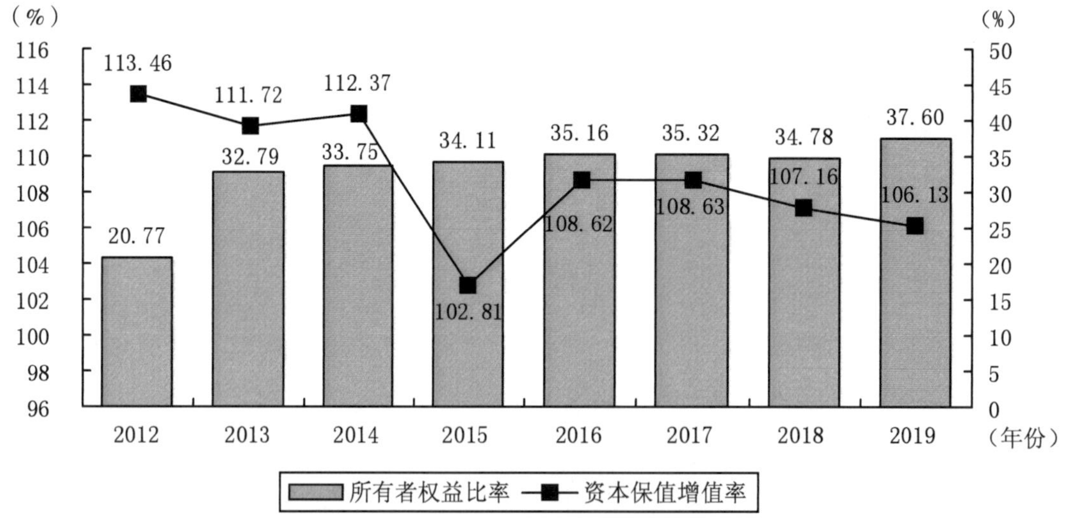

图 2-19 2012—2019 年生产业所有者权益比率、资本保值增值率分析

4. 生产业成长性指标增速明显加快，企稳回暖基础进一步加固

第一，从两项经营性成长指标分析，2019 年生产业企业营收增长率为 15.03%，较 2018 年提高了 2.82 个百分点；利润增长率为 2.48%，较 2018 年提高了 0.57 个百分点。

上述两项经营性成长指标显示，增速明显加快，尤其是营收增长率保持了较高增速，表明生产业复苏回暖的步伐进一步加快，同时利润增长也有所提速，盈利能力有所增强。

第二，从两项资产性成长指标分析，2019 年生产业企业资产增长率为 9.00%，较 2018 年提高了 0.98 个百分点；资本积累率为 19.62%，较 2018 年提高了 10.17 个百分点。两项资产性成长指标增幅亦有所提高，表明生产业整体企稳回暖的基础进一步得到加固，结构性调整取得明显效果。

2011—2019 年生产业成长性指标分析见图 2-20。

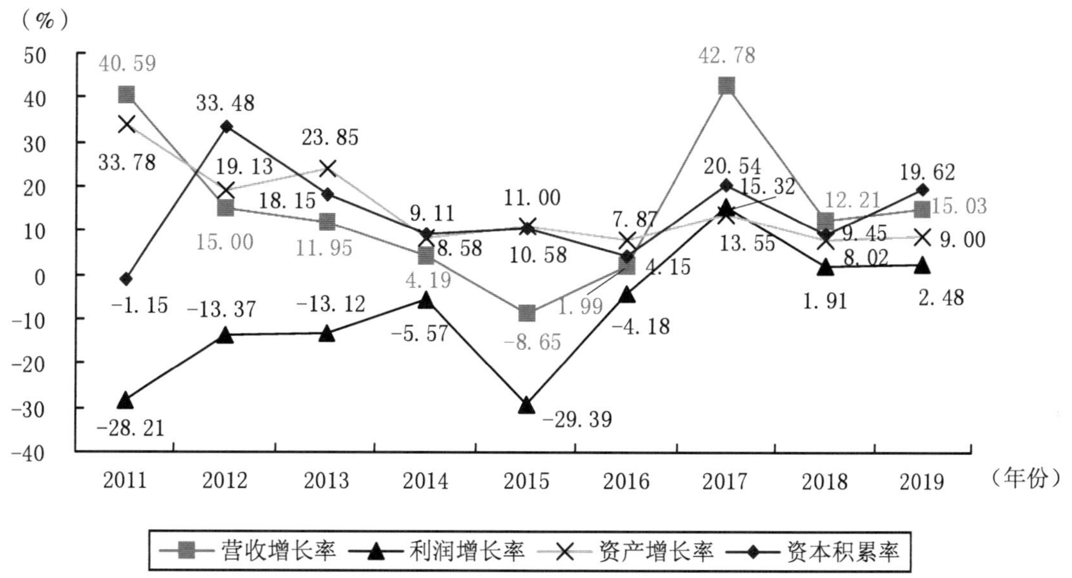

图 2-20 2011—2019 年生产业成长性指标分析

（二）制造业特征分析

1. 制造业增速放缓，盈利能力持续减弱

第一，从制造业的总体信用环境分析，2019 年制造业企业的景气指数为 103.44 点，较 2018 年的 108.39 点下降了 4.95 点；盈利指数为 98.26 点，较 2018 年的 99.26 点下降了 1.00 点；效益指数为 103.45 点，较 2018 年的 104.12 点下降了 0.67 点。三项指数均呈现一定幅度回落，其中景气指数回落幅度较大，增速明显减缓；盈利指数回落到荣枯线以下，表明制造业的盈利能力明显减弱。

2011—2019 年制造业总体信用环境分析见图 2-21。

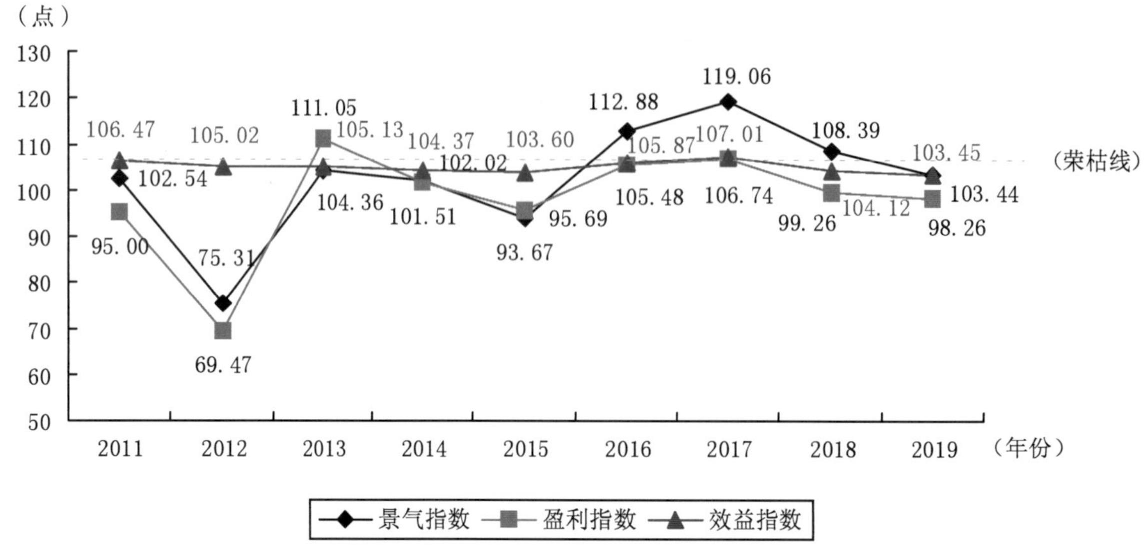

图 2-21 2011—2019 年制造业总体信用环境分析

第二，2019 年制造业亏损的企业面占比为 12.01%，较 2018 年的 11.87%扩大了 0.14 个百分点；利润负增长的企业面占比为 49.07%，较 2018 年的 45.58%扩大了 3.49 个百分点。从这两项指标对比分析可以看出，我国制造业亏损的企业面和利润负增长的企业面占比均比 2018 年有所扩大。制造业样本企业近 4 年的亏损比率分别为 21.64%、9.39%、7.90%、12.74%，亏损额占利润总额的比率再次上升，且幅度较大。以上表明，制造业恢复性增长的基础尚不稳固，转型升级和高质量发展所带来的挑战将会是长期存在的。

2011—2019 年制造业利润负增长和亏损的企业面占比分析见图 2-22。

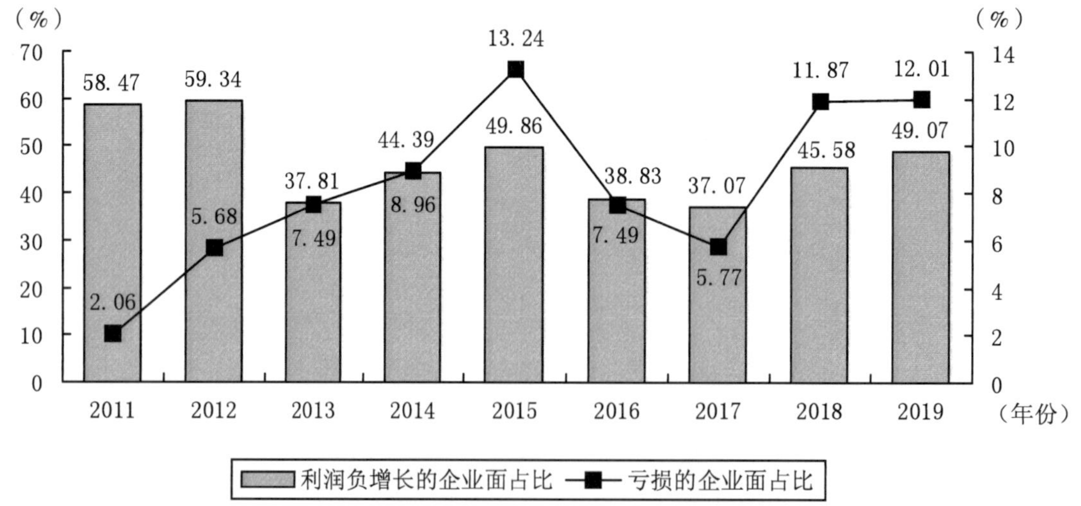

图 2-22 2011—2019 年制造业利润负增长和亏损的企业面占比分析

2. 收益性明显下降，亦有加剧趋势

2019 年制造业营收利润率为 3.23%，较 2018 年的 4.00%下降了 0.77 个百分点；资产利润率为 2.59%，较 2018 年的 2.66%下降了 0.07 个百分点；所有者权益报酬率为 4.53%，较 2018 年的 5.70%下降了 1.17 个百分点。三项收益性指标均有不同程度的下降，且均已经跌落或接近自 2011 年以来的最低水平，表明制造业的盈利能力明显减弱，预示后期市场这一趋势很难改变，尤其受新冠肺炎疫情影响，恐将会进一步加剧，需要引起业界的高度重视。

2011—2019 年制造业企业收益性指标分析见图 2-23。

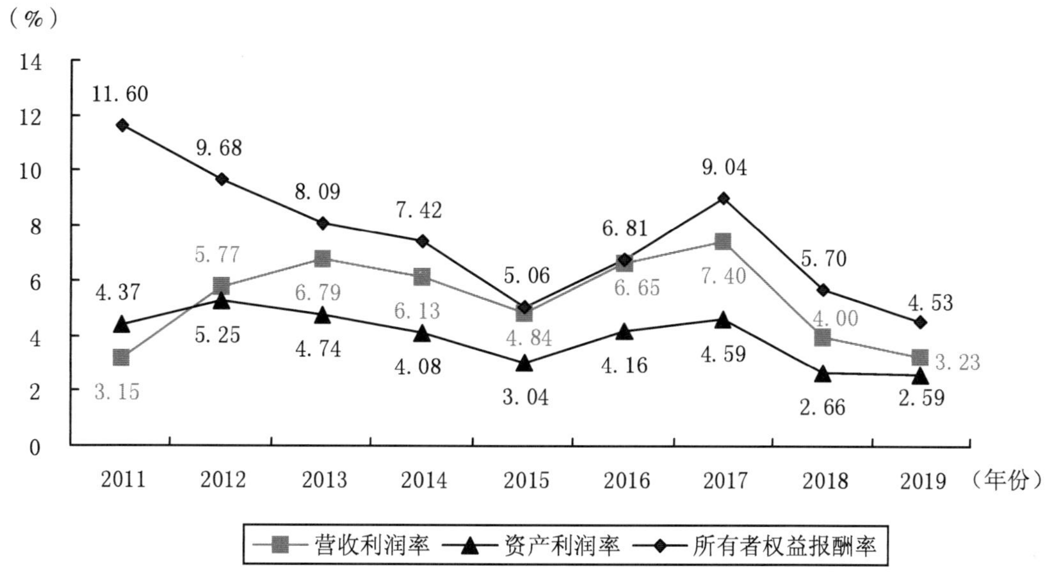

图 2-23 2011—2019 年制造业企业收益性指标分析

3. 流动性尚显滞缓，安全性有良好保障

第一，从流动性分析，2011—2019 年制造业企业的资产周转率分别为 1.09 次/年、1.05 次/年、1.04 次/年、0.97 次/年、0.72 次/年、0.79 次/年、0.79 次/年、0.72 次/年、0.71 次/年，2019 年较 2018 年资产周转率小幅下降，但流动性仍处于低位运行，亦有持续下行的趋势，表明制造业的流动性持续放缓，需引起关注。

第二，从安全性分析，2019 年制造业企业的所有者权益比率为 55.19%，较 2018 年的 53.56%提高了 1.63 个百分点，与之相对应的是理论负债率水平有所下降。这一情况表明，制造业企业的资金状况有所收紧。

2011—2019 年制造业企业的资本保值增值率分别为 112.77%、113.06%、110.15%、106.31%、104.03%、106.80%、110.82%、107.45%、106.78%，2019 年资本保值增值率较 2018 年下降了 0.67 个百分点。总体来看，虽然资本保值增值率处于相对较低水平，但仍相对稳定，表明该行业的整体安全性尚有良好保障。

4. 成长性指标增速放缓，利润重回负增长区间

第一，从两项经营性成长指标分析，2019 年制造业企业的营收增长率为 8.55%，较 2018 年的 14.13%回落了 5.58 个百分点；利润增长率为-1.68%，较 2018 年的 2.64%回落了 4.32 个百分点。

第二，从两项资产性成长指标分析，2019 年制造业企业的资产增长率为 9.53%，较 2018 年的 11.73%回落了 2.20 个百分点；资本积累率为 13.20%，较 2018 年的 9.89%提高了 3.31 个百分点。

综上所述，我国制造业企业两项经营性成长指标增速均明显放缓，尤其是利润再次跌落到负增长区间。两项资产性成长指标中，资产增速放缓，而资本积累率增加，表明我国制造业资本活跃度有所减弱。

2011—2019 年制造业企业成长性指标分析见图 2-24。

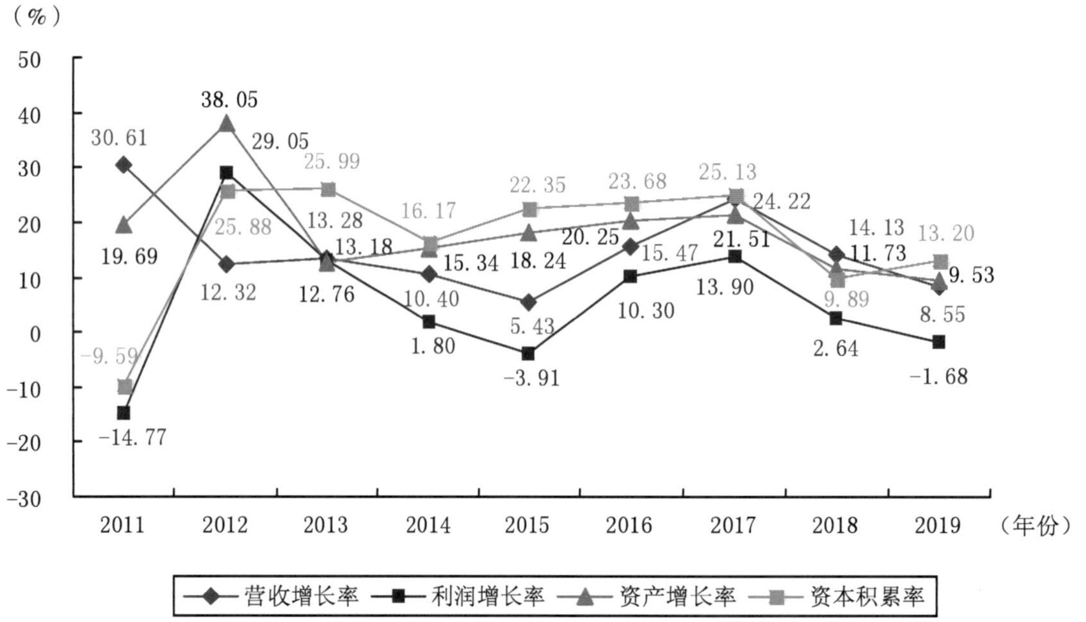

图 2-24 2011—2019 年制造业企业成长性指标分析

第三，2011—2019 年制造业从业人员增长率分别为 15.24%、13.25%、10.58%、3.00%、7.72%、5.82%、5.55%、5.21%、1.28%，2019 年制造业从业人员的增速明显放缓，为自 2011 年以来历史最低点，就业压力持续加大。

第四，我国制造业 2013—2019 年研发经费投入占营业额的比重分别为 4.16%、4.27%、

4.38%、4.60%、4.63%、4.79%、5.05%，呈现持续上升的态势，表明我国制造业研发投入强度逐年加强，其自主创新能力也势必逐年提高。

（三）服务业特征分析

1. 服务业整体回升明显，且幅度较大

2019 年我国服务业的景气指数为 108.11 点，较 2018 年的 103.55 点提高了 4.56 点；盈利指数为 102.44 点，较 2018 年的 94.84 点提高了 7.60 点；效益指数为 104.05 点，较 2018 年的 103.82 点提高了 0.23 点。综合三项指数分析，2019 年我国服务业企业总体呈现提高的态势，且提高的幅度也较大，三项指数均在荣枯线以上，成为拉动经济上升的主要动力。

2011—2019 年服务业信用环境分析见图 2-25。

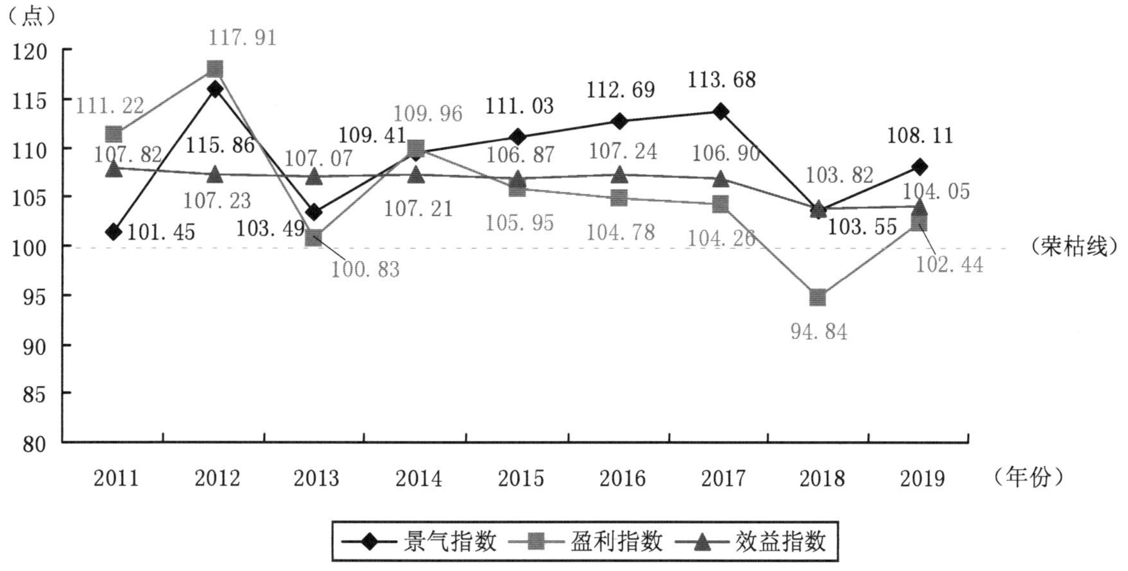

图 2-25 2011—2019 年服务业信用环境分析

2. 收益性指标延续下降态势

第一，从经营性收益指标分析，2019 年服务业企业的营收利润率为 5.46%，较 2018 年的 4.57%提高了 0.89 个百分点，这也是在连续几年下行之后的提升。

第二，从资产性收益指标分析，2019 年服务业企业的资产利润率为 1.13%，较 2018 年的 1.06%提高了 0.07 个百分点，但总体仍然处于低水平区间。

第三，从所有者权益报酬率分析，2019 年服务业企业的所有者权益报酬率为 5.55%，较 2018 年的 5.84%回落了 0.29 个百分点，净资产回报率延续了下降的态势。

2011—2019 年服务业企业收益性指标分析见图 2-26。

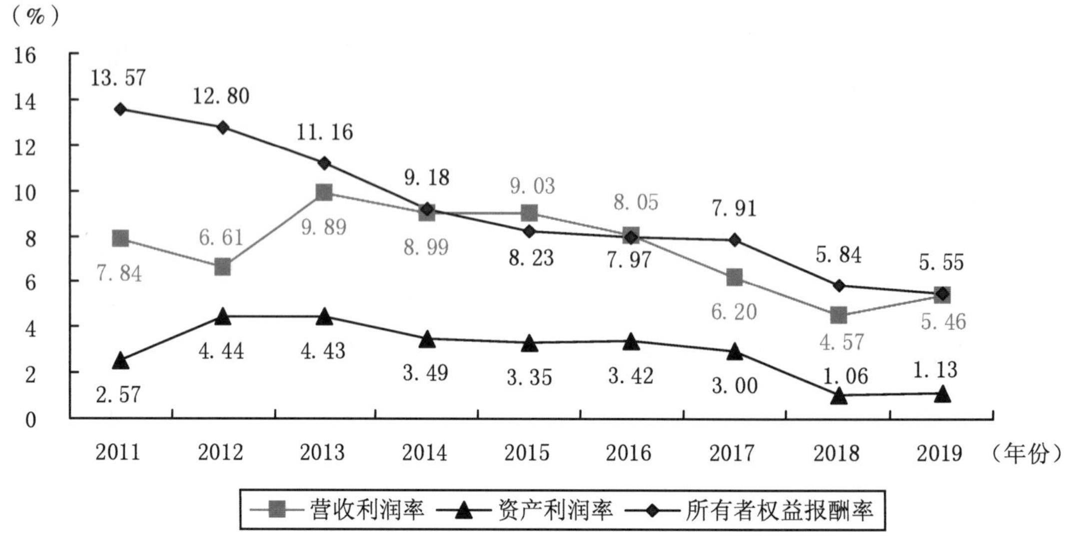

图 2-26 2011—2019 年服务业企业收益性指标分析

从图 2-26 中可以看出，我国服务业的三项收益性指标虽然有升有降，但总体处于低水平区间运行，表明服务业高利润时期已经过去，中低利润率将是今后一个时期的主要特征。

3. 流动性持续滞缓，总体负债水平没有明显变化

从服务业企业的流动性与安全性指标分析，2011—2019 年服务业企业的平均资产周转率分别为 1.53 次/年、1.48 次/年、1.02 次/年、0.98 次/年、0.98 次/年、1.06 次/年、1.15 次/年、0.59 次/年、0.58 次/年；所有者权益比率分别为 21.88%、31.60%、41.39%、34.93%、41.59%、42.71%、43.41%、41.57%、42.76%；资本保值增值率分别为 113.79%、114.97%、129.30%、111.33%、111.88%、110.96%、111.77%、105.84%、106.27%。

从这三项指标可以看出，服务业企业的流动性持续滞缓，处于低水平区间运行；理论负债率并没有明显变化，安全性有良好保障，但同时资金压力有所加大；资本保值增值率也处于相对较低水平。

4. 成长性指标增速有所提升，但市场动力不足

第一，从经营性成长指标分析，2019 年服务业企业的营收增长率为 10.58%，较 2018 年的 12.04%增速下降了 1.46 个百分点；利润增长率为 5.63%，较 2018 年的-4.94%提高了 10.57 个百分点。两项指标中，尽管营收增长率延续了下降走势，但仍然保持 10%以上的增速；利润增长率由负增长转为正增长，基本遏制住下行走势，但总体仍然处于低速增长

状态。

第二，从资产性成长指标分析，2019年服务业企业的资产增长率为11.42%，比2018年的10.56%回升了0.86个百分点；资本积累率为17.30%，比2018年的7.08%回升了10.22个百分点。两项资产性成长指标均有提升，表明服务业的资产活跃度明显提高，整体形势有所好转。

2011—2019年服务业企业成长性指标分析见图2-27。

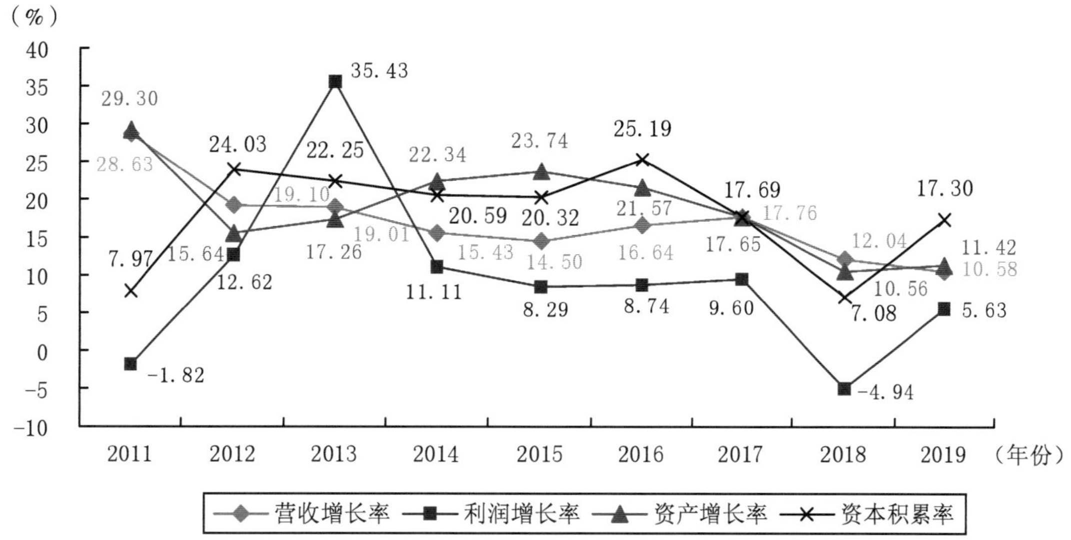

图2-27 2011—2019年服务业企业成长性指标分析

第三，从人员增长率分析，2019年服务业企业的人员增长率为2.92%，较2018年的5.78%回落了2.86个百分点。

综合以上分析可以看出，我国服务业整体经营形势有所好转，但远未走出低谷，因为其盈利能力仍然处于较低水平，流动性并没有明显改善，成长动力尚显不足。

三、2020中国企业信用发展所有制特征分析

（一）信用环境所有制特征分析

1. 国有企业运行呈现稳中有升的态势

2019年国有及国有控股企业的景气指数为108.65点，较2018年的106.62点提升了2.03点；

盈利指数为 102.93 点，较 2018 年的 101.10 点提升了 1.83 点；效益指数为 104.63 点，较 2018 年的 104.39 点提升了 0.24 点。

2011—2019 年国有及国有控股企业信用环境分析见图 2-28。

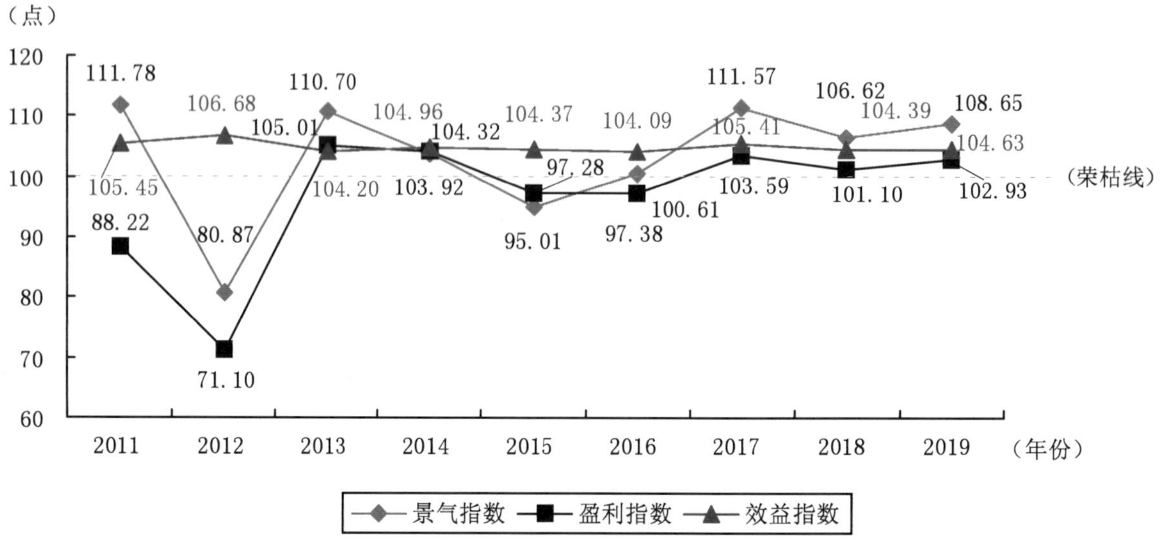

图 2-28 2011—2019 年国有及国有控股企业信用环境分析

通过图 2-28 可以看出，2019 年国有及国有控股企业的三项指数连续三年保持在荣枯线以上，总体呈现稳中有升的态势，2019 年较 2018 年增速有所提升。表明国有及国有控股企业整体经营形势持续好转，且运行相对平稳。预测后期市场，国有及国有控股企业整体上将会延续复苏回暖的态势，但在 2020 年受新冠肺炎疫情影响，可能会出现一定幅度的波动。

2. 民营企业和其他所有制企业，盈利能力仍呈下降走势

第一，从民营企业三项指数分析，2019 年民营企业的景气指数为 103.40 点，较 2018 年的 107.29 点下降了 3.89 点；盈利指数为 97.81 点，较 2018 年的 96.35 点提高了 1.46 点；效益指数为 102.52 点，较 2018 年的 103.80 点下降了 1.28 点。

2011—2019 年民营企业信用环境分析见图 2-29。

从图 2-29 中可以看出，2019 年民营企业的盈利指数虽有回升，但仍然处于荣枯线以下，表明其处于负增长区间，只是负增长的幅度较 2018 年有所收窄。由此可见，民营企业受宏观经济环境不利因素的影响较大，且恢复性增长的周期也较长，相对于国有及国有控股企业来说，也明显具有滞后性特征。

第二，其他所有制企业是指包括集体所有制、混合所有制在内的其他所有制企业。从其他所有制企业三项指数分析，2019 年其他所有制企业的景气指数为 104.55 点，较 2018 年的 105.19

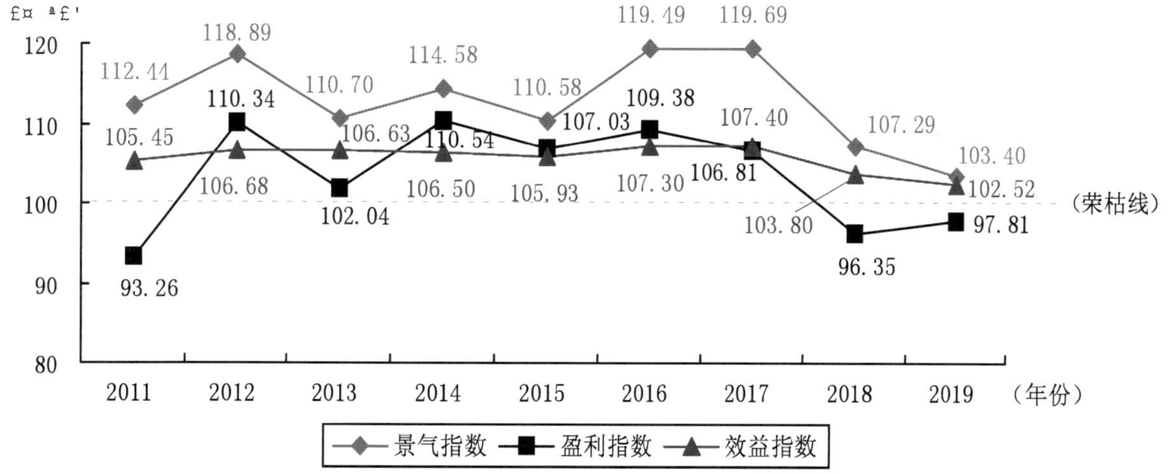

图 2-29 2011—2019 年民营企业信用环境分析

点回落了 0.64 点；盈利指数为 99.44 点，较 2018 年的 96.05 点提升了 3.39 点；效益指数为 103.96 点，较 2018 年的 103.53 点提升了 0.43 点。

2011—2019 年其他所有制企业信用环境分析见图 2-30。

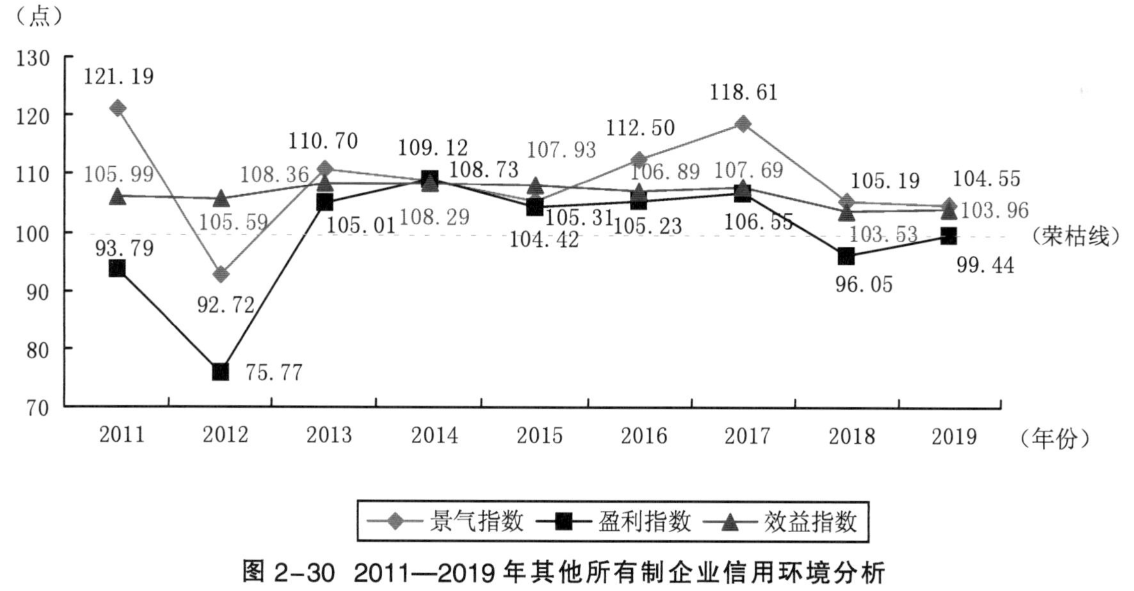

图 2-30 2011—2019 年其他所有制企业信用环境分析

从图 2-30 中可以看出，其他所有制企业的三项指数有升有降，但幅度有限。其中，景气指数微幅下降；盈利指数回升到荣枯线附近，表明其负增长的幅度有限，基本上保持在 2018 年的水平；效益指数略有提升，表明整体效益有所提升。

通过对不同所有制企业的综合分析可以看出，国有及国有控股企业经营形势持续好转，受宏观经济环境的影响较小，是提升经济增速的主要动力；民营企业受宏观经济环境影响较大，面临的经营环境没有明显改善；其他所有制企业介于以上两者之间，恢复性增长迹象显现。总体而言，我国企业整体发展仍然面临着宏观经济环境不确定性因素增多的严峻挑战。

（二）效益及其趋势所有制特征分析

1. 企业的收益性指标“冷暖”各异，尚有较大的提升空间

第一，从营收利润率指标分析，2019 年国有企业营收利润率为 6.20%，较 2018 年的 5.39%提高了 0.81 个百分点；民营企业营收利润率为 2.16%，较 2018 年的 3.22%下降了 1.06 个百分点；其他所有制企业营收利润率为 4.33%，较 2018 年的 4.04%提高了 0.29 个百分点。

2011—2019 年营收利润率所有制对比分析见图 2-31。

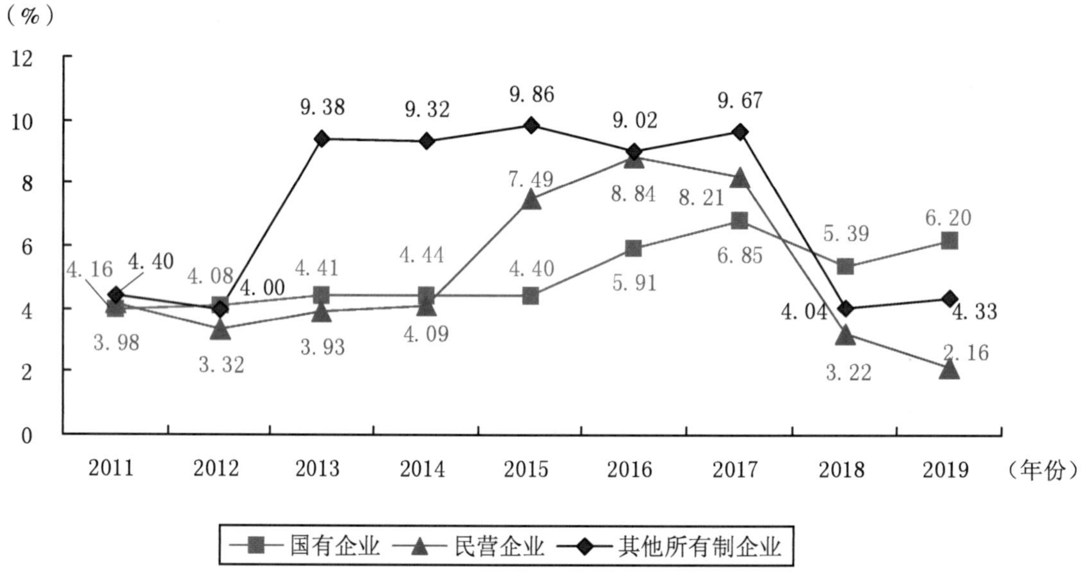

图 2-31 2011—2019 年营收利润率所有制对比分析

三种不同所有制企业的营收利润率表现各有不同。其中，民营企业的营收利润率下降幅度较大，且已经降低到自 2011 年以来的最低水平；国有企业和其他所有制企业的收益性回升，尤其是国有企业提升幅度较大，总体运行在相对高水平区间，可见其结构性调整成效显著。

第二，从资产利润率分析，2019 年国有企业资产利润率为 2.28%，较 2018 年的 2.22%提

高了 0.06 个百分点；民营企业资产利润率为 1.72%，较 2018 年的 2.34%回落了 0.62 个百分点；其他所有制企业资产利润率为 1.93%，较 2018 年的 0.99%提高了 0.94 个百分点。

2011—2019 年资产利润率所有制对比分析见图 2-32。

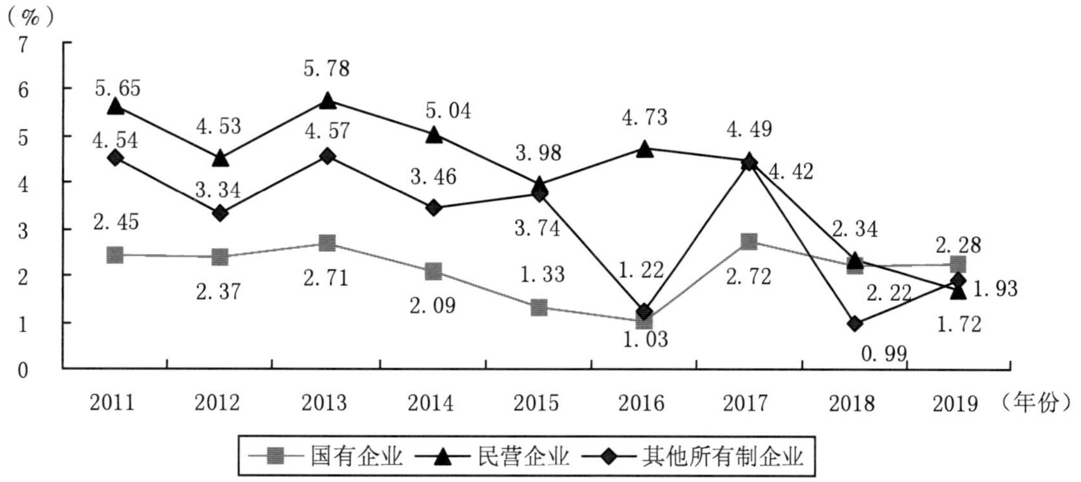

图 2-32 2011—2019 年资产利润率所有制对比分析

三种不同所有制企业的资产利润率均与营收利润率和走势相同，国有企业和其他所有制企业均有所提升，而民营企业则呈现下降的态势。总体来看，三种不同所有制企业的资产效益相对处于低水平区间，尚有较大的提升空间。

第三，从所有者权益报酬率分析，2019 年国有企业所有者权益报酬率为 5.40%，较 2018 年的 5.58%回落了 0.18 个百分点；民营企业所有者权益报酬率为 3.67%，较 2018 年的 5.84%回落了 2.17 个百分点；其他所有制企业所有者权益报酬率为 5.64%，较 2018 年的 5.56%提升了 0.08 个百分点。除其他所有制企业的所有者权益报酬率有所提升外，国有企业和民营企业均呈现下降态势，民营企业下降幅度更大。

2. 流动性平稳，负债率下降，资本保值增值率相对较低

第一，从流动性指标分析，2013—2019 年国有企业的资产周转率分别为 0.86 次/年、0.79 次/年、0.71 次/年、0.61 次/年、0.69 次/年、0.61 次/年、0.62 次/年；民营企业的资产周转率分别为 1.00 次/年、0.96 次/年、0.86 次/年、0.65 次/年、0.70 次/年、0.71 次/年、0.69 次/年；其他所有制企业的资产周转率分别为 0.77 次/年、0.75 次/年、0.65 次/年、0.57 次/年、0.61 次/年、0.63 次/年、0.60 次/年。2019 年除国有企业的资产周转率有微幅提升外，民营企业和其他所有制企业均小幅降低，但三者的波动幅度相对较小。总体来看，企业的流动性仍然徘徊在一个相对较低的水平区间，并没有明显改善。

第二，从负债水平分析，2013—2019 年国有企业的所有者权益比率分别为 37.80%、36.33%、36.99%、38.57%、39.13%、38.72%、42.17%；民营企业的所有者权益比率分别为 54.32%、50.26%、56.33%、57.34%、55.35%、53.62%、55.00%；其他所有制企业的所有者权益比率分别为 50.31%、47.73%、51.15%、52.35%、55.38%、50.27%、52.01%。三种不同所有制企业的所有者权益比率均呈现提升的态势，表明企业的理论负债率是下降的状态，安全性有良好保障。但同时也意味着企业的资金压力有进一步加大的趋势，应引起业界的关注。

2013—2019 年所有者权益比率所有制对比分析见图 2-33。

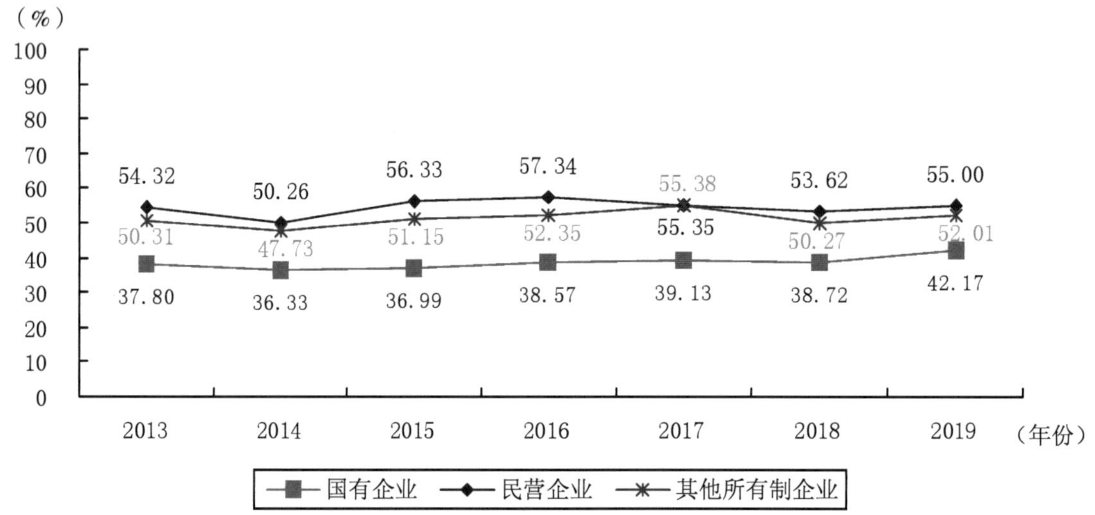

图 2-33 2013—2019 年所有者权益比率所有制对比分析

第三，从资本保值增值率分析，2013—2019 年国有企业的资本保值增值率分别为 111.36%、106.69%、104.14%、105.69%、107.34%、106.51%、106.96%；民营企业的资本保值增值率分别为 116.19%、112.23%、112.05%、111.90%、112.03%、107.61%、106.31%；其他所有制企业的资本保值增值率分别为 117.57%、110.34%、111.98%、110.42%、111.26%、105.66%、106.37%。从资本保值增值率指标来看，三种不同所有制企业均表现得相对平稳，波幅较小。其中，2019 年国有企业和其他所有制企业的资本保值增值率小幅提高，民营企业则有所下降，总体来看，仍然在相对较低水平区间运行。

3. 成长性指标增速回落，后期市场增长空间有限

第一，从营收增长率分析，2019 年国有企业的营收增长率为 11.07%，较 2018 年的 9.65%提高了 1.42 个百分点；民营企业的营收增长率为 8.92%，较 2018 年的 15.95%下降了 7.03 个百分点；其他所有制企业的营收增长率为 8.96%，较 2018 年的 12.51%下降了 3.55 个百分点。三种所

有制企业的营收增长率升降各不相同。其中，国有企业增速回升到10%以上，民营企业和其他所有制企业则下降到10%以下，且下降幅度较大。总体来看，企业整体的营业收入增速相对保持在中低速区间。

2011—2019 年营收增长率所有制对比分析见图 2-34。

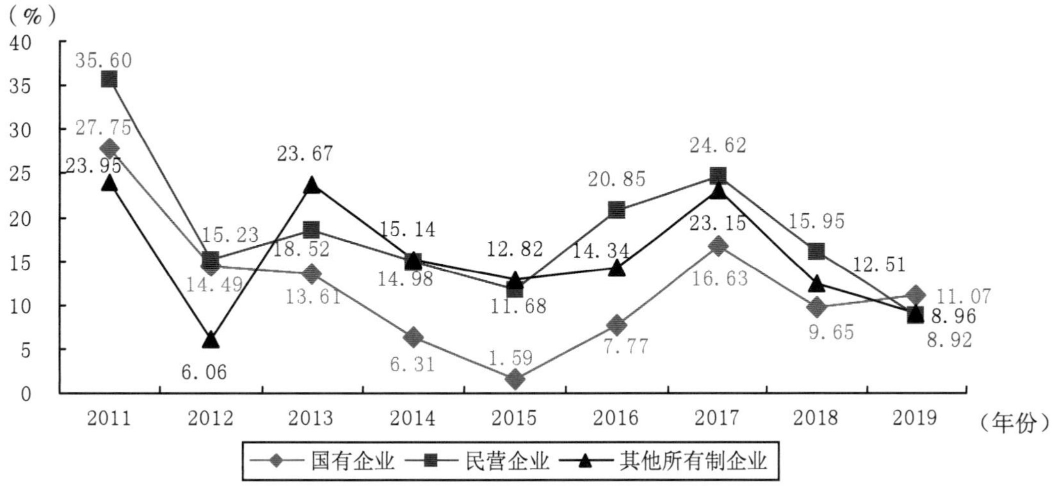

图 2-34 2011—2019 年营收增长率所有制对比分析

第二，从利润增长率分析，2019 年国有企业的利润增长率为 6.22%，较 2018 年的 3.60%提高了 2.62 个百分点，增幅最大；民营企业的利润增长率为-2.13%，较 2018 年负增长幅度扩大了 0.76 个百分点；其他所有制企业的利润增长率为 0.14%，由 2018 年的负增长转为正增长。

2011—2019 年利润增长率所有制对比分析见图 2-35。

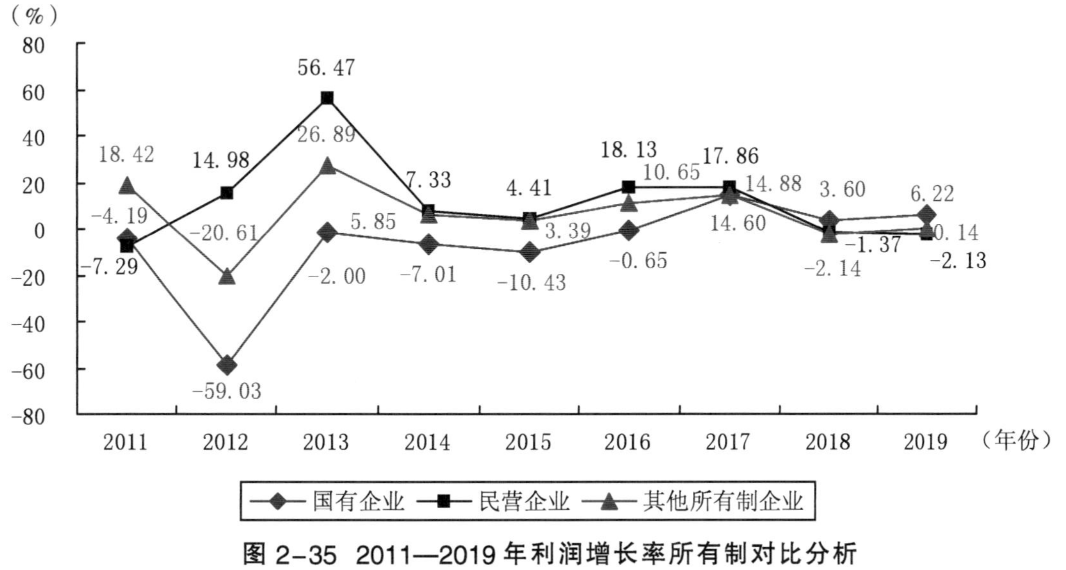

图 2-35 2011—2019 年利润增长率所有制对比分析

第三，从资产增长率分析，2019 年国有企业的资产增长率为 8.77%，比 2018 年的 7.49%提升了 1.28 个百分点；民营企业的资产增长率为 10.93%，比 2018 年的 13.66%回落了 2.73 个百分点；其他所有制企业的资产增长率为 9.85%，比 2018 年的 10.39%回落了 0.54 个百分点。

2011—2019 年资产增长率所有制对比分析见图 2-36。

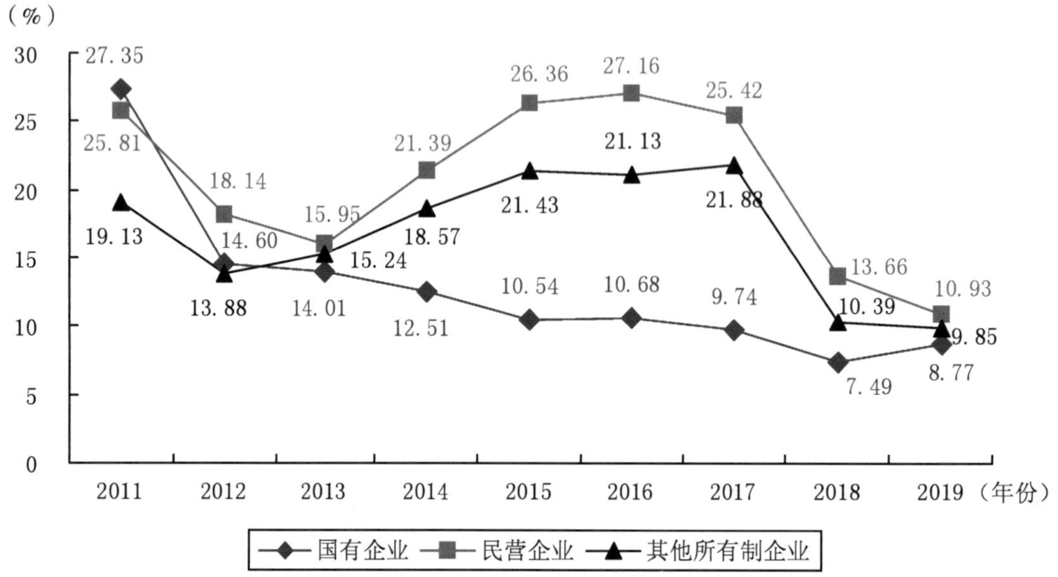

图 2-36 2011—2019 年资产增长率所有制对比分析

从图 2-36 的资产增长率指标分析可以看出，国有企业的资产增速有所回升，但民营企业和其他所有制企业的资产增速均延续了持续下行的态势。总体来看，三种不同所有制企业的资产增速处在 10%左右的水平。预测资产中低速增长将是今后一个时期的新常态，但由于新冠肺炎疫情影响，2020 年乃至于今后两三年，我国企业总体资产增速将会有进一步下行的趋势。

第四，从资本积累率分析，2019 年国有企业的资本积累率为 18.89%，较 2018 年的 7.91%提升了 10.98 个百分点；民营企业的资本积累率为 12.98%，较 2018 年的 10.29%提升了 2.69 个百分点；其他所有制企业的资本积累率为 13.63%，较 2018 年的 7.09%提升了 6.54 个百分点。资产增速放缓，资本积累放大，表明企业普遍存在谨慎的投资心理，以提升自身的抗风险能力。

第五，从人员变化分析，2019 年国有企业的从业人员增长率为 1.97%，较 2018 年的 2.74%回落了 0.77 个百分点；民营企业的从业人员增长率为 2.44%，比 2018 年的 6.68%回落了 4.24 个百分点；其他所有制企业的从业人员增长率为 0.87%，比 2018 年的 6.15%回落了 5.28 个百分点。三种不同所有制企业的从业人员增长率均下降，表明人员规模扩张放缓，就业压力加大。

综合以上成长性指标分析可以看出，三种不同所有制企业的成长性指标总体处于增速放缓的态势，但运行也相对平稳。从趋势性分析来看，后期市场受新冠肺炎疫情影响，短期内增长空间仍然有限，发展动力尚显不足。

四、2020中国企业信用发展规模特征分析

在本报告2020年入库企业的有效数据样本中，特大型企业占样本总量的比例为10.29%，大型企业占比为32.56%，中型企业占比为47.15%，小型企业占比为10.00%。与2019年相比变化幅度不大。

企业规模划分标准及所占比例见表2-1。

表2-1 企业规模划分标准及所占比例

项目	特大型企业	大型企业	中型企业	小型企业
年营业收入总额(亿元)	≥500	50~500	5~50	<5
2020年占样本量比例(%)	10.29	32.56	47.15	10.00
2019年占样本量比例(%)	9.58	32.45	47.45	10.52

(一) 信用环境规模特征分析

1. 特大型企业运行平稳

2019年特大型企业的景气指数为111.77点，较2018年的110.97点提高了0.80点；盈利指数为104.09点，较2018年的103.05点提高了1.04点；效益指数为105.59点，较2018年的105.99点下降了0.40点。我国特大型企业的景气指数和盈利指数均有所提高，且保持在相对较高水平；效益指数表现为小幅下降，但仍然保持在105点之上。总体来看，特大型企业对宏观经济环境不确定因素的抵御能力较强，整体运行相对平稳。

2011—2019年特大型企业信用环境分析见图2-37。

2. 大型企业平稳运行

2019年大型企业的景气指数为111.23点，较2018年的110.03点提高了1.20点；盈利指

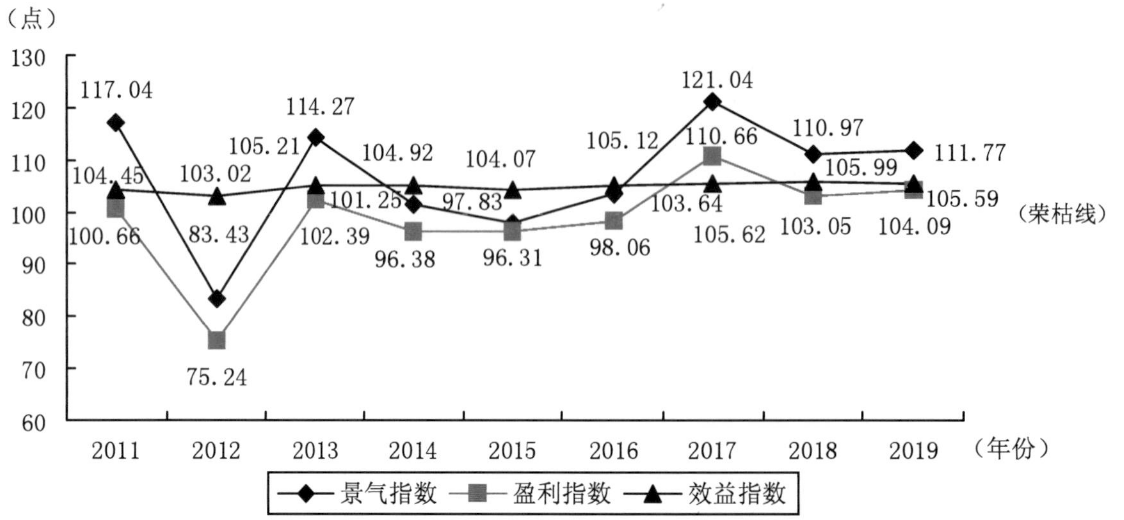

图 2-37 2011—2019 年特大型企业信用环境分析

数为 105.24 点，较 2018 年的 102.26 点提高了 2.98 点；效益指数为 105.94 点，较 2018 年的 106.26 点下降了 0.32 点。

2011—2019 年大型企业信用环境分析见图 2-38。

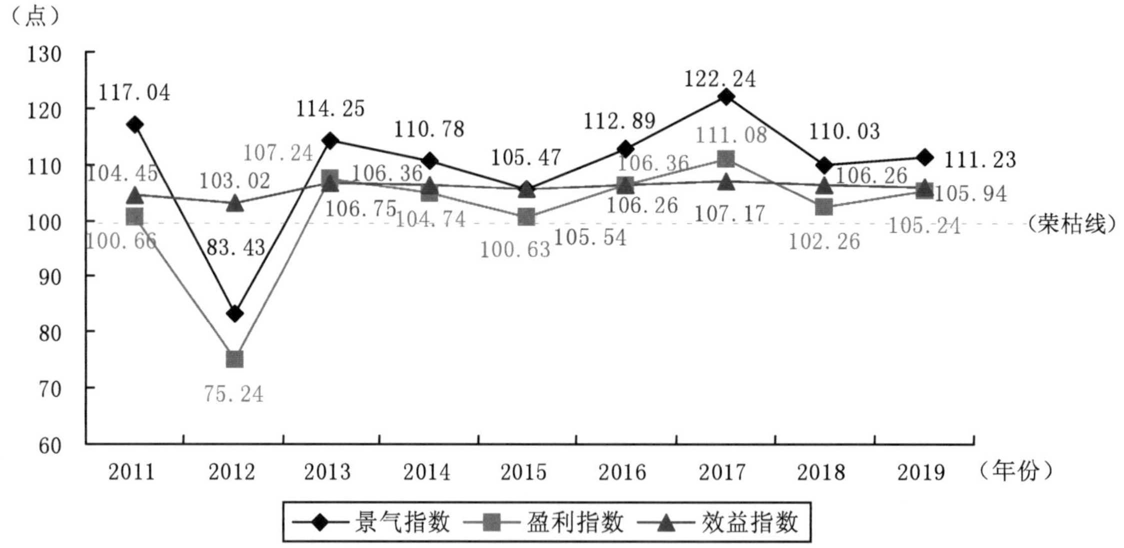

图 2-38 2011—2019 年大型企业信用环境分析

综合三项指数可以看出，我国大型企业与特大型企业有着大体相同的运行趋势，且表现强势，三项指数均在 105 点之上，尤其是景气指数保持在 110 点之上。这一情况表明，我国特大型企业和大型企业的发展柔韧性更强，恢复性增长的基础牢固，高质量发展成果明显。

3. 中型企业稳中有降

2019 年中型企业的景气指数为 104.68 点，较 2018 年的 108.41 点下降了 3.73 点；盈利指数为 98.50 点，较 2018 年的 97.88 点提高了 0.62 点；效益指数为 102.83 点，较 2018 年的 103.27 点下降了 0.44 点。

2011—2019 年中型企业信用环境分析见图 2-39。

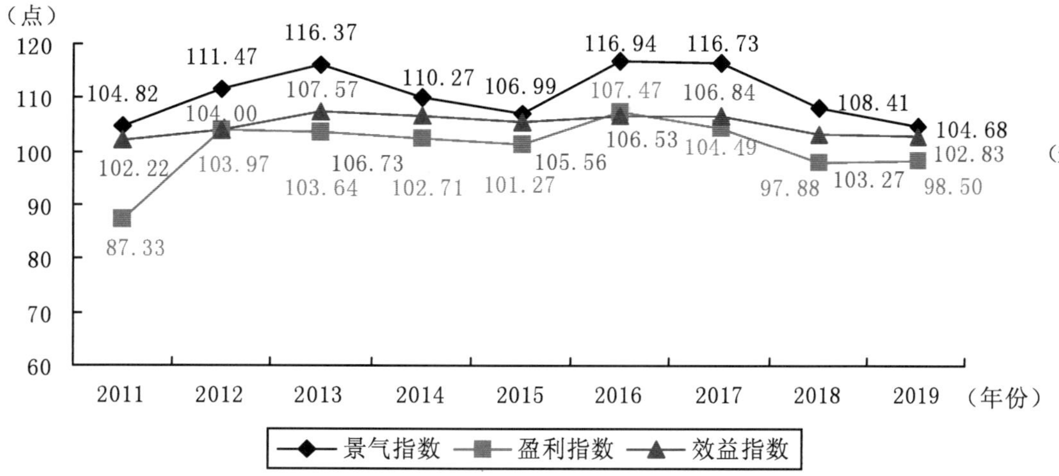

图 2-39 2011—2019 年中型企业信用环境分析

从图 2-39 中可以看出，我国中型企业的景气指数回落到 105 点以下，表明其整体市场环境仍然处于收紧状态；盈利指数仍然在荣枯线以下，但较 2018 年负增长的幅度有所收窄；效益指数较 2018 年再有回落，整体效益仍在下行通道之上。总体来看，我国中型企业的经营环境和盈利能力尚无明显改善。

4. 小型企业徘徊在负增长区间

2019 年小型企业的景气指数为 82.35 点，较 2018 年的 84.32 点下降了 1.97 点；盈利指数为 83.13 点，较 2018 年的 78.49 点提高了 4.64 点；效益指数为 97.41 点，较 2018 年的 97.83 点下降了 0.42 点。

我国小型企业的三项指数均处在荣枯线以下，表明其仍然呈现负增长的态势。其中，景气指数和效益指数的负增长幅度有所扩大，盈利指数的负增长幅度有明显收窄。总体来看，我国小型企业面临的经营环境仍然十分艰难，这也是影响我国经济运行的主要因素。

2011—2019 年小型企业信用环境分析见图 2-40。

综合对不同规模企业的分析，我国特大型企业和大型企业表现出强势回升的态势，

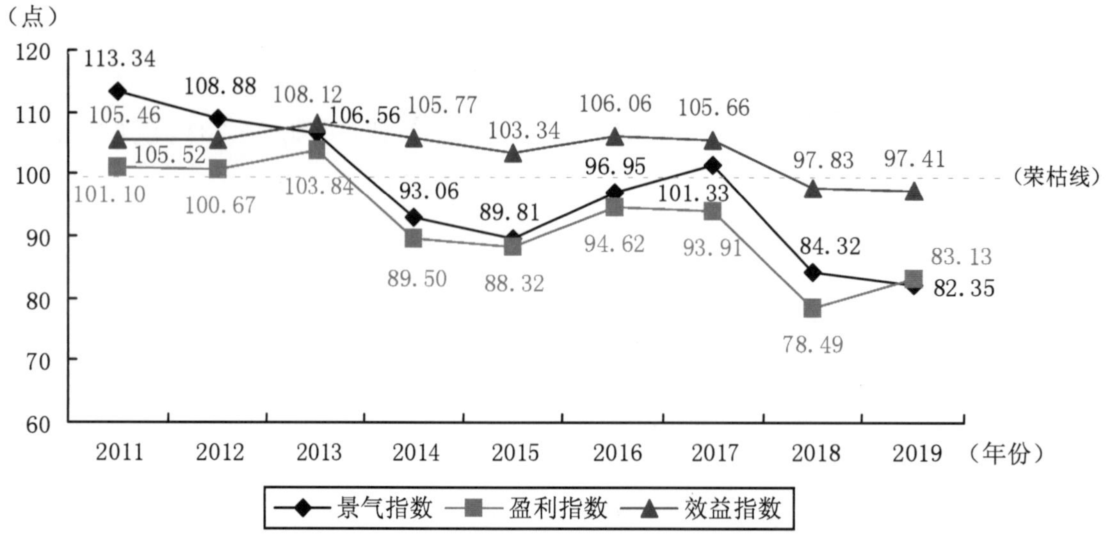

图 2-40 2011—2019 年小型企业信用环境分析

恢复性增长迹象明显；中型企业稳中有降，但仍然保持一定幅度的增长。总体来看，大型企业结构性调整的动能充沛，效果明显，是我国经济运行的主要拉动力；而小型企业深陷负增长区间，所面临的经营环境及竞争压力明显增大，经营环境亟待改善，结构性调整的力度应进一步加大。如何帮助小型企业走出困境，需要引起各级政府及业界的高度关注。

（二）效益及其趋势规模特征分析

1. 企业收益性普遍下降，小型企业收益进一步收紧

第一，从营收利润率规模特征分析，2019 年特大型企业的营收利润率为 4.47%，比 2018 年的 4.51%下降了 0.04 个百分点；大型企业的营收利润率为 5.56%，与 2018 年持平；中型企业的营收利润率为 3.80 %，比 2018 年的 4.19%下降了 0.39 个百分点；小型企业的营收利润率为-2.23%，比 2018 年的-1.78%下降了 0.45 个百分点。

2011—2019 年营收利润率规模特征对比分析见图 2-41。

从图 2-41 中可以看出，特大型、大型企业营收利润率运行相对平稳，中型企业的营收利润率有所下降，但仍然保持一定的收益性；而小型企业的营收利润率仍然为负数，表现为整体性亏损，且亏损幅度进一步扩大。

第二，从资产利润率规模特征分析，2019 年特大型企业的资产利润率为 2.87%，比 2018 年的 2.89%下降了 0.02 个百分点；大型企业的资产利润率为 3.54%，比 2018 年的 3.70%下降

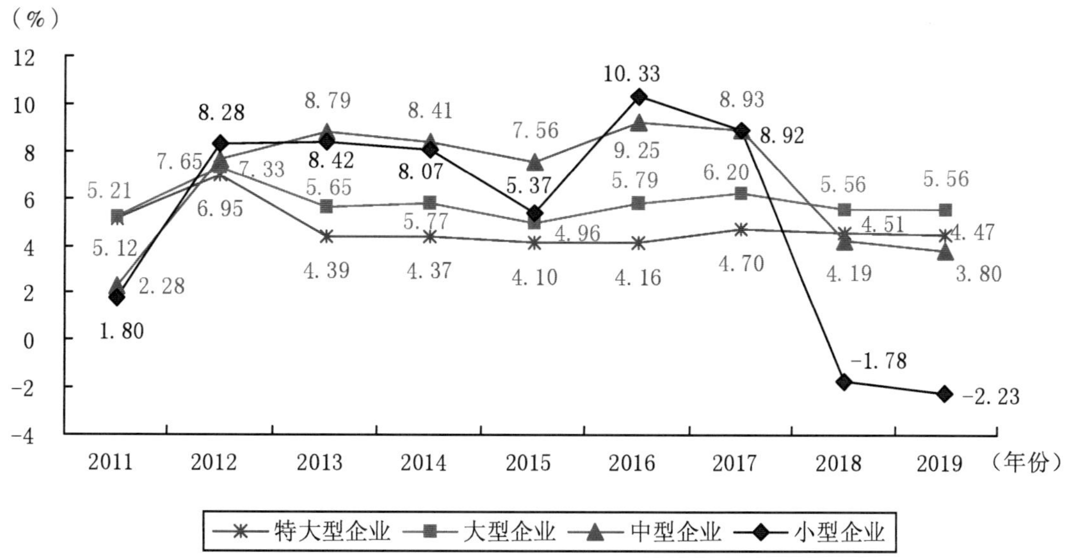

图 2-41 2011—2019 年营收利润率规模特征对比分析

了 0.16 个百分点；中型企业的资产利润率为 2.16%，比 2018 年的 1.81%提高了 0.35 个百分点；小型企业的资产利润率为-4.47%，比 2018 年的-2.71%扩大了 1.76 个百分点。

从资产收益性指标分析，特大型企业、大型企业和中型企业的资产收益基本保持平稳，波动较小，而小型企业的资产收益进一步收紧。

2011—2019 年资产利润率规模特征对比分析见图 2-42。

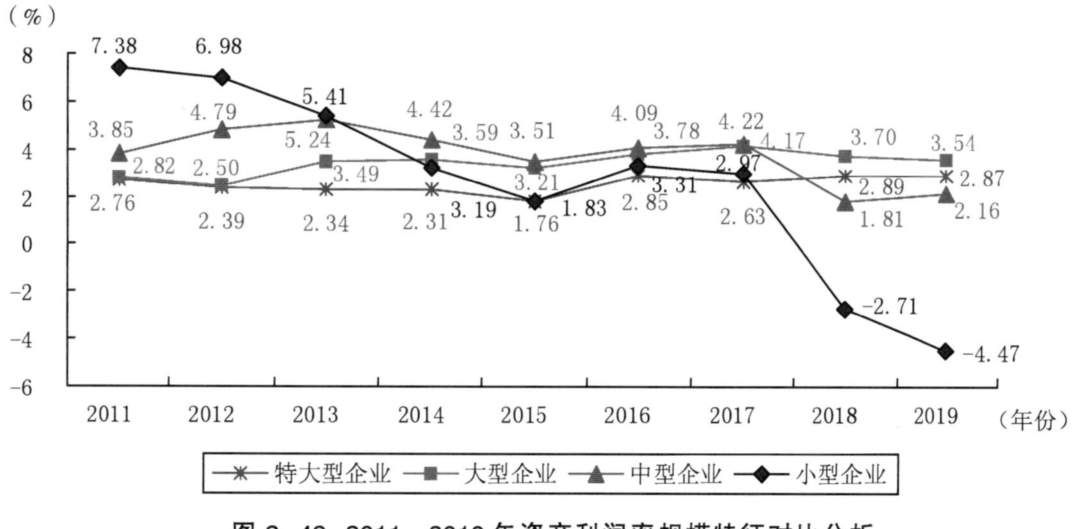

图 2-42 2011—2019 年资产利润率规模特征对比分析

第三，从所有者权益报酬率分析。2019 年特大型企业的所有者权益报酬率为 9.43%，比

2018 年的 10.56%下降了 1.13 个百分点；大型企业的所有者权益报酬率为 8.71%，比 2018 年的 9.51%下降了 0.80 个百分点；中型企业的所有者权益报酬率为 2.52%，比 2018 年的 3.82%下降了 1.30 个百分点；小型企业的所有者权益报酬率为-1.06%，比 2018 年的-2.03%收窄了 0.97 个百分点。

2011—2019 年所有者权益报酬率规模特征对比分析见图 2-43。

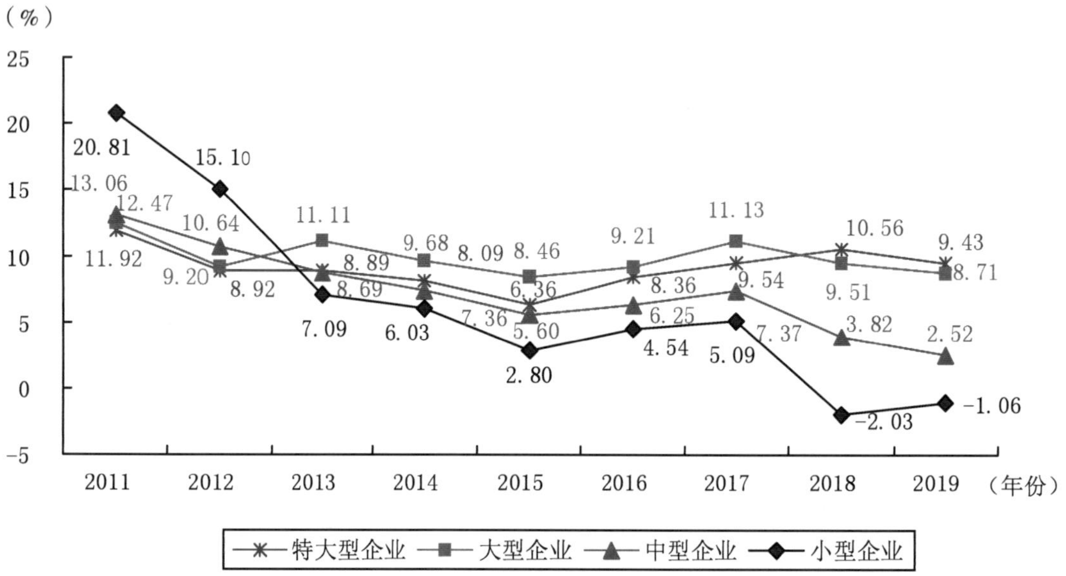

图 2-43 2011—2019 年所有者权益报酬率规模特征对比分析

从所有者权益报酬率指标分析来看，特大型企业、大型企业和中型企业的所有者权益报酬率均有所下降，但下降幅度较小，运行相对平稳；小型企业的所有者权益报酬率延续了亏损的状态，但亏损的幅度有所收窄。

2. 大中型企业保持较高资本增值，小型企业融资环境明显改善

第一，从流动性分析，2019 年特大型企业的资产周转率为 0.89 次/年，较 2018 年的 0.92 次/年下降了 0.03 次/年；大型企业的资产周转率为 0.87 次/年，较 2018 年的 0.89 次/年下降了 0.02 次/年；中型企业的资产周转率为 0.55 次/年，较 2018 年的 0.56 次/年下降了 0.01 次/年；小型企业的资产周转率为 0.33 次/年，较 2018 年的 0.32 次/年提高了 0.01 次/年。企业的流动性表现相对平稳，波动幅度有限。

2017—2019 年不同规模企业的流动性、安全性指标对比分析见表 2-2。

第二，从所有者权益比率分析，2019 年特大型企业的所有者权益比率为 26.28%，较 2018 年的 24.05%提高了 2.23 个百分点；大型企业的所有者权益比率为 39.45%，较 2018 年的 36.91%提

表 2-2 2017—2019 年不同规模企业的流动性、安全性指标对比分析

指标 \ 规模/年份	特大型企业			大型企业			中型企业			小型企业		
	2017	2018	2019	2017	2018	2019	2017	2018	2019	2017	2018	2019
资产周转率（次/年）	0.95	0.92	0.89	0.88	0.89	0.87	0.54	0.56	0.55	0.36	0.32	0.33
所有者权益比率（%）	24.46	24.05	26.28	36.15	36.91	39.45	58.94	57.10	59.39	70.67	66.32	63.52
理论负债率（%）	75.54	76.00	73.72	63.85	63.09	60.55	41.06	42.90	40.61	29.33	33.68	36.48
资本保值增值率（%）	111.53	112.22	111.97	112.66	111.08	110.68	109.59	104.82	105.56	107.04	99.80	93.52

高了 2.54 个百分点；中型企业的所有者权益比率为 59.39%，较 2018 年的 57.10%提高了 2.29 个百分点；小型企业的所有者权益比率为 63.52%，较 2018 年的 66.32%下降了 2.80 个百分点。

从表 2-2 中可以看出，2018—2019 年特大型企业和大中型企业的理论负债率呈现下降的态势，反映出其普遍持慎重的投资考量，而小型企业的理论负债率则呈现逐年上升的态势，政策效应释放迹象明显，对小型企业的效益传导效应值得期待。

第三，从资本保值增值率分析，2019 年特大型企业的资本保值增值率为 111.97%，较 2018 年的 112.22%下降了 0.25 个百分点；大型企业的资本保值增值率为 110.68%，较 2018 年的 111.08%%下降了 0.40 个百分点；中型企业的资本保值增值率为 105.56%，较 2018 年的 104.82%提高了 0.74 个百分点；小型企业的资本保值增值率为93.52%，较 2018 年的 99.80%下降了 6.28 个百分点。

从表 2-2 中可以看出，特大型企业和大型企业的资本保值增值率虽有所下降，但幅度有限，总体保持 110%以上高位运行；中型企业有所提升，达到 105%以上；而小型企业仍然低于 100%的保本点，且整体性亏损幅度有所扩大。

3. 大中型企业保持较高增速，小型企业增速进一步放缓

第一，从营业收入增长率规模特征分析，2019 年特大型企业的营业收入增长率为 15.13%，较 2018 年的 15.61%下降了 0.48 个百分点；大型企业的营业收入增长率为 11.35%，较 2018 年的 14.51%下降了 3.16 个百分点；中型企业的营业收入增长率为 10.27%，较 2018 年的 14.95%下降了 4.68 个百分点；小型企业的营业收入增长率为-3.87%，由 2018 年的正增长转为负增长。

从以上分析可以看出，特大型企业、大型企业和中型企业的增速虽有所下降，但均保持较高水平，尤其是特大型企业的增长速度保持在 15%以上，而小型企业则由正增长转为负增

长，且负增长的幅度也较大，也是自 2011 年以来首次跌入负增长区间。

2011—2019 年营业收入增长率规模特征对比分析见图 2-44。

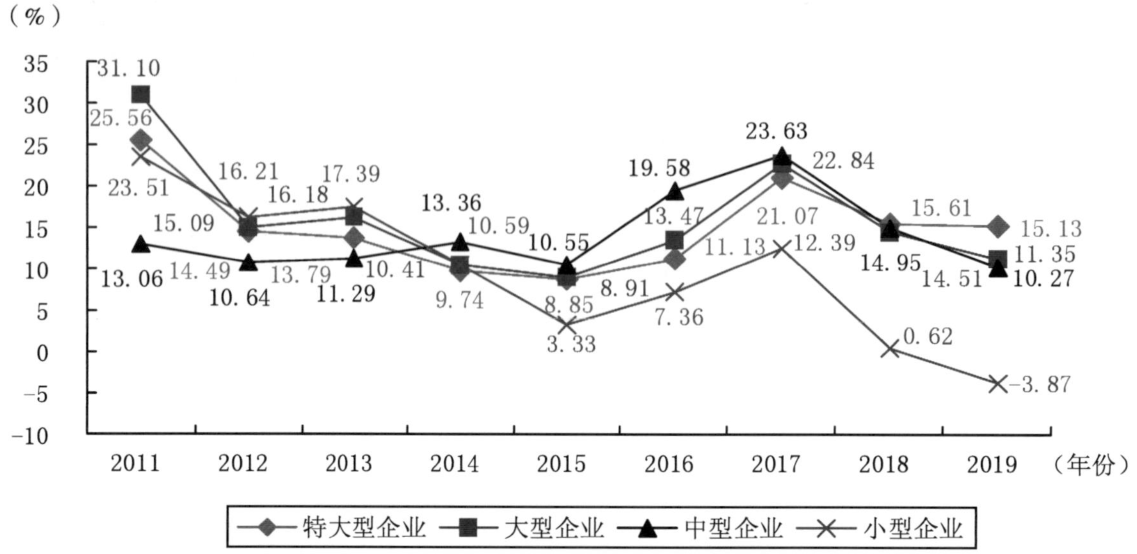

图 2-44 2011—2019 年营业收入增长率规模特征对比分析

第二，从利润增长率规模特征分析，2019 年特大型企业的利润增长率为 8.40%，较 2018 年的 6.32%提高了 2.08 个百分点；大型企业的利润增长率为 11.11%，较 2018 年的 5.55%提高了 5.56 个百分点；中型企业的利润增长率为-0.92%，较 2018 年的 1.87%下降了 2.79 个百分点；小型企业的利润增长率为-31.43%，较 2018 年的-31.98%收窄了 0.55 个百分点。

2011—2019 年利润增长率规模特征对比分析见图 2-45。

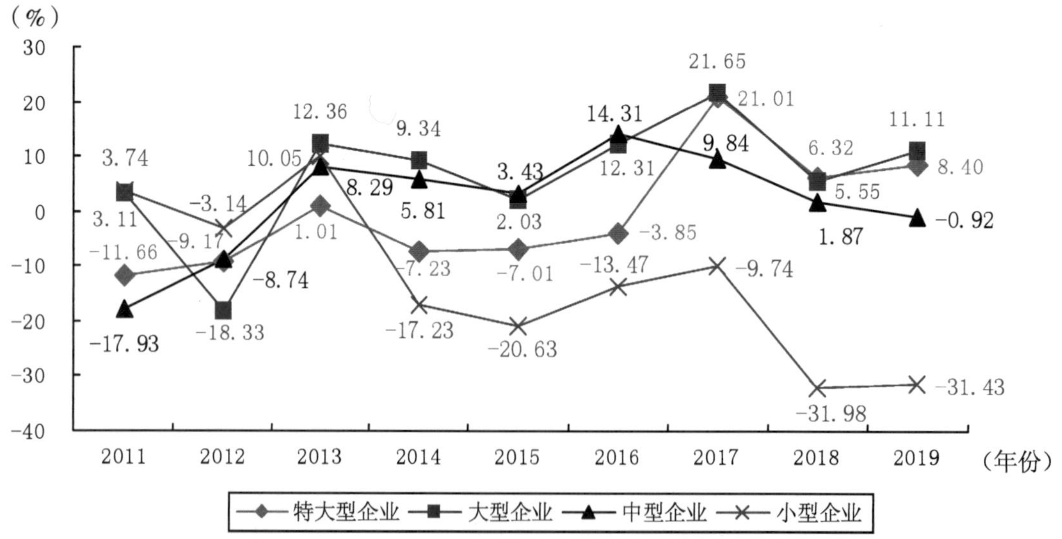

图 2-45 2011—2019 年利润增长率规模特征对比分析

从图 2-45 中可以看出，特大型企业和大型企业的利润增长率反弹势头明显，但中小型企业则出现负增长。由此可见，中小型企业仍然面临着盈利能力减弱、经营困难、竞争压力加大的较为不利的市场环境。

第三，从资产增长率规模特征分析，2019 年特大型企业的资产增长率为 13.80%，较 2018 年的13.15%提高了 0.65 个百分点；大型企业的资产增长率为 10.58%，较 2018 年的 11.01%下降了 0.43 个百分点；中型企业的资产增长率为 10.50%，较 2018 年的12.02%下降了 1.52 个百分点；小型企业的资产增长率为3.28%，较 2018 年的 5.47%下降了 2.19 个百分点。

2011—2019 年资产增长率规模特征对比分析见图 2-46。

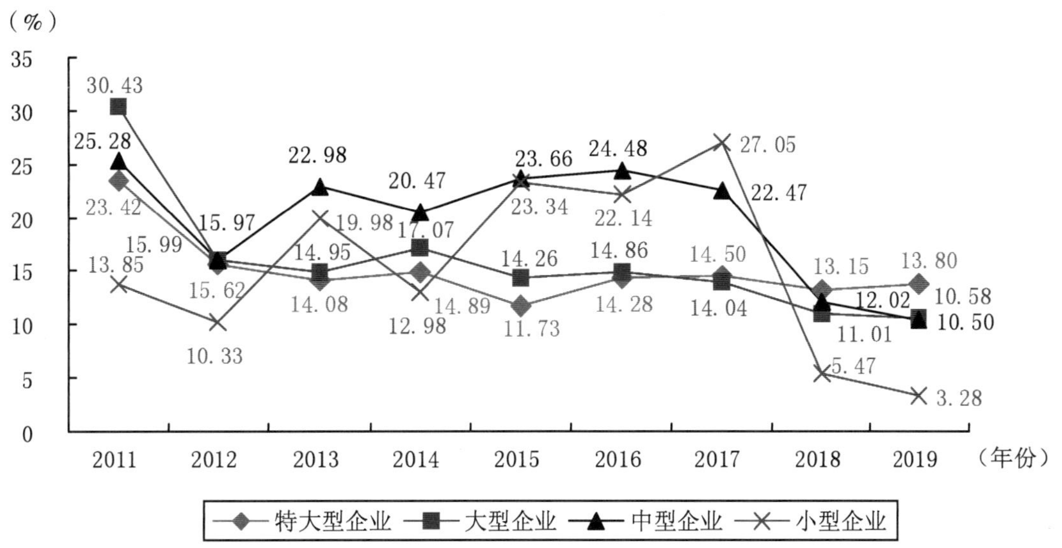

图 2-46 2011—2019 年资产增长率规模特征对比分析

综合资产增长率指标分析，除特大型企业的资产增长率有所提高外，其他规模企业的资产增长率均呈现下降的态势，尤其是小型企业的资产规模增速明显放缓。总体而言，我国企业普遍存在资产规模增速放缓的趋势，但大中型企业的资产规模仍保持 10%以上的相对较高的增速，小型企业受宏观经济影响较为明显。

第四，从资本积累率规模特征分析，2019 年特大型企业的资本积累率为 24.08%，较 2018 年的13.11%提高了 10.97 个百分点；大型企业的资本积累率为 17.76%，较 2018 年的 11.54%提高了 6.22 个百分点；中型企业的资本积累率为 14.07%，较 2018 年的7.70%提高了 6.37 个百分点；小型企业的资本积累率为1.82%，较 2018 年的 3.48%下降了 1.66 个百分点。

综合分析表明，特大型企业、大型企业和中型企业的资本积累率仍然保持了相对较高的增速，而小型企业的资本积累则明显下降。大中型企业资本积累率提高，资产规模增速放缓，反映出企业的投资热情下降，在宏观经济环境进一步改善和产业结构进一步调整之后，企业的资本和资产有进一步释放的潜能和空间，而小型企业释放的空间有限。

第五，从人员增长率规模特征分析，2019 年特大型企业的人员增长率为 4.63%，较 2018 年的 6.77%下降了 2.14 个百分点；大型企业的人员增长率为 2.49%，较 2018 年的 5.76%下降了 3.27 个百分点；中型企业的人员增长率为 2.03%，较 2018 年的 6.22%下降了 4.19 个百分点；小型企业的人员增长率为-1.47%，由正增长转为负增长。总体而言，企业的人员增速普遍放缓，用工需求减弱，就业压力加大。

4. 效益及其趋势规模特征综合分析

综合以上各项指标分析，并通过对各项效益指标规模特征进行对比分析，可以发现特大型企业、大型企业和中型企业的各项指标大多高于平均线，而小型企业的多数指标低于平均线。

2019 年效益指标规模特征对比分析见图 2-47。

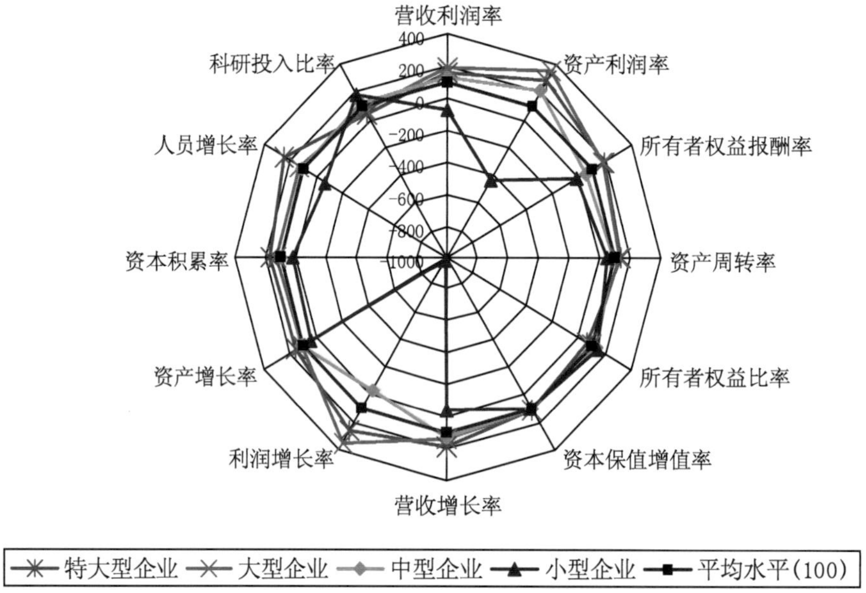

图 2-47 2019 年效益指标规模特征对比分析

通过图 2-47 可以进一步归纳出不同规模企业所具有的几种基本趋势特征。

第一，大中型企业的收益性指标普遍高于平均线，而小型企业的收益性明显下降，两者的差距进一步拉大。

第二，流动性和安全性指标的差距并不明显，运行较为平稳。

第三，小型企业的成长性指标明显下降，大中型企业的利润指标明显高于小型企业。但同时，小型企业的科研投入比率高于大中型企业，这表明小型企业的科研投入更为活跃，为转型升级和高质量发展提供了潜能和后劲。

五、2020 中国企业信用发展地区特征分析

（一）信用环境地区特征分析

1. 东部地区企业复苏迹象明显，普遍好于西部地区企业

2019 年东部地区企业的景气指数为106.42 点，较 2018 年的 106.74 点下降了 0.32 点；盈利指数为 101.11 点，较 2018 年的 97.59 点提高了 3.52 点；效益指数为 103.77 点，较 2018 年的 104.20 点下降了 0.43 点。

2011—2019 年东部地区企业信用环境分析见图 2-48。

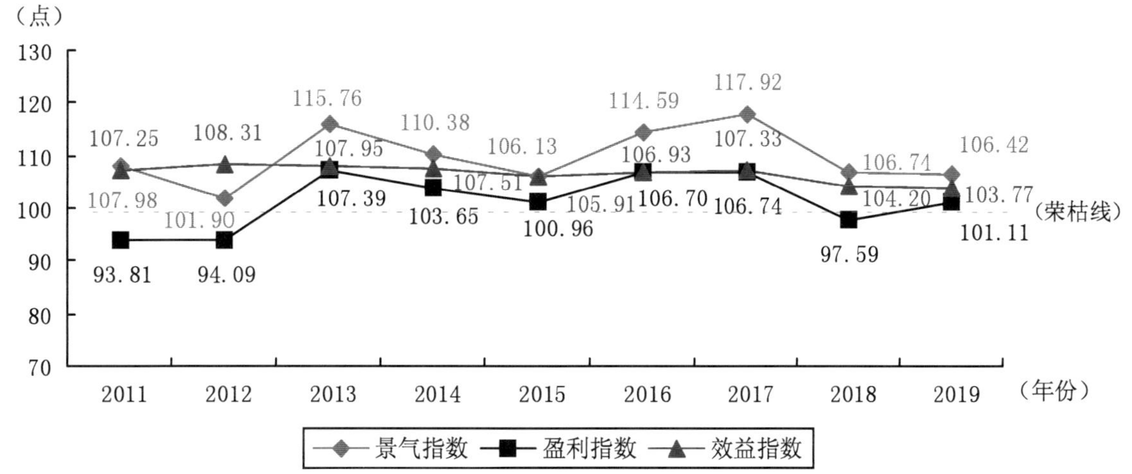

图 2-48 2011—2019 年东部地区企业信用环境分析

从图 2-48 中可以看出，东部地区企业的三项指数全部回归到荣枯线以上，表明东部地区企业基本面向好，全面恢复的基础进一步加固。

2. 中部地区下行压力加大

2019 年中部地区企业的景气指数为 102.85 点，较 2018 年的 105.77 点下降了 2.92 点；盈利指数为 97.40 点，较 2018 年 97.46 点下降了 0.06 点；效益指数为 103.30 点，较 2018 年的 103.21 点提高了 0.09 点。

2011—2019 年中部地区企业信用环境分析见图 2-49。

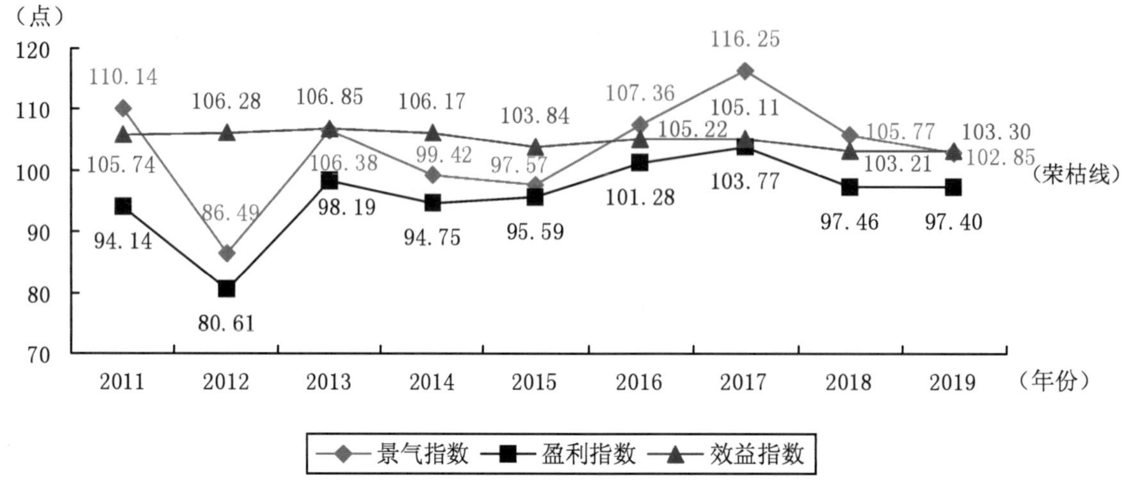

图 2-49 2011—2019 年中部地区企业信用环境分析

从图 2-49 中可看出，我国中部地区企业的三项指数基本面较 2018 年较差，尤其是盈利指数仍然处在荣枯线以下，盈利能力持续减弱。

3. 西部地区企业下跌幅度较大

2019 年西部地区企业的景气指数为 101.95 点，较 2018 年的 107.67 点下降了 5.72 点；盈利指数为 94.95 点，较 2018 年的 99.55 点下降了 4.60 点；效益指数为 103.02 点，较 2018 年的 103.38 点下降了 0.36 点。

2011—2019 年西部地区企业信用环境分析见图 2-50。

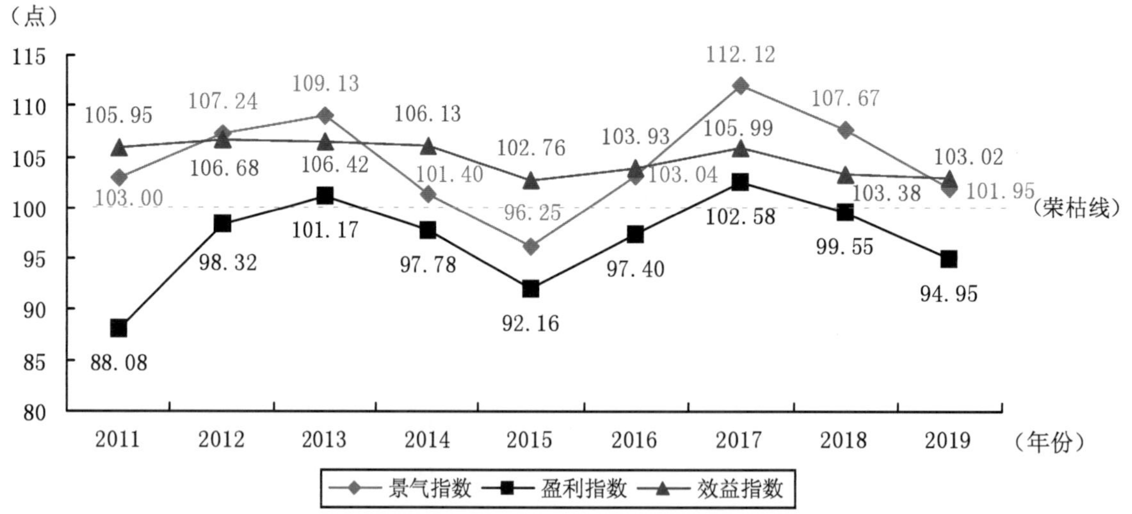

图 2-50 2011—2019 年西部地区企业信用环境分析

2019 年我国西部地区企业的三项指数均处于下行状态，且下跌幅度明显大于中部地区，下行压力持续加大。

综合不同地区的三项指数可以看出，2019 年我国经济运行的主要拉动力来自东部地区，表明东部地区企业受宏观经济环境影响较小，恢复增长较快，进而反映出东部地区的结构性调整成效明显，发展动能和潜力较为充沛。

（二）效益及其趋势地区特征分析

1. 各地区企业收益性均呈现下降的态势

2019 年东部地区企业的营收利润率为 3.97%，比 2018 年的 4.34%下降了 0.37 个百分点；中部地区企业的营收利润率为 3.25%，比 2018 年的 3.45%下降了 0.20 个百分点；西部地区企业的营收利润率为 3.00%，比 2018 年的 3.30%下降了 0.30 个百分点。

2011—2019 年营收利润率地区对比分析见图 2-51。

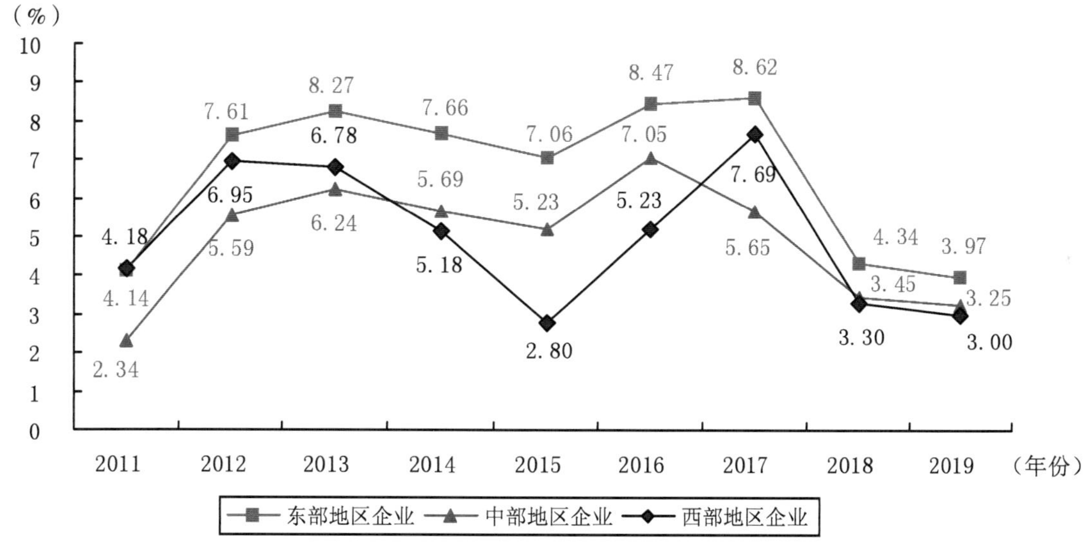

图 2-51 2011—2019 年营收利润率地区对比分析

2019 年东部地区企业的资产利润率为 2.32%，与 2018 年的 2.32%持平；中部地区企业的资产利润率为 1.85%，比 2018 年的 1.27%提高了 0.58 个百分点；西部地区企业的资产利润率为 0.62%，比 2018 年的 1.46%下降了 0.84 个百分点。

2011—2019 年资产利润率地区对比分析见图 2-52。

通过图 2-51、图 2-52 中两项主要收益性指标的对比分析可以看出，东部地区、中部地区和西部地区企业的营收利润率指标较 2018 年均有一定幅度的下降，且下降的幅度大体相

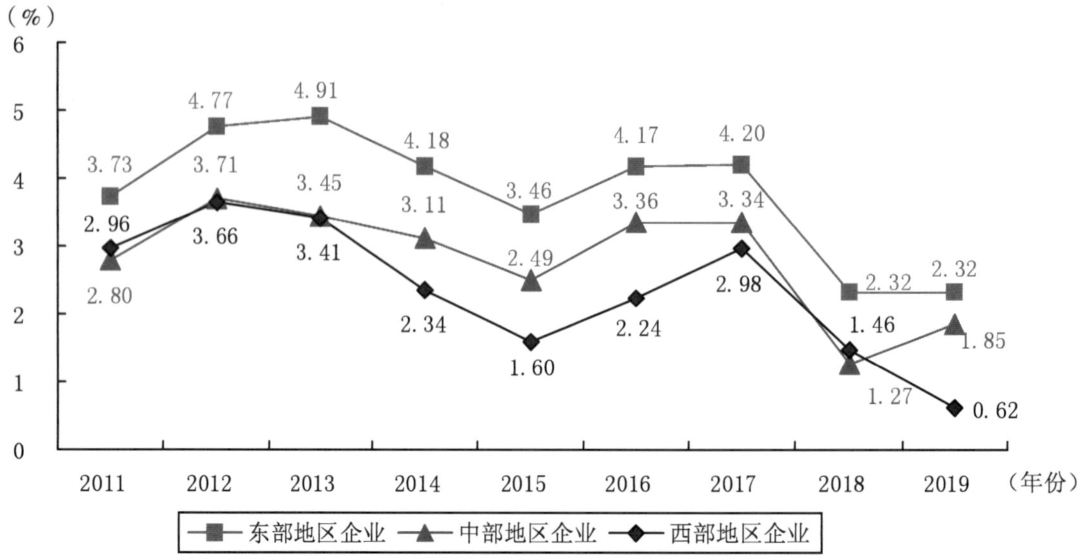

图 2-52 2011—2019 年资产利润率地区对比分析

当。但相对而言，东部地区企业总体收益性仍好于中部地区和西部地区企业。资产利润率指标中部地区略有回升，东部地区与 2018 年持平，而西部地区持续下降态势。总体来看，不同地区的收益性均处于低水平运行区间。

2. 流动性平稳，理论负债率普遍降低

第一，从流动性分析，2019 年东部地区企业的资产周转率为 0.68 次/年，与 2018 年的 0.68 次/年持平；中部地区企业的资产周转率为 0.66 次/年，与 2018 年的 0.66 次/年持平；西部地区企业的资产周转率为 0.59 次/年，较 2018 年的 0.56 次/年提高了 0.03 次/年。企业的流动性总体呈现平稳状态。

第二，从安全性分析，2019 年东部地区企业的所有者权益比率为 50.92%，较 2018 年的 49.25%提高了 1.67 个百分点；中部地区企业的所有者权益比率为 47.59%，较 2018 年的 46.55%提高了 1.04 个百分点；西部地区企业的所有者权益比率为 47.37%，较 2018 年的 45.28%提高了 2.09 个百分点。各地区企业的所有者权益比率均呈现提高的态势，也意味着理论负债率相对降低，反映出资金总体呈现普遍收紧的态势。

3. 经营性成长指标增速持续放缓，中西部地区利润负增长

第一，从营收增长率分析，2019 年东部地区企业营收增长率为 9.40%，比 2018 年的 13.64%下降了 4.24 个百分点；中部地区企业营收增长率为 8.30%，比 2018 年的 13.10%下降了 4.80 个百分点；西部地区企业营收增长率为 12.45%，比 2018 年的 11.81%提高了 0.64 个百分点。

2011—2019 年营收增长率地区对比分析见图 2-53。

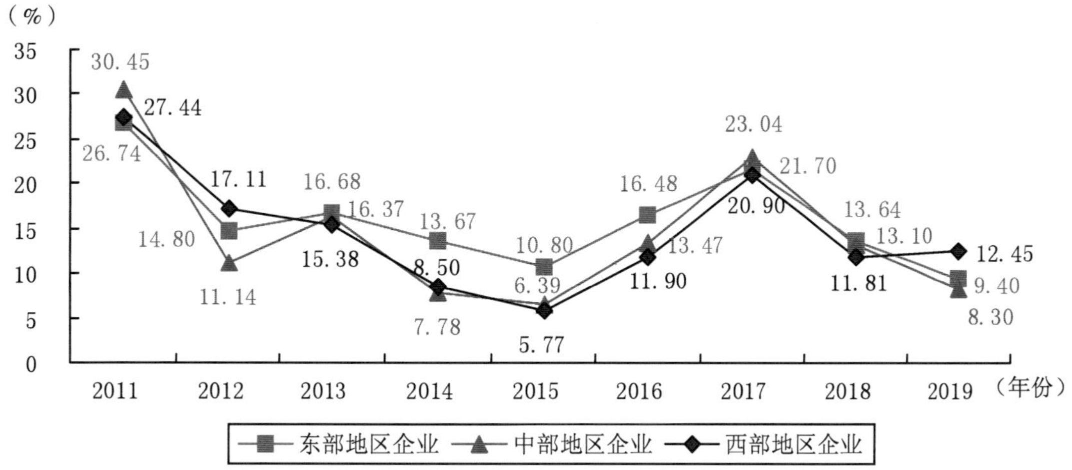

图 2-53 2011—2019 年营收增长率地区对比分析

从营收增长率指标来看，除西部地区有所提高且保持在 10%以上的增速外，东部地区和中部地区的营收增长率均回落到 10%以下的增速，且下降的幅度也较大。预测后期市场受新冠肺炎疫情影响，仍有进一步下行的压力。

第二，从利润增长率分析，2019 年东部地区企业利润增长率为 3.45%，比 2018 年的−0.16%提高了 3.61 个百分点；中部地区企业利润增长率为−2.60%，比 2018 年的−1.56%下降了 1.04 个百分点；西部地区企业利润增长率为−8.54%，比 2018 年的 3.52%下降了 12.06 个百分点。

2011—2019 年利润增长率地区对比分析见图 2-54。

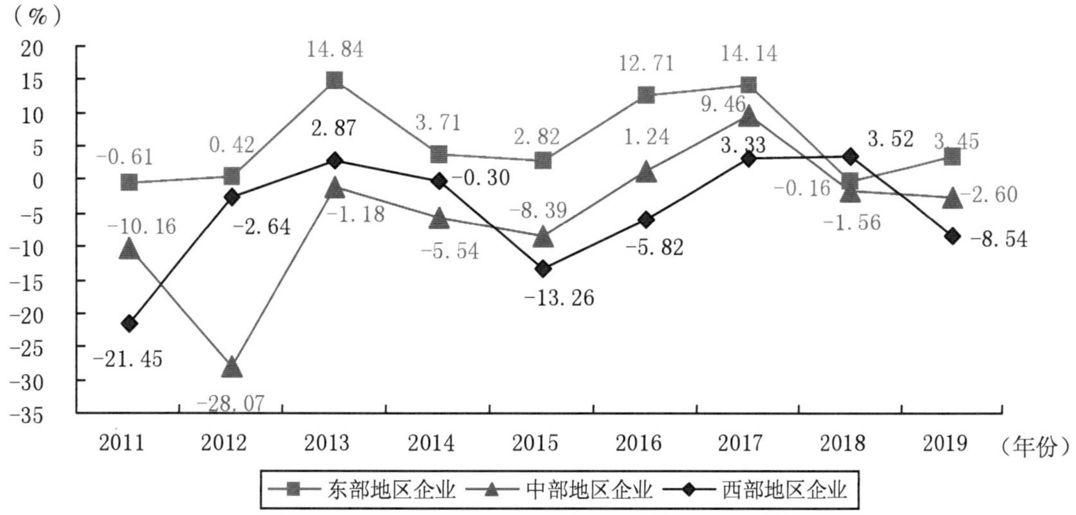

图 2-54 2011—2019 年利润增长率地区对比分析

从利润增长率指标来看，东部地区企业的利润指标由负增长转为正增长，但增幅有限，中部地区和西部地区企业的利润指标则为负增长，尤其是西部地区的下降幅度较大。总体来看，西部地区企业面临的竞争压力明显要高于东、中部地区企业。

4. 企业资产规模增速普遍放缓，地区之间没有明显差异

2019 年东部地区企业的资产增长率为 10.68%，比 2018 年的 11.56%下降了 0.88 个百分点；中部地区企业的资产增长率为 8.51%，比 2018 年的 9.92%下降了 1.41 个百分点；西部地区企业的资产增长率为 8.86%，比 2018 年的 9.92%下降了 1.06 个百分点。

2011—2019 年资产增长率地区对比分析见图 2-55。

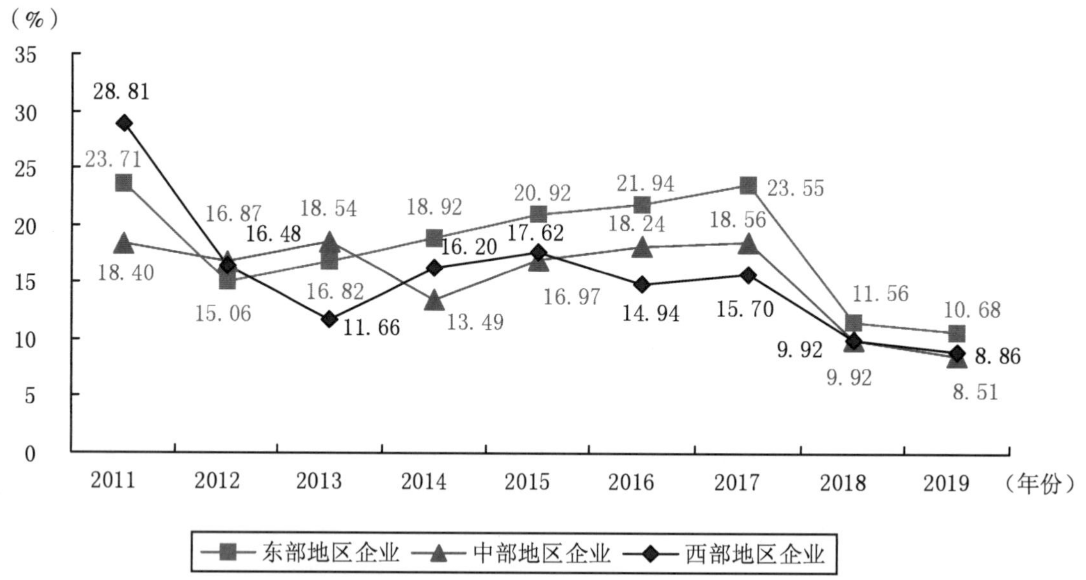

图 2-55 2011—2019 年资产增长率地区对比分析

综合资产增长率分析可以看出，三个地区企业的资产增速呈现持续放缓态势，已经回落到自 2011 年以来的最低水平，且下降的幅度也较为接近。但相对而言，东部地区企业的资产增速较快，仍然保持在 10%以上。而中部地区和西部地区的资产增速已经回落到 10%以下。总体来看，企业资产规模扩张和投资热情持续减弱。

5. 效益及其趋势地区特征综合分析

综合不同地区效益及其趋势特征可以看出，不同地区企业具有以下基本趋势特征。

第一，东部地区企业仍具有一定的优势，主要表现在企业收益性水平要高于中、西部地区企业，增速和科研投入比率也明显偏高，为企业高质量发展提供了较为充沛的动力。

第二，中、西部地区企业收益性受到的影响较为严重，从而也影响到企业成长性。

第三，尽管东部地区企业具有一定的比较优势，但除利润增速与其他地区差距较大外，其他各项指标的优势并不明显，地区之间的差距进一步缩小。

2019 年效益指标地区特征对比分析见图 2-56。

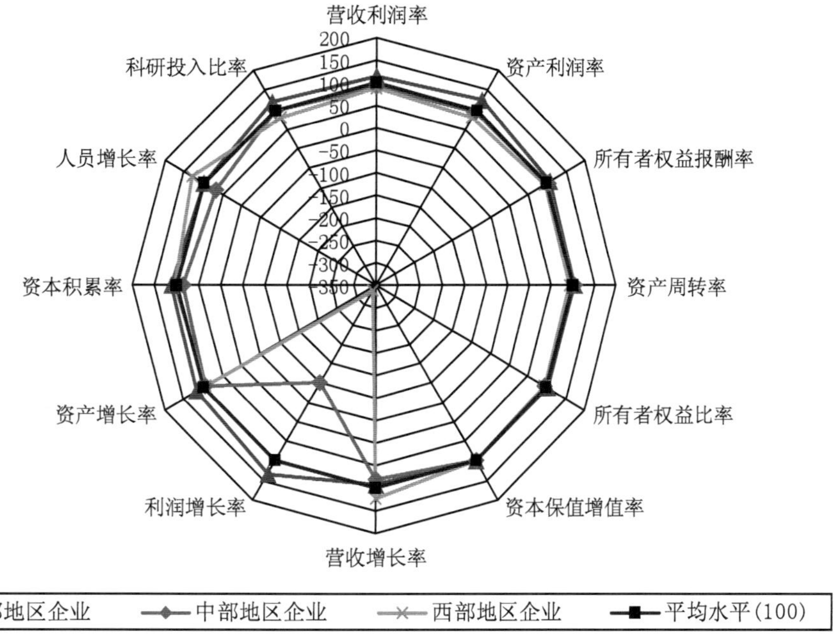

图 2-56 2019 年效益指标地区特征对比分析

六、中国企业信用发展中存在的突出问题及对策建议

综合对我国企业总体信用环境、总体效益趋势分析，通过对行业特征、所有制特征、规模特征以及地区特征的对比分析，可以看到我国企业整体运行平稳、供给侧结构性改革和高质量发展初显效果。但在新发展阶段，我国企业发展不平衡不充分的问题仍然存在，同时面临着盈利能力减弱，资产运行质量不高、资产增速放缓，下行压力进一步加大等突出问题。

（一）中国企业信用发展中的新问题、新矛盾和新挑战

1. 发展不平衡、不充分问题仍然突出

企业面临的不确定因素增多，下行压力也进一步加大。本报告对企业经济效益指标的分析显

示，2019 年我国企业的平均营收利润率为 3.89%，较 2018 年的 4.08%回落了 0.19 个百分点；资产利润率为 2.04%，较 2018 年的 2.06%回落了 0.02 个百分点；所有者权益报酬率为 4.92%，较 2018 年的 5.72%下降了 0.80 个百分点，虽然降幅有所收窄，但仍然处于最低水平区间。2019 年亏损的企业面占比 11.65%，较 2018 年的 11.46%提高了 0.19 个百分点。2019 年企业资产周转率为0.66 次/年，较 2018 年的 0.67 次/年下降 0.01 次/年；所有者权益比率为 49.89%，较 2018 年的 48.33%提高了 1.56 个百分点，相对应的是理论负债率有所下降，企业的资金压力有所加大。2019 年企业的营收增长率为 9.63%，较 2018 年的 13.32%下降了 3.69 个百分点；利润增长率为 1.00%，较 2018 年的 0.12%回升了 0.88 个百分点；资产增长率为 10.12%，较 2018 年的 11.10%下降了 0.98 个百分点。总体来看，主要成长性指标负增长的企业面有所扩大，表明企业面临的经营困难增多。

综合分析发现，发展不平衡问题仍然存在于所有制之间、规模之间、地区之间。

第一，民营企业和其他所有制企业盈利能力仍呈下降走势。2019 年民营企业的景气指数为 103.40 点，较 2018 年的 107.29 点下降了 3.89 点；盈利指数为 97.81 点，较 2018 年的 96.35 点提高了 1.46 点；效益指数为 102.52 点，较 2018 年的 103.80 点下降了 1.28 点。

第二，小型企业下行压力明显加大。2019 年小型企业的景气指数为 82.35 点，较 2018 年的 84.32 点下降了 1.97 点；盈利指数为 83.13 点，较 2018 年的 78.49 点提高了 4.64 点；效益指数为 97.41 点，较 2018 年的 97.83 点下降了 0.42 点。我国小型企业的三项指数均处在荣枯线以下，表明其仍然呈现负增长的态势。其中，景气指数和效益指数的负增长幅度有所扩大，盈利指数的负增长幅度有明显收窄。总体来看，我国小型企业面临的经营环境仍然十分艰难，这也是影响我国经济运行的主要因素。

第三，西部地区企业下跌幅度较大。2019 年西部地区企业的景气指数为 101.95 点，较 2018 年的 107.67 点下降了 5.72 点；盈利指数为 94.95 点，较 2018 年的 99.55 点下降了 4.60 点；效益指数为 103.02 点，较 2018 年的 103.38 点下降了 0.36 点。我国西部地区企业的三项指数均处于下行状态，且下跌幅度明显大于东、中部地区，下行压力持续加大。

2. 小型企业和民营企业流动性滞缓，资金压力明显加大

本报告统计显示，2019 年特大型企业的资产周转率为 0.89 次/年，大型企业的资产周转率为 0.87 次/年，中型企业的资产周转率为 0.55 次/年，小型企业的资产周转率为 0.33 次/年。

2019 年特大型企业的所有者权益比率为 26.28%，相对应的理论负债率为 73.72%；大型企业的所有者权益比率为 39.45%，相对应的理论负债率为 60.55%；中型企业的所有者权益比率为 59.39%，相对应的理论负债率为 40.61%；小型企业的所有者权益比率为 63.52%，相对应的理论负债率为 36.48%。

由此可见，我国企业的资产运行效率与企业的理论负债率水平有必然的关联性，并呈现逐级下降的走势。小型企业和民营企业的理论负债率明显偏低，在一定程度上影响了流动性。在目前企业整体下行压力增大的背景下，小型企业和民营企业面临的经营困难明显增多，这也是影响我国经济整体运行的主要原因。

3. 制造业下行压力进一步加大，恢复性增长的基础尚不稳固

一方面，制造业增速放缓，盈利能力持续减弱。2019年制造业企业的景气指数为103.44点，较2018年的108.39点下降了4.95点；盈利指数为98.26点，较2018年的99.26点下降了1.00点；效益指数为103.45点，较2018年的104.12点下降了0.67点。三项指数均呈现一定幅度回落，其中景气指数回落幅度较大，增速明显减缓；盈利指数回落到荣枯线以下，表明制造业的盈利能力明显减弱。

另一方面，服务业整体回升明显，且幅度较大。2019年我国服务业的景气指数为108.11点，较2018年的103.55点提高了4.56点；盈利指数为102.44点，较2018年的94.84点提高了7.60点；效益指数为104.05点，较2018年的103.82点提高了0.23点。综合三项指数分析，2019年我国服务业企业总体呈现提高的态势，且提高的幅度也较大，三项指数均在荣枯线以上。

从以上对比分析可以看出，制造业的下行压力明显增大，而服务业回暖向好，进而成为拉动整体经济上升的主要动力。

（二）促进中国企业信用发展的对策和建议

1. 强化国有企业市场主体地位，激活民营企业活力

2020年中央经济工作会议强调，构建新发展格局，必须构建高水平社会主义市场经济体制，实行高水平对外开放，推动改革和开放相互促进。要完善宏观经济治理，加强国际宏观政策协调。要深入实施国企改革三年行动，优化民营经济发展环境，健全现代企业制度，完善公司治理，激发各类市场主体活力。要放宽市场准入，促进公平竞争，保护知识产权，建设统一大市场，营造市场化、法治化、国际化营商环境。要健全金融机构治理，促进资本市场健康发展，提高上市公司质量，打击各种逃废债行为。要规范发展第三支柱养老保险。要积极考虑加入全面与进步跨太平洋伙伴关系协定。要大力提升国内监管能力和水平，完善安全审查机制，重视运用国际通行规则维护国家安全。

《中共中央关于制定国民经济和社会发展第十四个五年规划和二〇三五年远景目标的建议》提出，毫不动摇巩固和发展公有制经济，毫不动摇鼓励、支持、引导非公有制经济发展。深化国资国企改革，做强做优做大国有资本和国有企业。加快国有经济布局优化和结构调整，

发挥国有经济战略支撑作用。加快完善中国特色现代企业制度，深化国有企业混合所有制改革。健全管资本为主的国有资产监管体制，深化国有资本投资、运营公司改革。推进能源、铁路、电信、公用事业等行业竞争性环节市场化改革。优化民营经济发展环境，构建亲清政商关系，促进非公有制经济健康发展和非公有制经济人士健康成长，依法平等保护民营企业产权和企业家权益，破除制约民营企业发展的各种壁垒，完善促进中小微企业和个体工商户发展的法律环境和政策体系。弘扬企业家精神，加快建设世界一流企业。

要进一步强化国有企业市场主体地位，深化政企分开、政资分开，切实维护企业法人财产权和经营自主权。要完善中国特色现代企业制度，全面落实两个“一以贯之”，把加强党的领导和完善公司治理统一起来，加快建立各司其职、协调运转、有效制衡的公司治理机制。要不断健全市场化经营机制，坚决破除制约企业活力的体制机制障碍，大力推行经理层成员任期制和契约化，加快推行企业职业经理人制度，全面推进用工市场化，完善市场化薪酬分配制度，探索多种有效的激励方式，让广大干部职工共享改革发展成果。要进一步强化混合所有制改革，推动国有企业以更加开放的姿态加大与民营企业的合作力度，支持国有企业、民营企业和其他各类所有制企业取长补短，相互促进，共同发展。

2. 加大科研投入，全面塑造发展新优势

《中共中央关于制定国民经济和社会发展第十四个五年规划和二〇三五年远景目标的建议》提出，坚持创新在我国现代化建设全局中的核心地位，把科技自立自强作为国家发展的战略支撑，面向世界科技前沿、面向经济主战场、面向国家重大需求、面向人民生命健康，深入实施科教兴国战略、人才强国战略、创新驱动发展战略，完善国家创新体系，加快建设科技强国。

中央经济工作会议确定的 2021 年工作重点任务中强调，要发挥企业在科技创新中的主体作用，支持领军企业组建创新联合体，带动中小企业创新活动。要增强产业链供应链自主可控能力，统筹推进补齐短板和锻造长板，针对产业薄弱环节，实施好关键核心技术攻关工程，尽快解决一批“卡脖子”问题，在产业优势领域精耕细作，搞出更多独门绝技。要实施好产业基础再造工程，打牢基础零部件、基础工艺、关键基础材料等基础。要加强顶层设计、应用牵引、整机带动，强化共性技术供给，深入实施质量提升行动。

强化企业创新主体地位，促进各类创新要素向企业集聚。我国企业创新能力不断增强，但企业的创新活动不均衡不充分，与发达国家相比，我国企业创新能力和管理水平还存在较大差距，大企业大而不强，小企业小而不精问题仍是制约我国企业做强做优的发展瓶颈。发挥好大企业引领支撑作用，支持创新型中小微企业成长为创新重要发源地，加强共性技术平台建设，推动产业链上中下游、大中小企业融通创新。

发挥企业家在技术创新中的重要作用，激发人才创新活力。鼓励企业加大研发投入，对企业投入基础研究实行税收优惠。贯彻尊重劳动、尊重知识、尊重人才、尊重创造方针，深化人才发展体制机制改革，全方位培养、引进、用好人才，造就更多国际一流的科技领军人才和创新团队，培养具有国际竞争力的青年科技人才后备军。努力提高制造业和服务业的深度融合，建立以企业为主体、市场为导向、产学研深度融合的技术创新体系，特别是对中小型服务业企业的创新支持，促进科技成果转化落地，促进服务业高质量发展。

3. 精准施策，提高企业高质量发展的内涵竞争力

企业的资产运行效率与企业的理论负债率水平有必然的关联性，并呈现逐级下降的走势。从而反映出小型企业和民营企业的理论负债率明显偏低，在一定程度上影响了流动性。在目前企业整体下行压力加大的背景下，小型企业和民营企业面临的经营困难明显增多，也是影响我国经济整体运行的主要原因和微观主体。因此，《中共中央关于制定国民经济和社会发展第十四个五年规划和二〇三五年远景目标的建议》提出，优化民营经济发展环境，构建亲清政商关系，促进非公有制经济健康发展和非公有制经济人士健康成长，依法平等保护民营企业产权和企业家权益，破除制约民营企业发展的各种壁垒，完善促进中小微企业和个体工商户发展的法律环境和政策体系。国家围绕民营企业和中小微企业融资难、融资贵，甚至融不到资等问题出台的一系列政策落地，要进一步切实而充分释放政策效应，在确保结构性改革与调整的成果和防范系统性信用风险的前提下，精准施策，有针对性地适度提高民营企业和中小型企业的负债率，增强流动性，进一步激发企业内生动力和发展活力。

同时，企业在新发展阶段，要着力推进发展方式变革，用先进方式提质增效。企业要不断改进生产经营流程，优化资源要素配置，提高发展质量效益；坚持质量兴企，积极创建知名品牌，提高市场竞争力和影响力；锻造产业链供应链长板，补齐产业链供应链短板，打造新兴产业链，推动传统产业高端化、智能化、绿色化，发展服务型制造；推动互联网、大数据、人工智能等同各产业深度融合，培育新技术、新产品、新业态、新模式。加快由低端制造向高生产率的设计、研发、品牌、营销、产业链管理等环节延伸；推动生产性服务业向专业化和价值链高端延伸，推动现代服务业同先进制造业、现代农业深度融合，推动生活性服务业向高品质和多样化升级。

4. 持续推进企业诚信体系建设，切实履行社会责任

《中共中央关于制定国民经济和社会发展第十四个五年规划和二〇三五年远景目标的建议》提出，健全市场体系基础制度，坚持平等准入、公正监管、开放有序、诚信守法，形成高效规范、公平竞争的国内统一市场。实施高标准市场体系建设行动。健全产权执法司法保

护制度。实施统一的市场准入负面清单制度。继续放宽准入限制。健全公平竞争审查机制，加强反垄断和反不正当竞争执法司法，提升市场综合监管能力。健全要素市场运行机制，完善要素交易规则和服务体系。

加强信用监管，是深化“放管服”改革的重要内容，提升现代化治理能力和治理水平的重要手段，优化营商环境的重要保障。国务院办公厅印发《关于加快推进社会信用体系建设构建以信用为基础的新型监管机制的指导意见》，强调要根据市场主体信用状况，采取分级分类监管措施，对信用好风险低的，合理降低抽查比例和频次；对违法失信风险高的，提高抽查比例和频次。企业界要积极推进 GB/T 31950—2015《企业诚信管理体系》标准的贯彻与实施，强化社会责任意识、规则意识、奉献意识，形成诚信价值观，培育诚信文化，以诚信为准则来约束自身的行为；切实建立信用风险管理与控制体系，强化各类风险识别，建立预判预警机制，制定完善的应对预案，有效控制已经存在或可能存在的信用风险，尤其是控制系统性风险的发生；要坚持底线思维，确保合规合法经营，切实履行社会责任，以诚信建设推动企业持续健康和高质量发展。

第三章

2020 中国企业信用 500 强发展报告

由中国企业改革与发展研究会、中国合作贸易企业协会、国信联合（北京）认证中心联合开展的 2020 中国企业信用 500 强分析研究，是第 9 次向社会发布。中国企业信用 500 强评价模型不是以某单一指标为评价依据，而是从企业的信用环境、信用能力、信用行为三个方面，综合企业的收益性、流动性、安全性、成长性等各项指标，采取以定量评价为主导，定量与定性评价相结合，以效益为核心的多维度、趋势性分析研究，是企业综合信用状况和经营实力的客观体现。

2020 中国企业信用 500 强的入围门槛为：企业综合信用指数 90 分以上，且 2019 年净利润为 68100 万元以上，较 2019 中国企业信用 500 强的 63000 万元提高了 5100 万元。

2020 中国企业信用 500 强分析研究及发布活动，旨在从企业的信用环境、信用能力、信用行为三个方面对中国企业信用发展状况进行客观评价，同时为政府、行业、企业和社会提供参考依据。

一、2020 中国企业信用 500 强分布特征

（一）2020 中国企业信用 500 强行业分布特征

2020 中国企业信用 500 强的行业分布，包括了生产业、制造业、服务业三个大类共 60 个细分行业。其中，生产业有 5 个行业，制造业有 28 个行业，服务业有 27 个行业。

2020 中国企业信用 500 强行业分布见表 3-1。

在生产业 5 个行业中共有 37 家企业入围。其中，建筑业企业、电力生产业企业各有 13 家；煤炭采掘及采选业企业有 7 家；农业、渔业、畜牧业及林业企业有 3 家；石油、天然气开采及生产业企业有 1 家。

生产业入围的 37 家企业占比 7.40%，较 2019 年的 64 家减少了 27 家，入围的行业由 6 个

表 3-1 2020 中国企业信用 500 强行业分布

序号	行业	入围企业数量(家)
生产业		37
1	农业、渔业、畜牧业及林业	3
2	煤炭采掘及采选业	7
3	石油、天然气开采及生产业	1
4	建筑业	13
5	电力生产业	13
制造业		276
6	农副食品及农产品加工业	5
7	食品(含饮料、乳制品、肉食品等)加工制造业	7
8	酿酒制造业	11
9	纺织、印染业	5
10	纺织品、服装、鞋帽、服饰加工业	9
11	造纸及纸制品(含木材、藤、竹、家具等)加工、印刷、包装业	11
12	生活用品(含文体、玩具、工艺品、珠宝)等轻工产品加工制造业	1
13	石化产品、炼焦及其他燃料生产加工业	1
14	化学原料及化学制品(含精细化工、日化、肥料等)制造业	18
15	医药、生物制药、医疗设备制造业	31
16	化学纤维制造业	6
17	橡胶、塑料制品业	6
18	建筑材料及玻璃等制造业及非金属矿物制品业	21
19	黑色冶金及压延加工业	12
20	一般有色冶金及压延加工业	15
21	黄金冶炼及压延加工业	2
22	金属制品、加工工具、工业辅助产品加工制造业	2
23	工程机械、设备和特种装备(含电梯、仓储设备)及零配件制造业	13
24	通用机械设备和专用机械设备及零配件制造业	6
25	电力、电气等设备、机械、元器件及光伏、电池、线缆制造业	24
26	船舶、轨道交通设备及零部件制造业	2
27	家用电器及零配件制造业	10
28	电子元器件与仪器仪表、自动化控制设备制造业	16
29	动力、电力生产等装备、设备制造业	4
30	计算机、通信器材、办公、影像等设备及零部件制造业	13
31	汽车及零配件制造业	17
32	航空航天及国防军工业	6
33	综合制造业(以制造业为主,含有服务业)	2

续表

序号	行业	入围企业数量(家)
服务业		187
34	能源(电、热、燃气等)供应、开发、减排及再循环服务业	7
35	铁路运输及辅助服务业	3
36	陆路运输、城市公交、道路及交通辅助等服务业	6
37	水上运输业	1
38	航空运输及相关服务业	4
39	航空港及相关服务业	1
40	电信、邮寄、速递等服务业	4
41	软件、程序、计算机应用、网络工程等计算机、微电子服务业	11
42	物流、仓储、运输、配送服务业	5
43	矿产、能源内外商贸批发业	1
44	化工产品及医药内外商贸批发业	1
45	机电、电子产品内外贸及批发业	2
46	生活消费品(家用、文体、玩具、工艺品、珠宝等)内外批发及商贸业	3
47	综合性内外商贸及批发、零售业	3
48	医药专营批发、零售业及医疗服务业	8
49	商业零售业及连锁超市	12
50	银行业	32
51	保险业	4
52	多元化投资控股、商务服务业	10
53	房地产开发与经营、物业及房屋装饰、修缮、管理等服务业	8
54	旅游、旅馆及娱乐服务业	5
55	公用事业、市政、水务、航道等公共设施投资、经营与管理业	8
56	人力资源、会展博览、国内外经济合作等社会综合服务业	2
57	科技研发、推广及地勘、规划、设计、评估、咨询、认证等承包服务业	3
58	文化产业(书刊出版、印刷、发行与销售及影视、音像、文体、演艺等)	17
59	信息、传媒、电子商务、网购、娱乐等互联网服务业	11
60	综合服务业(以服务业为主,含有制造业)	15
合计		500

减少到 5 个。

在制造业 28 个行业中共有 276 家企业入围。其中，医药、生物制药、医疗设备制造业企业有 31 家；电力、电气等设备、机械、元器件及光伏、电池、线缆制造业企业有 24 家；建筑材料及玻璃等制造业及非金属矿物制品业企业有 21 家；化学原料及化学制品（含精细化工、日化、肥料等）制造业企业有 18 家；汽车及零配件制造业企业有 17 家；电子元器件与仪器仪表、自动化控制设备制造业企业有 16 家；一般有色冶金及压延加工业企业有 15 家；工程机械、设备和特种装备（含电梯、仓储设备）及零配件制造业企业，计算机、通信器材、办公、影像等设备及零部件制造业企业各有 13 家；黑色冶金及压延加工业企业有 12 家；酿酒制造业企业，造纸及纸制品（含木材、藤、竹、家具等）加工、印刷、包装业企业各有 11 家；家用电器及零配件制造业企业有 10 家；纺织品、服装、鞋帽、服饰加工业企业有 9 家；食品（含饮料、乳制品、肉食品等）加工制造业企业有 7 家；化学纤维制造业企业，橡胶、塑料制品业企业，通用机械设备和专用机械设备及零配件制造业企业，航空航天及国防军工业企业各有 6 家；农副食品及农产品加工业企业，纺织、印染业企业各有 5 家；动力、电力生产等装备、设备制造业企业有 4 家；黄金冶炼及压延加工业企业，金属制品、加工工具、工业辅助产品加工制造业企业，船舶、轨道交通设备及零部件制造业企业，综合制造业（以制造业为主，含有服务业）企业各有 2 家；生活用品（含文体、玩具、工艺品、珠宝）等轻工产品加工制造业企业，石化产品、炼焦及其他燃料生产加工业企业各有 1 家入围。

制造业入围的 276 家企业占比 55.20%，较 2019 年的 262 家增加了 14 家，入围的行业由 2019 年的 26 个增加到 28 个。

在服务业 27 个行业中共有 187 家企业入围。其中，银行业企业有 32 家；文化产业（书刊出版、印刷、发行与销售及影视、音像、文体、演艺等）企业有 17 家；综合服务业（以服务业为主，含有制造业）企业有 15 家；商业零售业及连锁超市企业有 12 家；软件、程序、计算机应用、网络工程等计算机、微电子服务业企业，信息、传媒、电子商务、网购、娱乐等互联网服务业企业各有 11 家；多元化投资控股、商务服务业企业有 10 家；医药专营批发、零售业及医疗服务业企业，房地产开发与经营、物业及房屋装饰、修缮、管理等服务业企业，公用事业、市政、水务、航道等公共设施投资、经营与管理业企业各有 8 家；能源（电、热、燃气等）供应、开发、减排及再循环服务业企业有 7 家；陆路运输、城市公交、道路及交通辅助等服务业企业有 6 家；物流、仓储、运输、配送服务业企业，旅游、旅馆及娱乐服务业企业各有 5 家；航空运输及相关服务业企业，电信、邮寄、速递等服务业企业，保险业企业各有 4 家；铁路运输及辅助服务业企业，生活消费品（家用、文体、玩具、工艺品、珠宝等）内外批发及商贸业企业，综合性内外商贸及批发、零售业企业，科技研发、推广及地勘、规划、设计、评估、咨询、认证等承包服务业企业各有 3 家；机电、电子产品内外贸及批发业企业，人力资源、会展博览、国内外经济合作等社会综合服务业企业各有 2 家；水上运输业企业，航空港及相关服务业企业，矿产、能源内外商贸批发业企业，化工产品及医药内外商贸批发业企业各有 1 家入围。

服务业入围的 187 家企业占比 37.40%，较 2019 年的 174 家增加了 13 家；入围的行业为 27 个，较 2019 年的 31 个减少了 4 个行业。

2015—2020 中国企业信用 500 强行业分布变化趋势分析见图 3-1。

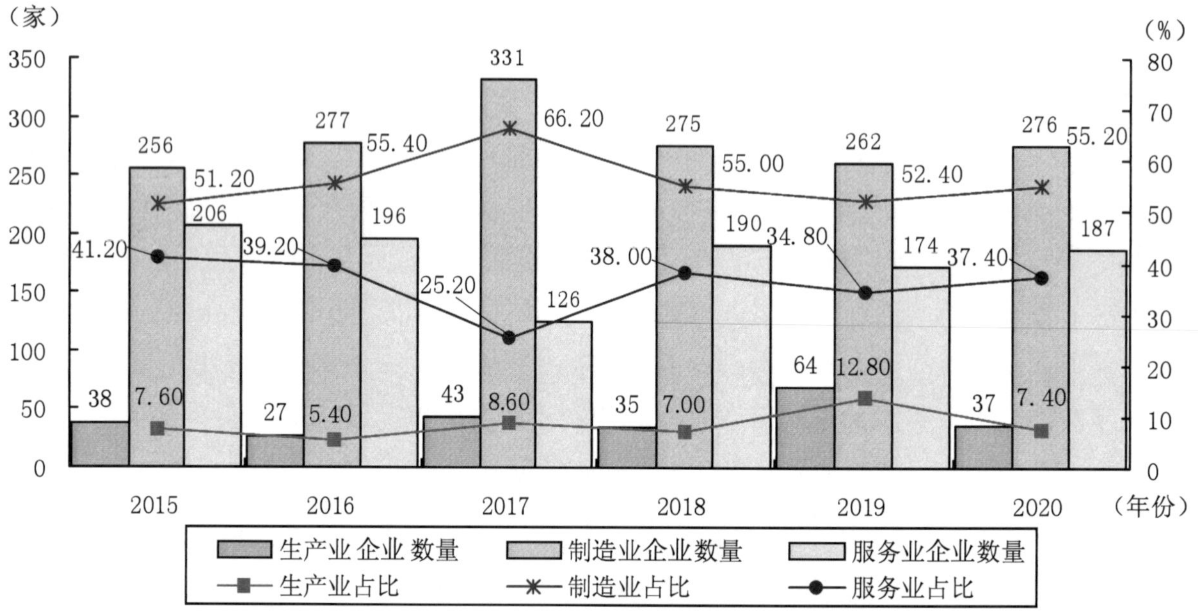

图 3-1 2015—2020 中国企业信用 500 强行业分布变化趋势分析

（二）2020 中国企业信用500 强地区分布特征

从 2020 中国企业信用 500 强入围企业的地区分布情况看，涵盖了全国 31 个省、自治区、直辖市（不含香港、澳门、台湾，下同）中的 27 个。

东部地区 10 个省（直辖市）共 384 家企业入围。其中，北京 86 家，浙江 75 家，广东 67 家，江苏 49 家，上海 37 家，山东 32 家，福建 17 家，河北 14 家，天津 5 家，辽宁 2 家。

中部地区 7 个省共 57 家企业入围。其中，湖北 13 家，安徽 11 家，河南 10 家，江西、湖南各 8 家，山西 4 家，吉林 3 家。

西部地区 11 个省（自治区、直辖市）共有 59 家企业入围。其中，四川 17 家，重庆 14 家，新疆、云南各 5 家，内蒙古、陕西各 4 家，广西 3 家，贵州 2 家，宁夏、西藏各 1 家。

按入围企业数量从高到低排序分别为：北京 86 家，浙江 75 家，广东 67 家，江苏 49 家，上海 37 家，山东 32 家，四川、福建各 17 家，河北、重庆各 14 家，安徽 11 家，河南 10 家，江西、湖南各 8 家，天津、新疆、云南各 5 家，山西、内蒙古、重庆、陕西各 4 家，吉林、甘肃、广西各 3 家，辽宁、贵州各 2 家，宁夏、西藏各 1 家。

从地区分布上看，东部地区入围的企业数量占总数的 76.80%，较 2019 年的 77.60%下降了 0.80 个百分点；中部地区占 11.40%，较 2019 年的 12.80%下降了 1.40 个百分点；西部地区占 11.80%，较 2019 年的 9.60%提高了 2.20 个百分点。与 2019 年相比，东部地区减少了 4 个席位，中部地区减少了 7 个席位，西部地区增加了 11 个席位。

2020 中国企业信用 500 强地区分布见表 3-2。

表 3-2 2020 中国企业信用 500 强地区分布

区域	地区	入围企业数(家)		区域	地区	入围企业数(家)		区域	地区	入围企业数(家)	
		2020 年	2019 年			2020 年	2019 年			2020 年	2019 年
东部地区	北京	86	81	中部地区	安徽	11	13	西部地区	甘肃	3	3
	广东	67	70		河南	10	8		广西	3	4
	河北	14	11		湖北	13	15		贵州	2	1
	江苏	49	50		湖南	8	6		内蒙古	4	6
	山东	32	38		吉林	3	3		宁夏	1	1
	上海	37	48		黑龙江		1		四川	17	11
	天津	5	2		江西	8	13		新疆	5	6
	浙江	75	68		山西	4	5		云南	5	3
	辽宁	2	4						重庆	14	9
	福建	17	16						陕西	4	4
	海南								青海		
									西藏	1	
合计		384	388	合计		57	64	合计		59	48

二、2020 中国企业信用 500 强总体评价与分析

（一）2020 中国企业信用500 强信用环境评价与分析

2020 中国企业信用 500 强 2019 年的景气指数为 126.90 点，较 2018 年的 122.62 点提高了 4.28 点；盈利指数为 119.57 点，较 2018 年的 113.74 点提高了 5.83 点；效益指数为 110.84 点，较 2018 年的 110.97 点下降了 0.13 点。

2020 中国企业信用 500 强总体信用环境影响性分析见图 3-2。

从图 3-2 中可以看出，2020 中国企业信用 500 强的三项指数中的两项保持上升的态势，且景气指数和盈利指数上升的幅度较大，保持了较高水平。

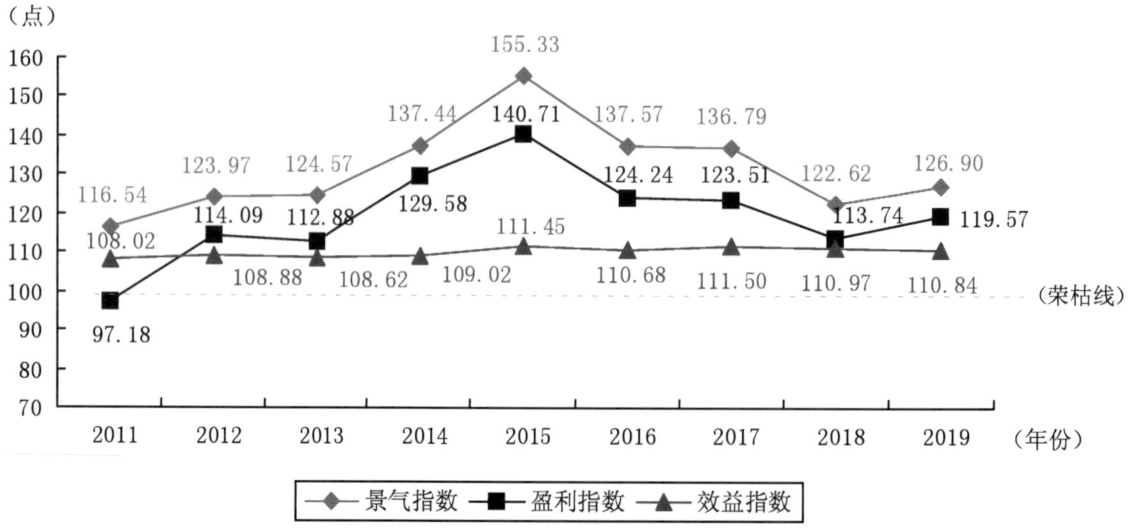

图 3-2 2020 中国企业信用 500 强总体信用环境影响性分析

数据库样本企业 2019 年三项指数的平均值分别为：景气指数 105.31 点、盈利指数 99.76 点、效益指数 103.61 点。2020 中国企业信用 500 强的三项指数比样本企业分别高出 21.59 点、19.81 点、7.23 点，两者之间的差距与 2018 年的 15.92 点、15.93 点、7.02 点相比，总体上进一步扩大，表明 2020 中国企业信用 500 强的竞争优势进一步提升。

（二）2020 中国企业信用500 强总量评价与分析

1. 营业收入总量分析

2020 中国企业信用 500 强 2019 年的营业收入总额为 548470 亿元，较 2019 中国企业信用 500 强 2018 年的营业收入总额 527850 亿元增加 20620 亿元，提高了 3.91%；营业收入总额占全部样本企业营业收入总额 1284384 亿元的 42.70%，与 2019 中国企业信用 500 强相比下降了 2.11 个百分点；营业收入总额相当于 2019 年国内生产总值（GDP）986515.2 亿元的 55.60%，与 2019 中国企业信用 500 强相比下降了 3.03 个百分点。

中国企业信用 500 强营业收入总量分析见图 3-3。

2. 利润总量分析

2020 中国企业信用 500 强 2019 年利润总额为 41968 亿元，占全部样本企业利润总额 63734 亿元的 65.85%，较 2019 中国企业信用 500 强的 58.50%提高了 7.35 个百分点。

2020 中国企业信用 500 强 2019 年利润总额较 2019 中国企业信用 500 强 2018 年利润总额

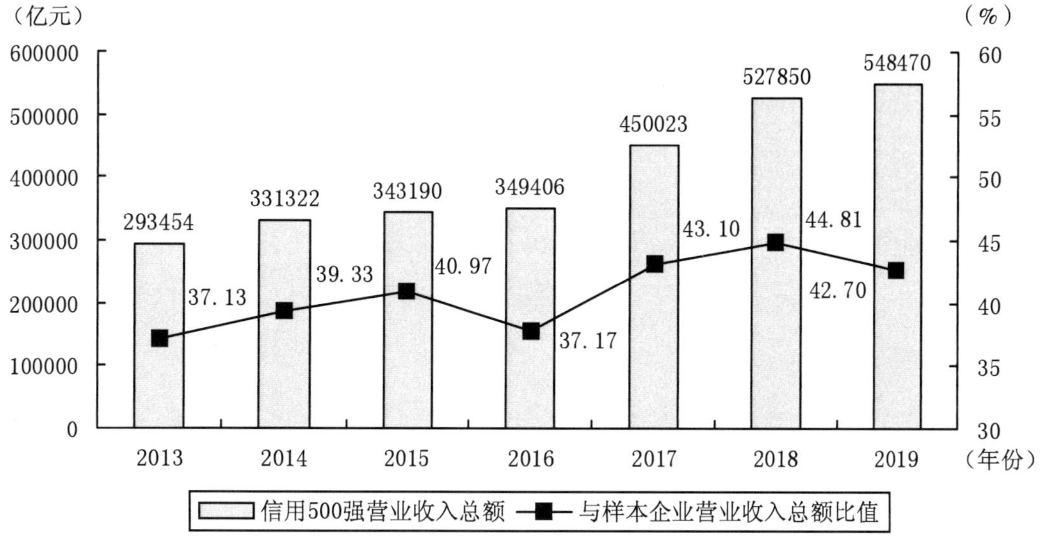

图 3-3 中国企业信用 500 强营业收入总量分析

36213 亿元增加 5755 亿元，提高了 15.89%。

中国企业信用 500 强企业 2017—2019 年利润总额分别为 33608 亿元、36213 亿元、41968 亿元，2018 年、2019 年的增幅分别为 7.75%、15.89%。

中国企业信用 500 强利润总量分析见图 3-4。

综合利润总量分析，中国企业信用 500 强 2019 年的利润总量增速加快，所占比重提高幅

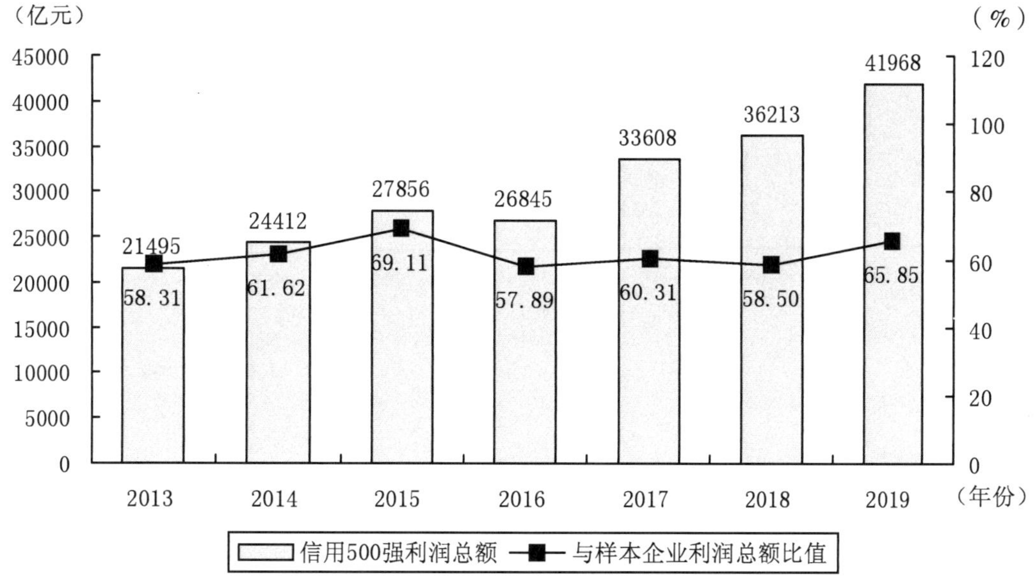

图 3-4 中国企业信用 500 强利润总量分析

度也较大，与样品企业差距进一步拉大。

三、2020 中国企业信用 500 强经济效益变化及趋势分析

（一）2020 中国企业信用500 强收益性指标变化及趋势分析

1. 营收利润率变化趋势及对比分析

第一，从营收利润率变化分析，2020 中国企业信用 500 强 2019 年的营收利润率为 12.23%，较 2019 中国企业信用 500 强 2018 年的 11.91%提高了 0.32 个百分点。

第二，与样本企业对比分析，信用 500 强企业 2019 年的营收利润率为 12.23%，比样本企业的 3.89%高出 8.34 个百分点。

第三，综合营收利润率指标分析，信用 500 强企业 2019 年的营收利润率较 2018 年有所提高，总体上仍然保持较高水平，且与样本企业的营收利润率水平存在的差距进一步扩大。

2020 中国企业信用 500 强营收利润率高出样本企业 8.34 个百分点，而 2019 中国企业信用 500 强营收利润率高出样本企业 7.83 个百分点，两者的差距进一步扩大了 0.51 个百分点。由此可见，入围 2020 中国企业信用 500 强的企业具有明显优势，其盈利能力和竞争优势进一步增强。

中国企业信用 500 强营收利润率变化趋势及对比分析见图 3-5。

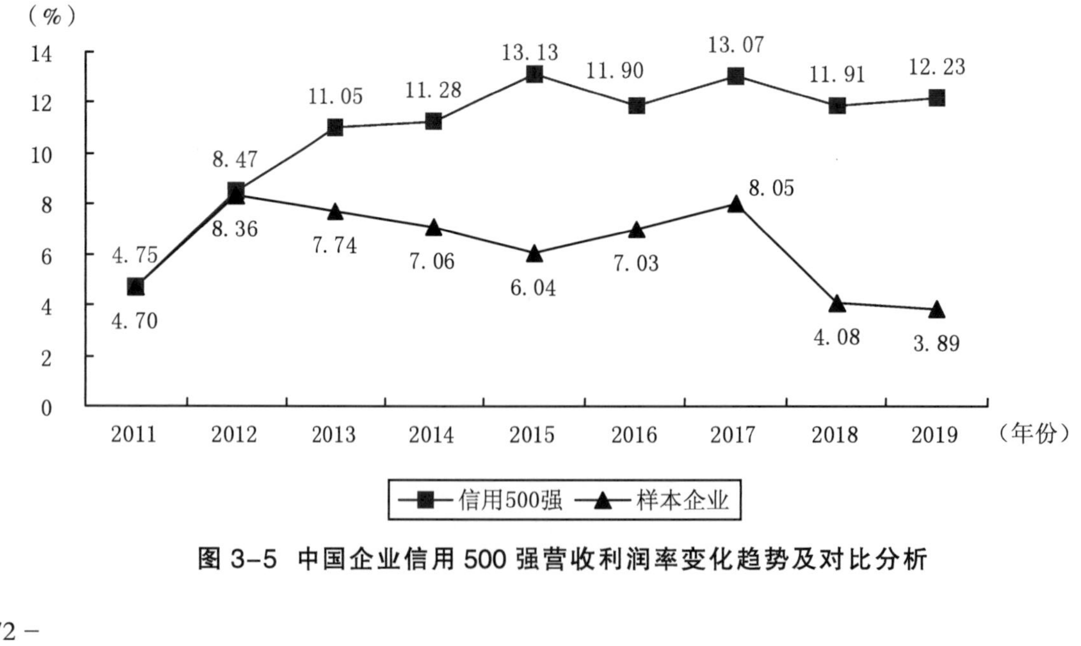

图 3-5 中国企业信用 500 强营收利润率变化趋势及对比分析

2. 资产利润率变化趋势及对比分析

第一，从资产利润率变化分析，2020 中国企业信用 500 强 2019 年的资产利润率为 6.50%，较 2019 中国企业信用 500 强的 6.38%提升了 0.12 个百分点。

第二，与样本企业对比分析，信用 500 强企业 2019 年的资产利润率为 6.50%，比样本企业的 2.04%高出 4.46 个百分点。

中国企业信用 500 强资产利润率变化趋势及对比分析见图 3-6。

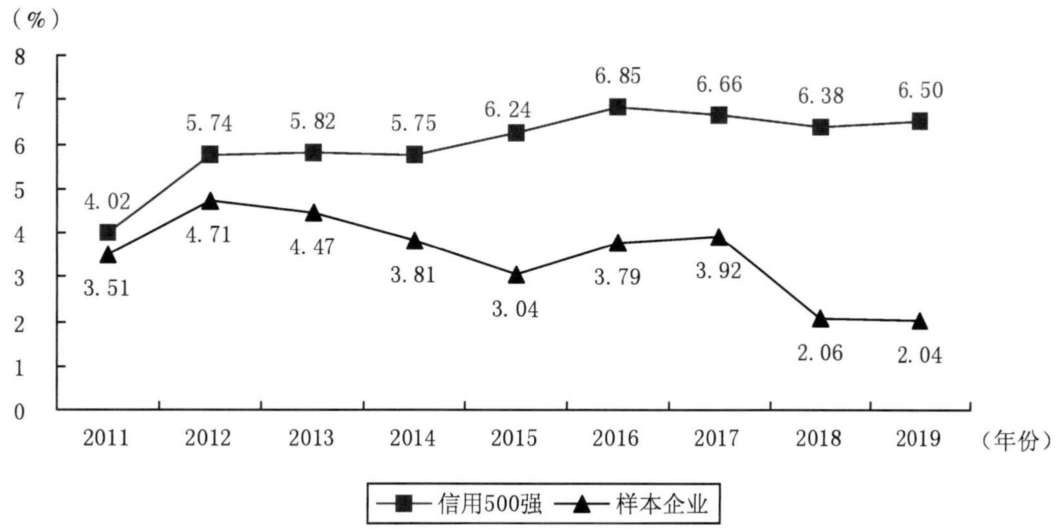

图 3-6 中国企业信用 500 强资产利润率变化趋势及对比分析

第三，综合资产利润率指标分析，信用 500 强企业的资产利润率水平呈现稳中有升的运行态势，而样本企业的资产利润率水平则稳中有降，维持在较低水平区间，且连续两年降至自 2011 年以来的最低水平。

2020 中国企业信用 500 强资产利润率高出样本企业 4.46 个百分点，2019 中国企业信用 500 强资产利润率高出样本企业 4.32 个百分点，两者的差距进一步扩大了 0.14 个百分点。由此可见，信用 500 强企业的资产运营效益和运营质量持续好于样本企业，且差距进一步拉大。

3. 所有者权益报酬率变化趋势及对比分析

第一，从所有者权益报酬率变化分析，2020 中国企业信用 500 强 2019 年的所有者权益报酬率为 13.81%，较 2019 中国企业信用 500 强 2018 年的 14.63%下降了 0.82 个百分点。

第二，与样本企业对比分析，信用 500 强企业 2019 年的所有者权益报酬率为 13.81%，比样本企业的 4.92%高出 8.89 个百分点。

第三，综合所有者权益报酬率指标分析，信用 500 强企业的所有者权益报酬率水平相对平稳，而样本企业则下降幅度较大，连续两年降至自 2011 年以来的最低水平，但两者的差距在近两年并没有明显变化。

中国企业信用 500 强所有者权益报酬率变化趋势及对比分析见图 3-7。

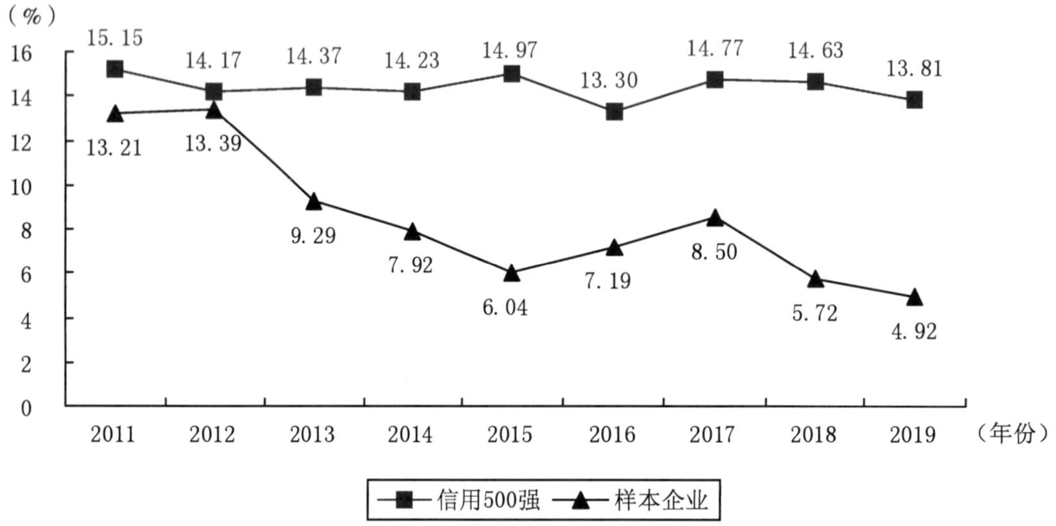

图 3-7 中国企业信用 500 强所有者权益报酬率变化趋势及对比分析

（二）2020 中国企业信用 500 强流动性和安全性指标变化及趋势分析

1. 资产周转率变化趋势及对比分析

2020 中国企业信用 500 强 2019 年的资产周转率为 0.76 次/年，较 2019 中国企业信用 500 强的 0.77 次/年下降了 0.01 次/年。样本企业 2019 年的资产周转率为 0.66 次/年，较 2018 年的 0.67 次/年下降了 0.01 次/年。

从总体走势分析，信用 500 强与样本企业的资产周转率均呈现低位运行的状态，且下降的幅度相同。由此可见，企业的流动性呈现普遍放缓的状态，提质增效、提高资产运营效益仍是我国企业面临的主要问题。

中国企业信用 500 强资产周转率变化趋势及对比分析见图 3-8。

2. 所有者权益比率变化趋势及对比分析

第一，从所有者权益比率变化分析，2020 中国企业信用 500 强 2019 年的所有者权益比率为 43.68%，较 2019 中国企业信用 500 强 2018 年的 40.66%提高了 3.02 个百分点；理论负债率

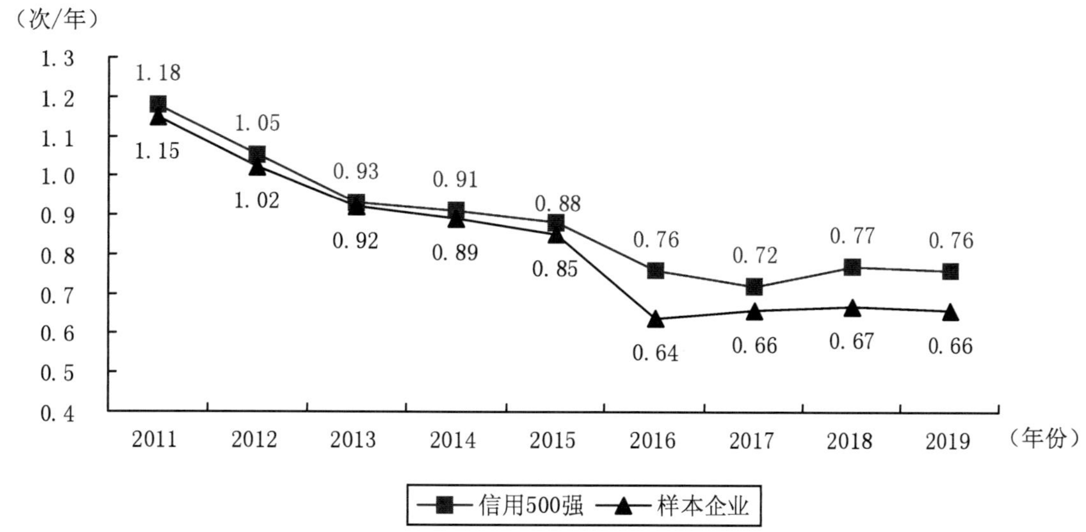

图 3-8 中国企业信用 500 强资产周转率变化趋势及对比分析

56.32%，较 2019 中国企业信用 500 强的 59.34%下降了 3.02 个百分点。

第二，与样本企业对比分析，信用 500 强企业 2019 年的所有者权益比率为 43.68%，比样本企业 2019 年的 49.89%低 6.21 个百分点。

中国企业信用 500 强所有者权益比率变化趋势及对比分析见图 3-9。

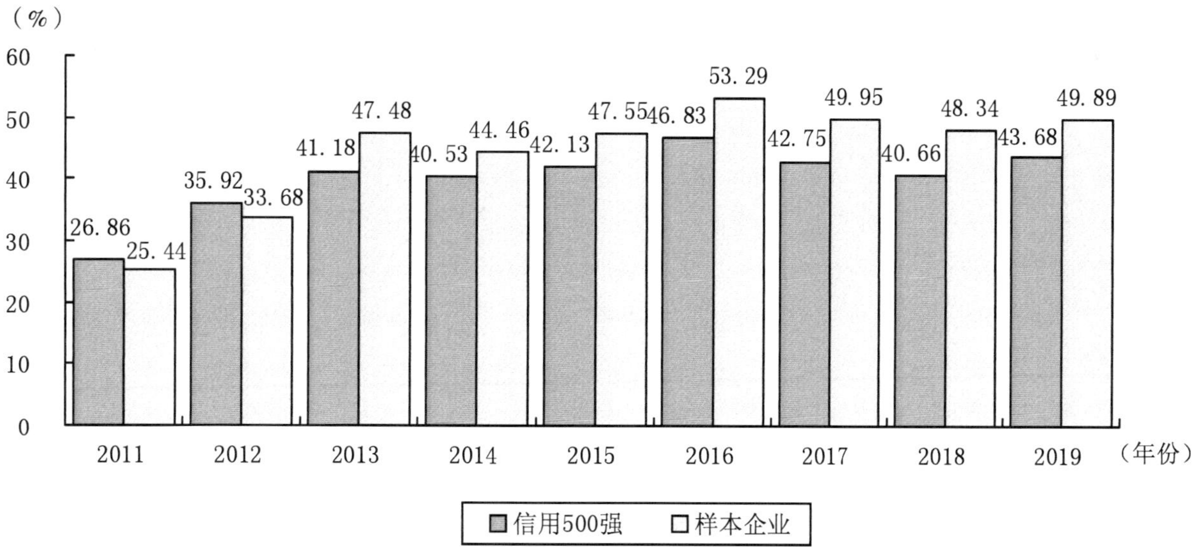

图 3-9 中国企业信用 500 强所有者权益比率变化趋势及对比分析

第三，综合所有者权益比率指标分析，信用 500 强企业和样本企业的平均所有者权益比率均有所回升，两者的差距由 2018 年的 7.68 个百分点降低到了 6.21 个百分点，缩小差距 1.47 个百分点。

由此可见，样本企业的平均负债率水平与信用 500 强企业相比明显偏低，表明样本企业的资金压力偏高。

3. 资本保值增值率变化趋势及对比分析

第一，从资本保值增值率变化分析，2020 中国企业信用 500 强 2019 年的资本保值增值率为 118.10%，较 2019 中国企业信用 500 强 2018 年的 117.72%提高了 0.38 个百分点。

中国企业信用 500 强资本保值增值率变化趋势及对比分析见图 3-10。

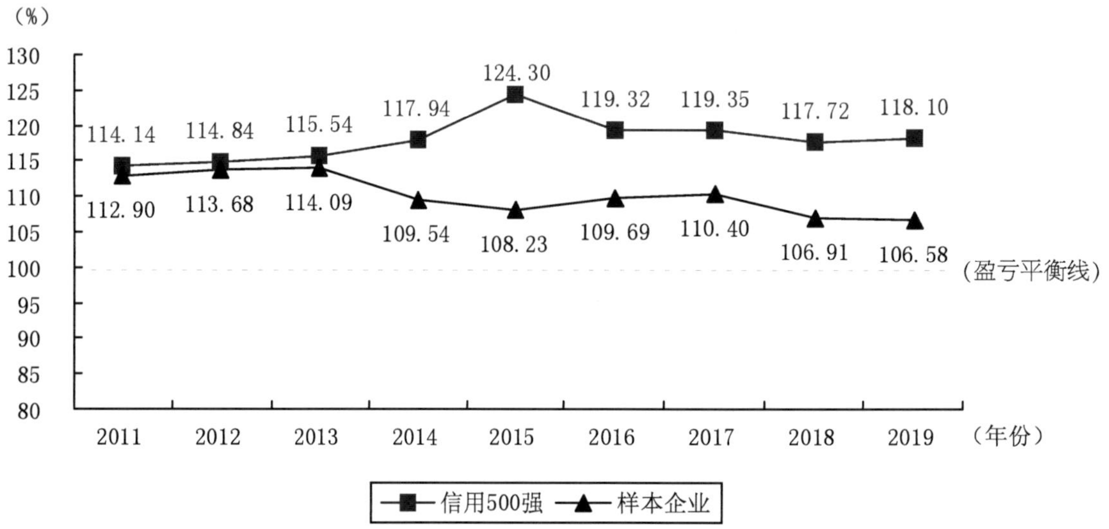

图 3-10 中国企业信用 500 强资本保值增值率变化趋势及对比分析

第二，与样本企业对比分析，信用 500 强企业 2019 年的资本保值增值率为 118.10%，比样本企业 2019 年的 106.58%高出 11.52 个百分点；样本企业的资本保值增值率比 2018 年下降了 0.33 个百分点。

第三，综合资本保值增值率指标分析，信用 500 强企业 2019 年的资本保值增值率较 2018 年有所提高，总体保持较高水平。而样本企业的资本保值增值率自 2018 年起持续下降，运行在自 2011 年以来的最低水平区间，两者的差距由 2018 年的 10.81 个百分点扩大到 11.52 个百分点。

（三）2020 中国企业信用 500 强成长性指标变化及趋势分析

1. 营收增长率变化趋势及对比分析

第一，从营收增长率变化分析，2020 中国企业信用 500 强 2019 年的营收增长率为 15.84%，较 2019 中国企业信用 500 强 2018 年的 18.63%下降了 2.79 个百分点。

第二，与样本企业对比分析，信用 500 强企业 2019 年的营收增长率为 15.84%，比样本企业 2019 年的 9.63%高出 6.21 个百分点；样本企业 2019 年的营收增长率较 2018 年下降了 3.69 个百分点。

第三，综合营收增长率指标分析，信用 500 强企业和样本企业 2019 年的营收增长率均呈现持续下降的态势，且下降的幅度较大。样本企业回落到 10%以下中低增速区间。2020 年由于新冠肺炎疫情影响，预测后期市场企业的营收增速可能仍将有较大幅度的回落。

中国企业信用 500 强营收增长率变化趋势及对比分析见图 3-11。

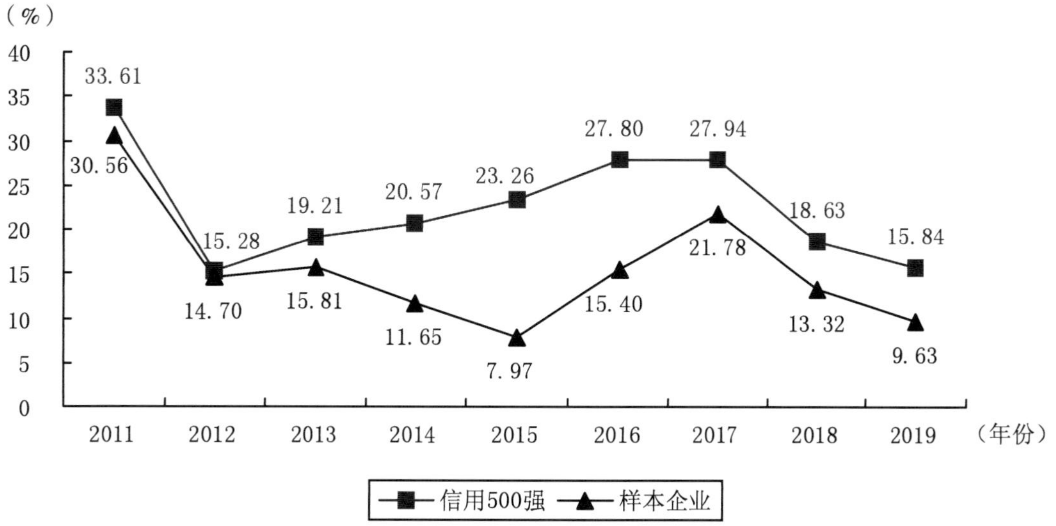

图 3-11 中国企业信用 500 强营收增长率变化趋势及对比分析

2. 利润增长率变化趋势及对比分析

第一，从利润增长率变化分析，2020 中国企业信用 500 强 2019 年的利润增长率为 37.96%，较 2019 中国企业信用 500 强 2018 年的 27.39%提高了 10.57 个百分点。

第二，与样本企业对比分析，信用 500 强企业 2019 年的利润增长率为 37.96%，比样本企业 2019 年的 1.00%高出 36.96 个百分点。

第三，综合利润增长率指标分析，信用 500 强企业 2019 年的利润增长率有大幅度提高，而样本企业的利润增速微幅回升。由此可见，信用 500 强企业在提质增效的方面已经取得明显成果，效益优先原则得到很好的体现。

中国企业信用 500 强利润增长率变化趋势及对比分析见图 3-12。

3.资产增长率变化趋势及对比分析

第一，从资产增长率变化分析，2020 中国企业信用 500 强 2019 年的资产增长率为

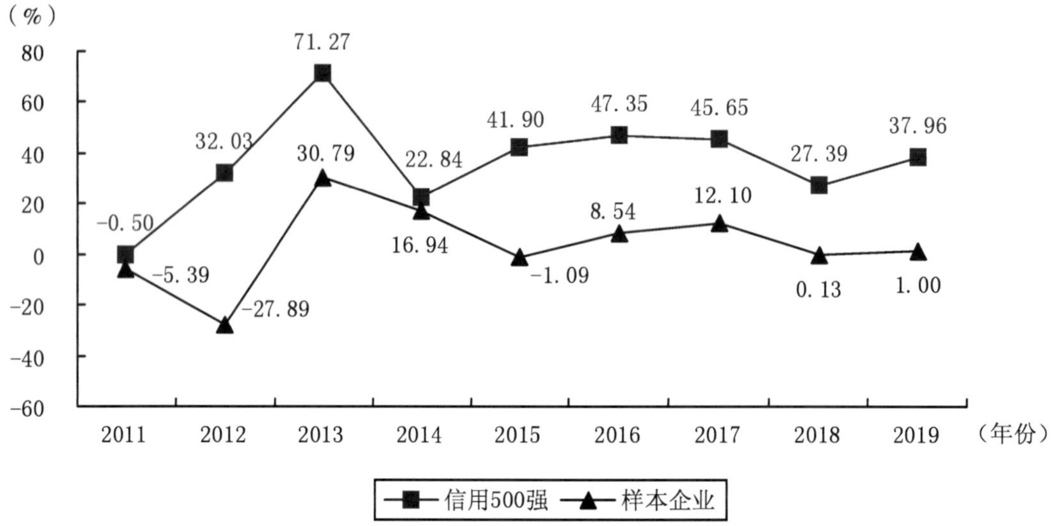

图 3-12 中国企业信用 500 强利润增长率变化趋势及对比分析

15.12%，较 2019 中国企业信用 500 强 2018 年的 16.39%降低了 1.27 个百分点。

第二，与样本企业对比分析，信用 500 强企业 2019 年的资产增长率为15.12%，比样本企业 2019 年的 10.12%高出 5.00 个百分点。样本企业 2019 年的资产增长率较 2018 年下降了 0.99 个百分点。

第三，综合资产增长率指标分析，信用 500 强企业和样本企业 2019 年的资产增长率均有所下降，且下降的幅度也大体相当，并没有明显的差异。两者的差距由 2018 年的 5.28 个百分点缩小到 5.00 个百分点。

中国企业信用 500 强资产增长率变化趋势及对比分析见图 3-13。

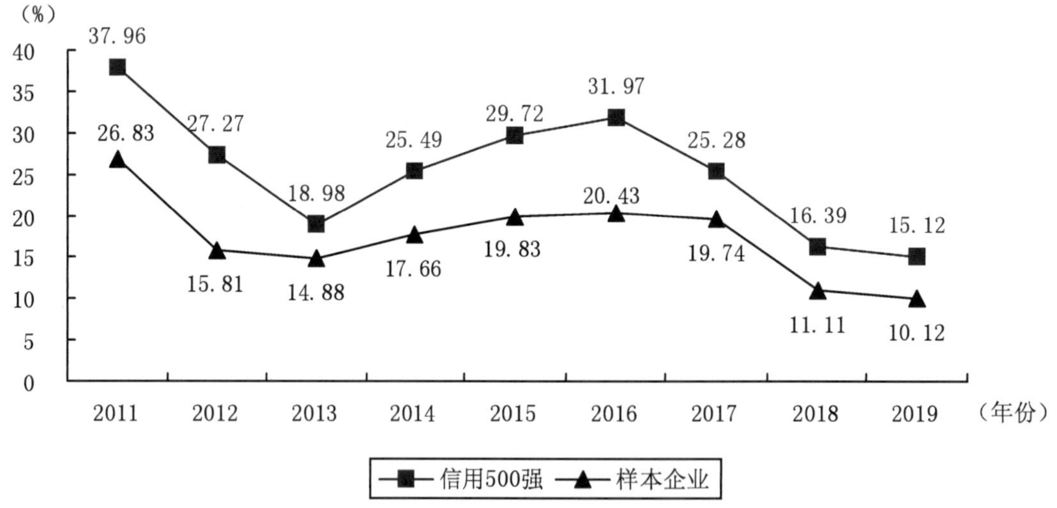

图 3-13 中国企业信用 500 强资产增长率变化趋势及对比分析

4. 资本积累率变化趋势及对比分析

第一，从资本积累率变化分析，2020 中国企业信用 500 强 2019 年的资本积累率为 27.01%，较 2019 中国企业信用 500 强 2018 年的 18.59%提高了 8.42 个百分点。

第二，与样本企业对比分析，信用 500 强企业 2019 年的资本积累率为 27.01%，比样本企业 2019 年的 14.95%高出 12.06 个百分点。样本企业 2019 年的资本积累率较 2018 年提高了 5.99 个百分点。

第三，综合资本积累率指标分析，信用 500 强企业 2019 年的资本积累率较 2018 年有大幅回升，总体保持在较高水平区间。而样本企业 2019 年的资本积累率也有较大幅度的回升，但与信用 500 强企业的差距由 2018 年的 9.63 个百分点扩大到 2019 年的 12.06 个百分点。

中国企业信用 500 强资本积累率变化趋势及对比分析见图 3-14。

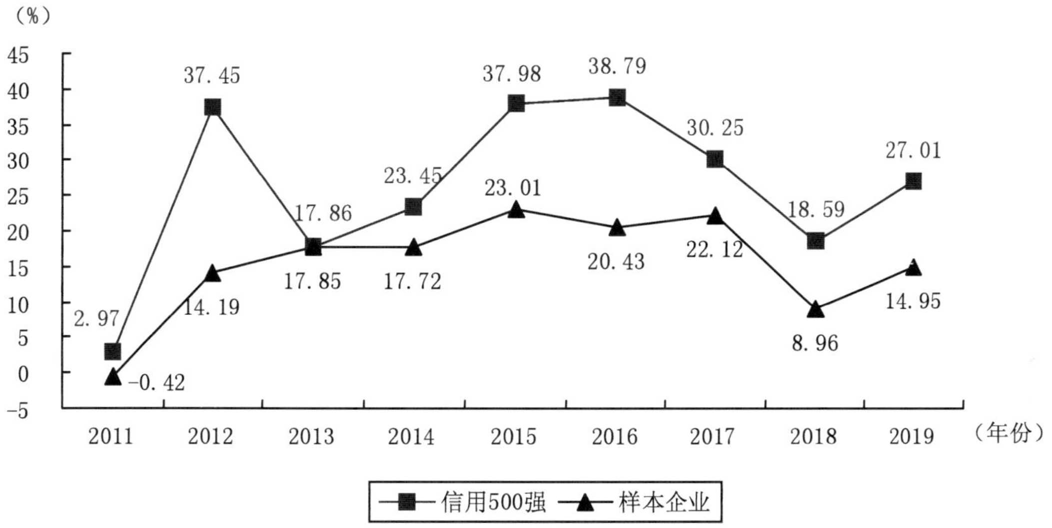

图 3-14 中国企业信用 500 强资本积累率变化趋势及对比分析

5. 人员增长率变化趋势及对比分析

第一，从人员增长率变化分析，2020 中国企业信用 500 强 2019 年的人员增长率为 6.55%，较 2019 中国企业信用 500 强 2018 年的 10.09 下降了 3.54 个百分点。

第二，与样本企业对比分析，信用 500 强企业 2019 年的人员增长率为 6.55%，比样本企业 2019 年的 1.93%高出 4.62 个百分点。样本企业 2019 年的人员增长率较 2018 年的 5.30%回落了 3.37 个百分点。

第三，综合人员增长率指标分析，信用 500 强企业与样本企业 2019 年的人员增速均有所回落，且下降的幅度也大体相当。总体来看，从业人员增速明显放缓，但信用 500 强企业的贡献率要明显高于样本企业。

中国企业信用 500 强人员增长率变化趋势及对比分析见图 3-15。

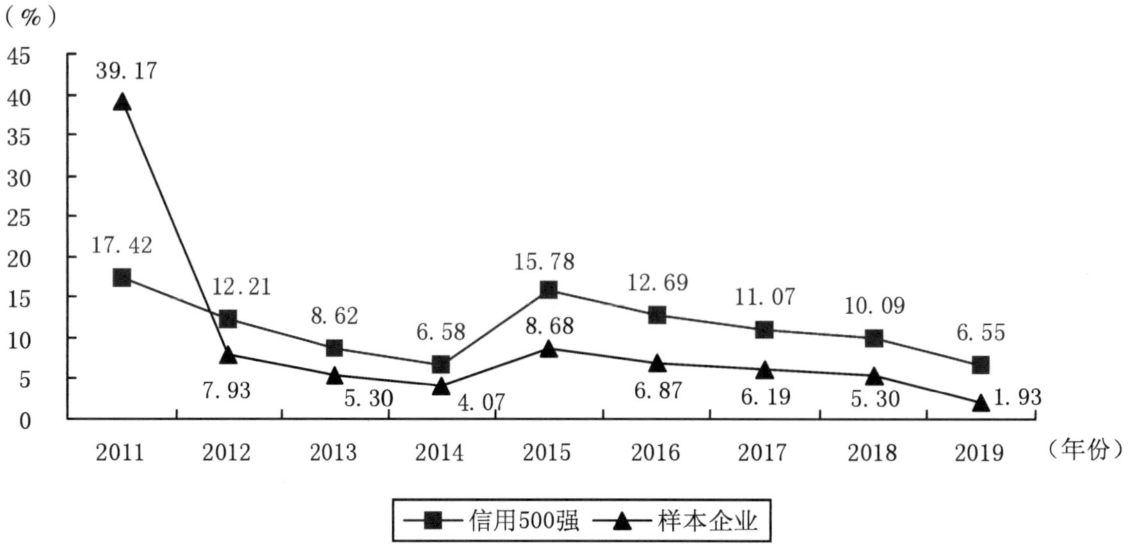

图 3-15 中国企业信用 500 强人员增长率变化趋势及对比分析

6. 人均营收额变化趋势及对比分析

第一，从人均营收额变化分析，2020 中国企业信用 500 强 2019 年的人均营收额为 265.82 万元，较 2019 中国企业信用 500 强 2018 年的 238.59 万元提高了 27.23 万元，增幅为 11.41%。

第二，与样本企业对比分析，信用 500 强企业 2019 年的人均营收额为 265.82 万元，比样本企业 2019 年的 226.25 万元高出 39.57 万元。样本企业人均营收额较 2018 年的 213.93 万元提高了 12.32 万元，增幅为 5.76%。

第三，综合人均营收额指标分析，信用 500 强企业和样本企业 2019 年的人均营收额与 2018 年相比均有较大幅度的提升，但两者的差距由 2018 年的 24.66 万元扩大到 2019 年的 39.57 万元，差距进一步扩大。总体来看，信用 500 强企业在人均效率方面仍具有明显的竞争优势。

中国企业信用 500 强人均营收额变化趋势及对比分析见图 3-16。

7. 人均利润额变化趋势及对比分析

第一，从人均利润额变化分析，2020 中国企业信用 500 强 2019 年的人均利润额为 20.34 万元，较 2019 中国企业信用 500 强 2018 年的 16.31 万元提高了 4.03 万元，增幅为 24.71%。

第二，与样本企业对比分析，信用 500 强企业 2019 年的人均利润额为 20.34 万元，比样本企业 2019 年的 11.22 万元高出 9.12 万元。样本企业 2019 年的人均利润额较 2018 年的 10.42 万元提高了 0.80 万元，增幅为 7.68%。

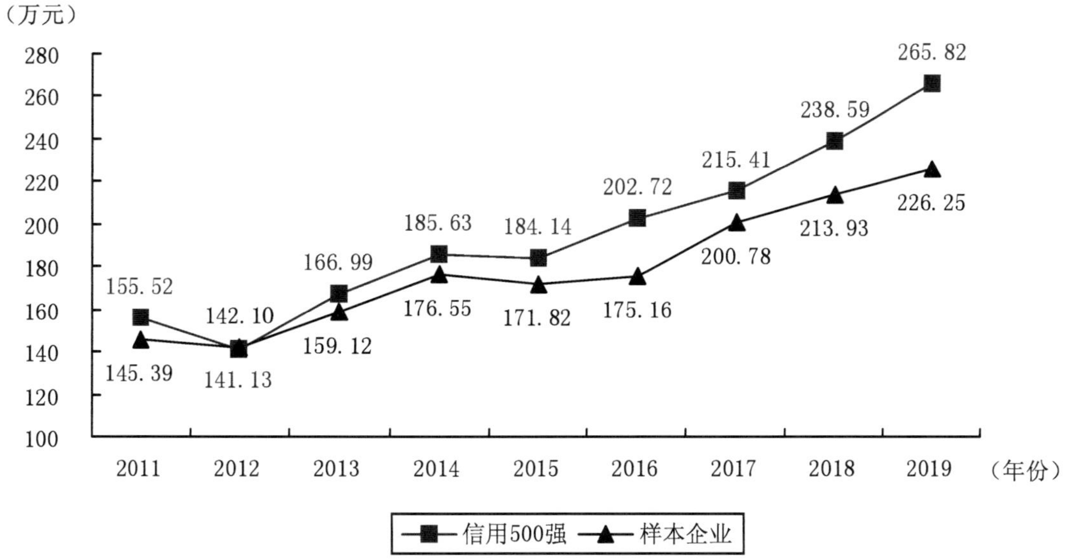

图 3-16 中国企业信用 500 强人均营收额变化趋势及对比分析

第三，综合人均利润额指标分析，信用 500 强企业和样本企业 2019 年的人均利润额均有一定幅度提升，但两者之间的差距由 2018 年的 5.89 万元扩大到了 9.12 万元。

综合生产性分析，信用 500 强企业的劳动效率和效益相对于样本企业来说具有十分明显的优势，随着人工智能的应用以及坚持内生动力和内涵式高质量发展，信用 500 强企业的效率和效益优势也将得到进一步提高，两者的差距将会进一步扩大。

中国企业信用 500 强人均利润额变化趋势及对比分析见图 3-17。

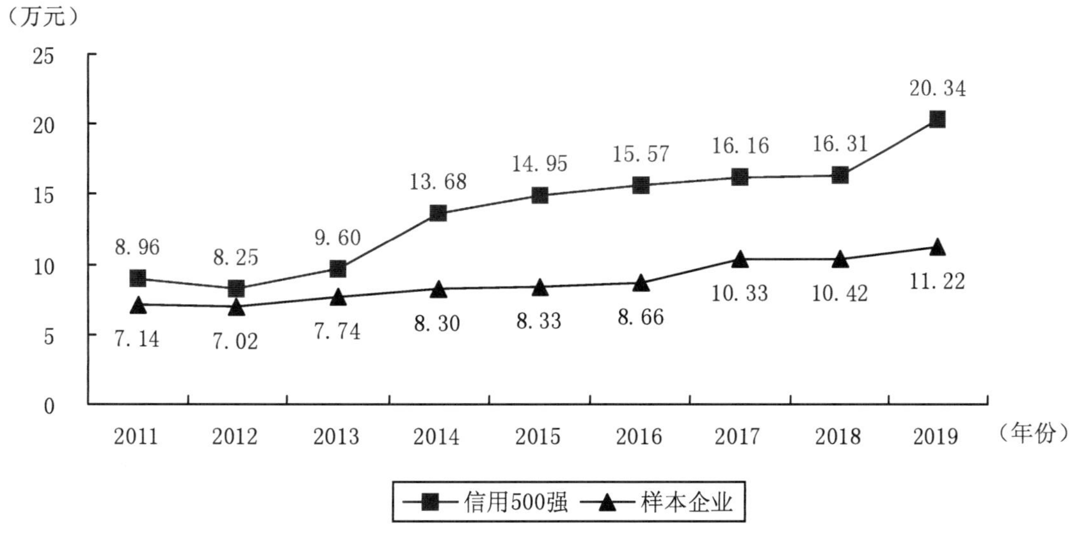

图 3-17 中国企业信用 500 强人均利润额变化趋势及对比分析

（四）2020 中国企业信用 500 强效益指标综合分析

2020 中国企业信用 500 强效益指标比较优势分析见图 3-18。

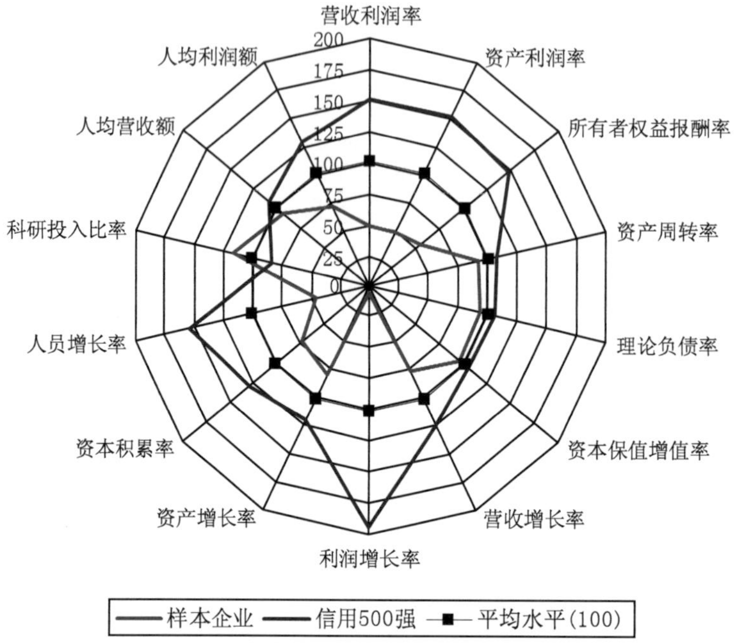

图 3-18 2020 中国企业信用 500 强效益指标比较优势分析

从图 3-18 中可以看出，2020 中国企业信用 500 强与样本企业相比，其比较优势突出表现在收益性和成长性两个方面，总体上具有如下比较特征。

第一，从收益性指标分析看，信用 500 强企业具有全面的比较优势。其中，营收利润率、资产利润率和所有者权益报酬率均大幅度领先于样本企业，且两者之间的差距进一步拉大。由此可见，深化供给侧改革，提质增效，实现转型升级和高质量发展，仍然是我国大多数企业面临的长期任务。

第二，从成长性指标分析看，信用 500 强企业具有的全面比较优势。尤其是在利润增速上，信用 500 强企业的比较优势十分明显，这方面两者的差距也是所有指标中最大的。

第三，从流动性来看，信用 500 强企业虽然有一定的比较优势，但并不是很明显，总体处于低位区间运行。加强资产运营管理，提高资产经营效率效益和经营质量，仍是我国企业普遍面临的主要问题。

第四，信用 500 强企业的科研投入比率低于样本企业是持续多年的问题。本报告统计显示，样本企业 2019 年的科研投入比率为 5.07%，较 2018 年的 4.91%提高了 0.16 个百分点；信用

500 强企业 2019 年的科研投入比率为 3.64%，较 2018 年的 3.06%提高了 0.58 个百分点。两者的差距为 1.43 个百分点，但信用 500 强企业科研投入比率增速较高，两者间的差距也有明显减小。

四、2020 中国企业信用 500强面对的挑战及若干建议

通过对 2020 中国企业信用 500 强和样本企业效益指标变化趋势比较分析，信用 500 强企业的各项效益指标均保持较高增速，与样本企业相比具有明显的优势。但由于宏观经济环境不确定因素增多，信用 500 强企业也面临着诸多问题和新挑战。

(一) 发挥国有企业引领作用，激发各类市场主体活力

2020 年中央经济工作会议强调，构建新发展格局，必须构建高水平社会主义市场经济体制，实行高水平对外开放，推动改革和开放相互促进。要完善宏观经济治理，加强国际宏观政策协调。要深入实施国企改革三年行动，优化民营经济发展环境，健全现代企业制度，完善公司治理，激发各类市场主体活力。

2021 年是国企改革三年行动的攻坚之年、关键之年。深化国有企业改革、做大做强做优国有资本，要坚持问题导向、目标导向、结果导向，突出抓好改革重点任务，以更坚强的决心、更坚定的意志、更大的力度推动落地见效。

一是要加快建立健全市场化经营机制，推进职业经理人制度和经理层成员任期制契约制度，推进制定各类科学的市场化目标，探索将五位一体建设任务合理地折算为市场化目标，推动各类中长期激励政策，着力提高企业活力和效率。

二是围绕服务国家战略，聚焦主业主责发展实体经济，更好地发挥国有企业在畅通产业循环、市场循环、经济社会循环等方面的引领带动作用，支持中央企业带动民营企业、中小企业协同发展，推动国有资本向重要行业和关键领域集中。

三是混合所有制是一场企业制度创新，在国企改革三年行动中，积极稳妥深化混合所有制改革是一项重要的工作。突出抓好深化混合所有制改革，要牢牢把握混合所有制改革方向，坚持“三因三宜三不”原则，积极稳妥，务求改革实效。要重点推进国有资本投资、运营公司出资企业和商业一类子企业混合所有制改革，根据不同企业的功能定位，合理设计和调整优化混合所有制企业股权结构。混合所有制要想“混”好就必须在 “合好”和“改好”上下功夫。要以更加开放的姿态深化与民营企业合作，着力引入高匹配度、高认同感、高协同性

的战略投资者，科学合理设置股权结构，切实转换经营机制，进一步推动混合所有制实施与融合，提高国有企业效率效益，激活民营企业活力。

（二）深化供给侧结构性改革，推动经济体系优化升级

2020 年中央经济工作会议强调，加快构建以国内大循环为主体、国内国际双循环相互促进的新发展格局，要紧紧扭住供给侧结构性改革这条主线，注重需求侧管理，打通堵点，补齐短板，贯通生产、分配、流通、消费各环节，形成需求牵引供给、供给创造需求的更高水平动态平衡，提升国民经济体系整体效能。

《中共中央关于制定国民经济和社会发展第十四个五年规划和二〇三五年远景目标的建议》提出，加快发展现代产业体系，推动经济体系优化升级。坚持把发展经济着力点放在实体经济上，坚定不移建设制造强国、质量强国、网络强国、数字中国，推进产业基础高级化、产业链现代化，提高经济质量效益和核心竞争力。同时强调，坚持自主可控、安全高效，分行业做好供应链战略设计和精准施策，推动全产业链优化升级。锻造产业链供应链长板，立足我国产业规模优势、配套优势和部分领域先发优势，打造新兴产业链，推动传统产业高端化、智能化、绿色化，发展服务型制造。

构建新发展格局，解决好发展不平衡问题，首先要进一步优化升级产业体系。以新发展理念，构建新发展格局，畅通国内大循环，依托强大国内市场，贯通生产、分配、流通、消费各环节，优化供给结构，改善供给质量，提升供给体系对国内需求的适配性，形成需求牵引供给、供给创造需求的更高水平动态平衡。

同时要以全球化的视野，充分利用国内国际两个市场、两种资源，积极融入国际市场，集合企业内涵要素，整合产业链、价值链上的所有外部资源，形成质量、研发、成本、管理、文化、品牌等内涵竞争力。

（三）发挥创新驱动领军作用，全面塑造发展新优势

2020 年中央经济工作会议提出，要发挥企业在科技创新中的主体作用，支持领军企业组建创新联合体，带动中小企业创新活动。

《中共中央关于制定国民经济和社会发展第十四个五年规划和二〇三五年远景目标的建议》提出，坚持创新在我国现代化建设全局中的核心地位，把科技自立自强作为国家发展的战略支撑，面向世界科技前沿、面向经济主战场、面向国家重大需求、面向人民生命健康，深入实施科教兴国战略、人才强国战略、创新驱动发展战略，完善国家创新体系，加快建设

科技强国。

一是要深化科技体制改革，加快科技成果转化应用，加快提升企业技术创新能力，发挥国有企业在技术创新中的积极作用，健全鼓励支持基础研究、原始创新的体制机制，完善科技人才发现、培养、激励机制。要支持战略性产业发展，支持加大设备更新和技改投入，推进传统制造业优化升级。要健全体制机制，打造一批有国际竞争力的先进制造业集群，提升产业基础能力和产业链现代化水平。要大力发展数字经济。要更多依靠市场机制和现代科技创新推动服务业发展，推动生产性服务业向专业化和价值链高端延伸，推动生活性服务业向高品质和多样化升级。

二是要增强产业链供应链自主可控能力，统筹推进补齐短板和锻造长板，针对产业薄弱环节，实施好关键核心技术攻关工程，尽快解决一批“卡脖子”问题，在产业优势领域精耕细作，搞出更多独门绝技。要实施好产业基础再造工程，打牢基础零部件、基础工艺、关键基础材料等基础。要加强顶层设计、应用牵引、整机带动，强化共性技术供给，深入实施质量提升行动。我国企业界要抓住新一轮科技革命和产业变革机遇，把科技创新摆在更加突出的位置，完善创新体制机制，加大研发投入力度，加快关键核心技术攻关，打造更多依靠创新驱动、发挥先发优势的引领性企业。

三是要加强对中小企业创新的支持，促进科技成果转化。倡导创新文化，强化知识产权创造、保护、运用。培养造就一大批具有国际水平的战略科技人才、科技领军人才、青年科技人才和高水平创新团队。同时，要注重制度创新、管理创新、市场创新、文化创新等，尤其是科技、信息服务业要创新与制造业的融合发展，依靠创新驱动促进企业高质量融合发展。

（四）推进企业诚信建设，实现企业高质量发展

《中共中央关于制定国民经济和社会发展第十四个五年规划和二〇三五年远景目标的建议》提出，健全市场体系基础制度，坚持平等准入、公正监管、开放有序、诚信守法，形成高效规范、公平竞争的国内统一市场。实施高标准市场体系建设行动。健全产权执法司法保护制度。实施统一的市场准入负面清单制度。继续放宽准入限制。健全公平竞争审查机制，加强反垄断和反不正当竞争执法司法，提升市场综合监管能力。健全要素市场运行机制，完善要素交易规则和服务体系。

社会信用体系建设要按照“政府推动，社会共建；健全法制，规范发展；统筹规划，分步实施；重点突破，强化应用”的原则，有序推进，社会信用体系建设取得了可喜进展，在规范市场秩序、树立守信社会风尚等方面发挥着越来越重要的作用。

党中央、国务院将加快社会信用体系建设作为全面深化“放管服”改革的一项重要任务

着力部署推进。信用立法是社会信用体系建设高效运转的重要基础，是各项信用机制有效落地的关键保障。因此，企业界要积极推进 GB/T 31950—2015《企业诚信管理体系》标准的贯彻与实施，强化社会责任意识、规则意识、奉献意识，形成诚信价值观，培育诚信文化，以诚信为准则来约束自身的行为；切实建立信用风险管理与控制体系，强化各类风险识别，建立预判预警机制，制定完善的应对预案，有效控制已经存在或可能存在的信用风险，尤其是控制系统性风险的发生；要坚持底线思维，确保合规合法经营，切实履行社会责任，以诚信建设推动企业持续健康和高质量发展。

GB/T 31950—2015《企业诚信管理体系》标准以企业自身的诚信水平提升为关注焦点，通过引导企业增强社会责任感，在生产经营活动各环节中识别诚信要素，强化诚信自律，不断提高满足顾客及其他利益相关方要求的能力，来获得企业持续健康、高质量发展，进而达到持续提高企业诚信管理水平的目的。

第四章
2020 中国制造业企业信用 100 强发展报告

《2020 中国制造业企业信用 100 强发展报告》是由中国企业改革与发展研究会、中国合作贸易企业协会、国信联合（北京）认证中心联合开展的中国制造业企业信用分析研究成果，已是第 8 次向社会发布。

2020 中国制造业企业信用 100 强的入围门槛为：企业综合信用指数为 90 分以上，且 2019 年净利润为 211500 万元以上，较 2019 中国制造业企业信用 100 强的 220000 万元降低了 8500 万元。

2020 中国制造业企业信用 100 强分析研究及发布活动，旨在通过中国制造业企业的信用环境、信用能力、信用行为三个方面，对中国制造业企业的信用发展状况进行客观评价，为政府、行业、企业和社会提供参考依据。

一、2020 中国制造业企业信用 100 强分布特征

（一）2020 中国制造业企业信用 100 强行业分布特征

2020 中国制造业企业信用 100 强的行业分布，按照入围企业数量的多少排序分别为：医药、生物制药、医疗设备制造业企业，汽车及零配件制造业企业各 12 家；黑色冶金及压延加工业企业 9 家；建筑材料及玻璃等制造业及非金属矿物制品业企业 7 家；计算机、通信器材、办公等电子设备及零部件制造业企业 6 家；酿酒制造业企业，化学原料及化学制品（含精细化工、日化、肥料等）制造业企业，电子元器件与仪器仪表、自动化控制设备制造业企业，航空航天及国防军工业企业各 5 家；纺织品、服装、服饰、鞋帽、皮革及辅料加工业企业，电力、电气等设备、机械、元器件及光伏、电池、线缆制造业企业各 4 家；农副食品加工业企业，一般有色冶金及压延加工业，工程机械、电梯、仓储等特种机械、设备及零配件制造业企业，家用电器及零配件制造业企业各 3 家；食品（含乳制品、饮料）制造业企业，纺织、印染业企业，化学纤维制造业企业，船舶、轨道交通设备及零部件制造业企业，动力、电力生产等装备、设备制造业企业各 2 家；造纸及

纸制品（含木材、藤、竹、家具等）加工、印刷、包装业企业，石化产品、炼焦及其他燃料生产加工业企业，黄金冶炼及压延加工业企业，综合制造业（以制造业为主，含有服务业）企业各 1 家。

综合入围企业的行业分布情况来看，2020 中国制造业企业信用 100 强包括了 24 个细分行业，比 2019 年的 25 个细分行业减少了 1 个。其中，医药、生物制药、医疗设备制造业企业（比 2019 年增加 1 家），汽车及零配件制造业企业（比 2019 年增加 2 家）占比仍然偏高。黑色冶金及压延加工业企业由 2019 年的 1 家提高到 9 家，可见其经营形势明显好转。食品（含乳制品、饮料）制造业企业则由 2019 年的 5 家减少至 2 家。

2020 中国制造业企业信用 100 强行业分布见表 4-1。

表 4-1 2020 中国制造业企业信用 100 强行业分布

序号	行业	企业数(家)
1	农副食品加工业	3
2	食品(含乳制品、饮料)制造业	2
3	酿酒制造业	5
4	纺织、印染业	2
5	纺织品、服装、服饰、鞋帽、皮革及辅料加工业	4
6	造纸及纸制品(含木材、藤、竹、家具等)加工、印刷、包装业	1
7	石化产品、炼焦及其他燃料生产加工业	1
8	化学原料及化学制品(含精细化工、日化、肥料等)制造业	5
9	医药、生物制药、医疗设备制造业	12
10	化学纤维制造业	2
11	建筑材料及玻璃等制造业及非金属矿物制品业	7
12	黑色冶金及压延加工业	9
13	一般有色冶金及压延加工业	3
14	黄金冶炼及压延加工业	1
15	工程机械、电梯、仓储等特种机械、设备及零配件制造业	3
16	电力、电气等设备、机械、元器件及光伏、电池、线缆制造业	4
17	船舶、轨道交通设备及零部件制造业	2
18	家用电器及零配件制造业	3
19	电子元器件与仪器仪表、自动化控制设备制造业	5
20	动力、电力生产等装备、设备制造业	2
21	计算机、通信器材、办公等电子设备及零部件制造业	6
22	汽车及零配件制造业	12
23	航空航天及国防军工业	5
24	综合制造业(以制造业为主,含有服务业)	1
合计		100

（二）2020 中国制造业企业信用 100 强地区分布特征

从 2020 中国制造业企业信用 100 强地区分布情况来看，东部地区有 8 个省（直辖市）共 75 家企业入围。其中，浙江有 16 家，广东有 15 家，北京有 11 家，江苏有 10 家，山东有 8 家，上海、河北各有 6 家，福建有 3 家。

中部地区有 5 个省共 13 家企业入围。其中，湖北有 4 家，湖南、河南各有 3 家，安徽有 2 家，江西有 1 家。

西部地区有 7 个省（自治区、直辖市）共 12 家企业入围。其中，四川有 4 家，新疆有 2 家，甘肃、贵州、内蒙古、云南、重庆、陕西各有 1 家。

2020 中国制造业企业信用 100 强地区分布及变动情况见表 4-2。

表 4-2 2020 中国制造业企业信用 100 强地区分布及变动情况

区域	地区	入围企业数(家)		区域	地区	入围企业数(家)		区域	地区	入围企业数(家)	
		2020 年	2019 年			2020 年	2019 年			2020 年	2019 年
东部地区	北京	11	15	中部地区	安徽	2	2	西部地区	甘肃	1	
	广东	15	15		河南	3	3		广西		
	河北	6	4		湖北	4	3		贵州	1	1
	江苏	10	10		湖南	3			内蒙古	1	2
	山东	8	13		吉林		1		宁夏		1
	上海	6	6		黑龙江				四川	4	3
	天津				江西	1	1		新疆	2	3
	浙江	16	12		山西				云南	1	1
	辽宁								重庆	1	
	福建	3	3						陕西	1	1
	海南								青海		
									西藏		
合计		75	78	合计		13	10	合计		12	12

从变动情况来看，东部地区入围企业数量较 2019 年减少 3 家。其中，广东、江苏、上海、福建与 2019 年持平，北京减少 4 家，河北增加 2 家，山东减少 5 家，浙江增加 4 家。

中部地区入围企业数量增加 3 家。其中，湖北增加 1 家，湖南增加 3 家，吉林减少 1 家，安徽、河南、江西与 2019 年持平。

西部地区入围企业数量与 2019 年持平。其中，四川、甘肃、重庆各增加 1 家，内蒙古、宁夏、新疆各减少 1 家，贵州、云南、陕西与 2019 年持平。

二、2020中国制造业企业信用100强行业环境分析

（一）食品、酿酒等行业信用环境影响性分析

1. 农副食品加工业景气指数回升，盈利能力提升

从农副食品加工业企业的信用环境分析来看，2019年的景气指数为116.62点，比2018年的112.15点提高了4.47点；盈利指数为111.89点，比2018年的99.93点提高了11.96点；效益指数为100.95点，比2018年的103.66点下降了2.71点。

综合三项指数分析，农副食品加工业整体呈现好转态势，尤其是景气指数和盈利指数有明显提高，表明其市场景气程度好转，盈利能力提升，但整体效益尚有待提高。

2011—2019年农副食品加工业信用环境影响性分析见图4-1。

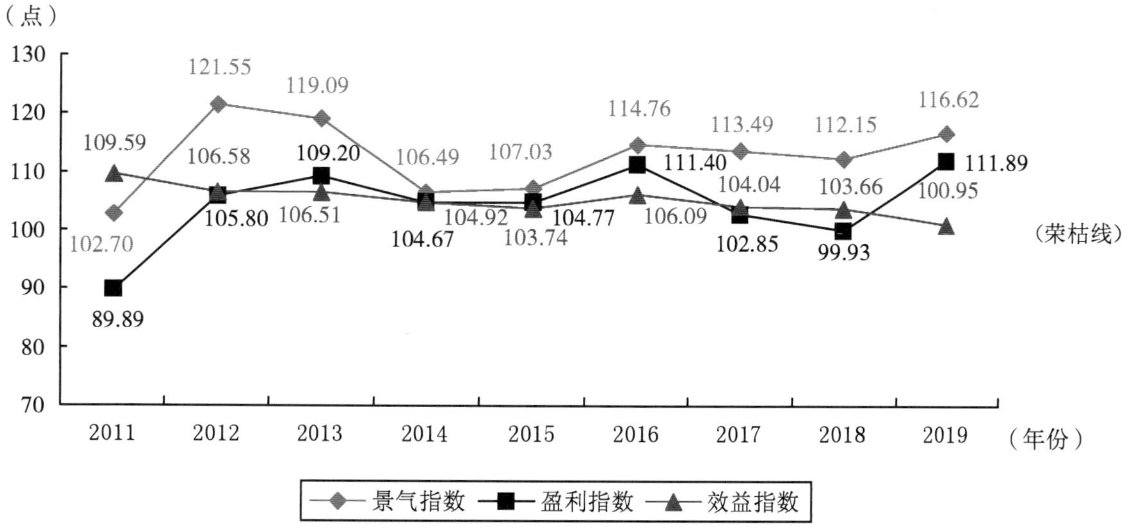

图4-1 2011—2019年农副食品加工业信用环境影响性分析

2. 食品（含乳制品、饮料）制造业总体运行平稳

从食品（含乳制品、饮料）制造业企业的信用环境分析来看，2019年的景气指数为111.50点，比2018年的110.40点提高了1.10点；盈利指数为105.41点，比2018年的102.17点提高了3.24点；效益指数为108.12点，比2018年的106.83点提高了1.29点。

综合三项指数分析，食品（含乳制品、饮料）制造业整体运行相对平稳，三项指数均有小

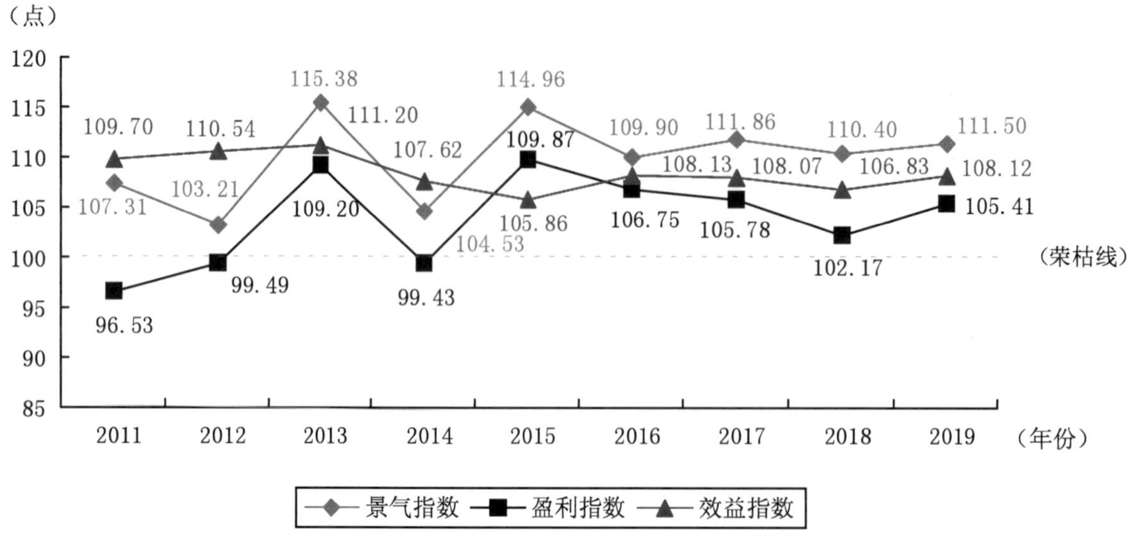

图 4-2 2011—2019 年食品（含乳制品、饮料）制造业信用环境影响性分析

幅提高，下行压力明显减弱，盈利能力有所提高。

2011—2019 年食品（含乳制品、饮料）制造业信用环境影响性分析见图 4-2。

3. 酿酒制造业下行压力加大

从酿酒制造业企业的信用环境分析来看，2019 年的景气指数为 103.52 点，比 2018 年的 107.60 点回落了 4.08 点；盈利指数为 96.69 点，比 2018 年的 101.50 点回落了 4.81 点；效益指数为 109.58 点，比 2018 年的 107.36 点提高了 2.22 点。

2011—2019 年酿酒制造业信用环境影响性分析见图 4-3。

由图 4-3 可知，我国酿酒制造业出现整体下行的走势，持续存在的下行压力使盈利指数

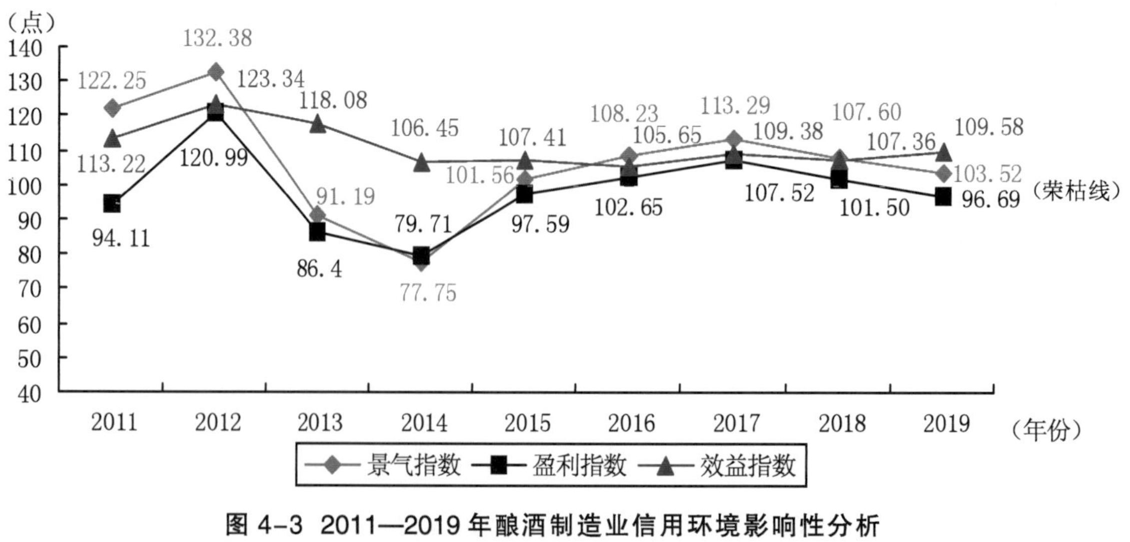

图 4-3 2011—2019 年酿酒制造业信用环境影响性分析

被挤压到荣枯线以下，表明该行业的竞争压力进一步加大。

（二）纺织、服装、造纸、医药等制造业信用环境影响性分析

1. 纺织、印染业跌入负增长区间

从纺织、印染业企业的信用环境分析来看，2019年的景气指数为89.50点，比2018年的112.26点下降了22.76点；盈利指数为86.40点，比2018年的105.99点下降了19.59点；效益指数为101.73点，比2018年的103.42点下降了1.69点。

纺织、印染业的景气指数和盈利指数双双跌破荣枯线，且达到历史最低点；效益指数也迫近荣枯线，表明该行业的整体经营形势出现恶化。预测后期市场，该行业仍将存在较大的下行压力，经营形势短期内难以有明显好转。

2011—2019年纺织、印染业信用环境影响性分析见图4-4。

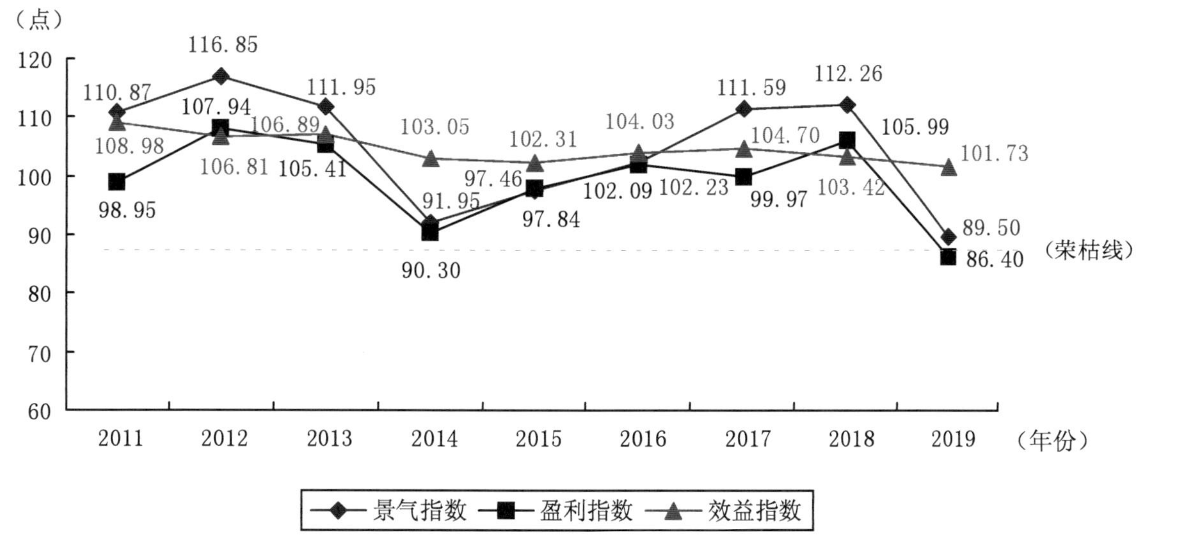

图4-4 2011—2019年纺织、印染业信用环境影响性分析

2. 纺织品、服装、服饰、鞋帽、皮革及辅料加工业景气指数下跌

从纺织品、服装、服饰、鞋帽、皮革及辅料加工业企业的信用环境分析来看，2019年的景气指数为97.58点，比2018年的106.82点下降了9.24点；盈利指数为95.61点，比2018年的100.82点下降了5.21点；效益指数为104.63点，比2018年的103.08点提高了1.55点。

综合三项指数分析，纺织品、服装、服饰、鞋帽、皮革及辅料加工业的景气指数和盈利指数也双双跌破荣枯线，表明该行业整体经营形势也发生了恶化，已经跌入负增长区间。受新冠肺炎疫情影响，2020年该行业下行压力进一步加大，行业间的竞争进一步加剧。

2011—2019 年纺织品、服装、服饰、鞋帽、皮革及辅料加工业信用环境影响性分析见图 4–5。

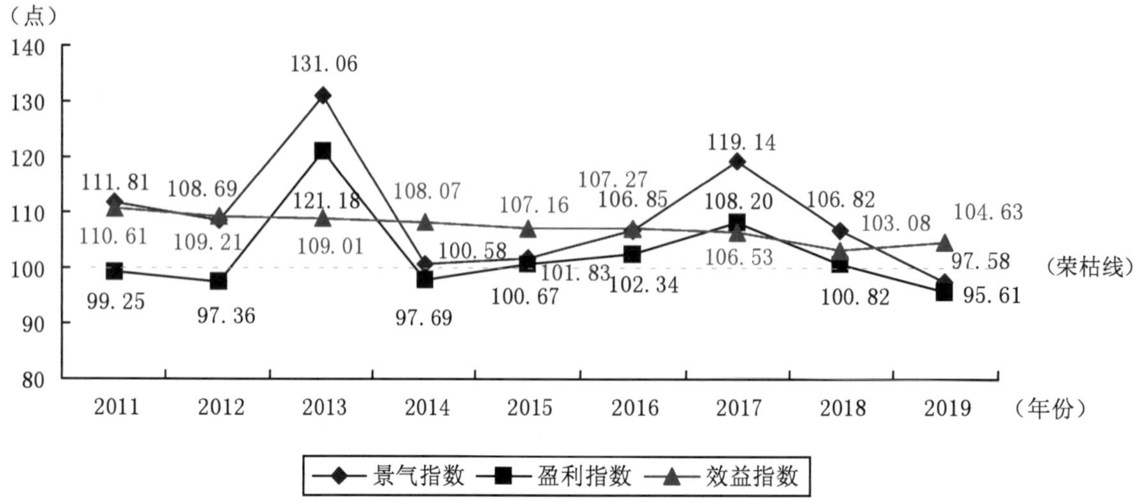

图 4–5 2011—2019 年纺织品、服装、服饰、鞋帽、皮革及辅料加工业信用环境影响性分析

3. 造纸及纸制品（含木材、藤、竹、家具等）加工、印刷、包装业延续下行走势

从造纸及纸制品（含木材、藤、竹、家具等）加工、印刷、包装业企业的信用环境分析来看，2019 年的景气指数为 102.79 点，比 2018 年的 108.84 点下降了 6.05 点；盈利指数为 99.26 点，比 2018 年的 97.98 点提高了 1.28 点；效益指数为 103.50 点，比 2018 年的 105.64 点下降了 2.14 点。

综合三项指数分析，该行业延续了下行走势，尤其是盈利指数，依然徘徊在荣枯线以下，表明该行业的盈利能力持续减弱。预测后期市场，该行业的增长动力仍显不足。

2011—2019 年造纸及纸制品(含木材、藤、竹、家具等）加工、印刷、包装业信用环境影响性分析见图 4–6。

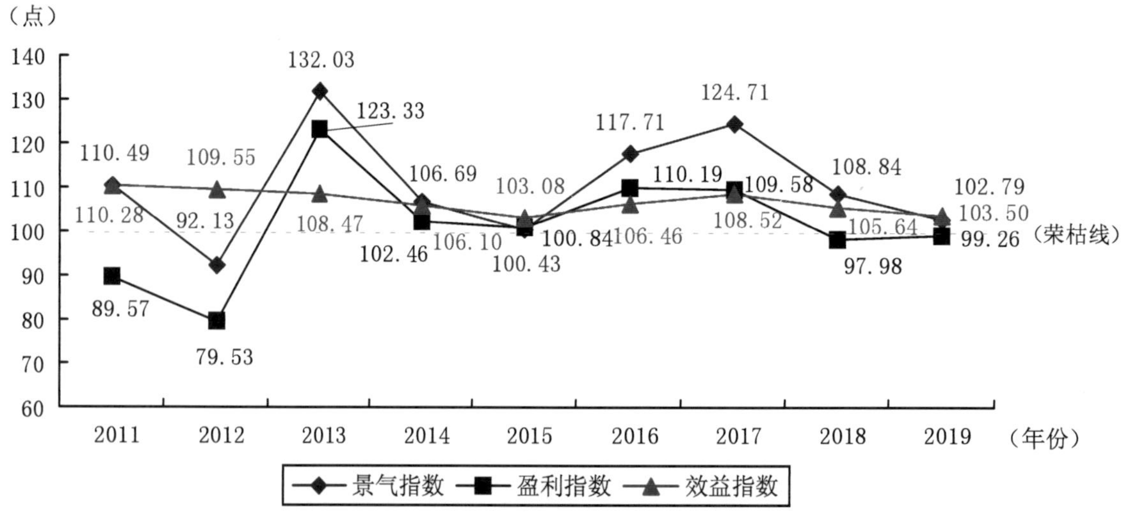

图 4–6 2011—2019 年造纸及纸制品（含木材、藤、竹、家具等）加工、印刷、包装业信用环境影响性分析

4. 文体、玩具、工艺品等轻工产品加工制造业低位运行

从文体、玩具、工艺品等轻工产品加工制造业企业的信用环境分析来看，2019 年的景气指数为 104.69 点，比 2018 年的 107.36 点下降了 2.67 点；盈利指数为 99.42 点，比 2018 年的 98.72 点回升了 0.70 点；效益指数为 97.62 点，比 2018 年的 96.07 点回升了 1.55 点。

文体、玩具、工艺品等轻工产品加工制造业的景气指数再次下降，盈利指数和效益指数仍然没有回升到荣枯线以上，表明该行业的盈利空间持续受到挤压，主要收益性指标仍然处于负增长状态，经营形势没有出现明显好转。

2011—2019 年文体、玩具、工艺品等轻工产品加工制造业信用环境影响性分析见图 4-7。

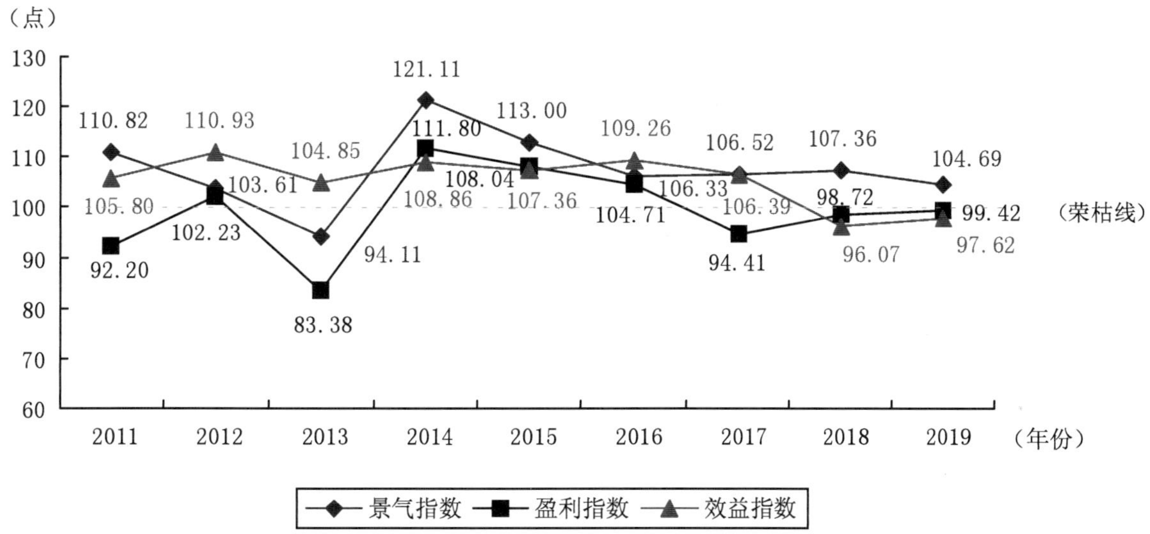

图 4-7 2011—2019 年文体、玩具、工艺品等轻工产品加工制造业信用环境影响性分析

5. 医药、生物制药、医疗设备制造业下行压力进一步加大

从医药、生物制药、医疗设备制造业企业的信用环境分析来看，2019 年的景气指数为 103.92 点，比 2018 年的 111.14 点下降了 7.22 点；盈利指数为 97.91 点，比 2018 年的 98.11 点下降了 0.20 点；效益指数为 105.88 点，比 2018 年的 107.98 点下降了 2.10 点。

综合三项指数分析，该行业整体下行压力进一步加大。盈利指数仍然处于荣枯线以下，且负增长幅度又有所扩大，表明该行业盈利能力持续减弱，盈利空间进一步受到挤压。

2011—2019 年医药、生物制药、医疗设备制造业信用环境影响性分析见图 4-8。

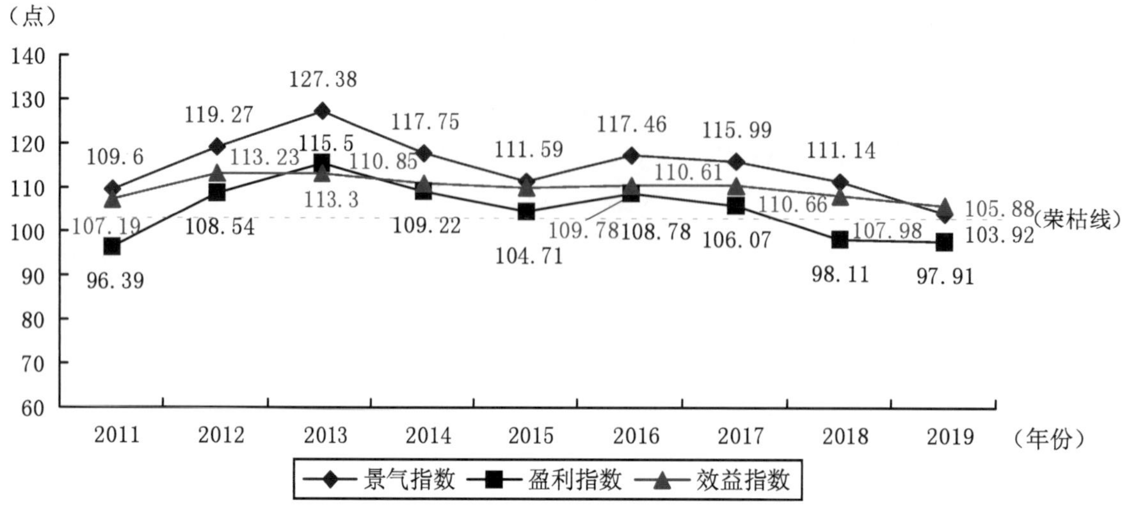

图 4-8 2011—2019 年医药、生物制药、医疗设备制造业信用环境影响性分析

（三）石化、化工、橡胶等制造业信用环境影响性分析

1. 石化产品、炼焦及其他燃料生产加工业震荡下行

从石化产品、炼焦及其他燃料生产加工业企业的信用环境分析来看，2019 年的景气指数为 99.56 点，比 2018 年的 127.58 点下降了 28.02 点；盈利指数为 94.87 点，比 2018 年的 117.35 点下降了 22.48 点；效益指数为 105.62 点，比 2018 年的 109.30 点下降了 3.68 点。

综合三项指数分析，该行业在连续三年高位运行之后掉头向下，景气指数和盈利指数已经跌破荣枯线，但跌破荣枯线的幅度相对较小，仍有震荡回升的动力。

2011—2019 年石化产品、炼焦及其他燃料生产加工业信用环境影响性分析见图 4-9。

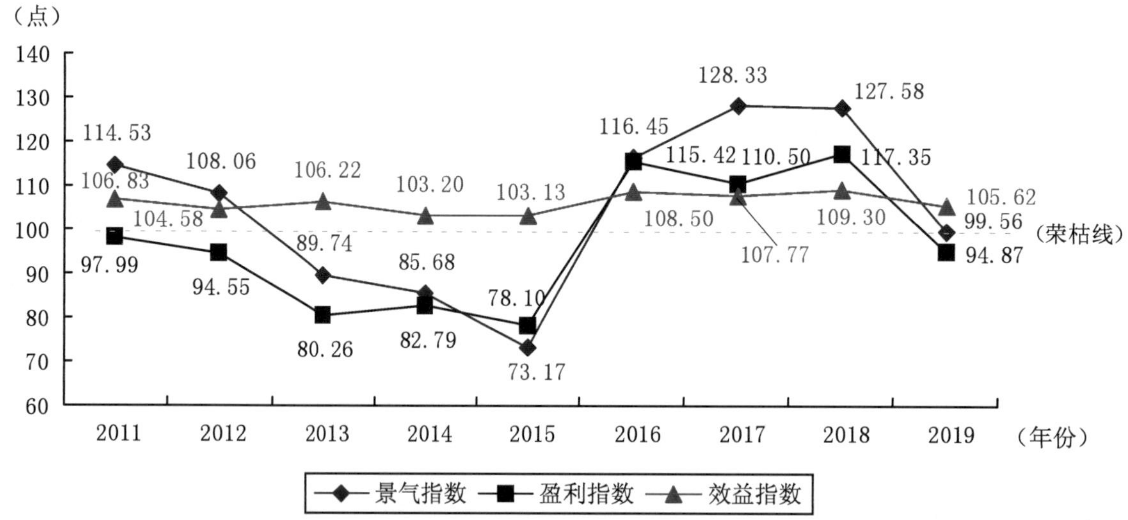

图 4-9 2011—2019 年石化产品、炼焦及其他燃料生产加工业信用环境影响性分析

2. 化学原料及化学制品（含精细化工、日化、肥料等）制造业保持下行态势

从化学原料及化学制品（含精细化工、日化、肥料等）制造业企业的信用环境分析来看，2019 年的景气指数为 97.87 点，比 2018 年的 114.13 点下降了 16.26 点；盈利指数为 93.59 点，比 2018 年的 105.72 点下降了 12.13 点；效益指数为 104.39 点，比 2018 年的 107.08 点下降了 2.69 点。

该行业延续下降态势，且降幅较大。该行业此番下行，具有周期性特征，但考虑受新冠肺炎疫情影响，预测后期市场也难有大的起色。

2011—2019 年化学原料及化学制品（含精细化工、日化、肥料等）制造业信用环境影响性分析见图 4-10。

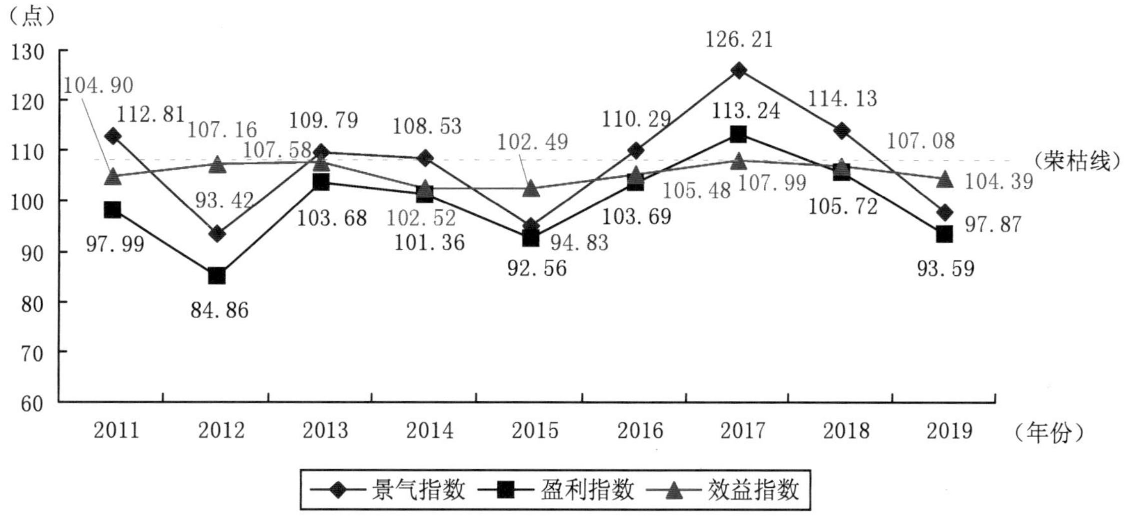

图 4-10 2011—2019 年化学原料及化学制品（含精细化工、日化、肥料等）制造业信用环境影响性分析

3. 化学纤维制造业稳中有升

从化学纤维制造业企业的信用环境分析来看，2019 年的景气指数为 126.20 点，比 2018 年的 123.52 点提高了 2.68 点；盈利指数为 121.03 点，比 2018 年的 113.39 点提高了 7.64 点；效益指数为 106.71 点，比 2018 年的 103.80 点提高了 2.91 点。

化学纤维制造业的三项指数均有所提高，总体呈现增长态势。

2011—2019 年化学纤维制造业信用环境影响性分析见图 4-11。

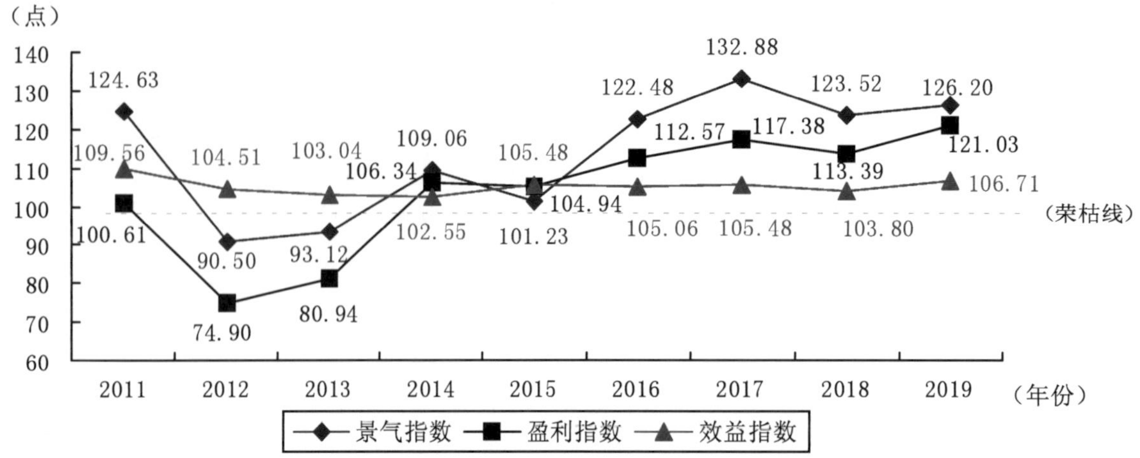

图 4-11 2011—2019 年化学纤维制造业信用环境影响性分析

4. 橡胶、塑料制品业强势反弹

从橡胶、塑料制品业企业的信用环境分析来看，2019 年的景气指数为 114.74 点，比 2018 年的 105.01 点提高了 9.73 点；盈利指数为 108.38 点，比 2018 年的 98.04 点提高了 10.34 点；效益指数为 104.80 点，比 2018 年的 105.37 点下降了 0.57 点。

该行业强势反弹，盈利指数回归到荣枯线以上，且增幅较大，表明该行业经营形势明显好转。

2011—2019 年橡胶、塑料制品业信用环境影响性分析见图 4-12。

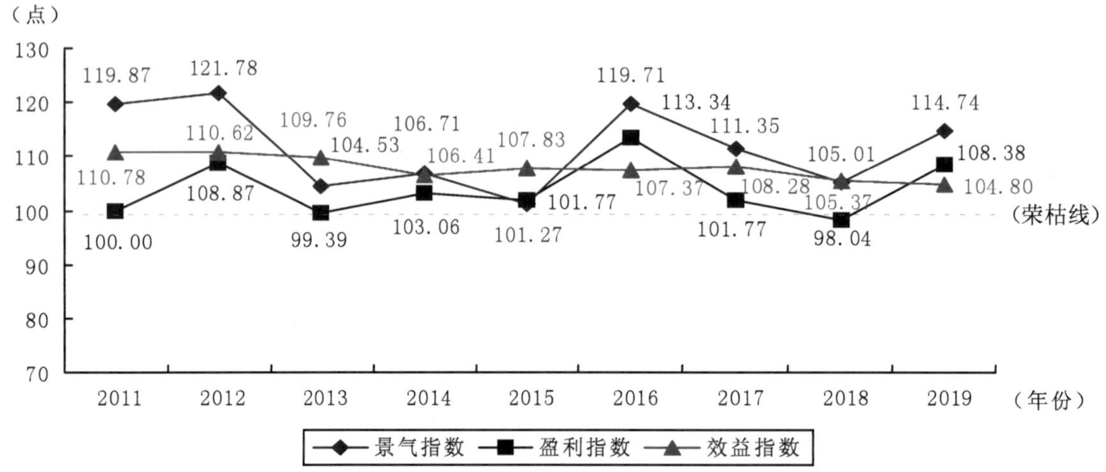

图 4-12 2011—2019 年橡胶、塑料制品业信用环境影响性分析

（四）建材、钢铁、有色冶金等制造业信用环境影响性分析

1. 建筑材料及玻璃等制造业及非金属矿物制品业保持较高增速

从建筑材料及玻璃等制造业及非金属矿物制品业企业的信用环境分析来看，2019 年的景气指

数为 110.03 点，比 2018 年的 120.86 点下降了 10.83 点；盈利指数为 105.07 点，比 2018 年的 111.44 点下降了 6.37 点；效益指数为 106.04 点，比 2018 年的 108.94 点下降了 2.90 点。

综合三项指数分析，该行业三项指数虽有回落，但总体保持较高增速，表明该行业供给侧结构性改革与调整的基础进一步加固。

2011—2019 年建筑材料及玻璃等制造业及非金属矿物制品业信用环境影响性分析见图 4-13。

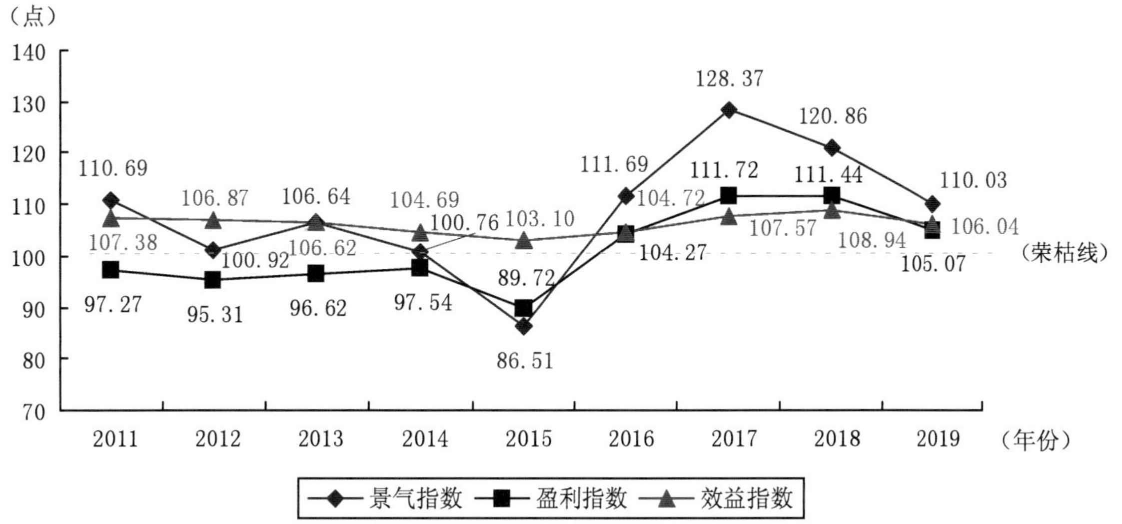

图 4-13 2011—2019 年建筑材料及玻璃等制造业及非金属矿物制品业信用环境影响性分析

2. 黑色冶金及压延加工业再入负增长区间

从黑色冶金及压延加工业企业的信用环境分析来看，2019 年的景气指数为 92.81 点，比 2018 年的 122.15 点下降了 29.34 点；盈利指数为 85.23 点，比 2018 年的 113.83 点下降了 28.60 点；效益指数为 107.28 点，比 2018 年的 110.69 点下降了 3.41 点。

2011—2019 年黑色冶金及压延加工业信用环境影响性分析见图 4-14。

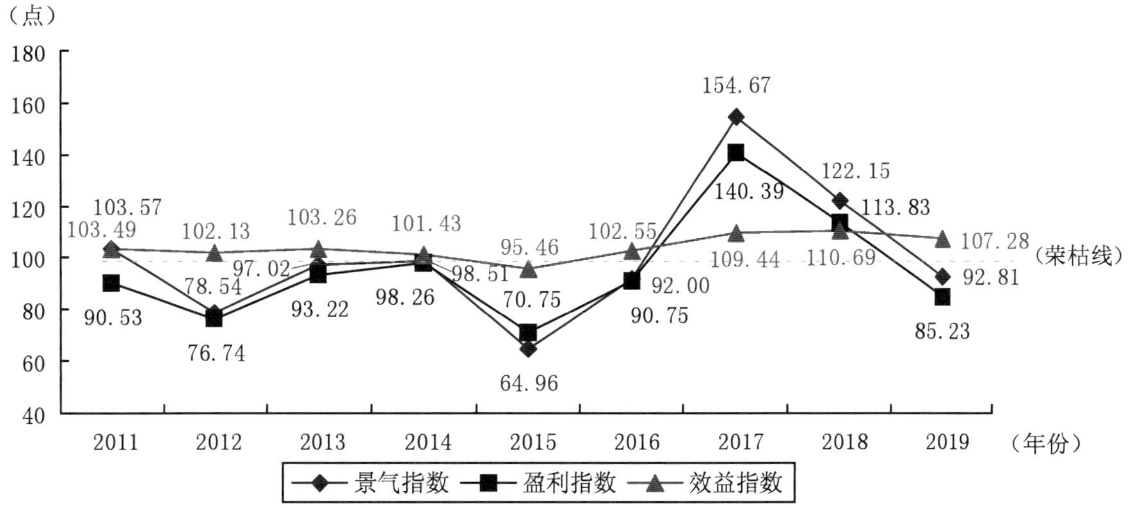

图 4-14 2011—2019 年黑色冶金及压延加工业信用环境影响性分析

从图 4-14 中可以看出，黑色冶金及压延加工业没能守住荣枯线，景气指数和盈利指数再次回落到荣枯线以下，表明该行业恢复性增长的基础有待进一步巩固。

3. 一般有色冶金及压延加工业出现好转

从一般有色冶金及压延加工业企业的信用环境分析来看，2019 年的景气指数为 101.61 点，比 2018 年的 99.83 点提高了 1.78 点；盈利指数为 98.45 点，比 2018 年的 92.39 点提高了 6.06 点；效益指数为 102.32 点，比 2018 年的 100.91 点提高了 1.41 点。

2011—2019 年一般有色冶金及压延加工业信用环境影响性分析见图 4-15。

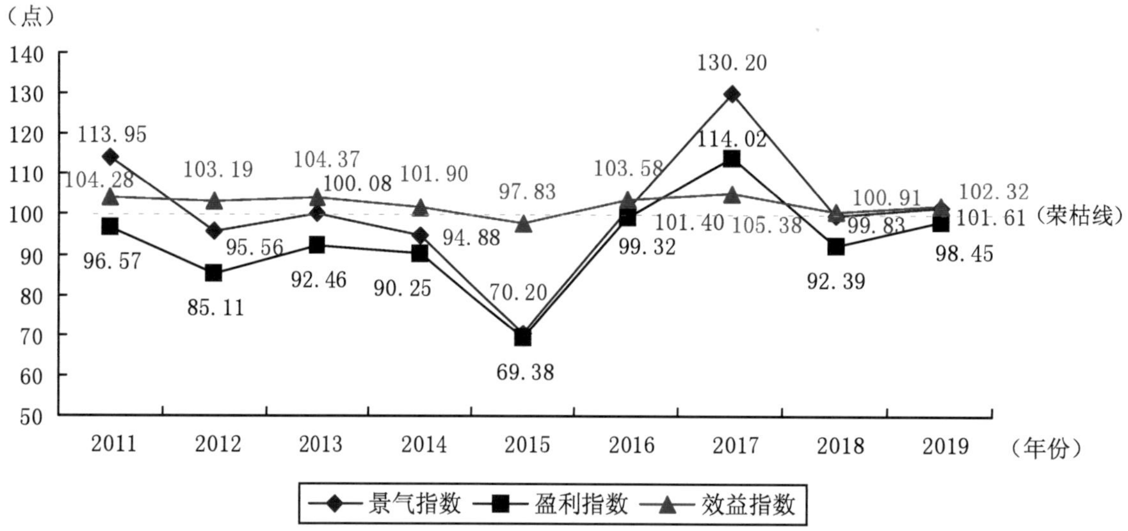

图 4-15 2011—2019 年一般有色冶金及压延加工业信用环境影响性分析

从图 4-15 中可以看出，一般有色冶金及压延加工业的三项指数均有所回升，其中景气指数和效益指数均处于荣枯线以上，盈利指数虽处于荣枯线以下，但降幅有限，表明该行业整体经营形势有所好转。

（五）工程、电力等机械、设备制造业信用环境影响性分析

1. 工程机械、电梯、仓储等特种机械、设备及零配件制造业低位运行

从工程机械、电梯、仓储等特种机械、设备及零配件制造业企业的信用环境分析来看，2019 年的景气指数为 103.76 点，比 2018 年的 114.13 点下降了 10.37 点；盈利指数为 101.11 点，比 2018 年的 102.08 点下降了 0.97 点；效益指数为 98.74 点，比 2018 年的 99.89 点下降了 1.15 点。

2011—2019 年工程机械、电梯、仓储等特种机械、设备及零配件制造业信用环境影响性

分析见图 4-16。

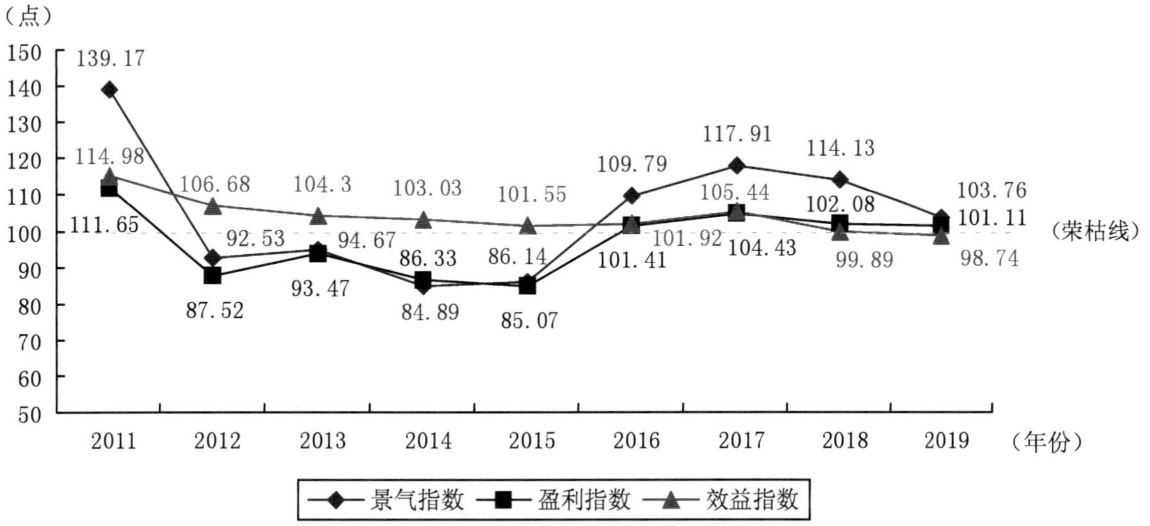

图 4-16 2011—2019 年工程机械、电梯、仓储等特种机械、设备及零配件制造业信用环境影响性分析

从图 4-16 中可以看出，该行业三项指数均有所回落，基本处于荣枯线附近，表明该行业面临的经营形势日益严峻，有可能进入负增长区间。

2. 通用机械、设备及零配件制造业下行压力明显

从通用机械、设备及零配件制造业企业的信用环境分析来看，2019 年的景气指数为 103.86 点，比 2018 年的 113.70 点下降了 9.84 点；盈利指数为 96.71 点，比 2018 年的 102.15 点下降了 5.44 点；效益指数为 100.38 点，比 2018 年的 102.29 点下降了 1.91 点。

2011—2019 年通用机械、设备及零配件制造业信用环境影响性分析见图 4-17。

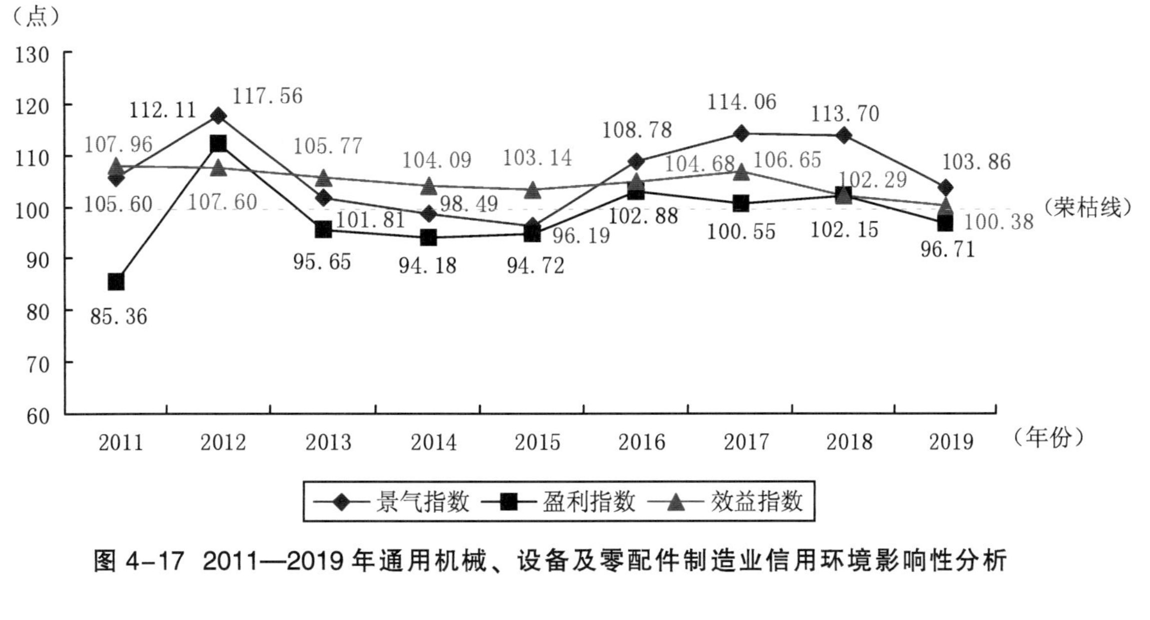

图 4-17 2011—2019 年通用机械、设备及零配件制造业信用环境影响性分析

从图 4-17 中可以看出，通用机械、设备及零配件制造业的三项指数均有回落，盈利指数跌落至荣枯线以下，表明该行业下行压力明显，盈利能力减弱。

3.电力、电气等设备、机械、元器件及光伏、电池、线缆制造业低位运行

从电力、电气等设备、机械、元器件及光伏、电池、线缆制造业企业的信用环境分析来看，2019 年的景气指数为 101.58 点，比 2018 年的 100.07 点提高了 1.51 点；盈利指数为 96.55 点，比 2018 年的 91.63 点提高了 4.92 点；效益指数为 102.08 点，比 2018 年的 102.02 点提高了 0.06 点。

2011—2019 年电力、电气等设备、机械、元器件及光伏、电池、线缆制造业信用环境影响性分析见图 4-18。

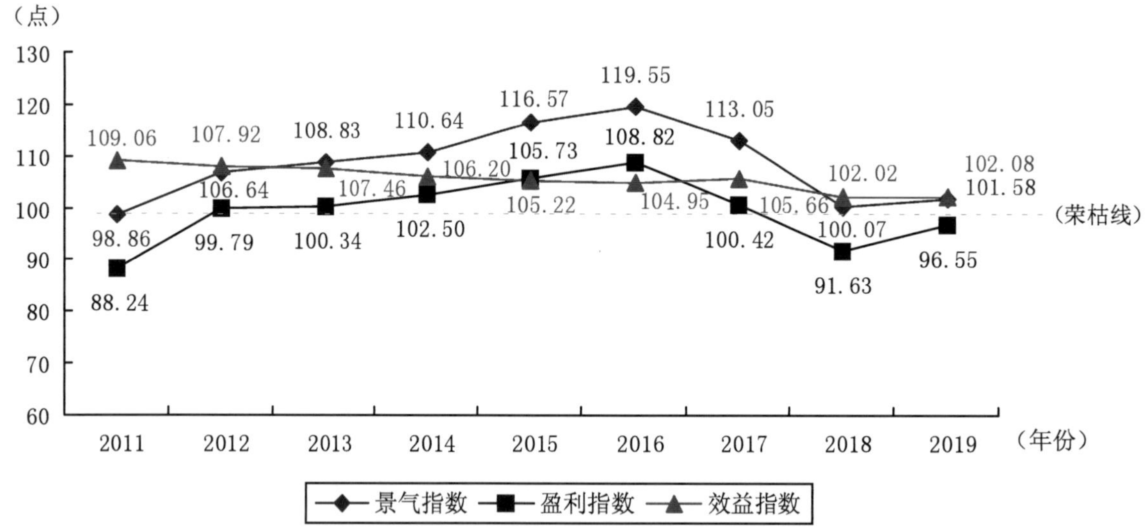

图 4-18 2011—2019 年电力、电气等设备、机械、元器件及光伏、电池、线缆制造业信用环境影响性分析

从图 4-18 中可以看出，电力、电气等设备、机械、元器件及光伏、电池、线缆制造业延续了低位运行的态势，虽然总体上呈上升趋势，但上升幅度有限。其中盈利指数仍然处于荣枯线以下，景气指数和效益指数徘徊在荣枯线附近，表明该行业存在的下行压力仍然很大。

4. 电子元器件与仪器仪表、自动化控制设备制造业保持平稳运行

从电子元器件与仪器仪表、自动化控制设备制造业企业的信用环境分析来看，2019 年的景气指数为 107.78 点，比 2018 年的 108.96 点下降了 1.18 点；盈利指数为 99.65 点，比 2018 年的 99.57 点提高了 0.08 点；效益指数为 103.19 点，比 2018 年的 104.36 点下降了 1.17 点。

该行业基本上延续 2018 年的水平，但总体上该行业保持平稳运行。

2011—2019 年电子元器件与仪器仪表、自动化控制设备制造业信用环境影响性分析见图 4-19。

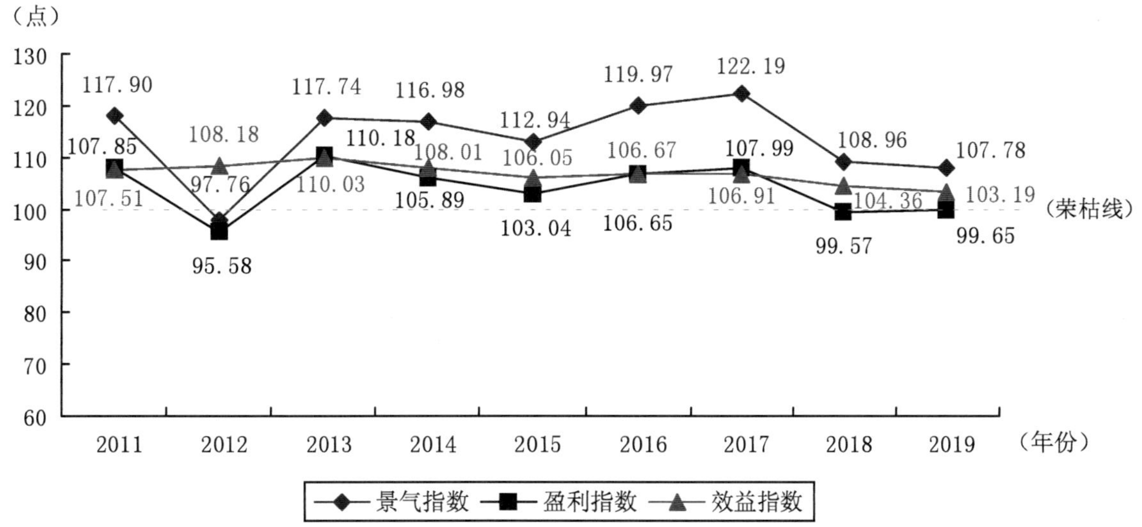

图 4-19 2011—2019 年电子元器件与仪器仪表、自动化控制设备制造业信用环境影响性分析

5. 动力、电力生产等装备、设备制造业有所回落

从动力、电力生产等装备、设备制造业企业的信用环境分析来看，2019 年的景气指数为 102.58 点，比 2018 年的 110.05 点下降了 7.47 点；盈利指数为 99.30 点，比 2018 年的 106.90 点下降了 7.60 点；效益指数为 100.95 点，比 2018 年的 98.38 点提高了 2.57 点。

2011—2019 年动力、电力生产等装备、设备制造业信用环境影响性分析见图 4-20。

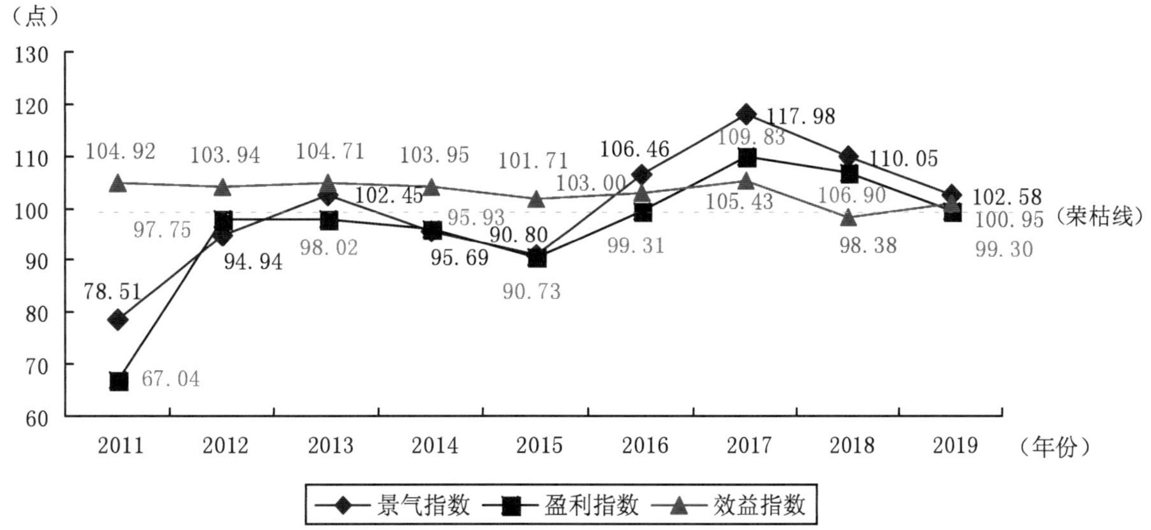

图 4-20 2011—2019 年动力、电力生产等装备、设备制造业信用环境影响性分析

从图 4-20 中可以看出，动力、电力生产等装备、设备制造业的景气指数和盈利指数有所回落，盈利指数徘徊至荣枯线附近，虽处于负增长区间，但负增长的幅度有限。总体上看，该行业仍有回升的空间，预测后期市场重归正增长区间的可能性较大。

（六）家电、通信器材、汽车等行业信用环境影响性分析

1. 家用电器及零配件制造业总体平稳

从家用电器及零配件制造业企业的信用环境分析来看，2019 年的景气指数为 105.73 点，比 2018 年的 108.22 点下降了 2.49 点；盈利指数为 103.73 点，比 2018 年的 102.91 点提高了 0.82 点；效益指数为 105.26 点，比 2018 年的 106.71 点下降了 1.45 点。

2011—2019 年家用电器及零配件制造业信用环境影响性分析见图 4-21。

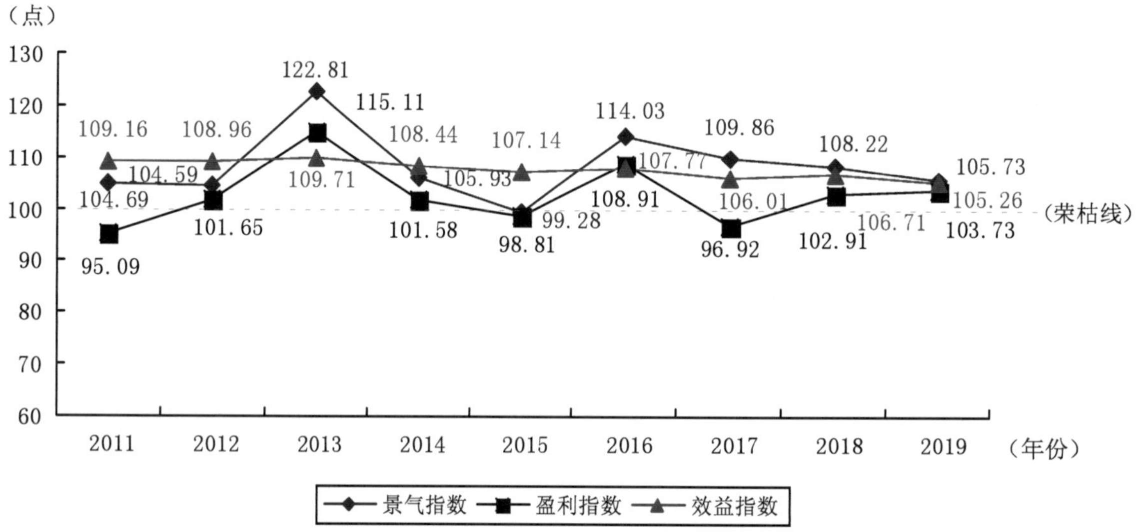

图 4-21 2011—2019 年家用电器及零配件制造业信用环境影响性分析

从图 4-21 中可以看出，家用电器及零配件制造业三项指数均保持在荣枯线以上，呈现平稳运行的基本态势。总体上该行业的市场空间和盈利空间仍有进一步放大的可能，预测后期市场，该行业将会保持总体平稳的基本态势。

2. 计算机、通信器材、办公等电子设备及零部件制造业稳中有升

从计算机、通信器材、办公等电子设备及零部件制造业企业的信用环境分析来看，2019 年的景气指数为 100.93 点，比 2018 年的 100.41 点提高了 0.52 点；盈利指数为 95.26 点，比 2018 年的 90.64 点提高了 4.62 点；效益指数为 101.28 点，比 2018 年的 98.02 点提高了

3.26 点。

2011—2019 年计算机、通信器材、办公等电子设备及零部件制造业信用环境影响性分析见图 4-22。

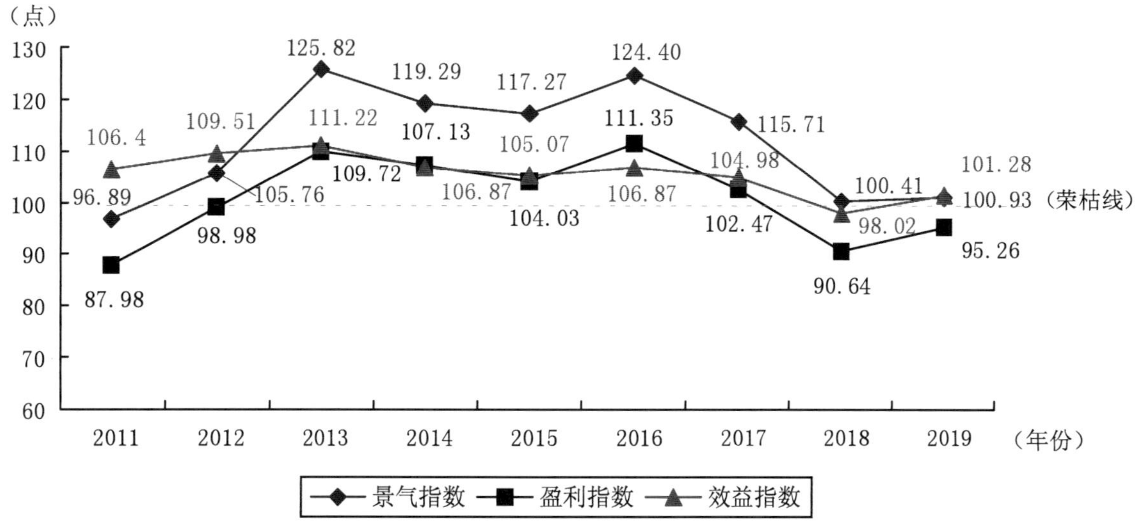

图 4-22 2011—2019 年计算机、通信器材、办公等电子设备及零部件制造业信用环境影响性分析

从图 4-22 中可以看出，计算机、通信器材、办公等电子设备及零部件制造业的三项指数均相对平稳运行。盈利指数有所回升，但仍处于荣枯线以下。综合分析来看，该行业仍会保持适度增速，但增长的动力尚显不足。

3. 汽车及零配件制造业下行幅度缩小

从汽车及零配件制造业企业的信用环境分析来看，2019 年的景气指数为 97.28 点，比 2018 年的 91.58 点提高了 5.70 点；盈利指数为 95.02 点，比 2018 年的 87.34 点提高了 7.68 点；效益指数为 101.37 点，比 2018 年的 103.18 点下降了 1.81 点。

2011—2019 年汽车及零配件制造业信用环境影响性分析见图 4-23。

从图 4-23 中可以看出，汽车及零配件制造业三项指数均处于低位运行状态，尤其是景气指数和盈利指数，仍处于荣枯线以下，表明其仍未走出负增长的区间，但负增长的幅度有所缩小。预测后期市场，该行业随着利好政策的释放，三项指数可能会重归正增长轨道，且保持一定的增速。

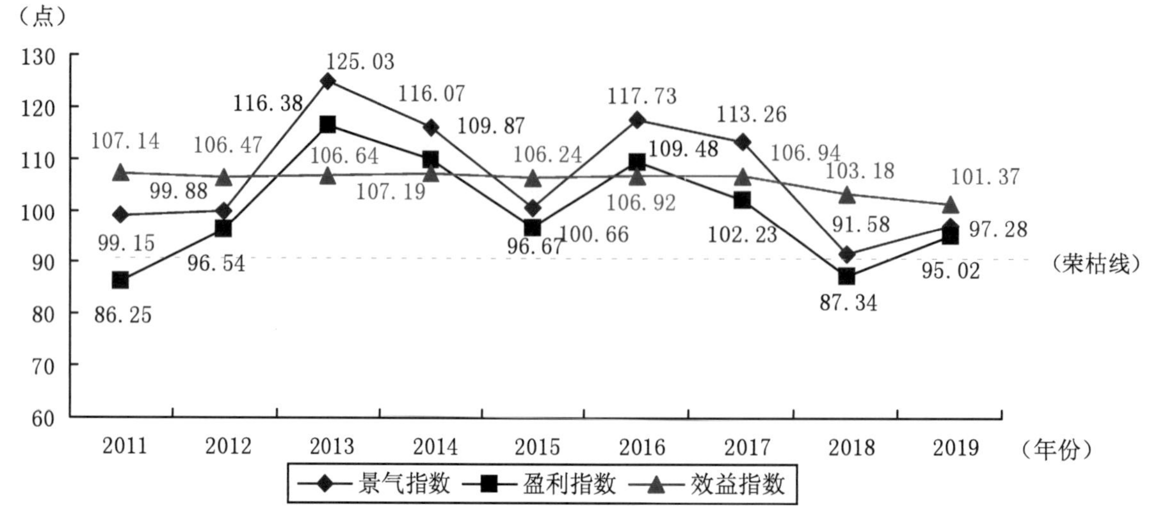

图 4-23 2011—2019 年汽车及零配件制造业信用环境影响性分析

4. 综合制造业（以制造业为主，含有服务业）出现回升

从综合制造业（以制造业为主，含有服务业）信用环境分析来看，2019 年的景气指数为 97.05 点，比 2018 年的 95.91 点提高了 1.14 点；盈利指数为 94.62 点，比 2018 年的 87.04 点提高了 7.58 点；效益指数为 102.14 点，比 2018 年的 99.82 点提高了 2.32 点。

2011—2019 年综合制造业（以制造业为主，含有服务业）信用环境影响性分析见图 4-24。

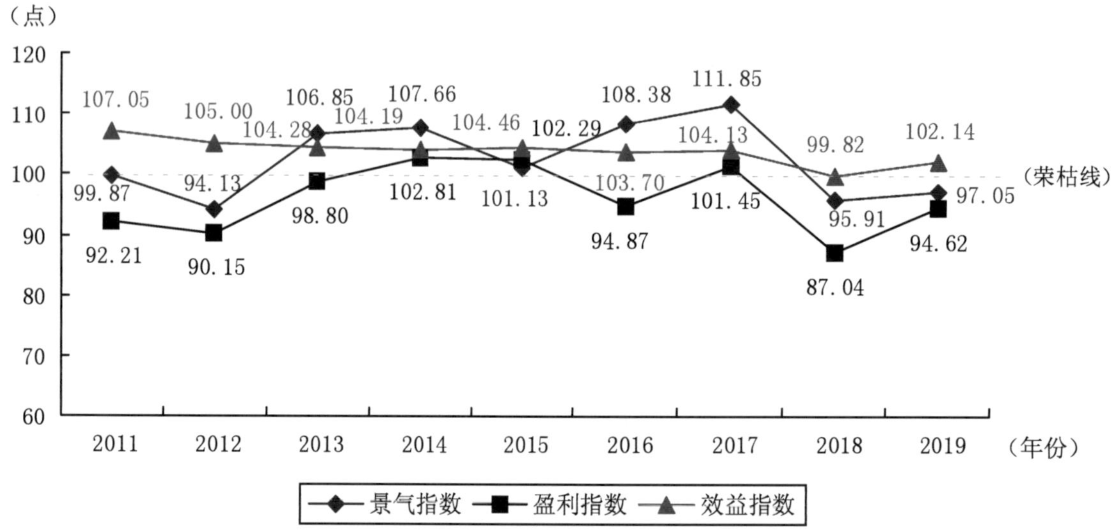

图 4-24 2011—2019 年综合制造业（以制造业为主，含有服务业）信用环境影响性分析

从图 4-24 中可以看出，综合制造业（以制造业为主，含有服务业）2019 年两项指数仍然处于荣枯线以下，但三项指数均有所回升，尤其是效益指数，已经回归到荣枯线以上。这表明

该行业整体经营形势出现复苏迹象，预测后期市场，该行业重归正增长轨道的可能性较大。

（七）2019年制造业信用环境行业特征分析

1. 2019年制造业细分行业指数综合分析

2019年景气指数下降的有16个细分行业，占制造业29个细分行业的55.17%；有7个细分行业的景气指数处在荣枯线以下，占制造业29个细分行业的24.14%。

2019年盈利指数下降的有11个细分行业，占制造业29个细分行业的37.93%；有18个细分行业的盈利指数处在荣枯线以下，占制造业29个细分行业的62.07%。

2019年效益指数下降的有16个细分行业，占制造业29个细分行业的55.17%；有3个细分行业的效益指数提高，占制造业29个细分行业的10.34%。

2019年制造业信用环境行业特征汇总分析见表4-3。

从表4-3中可以看出，2019年制造业细分行业景气指数在110点以上的行业有9个，分别为：化学纤维制造业，景气指数为126.20点；航空航天及国防军工业，景气指数为121.43点；农副食品加工业，景气指数为116.62点；摩托车、自行车和其他运输车辆及零配件制造业，景气指数为116.02点；橡胶、塑料制品业，景气指数为114.74点；金属制品、加工工具、工业辅助产品加工制造业，景气指数为113.05点；食品（含乳制品、饮料）制造业，景气指数为111.50点；黄金冶炼及压延加工业，景气指数为110.05点；建筑材料及玻璃等制造业及非金属矿物制品业，景气指数为110.03点。上述9个行业2019年的市场景气度较高。

2019年盈利指数超过110点的细分行业有3个，分别为：化学纤维制造业，盈利指数为121.03点；摩托车、自行车和其他运输车辆及零配件制造业，盈利指数为115.39点；农副食品加工业，盈利指数为111.89点。上述3个行业2019年的盈利能力较强。

2019年效益指数超过105点的细分行业有10个，分别为：酿酒制造业，效益指数为109.58点；食品（含乳制品、饮料）制造业，效益指数为108.12点；黑色冶金及压延加工业，效益指数为107.28点；化学纤维制造业，效益指数为106.71点；建筑材料及玻璃等制造业及非金属矿物制品业，效益指数为106.04点；医药、生物制药、医疗设备制造业，效益指数为105.88点；石化产品、炼焦及其他燃料生产加工业，效益指数为105.62点；航空航天及国防军工业，效益指数为105.46点；船舶、轨道交通设备及零部件制造业，效益指数为105.43点；家用电器及零配件制造业，效益指数为105.26点。上述10个行业2019年的综合效益水平较高。

2. 2019年制造业细分行业盈亏系数综合分析

2019年盈亏系数小于等于0.01的2个细分行业分别为：石化产品、炼焦及其他燃料生产

表 4-3 2019 年制造业信用环境行业特征汇总分析

序号	行业	景气指数		盈利指数		效益指数		盈亏系数	
		本期	同比(±)	本期	同比(±)	本期	同比(±)	本期	上期
1	农副食品加工业	116.62	4.47	111.89	11.96	100.95	−2.71	0.074	0.185
2	食品(含乳制品、饮料、)制造业	111.50	1.10	105.41	3.24	108.12	1.29	0.028	0.064
3	酿酒制造业	103.52	−4.08	96.69	−4.81	109.58	2.22	0.009	0.010
4	纺织、印染业	89.50	−22.76	86.40	−19.59	101.73	−1.69	0.181	0.198
5	纺织品、服装、服饰、鞋帽、皮革及辅料加工业	97.58	−9.24	95.61	−5.21	104.63	1.55	0.057	0.095
6	造纸及纸制品(含木材、藤、竹、家具等)加工、印刷、包装业	102.79	−6.05	99.26	1.28	103.50	−2.14	0.290	0.059
7	文体、玩具、工艺品等轻工产品加工制造业	104.69	−2.67	99.42	0.70	97.62	1.55	0.615	1.072
8	石化产品、炼焦及其他燃料生产加工业	99.56	−28.02	94.87	−22.48	105.62	−3.68	0.003	0.000
9	化学原料及化学制品(含精细化工、日化、肥料等)制造业	97.87	−16.26	93.59	−12.13	104.39	−2.69	0.744	0.207
10	医药、生物制药、医疗设备制造业	103.92	−7.22	97.91	−0.20	105.88	−2.10	0.181	0.088
11	化学纤维制造业	126.20	2.68	121.03	7.64	106.71	2.91	0.060	0.062
12	橡胶、塑料制品业	114.74	9.73	108.38	10.34	104.80	−0.57	0.067	0.056
13	建筑材料及玻璃等制造业及非金属矿物制品业	110.03	−10.83	105.07	−6.37	106.04	−2.90	0.068	0.006
14	黑色冶金及压延加工业	92.81	−29.34	85.23	−28.60	107.28	−3.41	0.022	0.121
15	一般有色冶金及压延加工业	101.61	1.78	98.45	6.06	102.32	1.41	0.003	0.326
16	黄金冶炼及压延加工业	110.05	22.40	86.21	5.31	96.26	7.58	0.148	0.671
17	金属制品、加工工具、工业辅助产品加工制造业	113.05	2.86	106.72	7.48	104.40	2.08	0.871	0.419
18	工程机械、电梯、仓储等特种机械、设备及零配件制造业	103.76	−10.37	101.11	−0.97	98.74	−1.15	0.217	0.420
19	通用机械、设备及零配件制造业	103.86	−9.84	96.71	−5.44	100.38	−1.91	0.801	1.070
20	电力、电气等设备、机械、元器件及光伏、电池、线缆制造业	101.58	1.51	96.55	4.92	102.08	0.06	0.221	0.343
21	船舶、轨道交通设备及零部件制造业	100.74	−0.91	102.17	11.91	105.43	8.58	0.018	0.160
22	家用电器及零配件制造业	105.73	−2.49	103.73	0.82	105.26	−1.45	0.038	0.033
23	电子元器件与仪器仪表、自动化控制设备制造业	107.78	−1.18	99.65	0.08	103.19	−1.17	0.257	0.157
24	动力、电力生产等装备、设备制造业	102.58	−7.47	99.30	−7.60	100.95	2.57	0.087	0.175
25	计算机、通信器材、办公等电子设备及零部件制造业	100.93	0.52	95.26	4.62	101.28	3.26	0.175	0.223
26	汽车及零配件制造业	97.28	5.70	95.02	7.68	101.37	−1.81	0.195	0.070
27	摩托车、自行车和其他运输车辆及零配件制造业	116.02	40.67	115.39	47.03	103.80	−2.74	0.040	0.092
28	航空航天及国防军工业	121.43	9.11	109.35	5.85	105.46	−2.82	0.028	0.007
29	综合制造业(以制造业为主,含有服务业)	97.05	1.14	94.62	7.58	102.14	2.32	0.280	0.417

注:盈亏系数=行业亏损总额/行业净利润总额,数值越大,亏损比率越大,数值为 1 则盈亏额相等,数值为 0 则无亏损额。

加工业，盈亏系数为 0.003（亏损比率为 0.30%）；酿酒制造业，盈亏系数为 0.009（亏损比率为 0.90%）。上述 2 个行业 2019 年行业亏损比率最低。

2019 年盈亏系数小于 1.00 且大于等于 0.16 的细分行业分别为：通用机械、设备及零配件制造业，盈亏系数为 0.801（亏损比率为 80.10%）；化学原料及化学制品（含精细化工、日化、肥料等）制造业，盈亏系数为 0.744（亏损比率为 74.40%）；文体、玩具、工艺品等轻工产品加工制造业，盈亏系数为 0.615（亏损比率为 61.50%）；造纸及纸制品（含木材、藤、竹、家具等）加工、印刷、包装业，盈亏系数为 0.290（亏损比率为 29.00%）；综合制造业（以制造业为主，含有服务业），盈亏系数为 0.280（亏损比率为 28.00%）；电子元器件与仪器仪表、自动化控制设备制造业，盈亏系数为 0.257（亏损比率为 25.70%）；电力、电气等设备、机械、元器件及光伏、电池、线缆制造业，盈亏系数为 0.221（亏损比率为 22.10%）；工程机械、电梯、仓储等特种机械、设备及零配件制造业，盈亏系数为 0.217（亏损比率为 21.70%）；汽车及零配件制造业，盈亏系数为 0.195（亏损比率为 19.50%）；医药、生物制药、医疗设备制造业，盈亏系数为 0.181（亏损比率为 18.10%）；纺织、印染业，盈亏系数为 0.181（亏损比率为 18.10%）；计算机、通信器材、办公等电子设备及零部件制造业，盈亏系数为 0.175（亏损比率为 17.50%）。上述行业 2019 年亏损比率最高。

通过以上综合分析可以看出，2019 年制造业整体经营形势呈现下行态势，且下行压力有进一步加大的趋势，供给侧结构性改革和产业结构调整仍然是当前制造业的主要任务。

三、2020 中国制造业企业信用 100 强行业效益变化趋势分析

（一）食品、酿酒行业经济效益变化趋势分析

1. 食品（含乳制品、饮料）制造业整体平稳，资产运行质量明显提高

第一，从收益性指标分析，2019 年食品（含乳制品、饮料）制造业营收利润率为 7.60%，同比提升了 2.78 个百分点；资产利润率为 5.94%，同比提升了 1.01 个百分点；所有者权益报酬率为 10.82%，同比提升了 0.07 个百分点。

食品（含乳制品、饮料）制造业收益性指标变化趋势分析见图 4-25。

综合三项收益性指标分析，该行业的营收利润率和资产利润率均有明显回升，经营形势整体向好，资产效益提升幅度较大，资产运行质量明显提高。总体来看，该行业的收益性呈

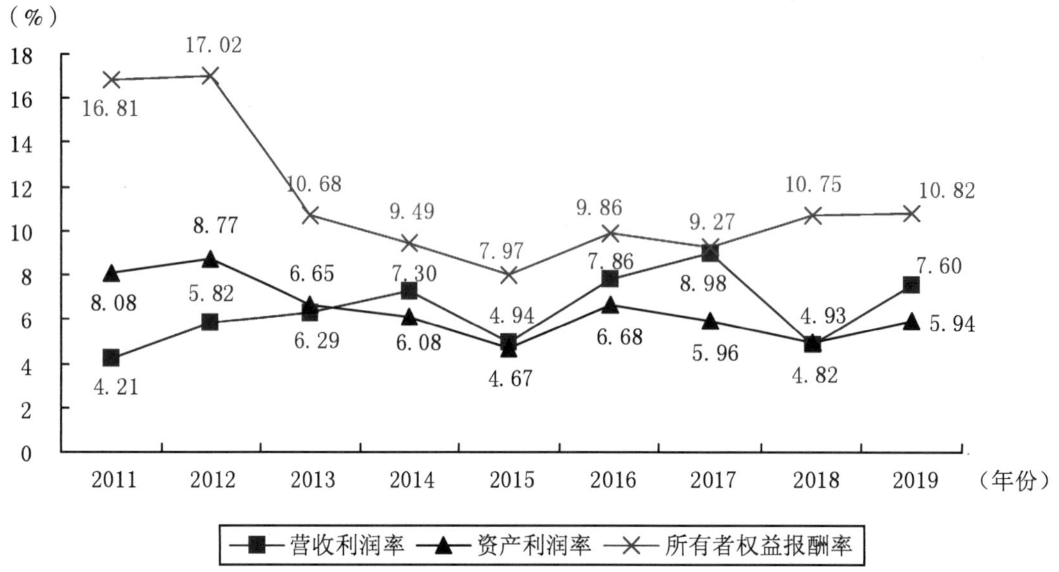

图 4-25 食品(含乳制品、饮料)制造业收益性指标变化趋势分析

现稳中有升的态势。

第二,从成长性指标分析,2019 年食品(含乳制品、饮料)制造业营收增长率为 14.73%,同比提升了3.15 个百分点;利润增长率为 8.28%,同比下降了0.94 个百分点;资产增长率为 15.22%,同比提升了 2.99 个百分点;人员增长率为 1.74%,同比下降了 2.94 个百分点。

食品(含乳制品、饮料)制造业成长性指标变化趋势分析见图 4-26。

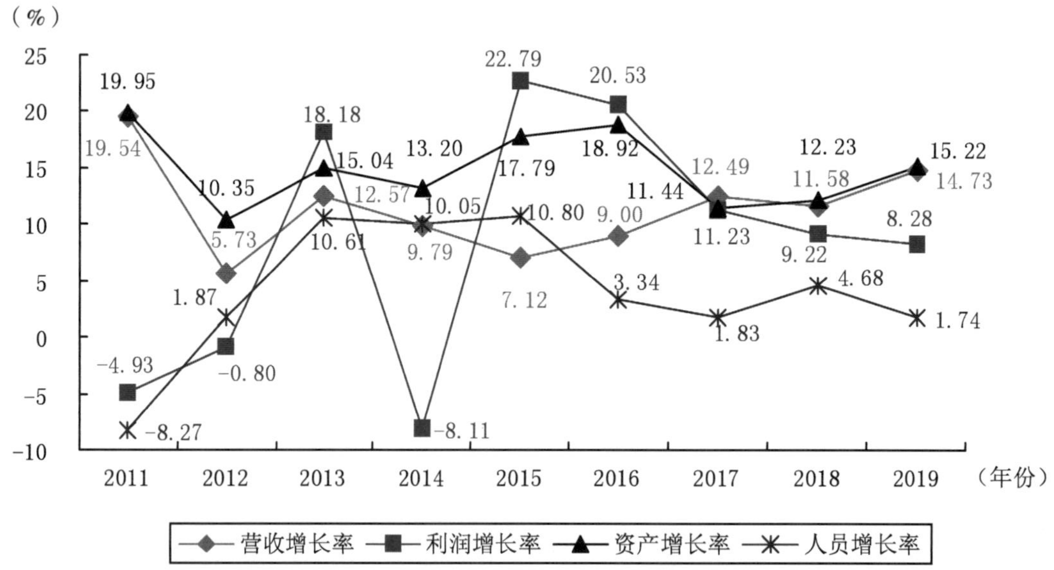

图 4-26 食品(含乳制品、饮料)制造业成长性指标变化趋势分析

综合四项成长性指标分析，该行业总体上仍然保持一定的增量，尤其是营收增长率和资产增长率提高幅度较大，且保持中高速增长。但利润指标有所下降，表明盈利能力有所减弱，市场竞争有进一步加剧的趋势。

2. 酿酒制造业呈现稳中有升的态势

第一，从收益性指标分析，2019 年酿酒制造业营收利润率为 11.34%，同比提升了 2.98 个百分点；资产利润率为 6.07%，同比提升了 1.61 个百分点；所有者权益报酬率为 11.33%，同比提升了 2.06 个百分点。

综合三项收益性指标分析，该行业的整体运行呈现稳中有升的态势。其中，营收利润率和所有者权益报酬率指标提升幅度较大，且保持较高水平，资产利润率也有明显提升，表明该行业的整体经营效益良好，市场形势稳中向好。

酿酒制造业收益性指标变化趋势分析见图 4-27。

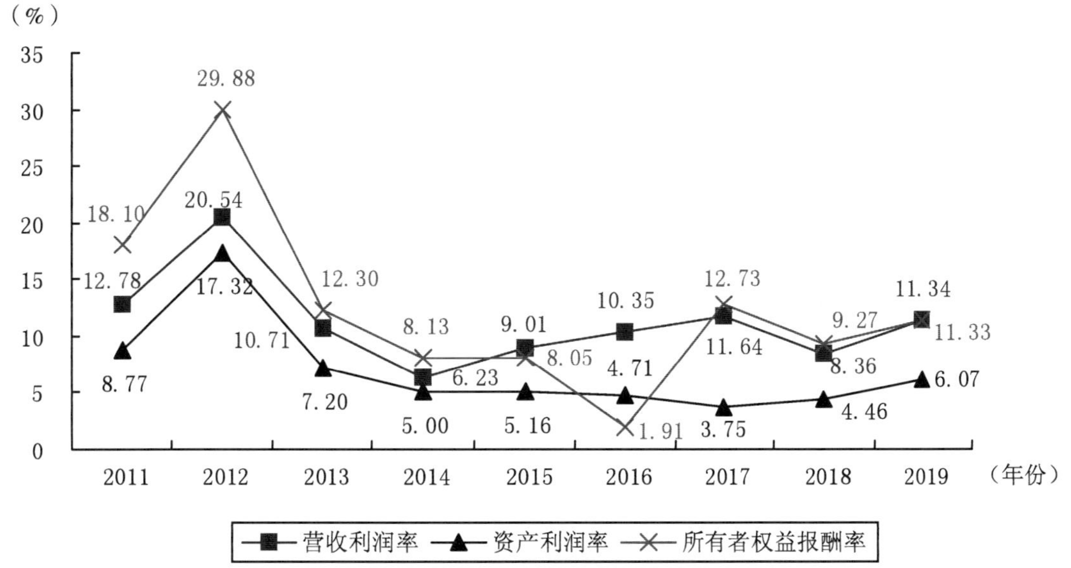

图 4-27 酿酒制造业收益性指标变化趋势分析

第二，从成长性指标分析，2019 年酿酒制造业营收增长率为 15.03%，同比提升了 5.31 个百分点；利润增长率为-8.00%，同比下降了 13.49 个百分点；资产增长率为 9.60%，同比提升了 1.07 个百分点；人员增长率为 7.01%，同比提升了 4.20 个百分点。

综合四项成长性指标分析，该行业除利润增速下降幅度较大外，其他指标为正增长，表明该行业市场放量，但利润空间收缩。预测后期市场出现大幅波动的可能性不大，仍会保有一定的盈利空间。

酿酒制造业成长性指标变化趋势分析见图 4-28。

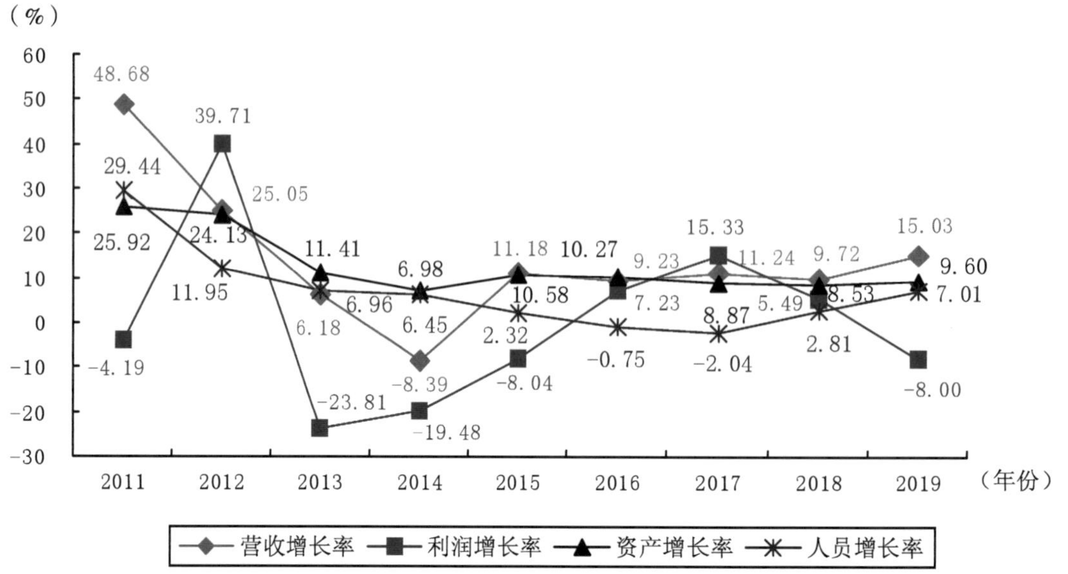

图 4-28 酿酒制造业成长性指标变化趋势分析

(二) 纺织、服装、医药等制造业经济效益变化趋势分析

1. 纺织、印染业经营形势整体向好，但结构性矛盾仍较突出

第一，从收益性指标分析，2019 年纺织、印染业营收利润率为 6.62%，同比提升了 13.13 个百分点；资产利润率为 3.49%，同比提高了 3.26 个百分点；所有者权益报酬率为 0.42%，同比下降了 16.13 个百分点。

综合三项收益性指标分析，该行业的营收利润率强势反弹，资产利润率亦表现出回升态势，表明该行业整体形势明显向好；所有者权益报酬率从上年高位大幅回调，仍属正常调整范围。总体来看，该行业整体市场形势回暖迹象明显，但结构性调整的基础仍不牢固，结构性矛盾仍然较为突出。

纺织、印染业收益性指标变化趋势分析见图 4-29。

第二，从成长性指标分析，2019 年纺织、印染业营收增长率为 0.43%，同比下降了3.42 个百分点；利润增长率为-21.43%，同比下降了42.10 个百分点；资产增长率为 2.50%，同比下降了 2.95 个百分点；人员增长率为 3.34%，同比上升了 2.82 个百分点。

纺织、印染业成长性指标变化趋势分析见图 4-30。

从图 4-30 中可以看出，该行业的四项指标仍然处于震荡调整期。其中，营收增长率持续回落，表明市场空间进一步收缩；利润增长率回调幅度较大，由正增长转为负增长；资产增

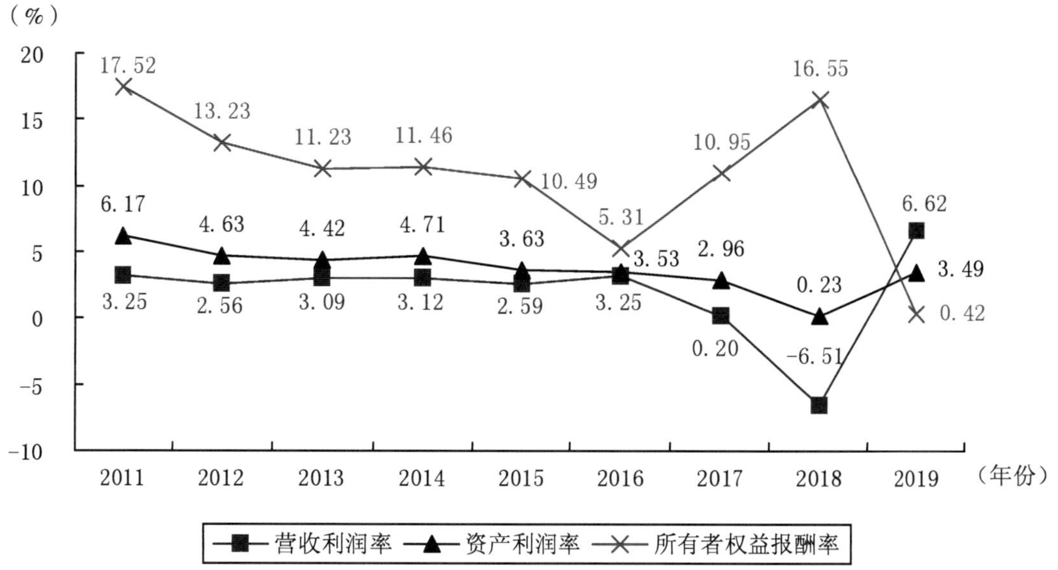

图 4-29 纺织、印染业收益性指标变化趋势分析

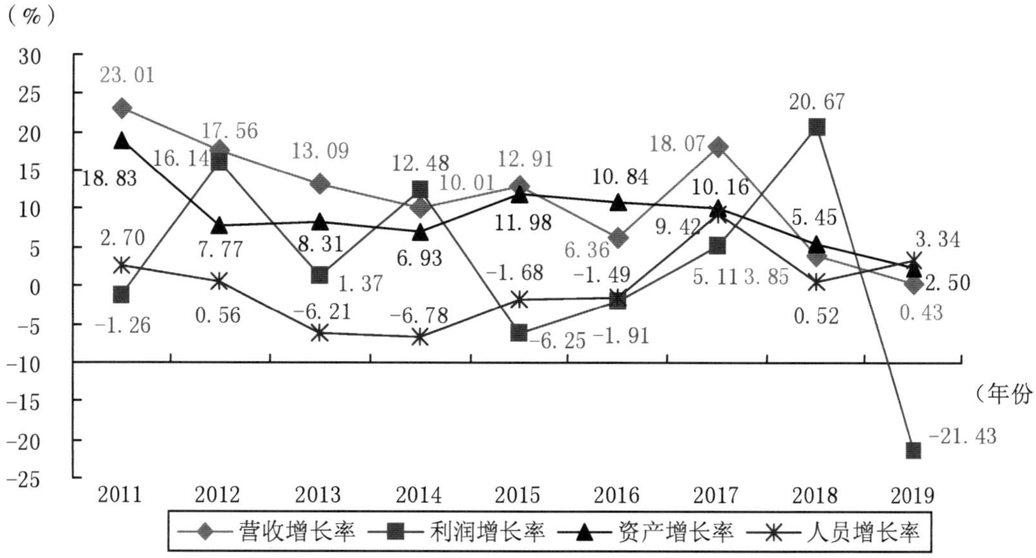

图 4-30 纺织、印染业成长性指标变化趋势分析

长率进一步回落，从业人员增速小幅增长。总体来看，该行业仍将持续调整，后期市场表现有待进一步观察。

2. 纺织品、服装、服饰、鞋帽、皮革及辅料加工业盈利能力改善，下行压力较大

第一，从收益性指标分析，2019 年纺织品、服装、服饰、鞋帽、皮革及辅料加工业营收

利润率为 5.56%，同比提升了 1.31 个百分点；资产利润率为 4.00%，同比提升了 1.53 个百分点；所有者权益报酬率为 4.34%，同比提升了 1.83 个百分点。

纺织品、服装、服饰、鞋帽、皮革及辅料加工业收益性指标变化趋势分析见图 4-31。

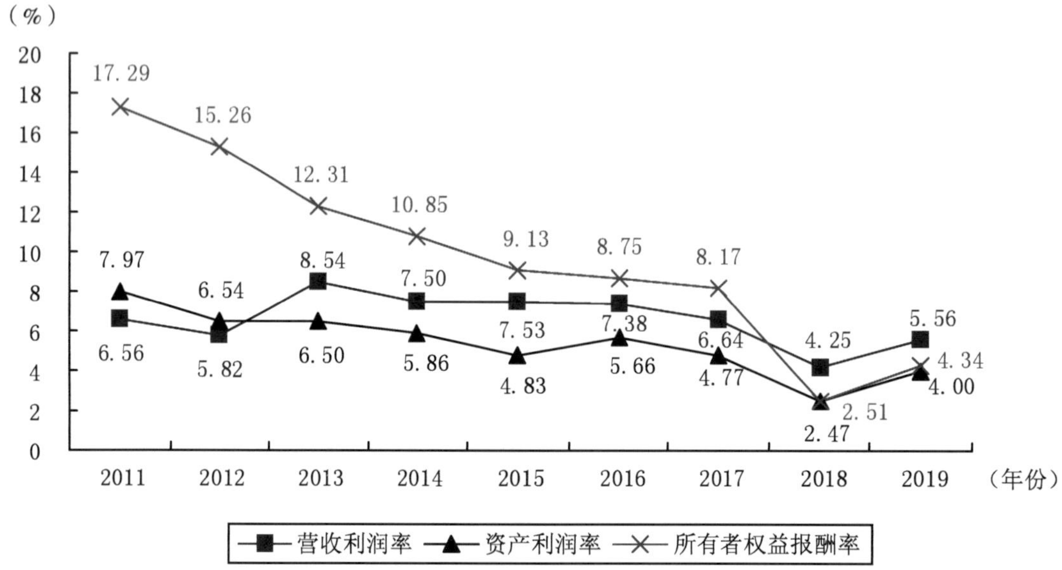

图 4-31　纺织品、服装、服饰、鞋帽、皮革及辅料加工业收益性指标变化趋势分析

综合三项收益性指标分析，该行业总体呈现回落见底反弹态势，但反弹幅度有限。从趋势上分析，该行业经过调整周期后，总体保持适度盈利水平将是今后一个时期的基本走势。

第二，从成长性指标分析，2019 年纺织品、服装、服饰、鞋帽、皮革及辅料加工业营收增长率为 5.19%，同比下降了4.14 个百分点；利润增长率为-10.02%，同比下降了14.33 个百分点；资产增长率为 3.00%，同比下降了 2.17 个百分点；人员增长率为-4.34%，同比下降了 9.42 个百分点。

纺织品、服装、服饰、鞋帽、皮革及辅料加工业成长性指标变化趋势分析见图 4-32。

综合成长性指标变化趋势分析，该行业延续了下行态势。营收增长率和资产增长率持续下行，从业人员增长率和利润增长率处于负增长区间。综合来看，该行业下行压力仍然很大，总体上仍然处于震荡调整期，市场环境仍未见明显改善，行业间的竞争也将会进一步加剧。

3. 医药、生物制药、医疗设备制造业盈利能力减弱，市场空间受到挤压

第一，从收益性指标分析，2019 年医药、生物制药、医疗设备制造业营收利润率为 6.15%，同比下降了 3.80 个百分点；资产利润率为 4.45%，同比下降了 1.28 个百分点；所有

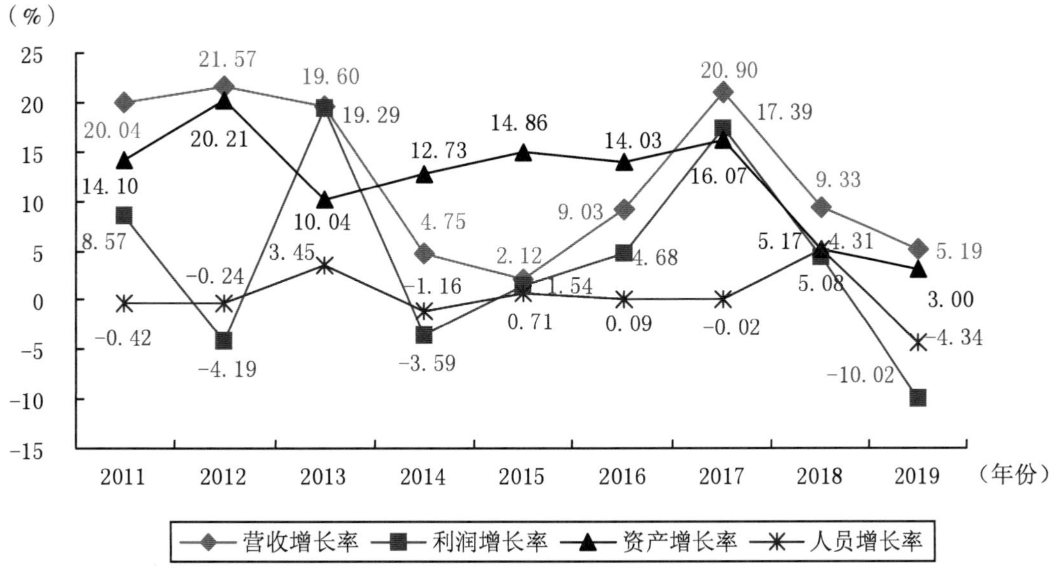

图 4-32 纺织品、服装、服饰、鞋帽、皮革及辅料加工业成长性指标变化趋势分析

者权益报酬率为 7.06%，同比下降了 1.19 个百分点。

医药、生物制药、医疗设备制造业收益性指标变化趋势分析见图 4-33。

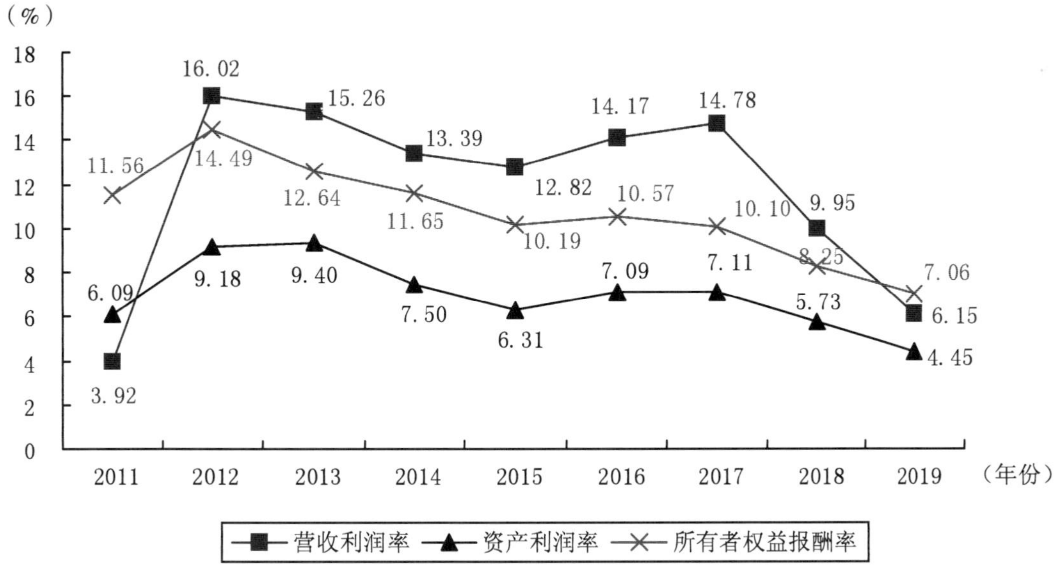

图 4-33 医药、生物制药、医疗设备制造业收益性指标变化趋势分析

综合三项收益性指标分析，该行业延续了下行态势，盈利能力明显减弱，由中高等水平回落到中低等水平区间。预测后期市场该行业的收益性将会有所回升，保持在合理的运行

间将是总体趋势。

第二，从成长性指标分析，2019 年医药、生物制药、医疗设备制造业营收增长率为 9.36%，同比下降了11.58 个百分点；利润增长率为-1.52%，同比下降了 2.85 个百分点；资产增长率为 9.12%，同比下降了 5.36 个百分点；人员增长率为 4.77%，同比下降了 2.59 个百分点。

综合成长性指标变化趋势分析，医药、生物制药、医疗设备制造业总体增速明显放缓，且回落幅度较大。尤其是利润指标，连续两年处于低位运行，且 2019 年由正增长转为负增长，虽然负增长幅度有限，但表明整体市场空间受到挤压。该行业利润空间的收窄，与医药改革政策释放有关，对患者来说是利好消息；但保持一定的利润空间，对行业的创新发展将产生积极影响。

医药、生物制药、医疗设备制造业成长性指标变化趋势分析见图 4-34。

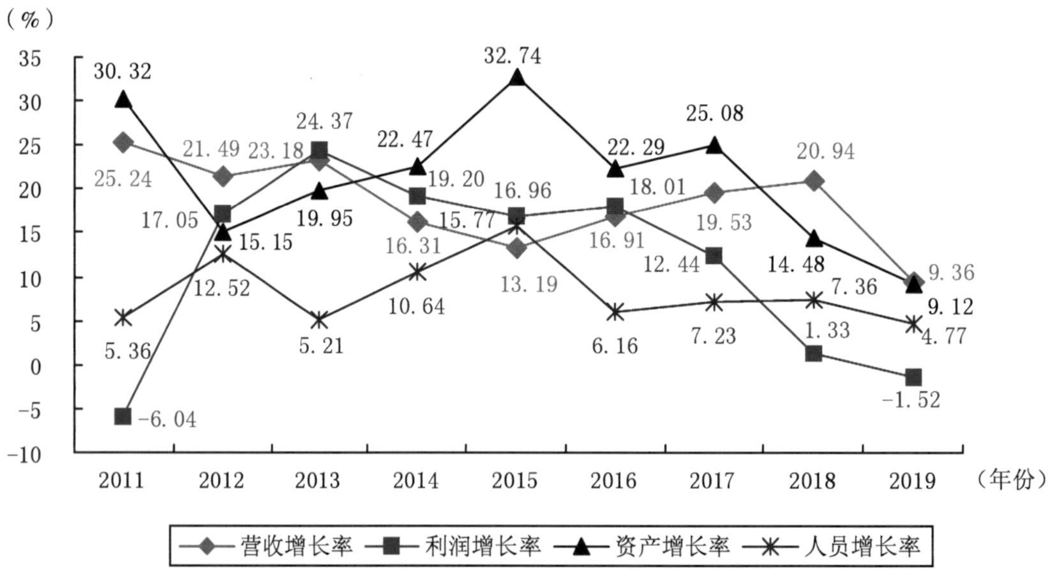

图 4-34 医药、生物制药、医疗设备制造业成长性指标变化趋势分析

（三）石化、化工制造业经济效益变化趋势分析

1. 石化产品、炼焦及其他燃料生产加工业震荡回落

第一，从收益性指标分析，2019 年石化产品、炼焦及其他燃料生产加工业营收利润率为 3.58%，同比下降了 1.71 个百分点；资产利润率为 4.57%，同比下降了 1.84 个百分点；所有者权益报酬率为 8.69%，同比下降了 7.49 个百分点。

石化产品、炼焦及其他燃料生产加工业收益性指标变化趋势分析见图 4-35。

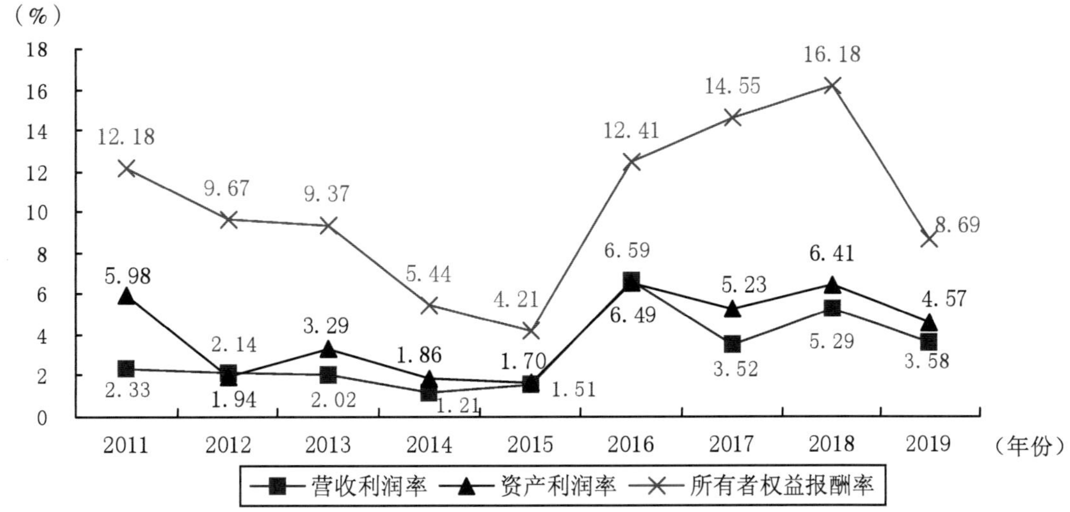

图 4-35 石化产品、炼焦及其他燃料生产加工业收益性指标变化趋势分析

综合三项收益性指标分析，该行业呈现震荡回落的趋势。三项收益性指标虽有回落，但尚处于正常波动范围，总体来看，恢复性增长的基本走势没有改变。

第二，从成长性指标分析，2019 年石化产品、炼焦及其他燃料生产加工业的营收增长率为 8.22%，同比下降了13.91 个百分点；利润增长率为-9.09%，同比下降了 42.12 个百分点；资产增长率为 10.42%，同比下降了 6.23 个百分点；人员增长率为 2.56%，同比下降了 1.36 个百分点。

石化产品、炼焦及其他燃料生产加工业成长性指标变化趋势分析见图 4-36。

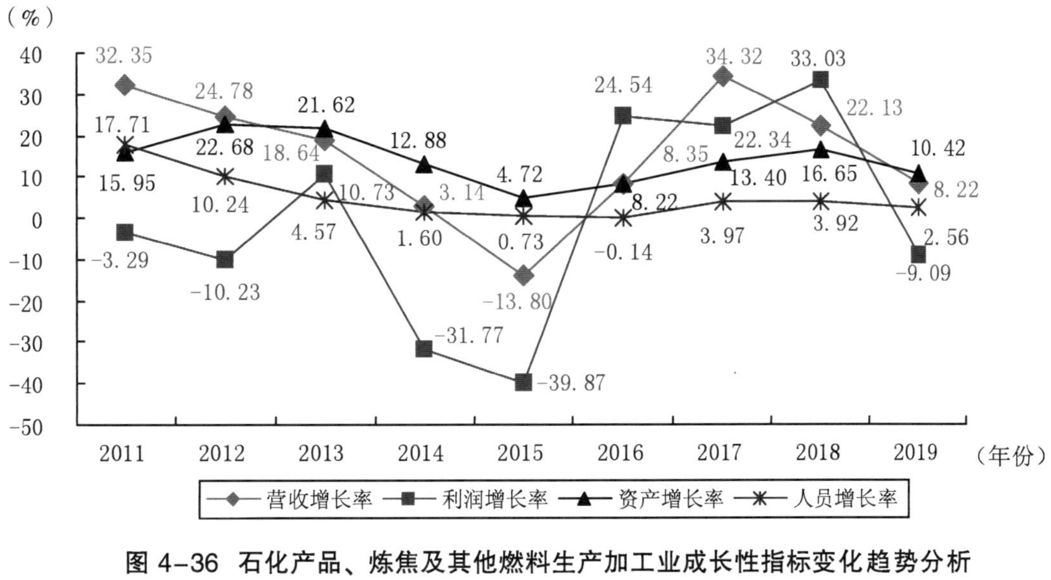

图 4-36 石化产品、炼焦及其他燃料生产加工业成长性指标变化趋势分析

综合成长性指标变化趋势分析，该行业四项指标均下降。预测后期市场，随着供给侧结构性改革成效的显现以及需求侧结构性改革等一系列利好政策的推动，该行业的增长动力将会进一步释放，保持较高增速将是该行业的总体趋势。

2. 化学原料及化学制品（含精细化工、日化、肥料等）制造业调整下行压力较大

第一，从收益性指标分析，2019 年化学原料及化学制品（含精细化工、日化、肥料等）制造业营收利润率为 4.25%，同比下降了 2.94 个百分点；资产利润率为 3.15%，同比下降了 1.90 个百分点；所有者权益报酬率为 5.78%，同比下降了 3.24 个百分点。

化学原料及化学制品（含精细化工、日化、肥料等）制造业收益性指标变化趋势分析见图 4-37。

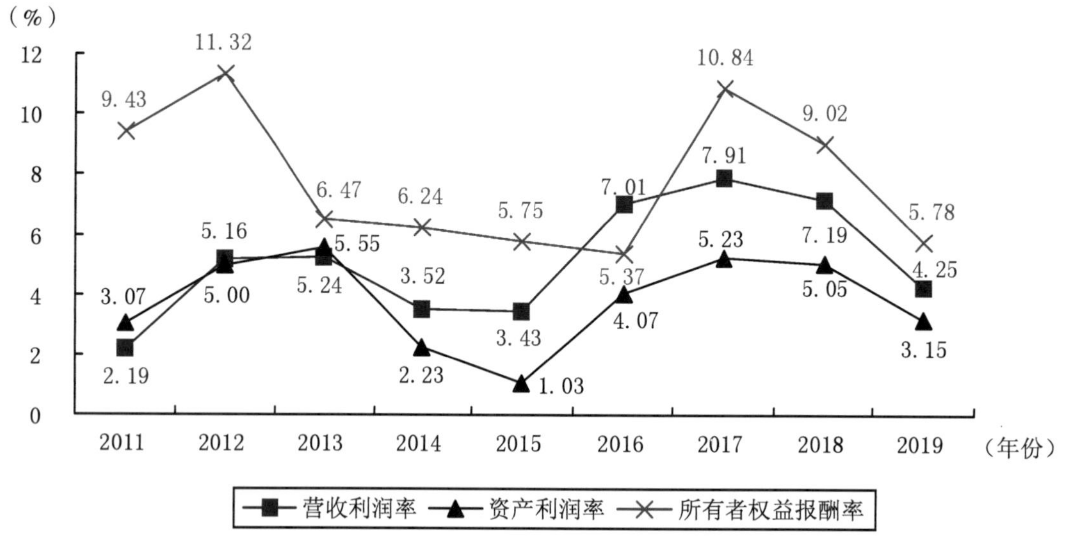

图 4-37 化学原料及化学制品（含精细化工、日化、肥料等）制造业收益性指标变化趋势分析

从图 4-37 中可以看出，该行业的三项指标持续调整下行，且压力明显加大。该行业总体表现相对平稳，其波动幅度具有周期性特征，预测后期市场仍有可能适度回升。

第二，从成长性指标分析，2019 年化学原料及化学制品（含精细化工、日化、肥料等）制造业营收增长率为 4.98%，同比下降了11.08 个百分点；利润增长率为-9.24%，同比下降了 21.45 个百分点；资产增长率为 11.55%，同比提升了 1.24 个百分点；人员增长率为 2.80%，同比下降了2.75 个百分点。

化学原料及化学制品（含精细化工、日化、肥料等）制造业成长性指标变化趋势分析见图 4-38。

从图 4-38 中可以看出，该行业的成长性指标总体延续了下行态势。其中，利润增长率下

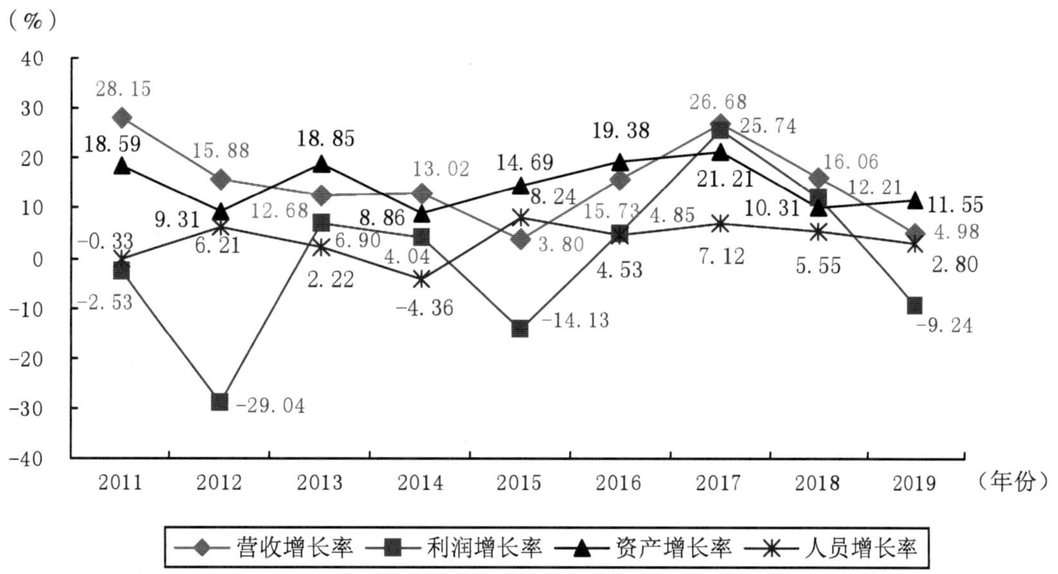

图 4-38 化学原料及化学制品（含精细化工、日化、肥料等）制造业成长性指标变化趋势分析

行幅度较大，由正增长转为负增长。但从整体来看，该行业受资产增速带动，仍然会保持一定幅度的增速。

（四）建材、钢铁制造业经济效益变化趋势分析

1. 建筑材料及玻璃等制造业及非金属矿物制品业恢复性增长基础进一步稳固

第一，从收益性指标分析，2019 年建筑材料及玻璃等制造业及非金属矿物制品业营收利润率为 8.52%，同比下降了 2.26 个百分点；资产利润率为 4.03%，同比下降了 1.73 个百分点；所有者权益报酬率为 5.59%，同比下降了 4.67 个百分点。

建筑材料及玻璃等制造业及非金属矿物制品业收益性指标变化趋势分析见图 4-39。

综合三项收益性指标分析，该行业基本延续了平稳运行的基本态势，三项指标虽有一定幅度的回落，但尚属正常调整范围。从趋势上看，营收利润率和资产利润率保持较高水平，表明该行业的整体形势持续向好，恢复性增长的基础进一步稳固，供给侧结构性调整成效进一步显现。

第二，从成长性指标分析，2019 年建筑材料及玻璃等制造业及非金属矿物制品业的营收增长率为 8.40%，同比下降了 11.61 个百分点；利润增长率为 11.65%，同比下降了 10.06 个百分点；资产增长率为 8.22%，同比下降了 1.84 个百分点；人员增长率为-0.73%，同比下降了 8.23 个百分点。

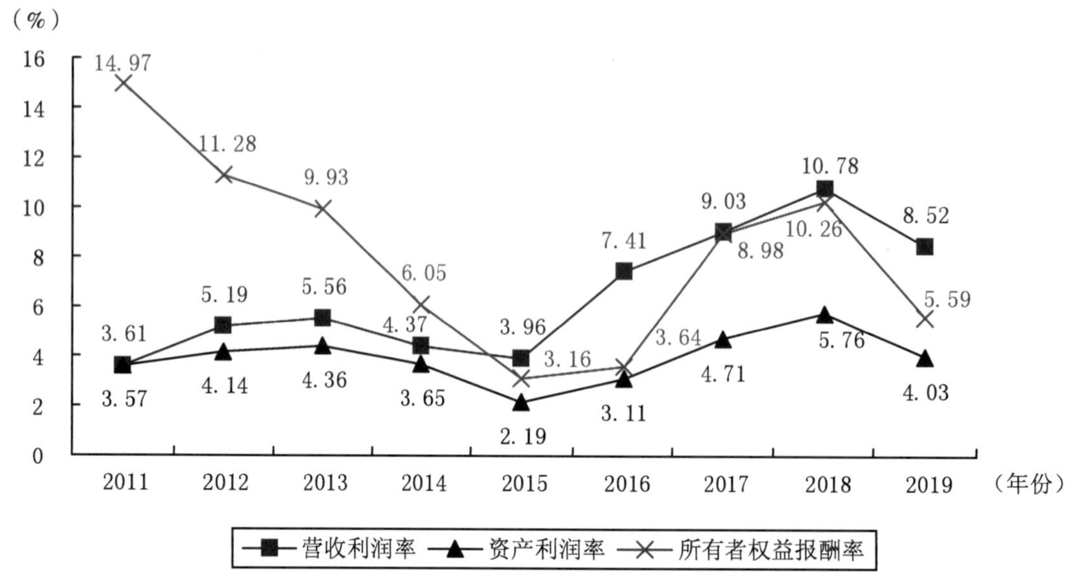

图 4-39 建筑材料及玻璃等制造业及非金属矿物制品业收益性指标变化趋势分析

建筑材料及玻璃等制造业及非金属矿物制品业成长性指标变化趋势分析见图 4-40。

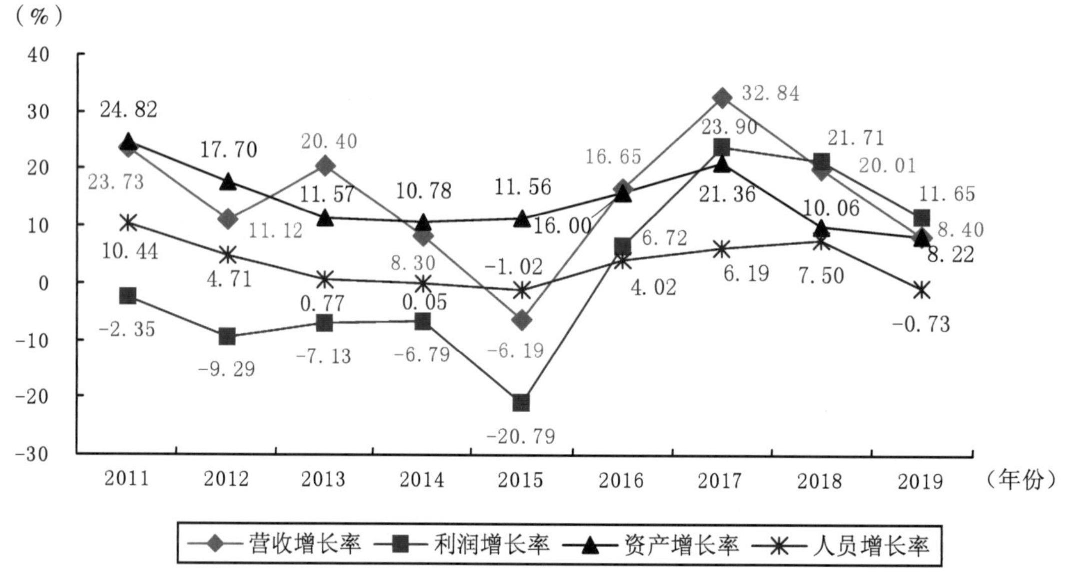

图 4-40 建筑材料及玻璃等制造业及非金属矿物制品业成长性指标变化趋势分析

综合成长性指标分析，我国建材行业增速虽有回落，但总体上是基于高位的调整，且依然保持较高增速，表明恢复性增长的基本面并没有改变。从资产增速放缓和从业人员负增长来看，该行业扩张放缓，主要是受以提质增效为核心的内生动力驱动。预测后期市场该行业仍将保持总体平稳运行的态势，不会出现大的波动。

2. 黑色冶金及压延加工业持续回暖迹象明显

第一，从收益性指标分析，2019 年黑色冶金及压延加工业营收利润率为 3.69%，同比下降了 1.73 个百分点；资产利润率为 5.88%，同比下降了 2.19 个百分点；所有者权益报酬率为 12.26%，同比下降了 6.34 个百分点。

黑色冶金及压延加工业收益性指标变化趋势分析见图 4-41。

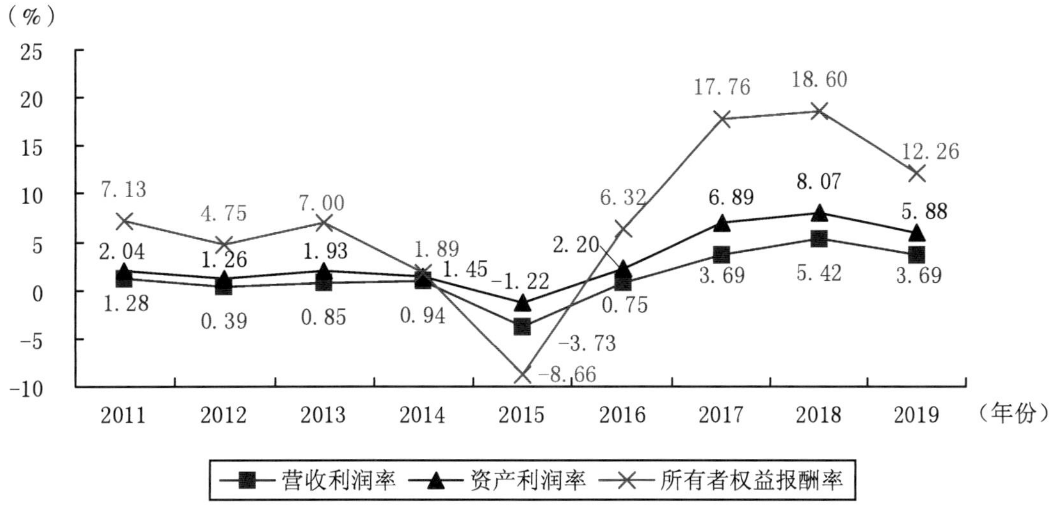

图 4-41 黑色冶金及压延加工业收益性指标变化趋势分析

从图 4-41 中可以看出，黑色冶金及压延加工业的收益性指标基本保持了持续向好的总体态势，三项收益性指标虽有回落，但其波动幅度尚属于正常范围，仍然保持了较高水平。这表明该行业恢复性增长的基本面没有改变，整体经营形势持续好转，走出了谷底时期，供给侧结构性调整成效进一步显现，恢复性增长基础进一步稳固。

第二，从成长性指标分析，2019 年黑色冶金及压延加工业营收增长率为 13.28%，同比下降了 5.22 个百分点；利润增长率为-27.65%，同比下降了 53.46 个百分点；资产增长率为 10.13%，同比提高了 0.74 个百分点。

黑色冶金及压延加工业成长性指标变化趋势分析见图 4-42。

从图 4-42 中可以看出，黑色冶金及压延加工业成长性指标中利润增长率转为负增长，是基于高位的调整回落，但从营收增长率和资产增长率两项指标看，仍然保持了较高增速，内生动力仍有进一步释放的空间和能力。预测后期市场出现巨幅震荡的可能性不大，实现高质量的恢复性增长将是该行业的总体发展趋势。

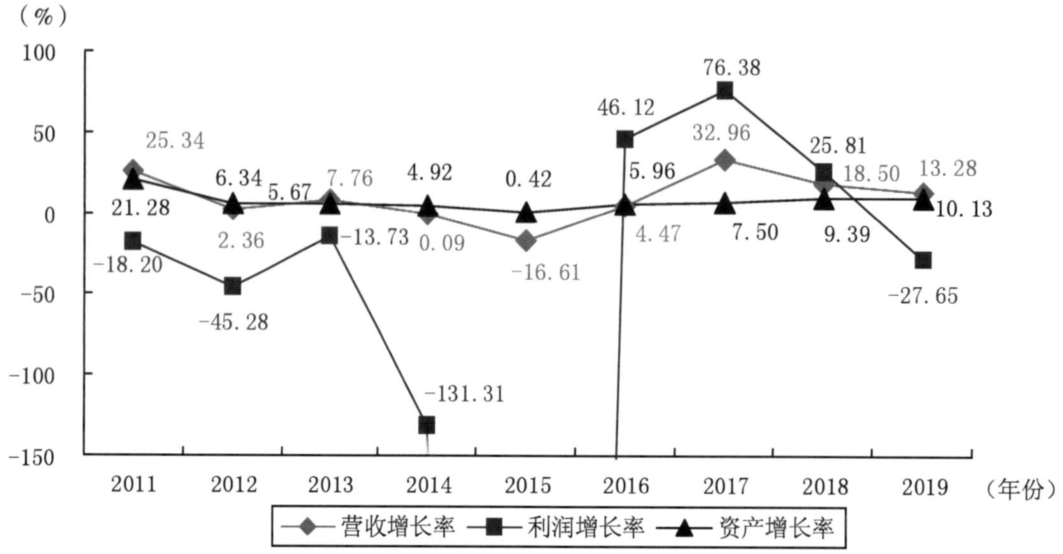

图 4-42 黑色冶金及压延加工业成长性指标变化趋势分析

注：2015 年利润增长率数据为-2473.82%，未在图中显示。

(五) 特种设备、通用设备等机械设备制造业经济效益变化趋势分析

1. 工程机械、电梯、仓储等特种机械、设备及零配件制造业回暖迹象初显

第一，从收益性指标分析，2019 年工程机械、电梯、仓储等特种机械、设备及零配件制造业营收利润率为 4.54%，同比提高了 5.85 个百分点；资产利润率为 1.14%，同比提高了 2.00 个百分点；所有者权益报酬率为 1.29%，同比下降了 0.56 个百分点。

工程机械、电梯、仓储等特种机械、设备及零配件制造业收益性指标变化趋势分析见图 4-43。

综合三项收益性指标分析，该行业回暖迹象初显，营收利润率和资产利润率均出现好转。亏损企业面较 2018 年有所扩大，但亏损比率却由 42.00%缩小到 21.70%，整体盈利水平有明显提高，基本遏制住了整体亏损的局面。

第二，从成长性指标分析，2019 年工程机械、电梯、仓储等特种机械、设备及零配件制造业营收增长率为 4.42%，同比下降了 10.10 个百分点；利润增长率为 3.09%，由 2018 年的负增长转为正增长，且波动幅度较大；资产增长率为 4.52%，同比下降了 5.61 个百分点；人员增长率为-1.94%，同比下降了 5.67 个百分点。

工程机械、电梯、仓储等特种机械、设备及零配件制造业成长性指标变化趋势分析见图 4-44。

综合成长性指标分析，工程机械、电梯、仓储等特种机械、设备及零配件制造业除人员

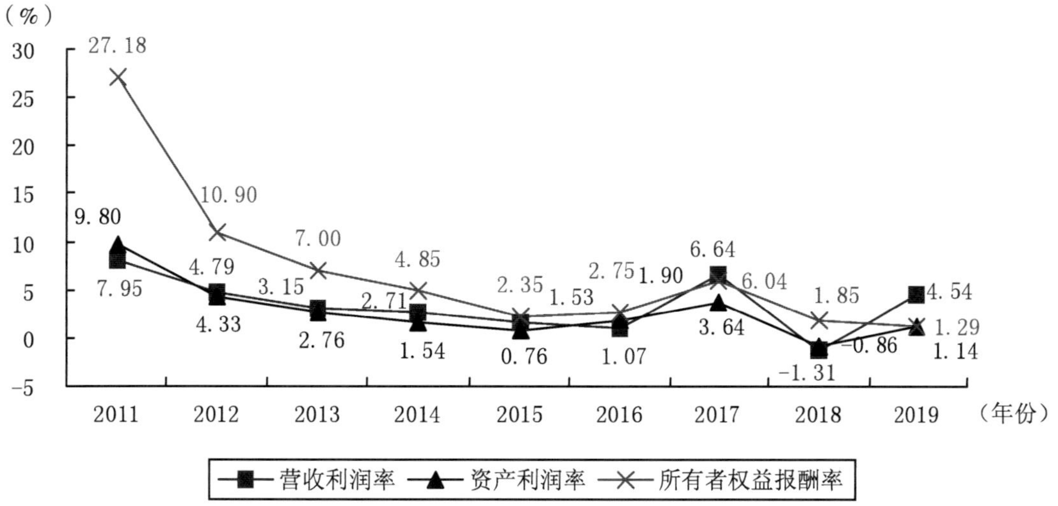

图 4-43 工程机械、电梯、仓储等特种机械、设备及零配件制造业收益性指标变化趋势分析

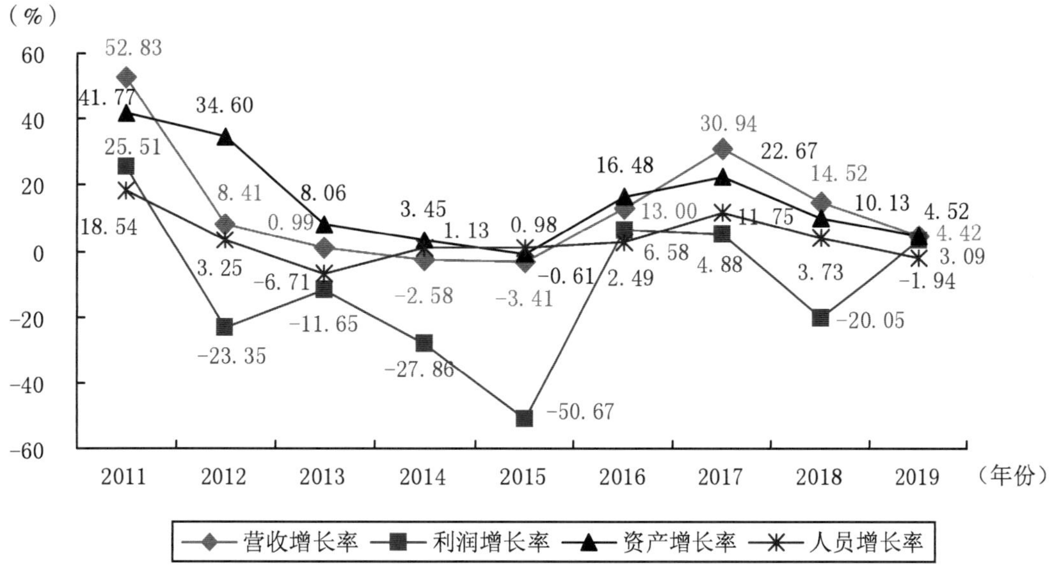

图 4-44 工程机械、电梯、仓储等特种机械、设备及零配件制造业成长性指标变化趋势分析

增长率表现为负增长外，其他指标均表现为正增长，但总体看下行压力仍然存在，后期市场表现依旧存在不确定性。

2. 通用机械、设备及零配件制造业整体下行，不确定因素增多

第一，从收益性指标分析，2019 年通用机械、设备及零配件制造业营收利润率为 1.12%，同比下降了 2.74 个百分点；资产利润率为 1.53%，同比提升了 0.49 个百分点；所有者权益酬

率为 1.50%，同比下降了 0.47 个百分点。

通用机械、设备及零配件制造业收益性指标变化趋势分析见图 4-45。

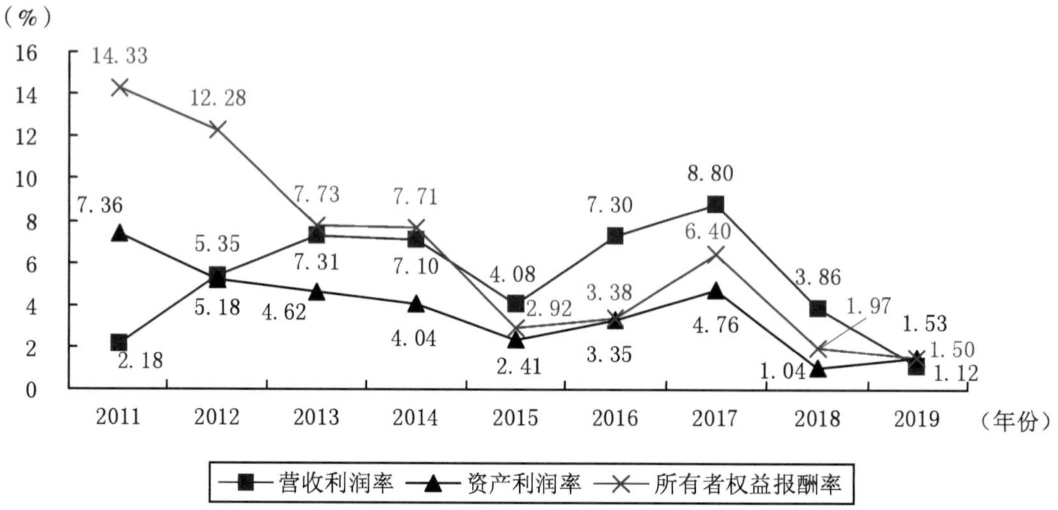

图 4-45 通用机械、设备及零配件制造业收益性指标变化趋势分析

从图 4-45 中可以看出，该行业的三项收益性指标中，除资产利润率有微幅提高外，营收利润率和所有者报酬率均呈现持续下行的态势，且已经跌落到自 2011 年以来的最低水平，表明该行业面临着不确定因素增多、市场环境复杂等诸多困难。

第二，从成长性指标分析，2019 年通用机械、设备及零配件制造业营收增长率为 6.57%，同比回落了 10.59 个百分点；利润增长率为 1.16%，同比下降了 9.07 个百分点；资产增长率为 9.49%，同比回落了 3.06 个百分点；人员增长率为 1.85%，同比回落了 2.23 个百分点。

通用机械、设备及零配件制造业成长性指标变化趋势分析见图 4-46。

综合成长性指标分析，该行业增速普遍放缓，预测后期市场，受国内外新冠肺炎疫情影响，该行业不确定因素增多，恢复性增长的动力不足，有可能进入负增长区间。

（六）家电、计算机、汽车等制造业经济效益变化趋势分析

1. 家用电器及零配件制造业波动调整，竞争压力加大

第一，从收益性指标分析，2019 年家用电器及零配件制造业营收利润率为 2.28%，同比下降了 3.39 个百分点；资产利润率为 2.01%，同比下降了 2.15 个百分点；所有者权益报酬率为 11.50%，同比提高了 1.20 个百分点。

家用电器及零配件制造业收益性指标变化趋势分析见图 4-47。

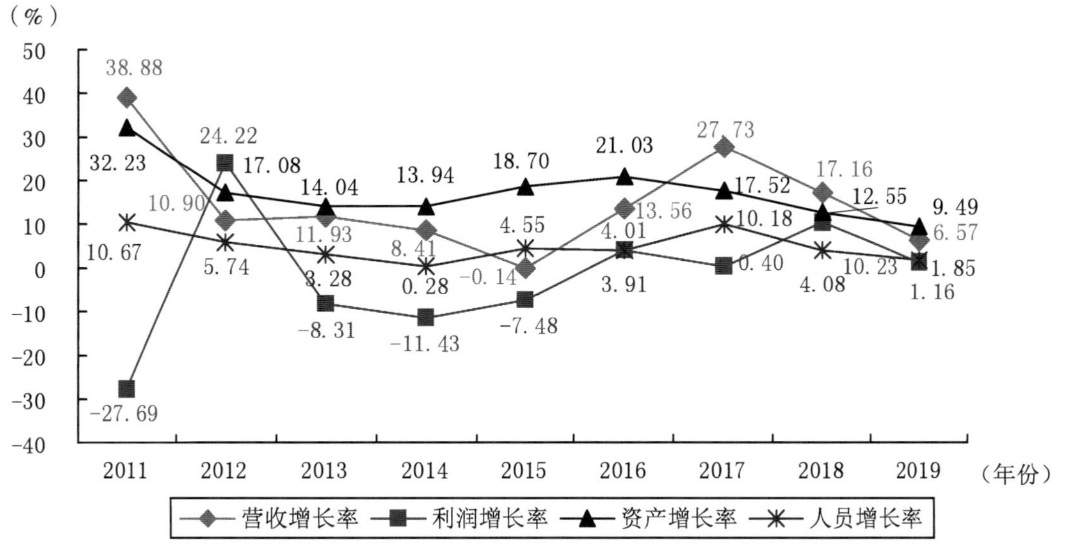

图 4-46 通用机械、设备及零配件制造业成长性指标变化趋势分析

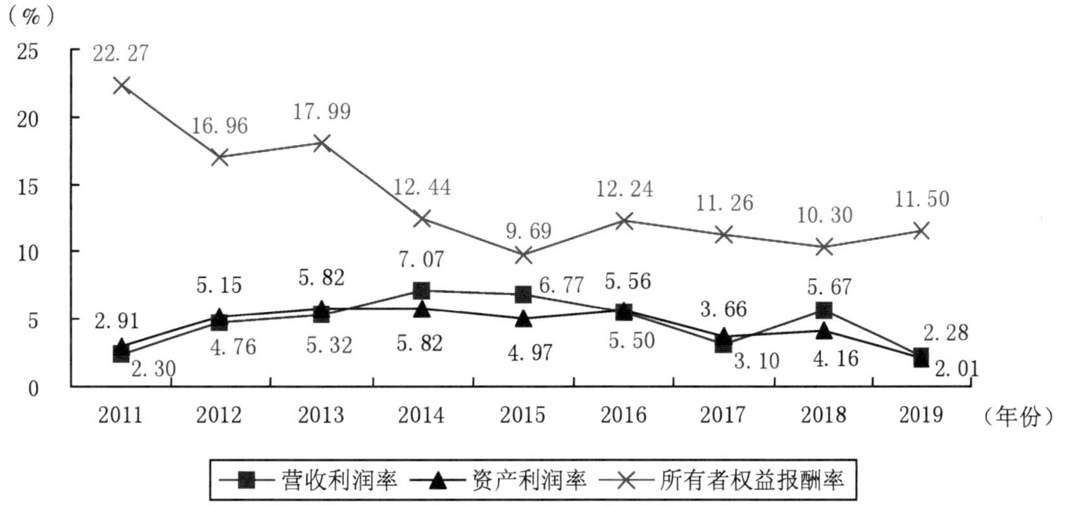

图 4-47 家用电器及零配件制造业收益性指标变化趋势分析

综合三项收益性指标分析，家用电器及零配件制造业收益性指标总体呈现下行走势。其中，营收利润率下降幅度较大，资产利润率也有较大幅度的回落，这两项主要收益性指标均已经跌落到自 2011 年以来的最低水平。所有者权益报酬率却有所提高，反映了该行业谨慎的投资心理。预测后期市场，该行业虽有可能回升，但空间有限。受国内外新冠肺炎疫情以及需求侧结构性改革与调整政策释放的影响，未来该行业的收益性指标可能仍会处于较低水平运行。

第二，从成长性指标分析，2019 年家用电器及零配件制造业营收增长率为 0.21%，同比降低了 12.36 个百分点；利润增长率为 11.25%，同比增加了 7.38 个百分点；资产增长率为 9.20%，同比增加了 3.58 个百分点；人员增长率为-1.62%，同比下降了 7.43 个百分点。

家用电器及零配件制造业成长性指标变化趋势分析见图 4-48。

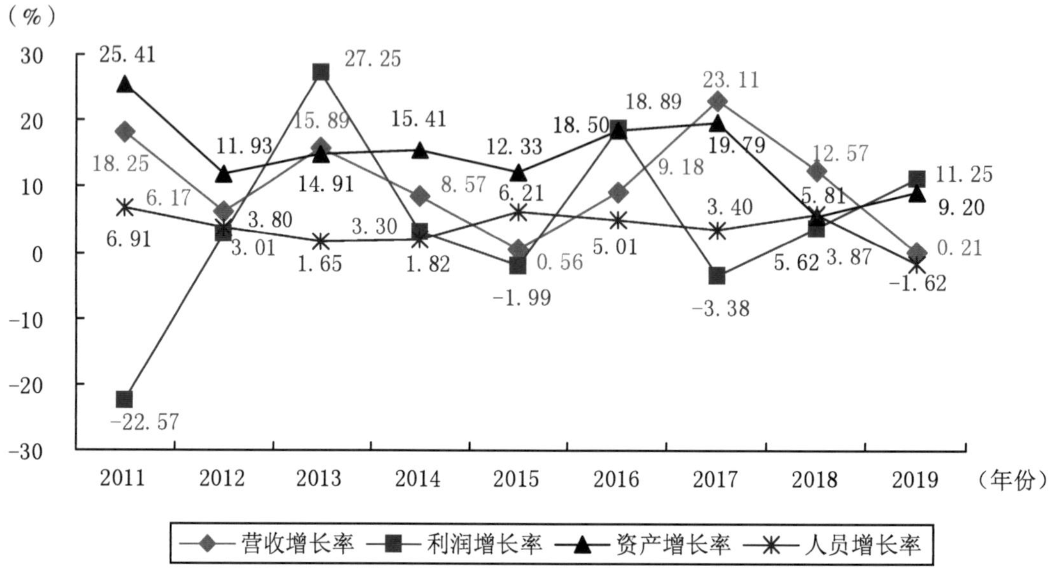

图 4-48 家用电器及零配件制造业成长性指标变化趋势分析

综合成长性指标分析，家用电器及零配件制造业呈现双升双降的基本趋势。其中，利润增长率和资产增长率提升，而营收增长率却大幅回落，人员增长率呈现负增长态势。综合来看，该行业调整迹象明显，利润增速将调整回落至合理区间，资产增量势必传导至市场放量，营收增长率可能会出现反弹，中速增长仍将是今后一个时期的常态化趋势。

2. 计算机、通信器材、办公等电子设备及零部件制造业利润空间受压

第一，从收益性指标分析，2019 年计算机、通信器材、办公等电子设备及零部件制造业营收利润率为 0.48%，同比下降了 0.06 个百分点；资产利润率为 0.69%，同比提升了 0.47 个百分点；所有者权益报酬率为 2.68%，同比提升了 1.06 个百分点。

计算机、通信器材、办公等电子设备及零部件制造业收益性指标变化趋势分析见图 4-49。

从图 4-49 中可以看出，该行业已经基本遏制住了持续下行的态势，其中营收利润率仍微幅下降，资产利润率略有回升，表明该行业已经处于微利状态。

第二，从成长性指标分析，2019 年计算机、通信器材、办公等电子设备及零部件制造业营收增长率为 11.45%，同比下降了 0.84 个百分点；利润增长率为-9.59%，同比负增长幅度收

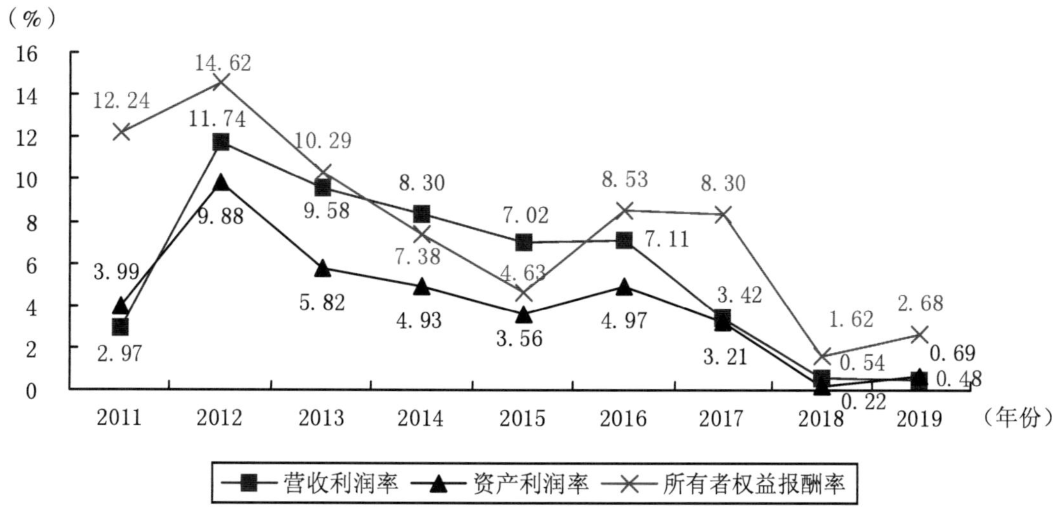

图 4-49 计算机、通信器材、办公等电子设备及零部件制造业收益性指标变化趋势分析

窄了 1.88 个百分点；资产增长率为 13.01%，同比提升了 2.06 个百分点；人员增长率为 1.36%，同比下降了 2.80 个百分点。

计算机、通信器材、办公等电子设备及零部件制造业成长性指标变化趋势分析见图 4-50。

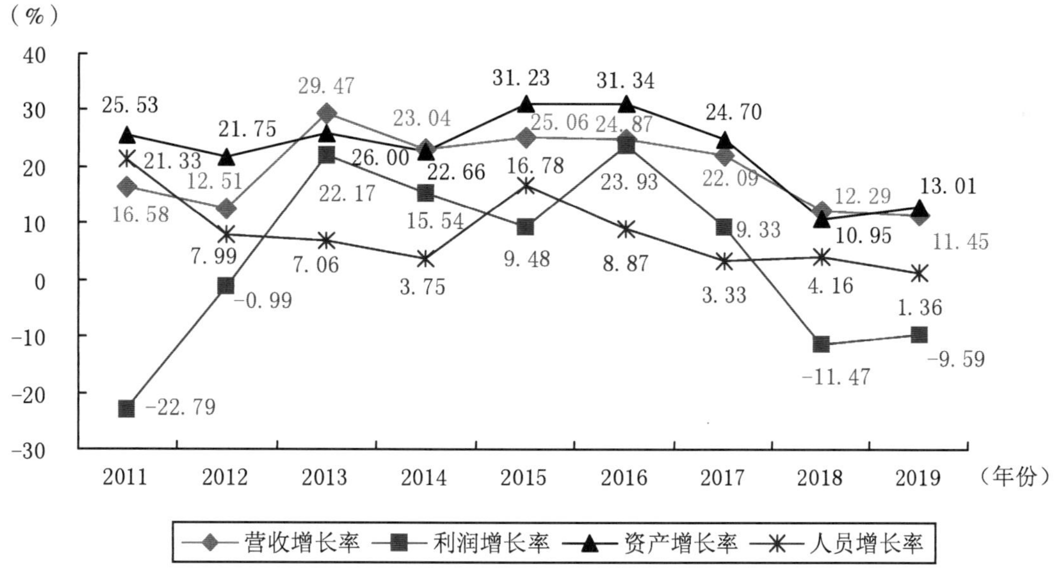

图 4-50 计算机、通信器材、办公等电子设备及零部件制造业成长性指标变化趋势分析

从图 4-50 中可以看出，计算机、通信器材、办公等电子设备及零部件制造业除利润指标仍处于负增长区间外，其他主要指标均表现为正增长。这表明该行业存在市场空间放量、利润空间受压的现象，企业之间的竞争将会进一步加剧。

3. 汽车及零配件制造业经营形势持续恶化，盈利能力减弱

第一，从收益性指标分析，2019 年汽车及零配件制造业营收利润率为 2.63%，同比下降了 1.96 个百分点；资产利润率为 0.92%，同比下降了 1.83 个百分点；所有者权益报酬率为 0.55%，同比下降了 1.66 个百分点。

汽车及零配件制造业收益性指标变化趋势分析见图 4-51。

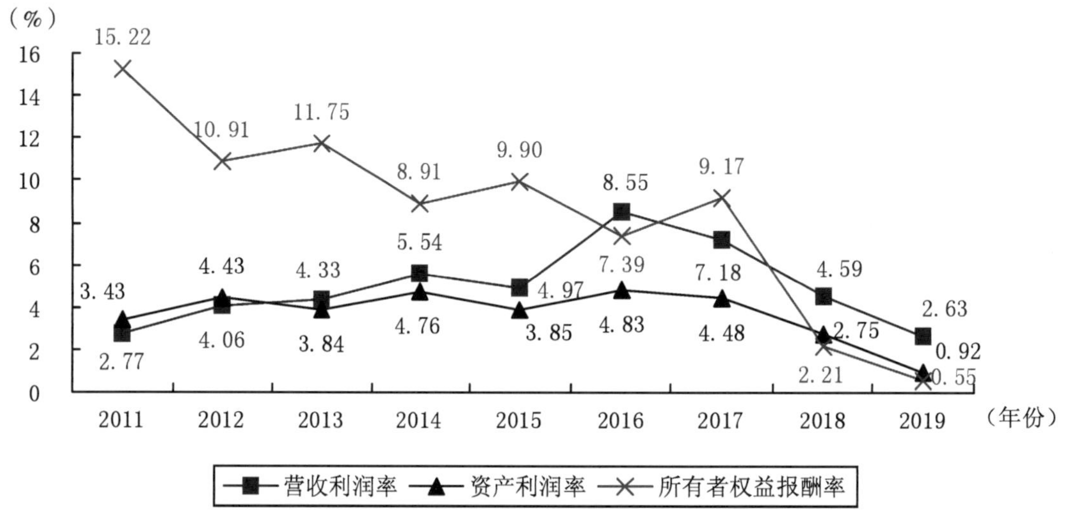

图 4-51 汽车及零配件制造业收益性指标变化趋势分析

综合三项收益性指标分析，该行业总体延续了下行的态势，且已经跌落到自 2011 年以来的历史最低水平。其中，营收利润率由 2016 年的 8.55%逐年持续下行到 2.63%，资产利润率和所有者权益报酬率已经下降到不足 1%。总体来看，该行业由于需求收紧，盈利水平大幅缩水。

第二，从成长性指标分析，2019 年汽车及零配件制造业营收增长率为 2.41%，同比下降了 3.29 个百分点；利润增长率为-7.85%，同比提升了 14.69 个百分点；资产增长率为 5.04%，同比下降了 6.43 个百分点；人员增长率为-2.85%，同比下降了 9.77 个百分点。

汽车及零配件制造业成长性指标变化趋势分析见图 4-52。

综合成长性指标分析，2019 年汽车及零配件制造业总体保持低位运行。成长性指标中，营收增长率由最高时超过 20%下降到 2019 年的不足 3%，利润增长率连续两年处于负增长区间，资产增长率也由 20%以上高增速下降到 5%左右的低增速。综合收益性和成长性指标分析，该行业受市场萎缩的影响，经营形势持续恶化，盈利能力进一步减弱，行业竞争进一步加剧。

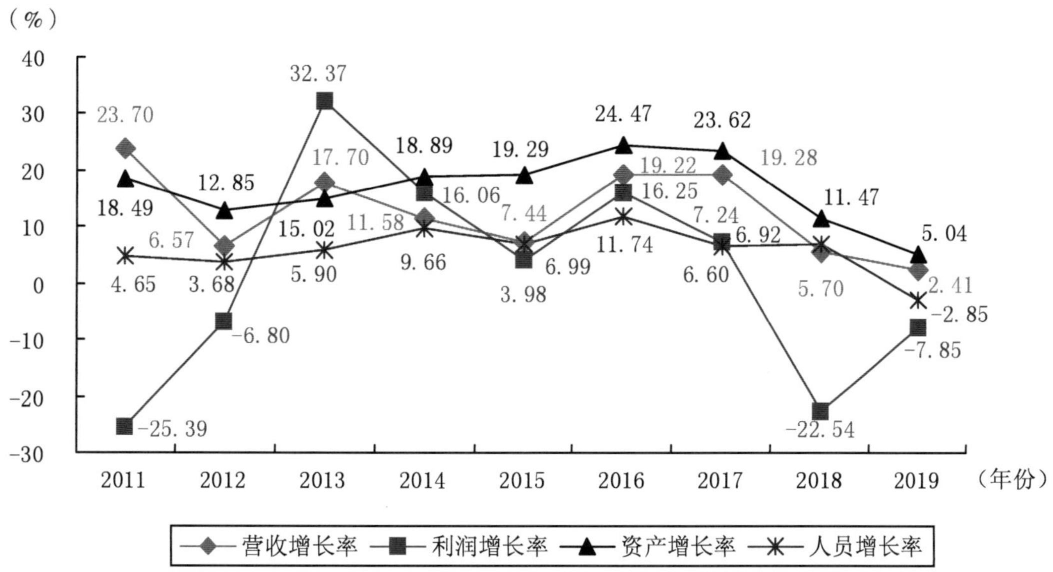

图 4-52 汽车及零配件制造业成长性指标变化趋势分析

四、2020 中国制造业企业信用 100 强行业效益综合分析

（一）中国制造业收益性指标综合分析

1. 中国制造业收益性指标综合分析

中国制造业 29 个细分行业中，2019 年营收利润率提高的细分行业有 14 个，占 48.28%；营收利润率下降的细分行业有 15 个，占 51.72%。

资产利润率提高的细分行业有 15 个，占 51.72%；资产利润率下降的细分行业有 14 个，占 48.28%。

所有者权益报酬率提高的细分行业有 13 个，占 44.83%；所有者权益报酬率下降的细分行业有 16 个，占 55.17%。

三项收益性指标中有一项或多项指标下降的行业有 23 个，占全部 29 个行业的 79.31%，比 2018 年下降了 10.35 个百分点。其中三项指标均下降的行业有 9 个，占全部 29 个行业的 31.03%；三项指标中有两项指标下降的行业有 4 个，占全部 29 个行业的 13.79%；三项指标中只有一项指标下降的行业有 10 个，占全部 29 个行业的 34.48%。三项指标均提高的行业有 6 个，占全部 29 个行业的 20.69%。

2019 年中国制造业收益性指标行业特征见表 4-4。

2. 中国制造业收益性指标排序分析

营收利润率同比增长排在前 5 位的行业为：纺织、印染业，同比增长 13.13%；船舶、轨道交通设备及零部件制造业，同比增长 11.13%；摩托车及零配件制造业，同比增长 8.57%；动力、电力生产等装备、设备制造业，同比增长 4.44%；综合制造业（以制造业为主，含有服务业），同比增长 3.69%。

资产利润率同比增长排在前 5 位的行业为：黄金冶炼及压延加工业，同比增长 18.37%；船舶、轨道交通设备及零部件制造业，同比增长 5.56%；摩托车及零配件制造业，同比增长 2.87%；农副食品加工业，同比增长 2.38%；工程机械、电梯、仓储等特种机械、设备及零配件制造业，同比增长 2.00%。

所有者权益报酬率同比增长排在前 5 位的行业为：船舶、轨道交通设备及零部件制造业，同比增长 12.74%；化学纤维制造业，同比增长 8.18%；文体、玩具、工艺品等轻工产品加工制造业，同比增长 6.53%；动力、电力生产等装备、设备制造业，同比增长 5.77%；金属制品、加工工具、工业辅助产品加工制造业，同比增长 4.62%。

（二）中国制造业流动性和安全性指标综合分析

1. 中国制造业流动性和安全性指标综合分析

中国制造业 29 个细分行业中，2019 年资产周转率提高的细分行业有 12 个，占 41.38%；资产周转率下降的细分行业有 15 个，占 51.72%；资产周转率与 2018 年持平的细分行业有 2 个，占 6.90%。

所有者权益比率提高的细分行业有 21 个，占 72.41%；所有者权益比率下降的细分行业有 8 个，占 27.59%。

资本保值增值率提高的细分行业有 13 个，占 44.83%；资本保值增值率下降的细分行业有 16 个，占 55.17%。

以上三项指标中有一项或多项指标下降的行业有 25 个，占全部 29 个行业的 86.21%，比上年下降了 3.45 个百分点。其中三项指标均下降的行业有 2 个，占全部 29 个行业的 6.90%；三项指标中有两项指标下降的行业有 10 个，占全部 29 个行业的 34.48%；三项指标中只有一项指标下降的行业有 13 个，占全部 29 个行业的 44.83%。三项指标均提高的行业有 3 个，仅占 10.34%。

表 4-4 2019 年中国制造业收益性指标行业特征

序号	行业	营收利润率		资产利润率		所有者权益报酬率	
		本期(%)	同比(±)	本期(%)	同比(±)	本期(%)	同比(±)
1	农副食品加工业	−2.85	−5.61	2.00	2.38	3.69	−4.90
2	食品(含乳制品、饮料)制造业	7.60	2.78	5.94	1.01	10.82	0.07
3	酿酒制造业	11.34	2.98	6.07	1.61	11.33	2.06
4	纺织、印染业	6.62	13.13	3.49	3.26	0.42	−16.13
5	纺织品、服装、服饰、鞋帽、皮革及辅料加工业	5.56	1.31	4.00	1.53	4.34	1.83
6	造纸及纸制品(含木材、藤、竹、家具等)加工、印刷、包装业	4.19	−0.86	3.18	−1.33	3.12	−4.24
7	文体、玩具、工艺品等轻工产品加工制造业	−6.77	−4.13	1.67	2.27	−2.02	6.53
8	石化产品、炼焦及其他燃料生产加工业	3.58	−1.71	4.57	−1.84	8.69	−7.49
9	化学原料及化学制品(含精细化工、日化、肥料等)制造业	4.25	−2.94	3.15	−1.90	5.78	−3.24
10	医药、生物制药、医疗设备制造业	6.15	−3.80	4.45	−1.28	7.06	−1.19
11	化学纤维制造业	6.75	2.07	1.85	−1.50	11.54	8.18
12	橡胶、塑料制品业	5.90	0.35	3.66	−0.28	4.85	−1.77
13	建筑材料及玻璃等制造业及非金属矿物制品业	8.52	−2.26	4.03	−1.73	5.59	−4.67
14	黑色冶金及压延加工业	3.69	−1.73	5.88	−2.19	12.26	−6.34
15	一般有色冶金及压延加工业	1.20	0.10	2.18	1.06	3.58	3.08
16	黄金冶炼及压延加工业	−13.24	−28.43	−2.07	18.37	4.10	2.44
17	金属制品、加工工具、工业辅助产品加工制造业	2.31	2.07	2.15	−0.02	8.73	4.62
18	工程机械、电梯、仓储等特种机械、设备及零配件制造业	4.54	5.85	1.14	2.00	1.29	−0.56
19	通过机械、设备及零配件制造业	1.12	−2.74	1.53	0.49	1.50	−0.47
20	电力、电气等设备、机械、元器件及光伏、电池、线缆制造业	1.93	0.71	1.13	0.46	3.18	−1.00
21	船舶、轨道交通设备及零部件制造业	8.28	11.13	2.73	5.56	5.28	12.74
22	家用电器及零配件制造业	2.28	−3.39	2.01	−2.15	11.50	1.20
23	电子元器件与仪器仪表、自动化控制设备制造业	3.82	−1.64	2.95	−0.47	2.81	−1.38
24	动力、电力生产等装备、设备制造业	2.07	4.44	0.43	3.60	0.37	5.77
25	计算机、通信器材、办公等电子设备及零部件制造业	0.48	−0.06	0.69	0.47	2.68	1.06
26	汽车及零配件制造业	2.63	−1.96	0.92	−1.83	0.55	−1.66
27	摩托车及零配件制造业	5.42	8.57	2.96	2.87	3.51	−12.06
28	航空航天及国防军工业	9.22	−2.10	3.12	−0.99	4.04	−1.93
29	综合制造业(以制造业为主,含有服务业)	0.55	3.69	−0.19	−0.51	6.06	3.78

2019 年中国制造业流动性和安全性指标行业特征见表 4-5。

2. 中国制造业流动性和安全性指标排序分析

2019 年资产周转率排在前 5 位的行业为：石化产品、炼焦及其他燃料生产加工业，资产周转率为 1.41 次；黑色冶金及压延加工业，资产周转率为 1.30 次；黄金冶炼及压延加工业，资产周转率为 1.02 次；农副食品加工业，资产周转率为 1.01 次；化学纤维制造业，资产周转率为 0.92 次。

所有者权益比率排在前 5 位的行业为：医药、生物制药、医疗设备制造业，为 66.61%；酿酒制造业，为 62.81%；电子元器件与仪器仪表、自动化控制设备制造业，为 62.22%；纺织品、服装、服饰鞋帽、皮革及辅料加工业，为 60.12%；通用机械、设备及零配件制造业，为 58.79%。

资本保值增值率排在前 5 位的行业为：石化产品、炼焦及其他燃料生产加工业，为 115.98%；黑色冶金及压延加工业，为 115.11%；食品（含乳制品、饮料）制造业，为 111.40%；建筑材料及玻璃等制造业及非金属矿物制品业，为 111.35%；酿酒制造业，为 110.63%。

（三）中国制造业成长性指标综合分析

1. 中国制造业成长性指标综合分析

中国制造业 29 个细分行业中，2019 年营收增长率正增长的细分行业有 29 个，占比为 100%。

利润增长率正增长的细分行业有 14 个，占 48.28%；利润增长率负增长的细分行业有 15 个，占 51.72%。

资产增长率正增长的细分行业有 29 个，100%为正增长。

资本积累率正增长的细分行业有 27 个，占 93.10%；资本积累率负增长的细分行业有 2 个，占 6.90%。

人员增长率正增长的细分行业有 19 个，占 65.52%；人员增长率负增长的细分行业有 10 个，占 34.48%。

五项成长性指标中有一项或多项指标负增长的行业有 20 个，占全部 29 个行业的 68.97%；五项指标均为正增长的行业有 9 个，占全部 29 个行业的 31.03%。

2019 年中国制造业成长性指标行业特征见表 4-6。

表 4-5 2019 年中国制造业流动性和安全性指标行业特征

序号	行业	资产周转率		所有者权益比率		资本保值增值率	
		本期(次)	同比(±)	本期(%)	同比(±)	本期(%)	同比(±)
1	农副食品加工业	1.01	0.04	51.82	8.70	110.46	1.12
2	食品(含乳制品、饮料)制造业	0.87	0.02	57.04	−1.67	111.40	1.36
3	酿酒制造业	0.54	−0.01	62.81	4.80	110.63	−2.41
4	纺织、印染业	0.76	−0.10	55.46	9.21	107.24	−1.42
5	纺织品、服装、服饰、鞋帽、皮革及辅料加工业	0.75	−0.03	60.12	1.11	107.41	1.12
6	造纸及纸制品(含木材、藤、竹、家具等)加工、印刷、包装业	0.70	−0.03	56.28	−0.47	107.95	−3.33
7	文体、玩具、工艺品等轻工产品加工制造业	0.74	−0.04	58.74	−1.98	103.42	1.44
8	石化产品、炼焦及其他燃料生产加工业	1.41	−0.03	46.68	0.17	115.98	−7.85
9	化学原料及化学制品(含精细化工、日化、肥料等)制造业	0.72	−0.06	59.07	1.95	105.61	−3.91
10	医药、生物制药、医疗设备制造业	0.59	0.01	66.61	1.00	108.45	−2.24
11	化学纤维制造业	0.92	−0.09	46.10	−2.76	107.96	1.60
12	橡胶、塑料制品业	0.78	0.02	58.72	0.95	107.49	−1.24
13	建筑材料及玻璃等制造业及非金属矿物制品业	0.67	0.06	56.58	1.95	111.35	−2.52
14	黑色冶金及压延加工业	1.30	−0.05	44.06	2.32	115.11	−6.69
15	一般有色冶金及压延加工业	0.92	−0.06	48.02	3.11	105.68	4.57
16	黄金冶炼及压延加工业	1.02	0.13	25.35	−1.89	106.15	14.78
17	金属制品、加工工具、工业辅助产品加工制造业	0.84	0.09	46.88	−2.71	100.79	−5.31
18	工程机械、电梯、仓储等特种机械、设备及零配件制造业	0.51	0.00	53.07	2.10	102.45	3.31
19	通用机械、设备及零配件制造业	0.55	0.03	58.79	2.07	104.55	1.53
20	电力、电气等设备、机械、元器件及光伏、电池、线缆制造业	0.67	0.01	51.38	0.39	105.02	2.44
21	船舶、轨道交通设备及零部件制造业	0.41	−0.10	58.72	7.11	107.21	9.03
22	家用电器及零配件制造业	0.89	−0.08	45.40	2.75	109.11	−3.93
23	电子元器件与仪器仪表、自动化控制设备制造业	0.57	0.00	62.22	2.53	107.47	−0.30
24	动力、电力生产等装备、设备制造业	0.61	−0.01	45.26	1.61	104.25	5.73
25	计算机、通信器材、办公等电子设备及零部件制造业	0.69	0.02	54.83	−0.38	103.65	0.82
26	汽车及零配件制造业	0.66	−0.02	49.53	−0.04	104.38	−1.85
27	摩托车及零配件制造业	0.91	−0.03	41.20	14.58	102.02	−7.26
28	航空航天及国防军工业	0.49	0.02	57.60	1.87	107.03	−2.39
29	综合制造业(以制造业为主,含有服务业)	0.68	0.02	45.72	1.13	102.28	−1.02

表 4-6 2019 年中国制造业成长性指标行业特征

序号	行业	营收增长率（%）	利润增长率（%）	资产增长率（%）	资本积累率（%）	人员增长率（%）
1	农副食品加工业	9.63	23.62	9.03	18.98	1.26
2	食品（含乳制品、饮料）制造业	14.73	8.28	15.22	23.30	1.74
3	酿酒制造业	15.03	−8.00	9.60	8.11	7.01
4	纺织、印染业	0.43	−21.43	2.50	−0.43	3.34
5	纺织品、服装、服饰、鞋帽、皮革及辅料加工业	5.19	−10.02	3.00	8.50	−4.34
6	造纸及纸制品（含木材、藤、竹、家具等）加工、印刷、包装业	5.72	−0.14	10.85	12.60	0.96
7	文体、玩具、工艺品等轻工产品加工制造业	7.17	2.22	7.57	5.69	1.93
8	石化产品、炼焦及其他燃料生产加工业	8.22	−9.09	10.42	18.05	2.56
9	化学原料及化学制品（含精细化工、日化、肥料等）制造业	4.98	−9.24	11.55	14.50	2.80
10	医药、生物制药、医疗设备制造业	9.36	−1.52	9.12	11.83	4.77
11	化学纤维制造业	10.02	42.37	13.71	16.11	3.51
12	橡胶、塑料制品业	12.92	16.57	8.80	16.43	2.81
13	建筑材料及玻璃等制造业及非金属矿物制品业	8.40	11.65	8.22	16.70	−0.73
14	黑色冶金及压延加工业	13.28	−27.65	10.13	17.88	2.28
15	一般有色冶金及压延加工业	6.13	−2.91	7.03	6.42	−0.58
16	黄金冶炼及压延加工业	49.62	−29.52	8.15	17.02	−2.08
17	金属制品、加工工具、工业辅助产品加工制造业	9.80	16.30	8.42	6.98	1.58
18	工程机械、电梯、仓储等特种机械、设备及零配件制造业	4.42	3.09	4.52	4.48	−1.94
19	通用机械、设备及零配件制造业	6.57	1.16	9.49	15.36	1.85
20	电力、电气等设备、机械、元器件及光伏、电池、线缆制造业	9.80	−6.65	9.92	9.79	1.11
21	船舶、轨道交通设备及零部件制造业	6.91	−5.42	11.28	12.91	−0.84
22	家用电器及零配件制造业	0.21	11.25	9.20	9.08	−1.62
23	电子元器件与仪器仪表、自动化控制设备制造业	16.84	3.45	16.74	19.31	2.65
24	动力、电力生产等装备、设备制造业	4.91	0.24	1.21	8.79	−2.45
25	计算机、通信器材、办公等电子设备及零部件制造业	11.45	−9.59	13.01	18.71	1.36
26	汽车及零配件制造业	2.41	−7.85	5.04	8.85	−2.85
27	摩托车及零配件制造业	6.69	25.36	13.43	−4.18	22.85
28	航空航天及国防军工业	20.42	22.45	8.81	12.29	3.15
29	综合制造业（以制造业为主，含有服务业）	8.03	−13.92	1.34	10.44	−3.20

2.中国制造业行业成长性指标排序分析

2019 年营收增长率排在前 5 位的行业为：黄金冶炼及压延加工业，为 49.62%；航空航天及国防军工业，为 20.42%；电子元器件与仪器仪表、自动化控制设备制造业，为 16.84%；酿酒制造业，为 15.03%；食品（含乳制品、饮料）制造业，为 14.73%。

利润增长率排在前 5 位的行业为：化学纤维制造业，为 42.37%；摩托车及零配件制造业，为 25.36%；农副食品加工业，为 23.62%；航空航天及国防军工业，为 22.45%；橡胶、塑料制品业，为 16.57%。

资产增长率排在前 5 位的行业为：电子元器件与仪器仪表、自动化控制设备制造业，为 16.74%；食品（含乳制品、饮料）制造业，为 15.22%；化学纤维制造业，为 13.71%；摩托车及零配件制造业，为 13.43%；计算机、通信器材、办公等电子设备及零部件制造业，为 13.01%。

资本积累率排在前 5 位的行业为：食品（含乳制品、饮料）制造业，为 23.30%；电子元器件与仪器仪表、自动化控制设备制造业，为 19.31%；农副食品加工业，为 18.98%；计算机、通信器材、办公等电子设备及零部件制造业，为 18.71%；石化产品、炼焦及其他燃料生产加工业，为 18.05%。

人员增长率排在前 5 位的行业为：摩托车及零配件制造业，为 22.85%；酿酒制造业，为 7.01%；医药、生物制药、医疗设备制造业，为 4.77%；化学纤维制造业，为 3.51%；纺织、印染业，为 3.34%。

（四）2020 中国制造业企业信用 100 强优势分析

2020 中国制造业企业信用 100 强的经营运行指标为各细分行业及企业提供了一个对标参数，同时也起到了行业标杆作用。

2020 中国制造业企业信用 100 强 2019 年的三项指数分别为：景气指数 123.03 点，较样本企业的 108.42 点高出 14.61 点；盈利指数 113.81 点，较样本企业的 99.30 点高出 14.51 点；效益指数 111.99 点，较样本企业的 104.13 点高出 7.86 点。

2020 中国制造业企业信用 100 强 2019 年的三项收益性指标分别为：营收利润率 11.13 %，较样本企业的 4.01%高出 7.12 个百分点；资产利润率 7.80%，较样本企业的 2.66%高出 5.14 个百分点；所有者权益报酬率 17.03%，较样本企业的 5.71%高出 11.32 个百分点。

2020 中国制造业企业信用 100 强2019 年的流动性和安全性指标分别为：资产周转率 0.88 次/年，较样本企业的 0.72 次/年高 0.16 次/年；所有者权益比率 43.20%，较样本企业的 53.56%低 10.36个百分点；资本保值增值率 120.79%，较样本企业的 107.46%高出 13.33 个百分点。

2020 中国制造业企业信用 100 强 2019 年的成长性指标分别为：营收增长率 19.07%，较样本企业的 14.14%高出 4.93 个百分点；利润增长率 27.00%，较样本企业的 2.71%高出 24.29 个百分点；资产增长率 16.49%，较样本企业的 11.72%高出 4.77 个百分点；资本积累率 18.91%，较样本企业的 9.92%高出 8.99 个百分点；人员增长率 7.73%，较样本企业的 5.21%高出 2.52 个百分点；科研投入比率 3.65%，较样本企业的 4.79%低 1.14 个百分点。

2020 中国制造业企业信用 100 强 2019 年的人均营业收入 243.23 万元/(人·年)，较样本企业的 219.84 万元/(人·年) 高出 23.39 万元/(人·年)；人均利润 10.72 万元/(人·年)，较样本企业的 7.26 万元/(人·年) 高出 3.46 万元/(人·年)。

2020 中国制造业企业信用 100 强效益指标比较优势分析见图 4-53。

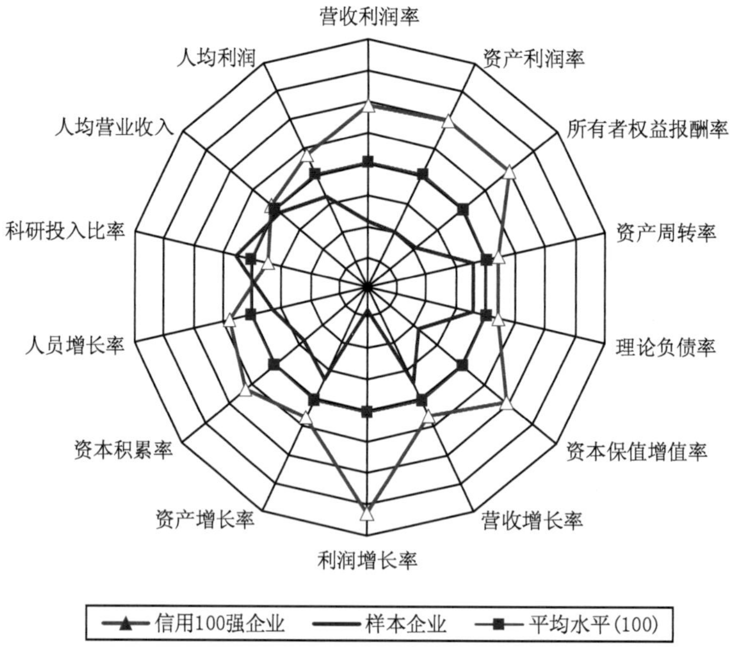

图 4-53 2020 中国制造业企业信用 100 强效益指标比较优势分析

对 2020 中国制造业企业信用 100 强与制造业样本企业对比分析可知，制造业企业信用 100 强几乎具有全面优势，主要表现在：一是收益性指标明显高于样本企业，表明其盈利能力要远远高于样本企业；二是成长性指标普遍高于样本企业，利润指标优势尤其突出；三是理论负债率明显偏高，表明其具有明显的融资信用优势；四是资产周转率也明显较高，表明其资产运营效率较高；五是资本保值增值率优势显著，安全性良好；六是人员增长率高于样本企业，同时人均营业收入和人均利润明显高于样本企业，表明其不仅对社会就业贡献较大，而且劳动效益及效率也较高。

同时，通过对比也可以看出制造业企业信用 100 强存在的问题：一是科研投入比率明显偏低，与样本企业相比差距较大，这影响企业的创新能力，不利于企业可持续发展；二是理论负债率相对较高，不排除个别企业因高负债率可能存在的信用风险，并应注意可能由此引发的系统性信用风险。

五、中国制造业信用发展中存在的主要问题及若干建议

通过对 2020 中国制造业企业信用 100 强以及各行业信用环境和经济效益变化趋势的分析可以看出：我国制造业整体运行相对平稳，但下行压力明显加大，恢复性增长的基础尚不稳固，供给侧结构性改革与调整成果有待进一步得到巩固。

（一）构建新发展格局，进一步优化升级产业体系

2020 年中央经济工作会议强调，加快构建以国内大循环为主体、国内国际双循环相互促进的新发展格局，要紧紧扭住供给侧结构性改革这条主线，注重需求侧管理，打通堵点，补齐短板，贯通生产、分配、流通、消费各环节，形成需求牵引供给、供给创造需求的更高水平动态平衡，提升国民经济体系整体效能。

《中共中央关于制定国民经济和社会发展第十四个五年规划和二〇三五年远景目标的建议》提出，加快发展现代产业体系，推动经济体系优化升级。坚持把发展经济着力点放在实体经济上，坚定不移建设制造强国、质量强国、网络强国、数字中国，推进产业基础高级化、产业链现代化，提高经济质量效益和核心竞争力。同时强调，坚持自主可控、安全高效，分行业做好供应链战略设计和精准施策，推动全产业链优化升级。锻造产业链供应链长板，立足我国产业规模优势、配套优势和部分领域先发优势，打造新兴产业链，推动传统产业高端化、智能化、绿色化，发展服务型制造。

通过综合分析可以看出，我国制造业供给侧结构性改革与调整的基础并不牢固，深层次结构矛盾仍然是制约我国制造业发展的主要问题。当前，全球宏观经济环境也在发生深刻变化，外部环境不确定因素增多。我国制造业构建新发展格局，解决好发展不平衡问题，首先要进一步优化升级产业体系。传统制造业和基础性产业的供给侧结构性调整成效已经显现，一些领域的主要矛盾已经由传统的结构性矛盾转向了高质量发展不平衡的矛盾。在传统基础性制造业，深层次结构性矛盾仍然是制约我国制造业发展的主要问题。但同时存在的不同所有制之间、不同企业规模之间、不同地区之间、不同细分行业之间的高质量发展不平衡问题

与矛盾日益突出，这就要求我们以新发展理念构建新发展格局，畅通国内大循环，依托强大国内市场，贯通生产、分配、流通、消费各环节，优化供给结构，改善供给质量，提升供给体系对国内需求的适配性，形成需求牵引供给、供给创造需求的更高水平动态平衡。同时要以全球化的视野，充分利用国内国际两个市场两种资源，积极融入国际市场，集合企业内涵要素，整合产业链、价值链上的所有外部资源，形成质量、研发、成本、管理、文化、品牌等内涵竞争力。推动互联网、大数据、人工智能等同各产业深度融合，推动先进制造业集群发展，构建一批各具特色、优势互补、结构合理的战略性新兴产业增长引擎，培育新技术、新产品、新业态、新模式。优化国有资本布局，力推战略性重组、突破性重构、大格局创构、专业化整合，引导聚焦实体经济，服务实体经济，发挥国有企业的资源优势，做强做精主业，在畅通国际、国内两个循环方面发挥引领作用，科学合理探索中国在新时期的国际化，适应和引领新型全球化探索，发挥中国经济对全球经济的引领和推动作用。

（二）坚持创新驱动，全面塑造发展新优势

《中共中央关于制定国民经济和社会发展第十四个五年规划和二〇三五年远景目标的建议》提出，坚持创新在我国现代化建设全局中的核心地位，把科技自立自强作为国家发展的战略支撑，面向世界科技前沿、面向经济主战场、面向国家重大需求、面向人民生命健康，深入实施科教兴国战略、人才强国战略、创新驱动发展战略，完善国家创新体系，加快建设科技强国。

中央经济工作会议确定的 2021 年工作重点任务中强调，要发挥企业在科技创新中的主体作用，支持领军企业组建创新联合体，带动中小企业创新活动。要增强产业链供应链自主可控能力，统筹推进补齐短板和锻造长板，针对产业薄弱环节，实施好关键核心技术攻关工程，尽快解决一批“卡脖子”问题，在产业优势领域精耕细作，搞出更多独门绝技。要实施好产业基础再造工程，打牢基础零部件、基础工艺、关键基础材料等基础。要加强顶层设计、应用牵引、整机带动，强化共性技术供给，深入实施质量提升行动。

我国制造业企业的平均研发投入比率明显偏低，特别是制造业企业信用 100 强的科研投入比率比样本企业还要低。科研投入不足严重制约了制造业企业的发展质量。有效供给能力不足和供给质量不高，必然会带来大量“需求外溢”，消费能力严重外流。我国制造业普遍存在同质化竞争加剧的现象，严重影响了行业的整体效益。

我国制造业的创新能力不断增强，但也存在创新活动不均衡不充分的问题。少数创新型企业与大部分跟随企业并存，一些领域和行业（如高铁、特高压、航天等少数领域）的新技术应用处于世界前沿，但大部分制造业企业还处于产业价值链的中低端。与发达国家相比，

我国企业的创新能力和管理水平还存在较大差距，制造业大而不强，核心关键技术不足，高端装备和关键部件依靠引进和进口。要发挥好大企业的引领支撑作用，支持创新型中小微企业成长为创新重要发源地，加强共性技术平台建设，推动产业链上中下游、大中小企业融通创新。

我国企业要始终坚持科技创新驱动不动摇，健全鼓励支持基础研究、原始创新的体制机制，努力提高制造业和服务业的深度融合，建立以企业为主体、市场为导向、产学研深度融合的技术创新体系，特别是对中小型服务业企业的创新支持，促进科技成果转化落地，促进服务业高质量发展。

企业要进一步加大研发投入，全方位培养、引进、用好人才，造就更多国际一流的科技领军人才和创新团队，培养具有国际竞争力的青年科技人才后备军。要建立多层次人才政策，改进和完善人才评价体系和用人机制，发挥市场和用人单位在评价和引进人才中的作用。落实以增加知识价值为导向的分配政策，系统设计、分类管理，构建体现智力劳动价值并且适合科研人员、企业家、管理人员、技能工人等各类人才的薪酬体系和收入增长机制，激发人才创新活力。

（三）进一步丰富发展内涵，提高内涵竞争力

《中共中央关于制定国民经济和社会发展第十四个五年规划和二〇三五年远景目标的建议》提出，优化民营经济发展环境，构建亲清政商关系，促进非公有制经济健康发展和非公有制经济人士健康成长，依法平等保护民营企业产权和企业家权益，破除制约民营企业发展的各种壁垒，完善促进中小微企业和个体工商户发展的法律环境和政策体系。国家围绕民营企业和中小微企业融资难、融资贵甚至融不到资等问题出台的一系列政策落地，要进一步切实而充分释放政策效应，在确保结构性改革与调整的成果和防范系统性信用风险的前提下，精准施策，有针对性地适度提高民营制造业企业和中小型制造业企业的负债率，增强流动性，进一步激发企业内生动力和发展活力。

我国制造业要大力推进和实施品牌战略，着力解决大而不强、小而不精的问题。大企业要着力根治“大企业病”，集中优势资源培育优势主导产业，打造优势知名品牌；小企业要做精，就是要出精品，坚持以消费为导向，全面推进诚信体系建设，以产品诚信、服务诚信、质量诚信等赢得消费者的信赖。

企业在新发展阶段要着力推进发展方式变革，用先进方式提质增效。企业要不断改进生产经营流程，优化资源要素配置，提高发展质量效益；坚持质量兴企，积极创建知名品牌，提高市场竞争力和影响力；锻造产业链供应链长板，补齐产业链供应链短板，打造新兴产业链，推动传统产业高端化、智能化、绿色化，发展服务型制造；推动互联网、大数据、人工智能

等同各产业深度融合，培育新技术、新产品、新业态、新模式。加快由低端制造向高生产率的设计、研发、品牌、营销、产业链管理等环节延伸；推动生产性服务业向专业化和价值链高端延伸，推动现代服务业同先进制造业、现代农业深度融合，推动生活性服务业向高品质和多样化升级。我国制造业企业要紧紧抓住全面深化改革的有利时机，抓住高水平对外开放新格局的战略机遇，充分利用好国家出台的一系列高水平改革开放措施和政策，推动实体经济发展，提升制造业水平，发展新兴产业，大力推进国际化品牌经营战略，提高国际竞争力。

（四）提高诚信水平，推进企业持续健康和高质量发展

社会信用体系的建立和完善是我国社会主义市场经济不断走向成熟的重要标志之一，是体现经济发展程度的经济治理体制和体现文明发展水平的社会治理体制。社会信用体系是以相对完善的法律、法规、标准和契约为依据，以建立和完善覆盖社会成员的信用信息共享系统为基础，以信用信息合规应用和信用服务体系为支撑，以树立诚信文化理念和弘扬诚信传统美德为内在要求，以守信激励和失信约束为奖惩机制，以政府强有力的信用监管做保障的国家社会和经济治理机制。它的核心作用在于，记录社会主体的信用状况，揭示社会主体的信用优劣，警示社会主体的信用风险，并整合全社会力量褒扬诚信、惩戒失信，可以充分调动市场自身的力量净化环境，降低发展成本，降低发展风险，弘扬诚信文化。

GB/T 31950—2015《企业诚信管理体系》标准以企业自身的诚信水平提升为关注焦点，通过引导企业增强社会责任感，在生产经营活动各环节中识别诚信要素，强化诚信自律，不断提高满足顾客及其他利益相关方要求的能力，来获得企业的持续健康发展，进而达到持续提高企业诚信管理水平的目的。因此，企业要积极推进 GB/T 31950—2015《企业诚信管理体系》标准的贯彻与实施，要全面推进企业诚信建设，进一步倡导诚信文化，强化社会责任意识，坚守道德底线，有效控制已经存在或可能存在的信用风险，尤其是控制系统性风险的发生，以维护良好的社会形象，营造良好的经商环境和市场秩序，推进企业持续健康和高质量发展。

第五章

2020 中国服务业企业信用 100 强发展报告

《2020 中国服务业企业信用 100 强发展报告》是由中国企业改革与发展研究会、中国合作贸易企业协会、国信联合（北京）认证中心联合开展的中国服务业企业信用分析研究成果，已是第 8 次向社会发布。

2020 中国服务业企业信用 100 强的入围门槛为：企业综合信用指数为 90 分以上，且 2019 年净利润为 178000 万元以上，较 2019 中国服务业企业信用 100 强的 155000 万元提高了 23000 万元。

2020 中国服务业企业信用 100 强分析研究及发布活动，旨在通过中国服务业企业的信用环境、信用能力、信用行为三个方面，对中国服务业企业的信用发展状况进行客观评价，为政府、行业、企业和社会提供参考依据。

一、2020 中国服务业企业信用 100 强分布特征

（一）2020 中国服务业企业信用 100 强行业分布特征

2020 中国服务业企业信用 100 强的行业分布，按照入围企业数量的多少排序分别为：银行业企业有 28 家；多元化投资控股、商务服务业企业有 9 家；信息、传媒、电子商务、网购、娱乐等互联网服务业企业有 8 家；能源（电、热、燃气等）供应、开发、减排及再循环服务业，航空运输及相关服务业，房地产开发与经营、物业及房屋装饰、修缮、管理等服务业，综合服务业（以服务业为主，含有制造业）企业各有 5 家；电信、邮寄、速递等服务业，商业零售业及连锁超市，保险业企业各有 4 家；铁路运输及辅助服务业，陆路运输、城市公交、道路及交通辅助等服务业，软件、程序、计算机应用、网络工程等计算机、微电子服务业，物流、仓储、运输、配送服务业，综合性内外商贸及批发、零售业，医药专营批发、零售业及医疗服务业，公用事业、市政、水务、航道等公共设施投资、经营与管理业，文化产业

（书刊出版、印刷、发行与销售及影视、音像、文体、演艺等）企业各有 2 家；水上运输业，航空港及相关服务业，矿产、能源内外商贸批发业，化工产品及医药内外商贸批发业，机电、电子产品内外贸及批发业，旅游、旅馆及娱乐服务业，科技研发、推广及地勘、规划、设计、评估、咨询、认证等承包服务业企业各有 1 家。

2020 中国服务业企业信用 100 强行业分布见表 5-1。

表 5-1 2020 中国服务业企业信用 100 强行业分布

序号	行业	企业数(家)
1	能源(电、热、燃气等)供应、开发、减排及再循环服务业	5
2	铁路运输及辅助服务业	2
3	陆路运输、城市公交、道路及交通辅助等服务业	2
4	水上运输业	1
5	航空运输及相关服务业	5
6	航空港及相关服务业	1
7	电信、邮寄、速递等服务业	4
8	软件、程序、计算机应用、网络工程等计算机、微电子服务业	2
9	物流、仓储、运输、配送服务业	2
10	矿产、能源内外商贸批发业	1
11	化工产品及医药内外商贸批发业	1
12	机电、电子产品内外贸及批发业	1
13	综合性内外商贸及批发、零售业	2
14	医药专营批发、零售业及医疗服务业	2
15	商业零售业及连锁超市	4
16	银行业	28
17	保险业	4
18	多元化投资控股、商务服务业	9
19	房地产开发与经营、物业及房屋装饰、修缮、管理等服务业	5
20	旅游、旅馆及娱乐服务业	1
21	公用事业、市政、水务、航道等公共设施投资、经营与管理业	2
22	科技研发、推广及地勘、规划、设计、评估、咨询、认证等承包服务业	1
23	文化产业(书刊出版、印刷、发行与销售及影视、音像、文体、演艺等)	2
24	信息、传媒、电子商务、网购、娱乐等互联网服务业	8
25	综合服务业(以服务业为主,含有制造业)	5
合计		100

综合入围企业的行业分布情况来看，共有 25 个细分行业，较 2019 中国服务业企业信用 100 强减少了 4 个行业。从行业入围企业数量和集中度分析，仍然是银行业占比较高。

（二）2020 中国服务业企业信用 100 强地区分布特征

从 2020 中国服务业企业信用 100 强地区分布情况来看，东部地区有 10 个省（直辖市）共 84 家企业入围。其中，北京有 35 家，广东、上海各有 14 家，浙江有 7 家，福建有 4 家，江苏、山东各有 3 家，天津有 2 家，河北、辽宁各有 1 家。

中部地区有 4 个省共 7 家企业入围。其中，湖北有 3 家，安徽、湖南、山西各有 1 家。

西部地区有 5 个省（自治区、直辖市）共 10 家企业入围。其中，重庆有 6 家，贵州、四川、新疆、陕西各有 1 家。

2020 中国服务业企业信用 100 强地区分布及变动情况见表 5-2。

表 5-2 2020 中国服务业企业信用 100 强地区分布及变动情况

区域	地区	入围企业数(家)		区域	地区	入围企业数(家)		区域	地区	入围企业数(家)	
		2020 年	2019 年			2020 年	2019 年			2020 年	2019 年
东部地区	北京	35	30	中部地区	安徽	1		西部地区	甘肃		1
	广东	14	13		河南				广西		
	河北	1	2		湖北	3	1		贵州	1	
	江苏	3	6		湖南	1	2		内蒙古		1
	山东	3	4		吉林				宁夏		
	上海	14	20		黑龙江				四川	1	5
	天津	2	1		江西		2		新疆	1	
	浙江	7	7		山西	1	1		云南		
	辽宁	1	1						重庆	6	1
	福建	4	2						陕西	1	
	海南								青海		
									西藏		
合计		84	86	合计		6	6	合计		10	8

从地区分布来看，东部地区与 2019 年相比减少了 2 家，而中部地区与 2019 年持平，西部地区增加了 2 家。入围企业仍然相对集中在东部地区，不过西部地区入围企业数有所增加。

从地区集中度及其变动情况看，北京增加了 5 家，广东增加 1 家，上海减少了 6 家，“北上广”仍然是服务业企业信用 100 强高度集中地区，成为第一方阵；浙江有 7 家企业入围，重庆有 6 家企业入围，形成第二方阵；其他为第三方阵，入围企业均不超过 5 家。

二、2020 中国服务业企业信用 100 强行业环境分析

（一）能源、交通、物流等服务业信用环境影响性分析

1. 能源（电、热、燃气等）供应、开发、减排及再循环服务业稳中有升

从能源（电、热、燃气等）供应、开发、减排及再循环服务业企业的信用环境分析来看，2019 年的景气指数为 114.23 点，比 2018 年的 108.32 点提高了 5.91 点；盈利指数为 108.03 点，比 2018 年的 101.64 点提高了 6.39 点；效益指数为 105.98 点，比 2018 年的 104.37 点提高了 1.61 点。

2011—2019 年能源（电、热、燃气等）供应、开发、减排及再循环服务业信用环境影响性分析见图 5-1。

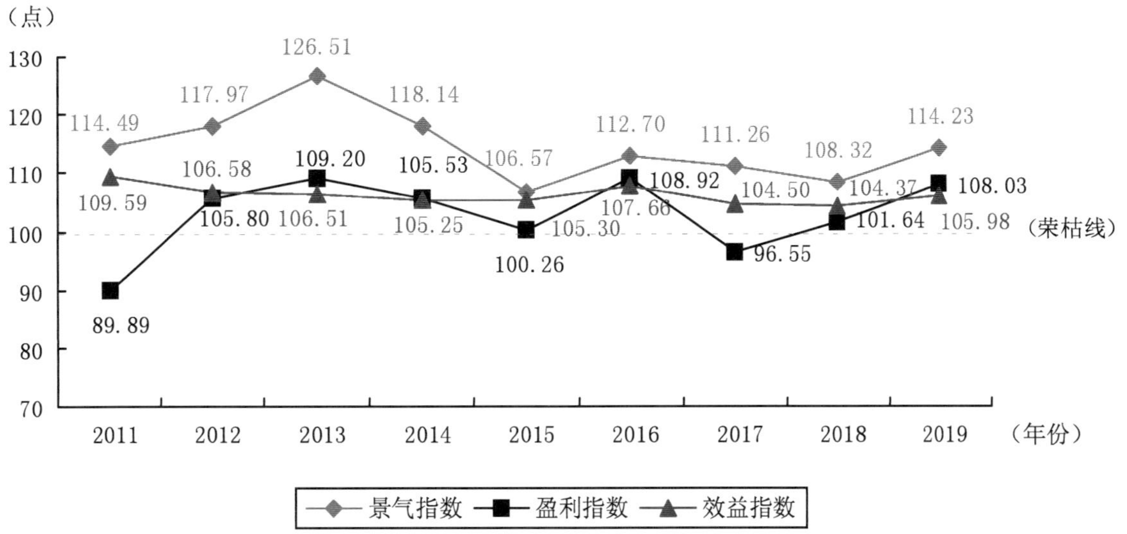

图 5-1 2011—2019 年能源（电、热、燃气等）供应、开发、减排及再循环服务业信用环境影响性分析

综合三项指数分析，能源（电、热、燃气等）供应、开发、减排及再循环服务业的整体运行呈现稳中有升的态势，且提升的幅度也较大。其中，景气指数重返 110 点以上，创 2015 年以来的最高水平。盈利指数和效益指数也均有所提升，表明该行业整体市场景气回缓。能源

行业有经济运行风向标的作用，预测后期市场，受刚需拉动和利好政策的影响，该行业仍有上升的空间，其整体运行仍会保持稳中有升的基本态势。

2. 陆路运输、城市公交、道路及交通辅助等服务业回缓迹象明显

从陆路运输、城市公交、道路及交通辅助等服务业企业的信用环境分析来看，2019 年的景气指数为 113.36 点，比 2018 年的 102.93 点提高了 10.43 点；盈利指数为 111.56 点，比 2018 年的 102.45 点提高了 9.11 点；效益指数为 109.60 点，比 2018 年的 111.38 点下降了 1.78 点。

2011—2019 年陆路运输、城市公交、道路及交通辅助等服务业信用环境影响性分析见图 5-2。

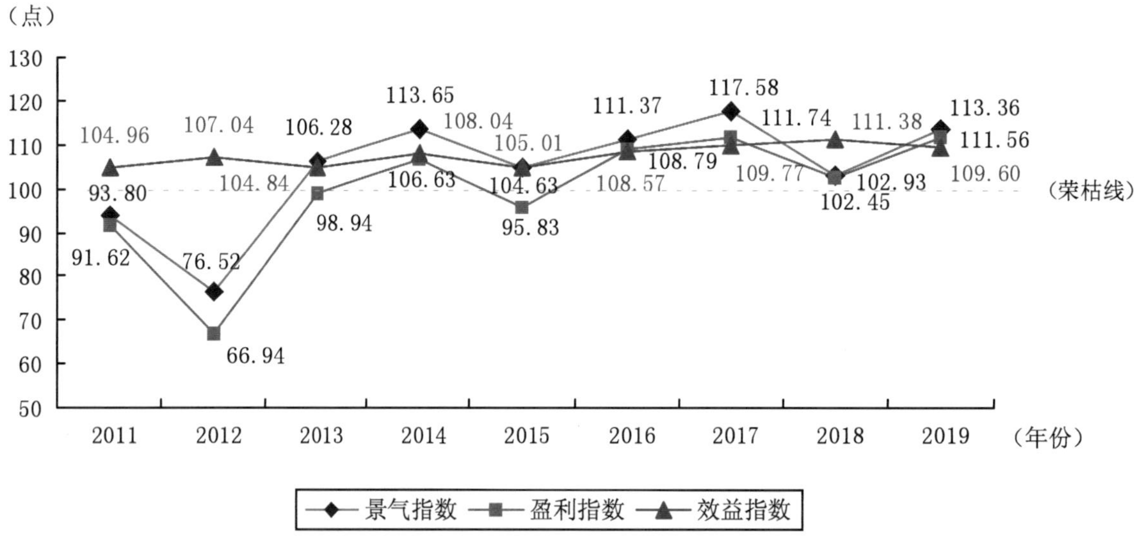

图 5-2 2011—2019 年陆路运输、城市公交、道路及交通辅助等服务业信用环境影响性分析

从图 5-2 中可以看出，2019 年陆路运输、城市公交、道路及交通辅助等服务业除效益指数有所回落外，景气指数和盈利指数均有较大幅度的提升，且回归到 110 点以上的高位，表明该行业回缓迹象明显。预测该行业后期市场将会保持平稳运行的总体态势，整体经营形势将会持续好转，即使受新冠肺炎疫情影响，仍将保持正增长态势。

3. 航空运输及相关服务业恢复性增长

从航空运输及相关服务业企业的信用环境分析来看，2019 年的景气指数为 108.64 点，比 2018 年的 91.32 点提高了 17.32 点；盈利指数为 103.75 点，比 2018 年的 82.68 点提高了 21.07 点；效益指数为 104.82 点，比 2018 年的 104.37 点提高了 0.45 点。

2011—2019 年航空运输及相关服务业信用环境影响性分析见图 5-3。

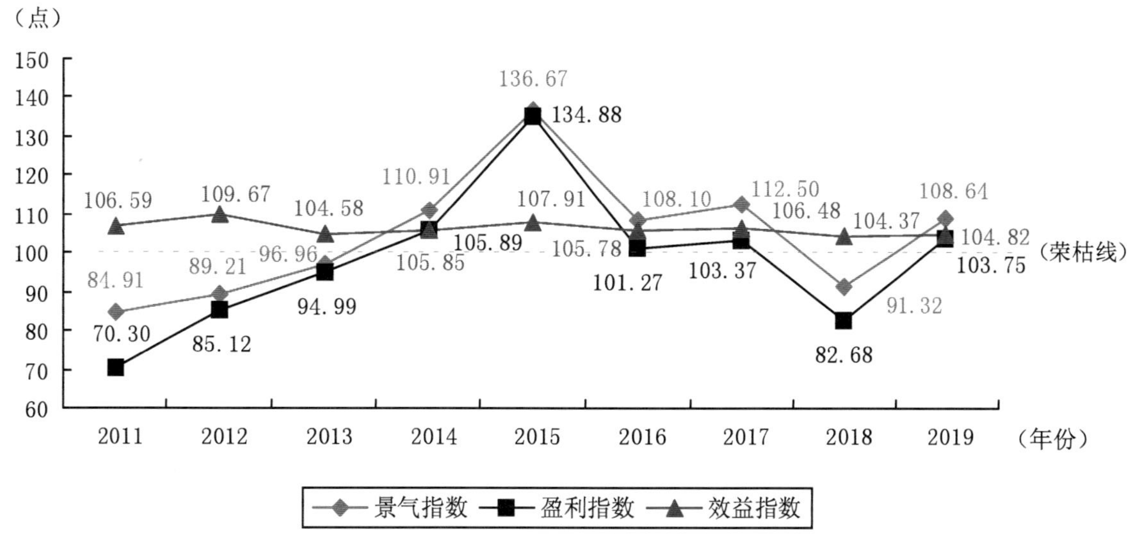

图 5-3 2011—2019 年航空运输及相关服务业信用环境影响性分析

从图 5-3 中可以看出，我国航空运输及相关服务业整体呈现恢复性增长态势。其中，景气指数和盈利指数双双回归到荣枯线以上，表明该行业整体经营形势有所改善。但是预测后期市场，该行业受新冠肺炎疫情在全球持续蔓延的影响，势必会再入负增长的区间。

4. 物流、仓储、运输、配送服务业下行压力持续加大

从物流、仓储、运输、配送服务业企业的信用环境分析来看，2019 年的景气指数为 102.16 点，比 2018 年的 106.63 点下降了 4.47 点；盈利指数为 97.63 点，比 2018 年的 98.18 点下降了 0.55 点；效益指数为 101.32 点，比 2018 年的 102.03 点下降了 0.71 点。

综合物流、仓储、运输、配送服务业企业的三项指数分析，该行业的下行压力持续加大，其中，盈利指数仍在荣枯线以下，景气指数和效益指数再创新低。总体来看，该行业整体经营形势并没有明显改善，面临的经营困难有所加剧。

2011—2019 年物流、仓储、运输、配送服务业信用环境影响性分析见图 5-4。

（二）矿产、化工、机电等服务业信用环境影响性分析

1. 矿产、能源内外商贸批发业震荡调整

从矿产、能源内外商贸批发业企业的信用环境分析来看，2019 年的景气指数为 106.83 点，比 2018 年的 129.69 点下降了 22.86 点；盈利指数为 102.21 点，比 2018 年的 120.00 点下降了 17.79

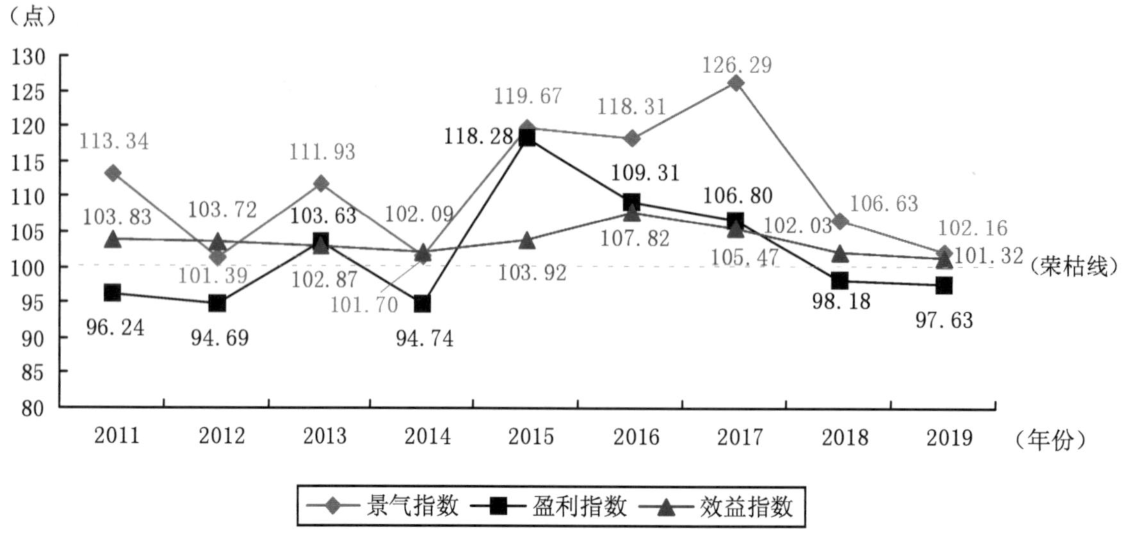

图 5-4 2011—2019 年物流、仓储、运输、配送服务业信用环境影响性分析

点；效益指数为 106.22 点，比 2018 年的 107.96 点下降了 1.74 点。

2011—2019 年矿产、能源内外商贸批发业信用环境影响性分析见图 5-5。

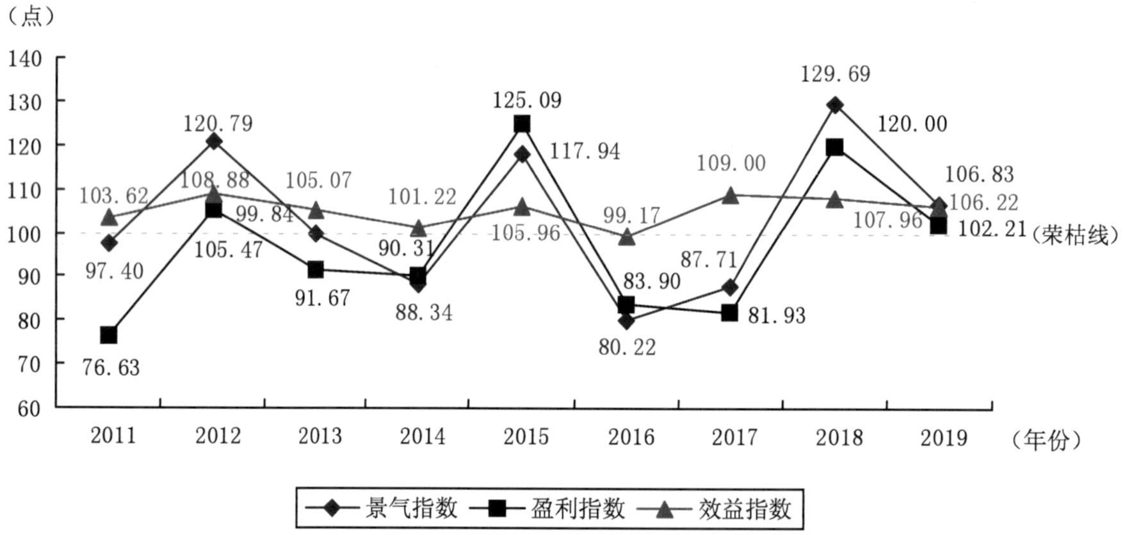

图 5-5 2011—2019 年矿产、能源内外商贸批发业信用环境影响性分析

从图 5-5 中可以看出，矿产、能源内外商贸批发业的三项指数处于震荡调整状态。景气指数和盈利指数虽有大幅回落，但是属于基于高点的回调，仍保持了一定的增速。从总体趋势分析来看，该行业的调整仍具有周期性特征，其波动幅度尚在合理区间。预测后期市场，该行业受上游产业（如钢铁、有色金属等）恢复性增长等刚需的拉动以及宏观经济环境、新冠肺炎疫情等不确定因素增多的影响，发展趋势存在不确定性。

2. 化工产品及医药内外商贸批发业持续向好

从化工产品及医药内外商贸批发业企业的信用环境分析来看，2019 年的景气指数为 123.11 点，比 2018 年的 116.13 点提高了 6.98 点；盈利指数为 116.08 点，比 2018 年的 107.99 点提高了 8.09 点；效益指数为 103.99 点，比 2018 年的 103.49 点提高了 0.50 点。

2011—2019 年化工产品及医药内外商贸批发业信用环境影响性分析见图 5-6。

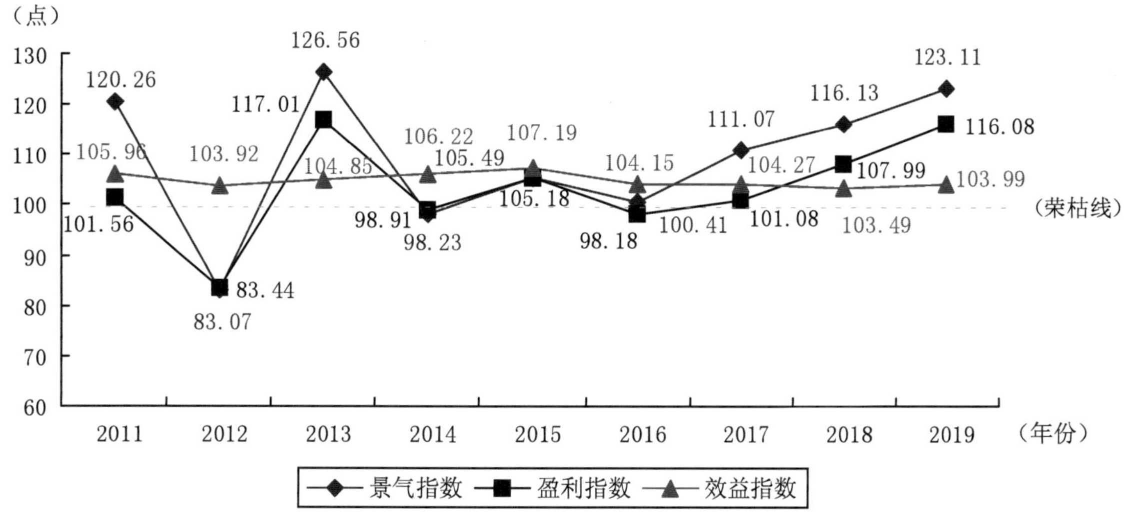

图 5-6 2011—2019 年化工产品及医药内外商贸批发业信用环境影响性分析

从图 5-6 中可以看出，化工产品及医药内外商贸批发业的三项指数呈现持续稳步上升的态势。尤其是景气指数和盈利指数再创新高，效益指数也有所回升。预测后期市场，该行业仍将保持平稳增长的基本态势。

3. 机电、电子产品内外贸及批发业稳中有降

从机电、电子产品内外贸及批发业企业的信用环境分析来看，2019 年的景气指数为 110.25 点，比 2018 年的 121.99 点回落了 11.74 点；盈利指数为 103.84 点，比 2018 年的 113.32 点回落了 9.48 点；效益指数为 105.87 点，比 2018 年的 109.29 点回落了 3.42 点。

2011—2019 年机电、电子产品内外贸及批发业信用环境影响性分析见图 5-7。

综合三项指数分析，机电、电子产品内外贸及批发业整体运行呈现稳中有降的态势。其中，景气指数和盈利指数回落幅度较大，但景气指数相对保持高位运行，盈利指数已经回落到荣枯线附近，效益指数明显回落，表明该行业增长动力依然存在，但盈利能力明显减弱。整体来看，该行业的运行尚在合理区间，但下行压力明显加大。由于外部环境及地缘

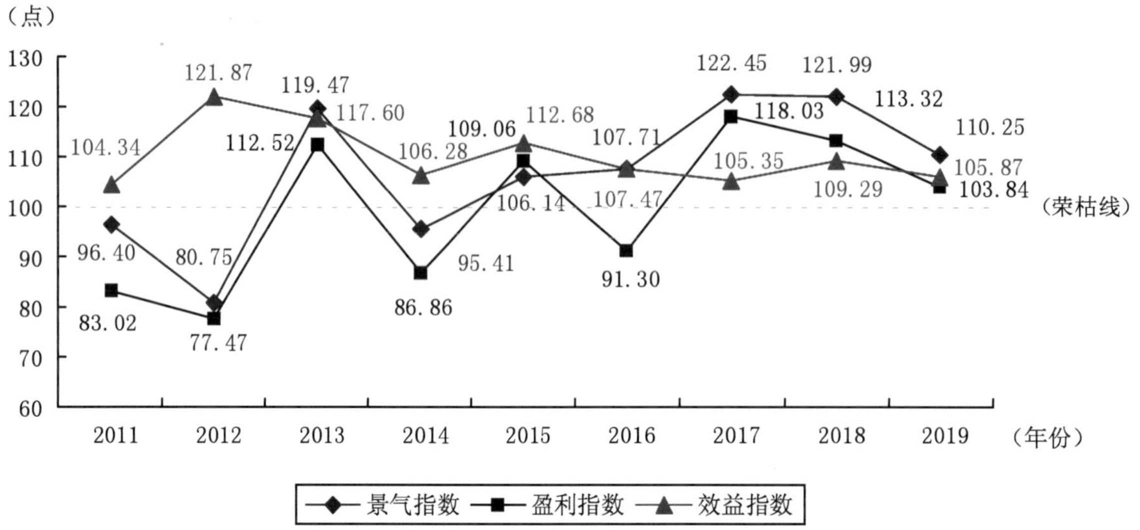

图 5-7 2011—2019 年机电、电子产品内外贸及批发业信用环境影响性分析

政治等不确定因素增多，预测后期市场，该行业也将面临诸多不确定性，市场表现有待进一步观察。

（三）消费品、商业零售、医药、互联网等服务业信用环境影响性分析

1. 生活消费品（家用、文体、玩具、工艺品、珠宝等）内外批发及商贸业形势严峻

从生活消费品（家用、文体、玩具、工艺品、珠宝等）内外批发及商贸业企业的信用环境分析来看，2019 年的景气指数为 82.60 点，比 2018 年的 94.68 点下降了 12.08 点；盈利指数为 86.30 点，比 2018 年的 90.05 点下降了 3.75 点；效益指数为 98.95 点，比 2018 年的 99.77 点下降了 0.82 点。

2011—2019 年生活消费品（家用、文体、玩具、工艺品、珠宝等）内外批发及商贸业信用环境影响性分析见图 5-8。

综合三项指数分析，生活消费品（家用、文体、玩具、工艺品、珠宝等）内外批发及商贸业呈现持续大幅下降的态势，三项指数在 2018 年大幅降到自 2011 年以来的最低水平之后，2019 年再创新低。该行业三项指数均跌落到荣枯线以下，且幅度较大，面临行业整体性亏损的严峻形势。预测后期市场，受消费需求以及消费方式的影响，该行业仍将充满高度不确定性。

2. 商业零售业及连锁超市下行压力仍然明显

从商业零售业及连锁超市企业的信用环境分析来看，2019 年的景气指数为 98.62 点，比 2018

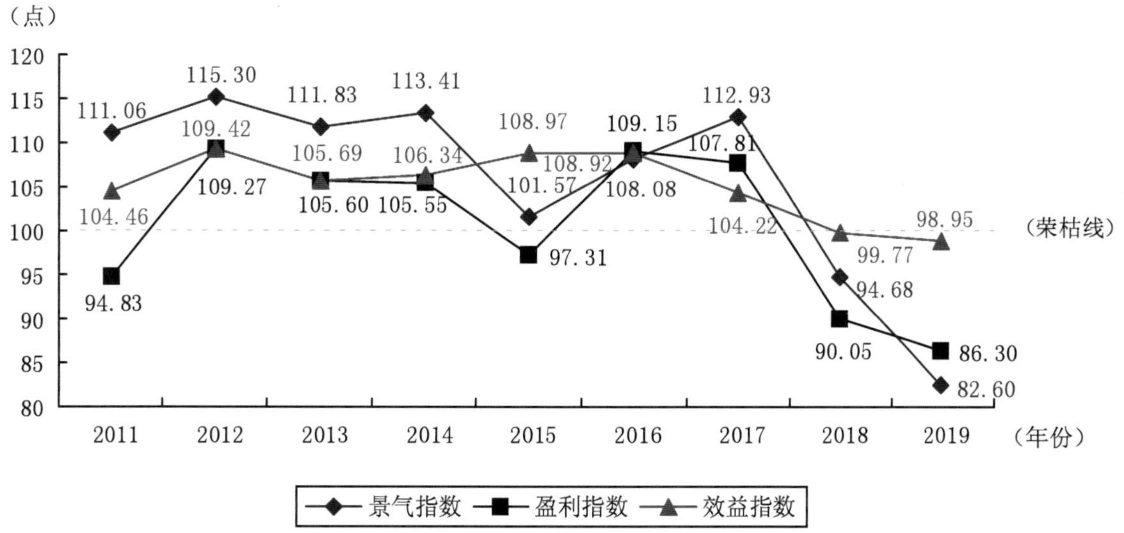

图 5-8 2011—2019 年生活消费品（家用、文体、玩具、工艺品、珠宝等）内外批发及商贸业信用环境影响性分析

年的 93.70 点提高了 4.92 点；盈利指数为 93.21 点，比 2018 年的 91.20 点提高了 2.01 点；效益指数为 101.96 点，比 2018 年的 104.61 点下降了 2.65 点。

2011—2019 年商业零售业及连锁超市信用环境影响性分析见图 5-9。

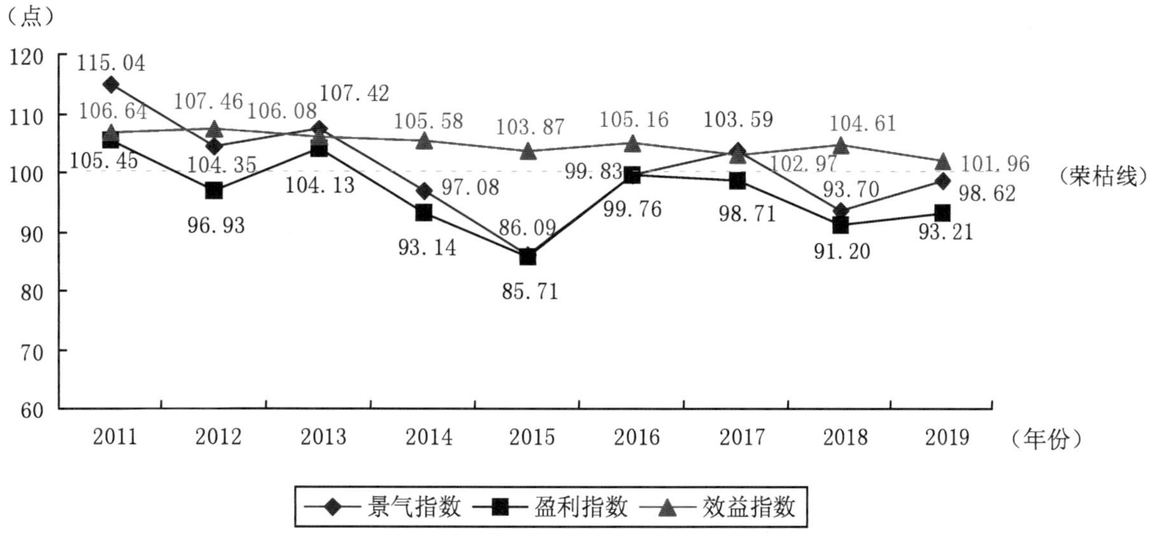

图 5-9 2011—2019 年商业零售业及连锁超市信用环境影响性分析

从图 5-9 中可以看出，景气指数和盈利指数仍处于荣枯线以下，但负增长的幅度较 2018 年有所收窄；效益指数下降到荣枯附近，总体表明该行业面临的经营形势严峻，下行压力仍然明显。预测该行业后期市场具有高度的不确定性，同时面临供给侧和需求侧改革与调整的双重挑战。

3. 医药专营批发、零售业及医疗服务业总体向好

从医药专营批发、零售业及医疗服务业企业的信用环境分析来看，2019 年的景气指数为 113.69 点，比 2018 年的 112.79 点提高了 0.90 点；盈利指数为 104.44 点，比 2018 年的 102.19 点提高了 2.25 点；效益指数为 100.78 点，比 2018 年的 105.79 点下降了 5.01 点。

2011—2019 年医药专营批发、零售业及医疗服务业信用环境影响性分析见图 5-10。

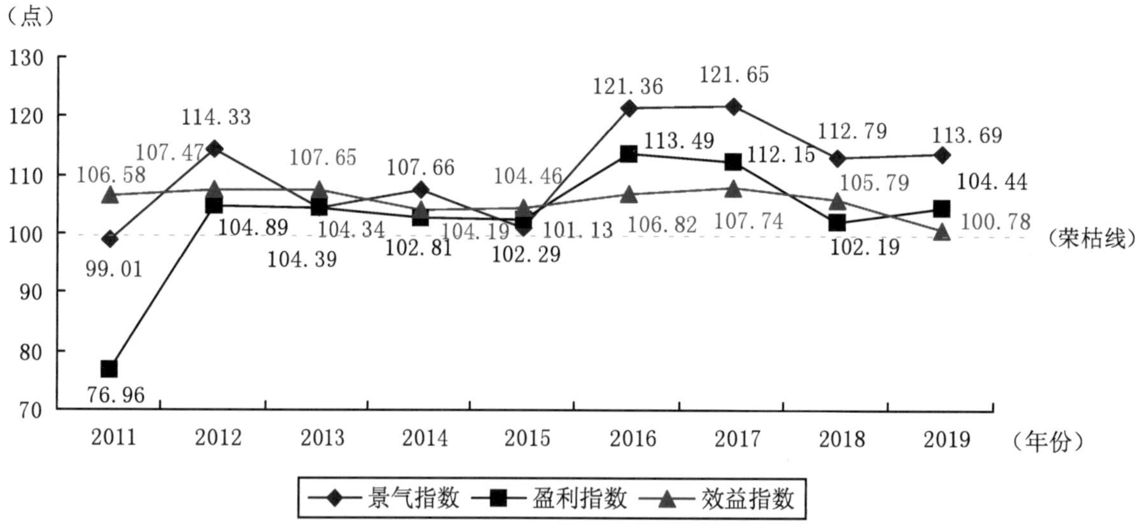

图 5-10 2011—2019 年医药专营批发、零售业及医疗服务业信用环境影响性分析

从图 5-10 中可以看出，医药专营批发、零售业及医疗服务业呈现总体向好的基本态势。三项指数中景气指数和盈利指数均有所回升，尤其是景气指数，持续保持高位运行；效益指数回落明显。预测该行业后期市场将保持相对较高的增长速度，出现较大波动的可能性不大。

4. 信息、传媒、电子商务、网购、娱乐等互联网服务业处于负增长区间

从信息、传媒、电子商务、网购、娱乐等互联网服务业企业的信用环境分析来看，2019 年的景气指数为 97.15 点，较 2018 年的 103.65 点下降了 6.50 点；盈利指数为 95.84 点，较 2018 年的 85.92 点回升了 9.92 点；效益指数为 98.52 点，较 2018 年的 96.26 点回升了 2.26 点。

综合三项指数分析，信息、传媒、电子商务、网购、娱乐等互联网服务业总体呈现下行压力

持续加大的基本态势，三项指数均跌落到荣枯线以下，这也是自 2013 年有记录以来首次三项指数均处于负增长区间，表明该行业已经显露出动力疲乏的迹象，高速发展的黄金时期已经过去，市场空间出现萎缩，行业间的竞争将会进一步加剧。同时，该行业将面临供给侧和需求侧改革与调整的双重挑战，在消费层面市场空间达到一定程度后，如何实现与制造业和传统服务业的高度融合与创新融合，也将是该行业面临的“大考”。人工智能与智能化消费品的广泛需求，将给该行业带来新的发展机遇和新的市场空间。

2013—2019 年信息、传媒、电子商务、网购、娱乐等互联网服务业信用环境影响性分析见图 5-11。

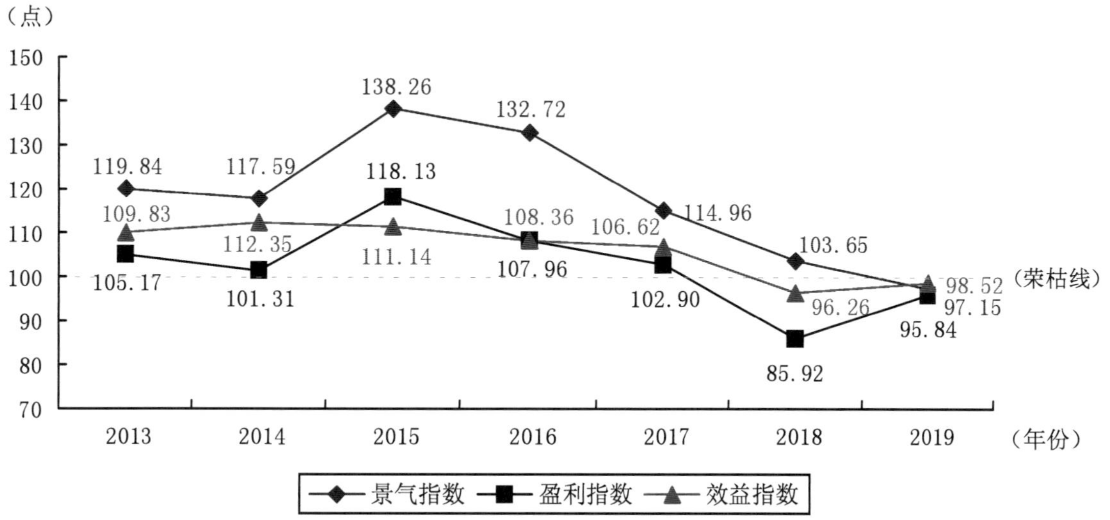

图 5-11 2013—2019 年信息、传媒、电子商务、网购、娱乐等互联网服务业信用环境影响性分析

（四）银行、证券、保险等服务业信用环境影响性分析

1. 银行业整体运行平稳，运行质量进一步提高

从银行业企业的信用环境分析来看，2019 年的景气指数为 113.62 点，比 2018 年的 111.17 点提升了 2.45 点；盈利指数为 105.23 点，比 2018 年的 100.30 点提升了 4.93 点；效益指数为 112.50 点，比 2018 年的 112.93 点下降了 0.43 点。

综合三项指数分析，银行业总体保持了平稳运行的态势，运行质量进一步提高。景气指数和盈利指数有所提升，尤其是景气指数，持续在 110 点以上的高位运行；盈利指数回升了近 5 个点，表明该行业的盈利能力明显提高；效益指数微幅回落。总体来看，该行业经过几年的政策性调整，已经回归到相对正常和理性的发展轨道之上，这也将是该行业今后一个时期的总体运行趋势。

2011—2019 年银行业信用环境影响性分析见图 5-12。

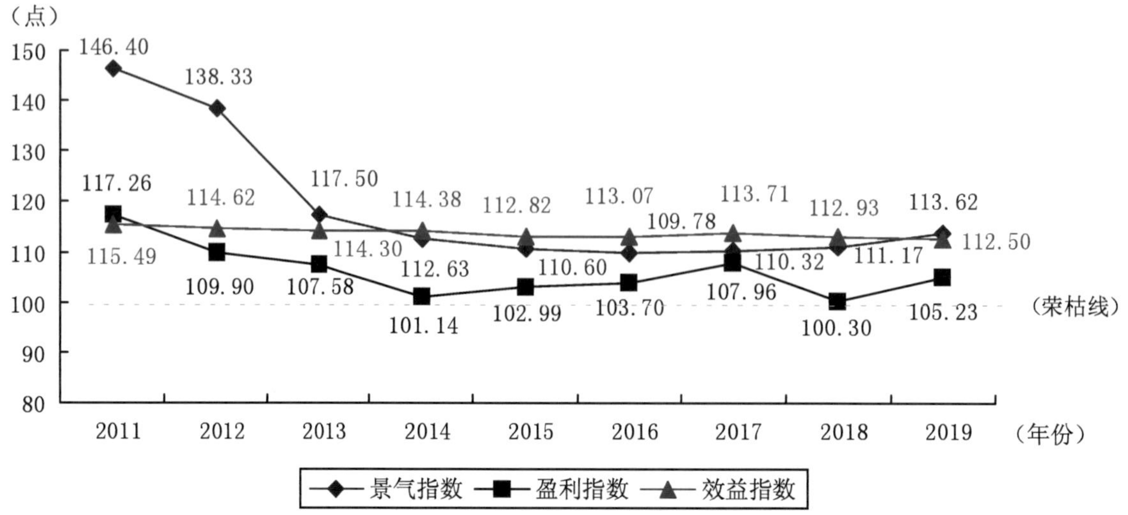

图 5-12　2011—2019 年银行业信用环境影响性分析

2. 证券及其他金融服务业强势反弹

从证券及其他金融服务业企业的信用环境分析来看，2019 年的景气指数为 150.72 点，比 2018 年的 69.17 点提高了 81.55 点；盈利指数为 132.46 点，比 2018 年的 69.78 点提高了 62.68 点；效益指数为 110.59 点，比 2018 年的 107.83 点提高了 2.76 点。

2013—2019 年证券及其他金融服务业信用环境影响性分析见图 5-13。

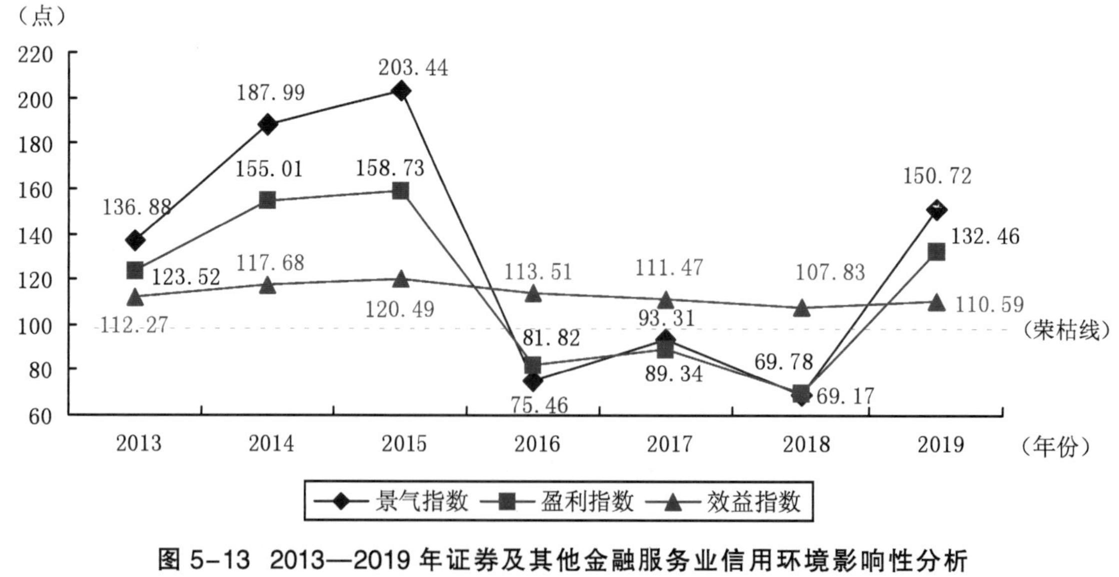

图 5-13　2013—2019 年证券及其他金融服务业信用环境影响性分析

从图 5-13 中可以看出，证券及其他金融服务业景气指数和盈利指数不仅双双重归荣枯线以上，而且反弹势头强劲。景气指数反弹到 150 点以上的高位，盈利指数也到了 130 点以上的高位，表明该行业结束了持续低迷的市场状态。该行业的波动与金融市场的波动具有一定的关联性，该行业景气指数变化也一定程度上反映了金融市场的活跃度和基本走势。

3. 保险业震荡回升

从保险业企业的信用环境分析来看，2019 年的景气指数为 113.68 点，比 2018 年的 93.64 点提升了 20.04 点；盈利指数为 108.71 点，比 2018 年的 92.43 点提升了 16.28 点；效益指数为 104.00 点，比 2018 年的 106.72 点下降了 2.72 点。

2011—2019 年保险业信用环境影响性分析见图 5-14。

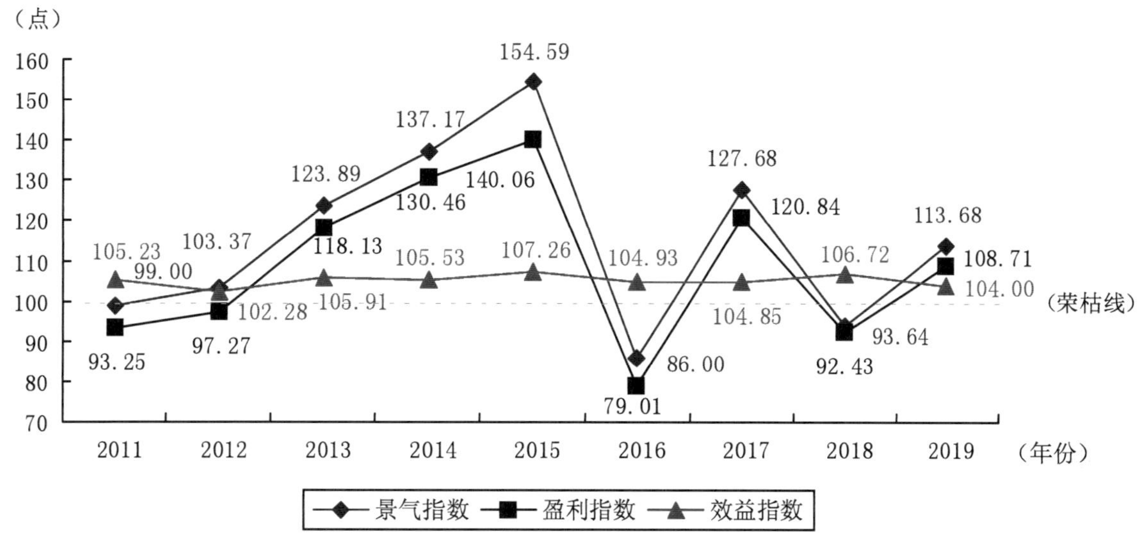

图 5-14 2011—2019 年保险业信用环境影响性分析

从图 5-14 中可以看出，保险业的景气指数和盈利指数接连走出两个“V”字形曲线，2018 年从高位下跌之后，2019 年又大幅回升，双双回归到荣枯线以上，且上升幅度较大。综合来看，该行业具有周期性波动特征。预测后期市场，该行业仍将在合理的增长区间波动。

（五）多元投资、房地产开发等服务业信用环境影响性分析

1. 多元化投资控股、商务服务业稳中有升

从多元化投资控股、商务服务业企业的信用环境分析来看，2019 年的景气指数为 109.73 点，

比 2018 年的 107.83 点提高了 1.90 点；盈利指数为 100.10 点，比 2018 年的 96.20 点提高了 3.90 点；效益指数为 105.34 点，比 2018 年的 107.03 点下降了 1.69 点。

2011—2019 年多元化投资控股、商务服务业信用环境影响性分析见图 5-15。

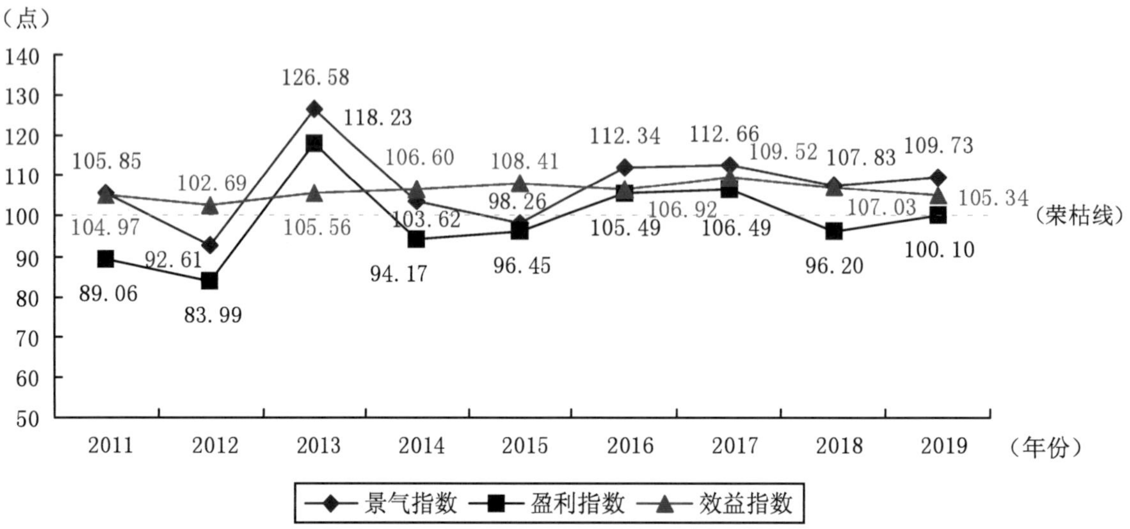

图 5-15 2011—2019 年多元化投资控股、商务服务业信用环境影响性分析

从图 5-15 中可以看出，多元化投资控股、商务服务业总体呈现稳中有升的态势。其中，盈利指数回归至荣枯线以上，表明该行业的盈利能力得到恢复；景气指数也有所回升，但效益指数有所下降。这一情况表明，该行业的总体投资状态相对稳定，其收益性有所好转。预测该行业后期市场仍将保持相对平稳的态势。

2. 房地产开发与经营、物业及房屋装饰、修缮、管理等服务业回缓迹象明显

从房地产开发与经营、物业及房屋装饰、修缮、管理等服务业企业的信用环境分析来看，2019 年的景气指数为 111.81 点，比 2018 年的 108.62 点提高了 3.19 点；盈利指数为 105.47 点，比 2018 年的 99.49 点提高了 5.98 点；效益指数为 106.99 点，比 2018 年的 105.90 点提高了 1.09 点。

2011—2019 年房地产开发与经营、物业及房屋装饰、修缮、管理等服务业信用环境影响性分析见图 5-16。

从图 5-16 中可以看出，房地产开发与经营、物业及房屋装饰、修缮、管理等服务业回缓迹象明显，三项指数较 2018 年均有回升。其中，景气指数重新回升到 110 点以上，表明市场空间放量，景气好转明显；盈利指数也已回归到荣枯线以上，遏制了盈利水平负增长的态势，表明盈利能力提高；效益指数也有所回升，说明整体经营状况好转。预测后期市场，该行业在利好政策和刚需的拉动下，整体上仍可保持合理的增长速度，平稳运行应是该行业今后一个时期发展的总体趋势。

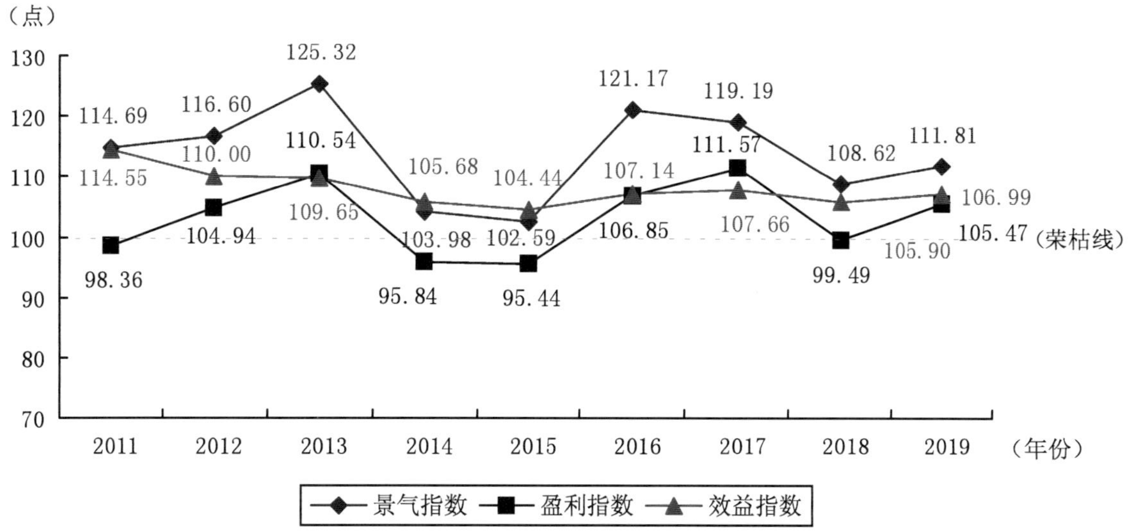

图 5-16 2011—2019 年房地产开发与经营、物业及房屋装饰、修缮、管理等服务业信用环境影响性分析

（六）科技、文化等服务业信用环境影响性分析

1. 科技研发、推广及地勘、规划、设计、评估、咨询、认证等承包服务业持续向好

从科技研发、推广及地勘、规划、设计、评估、咨询、认证等承包服务业企业的信用环境分析来看，2019 年的景气指数为 119.52 点，比 2018 年的 123.06 点下降了 3.54 点；盈利指数为 107.57 点，比 2018 年的 105.19 点提升了 2.38 点；效益指数为 105.81 点，比 2018 年的 105.49 点提升了 0.32 点。

综合三项指数可以看出，科技研发、推广及地勘、规划、设计、评估、咨询、认证等承包服务业总体呈现持续向好的态势。景气指数虽有所回落，但仍然保持相对高位运行；盈利指数持续回升，盈利能力进一步加强；效益指数也有所提高。总体来看，该行业恢复性增长的基础进一步稳固。预测后期市场，随着投资环境的进一步改善，该行业的整体经营形势将呈现稳中有升的趋势。

2011—2019 年科技研发、推广及地勘、规划、设计、评估、咨询、认证等承包服务业信用环境影响性分析见图 5-17。

2.文化产业（书刊出版、印刷、发行与销售及影视、音像、文体、演艺等）低位徘徊

从文化产业（书刊出版、印刷、发行与销售及影视、音像、文体、演艺等）企业的信用环境分

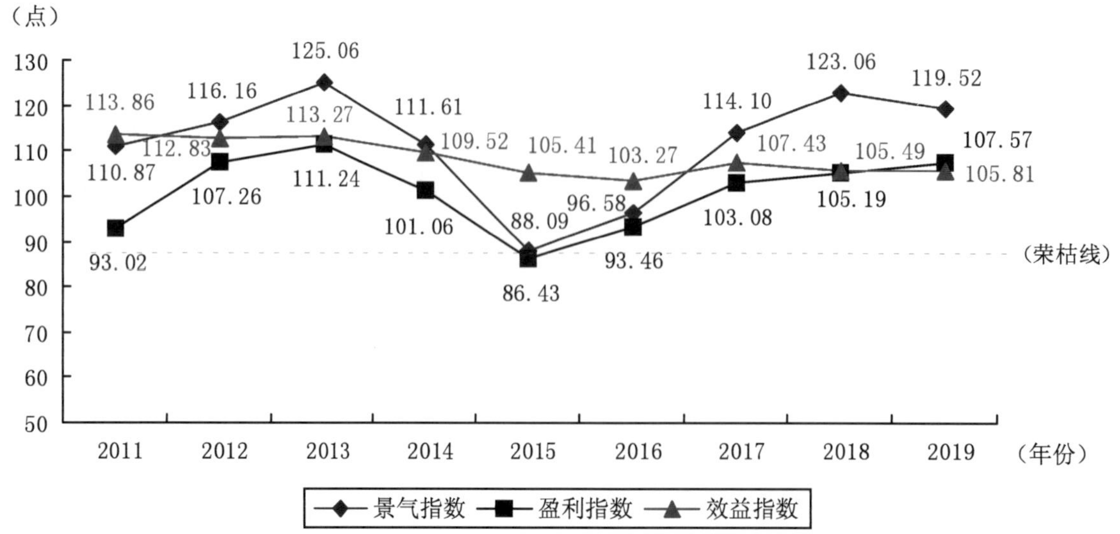

图 5-17 2011—2019 年科技研发、推广及地勘、规划、设计、评估、咨询、认证等承包服务业信用环境影响性分析

析来看，2019 年的景气指数为 86.76点，比 2018 年的 92.02点下降了5.26点；盈利指数为 89.68点，比 2018年的 79.81 点提高了 9.87 点；效益指数为 96.05 点，比 2018 年的 92.87 点提高了 3.18 点。

2013—2019 年文化产业（书刊出版、印刷、发行与销售及影视、音像、文体、演艺等）信用环境影响性分析见图 5-18。

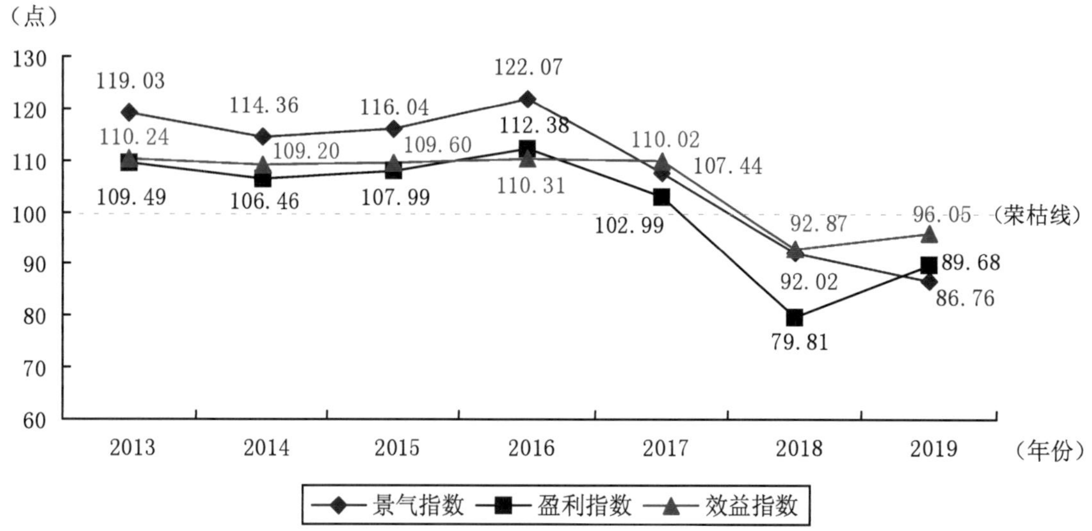

图 5-18 2013—2019 年文化产业（书刊出版、印刷、发行与销售及影视、音像、文体、演艺等）信用环境影响性分析

从图 5-18 中可以看出，文化产业（书刊出版、印刷、发行与销售及影视、音像、文体、演艺等）的三项指数仍然徘徊在荣枯线以下，尤其是景气指数，较 2018 年又有所下降，且幅度较大，表明该行业仍然处于低迷时期。预测后期市场，受新冠肺炎疫情影响，该行业有可能延续低迷走势，负增长的幅度可能再度扩大。

（七）2019 年服务业信用环境行业特征分析

1. 2019 年服务业细分行业指数综合分析

2019 年景气指数下降的有 12 个细分行业，占服务业 34 个细分行业的 35.29%；有 8 个细分行业的景气指数处在荣枯线以下，占服务业 34 个细分行业的 23.53%。

2019 年盈利指数下降的有 9 个细分行业，占服务业 34 个细分行业的 26.47%；有 11 个细分行业的盈利指数处在荣枯线以下，占服务业 34 个细分行业的 32.35%。

2019 年效益指数下降的有 15 个细分行业，占服务业 34 个细分行业的 44.12%；有 4 个细分行业的效益指数处在荣枯线以下，占服务业 34 个细分行业的 11.76%。

2019 年服务业信用环境行业特征汇总分析见表 5-3。

从表 5-3 中可以看出，2019 年服务业细分行业景气指数超过 110 点的行业有 16 个，分别为：证券及其他金融服务业，为 150.72 点；化工产品及医药内外商贸批发业，为 123.11 点；金属内外贸易及加工、配送、批发零售业，为 120.84 点；航空港及相关服务业，为 119.87 点；科技研发、推广及地勘、规划、设计、评估、咨询、认证等承包服务业，为 119.52 点；水上运输业，为 115.33 点；能源（电、热、燃气等）供应、开发、减排及再循环服务业，为 114.23 点；医药专营批发、零售业及医疗服务业，为 113.69 点；保险业，为 113.68 点；银行业，为 113.62 点；陆路运输、城市公交、道路及交通辅助等服务业，为 113.36 点；公用事业、市政、水务、航道等公共设施投资、经营与管理业，为 113.21 点；人力资源、会展博览、国内外经济合作等社会综合服务业，为 111.87 点；房地产开发与经营、物业及房屋装饰、修缮、管理等服务业，为 111.81 点；机电、电子产品内外贸及批发业，为 110.25 点；港口服务业，为 110.14 点。

2019 年盈利指数超过 110 点的行业有 6 个，分别为：证券及其他金融服务业，为 132.46 点；化工产品及医药内外商贸批发业，为 116.08 点；金属内外贸易及加工、配送、批发零售业，为 113.19 点；航空港及相关服务业，为 114.30 点；陆路运输、城市公交、道路及交通辅助等服务业，为 111.56 点；水上运输业，为 111.41 点。

2019 年效益指数超过 110 点的行业有 3 个，分别为：银行业，为 112.50 点；证券及其他金融服务业，为 110.59 点；航空港及相关服务业，为 110.07 点。

2. 2019 年服务业细分行业盈亏系数综合分析

2019 年服务业细分行业中盈亏系数为“0.000”（无亏损额）的行业有 10 个，分别为：铁路

表 5-3 2019 年服务业信用环境行业特征汇总分析

序号	行业	景气指数		盈利指数		效益指数		盈亏系数	
		本期	同比(±)	本期	同比(±)	本期	同比(±)	本期	上期
1	能源(电、热、燃气等)供应、开发、减排及再循环服务业	114.23	5.91	108.03	6.39	105.98	1.61	0.024	0.042
2	铁路运输及辅助服务业	107.80	−18.65	103.09	10.75	107.53	1.17	0.000	0.000
3	陆路运输、城市公交、道路及交通辅助等服务业	113.36	10.43	111.56	9.11	109.60	−1.78	0.019	0.000
4	水上运输业	115.33	20.16	111.41	18.05	107.60	1.40	0.000	0.000
5	港口服务业	110.14	8.39	105.77	10.43	108.17	1.35	0.010	0.034
6	航空运输及相关服务业	108.64	17.32	103.75	21.07	104.82	0.45	0.000	0.146
7	航空港及相关服务业	119.87	10.54	114.30	10.93	110.07	4.83	0.000	0.000
8	电信、邮寄、速递等服务业	108.82	8.52	92.98	−7.37	102.28	−14.14	0.011	0.000
9	软件、程序、计算机应用、网络工程等计算机、微电子服务业	107.33	−1.49	99.55	2.61	102.34	−1.29	0.919	0.599
10	物流、仓储、运输、配送服务业	102.16	−4.47	97.63	−0.55	101.32	−0.71	0.684	0.147
11	矿产、能源内外商贸批发业	106.83	−22.86	102.21	−17.79	106.22	−1.74	0.000	0.000
12	化工产品及医药内外商贸批发业	123.11	6.98	116.08	8.09	103.99	0.50	0.240	0.000
13	机电、电子产品内外贸及批发业	110.25	−11.74	103.84	−9.48	105.87	−3.42	0.000	0.000
14	生活消费品(家用、文体、玩具、工艺品、珠宝等)内外批发及商贸业	82.60	−12.08	86.30	−3.75	98.95	−0.82	0.707	0.344
15	粮油食品及农林、土畜、果蔬、水产品等内外贸批发、零售业	108.29	1.31	102.95	−5.91	106.03	0.38	0.027	0.000
16	生产资料内外贸批发、零售业	108.03	8.84	99.59	3.96	103.44	−6.72	0.163	0.002
17	金属内外贸易及加工、配送、批发零售业	120.84	12.78	113.19	16.60	109.65	0.83	0.000	0.285
18	综合性内外商贸及批发、零售业	107.48	1.39	103.61	2.66	103.21	3.44	0.001	0.143
19	汽车和摩托车商贸、维修保养及租赁业	96.81	7.52	96.11	8.11	107.06	1.38	0.007	0.871
20	电器商贸批发、零售业	98.24	−10.42	93.59	−8.32	103.63	1.13	0.000	0.018
21	医药专营批发、零售业及医疗服务业	113.69	0.90	104.44	2.25	100.78	−5.01	0.161	0.062
22	商业零售业及连锁超市	98.62	4.92	93.21	2.01	101.96	−2.65	0.229	0.112
23	银行业	113.62	2.45	105.23	4.93	112.50	−0.43	0.000	0.000
24	保险业	113.68	20.04	108.71	16.28	104.00	−2.72	0.012	0.102
25	证券及其他金融服务业	150.72	81.55	132.46	62.68	110.59	2.76	0.029	0.053
26	多元化投资控股、商务服务业	109.73	1.90	100.10	3.90	105.34	−1.69	0.026	0.004
27	房地产开发与经营、物业及房屋装饰、修缮、管理等服务业	111.81	3.19	105.47	5.98	106.99	1.09	0.020	0.027
28	旅游、旅馆及娱乐服务业	92.26	−1.14	84.54	−6.27	96.20	−9.66	0.420	0.101
29	公用事业、市政、水务、航道等公共设施投资、经营与管理业	113.21	13.67	109.00	18.46	105.60	2.66	0.147	0.113
30	人力资源、会展博览、国内外经济合作等社会综合服务业	111.87	−21.52	106.43	−4.31	108.20	−1.07	0.000	0.000
31	科技研发、推广及地勘、规划、设计、评估、咨询、认证等承包服务业	119.52	−3.54	107.57	2.38	105.81	0.32	0.108	0.108
32	文化产业(书刊出版、印刷、发行与销售及影视、音像、文体、演艺等)	86.76	−5.26	89.68	9.87	96.05	3.18	0.538	0.651
33	信息、传媒、电子商务、网购、娱乐等互联网服务业	97.15	−6.50	95.84	9.92	98.52	2.26	0.110	0.176
34	综合服务业(以服务业为主,含有制造业)	98.86	3.78	100.97	11.55	100.63	5.21	0.192	0.378

注:盈亏系数=行业亏损总额/行业净利润总额,数值越大,亏损比率越大。数值为 1,则盈亏额相等;数值为 0,则无亏损额。

运输及辅助服务业，水上运输业，航空运输及相关服务业，航空港及相关服务业，矿产、能源内外商贸批发业，机电、电子产品内外贸及批发业，金属内外贸易及加工、配送、批发零售业，电器商贸批发、零售业，银行业，人力资源、会展博览、国内外经济合作等社会综合服务业。

2019 年服务业细分行业中盈亏系数小于 0.050（亏损比率小于 5%）的行业有 11 个，分别为：综合性内外商贸及批发、零售业，为 0.001；汽车和摩托车商贸、维修保养及租赁业，为 0.007；电信、邮寄、速递等服务业，为 0.011；港口服务业，为 0.010；保险业，为 0.012；房地产开发与经营、物业及房屋装饰、修缮、管理等服务业，为 0.020；能源（电、热、燃气等）供应、开发、减排及再循环服务业，为 0.024；多元化投资控股、商务服务业，为 0.026；粮油食品及农林、土畜、果蔬、水产品等内外贸批发、零售业，为 0.027；证券及其他金融服务业，为 0.029；陆路运输、城市公交、道路及交通辅助等服务业，为 0.019。

2019 年服务业细分行业中盈亏系数大于 0.050（亏损比率大于 5%）的行业有 13 个，分别为：科技研发、推广及地勘、规划、设计、评估、咨询、认证等承包服务业，为 0.108；信息、传媒、电子商务、网购、娱乐等互联网服务业，为 0.110；公用事业、市政、水务、航道等公共设施投资、经营与管理业，为 0.147；医药专营批发、零售业及医疗服务业，为 0.161；生产资料内外贸批发、零售业，为 0.163；商业零售业及连锁超市，为 0.229；综合服务业（以服务业为主，含有制造业），为 0.192；化工产品及医药内外商贸批发业，为 0.240；旅游、旅馆及娱乐服务业，为 0.420；文化产业（书刊出版、印刷、发行与销售及影视、音像、文体、演艺等），为 0.538；物流、仓储、运输、配送服务业，为 0.684；生活消费品（家用、文体、玩具、工艺品、珠宝等）内外批发及商贸业，为 0.707；软件、程序、计算机应用、网络工程等计算机、微电子服务业，为 0.919。

三、2020 中国服务业企业信用 100 强行业效益变化趋势分析

（一）能源、交通、物流等服务业经济效益变化趋势分析

1. 能源（电、热、燃气等）供应、开发、减排及再循环服务业持续向好

第一，从收益性指标分析，2019 年能源（电、热、燃气等）供应、开发、减排及再循环服务业营收利润率为 8.30 %，同比提高了 1.88 个百分点；资产利润率为 3.32%，同比提高了

1.02 个百分点；所有者权益报酬率为 6.32%，同比提高了 1.92 个百分点。

能源（电、热、燃气等）供应、开发、减排及再循环服务业收益性指标变化趋势分析见图 5-19。

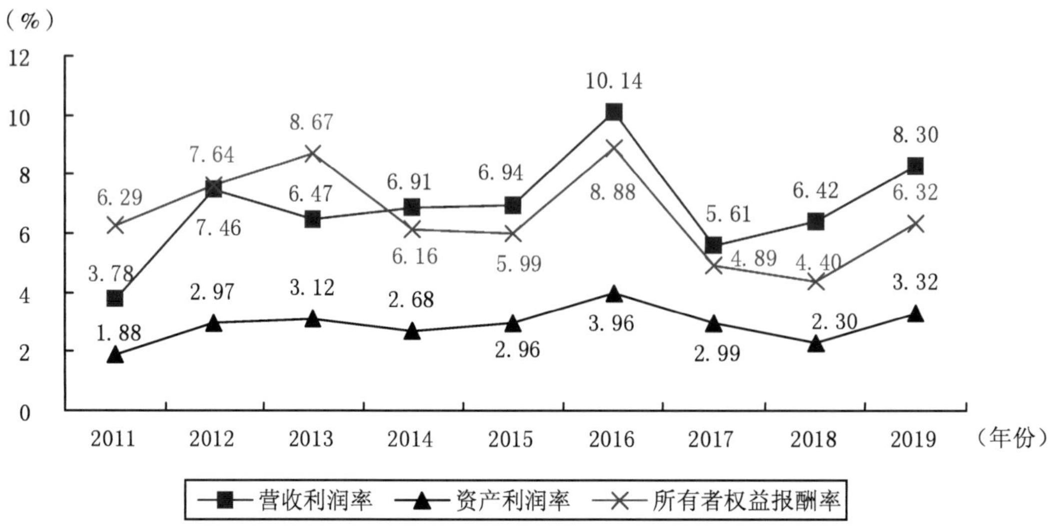

图 5-19 能源（电、热、燃气等）供应、开发、减排及再循环服务业收益性指标变化趋势分析

从图 5-19 中可以看出，该行业三项收益性指标呈现持续向好的态势。其中，营收利润率节节攀升，其他两项指标也有明显回升，表明该行业盈利能力明显提高，整体经营形势进一步改善，恢复性增长的基础进一步稳固。

第二，从成长性指标分析，2019 年能源（电、热、燃气等）供应、开发、减排及再循环服务业营收增长率为 14.41%，同比提升了1.09 个百分点；利润增长率为 14.06%，同比提升了 10.74 个百分点；资产增长率为 10.49%，同比回落了 6.46 个百分点；人员增长率为 5.04%，同比回落了 2.66 个百分点。

综合四项成长性指标分析，该行业总体上仍然保持平稳高位运行。除营收增速加快外，利润增长率增长势头强劲，表明该行业经营形势持续向好。但从资产增速和人员增速放缓来看，该行业规模扩大步伐放缓，提质增效成果明显。预测该行业后期市场在刚需和利好政策的拉动下，仍会保持相对较高的增长速度。

能源（电、热、燃气等）供应、开发、减排及再循环服务业成长性指标变化趋势分析见图 5-20。

2. 陆路运输、城市公交、道路及交通辅助等服务业增速放缓

第一，从收益性指标分析，2019 年陆路运输、城市公交、道路及交通辅助等服务业营收

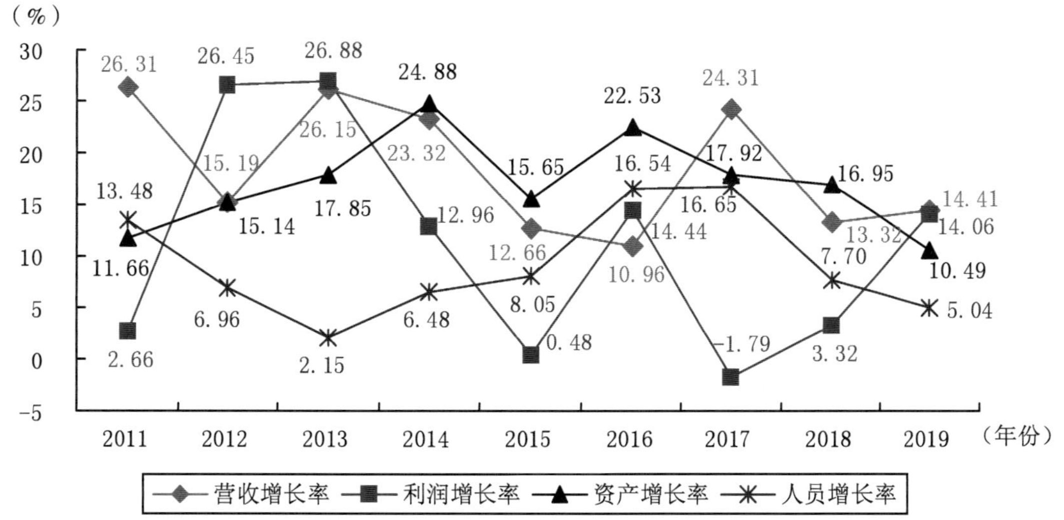

图 5-20 能源（电、热、燃气等）供应、开发、减排及再循环服务业成长性指标变化趋势分析

利润率为 19.39%，同比下降了 3.07 个百分点；资产利润率为 3.03%，同比下降了 0.92 个百分点；所有者权益报酬率为 6.38%，同比下降了 1.36 个百分点。

陆路运输、城市公交、道路及交通辅助等服务业收益性指标变化趋势分析见图 5-21。

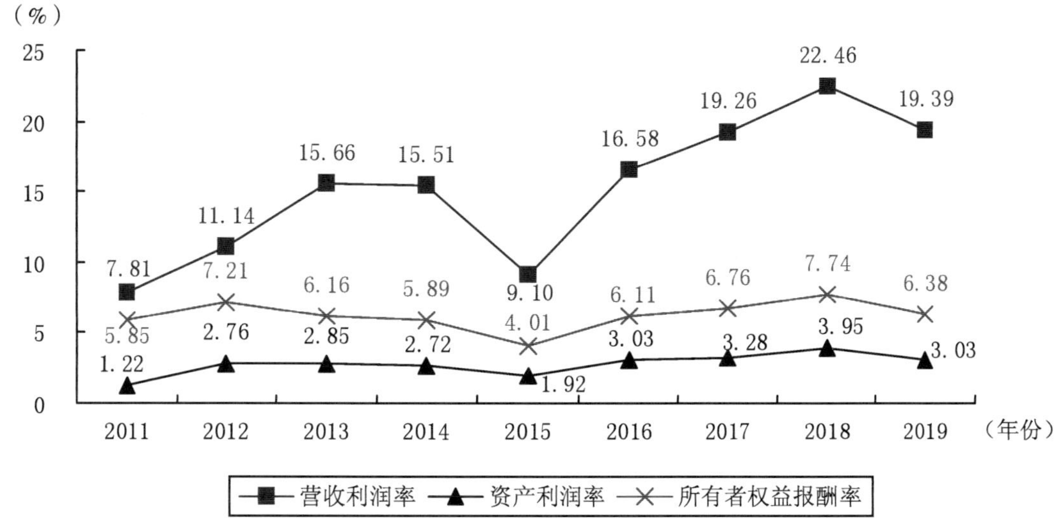

图 5-21 陆路运输、城市公交、道路及交通辅助等服务业收益性指标变化趋势分析

综合三项收益性指标分析，该行业盈利水平虽有所回落，但总体上保持在高位运行。三项收益性指标的回落均是基于高位上的调整回落，且回落幅度在合理范围内。预测该行业后期市场的收益性指标仍有进一步回落的空间，但出现较大波动的可能性不大，平稳运行将是总

体趋势。

第二，从成长性指标分析，2019 年陆路运输、城市公交、道路及交通辅助等服务业营收增长率为 1.26%，同比下降了 3.54 个百分点；利润增长率为 25.47%，同比提升了 24.41 个百分点；资产增长率为 7.52%，同比下降了 0.67 个百分点；人员增长率为-1.88%，同比下降了 0.98 个百分点。

陆路运输、城市公交、道路及交通辅助等服务业成长性指标变化趋势分析见图 5-22。

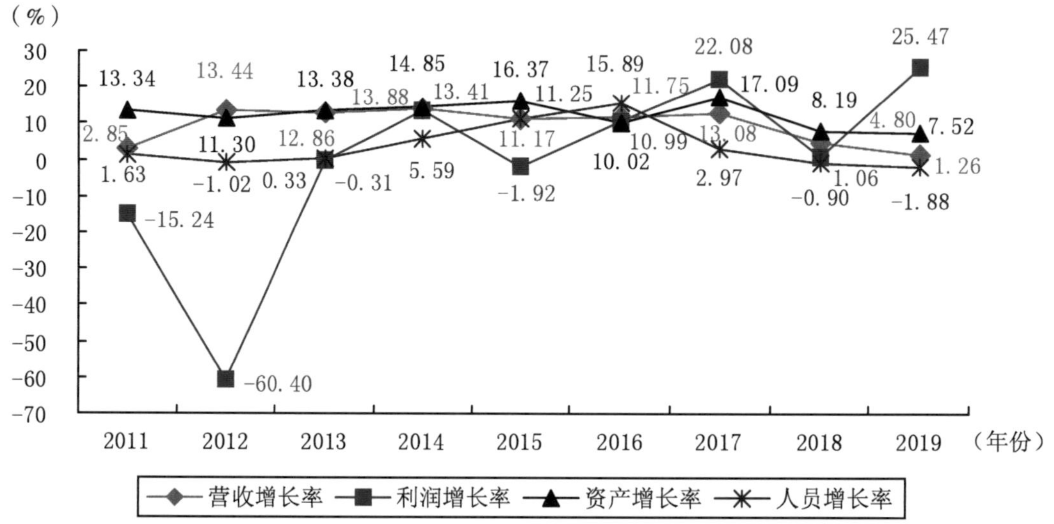

图 5-22 陆路运输、城市公交、道路及交通辅助等服务业成长性指标变化趋势分析

综合四项成长性指标分析，该行业总体上呈现增速放缓的趋势。尤其是营收增长率，降到较低水平；利润增长率虽有反弹，但不排除技术和客观影响因素；人员增长率连续两年负增长。预测后期市场，该行业仍将处于低位运行的可能性较大。

3. 物流、仓储、运输、配送服务业增速持续放缓，盈利能力明显减弱

第一，从收益性指标分析，2019 年物流、仓储、运输、配送服务业营收利润率为 0.37%，同比下降了 0.13 个百分点；资产利润率为 0.44%，同比下降了 0.65 个百分点；所有者权益报酬率为 5.43%，同比下降了 1.14 个百分点。

该行业三项收益性指标均呈现持续下降的态势，表明该行业的盈利能力持续减弱，已经处于微利甚至亏损的边缘。

物流、仓储、运输、配送服务业收益性指标变化趋势分析见图 5-23。

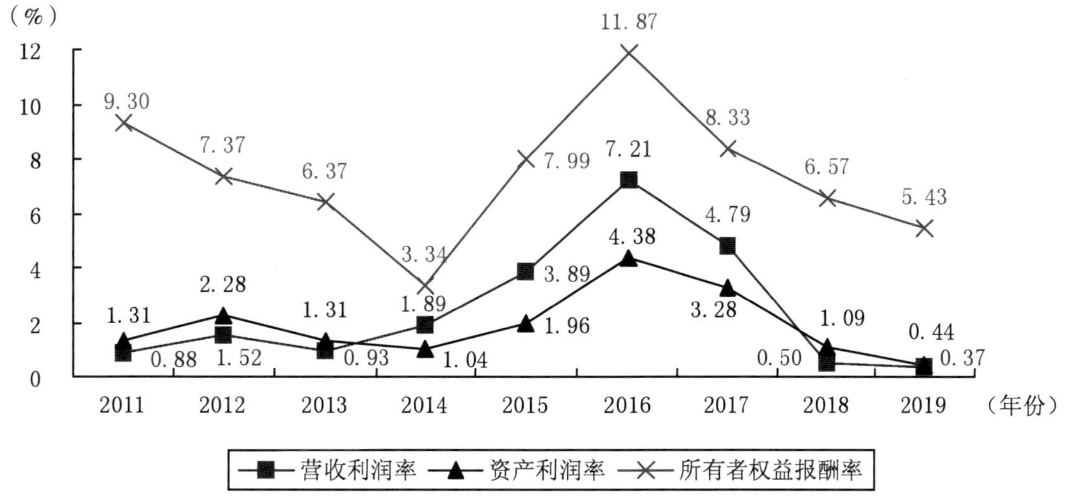

图 5-23 物流、仓储、运输、配送服务业收益性指标变化趋势分析

第二，从成长性指标分析，2019 年物流、仓储、运输、配送服务业营收增长率为 4.46%，同比下降了7.62 个百分点；利润增长率为-0.14%，同比下降了 1.32 个百分点；资产增长率为 2.33%，同比下降了 9.84 个百分点；人员增长率为 1.47%，同比下降了 4.88 个百分点。

物流、仓储、运输、配送服务业成长性指标变化趋势分析见图 5-24。

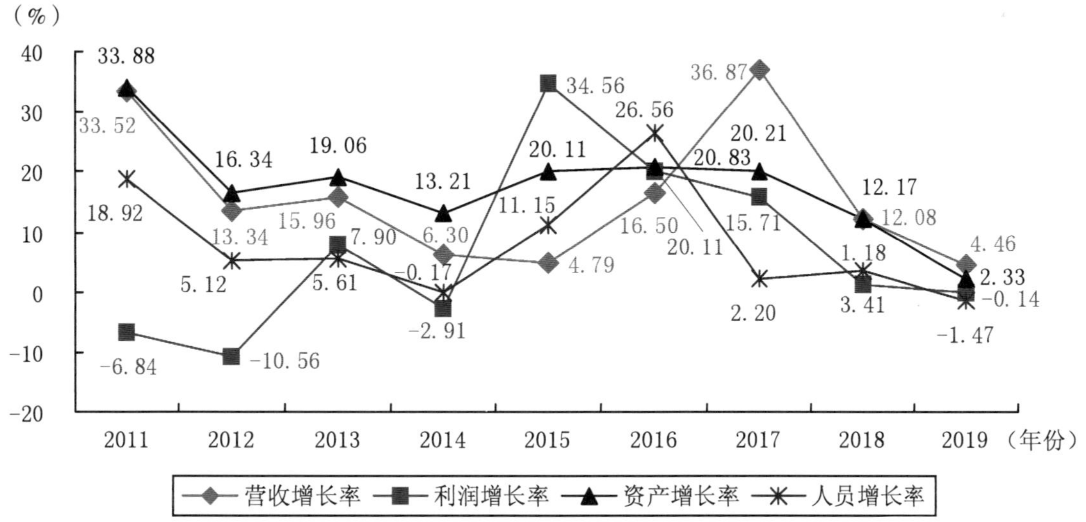

图 5-24 物流、仓储、运输、配送服务业成长性指标变化趋势分析

从成长性指标分析，该行业增速持续放缓。其中，营收增长率和资产增长率已经下降到自 2011 年以来的最低水平；利润增长率和人员增长率均表现为负增长。结合收益性指标综合分析，该行业的市场活跃度处于相对低迷状态，预测后期市场，该行业仍将处于低位运行。

（二）粮油、医药、商业零售等服务业经济效益变化趋势分析

1. 粮油食品及农林、土畜、果蔬、水产品等内外贸批发、零售业持续向好

第一，从收益性指标分析，2019 年粮油食品及农林、土畜、果蔬、水产品等内外贸批发、零售业营收利润率为 10.32%，同比提高了 3.10 个百分点；资产利润率为 2.42%，同比提高了 0.18 个百分点；所有者权益报酬率为 5.36%，同比下降了 2.14 个百分点。

粮油食品及农林、土畜、果蔬、水产品等内外贸批发、零售业收益性指标变化趋势分析见图 5–25。

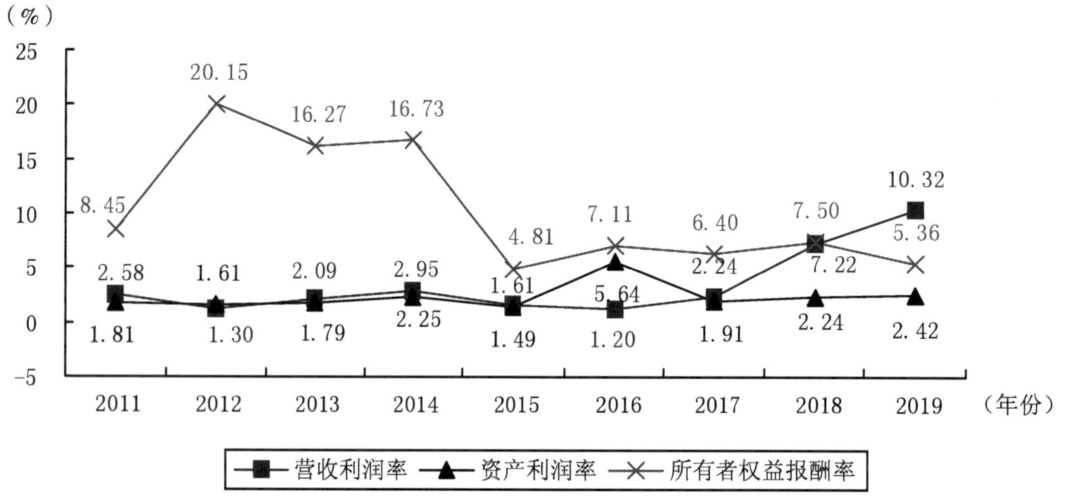

图 5–25 粮油食品及农林、土畜、果蔬、水产品等内外贸批发、零售业收益性指标变化趋势分析

综合三项收益性指标分析，该行业总体呈现持续向好的基本态势。其中，营收利润率持续走高，再创自 2011 年以来的最好纪录；资产利润率继续提升；所有者权益报酬率虽有下降，但仍处于合理区间。

第二，从成长性指标分析，2019 年粮油食品及农林、土畜、果蔬、水产品等内外贸批发、零售业营收增长率为 11.58%，同比提升了9.88 个百分点；利润增长率为 4.99%，同比下降了 7.27 个百分点；资产增长率为 8.74%，同比提升了 7.26 个百分点；人员增长率为–1.73%，同比下降了 1.49 个百分点。

粮油食品及农林、土畜、果蔬、水产品等内外贸批发、零售业成长性指标变化趋势分析见图 5–26。

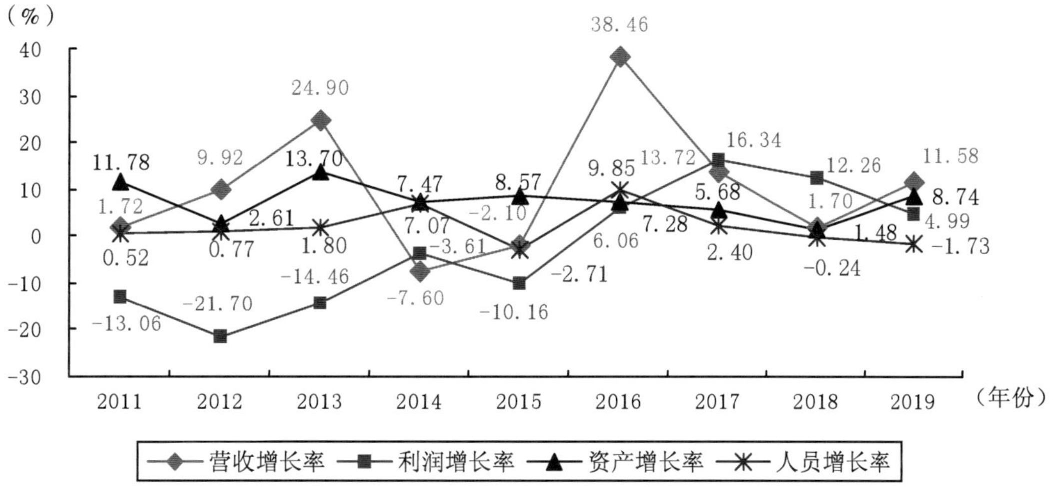

图 5-26 粮油食品及农林、土畜、果蔬、水产品等内外贸批发、零售业成长性指标变化趋势分析

综合粮油食品及农林、土畜、果蔬、水产品等内外贸批发、零售业成长性指标变化趋势分析，营收增长率反弹强劲，增速明显加快；利润增长率回落幅度较大；资产规模增速明显加快；人员规模仍处于负增长状态，且负增长幅度扩大。结合收益性指标分析，该行业后期市场仍有上升的市场空间和利润空间。

2. 医药专营批发、零售业及医疗服务业盈利能力减弱，规模扩张放缓

第一，从收益性指标分析，2019 年医药专营批发、零售业及医疗服务业营收利润率为 0.46%，同比下降了 2.07 个百分点；资产利润率为 1.99%，同比下降了 2.40 个百分点；所有者权益报酬率为 3.19%，同比下降了 7.26 个百分点。

医药专营批发、零售业及医疗服务业收益性指标变化趋势分析见图 5-27。

综合三项收益性指标分析，该行业的三项指标均呈现持续下降的态势，表明该行业的盈利能力持续减弱。

第二，从成长性指标分析，2019 年医药专营批发、零售业及医疗服务业营收增长率为 16.62%，同比提升了3.74 个百分点；利润增长率为 14.50%，同比提升了 5.54 个百分点；资产增长率为 13.72%，同比下降了 3.35 个百分点；人员增长率为 6.51%，同比下降了 11.46 个百分点。

医药专营批发、零售业及医疗服务业成长性指标变化趋势分析见图 5-28。

综合四项成长性指标变化趋势分析，该行业总体上保持较好的增长势头。其中，营收增长率和利润增长率增速较快，表明该行业市场空间放量；但资产增长率和人员增长率有所下降，表明其规模扩张放缓。总体来看，该行业处于波动调整时期。

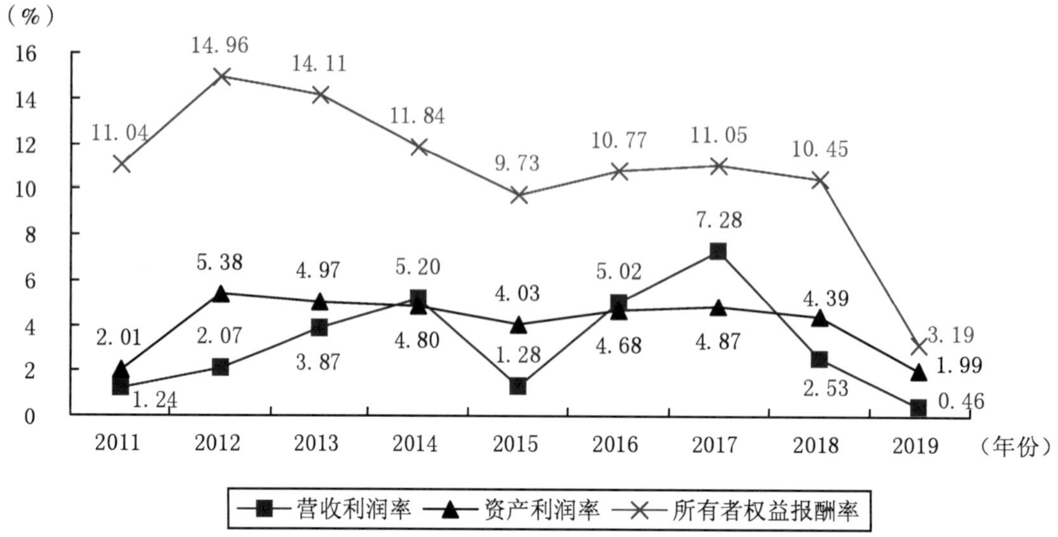

图 5-27 医药专营批发、零售业及医疗服务业收益性指标变化趋势分析

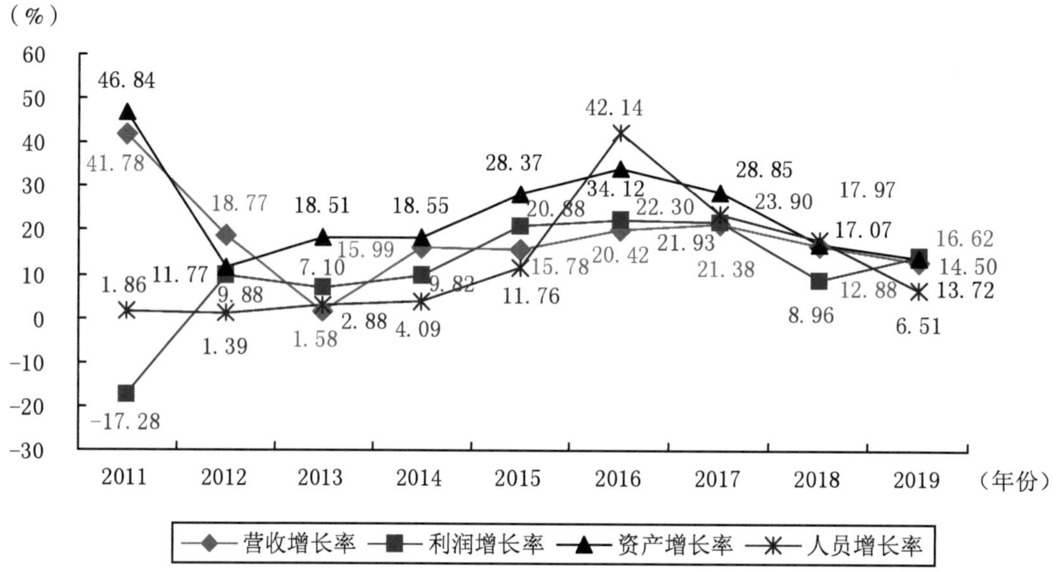

图 5-28 医药专营批发、零售业及医疗服务业成长性指标变化趋势分析

3. 商业零售业及连锁超市下行压力加大

第一，从收益性指标分析，2019 年商业零售业及连锁超市营收利润率为 1.14%，同比下降了 1.63 个百分点；资产利润率为 0.73%，同比下降了 2.49 个百分点；所有者权益报酬率为 7.64%，同比下降了 0.22 个百分点。

商业零售业及连锁超市收益性指标变化趋势分析见图 5-29。

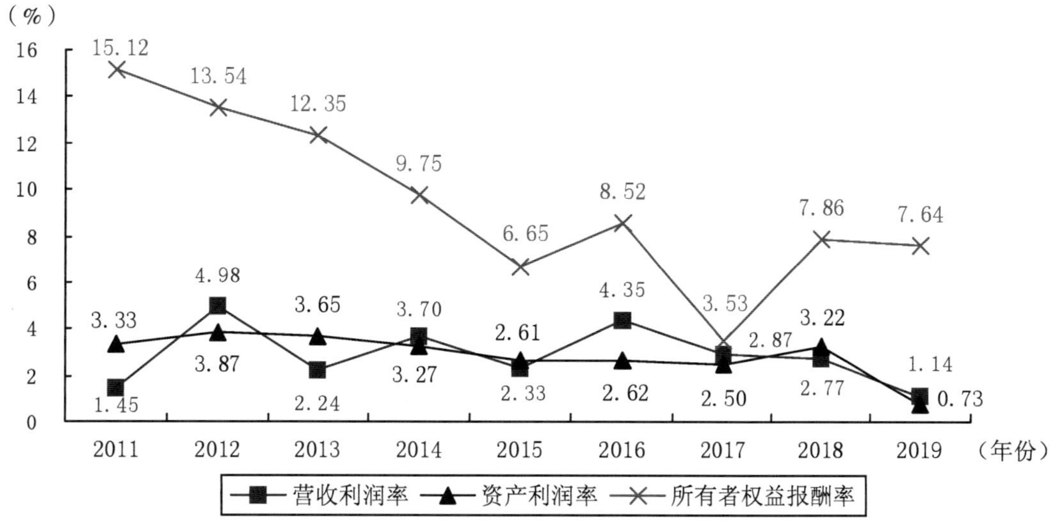

图 5-29 商业零售业及连锁超市收益性指标变化趋势分析

综合三项收益性指标分析，该行业总体呈现持续下行的态势，表明该行业的盈利能力明显减弱，已经处于微利经营状态。

第二，从成长性指标分析，2019 年商业零售业及连锁超市营收增长率为 2.12%，同比下降了 2.48 个百分点；利润增长率为-4.88%，同比负增长幅度降低了 12.33 个百分点；资产增长率为 6.38%，同比下降了 2.95 个百分点；人员增长率为-1.25%，同比下降了 3.26 个百分点。

商业零售业及连锁超市成长性指标变化趋势分析见图 5-30。

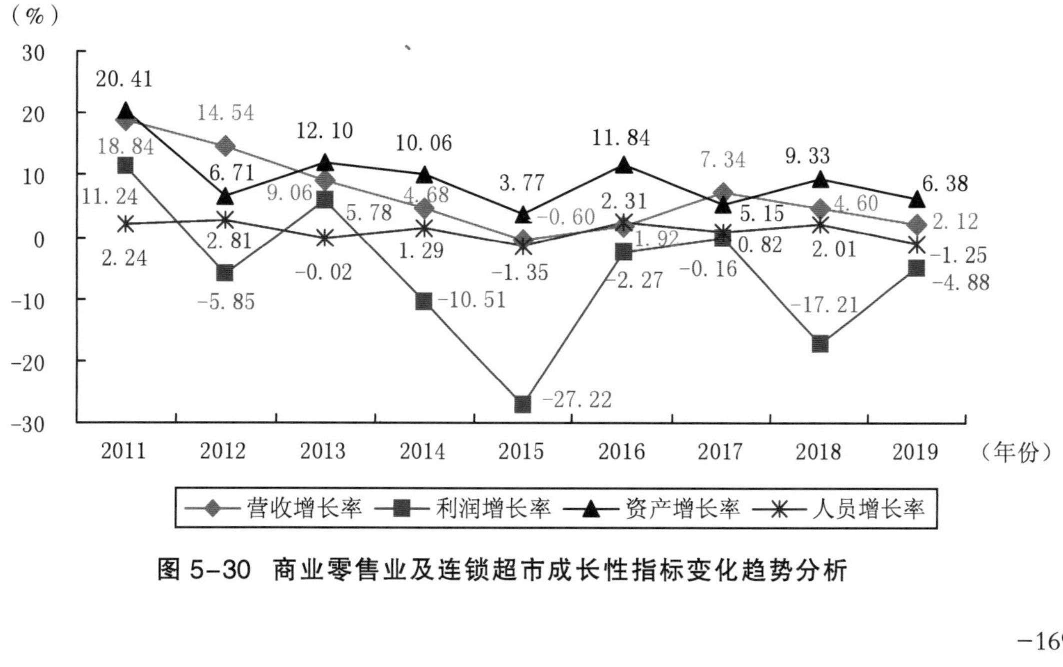

图 5-30 商业零售业及连锁超市成长性指标变化趋势分析

综合四项成长性指标变化趋势分析，商业零售业及连锁超市总体经营形势依然严峻，营收增长率和资产增长率下降，利润指标仍然处于负增长状态，只是负增长的幅度有所收窄，人员增长率也处于负增长状态，总体表明该行业的下行压力进一步加大。

（三）银行、保险、房地产开发等服务业经济效益变化趋势分析

1. 银行业总体运行平稳，盈利能力较强

第一，从收益性指标分析，2019 年银行业营收利润率为 26.42%，同比下降了 0.88 个百分点；资产利润率为 0.80%，同比提高了 0.01 个百分点；所有者权益报酬率为 10.27%，同比下降了 0.43 个百分点。

银行业收益性指标变化趋势分析见图 5-31。

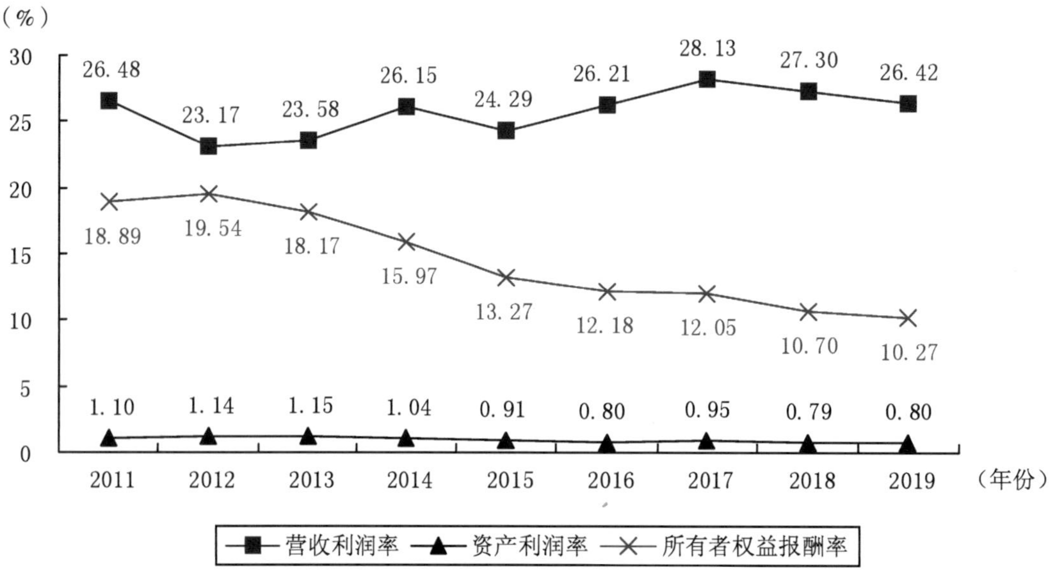

图 5-31 银行业收益性指标变化趋势分析

综合三项收益性指标分析，银行业总体运行平稳，盈利能力仍然保持相对较高水平。其中，营收利润率虽小幅回落，但仍居高位运行；资产利润率微幅回升，表明资产运行质量有所提高。整体来看，银行业仍具有较高的盈利率，其运行状态也极为稳定。

第二，从成长性指标分析，2019 年银行业营收增长率为 16.01%，同比下降了1.95 个百分点；利润增长率为 11.23%，同比提高了 6.86 个百分点；资产增长率为 10.29%，同比提高了 4.99 个百分点；人员增长率为 2.09%，同比下降了 0.15 个百分点。

综合四项成长性指标变化趋势分析，该行业的营收增长率运行平稳，保持较高增速。利润

增长率大幅提高，资产增长率也有明显提高。总体来看，该行业仍然保持较快增长。

银行业成长性指标变化趋势分析见图 5-32。

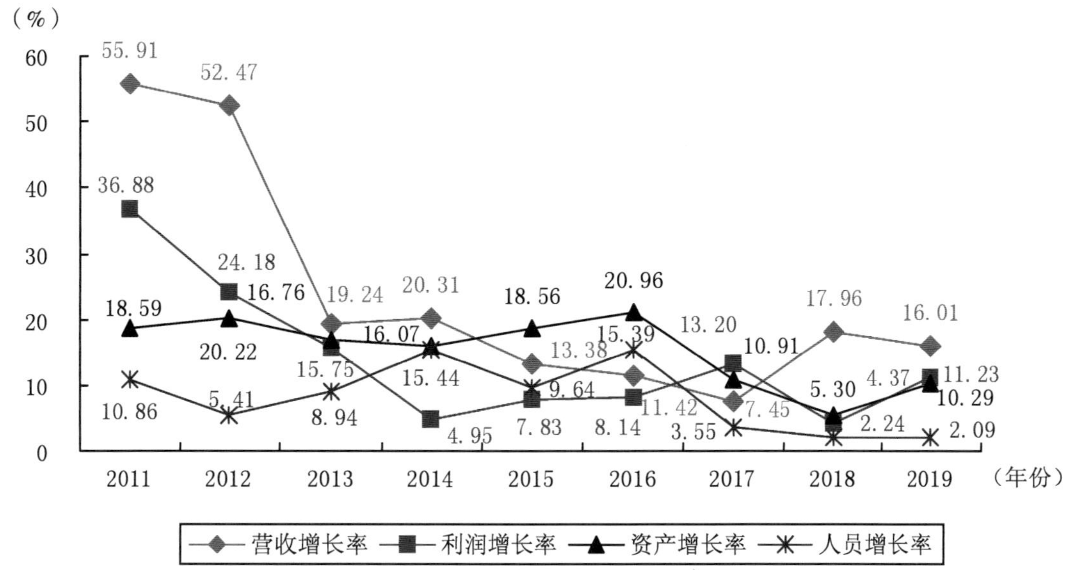

图 5-32 银行业成长性指标变化趋势分析

2. 保险业总体稳中有升

第一，从收益性指标分析，2019 年保险业营收利润率为 2.32%，同比提升了 0.43 个百分点；资产利润率为 0.64%，同比提升了 0.11 个百分点；所有者权益报酬率为 9.04%，同比下降了 8.70 个百分点。

保险业收益性指标变化趋势分析见图 5-33。

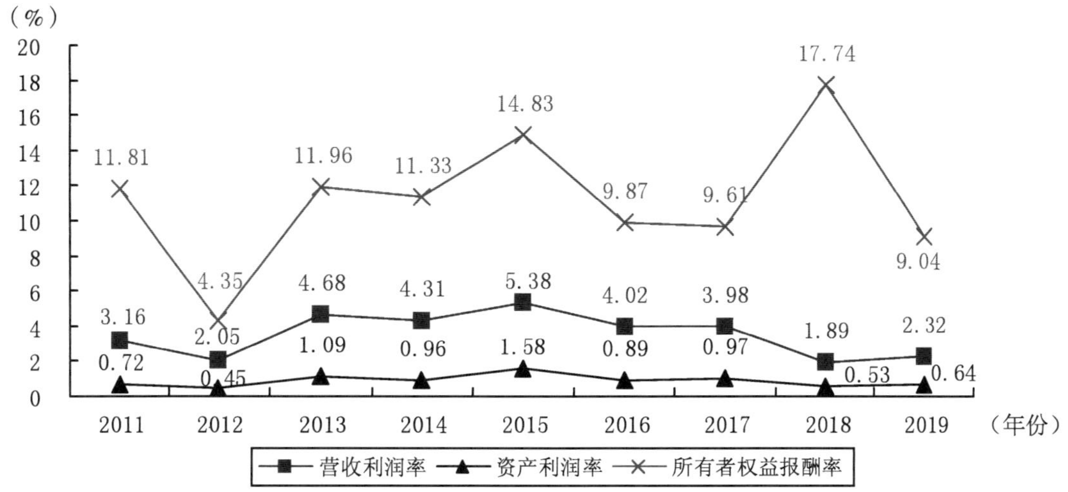

图 5-33 保险业收益性指标变化趋势分析

综合三项收益性指标分析，保险业的收益水平有所回升。所有者权益报酬率回落幅度较大，但属于正常调整，且在合理的波动范围之内。

第二，从成长性指标分析，2019 年保险业营收增长率为 9.92%，同比提高了9.09 个百分点；利润增长率为 17.44%，同比提高了 30.99 个百分点；资产增长率为 9.64%，同比提高了 6.84 个百分点；人员增长率为 17.26%，同比提高了 19.92 个百分点。

保险业成长性指标变化趋势分析见图 5-34。

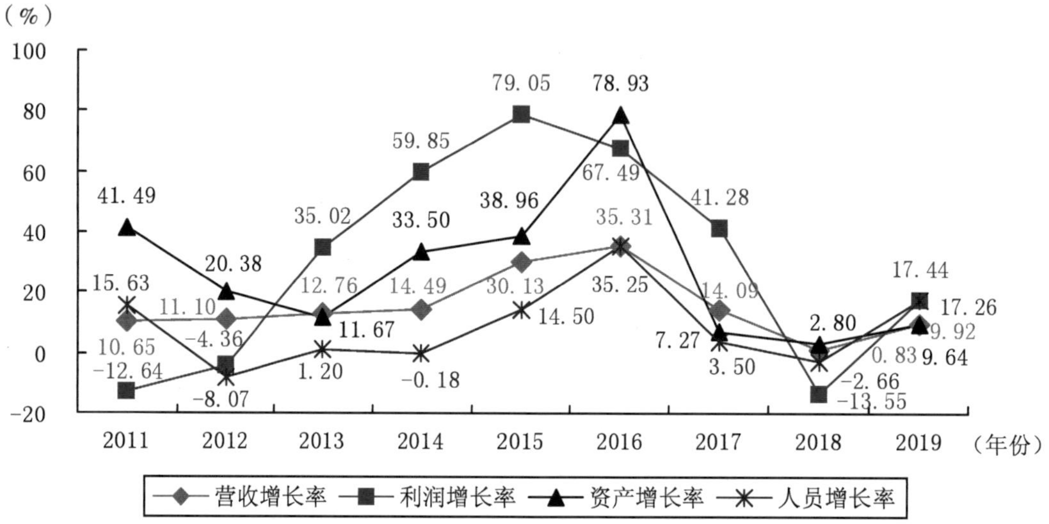

图 5-34 保险业成长性指标变化趋势分析

综合四项成长性指标变化趋势分析，保险业反弹势头明显，且幅度较大。总体来看，该行业经过一个周期性的波动调整之后，逐步回归到正常轨道，预测后期市场出现大幅波动的可能性不大。

3. 房地产开发与经营、物业及房屋装饰、修缮、管理等服务业增速加快，盈利能力提高

第一，从收益性指标分析，2019 年房地产开发与经营、物业及房屋装饰、修缮、管理等服务业营收利润率为 8.84%，同比提高了 2.32 个百分点；资产利润率为 2.59%，同比提高了 0.93 个百分点；所有者权益报酬率为 9.54%，同比提高了 0.03 个百分点。

综合三项收益性指标分析，该行业收益性指标总体呈现回暖态势，盈利能力明显提高。预测后期市场，该行业也将在合理区间内运行。

房地产开发与经营、物业及房屋装饰、修缮、管理等服务业收益性指标变化趋势分析见图 5-35。

第二，从成长性指标分析，2019 年房地产开发与经营、物业及房屋装饰、修缮、管理等服务业营收增长率为 14.04%，同比提高了 0.74 个百分点；利润增长率为 9.59%，同比提高了

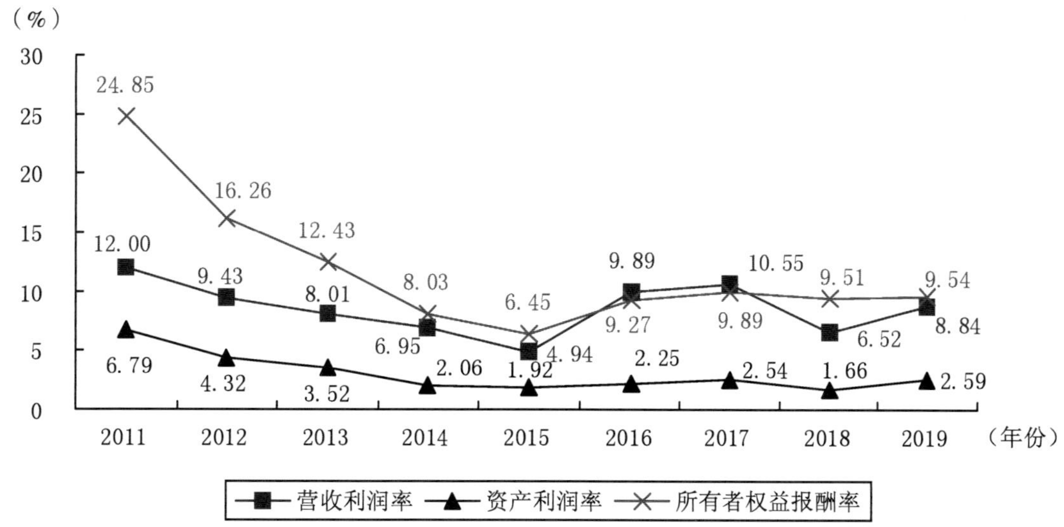

图 5-35 房地产开发与经营、物业及房屋装饰、修缮、管理等服务业收益性指标变化趋势分析

5.64 个百分点；资产增长率为 16.91%，同比提高了 3.53 个百分点；人员增长率为 11.48%，同比下降了 0.43 个百分点。

房地产开发与经营、物业及房屋装饰、修缮、管理等服务业成长性指标变化趋势分析见图 5-36。

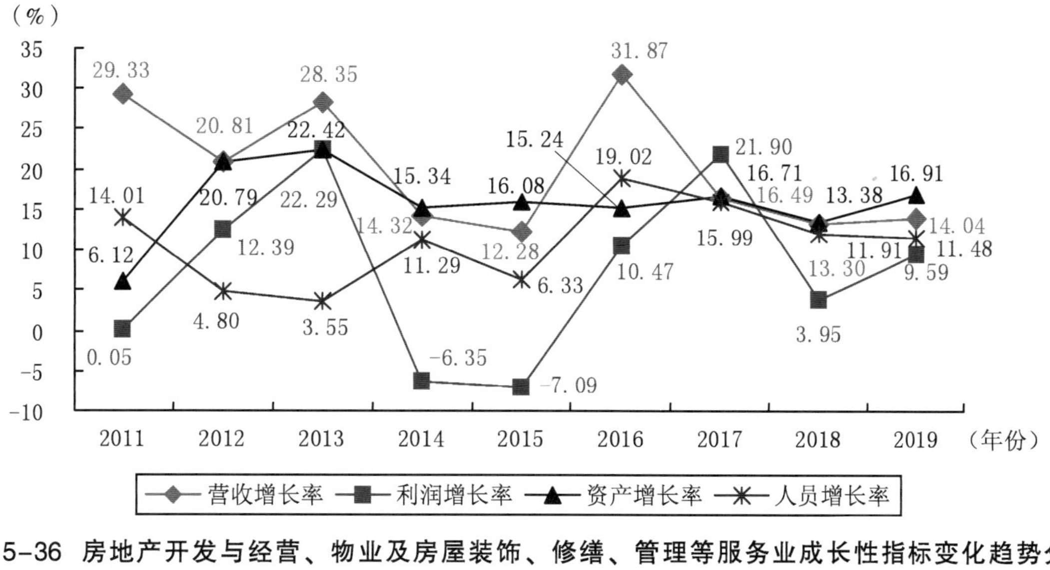

图 5-36 房地产开发与经营、物业及房屋装饰、修缮、管理等服务业成长性指标变化趋势分析

综合四项成长性指标分析，该行业总体增速加快，尤其是利润增长率，提升幅度较大，资产规模也有明显回升。预测后期市场，该行业仍有刚需拉动的增长动力。

四、2020 中国服务业企业信用 100 强行业效益综合分析

（一）中国服务业收益性指标综合分析

1. 2019 年中国服务业收益性指标综合分析

2019 年中国服务业 34 个细分行业中营收利润率提高的细分行业有 22 个，占 64.71%；营收利润率下降的细分行业有 12 个，占 35.29%。

资产利润率提高的细分行业有 20 个，占 58.82%；资产利润率下降的细分行业有 14 个，占 41.18%。

所有者权益报酬率提高的细分行业有 16 个，占 47.06%；所有者权益报酬率下降的细分行业有 18 个，占 52.94%。

三项收益性指标中有一项或多项指标下降的行业有 21 个，占全部 34 个行业的 61.76%。其中三项指标均为下降的行业有 9 个，占全部 34 个行业的 26.47%；三项指标中有两项指标为下降的行业有 5 个，占全部 34 个行业的 14.71%；三项指标中只有一项指标为下降的行业有 7 个，占全部 34 个行业的 20.59%。三项指标均为提高的行业有 13 个，占 38.24%。

2019 年中国服务业收益性指标行业特征见表 5-4。

2. 2019 年中国服务业收益性指标排序分析

营收利润率排在前 5 位的行业为：银行业（26.42%），证券及其他金融服务业（24.41%），陆路运输、城市公交、道路及交通辅助等服务业（19.39%），航空港及相关服务业（17.66%），港口服务业（15.52%）。

资产利润率排在前 5 位的行业为：航空港及相关服务业（5.19%），人力资源、会展博览、国内外经济合作等社会综合服务业（4.89%），金属内外贸易及加工、配送、批发零售业（4.57%），铁路运输及辅助服务业（4.51%），科技研发、推广及地勘、规划、设计、评估、咨询、认证等承包服务业（4.48%）。

所有者权益报酬率排在前 5 位的行业为：金属内外贸易及加工、配送、批发零售业（22.22%），人力资源、会展博览、国内外经济合作等社会综合服务业（16.06%），综合性内外商贸及批发、零售业（11.93%），矿产、能源内外商贸批发业（11.72%），机电、电子产品内外贸及批发业（11.14%）。

表 5-4 2019 年中国服务业收益性指标行业特征

序号	行业	营收利润率		资产利润率		所有者权益报酬率	
		本期(%)	同比(±)	本期(%)	同比(±)	本期(%)	同比(±)
1	能源(电、热、燃气等)供应、开发、减排及再循环服务业	8.30	1.88	3.32	1.02	6.32	1.92
2	铁路运输及辅助服务业	11.26	4.31	4.51	0.39	6.80	−1.20
3	陆路运输、城市公交、道路及交通辅助等服务业	19.39	−3.07	3.03	−0.92	6.38	−1.36
4	水上运输业	10.30	2.58	3.93	0.68	8.56	0.94
5	港口服务业	15.52	2.47	3.29	0.77	5.69	0.80
6	航空运输及相关服务业	4.94	1.22	2.35	−0.39	7.16	0.04
7	航空港及相关服务业	17.66	8.11	5.19	3.31	7.38	3.10
8	电信、邮寄、速递等服务业	1.18	−14.86	1.60	−6.06	6.15	−19.42
9	软件、程序、计算机应用、网络工程等计算机、微电子服务业	3.48	0.84	0.45	−0.69	3.08	−4.03
10	物流、仓储、运输、配送服务业	0.37	−0.13	0.44	−0.65	5.43	−1.14
11	矿产、能源内外商贸批发业	2.51	−0.32	4.42	−0.99	11.72	−3.91
12	化工产品及医药内外商贸批发业	0.57	−0.49	1.23	−0.26	10.18	2.25
13	机电、电子产品内外贸及批发业	3.50	−1.97	2.97	−1.12	11.14	−7.17
14	生活消费品(家用、文体、玩具、工艺品、珠宝等)内外批发及商贸业	0.93	3.02	−0.42	−1.29	−3.67	−4.19
15	粮油食品及农林、土畜、果蔬、水产品等内外贸批发、零售业	10.32	3.10	2.42	0.18	5.36	−2.14
16	生产资料内外贸批发、零售业	1.28	−1.04	1.30	−1.06	7.74	−18.05
17	金属内外贸易及加工、配送、批发、零售业	2.15	0.15	4.57	1.01	22.22	1.31
18	综合性内外商贸及批发、零售业	−2.47	4.73	0.16	0.94	11.93	4.64
19	汽车和摩托车商贸、维修保养及租赁业	8.70	0.98	3.14	−1.44	9.36	4.62
20	电器商贸批发、零售业	1.60	0.40	2.41	0.91	6.88	2.09
21	医药专营批发、零售业及医疗服务业	0.46	−2.07	1.99	−2.40	3.19	−7.26
22	商业零售业及连锁超市	1.14	−1.63	0.73	−2.49	7.64	−0.22
23	银行业	26.42	−0.88	0.80	0.01	10.27	−0.43
24	保险业	2.32	0.43	0.64	0.11	9.04	−8.70
25	证券及其他金融服务业	24.41	6.57	1.73	0.10	5.63	1.59
26	多元化投资控股、商务服务业	7.74	−5.23	1.84	0.26	6.44	−0.11
27	房地产开发与经营、物业及房屋装饰、修缮、管理等服务业	8.84	2.32	2.59	0.93	9.54	0.03
28	旅游、旅馆及娱乐服务业	−5.80	−13.44	−1.71	−5.13	−3.88	−10.40
29	公用事业、市政、水务、航道等公共设施投资、经营与管理业	8.74	3.88	2.64	0.11	5.43	4.01
30	人力资源、会展博览、国内外经济合作等社会综合服务业	3.65	1.43	4.89	0.17	16.06	−4.80
31	科技研发、推广及地勘、规划、设计、评估、咨询、认证等承包服务业	7.45	0.67	4.48	3.86	5.50	−3.57
32	文化产业(书刊出版、印刷、发行与销售及影视、音像、文体、演艺等)	−7.18	1.50	−1.97	1.22	−2.69	6.83
33	信息、传媒、电子商务、网购、娱乐等互联网服务业	−2.93	4.22	−3.46	0.17	1.95	2.39
34	综合服务业(以服务业为主,含有制造业)	2.18	7.43	−1.17	2.04	0.88	6.14

（二）中国服务业流动性和安全性指标综合分析

1. 2019 年中国服务业流动性和安全性指标综合分析

2019 年中国服务业 34 个细分行业中资产周转率提高的细分行业有 15 个，占 44.12%；资产周转率下降的细分行业有 13 个，占 38.24%；与 2018 年持平的细分行业有 6 个，占 17.65%。

所有者权益比率提高的细分行业有 24 个，占 70.59%；所有者权益比率下降的细分行业有 10 个，占 29.41%。

资本保值增值率提高的细分行业有 20 个，占 58.82%；资本保值增值率下降的细分行业有 14 个，占 41.18%。

资本保值增值率低于 100%的行业有 4 个，生活消费品（家用、文体、玩具、工艺品、珠宝等）内外批发及商贸业，生产资料内外贸批发、零售业，旅游、旅馆及娱乐服务业，文化产业（书刊出版、印刷、发行与销售及影视、音像、文体、演艺等）表现为资本亏损。

三项收益性指标中有一项或多项指标下降的行业有 25 个，占全部 34 个行业的 73.53%。其中三项指标均为下降的行业为 0 个；三项指标中有两项指标为下降的行业有 12 个，占全部 34 个行业的 35.29%；三项指标中只有一项指标为下降的行业有 13 个，占全部 34 个行业的 38.24%。三项指标均未下降的行业有 9 个，仅占 26.47%。

2019 年中国服务业流动性和安全性指标行业特征见表 5-5。

2. 2019 年中国服务业流动性和安全性指标排序分析

资产周转率排在前 5 位的行业为：电器商贸批发、零售业（1.51 次）,汽车和摩托车商贸、维修保养及租赁业（1.44 次）,金属内外贸易及加工、配送、批发零售业（1.43 次），矿产、能源内外商贸批发业（1.40 次），生产资料内外贸批发、零售业（1.26 次）。

所有者权益比率排在前 5 位的行业为：航空港及相关服务业（62.21%），铁路运输及辅助服务业（62.09%），软件、程序、计算机应用、网络工程等计算机、微电子服务业（61.51%），文化产业（书刊出版、印刷、发行与销售及影视、音像、文体、演艺等）（58.36%），信息、传媒、电子商务、网购、娱乐等互联网服务业（55.61%）。

资本保值增值率排在前 5 位的行业为：金属内外贸易及加工、配送、批发零售业（124.38%），人力资源、会展博览、国内外经济合作等社会综合服务业（118.76%），矿产、能源内外商贸批发业（115.81%），保险业（115.08%），机电、电子产品内外贸及批发业（114.23%）。

表 5-5 2019 年中国服务业流动性和安全性指标行业特征

序号	行业	资产周转率		所有者权益比率		资本保值增值率	
		本期(次)	同比(±)	本期(%)	同比(±)	本期(%)	同比(±)
1	能源(电、热、燃气等)供应、开发、减排及再循环服务业	0.49	0.01	45.56	4.00	107.13	2.35
2	铁路运输及辅助服务业	0.84	-0.06	62.09	4.25	107.34	0.16
3	陆路运输、城市公交、道路及交通辅助等服务业	0.28	0.02	44.03	-0.10	107.43	-1.69
4	水上运输业	0.39	0.01	51.28	5.05	112.04	3.36
5	港口服务业	0.34	0.00	52.56	8.79	107.44	2.00
6	航空运输及相关服务业	0.64	-0.09	30.99	0.73	108.77	0.23
7	航空港及相关服务业	0.29	0.01	62.21	17.73	107.83	2.92
8	电信、邮寄、速递等服务业	0.87	0.40	43.99	-7.02	104.70	-23.10
9	软件、程序、计算机应用、网络工程等计算机、微电子服务业	0.55	0.03	61.51	2.02	102.21	-0.30
10	物流、仓储、运输、配送服务业	1.13	-0.13	39.00	1.40	102.20	-4.51
11	矿产、能源内外商贸批发业	1.40	-0.01	44.57	3.69	115.81	-10.88
12	化工产品及医药内外商贸批发业	1.18	0.17	16.32	-1.77	108.45	-1.62
13	机电、电子产品内外贸及批发业	1.00	0.04	34.45	3.42	114.23	-29.74
14	生活消费品(家用、文体、玩具、工艺品、珠宝等)内外批发及商贸业	1.20	0.10	34.73	-4.52	95.21	-10.15
15	粮油食品及农林、土畜、果蔬、水产品等内外贸批发、零售业	0.96	0.06	33.51	3.03	105.70	-2.15
16	生产资料内外贸批发、零售业	1.26	-0.10	26.42	4.37	88.25	-23.28
17	金属内外贸易及加工、配送、批发、零售业	1.43	-0.41	21.09	-5.42	124.38	2.52
18	综合性内外商贸及批发、零售业	1.24	-0.16	35.36	-1.28	108.54	7.58
19	汽车和摩托车商贸、维修保养及租赁业	1.44	-0.02	36.94	1.44	109.26	1.41
20	电器商贸批发、零售业	1.51	-0.24	31.83	9.49	112.97	5.77
21	医药专营批发、零售业及医疗服务业	1.07	0.03	44.35	0.75	109.72	-2.94
22	商业零售业及连锁超市	0.94	-0.11	39.89	-1.54	106.71	2.38
23	银行业	0.03	0.00	7.80	0.35	112.15	-0.42
24	保险业	0.30	0.01	15.08	3.11	115.08	8.77
25	证券及其他金融服务业	0.13	0.00	31.12	0.57	108.01	4.17
26	多元化投资控股、商务服务业	0.33	-0.04	34.34	4.56	106.74	0.35
27	房地产开发与经营、物业及房屋装饰、修缮、管理等服务业	0.32	0.00	33.38	1.47	113.70	2.26
28	旅游、旅馆及娱乐服务业	0.58	0.00	55.52	0.62	96.69	-11.28
29	公用事业、市政、水务、航道等公共设施投资、经营与管理业	0.31	0.03	40.22	0.94	108.39	3.32
30	人力资源、会展博览、国内外经济合作等社会综合服务业	0.97	0.00	40.36	7.39	118.76	5.71
31	科技研发、推广及地勘、规划、设计、评估、咨询、认证等承包服务业	0.55	-0.01	52.56	-1.29	111.17	4.98
32	文化产业(书刊出版、印刷、发行与销售及影视、音像、文体、演艺等)	0.50	-0.01	58.36	0.59	93.84	-3.52
33	信息、传媒、电子商务、网购、娱乐等互联网服务业	0.68	0.08	55.61	-2.17	102.37	1.23
34	综合服务业(以服务业为主,含有制造业)	0.65	0.01	39.12	-3.35	103.12	6.46

（三）中国服务业成长性指标综合分析

1.2019 年中国服务业成长性指标综合分析

2019 年中国服务业 34 个细分行业中营收增长率正增长的细分行业有 31 个，占 91.18%；营收增长率负增长的细分行业有 3 个，占 8.82%。

利润增长率正增长的细分行业有 25 个，占 73.53%；利润增长率负增长的细分行业有 9 个，占 26.47%。

资产增长率正增长的细分行业有 34 个，占 100%。

资本积累率正增长的细分行业有 33 个，占 97.06%；资本积累率负增长的细分行业有 1 个，占 2.94%。

人员增长率正增长的细分行业有 21 个，占 61.76%；人员增长率负增长的细分行业有 13 个，占 38.24%。

五项成长性指标中有一项或多项指标负增长的行业有 16 个，占全部 34 个行业的 47.06%。其中五项中仅有一项指标负增长的行业有 9 个，占全部 34 个行业的 26.47%；五项中有两项指标负增长的行业为 5 个，占全部 34 个行业的 14.71%；五项中有三项或三项以上指标负增长的行业有 2 个，占全部 34 个行业的 5.88%。五项指标均为正增长的行业有 18 个，占 52.94%。

2019 年中国服务业成长性指标行业特征见表 5–6。

2. 2019 年中国服务业成长性指标排序分析

营收增长率排在前 5 位的行业为：证券及其他金融服务业（43.40%），电信、邮寄、速递等服务业（17.07%），银行业（16.01%），生产资料内外贸批发、零售业（15.82%），金属内外贸易及加工、配送、批发零售业（15.65%）。

利润增长率排在前 5 位的行业为：证券及其他金融服务业（58.03%），化工产品及医药内外商贸批发业（32.19%），航空港及相关服务业（28.79%），金属内外贸易及加工、配送、批发零售业（26.04%），陆路运输、城市公交、道路及交通辅助等服务业（25.47%）。

资产增长率排在前 5 位的行业为：金属内外贸易及加工、配送、批发零售业（42.84%），生产资料内外贸批发、零售业（26.20%），人力资源、会展博览、国内外经济合作等社会综合服务业（24.42%），科技研发、推广及地勘、规划、设计、评估、咨询、认证等承包服务业（24.07%），矿产、能源内外商贸批发业（23.76%）。

资本积累率排在前 5 位的行业为：电器商贸批发、零售业（66.72%），人力资源、会展博览、国内外经济合作等社会综合服务业（40.31%），矿产、能源内外商贸批发业（39.83%），水上运输业（28.29%），科技研发、推广及地勘、规划、设计、评估、咨询、认证等承包服务业（28.16%）。

表 5-6 2019 中国服务业成长性指标行业特征

序号	行业	营收增长率(%)	利润增长率(%)	资产增长率(%)	资本积累率(%)	人员增长率(%)
1	能源(电、热、燃气等)供应、开发、减排及再循环服务业	14.41	14.06	10.49	21.74	5.04
2	铁路运输及辅助服务业	10.03	5.58	5.53	5.47	1.13
3	陆路运输、城市公交、道路及交通辅助等服务业	1.26	25.47	7.52	9.32	-1.88
4	水上运输业	10.42	20.25	5.00	28.29	4.09
5	港口服务业	10.78	9.49	5.91	28.05	3.77
6	航空运输及相关服务业	10.72	6.56	18.87	21.11	4.60
7	航空港及相关服务业	10.95	28.79	19.70	2.08	-0.57
8	电信、邮寄、速递等服务业	17.07	0.56	14.60	12.72	-6.88
9	软件、程序、计算机应用、网络工程等计算机、微电子服务业	12.30	2.37	12.74	13.06	4.98
10	物流、仓储、运输、配送服务业	4.46	-0.14	2.33	16.91	-1.47
11	矿产、能源内外商贸批发业	8.83	4.83	23.76	39.83	2.86
12	化工产品及医药内外商贸批发业	14.02	32.19	16.84	7.81	-0.98
13	机电、电子产品内外贸及批发业	11.31	9.19	1.18	10.96	3.11
14	生活消费品(家用、文体、玩具、工艺品、珠宝等)内外批发及商贸业	-8.32	-26.49	1.09	-8.32	-6.88
15	粮油食品及农林、土畜、果蔬、水产品等内外贸批发、零售业	11.58	4.99	8.74	16.04	-1.73
16	生产资料内外贸批发、零售业	15.82	0.24	26.20	24.75	14.86
17	金属内外贸易及加工、配送、批发、零售业	15.65	26.04	42.84	14.01	2.20
18	综合性内外商贸及批发、零售业	-1.03	15.99	5.92	15.08	1.15
19	汽车和摩托车商贸、维修保养及租赁业	3.22	-9.59	5.26	16.84	-1.45
20	电器商贸批发、零售业	9.49	-13.02	3.86	66.72	4.68
21	医药专营批发、零售业及医疗服务业	16.62	14.50	13.72	24.77	6.51
22	商业零售业及连锁超市	2.12	-4.88	6.38	12.55	-1.25
23	银行业	16.01	11.23	10.29	17.83	2.09
24	保险业	9.92	17.44	9.64	28.05	17.26
25	证券及其他金融服务业	43.40	58.03	14.99	16.54	3.85
26	多元化投资控股、商务服务业	15.33	4.12	11.08	19.48	2.70
27	房地产开发与经营、物业及房屋装饰、修缮、管理等服务业	14.04	9.59	16.91	26.61	11.48
28	旅游、旅馆及娱乐服务业	1.73	-17.21	1.74	4.57	-3.07
29	公用事业、市政、水务、航道等公共设施投资、经营与管理业	11.61	14.81	23.25	24.62	5.60
30	人力资源、会展博览、国内外经济合作等社会综合服务业	11.07	12.68	24.42	40.31	-1.04
31	科技研发、推广及地勘、规划、设计、评估、咨询、认证等承包服务业	24.01	15.03	24.07	28.16	8.50
32	文化产业(书刊出版、印刷、发行与销售及影视、音像、文体、演艺等)	-1.56	-24.92	1.48	5.40	-1.58
33	信息、传媒、电子商务、网购、娱乐等互联网服务业	1.61	-7.31	7.62	10.32	-4.79
34	综合服务业(以服务业为主,含有制造业)	3.66	-5.94	3.99	12.79	1.33

人员增长率排在前 5 位的行业为：保险业（17.26%），生产资料内外贸批发、零售业（14.86%），房地产开发与经营、物业及房屋装饰、修缮、管理等服务业（11.48%），科技研发、推广及地勘、规划、设计、评估、咨询、认证等承包服务业（8.50%），医药专营批发、零售业及医疗服务业（6.51%）。

（四）2020 中国服务业企业信用 100 强优势分析

2020 中国服务业企业信用 100 强的经营运行指标为各细分行业及企业提供了一个对标参数，同时也起到了行业标杆作用。

2020 中国服务业企业信用 100 强 2019 年的三项指数分别为：景气指数 119.56 点，较样本企业的 103.56 点高出 16.00 点；盈利指数 112.76 点，较样本企业的 94.85 点高出 17.91 点；效益指数 112.44 点，较样本企业的 103.83 点高出 8.61 点。

2020 中国服务业企业信用 100 强 2019 年的三项收益性指标分别为：营收利润率 17.07%，较样本企业的 4.58%高出 12.49 个百分点；资产利润率 4.59%，较样本企业的 1.06%高出 3.53 个百分点；所有者权益报酬率 15.66%，较样本企业的 5.84%高出 9.82 个百分点。

2020 中国服务业企业信用 100 强 2019 年的流动性和安全性指标分别为：资产周转率 0.42 次/年，较样本企业的 0.59 次/年减缓 0.17 次/年；所有者权益比率 26.74%，较样本企业的 41.58%降低 14.84 个百分点；资本保值增值率 116.58%，较样本企业的 105.85%高出 10.73 个百分点。

2020 中国服务业企业信用 100 强 2019 年的成长性指标分别为：营收增长率 15.28%，较样本企业的 12.04%高出 3.24 个百分点；利润增长率 23.84%，较样本企业的-4.92%高出 28.76 个百分点；资产增长率 14.99%，较样本企业的 10.57%高出 4.42 个百分点；资本积累率 15.97%，较样本企业的 7.09%高出 8.88 个百分点；人员增长率 8.67%，较样本企业的 5.78%高出 2.89 个百分点；科研投入比率 2.95%，较样本企业的 5.92%降低 2.97 个百分点。

2020 中国服务业企业信用 100 强 2019 年的人均营业收入为 249.81 万元/(人·年)，较样本企业的 213.37 万元/(人·年) 高出 36.44 万元/(人·年)；利润增长率为 27.41 万元/(人·年)，较样本企业的 16.90 万元/(人·年) 高出 10.51 万元/(人·年)。

2020 中国服务业企业信用 100 强效益指标比较优势分析见图 5-37。

对 2020 中国服务业企业信用 100 强与服务业样本企业进行对比分析可得知，服务业信用 100 强企业的优势仍然表现突出：一是收益性指标普遍高于样本企业，表明其盈利能力要远高于样本企业，竞争优势明显；二是成长性指标普遍高于样本企业，突出表现在利润增速明显高于样本企业；三是资本保值增值率优势明显，表明其资产运营质量较高，安全性要高于样本企业；四是资产周转率低于样本企业，资产效率偏低；五是科研投入比率要低于样本企业，

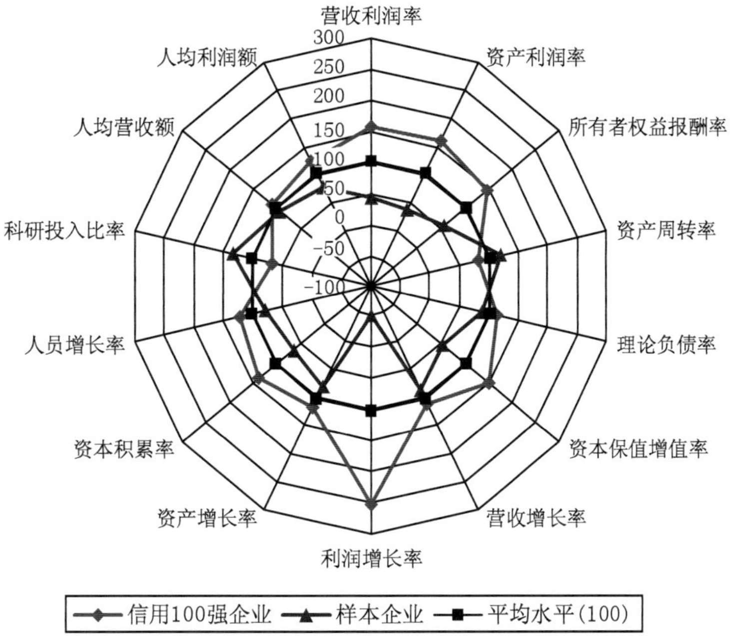

图5-37 2020中国服务业企业信用100强效益指标比较优势分析

除体量因素外，总体科研投入的力度偏弱，有待进一步加大。

五、中国服务业信用发展中存在的主要问题及若干建议

通过对2020中国服务业企业信用100强以及我国服务业各行业信用环境影响性分析和经济效益变化趋势分析可以看出，我国服务业的总体运行向好，盈利能力明显增强，成长性指标增速保持较高水平。但同时也面临流动性放缓、资产运行质量不高、资金压力加大等诸多问题，对服务业高质量发展提出了新挑战。

（一）加快发展现代服务业体系，推动服务业优化升级和高质量发展

党的十九届五中全会通过的《中共中央关于制定国民经济和社会发展第十四个五年规划和二〇三五年远景目标的建议》提出，要加快发展现代服务业，推动生产性服务业向专业化和价值链高端延伸，推动各类市场主体参与服务供给，加快发展研发设计、现代物流、法律服

务等服务业，推动现代服务业同先进制造业、现代农业深度融合，加快推进服务业数字化。推动生活性服务业向高品质和多样化升级，加快发展健康、养老、育幼、文化、旅游、体育、家政、物业等服务业，加强公益性、基础性服务业供给。推进服务业标准化、品牌化建设。

通过本报告分析可以看出，2020 年我国服务业中三项指数下降幅度较大的仍然主要集中在与市场消费关联度较高的细分行业，如生活消费品，汽车和摩托车商贸，商业零售业，旅游、旅馆及文化产业等。而与制造业关联度较高的细分行业，如矿产、能源、综合性内外商贸等，由于受宏观经济环境和贸易壁垒增加、地缘政治紧张局势加剧、高关税和长期的贸易政策不确定性等影响，增长动力也明显不足。2020 年受疫情影响，服务业面临更为艰难的经营形势。因此，我国服务业要进一步充分释放政策效应，以新发展理念引领我国服务业高质量发展。要推动生产性服务业向专业化和价值链高端延伸，推动生活性服务业向高品质和多样化升级。要以深化供给侧结构性改革为主线，提升生产性服务业供给能力和质量；要以创新驱动带动需求侧结构改革与调整，提高现代服务业与现代产业链、供应链、市场链的高度融合度，努力促进服务业优化升级。

（二）精准施策，促进服务业高水平动态平衡发展

“适应新发展阶段、贯彻新发展理念、构建新发展格局”，服务业同样扮演着重要角色。通过本报告分析可知，我国服务业整体增速要高于制造业，对国民经济的贡献率也在不断提升，总体发展趋势持续向好，但存在的不同地区之间、不同规模之间、不同所有制之间发展不平衡、不充分问题仍然突出。要解决好这些不平衡不充分问题，应努力做好以下几个方面。

一是继续围绕供给侧结构性改革这一主线，加快形成以大企业为龙头的现代服务业体系。行业之间的发展不平衡，主要是传统服务业与新兴服务业之间的发展不平衡。服务业下行压力较大的行业仍然相对集中在传统生产性服务业和传统生活性服务业，压力主要来自外部宏观经济环境不确定和新兴服务业冲击的双重影响，既有供给侧结构性改革与调整尚未得到根本性解决的因素，也有需求侧改革与调整的现实因素。适应新发展阶段、贯彻新发展理念、构建新发展格局，我国服务业首先要解决好观念问题，其次要着力优化现代服务业体系，以服务业整体提升为重点，构建和优化现代服务业体系，提高供给与需求的动态适配性，打通堵点，补齐短版，贯通生产、分配、流通、消费各环节，形成需求牵引供给、供给创造需求的高水平动态平衡，提升国民经济整体效能，这是构建新发展格局的关键。

二是精准施策，着力解决好服务业发展不平衡不充分问题。本报告统计显示，2019 年中国服务业企业信用 100 强仍然高度集中在北（北京）、上（上海）、广（广东）地区，而大部分地区均存在着数量少、规模小，整体服务业发展水平和质量不高，难以满足日益高涨的消

费需求。当前要进行的需求侧改革绝不是简单的扩大内需，而是重在调整结构的同时，提升经济活力，改善市场环境，推动消费升级，形成高质量多层次的消费格局与秩序。这就需要在政策层面精准施策，中小服务业企业也要主动找准自己在生产链、供应链和市场链中的角色，努力提高中西部地区和中小型服务业企业的发展水平与质量，进而优化和升级服务业体系。

（三）提升技术创新能力，促进服务业高质量深度融合发展

2020 年中央经济工作会议强调，要发挥企业在科技创新中的主体作用，支持领军企业组建创新联合体，带动中小企业创新活动。要加强国际科技交流合作。要加快国内人才培养，使更多青年优秀人才脱颖而出。要完善激励机制和科技评价机制，落实好攻关任务“揭榜挂帅”等机制。要规范科技伦理，树立良好学风和作风，引导科研人员专心致志、扎实进取。同时，“要统筹推进补齐短板和锻造长板，针对产业薄弱环节，实施好关键核心技术攻关工程，尽快解决一批‘卡脖子’问题，在产业优势领域精耕细作，搞出更多独门绝技”。在新发展阶段，我国服务业在创新方面应着重做好以下几个方面。

一是紧紧抓住战略时机，提高深度融合能力。《中共中央关于制定国民经济和社会发展第十四个五年规划和二〇三五年远景目标的建议》强调，要坚持创新驱动发展，全面塑造发展新优势。强化企业创新主体地位，促进各类创新要素向企业集聚。发挥企业家在技术创新中的重要作用，鼓励企业加大研发投入，对企业投入基础研究实行税收优惠。发挥大企业引领支撑作用，支持创新型中小微企业成长为创新重要发源地，加强共性技术平台建设，推动产业链上中下游、大中小企业融通创新。在“十四五”期间，坚持把发展经济着力点放在实体经济上，坚定不移建设制造强国、质量强国、网络强国、数字中国，推进产业基础高级化、产业链现代化，提高经济质量效益和核心竞争力。在提升产业链供应链现代化水平，发展战略性新兴产业等方面，为发展服务业提供全新的战略时机。服务业企业也要积极作为，主动作为，着力推动互联网、大数据、人工智能等同各产业深度融合，推动生产性服务业向专业化和价值链高端延伸，推动各类市场主体参与服务供给，加快发展研发设计、现代物流、法律服务等服务业，推动现代服务业同先进制造业、现代农业深度融合，加快推进服务业数字化。推动生活性服务业向高品质和多样化升级，加快发展健康、养老、育幼、文化、旅游、体育、家政、物业等服务业，加强公益性、基础性服务业供给。

二是加大科研投入，完善创新激励机制，激发人才创新活力。贯彻尊重劳动、尊重知识、尊重人才、尊重创造方针，深化人才发展体制机制改革，全方位培养、引进、用好人才，造就更多国际一流的科技领军人才和创新团队，培养具有国际竞争力的青年科技人才后备军。

加强创新型、应用型、技能型人才培养，实施知识更新工程、技能提升行动，壮大高水平工程师和高技能人才队伍。支持发展高水平研究型大学，加强基础研究人才培养。实行更加开放的人才政策，构筑集聚国内外优秀人才的科研创新高地。因此，我国服务业企业要始终坚持科技创新驱动不动摇，努力提高制造业和服务业的深度融合能力，为促进服务业高质量深度融合发展提供持续的驱动力。

（四）坚持诚信经营，促服务业持续健康发展

2020 年中央经济工作会议强调，强化反垄断和防止资本无序扩张。反垄断、反不正当竞争，是完善社会主义市场经济体制、推动高质量发展的内在要求。国家支持平台企业创新发展、增强国际竞争力，支持公有制经济和非公有制经济共同发展，同时要依法规范发展，健全数字规则。要完善平台企业垄断认定、数据收集使用管理、消费者权益保护等方面的法律规范。要加强规制，提升监管能力，坚决反对垄断和不正当竞争行为。金融创新必须在审慎监管的前提下进行。《中共中央关于制定国民经济和社会发展第十四个五年规划和二〇三五年远景目标的建议》强调，健全市场体系基础制度，坚持平等准入、公正监管、开放有序、诚信守法，形成高效规范、公平竞争的国内统一市场。

任何时候，依法诚信经营都是企业安身立命之本。“诚招天下客，誉从信中来”，以诚信擦亮品牌，企业才能立得住、行得稳。信用监管已成为提升社会治理能力和水平、规范市场秩序、优化营商环境的重要手段。信用立法是社会信用体系建设有效运转的重要基础，是各项信用机制有效落地的关键保障。因此，服务业要积极推进 GB/T 31950—2015《企业诚信管理体系》标准的贯彻与实施，建立信用风险管理与控制体系，明确信用管理与风险控制的关键环节和职能职责，建立系统性的评价机制，从根本上消除可能存在或已经存在的失信风险，提升核心竞争力和稳定盈利能力，实现企业行稳致远、基业长青。

第六章

2020 中国民营企业信用 100 强发展报告

《2020 中国民营企业信用 100 强发展报告》是由中国企业改革与发展研究会、中国合作贸易企业协会、国信联合（北京）认证中心联合开展的中国民营企业信用分析研究成果，是第 7 次向社会发布。

2020 中国民营企业信用 100 强的入围门槛为：企业综合信用指数为 90 分以上，且 2019 年净利润为 104000 万元以上，较 2019 中国民营企业信用 100 强的 132000 万元降低了 28000 万元。

2020 中国民营企业信用 100 强分析研究及发布活动，旨在从中国民营企业的信用环境、信用能力、信用行为三个方面，对中国民营企业的信用发展状况进行分析评价，客观真实地反映我国民营企业的信用发展状况和水平，同时为政府、行业、企业和社会提供参考依据。

一、2020 中国民营企业信用 100 强分布特征

（一）2020 中国民营企业信用 100 强行业分布特征

2020 中国民营企业信用 100 强的行业分布，按照入围企业数量的多少排序，分别为：电力、电气等设备、机械、元器件及光伏、电池、线缆制造业有 10 家企业；医药、生物制药、医疗设备制造业有 9 家企业；汽车及零配件制造业有 7 家企业；黑色冶金及压延加工业有 6 家企业；纺织品、服装、服饰、鞋帽、皮革加工业，造纸及纸制品（含木材、藤、竹、家具等）加工、印刷、包装业，化学原料及化学制品（含精细化工、日化、肥料等）制造业，建筑材料及玻璃等制造业及非金属矿物制品业各有 5 家企业；农副食品及农产品加工业，化学纤维制造业，一般有色冶金及压延加工业，商业零售业及连锁超市各有 4 家企业；食品（含饮料、乳制品、肉食品等）加工制造业，纺织、印染业，计算机、通信器材、办公、影像等设备及零部件制造业，文化产业（书刊出版、印刷、发行与销售及影视、音像、文体、演艺等）各有 3 家企业；家用电器及零配件制造业，多元化投资控股、商务服务业，房地产开发与经营、

物业及房屋装饰、修缮、管理等服务业，综合服务业（以服务业为主，含有制造业），建筑业各有2家企业；橡胶、塑料制品业，工程机械、设备和特种装备（含电梯、仓储设备）及零配件制造业，船舶、轨道交通设备及零部件制造业，电子元器件与仪器仪表、自动化控制设备制造业，动力、电力生产等装备、设备制造业，综合制造业（以制造业为主，含有服务业），航空运输及相关服务业，公用事业、市政、水务、航道等公共设施投资、经营与管理业，信息、传媒、电子商务、网购、娱乐等互联网服务业，农业、渔业、畜牧业及林业各有1家企业入围。

综合入围企业的行业分布情况来看，包括了三个大类行业中的31个细分行业，比2019年减少了3个细分行业。其中，生产业3家企业，比2018年减少了3家企业，分布在2个细分行业中；制造业81家企业，比2019年增加了4家企业，分布在21个细分行业中；服务业16家企业，比2019年减少了1家企业，分布在8个细分行业中。

2020中国民营企业信用100强行业分布见表6-1。

表6-1 2020中国民营企业信用100强行业分布

序号	行业	企业数(家)
制造业		81
1	农副食品及农产品加工业	4
2	食品(含饮料、乳制品、肉食品等)加工制造业	3
3	纺织、印染业	3
4	纺织品、服装、服饰、鞋帽、皮革加工业	5
5	造纸及纸制品(含木材、藤、竹、家具等)加工、印刷、包装业	5
6	化学原料及化学制品(含精细化工、日化、肥料等)制造业	5
7	医药、生物制药、医疗设备制造业	9
8	化学纤维制造业	4
9	橡胶、塑料制品业	1
10	建筑材料及玻璃等制造业及非金属矿物制品业	5
11	黑色冶金及压延加工业	6
12	一般有色冶金及压延加工业	4
13	工程机械、设备和特种装备(含电梯、仓储设备)及零配件制造业	1
14	电力、电气等设备、机械、元器件及光伏、电池、线缆制造业	10
15	船舶、轨道交通设备及零部件制造业	1
16	家用电器及零配件制造业	2
17	电子元器件与仪器仪表、自动化控制设备制造业	1
18	动力、电力生产等装备、设备制造业	1
19	计算机、通信器材、办公、影像等设备及零部件制造业	3
20	汽车及零配件制造业	7
21	综合制造业(以制造业为主,含有服务业)	1

续表

序号	行业	企业数(家)
服务业		16
22	航空运输及相关服务业	1
23	商业零售业及连锁超市	4
24	多元化投资控股、商务服务业	2
25	房地产开发与经营、物业及房屋装饰、修缮、管理等服务业	2
26	公用事业、市政、水务、航道等公共设施投资、经营与管理业	1
27	文化产业(书刊出版、印刷、发行与销售及影视、音像、文体、演艺等)	3
28	信息、传媒、电子商务、网购、娱乐等互联网服务业	1
29	综合服务业(以服务业为主,含有制造业)	2
生产业		3
30	农业、渔业、畜牧业及林业	1
31	建筑业	2
合计		100

(二) 2020 中国民营企业信用 100 强地区分布特征

从 2020 中国民营企业信用 100 强地区分布情况来看，东部地区的 8 个省（直辖市）共有 79 家企业入围。其中，浙江有 28 家，江苏有 16 家，广东有 10 家，山东有 8 家，河北有 7 家，北京、上海各有 4 家，福建有 2 家。

2020 中国民营企业信用 100 强地区分布见表 6-2。

表 6-2 2020 中国民营企业信用 100 强地区分布

区域	地区	入围企业数(家)		区域	地区	入围企业数(家)		区域	地区	入围企业数(家)	
		2020 年	2019 年			2020 年	2019 年			2020 年	2019 年
东部地区	北京	4	6	中部地区	安徽	1	1	西部地区	广西		
	广东	10	10		湖北	2	2		重庆	1	1
	河北	7	5		湖南	2			四川	4	4
	江苏	16	19		江西	2	1		陕西	1	1
	山东	8	12		河南	4	3		内蒙古	1	1
	上海	4	5		吉林	1			宁夏		1
	天津				山西				新疆	1	2
	浙江	28	22						贵州		
	辽宁		1						甘肃	1	2
	福建	2	1								
	海南										
合计		79	81	合计		13	7	合计		9	12

中部地区有 12 家企业入围。其中，河南有 4 家，湖北、湖南、江西各有 2 家，安徽、吉林各有 1 家。

西部地区有 9 家企业入围。其中，四川有 4 家，重庆、陕西、内蒙古、新疆、甘肃各有 1 家。

从变动情况分析，东部地区较 2019 年减少了 2 家，中部地区较 2019 年增加了 5 家，西部地区较 2019 年减少了 3 家。浙江（28 家）、江苏（16 家）、广东（10 家）这三个省份仍然是中国民营企业信用 100 强大户。

二、2020 中国民营企业信用 100 强效益变化趋势分析

（一）2020 中国民营企业信用 100 强收益性指标变化趋势分析

收益性指标从营收利润率、资产利润率和所有者权益报酬率三项指标进行分析。中国民营企业信用 100 强2011—2019 年的营收利润率分别为4.35%、3.96%、9.13%、9.72%、12.10%、11.85%、11.19%、13.43%、10.32%；资产利润率分别为 5.91%、6.38%、7.19%、7.27%、8.01%、9.00%、9.11%、9.42%、8.79%；所有者权益报酬率分别为 22.40%、15.75%、19.68%、17.59%、18.20、17.54%、19.02%、20.64%、17.36%。

2011—2019 年中国民营企业信用 100 强收益性指标变化趋势分析见图 6-1。

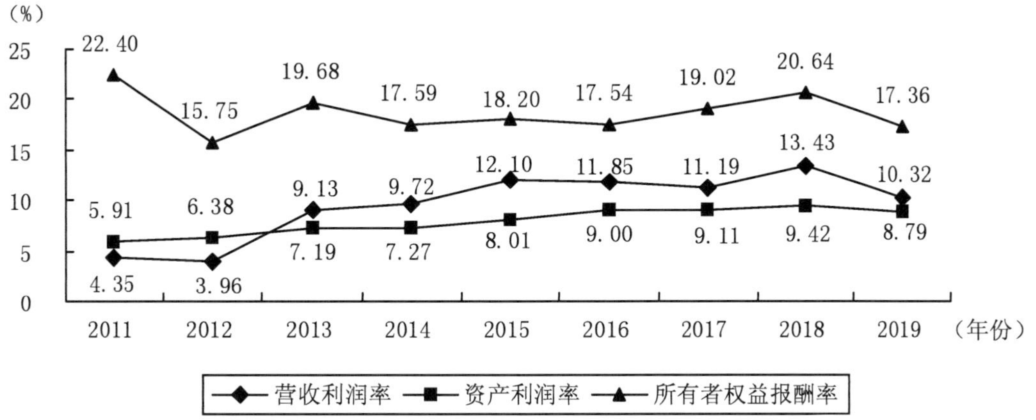

图 6-1 2011—2019 年中国民营企业信用 100 强收益性指标变化趋势分析

1. 民营企业信用 100 强盈利能力减弱，与样本民营企业的差距明显缩小

第一，从营收利润率指标分析，2020 中国民营企业信用 100 强的营收利润率有所下降，该指

标由 2018 年的 13.43%下降到 2019 年的 10.32%，较 2018 年下降了 3.11 个百分点。

第二，与样本民营企业对比分析，2019 年样本民营企业的营收利润率为 2.16%，比 2018 年的 3.22%下降了 1.06 个百分点。2020 中国民营企业信用 100 强 2019 年的营收利润率较样本民营企业高出 8.16 个百分点。

第三，综合营收利润率指标分析，2020 中国民营企业信用 100 强营收利润率与样本民营企业相比，两者的差距由 2018 年的 10.21 个百分点缩小到 2019 年的 8.16 个百分点，缩小了 2.05 个百分点，但 2020 中国民营企业信用 100 强与样本民营企业相比，盈利能力仍具有显著优势。

2. 资产利润率小幅回落，资产效益不具有明显的比较优势

第一，从资产利润率指标分析，2011—2018 年，中国民营企业信用 100 强的资产利润率持续提高，但 2019 年由 2018 年的9.42%回落到 8.79%，回落了 0.63 个百分点。

第二，与样本民营企业对比分析，2019 年样本民营企业的资产利润率为 1.72%，比 2018 年的2.34%降低了 0.62 个百分点。2020 中国民营企业信用 100 强 2019 年的资产利润率较样本民营企业高出 7.07 个百分点。

第三，综合资产利润率指标分析，2020 中国民营企业信用 100 强 2019 年的资产利润率与样本民营企业之间的差距与 2018 年的基本持平。由此可见，2020 中国民营企业信用 100 强与样本企业相比，其资产效益不具有明显的比较优势。

3. 所有者权益报酬率下降，但仍保持较高水平

第一，从所有者权益报酬率指标分析，2020 中国民营企业信用 100 强 2019 年的所有者权益报酬率有所下降，由 2018 年的20.64%下降到 2019 年的 17.36%，下降了 3.28 个百分点。

第二，与样本民营企业对比分析，样本民营企业 2019 年的所有者权益报酬率为 3.67%，与 2018 年的 5.84%相比回落了 2.17 个百分点。2020 中国民营企业信用 100 强 2019 年的所有者权益报酬率较样本民营企业高出 13.69 个百分点。

第三，综合所有者权益报酬率指标分析，2020 中国民营企业信用 100 强和样本民营企业的所有者权益报酬率指标均有所下降，两者的差距由 2018 年的 14.80 个百分点缩小到 2019 年的 13.69 个百分点，缩小了 1.11 个百分点。

（二）2020 中国民营企业信用 100 强流动性和安全性指标变化趋势分析

流动性和安全性从资产周转率、资本保值增值率和所有者权益比率三项指标进行分析。

2011—2019 年，中国民营企业信用 100 强的资产周转率分别为 1.79 次/年、2.24 次/年、1.04 次/年、0.99 次/年、0.95 次/年、0.94 次/年、1.05 次/年、0.94 次/年、1.01 次/年；资本保值增值率分别为 117.22%、132.15%、118.38%、125.96%、124.86%、123.49%、125.24%、123.90%、122.41%；所有者权益比率分别为 29.86%、35.47%、34.37%、36.59%、43.07%、45.06%、46.27%、43.82%、48.11%。

2011—2019 年中国民营企业信用 100 强资产周转率、资本保值增值率变化趋势分析见图 6-2。

2011—2019 年中国民营企业信用 100 强所有者权益比率变化趋势分析见图 6-3。

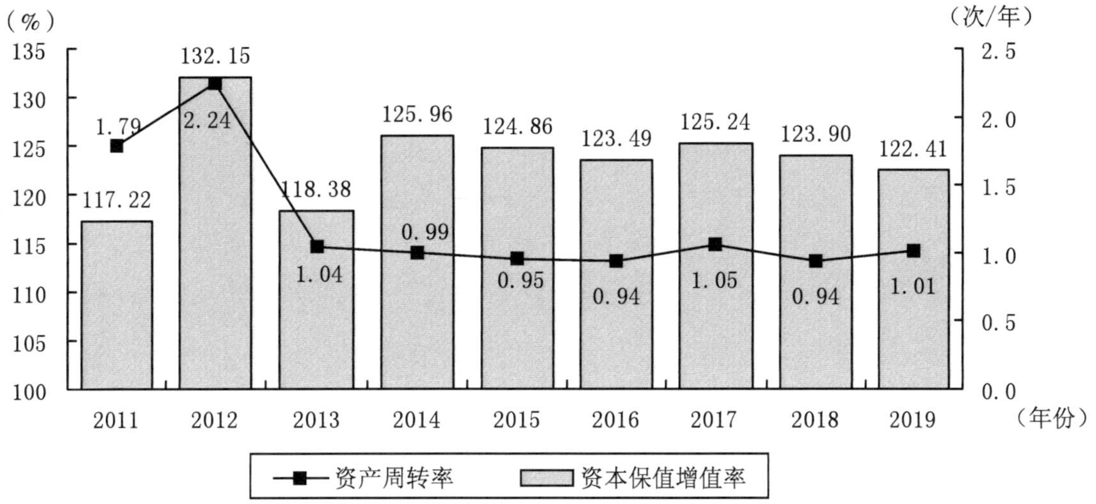

图 6-2 2011—2019 年中国民营企业信用 100 强资产周转率、资本保值增值率变化趋势分析

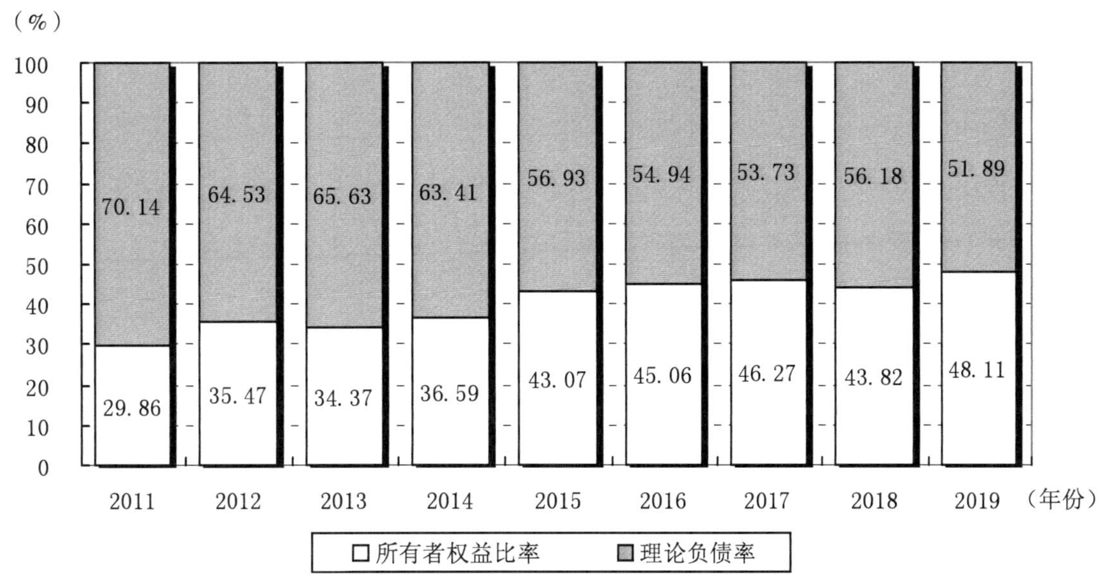

图 6-3 2011—2019 年中国民营企业信用 100 强所有者权益比率变化趋势分析

1. 流动性有所加快

第一，从资产周转率指标分析，2020 中国民营企业信用100 强的资产周转率有所加快。2019 年资产周转率为 1.01 次/年，比 2018 年的 0.94 次/年加快了 0.07 次/年。

第二，与样本民营企业对比分析，样本民营企业 2019 年的资产周转率为 0.69 次/年，比 2018 年的 0.71 次/年减缓了 0.02 次/年。2020 中国民营企业信用 100 强 2019 年的资产周转率较样本民营企业高出 0.32 次/年。

第三，综合资产周转率指标分析，2020 中国民营企业信用 100 强的资产周转率有所加快，而样本民营企业资产周转率减缓，两者的差距进一步扩大，表明民营企业信用 100 强的资产运营效率具有明显的优势。

2. 资本保值增值率持续下降

第一，从资本保值增值率指标分析，2020 中国民营企业信用 100 强的资本保值增值率有所下降，2019 年为 122.41%，较 2018 年的 123.90%下降了 1.49 个百分点。

第二，与样本民营企业对比分析，样本民营企业 2019 年的资本保值增值率为 106.31%，比 2018 年的 107.61%下降了 1.30 个百分点。2020 中国民营企业信用 100 强 2019 年的资本保值增值率较样本民营企业高出 16.10 个百分点。

第三，综合资本保值增值率指标分析，无论是 2020 中国民营企业信用 100 强还是样本民营企业的资本保值增值率均有所下降，但 2020 中国民营企业信用 100 强下降的幅度要大于样本企业，表明两者的差距较 2018 年有所缩小。

3. 理论负债率水平明显降低，资金压力进一步加大

第一，从所有者权益比率指标分析，2020 中国民营企业信用100 强2019 年的所有者权益比率为 48.11%，比 2018 年的43.82%提升了 4.29 个百分点，相应的理论负债率水平明显下降。

第二，与样本民营企业对比分析，样本民营企业 2019 年的所有者权益比率为 55.00%，比 2018 年的 53.62%提升了 1.38 个百分点。2020 中国民营企业信用 100 强 2019 年的所有者权益比率较样本民营企业低 6.89 个百分点。

第三，综合负债率水平分析，2020 中国民营企业信用 100 强的理论负债率水平继续高于样本民营企业，但样本民营企业与 2020 中国民营企业信用 100 强之间的差距较其与 2019 中国民营企业信用 100 强的差距缩小了 2.91 个百分点。

由此可见，2020 中国民营企业信用 100 强与样本民营企业的所有者权益比率均有所提高，相应的理论负债率水平均有所下降。相对而言，2020 中国民营企业信用 100 强的理论负债率水平高于样本民营企业，在资金信贷方面仍具有明显的信用优势。总体而言，民营企业的整

体融资环境有待进一步改善。

（三）2020 中国民营企业信用 100 强成长性指标变化趋势分析

成长性指标从营收增长率、利润增长率、资产增长率、资本积累率和人员增长率五项指标进行分析。

中国民营企业信用 100 强 2011—2019 年营收增长率分别为 54.51%、17.43%、19.44%、18.53%、20.28%、16.62%、25.64%、18.47%、18.55%；利润增长率分别为-14.21%、70.62%、43.37%、85.51%、62.72%、21.90%、53.25%、26.58%、38.50%；资产增长率分别为 30.09%、16.15%、20.43%、25.92%、26.35%、21.00%、24.58%、20.83%、17.63%；资本积累率分别为-6.35%、73.16%、19.01%、48.30%、35.11%、26.49%、27.03%、20.45%、25.93%；人员增长率分别为 13.54%、6.92%、5.00%、13.64%、9.24%、10.51%、10.01%、9.77%、6.42%。

2011—2019 年中国民营企业信用 100 强成长性指标变化趋势分析见图 6-4。

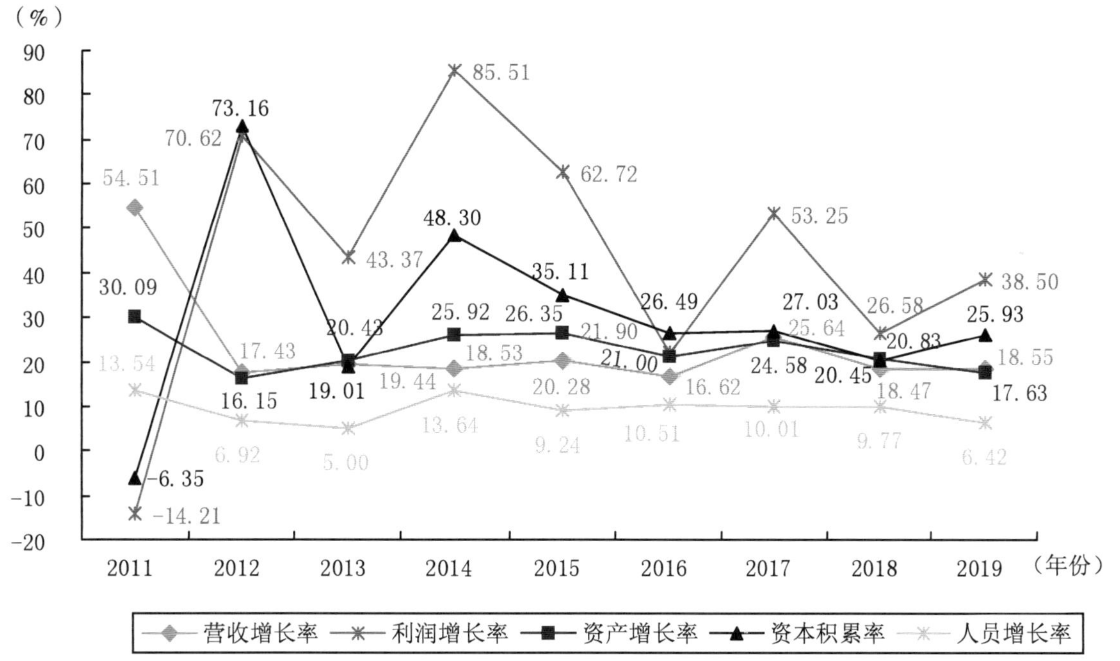

图 6-4 2011—2019 年中国民营企业信用 100 强成长性指标变化趋势分析

1. 营收增长率持续保持较高增速

第一，从营收增长率指标分析，2020 中国民营企业信用 100 强 2019 年的营收增长率为 18.55%，比 2018 年的 18.47%提升了 0.08 个百分点。

第二，与样本民营企业对比分析，样本民营企业 2019 年的营收增长率为 8.92%，比 2018

年的 15.95%下降了 7.03 个百分点。2020 中国民营企业信用 100 强 2019 年的营收增长率较样本民营企业高出 9.63 个百分点。

第三，综合营收增长率指标分析，2020 中国民营企业信用 100 强的营收增长率保持高位运行，而样本民营企业 2019 年的营业收入增速较 2018 年有大幅回落。从总体来看，两者差距进一步拉大。这一情况表明，民营企业信用 100 强在营业收入增速上具有明显的比较优势，2020 中国民营企业信用 100 强企业增长动力充沛。

2. 利润增速大幅提升

第一，从利润增长率指标分析，2020 中国民营企业信用 100 强 2019 年的利润增长率为 38.50%，比 2018 年的 26.58%提高了 11.92 个百分点。

第二，与样本民营企业对比分析，样本民营企业 2019 年的利润增长率为-2.13%，比 2018 年的-1.37%扩大了 0.76 个百分点。2020 中国民营企业信用 100 强 2019 年的利润增长率较样本民营企业高出 40.63 个百分点。

第三，综合利润增长率指标分析，2020 中国民营企业信用 100 强 2019 年的利润增速较 2018 年有大幅度提升，而样本民营企业的利润指标则表现为负增长，且负增长的幅度又有所扩大。总体来看，两者的差距进一步扩大，表明民营企业信用 100 强在利润增长率指标上具有突出优势，在竞争中也具有明显的比较优势。

3. 资产增速有所回落，规模发展步伐放缓

第一，从资产增长率指标分析，2020 中国民营企业信用 100 强 2019 年的资产增长率为 17.63%，比 2018 年的 20.83%回落了 3.20 个百分点。

第二，与样本民营企业对比分析，样本民营企业 2019 年的资产增长率为 10.93%，比 2018 年的 13.66%回落了 2.73 个百分点。2020 中国民营企业信用 100 强 2019 年的资产增长率高于样本民营企业 6.70 个百分点。

第三，综合资产增长率指标分析，2020 中国民营企业信用 100 强 2019 年的资产规模增速和样本民营企业 2019 年的资产规模增速与 2018 年相比均有所回落，但相对来说，民营企业资产规模总体上仍然保持较高增速，但规模发展步伐明显放缓，民营企业普遍采取更为审慎的投资态度，这有利于我国民营企业向提质增效、效益优先和高质量发展方向转变。

4. 资本积累率明显提高，企业实力普遍增强

第一，从资本积累率指标分析，2020 中国民营企业信用 100 强 2019 年的资本积累率为 25.93%，比 2018 年的 20.45%提升了 5.48 个百分点。

第二，与样本民营企业对比分析，样本民营企业 2019 年的资本积累率为 12.98%，比 2018 年的 10.29%提升了 2.69 个百分点。2020 中国民营企业信用 100 强 2019 年的资本积累率比样本民营企业的资本积累率高出 12.95 个百分点，而 2019 中国民营企业信用 100 强 2018 年的资本积累率高于样本民营企业 10.16 个百分点，两者的差距进一步扩大。

第三，综合资本积累率指标分析，2020 中国民营企业信用 100 强和样本民营企业的净资产均保持增长态势，而 2020 中国民营企业信用 100 强的资本积累具有明显优势。总体而言，民营企业的资本实力普遍增强。

5. 人员增速减缓

第一，从人员增长率指标分析，2020 中国民营企业信用 100 强 2019 年的人员增长率为 6.42%，比 2018 年的 9.77%回落了 3.35 个百分点。

第二，与样本民营企业对比分析，样本民营企业 2019 年的人员增长率为 2.44%，比 2018 年的 6.68%回落了 4.24 个百分点。2020 中国民营企业信用 100 强 2019 年的人员增长率比样本民营企业的人员增长率高出 3.98 个百分点。

第三，综合人员增长率指标分析，2020 中国民营企业信用 100 强的人员规模增速也要明显高于样本民营企业，两者的差距较 2018 年扩大了 0.89 个百分点。总体而言，民营企业的人员增速普遍减缓，但民营企业信用 100 强的人员增速保持相对较高水平。

6. 人均营收额提高

第一，从人均营收额指标分析，2020 中国民营企业信用 100 强 2019 年的人均营收额为 315.85 万元，比 2018 年的 245.59 万元提高了 70.26 万元。

第二，与样本民营企业对比分析，样本民营企业 2019 年的人均营收额为 222.73 万元，比 2018 年的 222.30 万元微幅提高了 0.43 万元。2020 中国民营企业信用 100 强的人均营收额比样本民营企业的人均营收额高出 93.12 万元。

第三，综合人均营收额指标分析，2020 中国民营企业信用 100 强的人均营收额要远高于样本企业，两者的差距由 2018 年的 23.29 万元进一步扩大到 2019 年的 93.12 万元，中国民营企业信用 100 强的劳动效益具有明显优势。

7. 人均利润额优势更趋明显

第一，从人均利润额指标分析，2020 中国民营企业信用 100 强 2019 年的人均利润额为 16.42 万元，比 2018 年的 15.86 万元提高了 0.56 万元。

第二，与样本民营企业对比分析，样本民营企业 2019 年的人均利润额为 8.08 万元，比

2018 年的 9.00 万元下降了 0.92 万元。2020 中国民营企业信用 100 强的人均利润额比样本民营企业的人均利润额高出 8.34 万元。

第三，综合人均利润额指标分析，2020 中国民营企业信用 100 强 2019 年的人均利润额远高于样本民营企业，两者的差距由 2018 年的 6.86 万元扩大到 2019 年的 8.34 万元。由此可见，2020 中国民营企业信用 100 强的盈利优势更为突出。

8. 研发投入强度减弱

第一，从研发投入经费占营收总额比值指标分析，2020 中国民营企业信用 100 强 2019 年的研发投入经费占营收总额比值为 4.30%，比 2018 年的 3.61%提高了 0.69 个百分点。

第二，与样本民营企业对比分析，样本民营企业 2019 年的研发投入经费占营收总额比值为 5.76%，比 2018 年的 5.43%微幅提高了 0.33 个百分点。2020 中国民营企业信用 100 强 2019 年的研发投入经费占营收总额比值比样本民营企业低 1.46 个百分点。

第三，综合研发投入经费占营收总额比值指标分析，2020 中国民营企业信用 100 强研发投入经费占营收总额比值要小于样本民营企业，但两者的差距较 2018 年缩小了 0.36 个百分点。总体而言，民营企业的研发投入强度更强。

三、中国民营企业信用发展中存在的主要问题及若干建议

通过对 2020 中国民营企业信用 100 强的综合性分析可以发现，我国民营企业总体呈现平稳运行的态势，但由于受宏观经济影响和不确定因素的增多，民营企业在发展中也面临诸多困难与新问题，主要表现在盈利水平普遍下降、资产运行效率效益偏低、资金压力加大、成长动力不足等，这对民营企业的信用发展和高质量发展提出了新的挑战。

（一）补齐短板锻造长板，努力推动高质量发展

党的十九届五中全会通过的《中共中央关于制定国民经济和社会发展第十四个五年规划和二〇三五年远景目标的建议》（以下简称《建议》）提出：毫不动摇巩固和发展公有制经济，毫不动摇鼓励、支持、引导非公有制经济发展。并提出要优化民营经济发展环境，构建亲清政商关系，促进非公有制经济健康发展和非公有制经济人士健康成长，依法平等保护民营企业产权和企业家权益，破除制约民营企业发展的各种壁垒，完善促进中小微企业和个体工商

户发展的法律环境和政策体系。

一是抓住机遇，奋发有为。在构建新发展格局中，加快发展现代产业体系，推动经济体系优化升级，提升产业链供应链现代化水平。产业链供应链是大国经济循环畅通的关键，对民营企业而言同样蕴含着巨大的发展机遇。民营企业要紧紧抓住机遇、奋发有为，努力实现高质量发展。

二是要补齐短板，锻造长板。产业链的构建是一个复杂的过程，不仅涉及整个产业的上下游关联，而且涉及与产业高度相关的生产链、企业链、资金链、人才链、技术链、供应链、服务链、市场链等。民营企业要积极转变增长方式，充分释放利好政策效应，优化产业链布局，补齐产业链供应链短板，锻造产业链供应链长板，要集中企业的优势资源，培育优势产业，适时进入一些新兴产业、高新技术产业、高附加值产业，向产业链供应链的高端发展，寻求新的增长动力，打造新的增长点，开拓新的市场领域。

（二）大力推进技术创新，提高核心竞争力

《建议》提出：坚持创新在我国现代化建设全局中的核心地位，把科技自立自强作为国家发展的战略支撑，面向世界科技前沿、面向经济主战场、面向国家重大需求、面向人民生命健康，深入实施科教兴国战略、人才强国战略、创新驱动发展战略，完善国家创新体系，加快建设科技强国。要强化企业创新主体地位，促进各类创新要素向企业集聚。发挥大企业引领支撑作用，支持创新型中小微企业成长为创新重要发源地，加强共性技术平台建设，推动产业链上中下游、大中小企业融通创新。

一是加大技术研发和创新投入。技术链是产业链供应链的核心组成部分，技术创新是提升产业链供应链现代化水平的关键。应注重推进先进实用技术创新，以此形成能够有效接续高新技术落地生根的多层次技术链，构建以高新技术为支撑的现代化产业链供应链。科技进步日新月异，民营企业需要跟上时代步伐，在加大技术研发和创新投入的同时，主动拓展技术创新思路和方法，不断进取、有所作为。主动拥抱大数据、云平台，尤其是学会用好“互联网+”，并以此为契机用数字技术为企业的生产链、技术链、管理链、流通链、服务链、市场链赋能。既要勇于设想和拓宽实用技术创新的领域和范围，又要敢于设想和参与高新技术的创新和实践，以科技为支撑努力实现高质量发展。

二是加强人才队伍建设，提升产品和服务质量。民营企业应从偏重于“挖人才”转到高度重视发现人才、培养人才和进一步用好人才上来，完善企业的激励创新制度，进一步加强创新型、应用型、技能型人才培养，成为人才蓄水池，吸引并留住更多勇于创新创业的人才。此外，民营企业还应努力提升产品和服务质量，用高质量产品和服务赢得更多市场认同和社

会认可，并赢得更优质的投资支持；加强现代企业制度建设，扩大企业规模，提升企业发展质量，使企业在提升产业链供应链现代化水平中发挥更大作用，获得更大发展。

（三）坚持底线思维，切实承担社会责任

《关于新时代加快完善社会主义市场经济体制的意见》提出："构建适应高质量发展要求的社会信用体系和新型监管机制。完善诚信建设长效机制，推进信用信息共享，建立政府部门信用信息向市场主体有序开放机制。健全覆盖全社会的征信体系，培育具有全球话语权的征信机构和信用评级机构。实施"信易+"工程。完善失信主体信用修复机制。建立政务诚信监测治理体系，建立健全政府失信责任追究制度。严格市场监管、质量监管、安全监管，加强违法惩戒。加强市场监管改革创新，健全以"双随机、一公开"监管为基本手段、以重点监管为补充、以信用监管为基础的新型监管机制。以食品安全、药品安全、疫苗安全为重点，健全统一权威的全过程食品药品安全监管体系。完善网络市场规制体系，促进网络市场健康发展。健全对新业态的包容审慎监管制度。"

民营企业要强化社会责任意识、规则意识、奉献意识，把诚信作为基本的道德操守，形成诚信价值观，培育诚信文化，以诚信为准则来约束自身的行为，培养信守承诺的社会责任感，尤其是要在环保诚信、质量诚信、竞争诚信、纳税诚信、金融诚信、社会诚信等方面，坚持底线思维，守牢诚信红线，将诚信作为一项基本义务严格履行。企业要切实建立信用风险管理与控制体系，积极推进《企业诚信管理体系》标准的贯彻与实施，由事后风险管理转变为事前、事中、事后的全过程信用管理，明确信用管理与风险控制的关键环节和职能职责，建立系统性的评价机制，从根本上防患可能存在或已经存在的失信风险。通过诚信制度约束企业经营行为，树立民营企业良好诚信形象，以信用建设推进企业持续健康和高质量发展。

第七章
2020 中国上市公司信用 500 强发展报告

由中国企业改革与发展研究会、中国合作贸易企业协会、国信联合（北京）认证中心联合开展的 2020 中国上市公司信用分析研究，是第 6 次向社会发布。

2020 中国上市公司信用 500 强的入围门槛为：企业综合信用指数为 90 分以上，且 2019 年归属于上市公司股东的净利润为 45700 万元以上，较 2019 中国上市公司信用 500 强的 38400 万元提高了 7300 万元。

2020 中国上市公司信用 500 强分析研究及发布活动，旨在从中国上市公司的信用环境、信用能力、信用行为三个方面对中国上市公司的信用发展状况进行分析评价，客观真实地反映我国上市公司的信用发展状况和水平，同时为政府、行业、企业和社会提供参考依据。

一、2020 中国上市公司信用 500 强分布特征

（一）2020 中国上市公司信用 500 强行业分布特征

2020 中国上市公司信用 500 强的行业分布，包括三个大类行业中的 58 个细分行业。其中，制造业 293 家企业，分布在 28 个细分行业；服务业 169 家企业，分布在 25 个细分行业；生产业 38 家企业，分布在 5 个细分行业。

2020 中国上市公司信用 500 强行业分布见表 7-1。

按照入围企业数量的多少排序分别为：医药、生物制药、医疗设备制造业，有 51 家；银行业，有 29 家；电力、电气等设备、机械、元器件及光伏、电池、线缆制造业，有 23 家；化学原料及化学制品（含精细化工、日化、肥料等）制造业，建筑材料、玻璃等制造业及非金属矿物制品业，各有 22 家；电子元器件与仪器仪表、自动化控制设备制造业，有 21 家；工程机械、设备和特种装备（含电梯、仓储设备）及零配件制造业，软件、程序、计算机应用、网络工程等计算机、微电子服务业，各有 19 家；文化产业（书刊出版、印刷、发行与销售及影视、音像、文体、演艺等），有 16 家；一般有色冶金及压延加工业，汽车及零配件制造业，综合服务

表7-1 2020中国上市公司信用500强行业分布

序号	行业	企业数(家)
制造业		293
1	农副食品加工业	5
2	食品(含饮料、乳制品、肉食品等)加工制造业	7
3	酿酒制造业	12
4	纺织、印染业	3
5	纺织品、服装、鞋帽、服饰加工业	5
6	造纸及纸制品(含木材、藤、竹、家具等)加工、印刷、包装业	13
7	生活用品(含文体、玩具、工艺品、珠宝)等轻工产品加工制造业	1
8	石化产品、炼焦及其他燃料生产加工业	1
9	化学原料及化学制品(含精细化工、日化、肥料等)制造业	22
10	医药、生物制药、医疗设备制造业	51
11	化学纤维制造业	4
12	橡胶、塑料制品业	5
13	建筑材料、玻璃等制造业及非金属矿物制品业	22
14	黑色冶金及压延加工业	3
15	一般有色冶金及压延加工业	14
16	黄金冶炼及压延加工业	2
17	金属制品、加工工具、工业辅助产品加工制造业	6
18	工程机械、设备和特种装备(含电梯、仓储设备)及零配件制造业	19
19	通用机械设备和专用机械设备及零配件制造业	10
20	电力、电气等设备、机械、元器件及光伏、电池、线缆制造业	23
21	船舶、轨道交通设备及零部件制造业	1
22	家用电器及零配件制造业	12
23	电子元器件与仪器仪表、自动化控制设备制造业	21
24	动力、电力生产等装备、设备制造业	4
25	计算机、通信器材、办公、影像等设备及零部件制造业	11
26	汽车及零配件制造业	14
27	航空航天、国防军工装备及零配件制造业	1
28	综合制造业(以制造业为主,含有服务业)	1
服务业		169
29	能源(电、热、燃气等)供应、开发、减排及再循环服务业	4
30	铁路运输及辅助服务业	3
31	陆路运输、城市公交、道路及交通辅助等服务业	3
32	水上运输业	1
33	港口服务业	1
34	航空运输及相关服务业	5
35	航空港及相关服务业	1
36	电信、邮寄、速递等服务业	1
37	软件、程序、计算机应用、网络工程等计算机、微电子服务业	19
38	物流、仓储、运输、配送服务业	6

续表

序号	行业	企业数(家)
39	机电、电子产品内外贸及批发业	1
40	综合性内外商贸及批发、零售业	5
41	医药专营批发、零售业及医疗服务业	13
42	商业零售业及连锁超市	13
43	银行业	29
44	保险业	4
45	多元化投资控股、商务服务业	5
46	房地产开发与经营、物业及房屋装饰、修缮、管理等服务业	7
47	旅游、旅馆及娱乐服务业	4
48	公用事业、市政、水务、航道等公共设施投资、经营与管理业	4
49	人力资源、会展博览、国内外经济合作等社会综合服务业	1
50	科技研发、推广及地勘、规划、设计、评估、咨询、认证等承包服务业	4
51	文化产业(书刊出版、印刷、发行与销售及影视、音像、文体、演艺等)	16
52	信息、传媒、电子商务、网购、娱乐等互联网服务业	5
53	综合服务业(以服务业为主,含有制造业)	14
生产业		38
54	农业、渔业、畜牧业及林业	6
55	煤炭采掘及采选业	6
56	石油、天然气开采及生产业	1
57	建筑业	11
58	电力生产业	14
合计		500

业（以服务业为主，含有制造业），电力生产业，各有 14 家；造纸及纸制品（含木材、藤、竹、家具等）加工、印刷、包装业，医药专营批发、零售业及医疗服务业，商业零售业及连锁超市，各有 13 家；酿酒制造业，家用电器及零配件制造业，各有 12 家；计算机、通信器材、办公、影像等设备及零部件制造业，建筑业，各有 11 家；通用机械设备和专用机械设备及零配件制造业，有 10 家；食品（含饮料、乳制品、肉食品等）加工制造业，房地产开发与经营、物业及房屋装饰、修缮、管理等服务业，各有 7 家；金属制品、加工工具、工业辅助产品加工制造业，物流、仓储、运输、配送服务业，农业、渔业、畜牧业及林业，煤炭采掘及采选业，各有 6 家；农副食品加工业，纺织品、服装、鞋帽、服饰加工业，橡胶、塑料制品业，航空运输及相关服务业，综合性内外商贸及批发、零售业，多元化投资控股、商务服务业，信息、传媒、电子商务、网购、娱乐等互联网服务业，各有 5 家；化学纤维制造业，动力、电力生产等装备、设备制造业，能源（电、热、燃气等）供应、开发、减排及再循环服务业，保险业，旅游、旅馆及娱乐服务业，公用事业、市政、水务、航道等公共设施投资、经营与管理业，科技研发、推广及地勘、规划、设计、

评估、咨询、认证等承包服务业，各有 4 家；纺织、印染业，黑色冶金及压延加工业，铁路运输及辅助服务业，陆路运输、城市公交、道路及交通辅助等服务业，各有 3 家；黄金冶炼及压延加工业，有 2 家；生活用品（含文体、玩具、工艺品、珠宝）等轻工产品加工制造业，石化产品、炼焦及其他燃料生产加工业，船舶、轨道交通设备及零部件制造业，航空航天、国防军工装备及零配件制造业，综合制造业（以制造业为主，含有服务业），水上运输业，港口服务业，航空港及相关服务业，电信、邮寄、速递等服务业，机电、电子产品内外贸及批发业，人力资源、会展博览、国内外经济合作等社会综合服务业，石油、天然气开采及生产业，各有 1 家企业入围。

（二）2020 中国上市公司信用 500 强地区分布特征

从 2020 中国上市公司信用 500 强地区分布情况来看，东部地区的 10 个省（直辖市）共有 363 家企业入围。其中，北京有 77 家，广东有 75 家，浙江有 65 家，江苏有 42 家，上海有 38 家，山东有 31 家，福建有 18 家，河北有 9 家，天津有 5 家，辽宁有 3 家。

中部地区 8 个省有 68 家企业入围。其中，安徽有 16 家，湖北有 15 家，河南有 11 家，湖南有 8 家，江西有 7 家，吉林有 6 家，山西有 4 家，黑龙江有 1 家。

西部地区 9 个省（自治区、直辖市）有 69 家企业入围。其中，四川有 20 家，重庆有 11 家，新疆有 9 家，云南有 7 家，内蒙古有 6 家，贵州、陕西各有 4 家，广西有 3 家，甘肃、西藏各有 2 家，宁夏有 1 家。

2020 中国上市公司信用 500 强地区分布见表 7-2。

表 7-2 2020 中国上市公司信用 500 强地区分布

区域	地区	入围企业数(家)		区域	地区	入围企业数(家)		区域	地区	入围企业数(家)	
		2020 年	2019 年			2020 年	2019 年			2020 年	2019 年
东部地区	北京	78	73	中部地区	安徽	17	23	西部地区	甘肃	3	3
	广东	75	81		河南	11	10		广西	3	3
	河北	8	10		湖北	14	15		贵州	4	2
	江苏	42	45		湖南	8	9		内蒙古	6	8
	山东	31	32		吉林	6	3		宁夏		
	上海	38	46		黑龙江	1	2		四川	30	13
	天津	5	4		江西	7	7		新疆	9	9
	浙江	64	54		山西	4	6		云南	7	7
	辽宁	3	6						重庆		6
	福建	20	19						陕西	4	3
	海南								青海		
									西藏	2	1
合计		364	370	合计		68	75	合计		68	55

72.60%。其中，北京（77 家）、广东（75 家）、浙江（65 家）、江苏（42 家）上海（38 家）、山东（31 家）仍是上市公司信用 500 强大户。中部地区入围企业 68 家，占上市公司信用 500 强企业的 13.60%。西部地区入围企业 69 家，占上市公司信用 500 强企业的 13.80%。

二、2020 中国上市公司信用 500 强总体评价与分析

（一）2020 中国上市公司信用500 强信用环境评价与分析

2020 中国上市公司信用 500 强 2019 年的景气指数为 129.67 点，较 2018 年的 126.20 点提高了 3.47 点；盈利指数为 121.93 点，较 2018 年的 116.07 点提高了 5.86 点；效益指数为 111.72 点，较 2018 年的 112.37 点下降了 0.65 点。

2014—2019 年中国上市公司信用 500 强总体信用环境影响性分析见图 7-1。

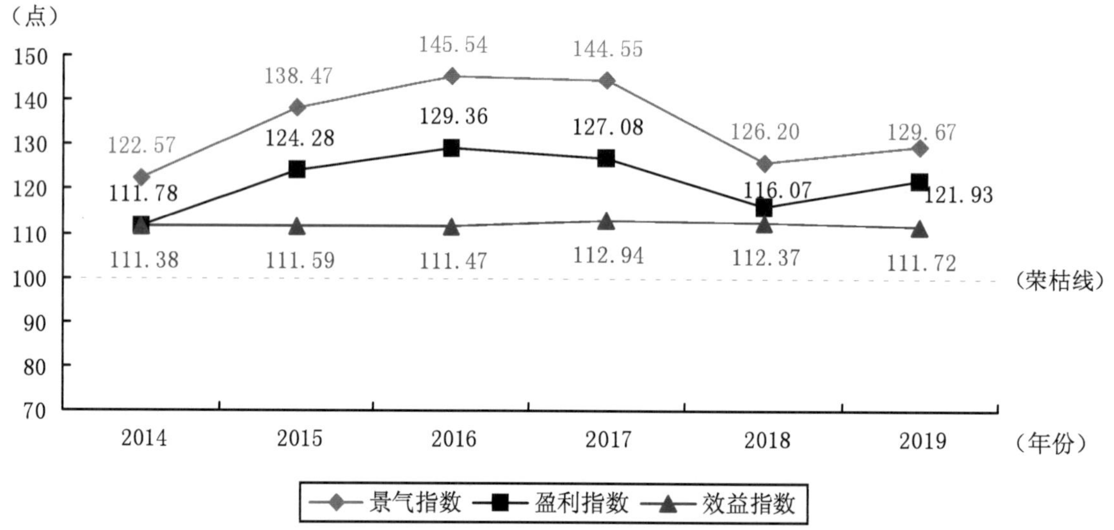

图 7-1 2014—2019 年中国上市公司信用 500 强总体信用环境影响性分析

从图 7-1 中可以看出，2020 中国上市公司信用 500 强 2019 年的两项指数呈现上升的态势。

中国上市公司 2019 年的景气指数为 105.19 点，较 2018 年的 106.13 点下降了 0.94 点；盈利指数为 99.69 点，较 2018 年的 96.92 点提高了 2.77 点；效益指数为 103.06 点，较 2018 年的 103.39 点下降了 0.33 点。

2014—2019 年中国上市公司信用环境影响性分析见图 7-2。

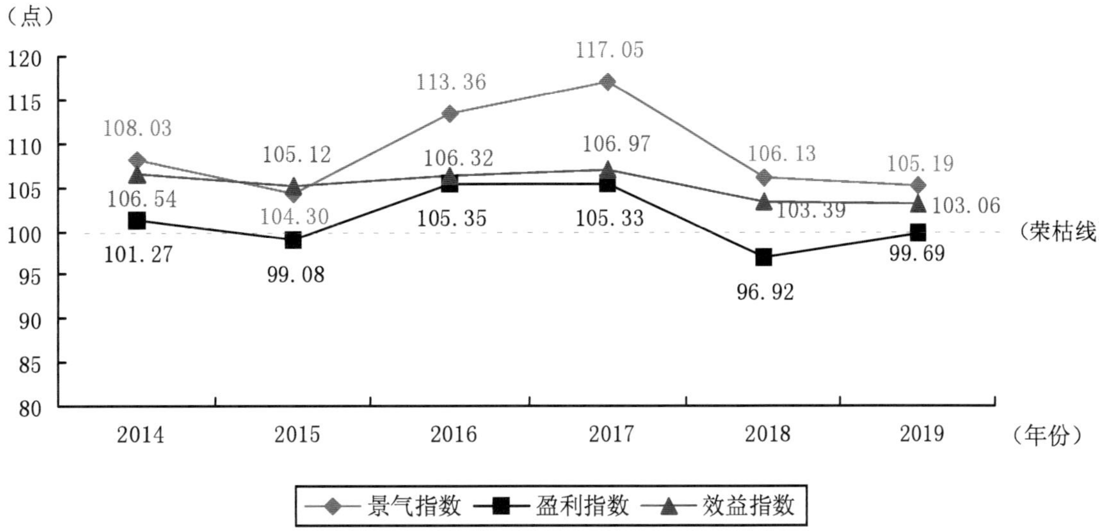

图 7-2 2014—2019 年中国上市公司信用环境影响性分析

从图 7-2 中可以看出，2019 年中国上市公司的两项指数呈现下降的态势，但下降的幅度有限。其中，盈利指数仍处在荣枯线以下，但负增长的幅度明显收窄；景气指数和效益指数均有小幅下降。总体来看，三项指数处于相对低位运行区间。

对比分析图 7-1、图 7-2 可以看出，2020 中国上市公司信用 500 强比样本上市公司的三项指数分别高出 24.48 点、22.24 点、8.66 点，2020 中国上市公司信用 500 强的三项指数均明显高于样本上市公司的平均水平，具有明显的优势。

(二) 2020 中国上市公司信用500 强总量评价与分析

1. 营业收入总量分析

2020 中国上市公司信用 500 强 2019 年的营业收入总额为 307017 亿元，较 2018 年的 277751 亿元增长了 10.54%，其增幅较 2018 年的 19.91%下降了 9.37 个百分点；营业收入总额占全部样本上市公司营业收入总额的 61.13%，较 2018 年的 61.45%下降了 0.32 个百分点；营业收入总额相当于 2019 年国内生产总值（GDP）986515 亿元的 31.12%，较 2018 年的 30.21%下降了 0.91 个百分点。

2014—2019 年中国上市公司信用 500 强营业收入总量分析见图 7-3。

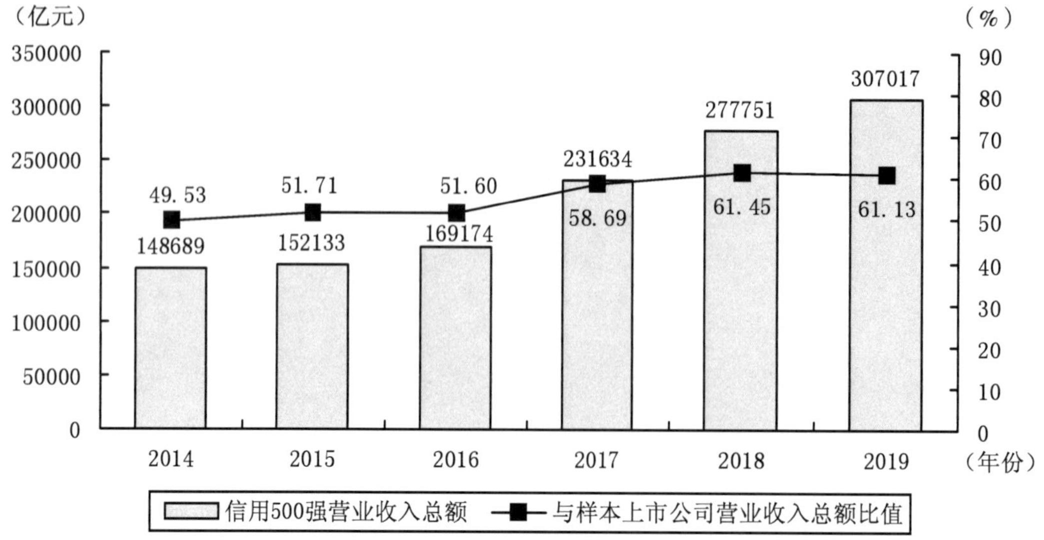

图 7-3 2014—2019 年中国上市公司信用 500 强营业收入总量分析

2. 净利润总量分析

2020 中国上市公司信用 500 强 2019 年净利润（归属于上市公司股东的净利润）总额为 34321 亿元，占全部样本上市公司净利润总额 45919 亿元的 74.74%，较 2018 年的 78.56%下降了 3.82 个百分点。

2014—2019 年中国上市公司信用 500 强净利润总量分析见图 7-4。

综合以上分析，2020 中国上市公司信用 500 强占全部上市公司的 13.59%，较 2019 中国上

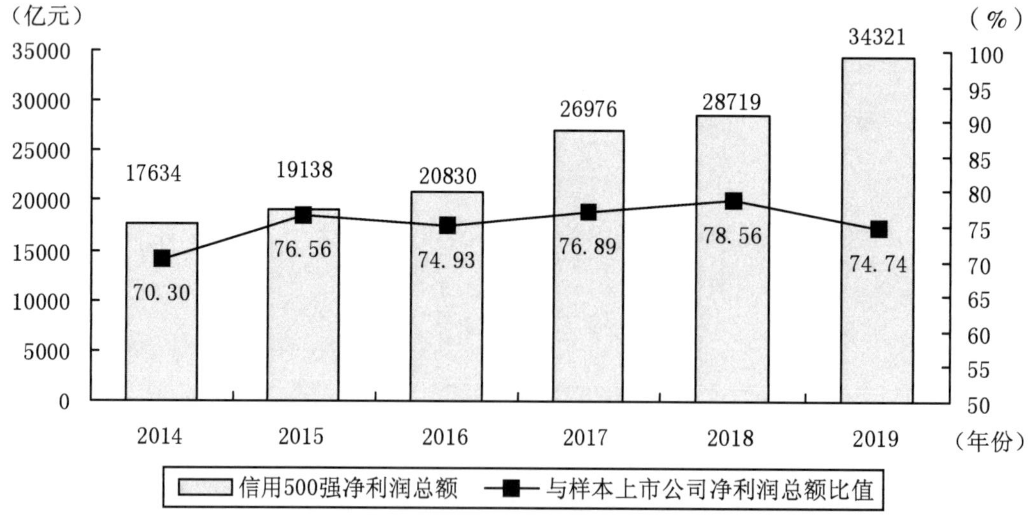

图 7-4 2014—2019 年中国上市公司信用 500 强净利润总量分析

市公司信用 500 强的占比 13.83%下降了 0.24 个百分点；营业收入总额占全部上市公司营业收入总额的 61.13%，较 2018 年的 61.45%下降了 0.32 个百分点；净利润总额占全部上市公司净利润总额的 74.74%，较 2018 年的 78.56%下降了 3.82 个百分点。可以看出，2020 中国上市公司信用 500 强营业收入总额和净利润总额所占比重下降的幅度要大于在上市公司中占比的下降幅度，说明上市公司信用 500 强的集中度有所下降。但总体来看，入围 2020 中国上市公司信用 500 强的企业仍然具有显著的市场竞争优势和盈利能力优势。

三、2020 中国上市公司信用 500 强效益变化趋势分析

（一）2020 中国上市公司信用 500 强收益性指标变化趋势分析

收益性指标包括营收利润率、资产利润率和所有者权益报酬率三项指标。中国上市公司信用 500 强 2011—2019 年的营收利润率分别为 15.28%、11.66%、12.38%、12.96%、12.77%、14.99%、16.17%、15.12%、14.23%；资产利润率分别为 4.01%、7.05%、7.18%、7.34%、6.59%、7.05%、7.80%、7.31%、7.26%；所有者权益报酬率分别为 18.47%、15.46%、18.24%、13.67%、12.32%、12.39%、14.86%、14.69%、13.67%。

2011—2019 年中国上市公司信用 500 强收益性指标变化趋势分析见图 7-5。

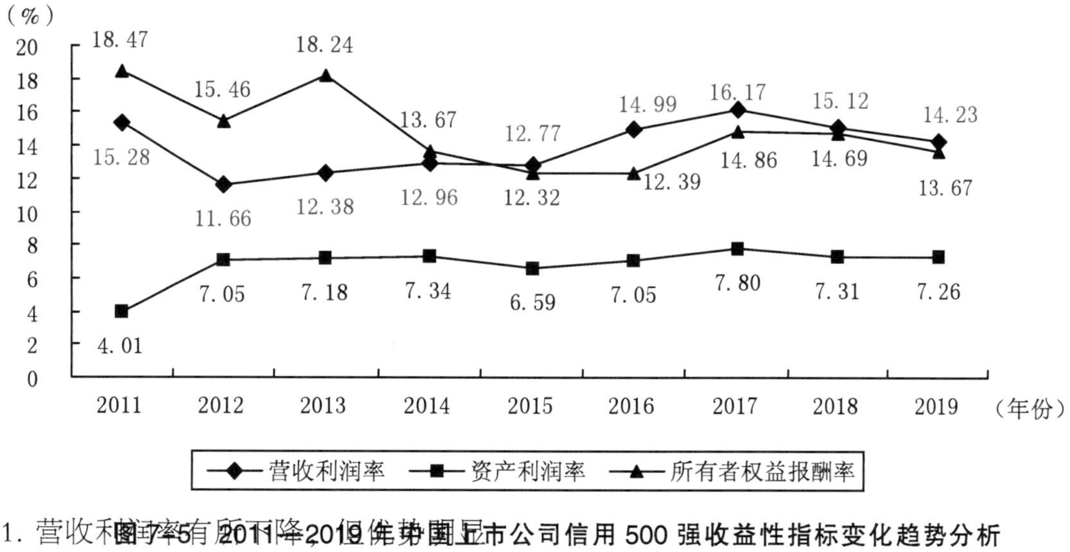

图 7-5 2011—2019 年中国上市公司信用 500 强收益性指标变化趋势分析

1. 营收利润率有所下降

第一，从营收利润率指标分析，中国上市公司信用 500 强的营收利润率由 2018 年的 15.12%下降到 2019 年的 14.23%，2019 年较 2018 年下降了 0.89 个百分点。

第二，与样本上市公司对比分析，样本上市公司 2019 年的营收利润率为 3.97%，比 2018 年的 4.25%下降了 0.28 个百分点。2020 中国上市公司信用 500 强 2019 年的营收利润率较样本上市公司高出 10.26 个百分点。

第三，综合营收利润率指标分析，中国上市公司信用 500 强的营收利润率总体运行平稳，虽有回落，但总体保持高位运行。而样本上市公司的下降幅度虽小，但总体处于低位运行。两者的差距由 2018 年的 10.87 个百分点下降到 10.26 个百分点，缩小了 0.61 个百分点。从综合对比分析可以看出，中国上市公司信用 500 强具有较高的盈利水平，盈利能力优势十分显著。

2. 资产利润率微幅下降

第一，从资产利润率指标分析，中国上市公司信用 500 强的资产利润率由 2018 年的 7.31%下降到 2019 年的 7.26%，微幅下降了 0.05 个百分点。

第二，与样本上市公司对比分析，样本上市公司 2019 年的资产利润率为 1.70%，比 2018 年的 1.67%微幅提高了 0.03 个百分点。2020 中国上市公司信用 500 强 2019 年的资产利润率较样本上市公司高出 5.56 个百分点。

第三，综合资产利润率指标分析，2020 中国上市公司信用 500 强和样本上市公司 2019 年的资产利润率较上年有降有升，但幅度均有限，两者的差距由 2018 年的 5.64 个百分点缩小到 2019 年的 5.56 个百分点。总体来看，中国上市公司信用 500 强的资产效益总体上仍然保持在较高水平，资产经营效益和质量具有明显优势。

3. 股东回报率持续保持较高水平

第一，从所有者权益报酬率指标分析，2020 中国上市公司信用 500 强的所有者权益报酬率由 2018 年的 14.69%下降到 2019 年的 13.67%，下降了 1.02 个百分点。

第二，与样本上市公司对比分析，样本上市公司 2019 年的所有者权益报酬率为 3.51%，比 2018 年的 4.24%下降了 0.73 个百分点。2020 中国上市公司信用 500 强 2019 年的所有者权益报酬率较样本上市公司高出 10.16 个百分点。

第三，综合所有者权益报酬率指标分析，上市公司信用 500 强的所有者权益报酬率总体运行平稳，虽有所下降，但仍处于较高水平，与样本上市公司相比，两者的差距由 2018 年的 10.45 个百分点缩小至 2019 年的 10.16 个百分点，上市公司信用 500 强的股东回报率明显要高于样本上市公司。

（二）2020 中国上市公司信用 500 强流动性和安全性指标变化趋势分析

流动性和安全性指标包括资产周转率、资本保值增值率和所有者权益比率三项指标。2011—2019 年中国上市公司信用 500 强的资产周转率分别为 0.67 次/年、0.94 次/年、0.78 次/年、0.76 次/年、0.51 次/年、0.60 次/年、0.64 次/年、0.69 次/年、0.69 次/年；资本保值增值率分别为 122.51%、121.39%、120.33%、126.17%、116.21%、119.24%、120.90%、117.75%、118.45%；所有者权益比率分别为 22.07%、44.17%、41.03%、53.02%、52.50%、55.79%、51.84%、48.05%、50.31%。

2011—2019 年中国上市公司信用 500 强资产周转率、资本保值增值率变化趋势分析见图 7-6。

2011—2019 年中国上市公司信用 500 强所有者权益比率变化趋势分析见图 7-7。

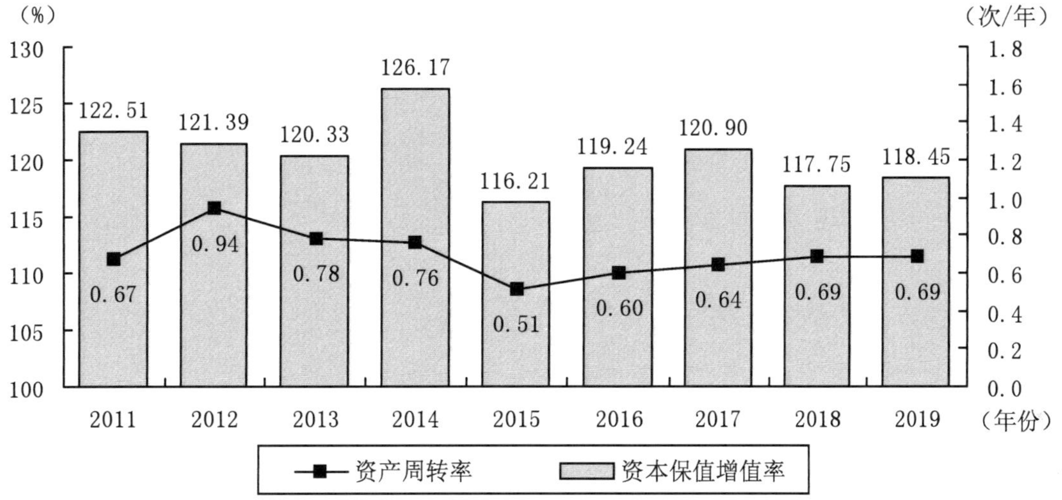

图 7-6 2011—2019 年中国上市公司信用 500 强资产周转率、资本保值增值率变化趋势分析

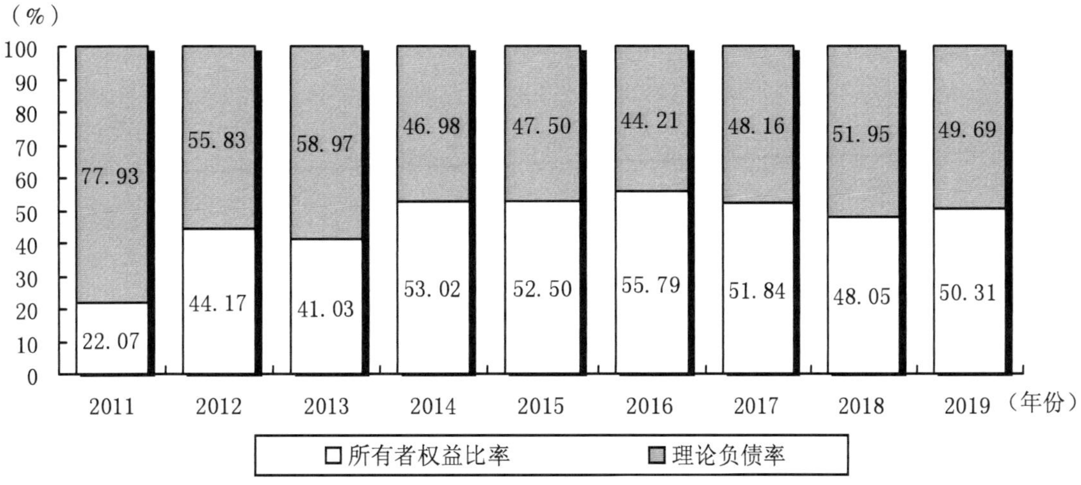

图 7-7 2011—2019 年中国上市公司信用 500强所有者权益比率变化趋势分析

1. 流动性平稳运行

第一，从资产周转率指标分析，2020 中国上市公司信用 500 强的资产周转率运行平稳。2019 年资产周转率为 0.69 次/年，与 2018 年持平。

第二，与样本上市公司对比分析，样本上市公司 2019 年的资产周转率为 0.58 次/年，也与 2018 年持平。2020 中国上市公司信用 500 强 2019 年的资产周转率仍然比样本上市公司高出 0.11 次/年。

第三，综合资产周转率指标分析，上市公司信用 500 强和样本上市公司资产周转率总体呈现平稳运行的态势。综合来看，2020 中国上市公司信用 500 强 2019 年的资产运营效率和质量仍然具有明显的比较优势。

2. 资本保值增值率有所提高

第一，从资本保值增值率指标分析，2020 中国上市公司信用 500 强的资本保值增值率有所提高，由 2018 年的 117.75%提高到 2019 年的 118.45%，提高了 0.70 个百分点。

第二，与样本上市公司对比分析，样本上市公司 2019 年的资本保值增值率为 105.61%，比 2018 年的 105.59%提高了 0.02 个百分点。2020 中国上市公司信用 500 强 2019 年的资本保值增值率较样本上市公司高出 12.84 个百分点。

第三，综合资本保值增值率指标分析，2020 中国上市公司信用 500 强和样本上市公司的资本保值增值率均有所提高，但 2020 中国上市公司信用 500 强的资本保值增值率提高幅度要大于样本上市公司，两者的差距也由 2018 年的 12.16 个百分点进一步扩大至 12.84 个百分点。

3. 理论负债率有所下降

第一，从所有者权益比率指标分析，2020 中国上市公司信用 500 强的所有者权益比率有所提高，由 2018 年的 48.05%提高到 2019 年的 50.31%，提高了 2.26 个百分点。

第二，与样本上市公司对比分析，样本上市公司 2019 年的所有者权益比率为 55.26%，比 2018 年的 53.51%提高了 1.75 个百分点。2020 中国上市公司信用 500 强的所有者权益比率较样本上市公司低 4.95 个百分点。

第三，综合负债率水平分析，2020 中国上市公司信用 500 强的理论负债率水平较样本上市公司高，具有明显的信用优势。但总体来看，上市公司的理论负债率仍然处于较低水平。

（三）2020 中国上市公司信用 500强成长性指标变化趋势分析

成长性指标包括营收增长率、利润增长率、资产增长率、资本积累率和人员增长率五项指标。中国上市公司信用 500 强2011—2019 年营收增长率分别为 40.77%、29.16%、16.71%、22.17%、24.07%、34.57%、37.37%、21.44%、16.83%；利润增长率分别为 30.21%、

11.14%、51.23%、43.32%、37.27%、56.51%、51.74%、30.95%、42.51%；资产增长率分别为 23.76%、16.72%、31.08%、25.07%、25.10%、43.06%、35.19%、17.50%、15.99%；资本积累率分别为 23.86%、19.78%、18.86%、49.11%、31.65%、53.66%、42.23%、19.24%、31.72%；人员增长率分别为 9.92%、7.89%、6.21%、9.55%、14.38%、16.69%、14.68%、11.64%、7.60%。

2011—2019 年中国上市公司信用 500 强成长性指标变化趋势分析见图 7-8。

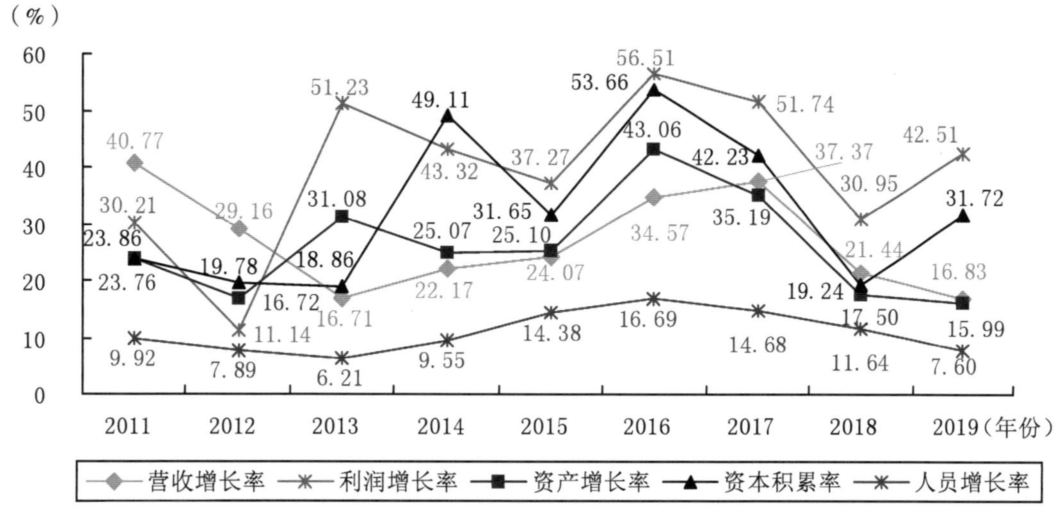

图 7-8　2011—2019 年中国上市公司信用 500强成长性指标变化趋势分析

1. 营业收入增速放缓

第一，从营收增长率指标分析，2020 中国上市公司信用 500 强 2019 年的营收增长率为 16.83%，比 2018 年的 21.44%下降了 4.61 个百分点。

第二，与样本上市公司对比分析，样本上市公司 2019 年的营收增长率为 9.22%，比 2018 年的 13.02%下降了 3.80 个百分点。2020 中国上市公司信用 500 强 2019 年的营收增长率较样本上市公司高 7.61 个百分点。

第三，综合营收增长率指标分析，上市公司信用 500 强的营业收入增速连续两年回落，且已经处于 2014 年以来的最低水平；样本上市公司的营业收入也有较大幅度下降，两者差距由 2018 年的 8.42 个百分点缩小至 7.61 个百分点。

2. 利润增长率保持高水平

第一，从利润增长率指标分析，2020 中国上市公司信用 500 强 2019 年的利润增长率为 42.51%，比 2018 年的 30.95%提高了 11.56 个百分点。

第二，与样本上市公司对比分析，样本上市公司 2019 年的利润增长率为 1.16%，由 2018 年的-0.75%转为正增长，提高了 1.91 个百分点。2020 中国上市公司信用 500 强 2019 年的利润增长率较样本上市公司高出 41.35 个百分点。

第三，综合利润增长率指标分析，2020 中国上市公司信用 500 强的利润增长率保持高位运行，而样本上市公司的利润增长率则波动较大，且处于相对低位区间运行。综合来看，上市公司的利润增速具有明显的比较优势。

3. 资产规模增速减缓

第一，从资产增长率指标分析，2020 中国上市公司信用 500 强 2019 年的资产增长率为 15.99%，比 2018 年的 17.50%下降了 1.51 个百分点。

第二，与样本上市公司对比分析，样本上市公司 2019 年的资产增长率为 9.56%，比 2018 年的 10.71%下降了 1.15 个百分点。2020 中国上市公司信用 500 强 2019 年的资产增长率比样本上市公司的高出 6.43 个百分点。

第三，综合资产增长率指标分析，2020 中国上市公司信用 500 强和样本上市公司的资产规模增速均有所回落，但两者的差距由 2018 年的 6.79 个百分点缩小至 2019 年的 6.43 个百分点。

4.资本积累率提升

第一，从资本积累率指标分析，2020 中国上市公司信用 500 强 2019 年的资本积累率为 31.72%，比 2018 年的 19.24%提高了 12.48 个百分点。

第二，与样本上市公司对比分析，样本上市公司 2019 年的资本积累率为 15.23%，比 2018 年的 7.78%提高了 7.45 个百分点。2020 中国上市公司信用 500 强 2019 年的资本积累率比样本上市公司的高出 16.49 个百分点。

第三，综合资本积累率指标分析，2020 中国上市公司信用 500 强的资本积累率要远高于样本上市公司的平均水平，两者的差距由 2018 年的 11.46 个百分点扩大至 2019 年的 16.49 个百分点。由此可见，中国上市公司信用 500 强在资本实力方面具有明显的比较优势。

5. 人员增速有所回落

第一，从人员增长率指标分析，2020 中国上市公司信用 500 强 2019 年的人员增长率为 7.60%，比 2018 年的 11.64%下降了 4.04 个百分点。

第二，与样本上市公司对比分析，样本上市公司 2019 年的人员增长率为 1.85%，比 2018 年的 5.78%下降了 3.93 个百分点。2020 中国上市公司信用 500 强 2019 年的人员增长率比样本上市公司的人员增长率高出 5.75 个百分点。

第三，综合人员增长率指标分析，2020 中国上市公司信用 500 强和样本上市公司的人员增速均有所下降，但上市公司信用 500 强的人员增速仍然高于样本上市公司。总体来看，人员增速减缓虽然带有普遍性，但中国上市公司信用 500 强在人员增长率方面仍具有明显的优势。

6. 人均营收额大幅提高

第一，从人均营收额指标分析，2020 中国上市公司信用 500 强 2019 年的人均营收额为 279.38 万元，比 2018 年的 233.99 万元提高了 45.39 万元。

第二，与样本上市公司对比分析，样本上市公司 2019 年的人均营收额为 209.53 万元，比 2018 年的 193.82 万元提高了 15.71 万元。2020 中国上市公司信用 500 强 2019 年的人均营收额比样本上市公司平均水平高出 69.85 万元。

第三，综合人均营收额指标分析，2020 中国上市公司信用 500 强 2019 年的人均营收额比样本上市公司平均水平高出 69.85 万元，较 2018 年的 40.17 万元提高了 29.68 万元，两者的差距进一步扩大。总体来看，中国上市公司信用 500 强的劳动效率的比较优势十分明显。

7. 人均利润额提高

第一，从人均利润额指标分析，2020 中国上市公司信用 500 强 2019 年的人均利润额为 31.23 万元，比 2018 年的 24.19 万元提高了 7.04 万元。

第二，与样本上市公司对比分析，样本上市公司 2019 年的人均利润额为 17.04 万元，比 2018 年的 15.68 万元提高了 1.36 万元。2020 中国上市公司信用 500 强 2019 年的人均利润额比样本上市公司的平均水平高出 14.19 万元。

第三，综合人均利润额指标分析，2020 中国上市公司信用 500 强 2019 年的人均利润额远高于样本上市公司，两者的差距由 2018 年的 8.51 万元扩大至 2019 年的 14.19 万元。总体来看，上市公司信用 500 强在劳动效益方面具有显著的比较优势。

8. 研发投入强度有所增强

第一，从研发投入经费占营收总额比值指标分析，2020 中国上市公司信用 500 强 2019 年的研发投入经费占营收总额比值为 3.78%，比 2018 年的 3.66%提高了 0.12 个百分点。

第二，与样本上市公司对比分析，样本上市公司 2019 年的研发投入经费占营收总额比值为 5.07%，比 2018 年的 4.91%提高了 0.16 个百分点。2020 中国上市公司信用 500 强 2019 年的研发投入经费占营收总额比值比样本上市公司低 1.29 个百分点。

第三，综合研发投入经费占营收总额比值指标分析，2020 中国上市公司信用 500 强 2019 年的研发投入经费占营收总额比值小于样本上市公司，且两者的差距由 2018 年的 1.25 个百分点扩大至 1.29 个百分点。这一情况一方面与中国上市公司信用 500 强的体量较大有关，另一方面也反映出优势企业的弱项。中国上市公司信用 500 强应提高对科研的重视程度，进一步提高研发投入的比重。

四、中国上市公司信用发展中存在的主要问题及若干建议

通过对 2020 中国上市公司信用 500 强以及我国样本上市公司经济效益指标的综合对比分析可以发现，2020 中国上市公司信用 500 强的总体经营实力及其综合经营效益持续保持高水平，具有明显的比较优势。但由于受宏观经济环境影响以及外部不确定因素增多，上市公司也存在着盈利能力下降、增速放缓、股东回报率偏低、资产运营质量有待进一步提高等问题，这需要引起上市公司的高度关注。

（一）坚持优化产业结构，构建新发展格局

2020 年中央经济工作会议强调，构建新发展格局，必须构建高水平社会主义市场经济体制，实行高水平对外开放，推动改革和开放相互促进。要完善宏观经济治理，加强国际宏观政策协调。要深入实施国企改革三年行动，优化民营经济发展环境，健全现代企业制度，完善公司治理，激发各类市场主体活力。要放宽市场准入，促进公平竞争，保护知识产权，建设统一大市场，营造市场化、法治化、国际化营商环境。要健全金融机构治理，促进资本市场健康发展，提高上市公司质量，打击各种逃废债行为。

一是坚持以深化供给侧结构性改革为主线。立足新发展阶段，贯彻新发展理念，构建新发展格局，要坚持以推动高质量发展为主题，以深化供给侧结构性改革为主线，以改革创新为根本动力，以满足人民日益增长的美好生活需要为根本目的，这也是我国企业实现高质量发展的基本遵循。上市公司既有特大型、大型企业，也有众多中、小型企业；既有国有和国有控股企业，也有民营企业和其他所有制企业，但总体来看，都是诸多行业中的相对优质企业。从 2020 中国上市公司 500 强及其与样本上市公司经济效益指标的综合对比分析可以发现，供给侧结构性改革与调整仍然是企业面临的长期任务。如何加快形成以国内大循环为主体、国内国际双循环相互促进的新发展格局，如何实现供给侧与需求侧动态再平衡，这就要求企业界以全新的思维观念、全新的发展视角、全新的战略布局，加快优化企业产业链供应链。

二是坚持提质增效、效益优先，不断丰富高质量发展的“微观内涵”。企业作为宏观经济

的微观主体，也是推动经济高质量发展的主体。在当前宏观经济环境下，国际市场不确定因素增多，国内市场竞争压力加剧，企业要注重提高内涵竞争力，不断改进和优化生产与经营流程，优化资源要素配置，提高资产运行效率效益，提高发展质量，注重供给侧和需求侧管理，优化供应链、产业链、市场链管理，提高动态平衡能力。

三是坚持补齐短板、锻造长板，培育核心竞争力。要着力提高资本集中度，做强主导产业和优势产业。加快由低端制造向高端设计、研发、品牌、营销、产业链管理等环节延伸。加强互联网、大数据等现代技术应用，实现传统产业与新兴产业、信息产业跨界融合，大力发展智能制造，全面提升研发、生产、管理和服务的智能化水平，通过装备技术创新和产业技术升级，走高质量发展之路。

（二）进一步完善公司治理，促进上市公司高质量发展

2020 年中央经济工作会议强调要要深入实施国企改革三年行动，优化民营经济发展环境，健全现代企业制度，完善公司治理。同时强调要健全金融机构治理，促进资本市场健康发展，提高上市公司质量，打击各种逃废债行为。

国务院印发《关于进一步提高上市公司质量的意见》，提出了六个方面 17 项重点举措。目前上市公司质量和发展水平距离建设现代化经济体系、实现经济高质量发展的要求还存在一定差距。证监会将把强化公司治理作为提高上市公司质量的一项重要工作，通过开展上市公司治理专项行动等方式，进一步提高上市公司治理水平。

一是完善公司内部治理机制。应依法建立科学的公司内部治理结构，覆盖决策、执行、监督的全过程，使各权力机构在相互制约的同时达到良好的配合效果。

二是优化资本结构，提高我国上市公司治理效率。优化股权结构，关注股权分置改革，彻底解决股票全流通问题。通过建立股权合理制衡的多元化所有权结构，让各类股东都能参与到公司的治理中去，使公司的治理更加有效。

三是充分发挥债权的内部治理作用。债权人能否有效参与公司治理在一定程度上取决于债权集中度。为了充分发挥债权人在公司治理中的作用，上市公司应合理安排负债结构及其比例关系，适当提高债权集中度。

（三）进一步加大科技投入，增强产业链供应链自主可控能力

2021 年是国企改革三年行动的攻坚之年、关键之年，下一步改革要更加聚焦重点任务，更加注重激发活力，更加突出基层创新。国有企业要发挥优势带动构建新发展格局，立足国

内大循环，扩大有效投资，发挥产业龙头作用，切实增强产业链供应链自主可控能力，推动上下游、产供销有效衔接、协调运转，主动适应和创造市场需求；助力畅通国内国际双循环。

民营企业要紧紧抓住优化民营经济发展环境的有利时机，抓住新机遇，以大作为求大发展。民营企业要加强现代企业制度建设，扩大企业规模，提升企业发展质量，使企业在提升产业链供应链现代化水平中发挥更大作用、获得更大发展。

（四）坚持以诚信为基石，切实履行社会责任

经过多年发展，上市公司逐步建立起相对健全的组织架构和公司治理制度，为国内各类企业提供了良好示范。但是，部分上市公司因治理失效、管控失灵、运作失序等引发资金占用、违规担保、财务造假、操纵并购等严重问题，凸显出上市公司治理不科学、不平衡的情况仍然存在，反映出控股股东、实际控制人、董事、监事、高级管理人员等“关键少数”的法定职责落实不到位、上市公司决策管理不科学、责任追究机制不完善等深层次问题。对此，上市公司可以从以下四方面入手。

一是强化公司治理内生动力，不断增强上市公司自我规范、自我提高、自我完善的意识，形成上市公司规范治理的长效机制。

二是健全公司治理制度规则，进一步落实控股股东、实际控制人、董事、监事、高级管理人员的职责界限和法律责任，强化上市公司长期激励机制。

三是要强化各类风险识别意识，建立预判预警机制，及时排查风险隐患，制定完善的应对预案，坚决打好打赢防范重大风险攻坚战，为高质量发展保驾护航。

四是要坚持底线思维，确保合规合法经营，切实履行社会责任，牢牢守住公司治理底线，积极践行最佳实践，切实推动上市公司治理整体水平有效提升。

第八章

2020 中国企业信用 500 强评价资料

一、2020 中国企业信用 500 强排序

序号	企业名称	地区	综合信用指数	信用环境指数	信用能力指数	信用行为指数
1	华为投资控股有限公司	广东	99.833	13.833	72.000	14.000
2	中国建筑股份有限公司	北京	99.600	14.000	72.000	13.600
3	阿里巴巴集团控股有限公司	浙江	99.556	13.556	72.000	14.000
4	中国建材集团有限公司	北京	99.449	13.600	71.866	13.983
5	美的集团股份有限公司	广东	99.371	13.824	72.000	13.547
6	腾讯控股有限公司	广东	99.306	13.390	71.916	14.000
7	万科企业股份有限公司	广东	99.235	13.635	72.000	13.600
8	贵州茅台酒股份有限公司	贵州	99.138	13.831	72.000	13.307
9	安徽海螺集团有限责任公司	安徽	98.528	13.600	72.000	12.928
10	上海汽车集团股份有限公司	上海	98.483	14.000	72.000	12.483
11	国家电网有限公司	北京	98.165	13.159	71.006	14.000
12	珠海格力电器股份有限公司	广东	97.986	12.953	71.585	13.448
13	中国宝武钢铁集团有限公司	上海	97.620	13.839	69.781	14.000
14	宜宾五粮液股份有限公司	四川	97.481	13.881	72.000	11.600
15	正威国际集团有限公司	广东	97.465	13.265	72.000	12.200
16	东风汽车集团有限公司	湖北	97.422	13.822	72.000	11.600
17	上海锦江国际酒店股份有限公司	上海	97.410	13.835	71.975	11.600
18	中国保利集团有限公司	北京	97.410	13.810	72.000	11.600
19	浪潮集团有限公司	山东	97.409	13.809	72.000	11.600
20	中青旅控股股份有限公司	北京	97.404	13.853	71.951	11.600
21	恒力集团有限公司	江苏	97.388	14.000	71.788	11.600
22	中国铝业股份有限公司	北京	97.366	13.249	71.865	12.252
23	用友网络科技股份有限公司	北京	97.312	13.712	72.000	11.600
24	上海宝信软件股份有限公司	上海	97.307	13.707	72.000	11.600
25	北京千方科技股份有限公司	北京	97.293	13.693	72.000	11.600
26	中国石油化工集团有限公司	北京	97.289	13.411	70.780	13.098
27	老凤祥股份有限公司	上海	97.288	13.890	71.798	11.600
28	金川集团股份有限公司	甘肃	97.258	13.258	72.000	12.000

续表

序号	企业名称	地区	综合信用指数	信用环境指数	信用能力指数	信用行为指数
29	烽火通信科技股份有限公司	湖北	97.255	13.655	72.000	11.600
30	芜湖三七互娱网络科技集团股份有限公司	安徽	97.200	13.600	72.000	11.600
31	温氏食品集团股份有限公司	广东	97.200	13.600	72.000	11.600
32	华新水泥股份有限公司	湖北	97.200	13.600	72.000	11.600
33	蓝思科技股份有限公司	湖南	97.200	13.600	72.000	11.600
34	新希望六和股份有限公司	四川	97.200	13.600	72.000	11.600
35	三一集团有限公司	湖南	97.194	13.594	72.000	11.600
36	北京汽车集团有限公司	北京	97.164	13.564	72.000	11.600
37	中国铁路工程集团有限公司	北京	97.150	14.000	71.550	11.600
38	中国移动通信集团有限公司	北京	97.147	14.000	69.147	14.000
39	深信服科技股份有限公司	广东	97.118	13.775	71.743	11.600
40	山东太阳纸业股份有限公司	山东	97.097	13.497	72.000	11.600
41	广东生益科技股份有限公司	广东	97.096	13.496	72.000	11.600
42	北京京东世纪贸易有限公司	北京	97.088	13.594	71.894	11.600
43	中国华润有限公司	广东	97.085	13.529	71.956	11.600
44	碧桂园控股有限公司	广东	97.076	12.962	71.340	12.774
45	潍柴动力股份有限公司	山东	97.069	13.469	72.000	11.600
46	国电电力发展股份有限公司	北京	97.059	13.873	71.586	11.600
47	北京金隅集团股份有限公司	北京	97.053	13.600	71.853	11.600
48	红狮控股集团有限公司	浙江	97.044	13.600	71.844	11.600
49	华东医药股份有限公司	浙江	97.043	13.443	72.000	11.600
50	石药控股集团有限公司	河北	97.035	13.435	72.000	11.600
51	江苏恒瑞医药股份有限公司	江苏	97.028	13.428	72.000	11.600
52	长城汽车股份有限公司	河北	97.000	13.400	72.000	11.600
53	华域汽车系统股份有限公司	上海	97.000	13.400	72.000	11.600
54	浙江吉利控股集团有限公司	浙江	97.000	13.400	72.000	11.600
55	中原大地传媒股份有限公司	河南	96.998	13.398	72.000	11.600
56	江苏恒立液压股份有限公司	江苏	96.991	13.391	72.000	11.600
57	扬子江药业集团有限公司	江苏	96.990	13.390	72.000	11.600
58	冀南钢铁集团有限公司	河北	96.985	13.985	72.000	11.000
59	永辉超市股份有限公司	福建	96.981	13.381	72.000	11.600
60	中国航天科技集团有限公司	北京	96.953	14.000	71.353	11.600
61	浙江龙盛控股有限公司	浙江	96.951	13.443	71.908	11.600

续表

序号	企业名称	地区	综合信用指数	信用环境指数	信用能力指数	信用行为指数
62	经纬纺织机械股份有限公司	北京	96.924	13.324	72.000	11.600
63	北京奥赛康药业股份有限公司	北京	96.902	13.324	71.979	11.600
64	厦门亿联网络技术股份有限公司	福建	96.890	13.929	71.362	11.600
65	九州通医药集团股份有限公司	湖北	96.884	13.830	71.454	11.600
66	中国神华能源股份有限公司	北京	96.883	11.731	71.152	14.000
67	郑州煤矿机械集团股份有限公司	河南	96.878	13.278	72.000	11.600
68	绿地控股集团股份有限公司	上海	96.878	13.836	71.442	11.600
69	物产中大集团股份有限公司	浙江	96.873	13.290	71.983	11.600
70	中南出版传媒集团股份有限公司	湖南	96.872	13.399	71.873	11.600
71	江西铜业集团有限公司	江西	96.845	13.245	72.000	11.600
72	上海医药集团股份有限公司	上海	96.833	13.415	71.817	11.600
73	上海复星医药（集团）股份有限公司	上海	96.810	13.450	71.760	11.600
74	山东豪迈机械科技股份有限公司	山东	96.769	13.169	72.000	11.600
75	安徽古井贡酒股份有限公司	安徽	96.769	13.695	71.474	11.600
76	沪士电子股份有限公司	江苏	96.767	13.600	71.567	11.600
77	中策橡胶集团有限公司	浙江	96.740	13.863	71.278	11.600
78	桐昆集团股份有限公司	浙江	96.734	13.385	71.749	11.600
79	江苏凤凰出版传媒股份有限公司	江苏	96.734	13.134	72.000	11.600
80	索菲亚家居股份有限公司	广东	96.719	13.815	71.304	11.600
81	中国航天科工集团有限公司	北京	96.714	14.000	71.114	11.600
82	中国旅游集团中免股份有限公司	北京	96.714	14.000	71.114	11.600
83	深圳市裕同包装科技股份有限公司	广东	96.710	13.798	71.312	11.600
84	中远海运控股股份有限公司	天津	96.681	14.000	71.081	11.600
85	中文天地出版传媒集团股份有限公司	江西	96.679	13.089	71.990	11.600
86	纳爱斯集团有限公司	浙江	96.676	13.440	71.636	11.600
87	佛山市海天调味食品股份有限公司	广东	96.669	13.069	72.000	11.600
88	铜陵有色金属集团股份有限公司	安徽	96.668	13.263	71.805	11.600
89	中国核能电力股份有限公司	北京	96.633	13.889	71.144	11.600
90	山东出版传媒股份有限公司	山东	96.631	13.031	72.000	11.600
91	胜达集团有限公司	浙江	96.630	13.594	71.436	11.600
92	湖北省交通投资集团有限公司	湖北	96.588	13.901	71.086	11.600
93	河南双汇投资发展股份有限公司	河南	96.537	12.956	71.981	11.600
94	恒生电子股份有限公司	浙江	96.532	14.000	70.932	11.600

续表

序号	企业名称	地区	综合信用指数	信用环境指数	信用能力指数	信用行为指数
95	浙江三花智能控制股份有限公司	浙江	96.510	13.429	71.481	11.600
96	赛轮集团股份有限公司	山东	96.502	13.946	70.956	11.600
97	中国中煤能源股份有限公司	北京	96.478	13.921	70.957	11.600
98	广东东阳光科技控股股份有限公司	广东	96.478	13.165	69.600	13.713
99	隆基绿能科技股份有限公司	陕西	96.477	12.877	72.000	11.600
100	南山集团有限公司	山东	96.464	12.236	70.229	14.000
101	红豆集团有限公司	江苏	96.456	13.732	71.123	11.600
102	威高集团有限公司	山东	96.452	13.087	71.765	11.600
103	天地科技股份有限公司	北京	96.446	13.436	71.409	11.600
104	晶科能源有限公司	江西	96.396	12.796	72.000	11.600
105	中国葛洲坝集团股份有限公司	湖北	96.385	13.787	70.998	11.600
106	中国医药集团有限公司	北京	96.380	13.563	71.217	11.600
107	浙江出版联合集团有限公司	浙江	96.351	13.133	71.618	11.600
108	新华文轩出版传媒股份有限公司	四川	96.346	13.414	71.332	11.600
109	宁德时代新能源科技股份有限公司	福建	96.343	12.743	72.000	11.600
110	中国铁道建筑集团有限公司	北京	96.320	14.000	70.720	11.600
111	广州白云山医药集团股份有限公司	广东	96.307	12.917	71.790	11.600
112	泸州老窖股份有限公司	四川	96.289	13.869	70.820	11.600
113	南方出版传媒股份有限公司	广东	96.266	13.374	71.292	11.600
114	上海机电股份有限公司	上海	96.264	13.461	71.203	11.600
115	中国出版传媒股份有限公司	北京	96.251	13.389	71.262	11.600
116	金东纸业（江苏）股份有限公司	江苏	96.238	13.873	70.766	11.600
117	杭叉集团股份有限公司	浙江	96.231	13.464	71.167	11.600
118	安徽省皖能股份有限公司	安徽	96.228	13.458	71.169	11.600
119	北京东方雨虹防水技术股份有限公司	北京	96.227	13.600	71.027	11.600
120	公牛集团股份有限公司	浙江	96.197	12.636	71.961	11.600
121	中国化学工程股份有限公司	北京	96.187	13.373	71.215	11.600
122	甘肃上峰水泥股份有限公司	甘肃	96.186	13.600	70.986	11.600
123	广州汽车工业集团有限公司	广东	96.170	13.400	71.170	11.600
124	江苏中天科技股份有限公司	江苏	96.168	12.665	71.903	11.600
125	东浩兰生（集团）有限公司	上海	96.164	13.800	70.764	11.600
126	金发科技股份有限公司	广东	96.150	13.925	70.624	11.600
127	新疆特变电工集团有限公司	新疆	96.140	12.665	71.875	11.600

续表

序号	企业名称	地区	综合信用指数	信用环境指数	信用能力指数	信用行为指数
128	招商局集团有限公司	北京	96.104	13.829	69.911	12.364
129	青山控股集团有限公司	浙江	96.096	13.864	70.631	11.600
130	鹏鼎控股（深圳）股份有限公司	广东	96.093	13.116	71.377	11.600
131	天洁集团有限公司	浙江	96.087	13.327	71.160	11.600
132	东方明珠新媒体股份有限公司	上海	96.079	13.237	71.242	11.600
133	苏美达股份有限公司	江苏	96.069	13.879	70.590	11.600
134	安徽合力股份有限公司	安徽	96.056	13.477	70.979	11.600
135	中国机械工业集团有限公司	北京	96.055	13.082	71.372	11.600
136	江苏国泰国际集团股份有限公司	江苏	96.021	13.083	71.338	11.600
137	江苏上上电缆集团有限公司	江苏	95.995	12.758	71.637	11.600
138	江西万年青水泥股份有限公司	江西	95.989	13.600	70.789	11.600
139	中国航空油料集团有限公司	北京	95.953	13.814	70.539	11.600
140	紫金矿业集团股份有限公司	福建	95.949	13.225	71.124	11.600
141	大参林医药集团股份有限公司	广东	95.944	13.393	70.950	11.600
142	上海春秋国际旅行社（集团）有限公司	上海	95.944	13.832	70.512	11.600
143	中国电子科技集团有限公司	北京	95.927	13.045	71.282	11.600
144	宁波华翔电子股份有限公司	浙江	95.874	13.400	70.874	11.600
145	中国兵器工业集团有限公司	北京	95.846	14.000	70.246	11.600
146	陕西有色金属控股集团有限责任公司	陕西	95.833	13.247	70.986	11.600
147	上海豫园旅游商城（集团）股份有限公司	上海	95.827	13.819	70.409	11.600
148	重庆华宇集团有限公司	重庆	95.813	13.965	70.248	11.600
149	协鑫集团有限公司	江苏	95.778	12.612	71.566	11.600
150	杭州海康威视数字技术股份有限公司	浙江	95.733	13.852	72.000	9.881
151	重庆百货大楼股份有限公司	重庆	95.714	13.839	70.275	11.600
152	浙江苏泊尔股份有限公司	浙江	95.710	13.416	70.694	11.600
153	新凤祥控股集团有限责任公司	山东	95.695	13.323	70.772	11.600
154	上海电气（集团）总公司	上海	95.695	13.845	70.250	11.600
155	浙江鼎力机械股份有限公司	浙江	95.687	13.299	70.788	11.600
156	云南锡业股份有限公司	云南	95.672	13.254	70.818	11.600
157	重庆智飞生物制品股份有限公司	重庆	95.663	13.427	70.636	11.600
158	国投电力控股股份有限公司	北京	95.652	13.962	70.090	11.600
159	北京首旅酒店（集团）股份有限公司	北京	95.650	13.503	70.548	11.600
160	天瑞集团股份有限公司	河南	95.647	13.600	70.447	11.600

续表

序号	企业名称	地区	综合信用指数	信用环境指数	信用能力指数	信用行为指数
161	上海百联集团股份有限公司	上海	95.639	13.470	70.569	11.600
162	天顺风能（苏州）股份有限公司	江苏	95.617	13.485	70.532	11.600
163	中盐内蒙古化工股份有限公司	内蒙古	95.576	13.209	70.766	11.600
164	中国南方电网有限责任公司	广东	95.571	13.400	70.571	11.600
165	晶澳太阳能科技股份有限公司	河北	95.535	13.483	70.452	11.600
166	无锡市太极实业股份有限公司	江苏	95.514	13.430	70.484	11.600
167	中国通用技术（集团）控股有限责任公司	北京	95.498	13.813	70.085	11.600
168	重药控股股份有限公司	重庆	95.448	13.830	70.018	11.600
169	深圳市景旺电子股份有限公司	广东	95.438	12.778	71.060	11.600
170	宁波均胜电子股份有限公司	浙江	95.431	13.400	70.431	11.600
171	启明星辰信息技术集团股份有限公司	北京	95.422	13.778	70.043	11.600
172	上海现代制药股份有限公司	上海	95.419	13.436	70.383	11.600
173	北京京能电力股份有限公司	北京	95.409	13.469	70.340	11.600
174	杭州市实业投资集团有限公司	浙江	95.408	13.625	70.183	11.600
175	广西柳工机械股份有限公司	广西	95.401	13.454	70.346	11.600
176	宁波申洲针织有限公司	浙江	95.398	13.101	70.697	11.600
177	常州星宇车灯股份有限公司	江苏	95.375	13.400	70.375	11.600
178	江苏今世缘酒业股份有限公司	江苏	95.356	13.407	70.350	11.600
179	盛虹控股集团有限公司	江苏	95.330	13.837	69.893	11.600
180	富奥汽车零部件股份有限公司	吉林	95.329	13.332	70.397	11.600
181	奥瑞金科技股份有限公司	北京	95.307	14.000	69.707	11.600
182	大亚圣象家居股份有限公司	江苏	95.281	13.241	70.440	11.600
183	内蒙古鄂尔多斯资源股份有限公司	内蒙古	95.227	13.844	69.783	11.600
184	国家能源投资集团有限责任公司	北京	95.210	12.024	71.586	11.600
185	正泰集团股份有限公司	浙江	95.206	12.743	70.863	11.600
186	广东电力发展股份有限公司	广东	95.193	13.530	70.063	11.600
187	华能国际电力股份有限公司	北京	95.188	13.732	69.855	11.600
188	厦门建发集团有限公司	福建	95.183	13.983	69.600	11.600
189	玲珑集团有限公司	山东	95.161	13.894	69.667	11.600
190	海澜集团有限公司	江苏	95.154	12.642	70.912	11.600
191	三花控股集团有限公司	浙江	95.130	13.455	70.075	11.600
192	富通集团有限公司	浙江	95.114	12.499	71.015	11.600
193	广州网易计算机系统有限公司	广东	95.108	14.000	69.508	11.600

续表

序号	企业名称	地区	综合信用指数	信用环境指数	信用能力指数	信用行为指数
194	物美科技集团有限公司	北京	95.106	13.819	69.687	11.600
195	大悦城控股集团股份有限公司	广东	95.087	13.716	69.770	11.600
196	中国电影股份有限公司	北京	95.070	12.050	71.420	11.600
197	山东魏桥创业集团有限公司	山东	95.069	12.633	70.836	11.600
198	山西杏花村汾酒厂股份有限公司	山西	95.043	13.855	69.588	11.600
199	深圳迈瑞生物医疗电子股份有限公司	广东	95.033	13.447	69.986	11.600
200	深南电路股份有限公司	广东	95.031	12.854	70.578	11.600
201	中国工商银行股份有限公司	北京	95.027	13.827	67.200	14.000
202	浙江省国际贸易集团有限公司	浙江	95.013	13.813	69.600	11.600
203	完美世界股份有限公司	浙江	94.996	12.078	71.318	11.600
204	德力西集团有限公司	浙江	94.978	12.721	70.657	11.600
205	云南白药集团股份有限公司	云南	94.949	13.326	70.022	11.600
206	中国外运股份有限公司	北京	94.927	13.982	69.345	11.600
207	陕西煤业股份有限公司	陕西	94.896	13.150	70.146	11.600
208	四川蓝光发展股份有限公司	四川	94.896	13.780	69.515	11.600
209	海尔集团公司	山东	94.881	13.145	70.136	11.600
210	宏发科技股份有限公司	湖北	94.876	13.459	69.816	11.600
211	人民电器集团有限公司	浙江	94.858	12.800	70.458	11.600
212	月星集团有限公司	上海	94.827	13.814	69.413	11.600
213	江苏阳光集团有限公司	江苏	94.818	12.855	70.363	11.600
214	招商银行股份有限公司	广东	94.800	13.600	67.200	14.000
215	牧原食品股份有限公司	河南	94.800	11.200	72.000	11.600
216	江苏扬农化工股份有限公司	江苏	94.790	13.416	69.774	11.600
217	天马微电子股份有限公司	广东	94.779	12.535	70.643	11.600
218	健康元药业集团股份有限公司	广东	94.779	13.600	69.579	11.600
219	路通建设集团股份有限公司	山东	94.772	13.415	69.757	11.600
220	立讯精密工业股份有限公司	广东	94.743	14.000	72.000	8.743
221	富士康工业互联网股份有限公司	广东	94.728	13.362	69.766	11.600
222	江苏立华牧业股份有限公司	江苏	94.719	11.200	71.919	11.600
223	山东晨鸣纸业集团股份有限公司	山东	94.718	12.093	71.025	11.600
224	广西柳州医药股份有限公司	广西	94.704	13.464	69.639	11.600
225	中国民生银行股份有限公司	北京	94.699	13.499	67.200	14.000
226	东方日升新能源股份有限公司	浙江	94.688	12.902	70.186	11.600

续表

序号	企业名称	地区	综合信用指数	信用环境指数	信用能力指数	信用行为指数
227	中国冶金科工股份有限公司	北京	94.656	14.000	69.056	11.600
228	甘肃祁连山水泥集团股份有限公司	甘肃	94.648	13.600	69.448	11.600
229	深圳能源集团股份有限公司	广东	94.646	13.520	69.525	11.600
230	浙江世纪华通集团股份有限公司	浙江	94.644	13.400	69.644	11.600
231	中国光大集团股份公司	北京	94.631	13.617	69.413	11.600
232	长春一汽富维汽车零部件股份有限公司	吉林	94.624	13.396	69.628	11.600
233	红星美凯龙家居集团股份有限公司	上海	94.621	13.421	69.600	11.600
234	雅戈尔集团股份有限公司	浙江	94.620	13.217	69.803	11.600
235	交通银行股份有限公司	上海	94.618	13.471	67.147	14.000
236	福建圣农发展股份有限公司	福建	94.614	11.200	71.814	11.600
237	龙蟒佰利联集团股份有限公司	河南	94.611	13.411	69.600	11.600
238	北京天坛生物制品股份有限公司	北京	94.611	13.600	69.411	11.600
239	大秦铁路股份有限公司	山西	94.594	13.352	69.641	11.600
240	杭州泰格医药科技股份有限公司	浙江	94.586	13.600	69.386	11.600
241	上海浦东发展银行股份有限公司	上海	94.573	13.461	67.112	14.000
242	漳州片仔癀药业股份有限公司	福建	94.540	13.358	69.582	11.600
243	沂州集团有限公司	山东	94.526	13.600	69.326	11.600
244	上海机场（集团）有限公司	上海	94.513	13.406	69.507	11.600
245	三房巷集团有限公司	江苏	94.475	13.953	68.921	11.600
246	广州市水务投资集团有限公司	广东	94.421	13.494	69.327	11.600
247	中国银行股份有限公司	北京	94.400	14.000	66.400	14.000
248	神州数码集团股份有限公司	广东	94.383	13.851	68.932	11.600
249	中国船舶重工集团动力股份有限公司	河北	94.378	11.904	70.874	11.600
250	四川水井坊股份有限公司	四川	94.372	13.558	69.214	11.600
251	中国兵器装备集团有限公司	北京	94.345	14.000	68.745	11.600
252	三角轮胎股份有限公司	山东	94.338	13.934	68.804	11.600
253	中国中车集团有限公司	北京	94.308	14.000	68.708	11.600
254	中国建设银行股份有限公司	北京	94.282	13.882	66.400	14.000
255	广州智能装备产业集团有限公司	广东	94.265	12.745	69.920	11.600
256	内蒙古君正能源化工集团股份有限公司	内蒙古	94.263	13.098	69.565	11.600
257	平安银行股份有限公司	广东	94.247	13.571	66.676	14.000
258	通威集团有限公司	四川	94.243	13.600	69.043	11.600
259	华兰生物工程股份有限公司	河南	94.239	13.434	69.206	11.600

续表

序号	企业名称	地区	综合信用指数	信用环境指数	信用能力指数	信用行为指数
260	深圳劲嘉集团股份有限公司	广东	94.226	13.501	69.125	11.600
261	华鲁控股集团有限公司	山东	94.218	13.060	69.558	11.600
262	新疆金风科技股份有限公司	新疆	94.210	12.080	70.530	11.600
263	紫光股份有限公司	北京	94.205	13.524	69.081	11.600
264	宁波三星医疗电气股份有限公司	浙江	94.202	13.600	69.002	11.600
265	丽珠医药集团股份有限公司	广东	94.202	13.499	69.103	11.600
266	舜宇集团有限公司	浙江	94.200	14.000	71.598	8.602
267	爱尔眼科医院集团股份有限公司	湖南	94.178	13.485	69.093	11.600
268	北京首都创业集团有限公司	北京	94.167	13.810	68.757	11.600
269	青岛啤酒股份有限公司	山东	94.161	13.842	68.720	11.600
270	黑牡丹（集团）股份有限公司	江苏	94.160	13.543	69.017	11.600
271	中国国际海运集装箱（集团）股份有限公司	广东	94.160	11.653	70.906	11.600
272	南极电商股份有限公司	江苏	94.159	13.132	69.427	11.600
273	兴业银行股份有限公司	福建	94.140	13.128	67.012	14.000
274	合力泰科技股份有限公司	山东	94.116	12.067	70.449	11.600
275	中国中信集团有限公司	北京	94.112	12.710	69.803	11.600
276	广东新宝电器股份有限公司	广东	94.108	13.486	69.022	11.600
277	江苏三木集团有限公司	江苏	94.096	12.856	69.640	11.600
278	厦门盈趣科技股份有限公司	福建	94.074	13.390	69.083	11.600
279	阳光电源股份有限公司	安徽	94.058	12.709	69.750	11.600
280	四川科伦实业集团有限公司	四川	94.046	11.861	70.585	11.600
281	重庆市金科投资控股（集团）有限责任公司	重庆	94.043	14.000	68.443	11.600
282	重庆市迪马实业股份有限公司	重庆	94.039	13.461	68.978	11.600
283	欣旺达电子股份有限公司	广东	94.034	12.704	69.730	11.600
284	双胞胎（集团）股份有限公司	江西	94.033	13.562	68.871	11.600
285	浙江中国小商品城集团股份有限公司	浙江	94.016	13.388	69.028	11.600
286	新大陆数字技术股份有限公司	福建	94.008	13.405	69.003	11.600
287	中国航空工业集团有限公司	北京	93.995	14.000	68.395	11.600
288	广汇物流股份有限公司	四川	93.985	13.600	68.785	11.600
289	惠州亿纬锂能股份有限公司	广东	93.979	12.779	69.600	11.600
290	北京同仁堂股份有限公司	北京	93.964	13.462	68.902	11.600
291	亿帆医药股份有限公司	浙江	93.963	13.426	68.937	11.600
292	深圳市汇顶科技股份有限公司	广东	93.950	13.600	72.000	8.350

续表

序号	企业名称	地区	综合信用指数	信用环境指数	信用能力指数	信用行为指数
293	浙江恒逸集团有限公司	浙江	93.945	13.922	68.423	11.600
294	天津城市基础设施建设投资集团有限公司	天津	93.941	13.444	68.897	11.600
295	万丰奥特控股集团有限公司	浙江	93.925	13.400	68.925	11.600
296	浙江卫星石化股份有限公司	浙江	93.902	13.468	68.834	11.600
297	江苏洋河酒厂股份有限公司	江苏	93.850	12.685	69.565	11.600
298	易见供应链管理股份有限公司	四川	93.827	12.739	69.488	11.600
299	中国农业银行股份有限公司	北京	93.806	13.881	65.925	14.000
300	厦门象屿集团有限公司	福建	93.800	13.993	68.207	11.600
301	山东金岭集团有限公司	山东	93.791	11.994	70.197	11.600
302	海亮集团有限公司	浙江	93.786	11.489	70.697	11.600
303	南京云海特种金属股份有限公司	江苏	93.778	13.400	68.778	11.600
304	传化智联股份有限公司	浙江	93.776	13.499	68.677	11.600
305	三六零安全科技股份有限公司	北京	93.769	13.395	68.774	11.600
306	天虹数科商业股份有限公司	广东	93.767	13.070	69.097	11.600
307	南通三建控股有限公司	江苏	93.759	13.982	68.176	11.600
308	北京控股集团有限公司	北京	93.758	13.832	68.326	11.600
309	深圳市信维通信股份有限公司	广东	93.737	13.003	69.134	11.600
310	福莱特玻璃集团股份有限公司	浙江	93.689	13.600	68.489	11.600
311	得力集团有限公司	浙江	93.678	13.900	71.539	8.239
312	河南明泰铝业股份有限公司	河南	93.677	13.175	68.902	11.600
313	浙报数字文化集团股份有限公司	浙江	93.671	13.005	69.066	11.600
314	江苏省苏豪控股集团有限公司	江苏	93.647	13.818	68.229	11.600
315	浙江大华技术股份有限公司	浙江	93.617	13.951	71.189	8.477
316	厦门国贸集团股份有限公司	福建	93.609	13.045	68.964	11.600
317	中天控股集团有限公司	浙江	93.605	13.769	68.237	11.600
318	歌尔股份有限公司	山东	93.588	13.961	71.434	8.193
319	中国交通建设集团有限公司	北京	93.573	14.000	67.973	11.600
320	波司登股份有限公司	江苏	93.552	12.246	69.706	11.600
321	杭州巨星科技股份有限公司	浙江	93.522	13.068	68.854	11.600
322	山东新潮能源股份有限公司	山东	93.503	13.600	68.303	11.600
323	上海华谊（集团）公司	上海	93.475	11.188	70.687	11.600
324	中铁集装箱运输有限责任公司	北京	93.454	13.703	68.151	11.600
325	宁夏建材集团股份有限公司	宁夏	93.437	13.600	68.237	11.600

续表

序号	企业名称	地区	综合信用指数	信用环境指数	信用能力指数	信用行为指数
326	京沪高速铁路股份有限公司	北京	93.424	13.867	67.956	11.600
327	中天科技集团有限公司	江苏	93.420	12.703	69.116	11.600
328	株洲旗滨集团股份有限公司	湖南	93.405	13.600	68.205	11.600
329	华邦生命健康股份有限公司	重庆	93.400	13.503	68.297	11.600
330	复星国际有限公司	上海	93.399	13.572	68.227	11.600
331	河北建投能源投资股份有限公司	河北	93.354	13.501	68.253	11.600
332	安琪酵母股份有限公司	湖北	93.339	12.815	68.925	11.600
333	江西济民可信集团有限公司	江西	93.331	13.600	68.131	11.600
334	西藏天路股份有限公司	西藏	93.330	13.600	68.130	11.600
335	江苏鱼跃医疗设备股份有限公司	江苏	93.315	13.079	68.637	11.600
336	深圳市汇川技术股份有限公司	广东	93.310	12.459	69.250	11.600
337	中国电信集团有限公司	北京	93.291	14.000	67.691	11.600
338	中国邮政集团有限公司	北京	93.254	14.000	67.551	11.703
339	天能控股集团有限公司	浙江	93.247	12.723	68.924	11.600
340	中国国际航空股份有限公司	北京	93.241	13.278	68.363	11.600
341	山煤国际能源集团股份有限公司	山西	93.221	13.600	68.021	11.600
342	武汉武商集团股份有限公司	湖北	93.198	13.831	67.766	11.600
343	福耀玻璃工业集团股份有限公司	福建	93.190	13.298	68.292	11.600
344	苏州东山精密制造股份有限公司	江苏	93.189	12.115	69.475	11.600
345	杭州制氧机集团股份有限公司	浙江	93.184	12.562	69.022	11.600
346	重庆医药（集团）股份有限公司	重庆	93.179	13.817	67.763	11.600
347	浙江荣盛控股集团有限公司	浙江	93.166	13.825	67.741	11.600
348	上海同济科技实业股份有限公司	上海	93.140	13.600	67.940	11.600
349	泰豪集团有限公司	江西	93.138	13.120	68.418	11.600
350	无锡先导智能装备股份有限公司	江苏	93.107	12.435	69.072	11.600
351	华泰集团有限公司	山东	93.104	12.417	69.086	11.600
352	中国南方航空股份有限公司	广东	93.101	13.613	67.888	11.600
353	万向集团公司	浙江	93.084	13.400	68.084	11.600
354	浙江东方金融控股集团股份有限公司	浙江	93.077	13.262	68.215	11.600
355	浙江省能源集团有限公司	浙江	93.020	13.807	67.613	11.600
356	中国广核集团有限公司	广东	92.998	12.501	68.897	11.600
357	华夏幸福基业股份有限公司	河北	92.992	13.725	67.667	11.600
358	浙江尖峰集团股份有限公司	浙江	92.988	13.600	67.788	11.600

续表

序号	企业名称	地区	综合信用指数	信用环境指数	信用能力指数	信用行为指数
359	中国长江电力股份有限公司	北京	92.987	11.521	69.866	11.600
360	浙江航民股份有限公司	浙江	92.969	13.413	67.956	11.600
361	长江出版传媒股份有限公司	湖北	92.956	12.919	68.437	11.600
362	中国核工业建设股份有限公司	北京	92.949	13.575	67.774	11.600
363	宁波方太厨具有限公司	浙江	92.945	13.545	67.799	11.600
364	宁波银行股份有限公司	浙江	92.917	13.600	66.517	12.800
365	横店集团东磁股份有限公司	浙江	92.916	12.480	68.837	11.600
366	天士力医药集团股份有限公司	天津	92.894	11.450	69.844	11.600
367	中国国际技术智力合作集团有限公司	北京	92.890	13.760	67.530	11.600
368	海信集团有限公司	山东	92.882	13.844	67.438	11.600
369	鲁泰纺织股份有限公司	山东	92.881	13.090	68.191	11.600
370	无锡威孚高科技集团股份有限公司	江苏	92.875	13.270	68.005	11.600
371	航天工业发展股份有限公司	福建	92.872	13.527	67.745	11.600
372	蓝星安迪苏股份有限公司	北京	92.844	13.477	67.767	11.600
373	浙江森马服饰股份有限公司	浙江	92.823	12.603	68.620	11.600
374	中信泰富特钢集团股份有限公司	湖北	92.791	13.986	67.206	11.600
375	江苏常熟农村商业银行股份有限公司	江苏	92.711	13.600	66.311	12.800
376	中国石油集团工程股份有限公司	新疆	92.702	12.315	68.787	11.600
377	王府井集团股份有限公司	北京	92.697	12.374	68.723	11.600
378	顺丰控股股份有限公司	广东	92.693	13.692	67.402	11.600
379	山东华鲁恒升化工股份有限公司	山东	92.674	11.886	69.189	11.600
380	杭州老板电器股份有限公司	浙江	92.646	13.401	67.645	11.600
381	杉杉控股有限公司	上海	92.625	13.845	67.181	11.600
382	郑州宇通集团有限公司	河南	92.576	13.400	67.576	11.600
383	浙江省交通投资集团有限公司	浙江	92.545	13.274	67.671	11.600
384	敬业集团有限公司	河北	92.487	12.772	68.115	11.600
385	北京蓝色光标数据科技股份有限公司	北京	92.478	13.866	67.012	11.600
386	环旭电子股份有限公司	上海	92.478	13.914	70.374	8.190
387	广西五洲交通股份有限公司	广西	92.473	13.600	67.273	11.600
388	上海环境集团股份有限公司	上海	92.465	13.351	67.514	11.600
389	云南恩捷新材料股份有限公司	云南	92.452	13.600	67.252	11.600
390	浙江闰土股份有限公司	浙江	92.415	12.939	67.876	11.600
391	浙江永利实业集团有限公司	浙江	92.387	12.915	67.872	11.600

续表

序号	企业名称	地区	综合信用指数	信用环境指数	信用能力指数	信用行为指数
392	吉林敖东药业集团股份有限公司	吉林	92.384	13.600	67.184	11.600
393	中国巨石股份有限公司	浙江	92.376	13.472	67.304	11.600
394	湖北济川药业股份有限公司	湖北	92.374	12.548	68.226	11.600
395	深圳市中金岭南有色金属股份有限公司	广东	92.370	12.018	68.752	11.600
396	长沙银行股份有限公司	湖南	92.360	13.559	66.001	12.800
397	安徽迎驾贡酒股份有限公司	安徽	92.342	13.453	67.290	11.600
398	南京高科股份有限公司	江苏	92.338	13.600	67.138	11.600
399	淮河能源（集团）股份有限公司	安徽	92.333	13.600	67.133	11.600
400	中国平安保险（集团）股份有限公司	广东	92.329	11.200	67.129	14.000
401	深圳市海普瑞药业集团股份有限公司	广东	92.325	13.600	67.125	11.600
402	芒果超媒股份有限公司	湖南	92.321	13.013	67.708	11.600
403	广东海大集团股份有限公司	广东	92.321	13.600	67.121	11.600
404	天茂实业集团股份有限公司	湖北	92.268	13.857	66.811	11.600
405	卧龙控股集团有限公司	浙江	92.266	13.549	67.117	11.600
406	天津中环半导体股份有限公司	天津	92.239	13.755	70.294	8.190
407	北京光环新网科技股份有限公司	北京	92.233	13.056	67.577	11.600
408	深圳华强集团有限公司	广东	92.221	13.080	67.541	11.600
409	山东九羊集团有限公司	山东	92.160	13.600	66.960	11.600
410	广州视源电子科技股份有限公司	广东	92.157	13.814	70.101	8.243
411	维维集团股份有限公司	江苏	92.140	12.728	67.813	11.600
412	中国大唐集团有限公司	北京	92.122	12.887	67.635	11.600
413	上海银行股份有限公司	上海	92.080	13.600	65.680	12.800
414	广州农村商业银行股份有限公司	广东	92.062	13.590	65.672	12.800
415	九阳股份有限公司	山东	92.033	13.166	67.268	11.600
416	大同煤业股份有限公司	山西	91.989	13.520	66.869	11.600
417	大商股份有限公司	辽宁	91.987	12.987	67.400	11.600
418	中国人寿保险股份有限公司	北京	91.964	11.200	66.764	14.000
419	浙江华峰氨纶股份有限公司	浙江	91.963	12.449	67.914	11.600
420	重庆啤酒股份有限公司	重庆	91.959	13.600	66.759	11.600
421	广州市建筑集团有限公司	广东	91.875	13.722	66.553	11.600
422	唐山三友化工股份有限公司	河北	91.866	10.624	69.642	11.600
423	科大讯飞股份有限公司	安徽	91.860	13.586	70.132	8.142
424	华夏银行股份有限公司	北京	91.857	13.407	65.650	12.800

续表

序号	企业名称	地区	综合信用指数	信用环境指数	信用能力指数	信用行为指数
425	北京学而思教育科技有限公司	北京	91.802	13.002	67.200	11.600
426	江苏东方盛虹股份有限公司	江苏	91.796	13.494	66.703	11.600
427	申万宏源集团股份有限公司	新疆	91.793	13.378	66.815	11.600
428	河北安丰钢铁有限公司	河北	91.755	12.867	67.288	11.600
429	福建发展高速公路股份有限公司	福建	91.698	13.573	66.525	11.600
430	唯品会（中国）有限公司	广东	91.689	13.748	66.341	11.600
431	广州越秀金融控股集团股份有限公司	广东	91.680	13.600	66.480	11.600
432	渤海银行股份有限公司	天津	91.676	13.581	65.295	12.800
433	无锡药明康德新药开发股份有限公司	江苏	91.637	12.431	67.605	11.600
434	四川省交通投资集团有限责任公司	四川	91.579	13.834	66.145	11.600
435	中国东方航空集团有限公司	上海	91.570	13.830	66.140	11.600
436	浙江伟星新型建材股份有限公司	浙江	91.555	13.492	66.463	11.600
437	广东塔牌集团股份有限公司	广东	91.537	13.556	66.381	11.600
438	北京银行股份有限公司	北京	91.529	13.492	65.237	12.800
439	阳光龙净集团有限公司	福建	91.497	13.483	66.413	11.600
440	南京银行股份有限公司	江苏	91.486	13.579	65.107	12.800
441	秦皇岛宏兴钢铁有限公司	河北	91.422	13.543	66.278	11.600
442	山东高速集团有限公司	山东	91.388	13.590	66.198	11.600
443	杭州银行股份有限公司	浙江	91.357	13.600	64.957	12.800
444	成都市兴蓉环境股份有限公司	四川	91.349	13.388	66.361	11.600
445	深圳市天健（集团）股份有限公司	广东	91.338	13.600	66.138	11.600
446	贵阳银行股份有限公司	贵州	91.311	13.600	64.911	12.800
447	金科地产集团股份有限公司	重庆	91.288	13.738	65.950	11.600
448	河北普阳钢铁有限公司	河北	91.281	12.903	66.777	11.600
449	浙江海翔药业股份有限公司	浙江	91.275	13.524	66.151	11.600
450	平顶山天安煤业股份有限公司	河南	91.274	13.429	66.245	11.600
451	云南省能源投资集团有限公司	云南	91.272	13.820	65.853	11.600
452	成都银行股份有限公司	四川	91.237	13.600	64.837	12.800
453	中国中化集团有限公司	北京	91.227	11.397	68.230	11.600
454	茂业商业股份有限公司	四川	91.186	13.793	65.793	11.600
455	浙商银行股份有限公司	浙江	91.169	13.361	65.008	12.800
456	江苏苏州农村商业银行股份有限公司	江苏	91.159	13.599	64.760	12.800
457	新疆天山水泥股份有限公司	新疆	91.154	12.796	66.758	11.600

续表

序号	企业名称	地区	综合信用指数	信用环境指数	信用能力指数	信用行为指数
458	中节能太阳能股份有限公司	重庆	91.142	12.534	67.008	11.600
459	四川路桥建设集团股份有限公司	四川	91.113	13.600	65.913	11.600
460	上海世茂股份有限公司	上海	91.110	13.472	66.039	11.600
461	内蒙古蒙电华能热电股份有限公司	内蒙古	91.067	13.075	66.392	11.600
462	新奥天然气股份有限公司	河北	91.057	12.369	67.089	11.600
463	西安银行股份有限公司	陕西	91.012	13.588	64.624	12.800
464	上海临港控股股份有限公司	上海	90.959	13.600	65.759	11.600
465	浙江巨化股份有限公司	浙江	90.918	10.238	69.080	11.600
466	江苏扬子江船业集团公司	江苏	90.875	13.561	65.714	11.600
467	湖南华菱钢铁股份有限公司	湖南	90.874	13.119	66.155	11.600
468	光明食品（集团）有限公司	上海	90.850	12.004	67.246	11.600
469	拉卡拉支付股份有限公司	北京	90.833	13.770	65.463	11.600
470	华帝股份有限公司	广东	90.770	13.350	65.820	11.600
471	上海氯碱化工股份有限公司	上海	90.733	11.533	67.600	11.600
472	中国人民保险集团股份有限公司	北京	90.719	11.200	66.719	12.800
473	青岛农村商业银行股份有限公司	山东	90.685	13.595	64.290	12.800
474	诸城外贸有限责任公司	山东	90.641	13.047	65.994	11.600
475	宋城演艺发展股份有限公司	浙江	90.601	12.690	66.311	11.600
476	重庆农村商业银行股份有限公司	重庆	90.590	13.600	64.190	12.800
477	云南驰宏锌锗股份有限公司	云南	90.558	12.537	66.421	11.600
478	四川双马水泥股份有限公司	四川	90.552	13.553	65.399	11.600
479	福建星网锐捷通讯股份有限公司	福建	90.509	13.600	68.780	8.129
480	北京光线传媒股份有限公司	北京	90.497	10.220	68.678	11.600
481	中国东方电气集团有限公司	四川	90.493	13.772	65.121	11.600
482	申能（集团）有限公司	上海	90.488	13.804	65.084	11.600
483	中国太平洋保险（集团）股份有限公司	上海	90.478	11.200	66.478	12.800
484	安徽金禾实业股份有限公司	安徽	90.453	12.204	66.649	11.600
485	南京钢铁集团有限公司	江苏	90.443	13.328	65.515	11.600
486	重庆水务集团股份有限公司	重庆	90.440	13.454	65.386	11.600
487	国家开发投资集团有限公司	北京	90.431	13.363	65.468	11.600
488	春秋航空股份有限公司	上海	90.430	13.441	65.389	11.600
489	重庆银行股份有限公司	重庆	90.412	13.600	64.012	12.800
490	佳都集团有限公司	广东	90.355	13.600	65.155	11.600

续表

序号	企业名称	地区	综合信用指数	信用环境指数	信用能力指数	信用行为指数
491	广东南海农村商业银行股份有限公司	广东	90.340	13.600	63.940	12.800
492	中国电力建设集团有限公司	北京	90.316	14.000	64.716	11.600
493	盛京银行股份有限公司	辽宁	90.295	13.485	64.009	12.800
494	国电南瑞科技股份有限公司	江苏	90.284	13.400	65.284	11.600
495	广州交通投资集团有限公司	广东	90.256	13.551	65.105	11.600
496	江苏江阴农村商业银行股份有限公司	江苏	90.237	13.600	63.837	12.800
497	辛集市澳森钢铁集团有限公司	河北	90.188	13.405	65.184	11.600
498	江苏中南建设集团股份有限公司	江苏	90.162	13.889	64.673	11.600
499	赣州银行股份有限公司	江西	90.092	13.518	63.774	12.800
500	山东黄金矿业股份有限公司	山东	90.091	12.267	66.224	11.600

二、2020 中国企业信用 500 强收益性指标

序号	企业名称	地区	综合信用指数	营收利润率（%）	资产利润率（%）	净资产利润率（%）
1	华为投资控股有限公司	广东	99.833	7.29	7.29	21.21
2	中国建筑股份有限公司	北京	99.600	4.45	3.11	12.59
3	阿里巴巴集团控股有限公司	浙江	99.556	29.32	11.38	19.78
4	中国建材集团有限公司	北京	99.449	3.74	2.49	8.43
5	美的集团股份有限公司	广东	99.371	9.05	8.37	23.51
6	腾讯控股有限公司	广东	99.306	24.73	9.78	21.56
7	万科企业股份有限公司	广东	99.235	14.99	3.19	20.38
8	贵州茅台酒股份有限公司	贵州	99.138	49.49	24.02	30.99
9	安徽海螺集团有限责任公司	安徽	98.528	5.23	5.56	23.59
10	上海汽车集团股份有限公司	上海	98.483	4.18	4.15	11.73
11	国家电网有限公司	北京	98.165	2.08	1.32	3.14
12	珠海格力电器股份有限公司	广东	97.986	12.38	8.77	22.16
13	中国宝武钢铁集团有限公司	上海	97.620	3.63	2.32	7.33
14	宜宾五粮液股份有限公司	四川	97.481	36.37	17.13	23.95
15	正威国际集团有限公司	广东	97.465	2.03	7.74	12.32
16	东风汽车集团有限公司	湖北	97.422	1.58	1.84	9.22
17	上海锦江国际酒店股份有限公司	上海	97.410	8.47	3.29	8.91
18	中国保利集团有限公司	北京	97.410	3.55	1.07	15.78
19	浪潮集团有限公司	山东	97.409	2.94	3.53	9.82
20	中青旅控股股份有限公司	北京	97.404	6.47	5.54	10.17
21	恒力集团有限公司	江苏	97.388	2.58	6.10	39.62
22	中国铝业股份有限公司	北京	97.366	0.78	0.73	2.10
23	用友网络科技股份有限公司	北京	97.312	15.53	7.53	15.93
24	上海宝信软件股份有限公司	上海	97.307	13.50	9.01	12.72
25	北京千方科技股份有限公司	北京	97.293	12.30	6.61	11.52
26	中国石油化工集团有限公司	北京	97.289	1.67	2.12	6.25
27	老凤祥股份有限公司	上海	97.288	3.69	10.65	21.94

续表

序号	企业名称	地区	综合信用指数	营收利润率（%）	资产利润率（%）	净资产利润率（%）
28	金川集团股份有限公司	甘肃	97.258	0.88	1.78	5.88
29	烽火通信科技股份有限公司	湖北	97.255	4.27	3.35	8.74
30	芜湖三七互娱网络科技集团股份有限公司	安徽	97.200	18.27	23.82	33.14
31	温氏食品集团股份有限公司	广东	97.200	19.75	22.03	30.98
32	华新水泥股份有限公司	湖北	97.200	22.33	19.16	30.04
33	蓝思科技股份有限公司	湖南	97.200	8.03	5.17	10.83
34	新希望六和股份有限公司	四川	97.200	7.53	9.62	18.93
35	三一集团有限公司	湖南	97.194	4.81	2.68	11.72
36	北京汽车集团有限公司	北京	97.164	1.03	1.03	7.48
37	中国铁路工程集团有限公司	北京	97.150	1.24	1.00	10.46
38	中国移动通信集团有限公司	北京	97.147	11.19	4.53	8.10
39	深信服科技股份有限公司	广东	97.118	16.53	11.21	17.56
40	山东太阳纸业股份有限公司	山东	97.097	9.65	6.80	14.95
41	广东生益科技股份有限公司	广东	97.096	11.81	10.06	16.71
42	北京京东世纪贸易有限公司	北京	97.088	2.11	4.69	14.88
43	中国华润有限公司	广东	97.085	3.77	1.53	10.74
44	碧桂园控股有限公司	广东	97.076	8.14	2.07	26.03
45	潍柴动力股份有限公司	山东	97.069	6.83	5.03	17.06
46	国电电力发展股份有限公司	北京	97.059	4.22	1.35	4.22
47	北京金隅集团股份有限公司	北京	97.053	5.64	1.84	6.27
48	红狮控股集团有限公司	浙江	97.044	10.59	11.52	27.39
49	华东医药股份有限公司	浙江	97.043	8.25	13.63	22.74
50	石药控股集团有限公司	河北	97.035	13.79	10.25	20.64
51	江苏恒瑞医药股份有限公司	江苏	97.028	22.87	19.33	21.36
52	长城汽车股份有限公司	河北	97.000	4.71	4.01	8.33
53	华域汽车系统股份有限公司	上海	97.000	5.91	6.12	14.51
54	浙江吉利控股集团有限公司	浙江	97.000	2.57	2.15	12.91
55	中原大地传媒股份有限公司	河南	96.998	8.82	6.80	10.05
56	江苏恒立液压股份有限公司	江苏	96.991	23.98	15.40	23.12
57	扬子江药业集团有限公司	江苏	96.990	6.78	12.75	16.54
58	冀南钢铁集团有限公司	河北	96.985	7.87	31.60	34.73
59	永辉超市股份有限公司	福建	96.981	1.71	2.78	7.10

续表

序号	企业名称	地区	综合信用指数	营收利润率（%）	资产利润率（%）	净资产利润率（%）
60	中国航天科技集团有限公司	北京	96.953	7.26	3.80	8.60
61	浙江龙盛控股有限公司	浙江	96.951	13.59	9.35	19.77
62	经纬纺织机械股份有限公司	北京	96.924	17.22	4.50	7.28
63	北京奥赛康药业股份有限公司	北京	96.902	17.26	21.12	30.99
64	厦门亿联网络技术股份有限公司	福建	96.890	49.62	25.59	28.10
65	九州通医药集团股份有限公司	湖北	96.884	1.79	2.50	8.11
66	中国神华能源股份有限公司	北京	96.883	21.31	9.23	12.40
67	郑州煤矿机械集团股份有限公司	河南	96.878	4.43	3.84	8.67
68	绿地控股集团股份有限公司	上海	96.878	4.89	1.83	15.94
69	物产中大集团股份有限公司	浙江	96.873	1.09	4.19	12.76
70	中南出版传媒集团股份有限公司	湖南	96.872	13.72	6.45	9.74
71	江西铜业集团有限公司	江西	96.845	0.46	0.74	4.50
72	上海医药集团股份有限公司	上海	96.833	2.59	3.53	9.78
73	上海复星医药（集团）股份有限公司	上海	96.810	13.10	4.92	9.55
74	山东豪迈机械科技股份有限公司	山东	96.769	19.67	12.70	17.40
75	安徽古井贡酒股份有限公司	安徽	96.769	20.71	15.56	22.88
76	沪士电子股份有限公司	江苏	96.767	16.92	14.64	23.49
77	中策橡胶集团有限公司	浙江	96.740	4.02	4.45	11.18
78	桐昆集团股份有限公司	浙江	96.734	5.73	7.24	15.18
79	江苏凤凰出版传媒股份有限公司	江苏	96.734	11.23	5.93	9.71
80	索菲亚家居股份有限公司	广东	96.719	14.24	12.90	18.53
81	中国航天科工集团有限公司	北京	96.714	5.21	3.88	9.72
82	中国旅游集团中免股份有限公司	北京	96.714	11.29	17.64	24.27
83	深圳市裕同包装科技股份有限公司	广东	96.710	10.84	8.49	16.04
84	中远海运控股股份有限公司	天津	96.681	6.85	3.95	14.97
85	中文天地出版传媒集团股份有限公司	江西	96.679	15.38	7.59	12.16
86	纳爱斯集团有限公司	浙江	96.676	6.07	6.82	8.37
87	佛山市海天调味食品股份有限公司	广东	96.669	27.06	21.64	32.27
88	铜陵有色金属集团股份有限公司	安徽	96.668	1.12	2.17	5.19
89	中国核能电力股份有限公司	北京	96.633	18.25	2.42	9.31
90	山东出版传媒股份有限公司	山东	96.631	15.78	9.55	14.33
91	胜达集团有限公司	浙江	96.630	4.34	7.75	11.84

续表

序号	企业名称	地区	综合信用指数	营收利润率（%）	资产利润率（%）	净资产利润率（%）
92	湖北省交通投资集团有限公司	湖北	96.588	10.72	0.81	2.84
93	河南双汇投资发展股份有限公司	河南	96.537	9.39	19.79	33.10
94	恒生电子股份有限公司	浙江	96.532	36.56	16.93	28.92
95	浙江三花智能控制股份有限公司	浙江	96.510	12.70	9.69	15.31
96	赛轮集团股份有限公司	山东	96.502	7.87	6.66	16.08
97	中国中煤能源股份有限公司	北京	96.478	6.65	3.15	7.32
98	广东东阳光科技控股股份有限公司	广东	96.478	13.54	7.57	20.45
99	隆基绿能科技股份有限公司	陕西	96.477	16.89	9.37	19.64
100	南山集团有限公司	山东	96.464	4.60	3.87	8.66
101	红豆集团有限公司	江苏	96.456	2.01	3.01	7.46
102	威高集团有限公司	山东	96.452	8.85	7.27	12.83
103	天地科技股份有限公司	北京	96.446	6.66	3.52	5.98
104	晶科能源有限公司	江西	96.396	3.22	2.64	9.30
105	中国葛洲坝集团股份有限公司	湖北	96.385	5.97	2.80	9.91
106	中国医药集团有限公司	北京	96.380	1.29	1.60	8.75
107	浙江出版联合集团有限公司	浙江	96.351	9.01	4.71	7.27
108	新华文轩出版传媒股份有限公司	四川	96.346	12.72	7.34	12.33
109	宁德时代新能源科技股份有限公司	福建	96.343	10.95	4.95	11.88
110	中国铁道建筑集团有限公司	北京	96.320	1.13	0.87	10.83
111	广州白云山医药集团股份有限公司	广东	96.307	5.30	6.05	13.24
112	泸州老窖股份有限公司	四川	96.289	29.35	16.05	23.74
113	南方出版传媒股份有限公司	广东	96.266	11.37	6.90	11.89
114	上海机电股份有限公司	上海	96.264	7.81	5.05	12.64
115	中国出版传媒股份有限公司	北京	96.251	11.75	5.62	9.62
116	金东纸业（江苏）股份有限公司	江苏	96.238	5.85	3.08	10.12
117	杭叉集团股份有限公司	浙江	96.231	8.07	11.38	15.25
118	安徽省皖能股份有限公司	安徽	96.228	6.58	3.22	5.81
119	北京东方雨虹防水技术股份有限公司	北京	96.227	11.43	9.26	20.84
120	公牛集团股份有限公司	浙江	96.197	22.94	31.06	41.50
121	中国化学工程股份有限公司	北京	96.187	3.16	2.84	8.74
122	甘肃上峰水泥股份有限公司	甘肃	96.186	32.08	24.02	41.15
123	广州汽车工业集团有限公司	广东	96.170	1.05	1.28	8.65

续表

序号	企业名称	地区	综合信用指数	营收利润率（%）	资产利润率（%）	净资产利润率（%）
124	江苏中天科技股份有限公司	江苏	96.168	5.08	4.90	9.16
125	东浩兰生（集团）有限公司	上海	96.164	0.59	2.94	7.69
126	金发科技股份有限公司	广东	96.150	4.32	4.33	11.81
127	新疆特变电工集团有限公司	新疆	96.140	4.83	1.96	5.52
128	招商局集团有限公司	北京	96.104	10.65	1.87	10.24
129	青山控股集团有限公司	浙江	96.096	2.17	8.09	26.25
130	鹏鼎控股（深圳）股份有限公司	广东	96.093	10.99	10.14	14.75
131	天洁集团有限公司	浙江	96.087	4.77	9.83	21.83
132	东方明珠新媒体股份有限公司	上海	96.079	18.06	4.99	6.46
133	苏美达股份有限公司	江苏	96.069	1.72	3.58	14.98
134	安徽合力股份有限公司	安徽	96.056	7.67	9.79	14.44
135	中国机械工业集团有限公司	北京	96.055	1.05	0.81	4.56
136	江苏国泰国际集团股份有限公司	江苏	96.021	1.54	4.02	11.17
137	江苏上上电缆集团有限公司	江苏	95.995	4.07	9.31	12.66
138	江西万年青水泥股份有限公司	江西	95.989	18.04	17.40	27.31
139	中国航空油料集团有限公司	北京	95.953	1.40	5.81	15.29
140	紫金矿业集团股份有限公司	福建	95.949	3.72	4.09	8.87
141	大参林医药集团股份有限公司	广东	95.944	6.25	8.03	16.08
142	上海春秋国际旅行社（集团）有限公司	上海	95.944	6.04	3.83	14.09
143	中国电子科技集团有限公司	北京	95.927	5.29	2.99	7.68
144	宁波华翔电子股份有限公司	浙江	95.874	7.45	7.43	12.12
145	中国兵器工业集团有限公司	北京	95.846	1.87	2.07	7.65
146	陕西有色金属控股集团有限责任公司	陕西	95.833	0.52	0.51	2.14
147	上海豫园旅游商城（集团）股份有限公司	上海	95.827	9.10	3.93	10.71
148	重庆华宇集团有限公司	重庆	95.813	11.66	9.10	23.34
149	协鑫集团有限公司	江苏	95.778	1.43	0.77	3.66
150	杭州海康威视数字技术股份有限公司	浙江	95.733	21.62	16.54	27.41
151	重庆百货大楼股份有限公司	重庆	95.714	2.97	6.76	15.86
152	浙江苏泊尔股份有限公司	浙江	95.710	9.65	16.17	27.99
153	新凤祥控股集团有限责任公司	山东	95.695	1.93	3.28	9.68
154	上海电气（集团）总公司	上海	95.695	1.65	0.73	6.86
155	浙江鼎力机械股份有限公司	浙江	95.687	29.05	14.28	21.64

续表

序号	企业名称	地区	综合信用指数	营收利润率（%）	资产利润率（%）	净资产利润率（%）
156	云南锡业股份有限公司	云南	95.672	2.59	3.16	7.90
157	重庆智飞生物制品股份有限公司	重庆	95.663	22.35	21.63	41.17
158	国投电力控股股份有限公司	北京	95.652	20.58	3.89	11.74
159	北京首旅酒店（集团）股份有限公司	北京	95.650	11.06	5.37	9.89
160	天瑞集团股份有限公司	河南	95.647	3.82	2.35	4.60
161	上海百联集团股份有限公司	上海	95.639	1.80	1.63	4.14
162	天顺风能（苏州）股份有限公司	江苏	95.617	12.62	5.85	12.85
163	中盐内蒙古化工股份有限公司	内蒙古	95.576	10.78	7.66	18.15
164	中国南方电网有限责任公司	广东	95.571	2.24	1.36	3.43
165	晶澳太阳能科技股份有限公司	河北	95.535	5.92	4.39	15.67
166	无锡市太极实业股份有限公司	江苏	95.514	4.26	3.60	9.53
167	中国通用技术（集团）控股有限责任公司	北京	95.498	1.84	1.71	7.48
168	重药控股股份有限公司	重庆	95.448	2.79	3.71	10.66
169	深圳市景旺电子股份有限公司	广东	95.438	12.27	8.81	13.81
170	宁波均胜电子股份有限公司	浙江	95.431	2.35	2.55	8.49
171	启明星辰信息技术集团股份有限公司	北京	95.422	22.07	9.89	15.61
172	上海现代制药股份有限公司	上海	95.419	7.61	5.26	10.09
173	北京京能电力股份有限公司	北京	95.409	9.02	2.17	5.73
174	杭州市实业投资集团有限公司	浙江	95.408	0.93	2.23	8.82
175	广西柳工机械股份有限公司	广西	95.401	5.60	3.60	9.91
176	宁波申洲针织有限公司	浙江	95.398	21.88	15.57	19.70
177	常州星宇车灯股份有限公司	江苏	95.375	12.96	9.23	16.16
178	江苏今世缘酒业股份有限公司	江苏	95.356	29.92	14.49	20.23
179	盛虹控股集团有限公司	江苏	95.330	1.75	3.56	17.18
180	富奥汽车零部件股份有限公司	吉林	95.329	8.78	6.84	11.85
181	奥瑞金科技股份有限公司	北京	95.307	7.40	4.70	11.60
182	大亚圣象家居股份有限公司	江苏	95.281	10.10	9.21	14.01
183	内蒙古鄂尔多斯资源股份有限公司	内蒙古	95.227	6.63	3.13	8.91
184	国家能源投资集团有限责任公司	北京	95.210	5.30	1.68	7.05
185	正泰集团股份有限公司	浙江	95.206	2.31	2.58	12.74
186	广东电力发展股份有限公司	广东	95.193	6.16	2.39	5.29
187	华能国际电力股份有限公司	北京	95.188	1.37	0.57	2.03

续表

序号	企业名称	地区	综合信用指数	营收利润率（%）	资产利润率（%）	净资产利润率（%）
188	厦门建发集团有限公司	福建	95.183	1.36	1.35	8.90
189	玲珑集团有限公司	山东	95.161	5.50	3.08	14.62
190	海澜集团有限公司	江苏	95.154	4.43	4.90	6.53
191	三花控股集团有限公司	浙江	95.130	3.96	4.89	11.88
192	富通集团有限公司	浙江	95.114	3.28	4.79	13.61
193	广州网易计算机系统有限公司	广东	95.108	35.85	18.94	34.56
194	物美科技集团有限公司	北京	95.106	5.52	3.23	8.60
195	大悦城控股集团股份有限公司	广东	95.087	10.97	2.02	8.71
196	中国电影股份有限公司	北京	95.070	13.68	7.19	9.59
197	山东魏桥创业集团有限公司	山东	95.069	1.96	2.25	7.69
198	山西杏花村汾酒厂股份有限公司	山西	95.043	17.29	12.78	26.93
199	深圳迈瑞生物医疗电子股份有限公司	广东	95.033	28.30	18.28	25.16
200	深南电路股份有限公司	广东	95.031	11.72	10.09	24.66
201	中国工商银行股份有限公司	北京	95.027	36.64	1.04	11.64
202	浙江省国际贸易集团有限公司	浙江	95.013	2.00	1.29	8.26
203	完美世界股份有限公司	浙江	94.996	18.00	8.70	14.29
204	德力西集团有限公司	浙江	94.978	1.53	4.27	12.44
205	云南白药集团股份有限公司	云南	94.949	14.07	8.40	10.95
206	中国外运股份有限公司	北京	94.927	3.77	4.73	9.68
207	陕西煤业股份有限公司	陕西	94.896	22.66	13.13	21.84
208	四川蓝光发展股份有限公司	四川	94.896	10.61	2.06	10.63
209	海尔集团公司	山东	94.881	2.65	1.93	16.30
210	宏发科技股份有限公司	湖北	94.876	13.62	9.46	14.63
211	人民电器集团有限公司	浙江	94.858	3.77	14.60	21.86
212	月星集团有限公司	上海	94.827	8.64	4.37	12.73
213	江苏阳光集团有限公司	江苏	94.818	5.11	9.18	18.64
214	招商银行股份有限公司	广东	94.800	34.64	1.26	15.12
215	牧原食品股份有限公司	河南	94.800	31.34	11.98	19.98
216	江苏扬农化工股份有限公司	江苏	94.790	13.48	12.17	23.19
217	天马微电子股份有限公司	广东	94.779	2.74	1.27	3.11
218	健康元药业集团股份有限公司	广东	94.779	15.44	7.27	10.64
219	路通建设集团股份有限公司	山东	94.772	15.59	18.33	20.21

续表

序号	企业名称	地区	综合信用指数	营收利润率（%）	资产利润率（%）	净资产利润率（%）
220	立讯精密工业股份有限公司	广东	94.743	7.88	9.98	22.66
221	富士康工业互联网股份有限公司	广东	94.728	4.55	9.05	20.82
222	江苏立华牧业股份有限公司	江苏	94.719	22.14	22.93	28.78
223	山东晨鸣纸业集团股份有限公司	山东	94.718	5.77	1.79	6.66
224	广西柳州医药股份有限公司	广西	94.704	5.15	6.40	16.42
225	中国民生银行股份有限公司	北京	94.699	30.44	0.82	10.35
226	东方日升新能源股份有限公司	浙江	94.688	6.79	3.82	10.44
227	中国冶金科工股份有限公司	北京	94.656	2.24	1.65	6.48
228	甘肃祁连山水泥集团股份有限公司	甘肃	94.648	18.86	12.21	17.46
229	深圳能源集团股份有限公司	广东	94.646	8.79	1.90	5.45
230	浙江世纪华通集团股份有限公司	浙江	94.644	15.56	7.06	9.31
231	中国光大集团股份公司	北京	94.631	4.24	0.26	9.50
232	长春一汽富维汽车零部件股份有限公司	吉林	94.624	3.99	4.40	10.39
233	红星美凯龙家居集团股份有限公司	上海	94.621	28.45	3.83	9.57
234	雅戈尔集团股份有限公司	浙江	94.620	31.81	4.90	14.11
235	交通银行股份有限公司	上海	94.618	33.58	0.79	9.75
236	福建圣农发展股份有限公司	福建	94.614	28.29	26.96	39.02
237	龙蟒佰利联集团股份有限公司	河南	94.611	22.81	10.04	18.51
238	北京天坛生物制品股份有限公司	北京	94.611	27.25	14.16	17.27
239	大秦铁路股份有限公司	山西	94.594	18.98	10.25	12.41
240	杭州泰格医药科技股份有限公司	浙江	94.586	34.79	12.95	17.66
241	上海浦东发展银行股份有限公司	上海	94.573	31.21	0.85	10.61
242	漳州片仔癀药业股份有限公司	福建	94.540	24.24	15.74	19.90
243	沂州集团有限公司	山东	94.526	1.89	5.41	14.23
244	上海机场（集团）有限公司	上海	94.513	20.69	3.81	5.74
245	三房巷集团有限公司	江苏	94.475	2.20	6.48	15.70
246	广州市水务投资集团有限公司	广东	94.421	4.50	0.71	2.62
247	中国银行股份有限公司	北京	94.400	36.76	0.89	10.21
248	神州数码集团股份有限公司	广东	94.383	0.81	2.38	16.04
249	中国船舶重工集团动力股份有限公司	河北	94.378	3.50	1.86	2.85
250	四川水井坊股份有限公司	四川	94.372	23.35	20.94	39.12
251	中国兵器装备集团有限公司	北京	94.345	3.40	2.01	9.69

续表

序号	企业名称	地区	综合信用指数	营收利润率（%）	资产利润率（%）	净资产利润率（%）
252	三角轮胎股份有限公司	山东	94.338	10.67	5.62	8.41
253	中国中车集团有限公司	北京	94.308	1.51	0.84	5.05
254	中国建设银行股份有限公司	北京	94.282	38.15	1.06	12.05
255	广州智能装备产业集团有限公司	广东	94.265	2.45	2.00	9.15
256	内蒙古君正能源化工集团股份有限公司	内蒙古	94.263	25.15	7.82	12.60
257	平安银行股份有限公司	广东	94.247	20.44	0.72	9.01
258	通威集团有限公司	四川	94.243	2.39	3.35	11.74
259	华兰生物工程股份有限公司	河南	94.239	37.27	18.18	20.03
260	深圳劲嘉集团股份有限公司	广东	94.226	24.23	11.14	13.36
261	华鲁控股集团有限公司	山东	94.218	4.20	2.83	12.11
262	新疆金风科技股份有限公司	新疆	94.210	5.83	2.16	6.92
263	紫光股份有限公司	北京	94.205	5.68	5.62	9.50
264	宁波三星医疗电气股份有限公司	浙江	94.202	15.53	7.69	12.95
265	丽珠医药集团股份有限公司	广东	94.202	15.57	8.13	11.91
266	舜宇集团有限公司	浙江	94.200	10.55	13.00	31.80
267	爱尔眼科医院集团股份有限公司	湖南	94.178	14.33	12.03	20.38
268	北京首都创业集团有限公司	北京	94.167	5.41	0.72	10.40
269	青岛啤酒股份有限公司	山东	94.161	6.89	5.17	9.69
270	黑牡丹（集团）股份有限公司	江苏	94.160	16.49	4.17	13.48
271	中国国际海运集装箱（集团）股份有限公司	广东	94.160	2.93	1.46	4.56
272	南极电商股份有限公司	江苏	94.159	30.87	21.99	24.82
273	兴业银行股份有限公司	福建	94.140	36.79	0.93	12.14
274	合力泰科技股份有限公司	山东	94.116	5.73	3.15	7.77
275	中国中信集团有限公司	北京	94.112	4.85	0.34	6.93
276	广东新宝电器股份有限公司	广东	94.108	7.55	8.45	15.91
277	江苏三木集团有限公司	江苏	94.096	2.97	5.45	10.54
278	厦门盈趣科技股份有限公司	福建	94.074	25.44	18.03	23.38
279	阳光电源股份有限公司	安徽	94.058	7.01	3.99	10.41
280	四川科伦实业集团有限公司	四川	94.046	2.26	2.60	6.77
281	重庆市金科投资控股（集团）有限责任公司	重庆	94.043	6.41	3.71	99.07
282	重庆市迪马实业股份有限公司	重庆	94.039	11.09	3.01	14.52
283	欣旺达电子股份有限公司	广东	94.034	2.97	3.18	12.52

续表

序号	企业名称	地区	综合信用指数	营收利润率（%）	资产利润率（%）	净资产利润率（%）
284	双胞胎（集团）股份有限公司	江西	94.033	2.63	7.82	15.80
285	浙江中国小商品城集团股份有限公司	浙江	94.016	30.89	3.99	9.54
286	新大陆数字技术股份有限公司	福建	94.008	11.69	5.90	11.45
287	中国航空工业集团有限公司	北京	93.995	0.88	0.40	2.06
288	广汇物流股份有限公司	四川	93.985	28.38	5.07	12.05
289	惠州亿纬锂能股份有限公司	广东	93.979	24.16	9.51	20.08
290	北京同仁堂股份有限公司	北京	93.964	11.76	7.46	10.65
291	亿帆医药股份有限公司	浙江	93.963	16.83	7.89	11.16
292	深圳市汇顶科技股份有限公司	广东	93.950	35.80	29.53	35.99
293	浙江恒逸集团有限公司	浙江	93.945	0.66	1.37	12.55
294	天津城市基础设施建设投资集团有限公司	天津	93.941	10.15	0.19	0.65
295	万丰奥特控股集团有限公司	浙江	93.925	7.56	7.22	17.41
296	浙江卫星石化股份有限公司	浙江	93.902	11.76	7.07	13.69
297	江苏洋河酒厂股份有限公司	江苏	93.850	31.94	13.82	20.24
298	易见供应链管理股份有限公司	四川	93.827	5.82	5.74	10.37
299	中国农业银行股份有限公司	北京	93.806	33.94	0.86	10.86
300	厦门象屿集团有限公司	福建	93.800	0.53	1.09	7.60
301	山东金岭集团有限公司	山东	93.791	5.58	15.81	18.40
302	海亮集团有限公司	浙江	93.786	0.64	2.11	6.46
303	南京云海特种金属股份有限公司	江苏	93.778	16.35	17.79	34.05
304	传化智联股份有限公司	浙江	93.776	8.08	5.37	10.00
305	三六零安全科技股份有限公司	北京	93.769	46.33	17.63	20.74
306	天虹数科商业股份有限公司	广东	93.767	4.44	5.18	12.38
307	南通三建控股有限公司	江苏	93.759	3.00	7.69	22.57
308	北京控股集团有限公司	北京	93.758	0.89	0.25	2.37
309	深圳市信维通信股份有限公司	广东	93.737	20.01	12.27	21.57
310	福莱特玻璃集团股份有限公司	浙江	93.689	14.92	7.64	15.89
311	得力集团有限公司	浙江	93.678	4.93	7.48	21.82
312	河南明泰铝业股份有限公司	河南	93.677	6.95	8.36	13.54
313	浙报数字文化集团股份有限公司	浙江	93.671	24.41	6.17	7.62
314	江苏省苏豪控股集团有限公司	江苏	93.647	7.40	4.75	14.01
315	浙江大华技术股份有限公司	浙江	93.617	12.09	10.69	19.78

续表

序号	企业名称	地区	综合信用指数	营收利润率（%）	资产利润率（%）	净资产利润率（%）
316	厦门国贸集团股份有限公司	福建	93.609	1.13	2.75	8.94
317	中天控股集团有限公司	浙江	93.605	2.47	2.84	15.88
318	歌尔股份有限公司	山东	93.588	3.64	3.69	7.93
319	中国交通建设集团有限公司	北京	93.573	1.40	0.57	7.20
320	波司登股份有限公司	江苏	93.552	11.82	9.60	16.90
321	杭州巨星科技股份有限公司	浙江	93.522	13.64	8.12	11.86
322	山东新潮能源股份有限公司	山东	93.503	17.75	3.79	6.68
323	上海华谊（集团）公司	上海	93.475	2.98	2.08	8.21
324	中铁集装箱运输有限责任公司	北京	93.454	2.78	4.10	7.56
325	宁夏建材集团股份有限公司	宁夏	93.437	17.64	11.20	14.29
326	京沪高速铁路股份有限公司	北京	93.424	36.24	6.45	7.52
327	中天科技集团有限公司	江苏	93.420	1.29	1.77	12.89
328	株洲旗滨集团股份有限公司	湖南	93.405	14.46	10.30	16.32
329	华邦生命健康股份有限公司	重庆	93.400	9.23	3.50	7.04
330	复星国际有限公司	上海	93.399	10.35	2.07	12.08
331	河北建投能源投资股份有限公司	河北	93.354	6.41	2.77	6.45
332	安琪酵母股份有限公司	湖北	93.339	12.28	9.49	17.74
333	江西济民可信集团有限公司	江西	93.331	7.56	11.56	27.87
334	西藏天路股份有限公司	西藏	93.330	14.81	7.26	15.01
335	江苏鱼跃医疗设备股份有限公司	江苏	93.315	16.43	9.56	12.37
336	深圳市汇川技术股份有限公司	广东	93.310	13.67	6.79	11.30
337	中国电信集团有限公司	北京	93.291	2.68	1.38	3.30
338	中国邮政集团有限公司	北京	93.254	4.97	0.29	8.07
339	天能控股集团有限公司	浙江	93.247	1.06	3.36	29.96
340	中国国际航空股份有限公司	北京	93.241	5.33	2.46	7.15
341	山煤国际能源集团股份有限公司	山西	93.221	4.20	3.65	15.19
342	武汉武商集团股份有限公司	湖北	93.198	6.90	5.19	12.88
343	福耀玻璃工业集团股份有限公司	福建	93.190	13.73	7.46	13.56
344	苏州东山精密制造股份有限公司	江苏	93.189	3.00	2.23	8.11
345	杭州制氧机集团股份有限公司	浙江	93.184	8.36	5.68	11.03
346	重庆医药（集团）股份有限公司	重庆	93.179	2.37	3.24	12.27
347	浙江荣盛控股集团有限公司	浙江	93.166	0.88	0.89	8.44

续表

序号	企业名称	地区	综合信用指数	营收利润率（%）	资产利润率（%）	净资产利润率（%）
348	上海同济科技实业股份有限公司	上海	93.140	15.09	7.89	26.83
349	泰豪集团有限公司	江西	93.138	5.09	3.40	10.50
350	无锡先导智能装备股份有限公司	江苏	93.107	16.34	8.04	17.87
351	华泰集团有限公司	山东	93.104	1.39	3.19	10.28
352	中国南方航空股份有限公司	广东	93.101	2.01	1.01	4.02
353	万向集团公司	浙江	93.084	1.95	2.69	15.81
354	浙江东方金融控股集团股份有限公司	浙江	93.077	8.25	4.45	8.01
355	浙江省能源集团有限公司	浙江	93.020	4.64	2.15	6.49
356	中国广核集团有限公司	广东	92.998	6.12	0.90	5.91
357	华夏幸福基业股份有限公司	河北	92.992	13.96	3.21	19.93
358	浙江尖峰集团股份有限公司	浙江	92.988	22.66	14.68	19.70
359	中国长江电力股份有限公司	北京	92.987	43.24	7.27	14.38
360	浙江航民股份有限公司	浙江	92.969	12.61	11.98	15.68
361	长江出版传媒股份有限公司	湖北	92.956	10.47	7.43	10.78
362	中国核工业建设股份有限公司	北京	92.949	2.23	1.14	7.16
363	宁波方太厨具有限公司	浙江	92.945	12.67	11.56	19.74
364	宁波银行股份有限公司	浙江	92.917	39.31	1.05	13.69
365	横店集团东磁股份有限公司	浙江	92.916	10.57	8.16	12.98
366	天士力医药集团股份有限公司	天津	92.894	5.28	4.18	8.46
367	中国国际技术智力合作集团有限公司	北京	92.890	0.60	5.34	15.03
368	海信集团有限公司	山东	92.882	0.56	0.58	6.02
369	鲁泰纺织股份有限公司	山东	92.881	14.55	8.32	11.92
370	无锡威孚高科技集团股份有限公司	江苏	92.875	26.21	9.61	13.17
371	航天工业发展股份有限公司	福建	92.872	17.89	6.65	8.82
372	蓝星安迪苏股份有限公司	北京	92.844	11.29	5.95	7.30
373	浙江森马服饰股份有限公司	浙江	92.823	7.93	9.23	13.01
374	中信泰富特钢集团股份有限公司	湖北	92.791	7.42	7.42	21.32
375	江苏常熟农村商业银行股份有限公司	江苏	92.711	29.47	1.03	10.61
376	中国石油集团工程股份有限公司	新疆	92.702	1.24	0.87	3.40
377	王府井集团股份有限公司	北京	92.697	3.53	3.92	7.83
378	顺丰控股股份有限公司	广东	92.693	5.01	6.08	13.24
379	山东华鲁恒升化工股份有限公司	山东	92.674	17.29	13.49	17.24

续表

序号	企业名称	地区	综合信用指数	营收利润率（%）	资产利润率（%）	净资产利润率（%）
380	杭州老板电器股份有限公司	浙江	92.646	20.80	15.15	23.15
381	杉杉控股有限公司	上海	92.625	1.37	1.27	7.47
382	郑州宇通集团有限公司	河南	92.576	6.19	2.60	13.52
383	浙江省交通投资集团有限公司	浙江	92.545	3.42	1.07	5.15
384	敬业集团有限公司	河北	92.487	4.43	12.92	24.30
385	北京蓝色光标数据科技股份有限公司	北京	92.478	2.57	3.80	8.19
386	环旭电子股份有限公司	上海	92.478	3.39	5.75	12.23
387	广西五洲交通股份有限公司	广西	92.473	40.26	7.90	20.31
388	上海环境集团股份有限公司	上海	92.465	19.61	3.42	8.33
389	云南恩捷新材料股份有限公司	云南	92.452	29.61	7.67	19.17
390	浙江闰土股份有限公司	浙江	92.415	20.63	12.32	14.94
391	浙江永利实业集团有限公司	浙江	92.387	6.78	3.24	5.20
392	吉林敖东药业集团股份有限公司	吉林	92.384	45.12	5.40	6.21
393	中国巨石股份有限公司	浙江	92.376	20.14	6.29	13.14
394	湖北济川药业股份有限公司	湖北	92.374	23.39	18.73	26.59
395	深圳市中金岭南有色金属股份有限公司	广东	92.370	3.82	4.29	7.67
396	长沙银行股份有限公司	湖南	92.360	30.90	0.87	12.57
397	安徽迎驾贡酒股份有限公司	安徽	92.342	24.66	13.37	19.55
398	南京高科股份有限公司	江苏	92.338	64.00	6.45	14.89
399	淮河能源（集团）股份有限公司	安徽	92.333	8.11	5.45	8.60
400	中国平安保险（集团）股份有限公司	广东	92.329	14.06	2.00	19.28
401	深圳市海普瑞药业集团股份有限公司	广东	92.325	22.56	6.85	13.97
402	芒果超媒股份有限公司	湖南	92.321	9.26	6.78	13.12
403	广东海大集团股份有限公司	广东	92.321	3.76	9.49	18.37
404	天茂实业集团股份有限公司	湖北	92.268	5.81	1.42	8.50
405	卧龙控股集团有限公司	浙江	92.266	3.96	4.49	16.36
406	天津中环半导体股份有限公司	天津	92.239	7.47	2.57	6.14
407	北京光环新网科技股份有限公司	北京	92.233	11.22	6.51	9.54
408	深圳华强集团有限公司	广东	92.221	4.10	1.51	6.73
409	山东九羊集团有限公司	山东	92.160	3.58	8.93	12.32
410	广州视源电子科技股份有限公司	广东	92.157	9.45	16.17	32.12
411	维维集团股份有限公司	江苏	92.140	5.11	8.46	12.06

续表

序号	企业名称	地区	综合信用指数	营收利润率（%）	资产利润率（%）	净资产利润率（%）
412	中国大唐集团有限公司	北京	92.122	1.55	0.39	2.67
413	上海银行股份有限公司	上海	92.080	40.83	0.91	11.47
414	广州农村商业银行股份有限公司	广东	92.062	18.35	0.84	11.00
415	九阳股份有限公司	山东	92.033	8.62	10.79	21.48
416	大同煤业股份有限公司	山西	91.989	12.04	4.97	12.12
417	大商股份有限公司	辽宁	91.987	4.40	5.09	10.40
418	中国人寿保险股份有限公司	北京	91.964	7.92	1.58	14.42
419	浙江华峰氨纶股份有限公司	浙江	91.963	13.36	10.85	23.73
420	重庆啤酒股份有限公司	重庆	91.959	20.34	20.73	48.20
421	广州市建筑集团有限公司	广东	91.875	0.66	1.00	6.61
422	唐山三友化工股份有限公司	河北	91.866	3.61	2.98	6.15
423	科大讯飞股份有限公司	安徽	91.860	9.36	4.69	8.04
424	华夏银行股份有限公司	北京	91.857	26.10	0.73	8.21
425	北京学而思教育科技有限公司	北京	91.802	14.22	9.76	14.68
426	江苏东方盛虹股份有限公司	江苏	91.796	6.48	4.60	10.54
427	申万宏源集团股份有限公司	新疆	91.793	23.60	1.49	6.84
428	河北安丰钢铁有限公司	河北	91.755	8.28	15.71	24.72
429	福建发展高速公路股份有限公司	福建	91.698	37.21	6.29	9.21
430	唯品会（中国）有限公司	广东	91.689	4.85	26.38	26.40
431	广州越秀金融控股集团股份有限公司	广东	91.680	19.99	1.46	7.18
432	渤海银行股份有限公司	天津	91.676	14.35	0.75	10.07
433	无锡药明康德新药开发股份有限公司	江苏	91.637	14.85	6.54	10.98
434	四川省交通投资集团有限责任公司	四川	91.579	1.67	0.24	0.74
435	中国东方航空集团有限公司	上海	91.570	2.79	1.11	8.64
436	浙江伟星新型建材股份有限公司	浙江	91.555	21.11	20.41	25.21
437	广东塔牌集团股份有限公司	广东	91.537	25.17	14.76	17.71
438	北京银行股份有限公司	北京	91.529	34.20	0.79	10.33
439	阳光龙净集团有限公司	福建	91.497	1.71	1.01	16.21
440	南京银行股份有限公司	江苏	91.486	38.73	0.94	14.29
441	秦皇岛宏兴钢铁有限公司	河北	91.422	10.10	19.31	22.86
442	山东高速集团有限公司	山东	91.388	4.41	0.52	5.15
443	杭州银行股份有限公司	浙江	91.357	30.84	0.64	10.56

续表

序号	企业名称	地区	综合信用指数	营收利润率（%）	资产利润率（%）	净资产利润率（%）
444	成都市兴蓉环境股份有限公司	四川	91.349	22.75	4.34	9.17
445	深圳市天健（集团）股份有限公司	广东	91.338	8.41	3.06	12.77
446	贵阳银行股份有限公司	贵州	91.311	40.89	1.07	14.87
447	金科地产集团股份有限公司	重庆	91.288	9.38	1.98	12.19
448	河北普阳钢铁有限公司	河北	91.281	4.30	13.55	17.71
449	浙江海翔药业股份有限公司	浙江	91.275	26.20	11.42	13.46
450	平顶山天安煤业股份有限公司	河南	91.274	5.62	2.45	8.15
451	云南省能源投资集团有限公司	云南	91.272	1.31	0.78	2.72
452	成都银行股份有限公司	四川	91.237	43.66	0.99	15.59
453	中国中化集团有限公司	北京	91.227	0.59	0.60	6.16
454	茂业商业股份有限公司	四川	91.186	11.42	7.29	17.87
455	浙商银行股份有限公司	浙江	91.169	31.66	0.82	11.63
456	江苏苏州农村商业银行股份有限公司	江苏	91.159	25.99	0.73	7.87
457	新疆天山水泥股份有限公司	新疆	91.154	18.88	11.97	18.04
458	中节能太阳能股份有限公司	重庆	91.142	18.07	2.42	6.72
459	四川路桥建设集团股份有限公司	四川	91.113	3.22	1.74	9.84
460	上海世茂股份有限公司	上海	91.110	17.91	3.01	7.97
461	内蒙古蒙电华能热电股份有限公司	内蒙古	91.067	8.25	2.68	6.82
462	新奥天然气股份有限公司	河北	91.057	8.74	4.86	11.69
463	西安银行股份有限公司	陕西	91.012	39.13	0.96	11.32
464	上海临港控股股份有限公司	上海	90.959	37.50	3.92	9.10
465	浙江巨化股份有限公司	浙江	90.918	5.89	5.97	6.95
466	江苏扬子江船业集团公司	江苏	90.875	8.29	3.10	9.19
467	湖南华菱钢铁股份有限公司	湖南	90.874	6.20	8.02	20.45
468	光明食品（集团）有限公司	上海	90.850	0.78	0.44	1.83
469	拉卡拉支付股份有限公司	北京	90.833	16.67	7.30	16.28
470	华帝股份有限公司	广东	90.770	13.23	12.73	24.40
471	上海氯碱化工股份有限公司	上海	90.733	12.52	14.11	17.39
472	中国人民保险集团股份有限公司	北京	90.719	5.71	2.80	12.84
473	青岛农村商业银行股份有限公司	山东	90.685	32.62	0.83	11.66
474	诸城外贸有限责任公司	山东	90.641	4.07	3.55	7.48
475	宋城演艺发展股份有限公司	浙江	90.601	52.26	12.36	13.81

续表

序号	企业名称	地区	综合信用指数	营收利润率（%）	资产利润率（%）	净资产利润率（%）
476	重庆农村商业银行股份有限公司	重庆	90.590	37.51	0.97	11.18
477	云南驰宏锌锗股份有限公司	云南	90.558	4.64	2.43	4.29
478	四川双马水泥股份有限公司	四川	90.552	40.12	14.97	17.25
479	福建星网锐捷通讯股份有限公司	福建	90.509	9.22	11.16	17.66
480	北京光线传媒股份有限公司	北京	90.497	33.46	8.61	10.54
481	中国东方电气集团有限公司	四川	90.493	3.16	1.17	6.68
482	申能（集团）有限公司	上海	90.488	8.64	2.23	4.13
483	中国太平洋保险（集团）股份有限公司	上海	90.478	7.36	1.86	15.47
484	安徽金禾实业股份有限公司	安徽	90.453	20.35	13.15	18.04
485	南京钢铁集团有限公司	江苏	90.443	1.54	3.86	12.00
486	重庆水务集团股份有限公司	重庆	90.440	29.55	7.67	10.98
487	国家开发投资集团有限公司	北京	90.431	4.25	0.95	6.72
488	春秋航空股份有限公司	上海	90.430	12.42	6.26	12.22
489	重庆银行股份有限公司	重庆	90.412	35.68	0.84	11.39
490	佳都集团有限公司	广东	90.355	10.14	5.27	32.45
491	广东南海农村商业银行股份有限公司	广东	90.340	36.34	1.61	16.46
492	中国电力建设集团有限公司	北京	90.316	1.15	0.55	6.80
493	盛京银行股份有限公司	辽宁	90.295	10.91	0.53	6.93
494	国电南瑞科技股份有限公司	江苏	90.284	14.37	8.12	14.27
495	广州交通投资集团有限公司	广东	90.256	13.09	1.22	3.12
496	江苏江阴农村商业银行股份有限公司	江苏	90.237	29.72	0.80	8.52
497	辛集市澳森钢铁集团有限公司	河北	90.188	5.33	12.19	13.28
498	江苏中南建设集团股份有限公司	江苏	90.162	6.44	1.59	17.23
499	赣州银行股份有限公司	江西	90.092	12.30	0.55	7.83
500	山东黄金矿业股份有限公司	山东	90.091	2.27	2.44	5.51

三、2020 中国企业信用 500 强流动性和安全性指标

序号	企业名称	地区	综合信用指数	资产周转率（次/年）	所有者权益比率（%）	资本保值增值率（%）
1	华为投资控股有限公司	广东	99.833	1.00	34.37	126.91
2	中国建筑股份有限公司	北京	99.600	0.70	24.67	125.91
3	阿里巴巴集团控股有限公司	浙江	99.556	0.39	57.53	130.36
4	中国建材集团有限公司	北京	99.449	0.67	29.60	109.05
5	美的集团股份有限公司	广东	99.371	0.93	35.60	130.43
6	腾讯控股有限公司	广东	99.306	0.40	45.36	128.84
7	万科企业股份有限公司	广东	99.235	0.21	15.64	135.39
8	贵州茅台酒股份有限公司	贵州	99.138	0.49	77.51	138.97
9	安徽海螺集团有限责任公司	安徽	98.528	1.06	23.58	128.91
10	上海汽车集团股份有限公司	上海	98.483	0.99	35.42	115.06
11	国家电网有限公司	北京	98.165	0.64	42.15	103.34
12	珠海格力电器股份有限公司	广东	97.986	0.71	39.60	127.18
13	中国宝武钢铁集团有限公司	上海	97.620	0.64	31.72	107.97
14	宜宾五粮液股份有限公司	四川	97.481	0.47	71.52	128.71
15	正威国际集团有限公司	广东	97.465	3.80	62.79	114.04
16	东风汽车集团有限公司	湖北	97.422	1.17	20.01	109.94
17	上海锦江国际酒店股份有限公司	上海	97.410	0.39	36.93	110.13
18	中国保利集团有限公司	北京	97.410	0.30	6.77	118.97
19	浪潮集团有限公司	山东	97.409	1.20	35.94	126.62
20	中青旅控股股份有限公司	北京	97.404	0.86	54.43	114.87
21	恒力集团有限公司	江苏	97.388	2.37	15.39	151.25
22	中国铝业股份有限公司	北京	97.366	0.94	34.83	102.84
23	用友网络科技股份有限公司	北京	97.312	0.49	47.29	120.11
24	上海宝信软件股份有限公司	上海	97.307	0.67	70.80	113.98
25	北京千方科技股份有限公司	北京	97.293	0.54	57.43	113.50
26	中国石油化工集团有限公司	北京	97.289	1.27	33.93	106.50
27	老凤祥股份有限公司	上海	97.288	2.89	48.55	129.56

续表

序号	企业名称	地区	综合信用指数	资产周转率（次/年）	所有者权益比率（%）	资本保值增值率（%）
28	金川集团股份有限公司	甘肃	97.258	2.02	30.35	106.29
29	烽火通信科技股份有限公司	湖北	97.255	0.78	38.28	110.53
30	芜湖三七互娱网络科技集团股份有限公司	安徽	97.200	1.30	71.89	140.46
31	温氏食品集团股份有限公司	广东	97.200	1.12	71.10	141.79
32	华新水泥股份有限公司	湖北	97.200	0.86	63.77	142.11
33	蓝思科技股份有限公司	湖南	97.200	0.64	47.71	114.24
34	新希望六和股份有限公司	四川	97.200	1.28	50.84	128.65
35	三一集团有限公司	湖南	97.194	0.56	22.84	114.39
36	北京汽车集团有限公司	北京	97.164	1.00	13.77	106.95
37	中国铁路工程集团有限公司	北京	97.150	0.80	9.52	112.33
38	中国移动通信集团有限公司	北京	97.147	0.40	55.88	108.51
39	深信服科技股份有限公司	广东	97.118	0.68	63.80	122.08
40	山东太阳纸业股份有限公司	山东	97.097	0.70	45.52	121.28
41	广东生益科技股份有限公司	广东	97.096	0.85	60.21	124.42
42	北京京东世纪贸易有限公司	北京	97.088	2.22	31.52	120.38
43	中国华润有限公司	广东	97.085	0.40	14.20	112.74
44	碧桂园控股有限公司	广东	97.076	0.25	7.97	132.60
45	潍柴动力股份有限公司	山东	97.069	0.74	29.46	130.29
46	国电电力发展股份有限公司	北京	97.059	0.32	31.97	110.23
47	北京金隅集团股份有限公司	北京	97.053	0.33	29.25	108.98
48	红狮控股集团有限公司	浙江	97.044	1.09	42.05	136.18
49	华东医药股份有限公司	浙江	97.043	1.65	59.95	129.44
50	石药控股集团有限公司	河北	97.035	0.74	49.66	126.75
51	江苏恒瑞医药股份有限公司	江苏	97.028	0.85	90.50	127.00
52	长城汽车股份有限公司	河北	97.000	0.85	48.10	108.63
53	华域汽车系统股份有限公司	上海	97.000	1.04	42.19	118.77
54	浙江吉利控股集团有限公司	浙江	97.000	0.84	16.66	114.72
55	中原大地传媒股份有限公司	河南	96.998	0.77	67.63	110.87
56	江苏恒立液压股份有限公司	江苏	96.991	0.64	66.62	128.55
57	扬子江药业集团有限公司	江苏	96.990	1.88	77.11	119.79
58	冀南钢铁集团有限公司	河北	96.985	4.01	90.97	153.22
59	永辉超市股份有限公司	福建	96.981	1.62	39.07	107.51

续表

序号	企业名称	地区	综合信用指数	资产周转率（次/年）	所有者权益比率（%）	资本保值增值率（%）
60	中国航天科技集团有限公司	北京	96.953	0.52	44.20	109.50
61	浙江龙盛控股有限公司	浙江	96.951	0.69	47.33	124.21
62	经纬纺织机械股份有限公司	北京	96.924	0.26	61.82	119.24
63	北京奥赛康药业股份有限公司	北京	96.902	1.22	68.16	142.43
64	厦门亿联网络技术股份有限公司	福建	96.890	0.52	91.06	135.30
65	九州通医药集团股份有限公司	湖北	96.884	1.40	30.88	109.65
66	中国神华能源股份有限公司	北京	96.883	0.43	74.42	115.72
67	郑州煤矿机械集团股份有限公司	河南	96.878	0.87	44.23	109.95
68	绿地控股集团股份有限公司	上海	96.878	0.37	11.47	129.88
69	物产中大集团股份有限公司	浙江	96.873	3.85	32.84	116.39
70	中南出版传媒集团股份有限公司	湖南	96.872	0.47	66.28	110.44
71	江西铜业集团有限公司	江西	96.845	1.62	16.49	105.25
72	上海医药集团股份有限公司	上海	96.833	1.36	36.04	112.38
73	上海复星医药（集团）股份有限公司	上海	96.810	0.38	51.50	113.38
74	山东豪迈机械科技股份有限公司	山东	96.769	0.65	72.99	119.87
75	安徽古井贡酒股份有限公司	安徽	96.769	0.75	68.00	128.38
76	沪士电子股份有限公司	江苏	96.767	0.87	62.34	130.08
77	中策橡胶集团有限公司	浙江	96.740	1.11	39.81	112.84
78	桐昆集团股份有限公司	浙江	96.734	1.26	47.69	118.02
79	江苏凤凰出版传媒股份有限公司	江苏	96.734	0.53	61.10	110.60
80	索菲亚家居股份有限公司	广东	96.719	0.91	69.65	122.66
81	中国航天科工集团有限公司	北京	96.714	0.74	39.91	110.89
82	中国旅游集团中免股份有限公司	北京	96.714	1.56	72.70	133.35
83	深圳市裕同包装科技股份有限公司	广东	96.710	0.78	52.92	118.88
84	中远海运控股股份有限公司	天津	96.681	0.58	26.36	145.22
85	中文天地出版传媒集团股份有限公司	江西	96.679	0.49	62.41	113.03
86	纳爱斯集团有限公司	浙江	96.676	1.12	81.40	109.13
87	佛山市海天调味食品股份有限公司	广东	96.669	0.80	67.05	138.60
88	铜陵有色金属集团股份有限公司	安徽	96.668	1.94	41.83	105.81
89	中国核能电力股份有限公司	北京	96.633	0.13	25.97	118.11
90	山东出版传媒股份有限公司	山东	96.631	0.60	66.63	115.96
91	胜达集团有限公司	浙江	96.630	1.79	65.47	113.52

续表

序号	企业名称	地区	综合信用指数	资产周转率（次/年）	所有者权益比率（%）	资本保值增值率（%）
92	湖北省交通投资集团有限公司	湖北	96.588	0.08	28.63	103.30
93	河南双汇投资发展股份有限公司	河南	96.537	2.11	59.77	143.67
94	恒生电子股份有限公司	浙江	96.532	0.46	58.54	144.49
95	浙江三花智能控制股份有限公司	浙江	96.510	0.76	63.32	116.64
96	赛轮集团股份有限公司	山东	96.502	0.85	41.45	118.88
97	中国中煤能源股份有限公司	北京	96.478	0.47	43.07	109.33
98	广东东阳光科技控股股份有限公司	广东	96.478	0.56	37.03	129.40
99	隆基绿能科技股份有限公司	陕西	96.477	0.55	47.71	133.78
100	南山集团有限公司	山东	96.464	0.84	44.73	109.48
101	红豆集团有限公司	江苏	96.456	1.49	40.34	116.25
102	威高集团有限公司	山东	96.452	0.82	56.66	114.72
103	天地科技股份有限公司	北京	96.446	0.53	58.82	108.20
104	晶科能源有限公司	江西	96.396	0.82	28.36	113.18
105	中国葛洲坝集团股份有限公司	湖北	96.385	0.47	28.25	115.33
106	中国医药集团有限公司	北京	96.380	1.24	18.30	110.80
107	浙江出版联合集团有限公司	浙江	96.351	0.52	64.86	107.80
108	新华文轩出版传媒股份有限公司	四川	96.346	0.58	59.51	113.26
109	宁德时代新能源科技股份有限公司	福建	96.343	0.45	41.63	115.22
110	中国铁道建筑集团有限公司	北京	96.320	0.77	8.00	112.09
111	广州白云山医药集团股份有限公司	广东	96.307	1.14	45.68	115.87
112	泸州老窖股份有限公司	四川	96.289	0.55	67.62	127.36
113	南方出版传媒股份有限公司	广东	96.266	0.61	58.05	113.55
114	上海机电股份有限公司	上海	96.264	0.65	39.99	115.99
115	中国出版传媒股份有限公司	北京	96.251	0.48	58.40	112.09
116	金东纸业（江苏）股份有限公司	江苏	96.238	0.53	30.41	110.55
117	杭叉集团股份有限公司	浙江	96.231	1.41	74.60	118.55
118	安徽省皖能股份有限公司	安徽	96.228	0.49	55.44	110.81
119	北京东方雨虹防水技术股份有限公司	北京	96.227	0.81	44.43	126.27
120	公牛集团股份有限公司	浙江	96.197	1.35	74.85	170.94
121	中国化学工程股份有限公司	北京	96.187	0.90	32.44	110.01
122	甘肃上峰水泥股份有限公司	甘肃	96.186	0.75	58.38	168.83
123	广州汽车工业集团有限公司	广东	96.170	1.21	14.76	109.15

续表

序号	企业名称	地区	综合信用指数	资产周转率（次/年）	所有者权益比率（%）	资本保值增值率（%）
124	江苏中天科技股份有限公司	江苏	96.168	0.96	53.46	110.21
125	东浩兰生（集团）有限公司	上海	96.164	4.95	38.22	108.41
126	金发科技股份有限公司	广东	96.150	1.00	36.70	112.35
127	新疆特变电工集团有限公司	新疆	96.140	0.41	35.51	106.09
128	招商局集团有限公司	北京	96.104	0.18	18.25	111.44
129	青山控股集团有限公司	浙江	96.096	3.72	30.82	135.73
130	鹏鼎控股（深圳）股份有限公司	广东	96.093	0.92	68.72	116.35
131	天洁集团有限公司	浙江	96.087	2.06	45.02	127.92
132	东方明珠新媒体股份有限公司	上海	96.079	0.28	77.22	107.89
133	苏美达股份有限公司	江苏	96.069	2.08	23.89	132.84
134	安徽合力股份有限公司	安徽	96.056	1.28	67.79	116.96
135	中国机械工业集团有限公司	北京	96.055	0.78	17.86	104.63
136	江苏国泰国际集团股份有限公司	江苏	96.021	2.60	35.96	112.12
137	江苏上上电缆集团有限公司	江苏	95.995	2.29	73.54	114.52
138	江西万年青水泥股份有限公司	江西	95.989	0.96	63.72	150.98
139	中国航空油料集团有限公司	北京	95.953	4.13	37.99	119.10
140	紫金矿业集团股份有限公司	福建	95.949	1.10	46.09	112.51
141	大参林医药集团股份有限公司	广东	95.944	1.28	49.95	122.93
142	上海春秋国际旅行社（集团）有限公司	上海	95.944	0.63	27.17	116.27
143	中国电子科技集团有限公司	北京	95.927	0.56	38.88	108.52
144	宁波华翔电子股份有限公司	浙江	95.874	1.00	61.30	115.69
145	中国兵器工业集团有限公司	北京	95.846	1.11	27.06	108.51
146	陕西有色金属控股集团有限责任公司	陕西	95.833	0.98	23.70	102.11
147	上海豫园旅游商城（集团）股份有限公司	上海	95.827	0.43	36.67	113.61
148	重庆华宇集团有限公司	重庆	95.813	0.78	39.00	138.79
149	协鑫集团有限公司	江苏	95.778	0.54	21.09	103.79
150	杭州海康威视数字技术股份有限公司	浙江	95.733	0.77	60.34	133.16
151	重庆百货大楼股份有限公司	重庆	95.714	2.28	42.63	118.41
152	浙江苏泊尔股份有限公司	浙江	95.710	1.68	57.77	132.43
153	新凤祥控股集团有限责任公司	山东	95.695	1.70	33.91	110.78
154	上海电气（集团）总公司	上海	95.695	0.44	10.67	107.74
155	浙江鼎力机械股份有限公司	浙江	95.687	0.49	66.01	126.68

续表

序号	企业名称	地区	综合信用指数	资产周转率（次/年）	所有者权益比率（%）	资本保值增值率（%）
156	云南锡业股份有限公司	云南	95.672	1.22	39.94	109.28
157	重庆智飞生物制品股份有限公司	重庆	95.663	0.97	52.52	156.60
158	国投电力控股股份有限公司	北京	95.652	0.19	33.11	123.16
159	北京首旅酒店（集团）股份有限公司	北京	95.650	0.49	54.34	111.26
160	天瑞集团股份有限公司	河南	95.647	0.62	51.15	104.47
161	上海百联集团股份有限公司	上海	95.639	0.91	39.37	105.57
162	天顺风能（苏州）股份有限公司	江苏	95.617	0.46	45.52	114.64
163	中盐内蒙古化工股份有限公司	内蒙古	95.576	0.71	42.20	144.96
164	中国南方电网有限责任公司	广东	95.571	0.61	39.50	103.93
165	晶澳太阳能科技股份有限公司	河北	95.535	0.74	28.01	123.49
166	无锡市太极实业股份有限公司	江苏	95.514	0.84	37.75	111.21
167	中国通用技术（集团）控股有限责任公司	北京	95.498	0.93	22.92	108.51
168	重药控股股份有限公司	重庆	95.448	1.33	34.78	112.90
169	深圳市景旺电子股份有限公司	广东	95.438	0.72	63.82	118.76
170	宁波均胜电子股份有限公司	浙江	95.431	1.08	30.05	111.68
171	启明星辰信息技术集团股份有限公司	北京	95.422	0.45	63.34	118.99
172	上海现代制药股份有限公司	上海	95.419	0.69	52.18	113.64
173	北京京能电力股份有限公司	北京	95.409	0.24	37.94	107.26
174	杭州市实业投资集团有限公司	浙江	95.408	2.39	25.27	109.08
175	广西柳工机械股份有限公司	广西	95.401	0.64	36.27	111.14
176	宁波申洲针织有限公司	浙江	95.398	0.71	79.02	122.24
177	常州星宇车灯股份有限公司	江苏	95.375	0.71	57.11	118.07
178	江苏今世缘酒业股份有限公司	江苏	95.356	0.48	71.62	123.92
179	盛虹控股集团有限公司	江苏	95.330	2.04	20.71	120.74
180	富奥汽车零部件股份有限公司	吉林	95.329	0.78	57.69	113.84
181	奥瑞金科技股份有限公司	北京	95.307	0.64	40.55	112.90
182	大亚圣象家居股份有限公司	江苏	95.281	0.91	65.74	117.03
183	内蒙古鄂尔多斯资源股份有限公司	内蒙古	95.227	0.47	35.09	116.60
184	国家能源投资集团有限责任公司	北京	95.210	0.32	23.86	107.39
185	正泰集团股份有限公司	浙江	95.206	1.12	20.23	114.59
186	广东电力发展股份有限公司	广东	95.193	0.39	45.30	107.46
187	华能国际电力股份有限公司	北京	95.188	0.42	28.36	102.86

续表

序号	企业名称	地区	综合信用指数	资产周转率（次/年）	所有者权益比率（%）	资本保值增值率（%）
188	厦门建发集团有限公司	福建	95.183	1.00	15.18	110.79
189	玲珑集团有限公司	山东	95.161	0.56	21.08	117.08
190	海澜集团有限公司	江苏	95.154	1.11	74.98	106.59
191	三花控股集团有限公司	浙江	95.130	1.24	41.18	112.91
192	富通集团有限公司	浙江	95.114	1.46	35.16	115.09
193	广州网易计算机系统有限公司	广东	95.108	0.53	54.81	146.95
194	物美科技集团有限公司	北京	95.106	0.58	37.56	109.66
195	大悦城控股集团股份有限公司	广东	95.087	0.18	23.22	147.14
196	中国电影股份有限公司	北京	95.070	0.53	74.97	111.10
197	山东魏桥创业集团有限公司	山东	95.069	1.15	29.34	107.77
198	山西杏花村汾酒厂股份有限公司	山西	95.043	0.74	47.45	133.05
199	深圳迈瑞生物医疗电子股份有限公司	广东	95.033	0.65	72.63	130.91
200	深南电路股份有限公司	广东	95.031	0.86	40.94	133.14
201	中国工商银行股份有限公司	北京	95.027	0.03	8.94	113.45
202	浙江省国际贸易集团有限公司	浙江	95.013	0.64	15.58	109.35
203	完美世界股份有限公司	浙江	94.996	0.48	60.91	117.15
204	德力西集团有限公司	浙江	94.978	2.80	34.33	112.82
205	云南白药集团股份有限公司	云南	94.949	0.60	76.72	121.10
206	中国外运股份有限公司	北京	94.927	1.25	48.88	112.60
207	陕西煤业股份有限公司	陕西	94.896	0.58	60.13	132.83
208	四川蓝光发展股份有限公司	四川	94.896	0.19	19.38	126.39
209	海尔集团公司	山东	94.881	0.73	11.87	120.18
210	宏发科技股份有限公司	湖北	94.876	0.69	64.63	121.76
211	人民电器集团有限公司	浙江	94.858	3.87	66.79	119.32
212	月星集团有限公司	上海	94.827	0.51	34.36	114.62
213	江苏阳光集团有限公司	江苏	94.818	1.79	49.22	119.69
214	招商银行股份有限公司	广东	94.800	0.04	8.33	117.30
215	牧原食品股份有限公司	河南	94.800	0.38	59.96	151.56
216	江苏扬农化工股份有限公司	江苏	94.790	0.90	52.48	125.34
217	天马微电子股份有限公司	广东	94.779	0.46	40.80	103.19
218	健康元药业集团股份有限公司	广东	94.779	0.47	68.34	119.18
219	路通建设集团股份有限公司	山东	94.772	1.18	90.72	125.63

续表

序号	企业名称	地区	综合信用指数	资产周转率（次/年）	所有者权益比率（%）	资本保值增值率（%）
220	立讯精密工业股份有限公司	广东	94.743	1.27	44.05	131.79
221	富士康工业互联网股份有限公司	广东	94.728	1.99	43.45	125.74
222	江苏立华牧业股份有限公司	江苏	94.719	1.04	79.67	147.35
223	山东晨鸣纸业集团股份有限公司	山东	94.718	0.31	26.89	107.00
224	广西柳州医药股份有限公司	广西	94.704	1.24	38.95	119.88
225	中国民生银行股份有限公司	北京	94.699	0.03	7.94	113.07
226	东方日升新能源股份有限公司	浙江	94.688	0.56	36.58	113.16
227	中国冶金科工股份有限公司	北京	94.656	0.74	25.50	109.03
228	甘肃祁连山水泥集团股份有限公司	甘肃	94.648	0.65	69.92	122.70
229	深圳能源集团股份有限公司	广东	94.646	0.22	34.94	107.60
230	浙江世纪华通集团股份有限公司	浙江	94.644	0.45	75.85	114.51
231	中国光大集团股份公司	北京	94.631	0.06	2.78	110.43
232	长春一汽富维汽车零部件股份有限公司	吉林	94.624	1.10	42.36	114.64
233	红星美凯龙家居集团股份有限公司	上海	94.621	0.13	40.05	111.23
234	雅戈尔集团股份有限公司	浙江	94.620	0.15	34.72	114.02
235	交通银行股份有限公司	上海	94.618	0.02	8.09	111.18
236	福建圣农发展股份有限公司	福建	94.614	0.95	69.10	153.12
237	龙蟒佰利联集团股份有限公司	河南	94.611	0.44	54.24	120.97
238	北京天坛生物制品股份有限公司	北京	94.611	0.52	81.99	126.53
239	大秦铁路股份有限公司	山西	94.594	0.54	82.56	114.25
240	杭州泰格医药科技股份有限公司	浙江	94.586	0.37	73.30	136.55
241	上海浦东发展银行股份有限公司	上海	94.573	0.03	8.01	112.62
242	漳州片仔癀药业股份有限公司	福建	94.540	0.65	79.10	127.65
243	沂州集团有限公司	山东	94.526	2.86	38.06	116.59
244	上海机场（集团）有限公司	上海	94.513	0.18	66.33	106.32
245	三房巷集团有限公司	江苏	94.475	2.95	41.26	118.72
246	广州市水务投资集团有限公司	广东	94.421	0.16	27.25	103.30
247	中国银行股份有限公司	北京	94.400	0.02	8.68	112.52
248	神州数码集团股份有限公司	广东	94.383	2.95	14.87	118.27
249	中国船舶重工集团动力股份有限公司	河北	94.378	0.53	65.29	104.01
250	四川水井坊股份有限公司	四川	94.372	0.90	53.52	144.50
251	中国兵器装备集团有限公司	北京	94.345	0.59	20.71	110.99

续表

序号	企业名称	地区	综合信用指数	资产周转率（次/年）	所有者权益比率（%）	资本保值增值率（%）
252	三角轮胎股份有限公司	山东	94.338	0.53	66.81	109.04
253	中国中车集团有限公司	北京	94.308	0.56	16.63	105.40
254	中国建设银行股份有限公司	北京	94.282	0.03	8.79	113.62
255	广州智能装备产业集团有限公司	广东	94.265	0.81	21.80	112.35
256	内蒙古君正能源化工集团股份有限公司	内蒙古	94.263	0.31	62.04	115.04
257	平安银行股份有限公司	广东	94.247	0.04	7.95	111.75
258	通威集团有限公司	四川	94.243	1.40	28.51	113.31
259	华兰生物工程股份有限公司	河南	94.239	0.49	90.78	124.95
260	深圳劲嘉集团股份有限公司	广东	94.226	0.46	83.38	114.88
261	华鲁控股集团有限公司	山东	94.218	0.67	23.40	114.24
262	新疆金风科技股份有限公司	新疆	94.210	0.37	31.27	108.93
263	紫光股份有限公司	北京	94.205	0.99	59.11	111.58
264	宁波三星医疗电气股份有限公司	浙江	94.202	0.50	59.39	114.04
265	丽珠医药集团股份有限公司	广东	94.202	0.52	68.29	113.72
266	舜宇集团有限公司	浙江	94.200	1.23	40.90	143.22
267	爱尔眼科医院集团股份有限公司	湖南	94.178	0.84	59.04	125.14
268	北京首都创业集团有限公司	北京	94.167	0.13	6.88	112.16
269	青岛啤酒股份有限公司	山东	94.161	0.75	53.37	110.73
270	黑牡丹（集团）股份有限公司	江苏	94.160	0.25	30.92	116.40
271	中国国际海运集装箱（集团）股份有限公司	广东	94.160	0.50	31.98	106.73
272	南极电商股份有限公司	江苏	94.159	0.71	88.59	132.26
273	兴业银行股份有限公司	福建	94.140	0.03	7.69	114.32
274	合力泰科技股份有限公司	山东	94.116	0.55	40.51	109.42
275	中国中信集团有限公司	北京	94.112	0.07	4.85	107.52
276	广东新宝电器股份有限公司	广东	94.108	1.12	53.10	117.64
277	江苏三木集团有限公司	江苏	94.096	1.84	51.74	111.78
278	厦门盈趣科技股份有限公司	福建	94.074	0.71	77.12	126.35
279	阳光电源股份有限公司	安徽	94.058	0.57	38.37	111.83
280	四川科伦实业集团有限公司	四川	94.046	1.15	38.47	107.05
281	重庆市金科投资控股（集团）有限责任公司	重庆	94.043	0.58	3.74	229.88
282	重庆市迪马实业股份有限公司	重庆	94.039	0.27	20.76	126.42
283	欣旺达电子股份有限公司	广东	94.034	1.07	25.41	114.00

续表

序号	企业名称	地区	综合信用指数	资产周转率（次/年）	所有者权益比率（%）	资本保值增值率（%）
284	双胞胎（集团）股份有限公司	江西	94.033	2.97	49.47	118.67
285	浙江中国小商品城集团股份有限公司	浙江	94.016	0.13	41.77	110.62
286	新大陆数字技术股份有限公司	福建	94.008	0.50	51.55	113.75
287	中国航空工业集团有限公司	北京	93.995	0.45	19.18	102.18
288	广汇物流股份有限公司	四川	93.985	0.18	42.06	112.77
289	惠州亿纬锂能股份有限公司	广东	93.979	0.39	47.33	143.48
290	北京同仁堂股份有限公司	北京	93.964	0.63	70.07	116.86
291	亿帆医药股份有限公司	浙江	93.963	0.47	70.68	113.18
292	深圳市汇顶科技股份有限公司	广东	93.950	0.82	82.04	156.42
293	浙江恒逸集团有限公司	浙江	93.945	2.06	10.90	116.05
294	天津城市基础设施建设投资集团有限公司	天津	93.941	0.02	29.84	100.69
295	万丰奥特控股集团有限公司	浙江	93.925	0.96	41.49	117.46
296	浙江卫星石化股份有限公司	浙江	93.902	0.60	51.64	115.76
297	江苏洋河酒厂股份有限公司	江苏	93.850	0.43	68.27	121.95
298	易见供应链管理股份有限公司	四川	93.827	0.99	55.34	112.60
299	中国农业银行股份有限公司	北京	93.806	0.03	7.88	112.75
300	厦门象屿集团有限公司	福建	93.800	2.04	14.34	109.32
301	山东金岭集团有限公司	山东	93.791	2.83	85.91	122.55
302	海亮集团有限公司	浙江	93.786	3.29	32.75	107.02
303	南京云海特种金属股份有限公司	江苏	93.778	1.09	52.24	149.87
304	传化智联股份有限公司	浙江	93.776	0.67	53.76	113.47
305	三六零安全科技股份有限公司	北京	93.769	0.38	84.98	124.81
306	天虹数科商业股份有限公司	广东	93.767	1.17	41.81	113.11
307	南通三建控股有限公司	江苏	93.759	2.57	34.08	129.10
308	北京控股集团有限公司	北京	93.758	0.28	10.44	102.66
309	深圳市信维通信股份有限公司	广东	93.737	0.61	56.89	127.89
310	福莱特玻璃集团股份有限公司	浙江	93.689	0.51	48.05	119.55
311	得力集团有限公司	浙江	93.678	1.52	34.29	127.37
312	河南明泰铝业股份有限公司	河南	93.677	1.20	61.74	116.58
313	浙报数字文化集团股份有限公司	浙江	93.671	0.25	80.92	108.87
314	江苏省苏豪控股集团有限公司	江苏	93.647	0.64	33.93	116.58
315	浙江大华技术股份有限公司	浙江	93.617	0.88	54.04	125.05

续表

序号	企业名称	地区	综合信用指数	资产周转率（次/年）	所有者权益比率（%）	资本保值增值率（%）
316	厦门国贸集团股份有限公司	福建	93.609	2.44	30.73	110.45
317	中天控股集团有限公司	浙江	93.605	1.15	17.88	119.10
318	歌尔股份有限公司	山东	93.588	1.01	46.54	108.41
319	中国交通建设集团有限公司	北京	93.573	0.41	7.91	107.80
320	波司登股份有限公司	江苏	93.552	0.81	56.82	118.43
321	杭州巨星科技股份有限公司	浙江	93.522	0.60	68.42	113.60
322	山东新潮能源股份有限公司	山东	93.503	0.21	56.67	107.27
323	上海华谊（集团）公司	上海	93.475	0.70	25.38	109.41
324	中铁集装箱运输有限责任公司	北京	93.454	1.47	54.19	108.57
325	宁夏建材集团股份有限公司	宁夏	93.437	0.64	78.37	117.43
326	京沪高速铁路股份有限公司	北京	93.424	0.18	85.75	108.06
327	中天科技集团有限公司	江苏	93.420	1.37	13.72	113.42
328	株洲旗滨集团股份有限公司	湖南	93.405	0.71	63.10	117.78
329	华邦生命健康股份有限公司	重庆	93.400	0.38	49.72	110.28
330	复星国际有限公司	上海	93.399	0.20	17.12	113.64
331	河北建投能源投资股份有限公司	河北	93.354	0.43	42.91	108.17
332	安琪酵母股份有限公司	湖北	93.339	0.77	53.47	121.89
333	江西济民可信集团有限公司	江西	93.331	1.53	41.48	139.02
334	西藏天路股份有限公司	西藏	93.330	0.49	48.38	127.35
335	江苏鱼跃医疗设备股份有限公司	江苏	93.315	0.58	77.29	113.93
336	深圳市汇川技术股份有限公司	广东	93.310	0.50	60.03	116.18
337	中国电信集团有限公司	北京	93.291	0.52	41.85	103.39
338	中国邮政集团有限公司	北京	93.254	0.06	3.60	108.74
339	天能控股集团有限公司	浙江	93.247	3.18	11.21	134.91
340	中国国际航空股份有限公司	北京	93.241	0.46	34.45	107.78
341	山煤国际能源集团股份有限公司	山西	93.221	0.87	24.05	128.74
342	武汉武商集团股份有限公司	湖北	93.198	0.75	40.30	114.85
343	福耀玻璃工业集团股份有限公司	福建	93.190	0.54	55.04	114.35
344	苏州东山精密制造股份有限公司	江苏	93.189	0.74	27.46	108.39
345	杭州制氧机集团股份有限公司	浙江	93.184	0.68	51.52	112.90
346	重庆医药（集团）股份有限公司	重庆	93.179	1.36	26.38	113.35
347	浙江荣盛控股集团有限公司	浙江	93.166	1.00	10.49	109.27

续表

序号	企业名称	地区	综合信用指数	资产周转率（次/年）	所有者权益比率（%）	资本保值增值率（%）
348	上海同济科技实业股份有限公司	上海	93.140	0.52	29.40	141.92
349	泰豪集团有限公司	江西	93.138	0.67	32.42	111.32
350	无锡先导智能装备股份有限公司	江苏	93.107	0.49	45.02	122.24
351	华泰集团有限公司	山东	93.104	2.29	31.06	111.05
352	中国南方航空股份有限公司	广东	93.101	0.50	25.13	104.76
353	万向集团公司	浙江	93.084	1.38	17.01	113.28
354	浙江东方金融控股集团股份有限公司	浙江	93.077	0.54	55.51	110.49
355	浙江省能源集团有限公司	浙江	93.020	0.46	33.08	106.92
356	中国广核集团有限公司	广东	92.998	0.15	15.23	106.66
357	华夏幸福基业股份有限公司	河北	92.992	0.23	16.10	133.55
358	浙江尖峰集团股份有限公司	浙江	92.988	0.65	74.52	125.42
359	中国长江电力股份有限公司	北京	92.987	0.17	50.60	115.17
360	浙江航民股份有限公司	浙江	92.969	0.95	76.40	119.65
361	长江出版传媒股份有限公司	湖北	92.956	0.71	68.90	112.02
362	中国核工业建设股份有限公司	北京	92.949	0.51	15.95	114.11
363	宁波方太厨具有限公司	浙江	92.945	0.91	58.56	123.23
364	宁波银行股份有限公司	浙江	92.917	0.03	7.64	116.98
365	横店集团东磁股份有限公司	浙江	92.916	0.77	62.85	114.65
366	天士力医药集团股份有限公司	天津	92.894	0.79	49.40	109.52
367	中国国际技术智力合作集团有限公司	北京	92.890	8.86	35.56	117.32
368	海信集团有限公司	山东	92.882	1.03	9.57	106.71
369	鲁泰纺织股份有限公司	山东	92.881	0.57	69.83	113.84
370	无锡威孚高科技集团股份有限公司	江苏	92.875	0.37	72.98	114.47
371	航天工业发展股份有限公司	福建	92.872	0.37	75.40	110.52
372	蓝星安迪苏股份有限公司	北京	92.844	0.53	81.48	109.24
373	浙江森马服饰股份有限公司	浙江	92.823	1.16	70.96	113.76
374	中信泰富特钢集团股份有限公司	湖北	92.791	1.00	34.82	222.38
375	江苏常熟农村商业银行股份有限公司	江苏	92.711	0.03	9.68	114.80
376	中国石油集团工程股份有限公司	新疆	92.702	0.70	25.57	103.45
377	王府井集团股份有限公司	北京	92.697	1.11	50.05	108.75
378	顺丰控股股份有限公司	广东	92.693	1.21	45.92	115.18
379	山东华鲁恒升化工股份有限公司	山东	92.674	0.78	78.25	120.33

续表

序号	企业名称	地区	综合信用指数	资产周转率（次/年）	所有者权益比率（%）	资本保值增值率（%）
380	杭州老板电器股份有限公司	浙江	92.646	0.73	65.47	126.70
381	杉杉控股有限公司	上海	92.625	0.93	17.03	107.81
382	郑州宇通集团有限公司	河南	92.576	0.42	19.26	115.04
383	浙江省交通投资集团有限公司	浙江	92.545	0.31	20.77	105.95
384	敬业集团有限公司	河北	92.487	2.91	53.17	130.40
385	北京蓝色光标数据科技股份有限公司	北京	92.478	1.48	46.33	111.42
386	环旭电子股份有限公司	上海	92.478	1.70	47.04	113.39
387	广西五洲交通股份有限公司	广西	92.473	0.20	38.89	124.20
388	上海环境集团股份有限公司	上海	92.465	0.17	41.09	112.08
389	云南恩捷新材料股份有限公司	云南	92.452	0.26	40.03	124.42
390	浙江闰土股份有限公司	浙江	92.415	0.60	82.43	116.87
391	浙江永利实业集团有限公司	浙江	92.387	0.48	62.32	105.50
392	吉林敖东药业集团股份有限公司	吉林	92.384	0.12	86.99	106.63
393	中国巨石股份有限公司	浙江	92.376	0.31	47.85	114.84
394	湖北济川药业股份有限公司	湖北	92.374	0.80	70.45	129.74
395	深圳市中金岭南有色金属股份有限公司	广东	92.370	1.12	55.92	108.44
396	长沙银行股份有限公司	湖南	92.360	0.03	6.95	116.97
397	安徽迎驾贡酒股份有限公司	安徽	92.342	0.54	68.37	121.48
398	南京高科股份有限公司	江苏	92.338	0.10	43.32	120.10
399	淮河能源（集团）股份有限公司	安徽	92.333	0.67	63.39	110.76
400	中国平安保险（集团）股份有限公司	广东	92.329	0.14	10.37	129.54
401	深圳市海普瑞药业集团股份有限公司	广东	92.325	0.30	49.02	117.20
402	芒果超媒股份有限公司	湖南	92.321	0.73	51.64	120.53
403	广东海大集团股份有限公司	广东	92.321	2.53	51.67	123.10
404	天茂实业集团股份有限公司	湖北	92.268	0.24	16.74	115.37
405	卧龙控股集团有限公司	浙江	92.266	1.13	27.42	118.52
406	天津中环半导体股份有限公司	天津	92.239	0.34	41.83	109.47
407	北京光环新网科技股份有限公司	北京	92.233	0.58	68.22	110.62
408	深圳华强集团有限公司	广东	92.221	0.37	22.42	107.32
409	山东九羊集团有限公司	山东	92.160	2.50	72.51	114.05
410	广州视源电子科技股份有限公司	广东	92.157	1.71	50.33	147.38
411	维维集团股份有限公司	江苏	92.140	1.66	70.11	111.90

续表

序号	企业名称	地区	综合信用指数	资产周转率（次/年）	所有者权益比率（%）	资本保值增值率（%）
412	中国大唐集团有限公司	北京	92.122	0.25	14.55	103.18
413	上海银行股份有限公司	上海	92.080	0.02	7.92	112.61
414	广州农村商业银行股份有限公司	广东	92.062	0.05	7.64	114.23
415	九阳股份有限公司	山东	92.033	1.25	50.23	121.15
416	大同煤业股份有限公司	山西	91.989	0.41	41.02	124.81
417	大商股份有限公司	辽宁	91.987	1.15	48.91	111.93
418	中国人寿保险股份有限公司	北京	91.964	0.20	10.98	118.54
419	浙江华峰氨纶股份有限公司	浙江	91.963	0.81	45.72	125.61
420	重庆啤酒股份有限公司	重庆	91.959	1.02	43.01	163.63
421	广州市建筑集团有限公司	广东	91.875	1.52	15.14	107.73
422	唐山三友化工股份有限公司	河北	91.866	0.83	48.55	106.70
423	科大讯飞股份有限公司	安徽	91.860	0.50	58.38	111.83
424	华夏银行股份有限公司	北京	91.857	0.03	8.92	110.18
425	北京学而思教育科技有限公司	北京	91.802	0.69	66.50	119.63
426	江苏东方盛虹股份有限公司	江苏	91.796	0.71	43.66	112.45
427	申万宏源集团股份有限公司	新疆	91.793	0.06	21.83	108.36
428	河北安丰钢铁有限公司	河北	91.755	1.90	63.55	130.63
429	福建发展高速公路股份有限公司	福建	91.698	0.17	68.33	111.89
430	唯品会（中国）有限公司	广东	91.689	5.44	99.94	129.41
431	广州越秀金融控股集团股份有限公司	广东	91.680	0.07	20.37	109.95
432	渤海银行股份有限公司	天津	91.676	0.05	7.44	114.92
433	无锡药明康德新药开发股份有限公司	江苏	91.637	0.44	59.54	110.81
434	四川省交通投资集团有限责任公司	四川	91.579	0.14	32.57	100.76
435	中国东方航空集团有限公司	上海	91.570	0.40	12.85	109.38
436	浙江伟星新型建材股份有限公司	浙江	91.555	0.97	80.95	127.02
437	广东塔牌集团股份有限公司	广东	91.537	0.59	83.32	119.32
438	北京银行股份有限公司	北京	91.529	0.02	7.63	111.22
439	阳光龙净集团有限公司	福建	91.497	0.59	6.26	120.16
440	南京银行股份有限公司	江苏	91.486	0.02	6.55	116.15
441	秦皇岛宏兴钢铁有限公司	河北	91.422	1.91	84.49	135.53
442	山东高速集团有限公司	山东	91.388	0.12	10.07	105.19
443	杭州银行股份有限公司	浙江	91.357	0.02	6.11	111.55

续表

序号	企业名称	地区	综合信用指数	资产周转率（次/年）	所有者权益比率（%）	资本保值增值率（%）
444	成都市兴蓉环境股份有限公司	四川	91.349	0.19	47.34	110.54
445	深圳市天健（集团）股份有限公司	广东	91.338	0.36	23.96	114.19
446	贵阳银行股份有限公司	贵州	91.311	0.03	7.20	117.22
447	金科地产集团股份有限公司	重庆	91.288	0.21	16.22	129.59
448	河北普阳钢铁有限公司	河北	91.281	3.15	76.54	121.57
449	浙江海翔药业股份有限公司	浙江	91.275	0.44	84.84	114.30
450	平顶山天安煤业股份有限公司	河南	91.274	0.44	30.04	110.33
451	云南省能源投资集团有限公司	云南	91.272	0.59	28.57	103.64
452	成都银行股份有限公司	四川	91.237	0.02	6.38	117.81
453	中国中化集团有限公司	北京	91.227	1.01	9.67	106.39
454	茂业商业股份有限公司	四川	91.186	0.64	40.80	124.92
455	浙商银行股份有限公司	浙江	91.169	0.03	7.01	114.55
456	江苏苏州农村商业银行股份有限公司	江苏	91.159	0.03	9.23	109.72
457	新疆天山水泥股份有限公司	新疆	91.154	0.63	66.36	121.77
458	中节能太阳能股份有限公司	重庆	91.142	0.13	35.96	107.11
459	四川路桥建设集团股份有限公司	四川	91.113	0.54	17.67	112.13
460	上海世茂股份有限公司	上海	91.110	0.17	37.79	116.22
461	内蒙古蒙电华能热电股份有限公司	内蒙古	91.067	0.32	39.24	109.11
462	新奥天然气股份有限公司	河北	91.057	0.56	41.59	113.86
463	西安银行股份有限公司	陕西	91.012	0.02	8.50	113.40
464	上海临港控股股份有限公司	上海	90.959	0.10	43.11	121.75
465	浙江巨化股份有限公司	浙江	90.918	1.01	85.91	107.29
466	江苏扬子江船业集团公司	江苏	90.875	0.37	33.70	109.99
467	湖南华菱钢铁股份有限公司	湖南	90.874	1.29	39.22	137.94
468	光明食品（集团）有限公司	上海	90.850	0.56	24.04	102.00
469	拉卡拉支付股份有限公司	北京	90.833	0.44	44.85	127.85
470	华帝股份有限公司	广东	90.770	0.96	52.15	129.36
471	上海氯碱化工股份有限公司	上海	90.733	1.13	81.17	120.67
472	中国人民保险集团股份有限公司	北京	90.719	0.49	21.79	120.79
473	青岛农村商业银行股份有限公司	山东	90.685	0.03	7.15	113.88
474	诸城外贸有限责任公司	山东	90.641	0.87	47.52	108.09
475	宋城演艺发展股份有限公司	浙江	90.601	0.24	89.51	116.11

续表

序号	企业名称	地区	综合信用指数	资产周转率（次/年）	所有者权益比率（%）	资本保值增值率（%）
476	重庆农村商业银行股份有限公司	重庆	90.590	0.03	8.68	113.93
477	云南驰宏锌锗股份有限公司	云南	90.558	0.52	56.47	105.30
478	四川双马水泥股份有限公司	四川	90.552	0.37	86.79	120.86
479	福建星网锐捷通讯股份有限公司	福建	90.509	1.21	63.22	123.22
480	北京光线传媒股份有限公司	北京	90.497	0.26	81.70	110.95
481	中国东方电气集团有限公司	四川	90.493	0.37	17.52	107.27
482	申能（集团）有限公司	上海	90.488	0.26	53.99	105.19
483	中国太平洋保险（集团）股份有限公司	上海	90.478	0.25	11.99	118.96
484	安徽金禾实业股份有限公司	安徽	90.453	0.65	72.89	120.62
485	南京钢铁集团有限公司	江苏	90.443	2.50	32.14	114.18
486	重庆水务集团股份有限公司	重庆	90.440	0.26	69.87	111.78
487	国家开发投资集团有限公司	北京	90.431	0.22	14.21	107.14
488	春秋航空股份有限公司	上海	90.430	0.50	51.22	113.80
489	重庆银行股份有限公司	重庆	90.412	0.02	7.37	112.73
490	佳都集团有限公司	广东	90.355	0.52	16.24	135.40
491	广东南海农村商业银行股份有限公司	广东	90.340	0.04	9.77	118.49
492	中国电力建设集团有限公司	北京	90.316	0.48	8.10	106.74
493	盛京银行股份有限公司	辽宁	90.295	0.05	7.69	109.64
494	国电南瑞科技股份有限公司	江苏	90.284	0.56	56.86	116.77
495	广州交通投资集团有限公司	广东	90.256	0.09	39.03	103.43
496	江苏江阴农村商业银行股份有限公司	江苏	90.237	0.03	9.40	109.62
497	辛集市澳森钢铁集团有限公司	河北	90.188	2.29	91.79	115.32
498	江苏中南建设集团股份有限公司	江苏	90.162	0.25	9.23	126.57
499	赣州银行股份有限公司	江西	90.092	0.04	7.03	110.15
500	山东黄金矿业股份有限公司	山东	90.091	1.08	44.39	106.57

四、2020 中国企业信用 500 强成长性指标

序号	企业名称	地区	营收增长率（%）	利润增长率（%）	资产增长率（%）	资本积累率（%）
1	华为投资控股有限公司	广东	19.08	5.70	28.97	26.84
2	中国建筑股份有限公司	北京	18.39	65.28	9.27	105.70
3	阿里巴巴集团控股有限公司	浙江	35.26	70.03	36.05	53.46
4	中国建材集团有限公司	北京	14.40	9.84	2.63	7.34
5	美的集团股份有限公司	广东	7.59	24.94	14.51	29.40
6	腾讯控股有限公司	广东	20.66	18.54	31.85	33.75
7	万科企业股份有限公司	广东	23.59	63.24	13.17	73.71
8	贵州茅台酒股份有限公司	贵州	20.66	24.90	14.51	25.73
9	安徽海螺集团有限责任公司	安徽	24.29	13.68	14.67	22.55
10	上海汽车集团股份有限公司	上海	-6.53	-2.00	8.50	28.36
11	国家电网有限公司	北京	3.59	1.82	5.77	6.29
12	珠海格力电器股份有限公司	广东	1.20	-5.25	12.63	22.69
13	中国宝武钢铁集团有限公司	上海	25.90	39.76	21.13	8.71
14	宜宾五粮液股份有限公司	四川	25.20	36.19	23.58	19.86
15	正威国际集团有限公司	广东	21.54	27.28	10.68	13.97
16	东风汽车集团有限公司	湖北	-3.47	-13.27	9.14	7.82
17	上海锦江国际酒店股份有限公司	上海	2.73	18.17	-3.14	13.74
18	中国保利集团有限公司	北京	29.17	41.79	20.75	20.21
19	浪潮集团有限公司	山东	10.57	108.43	15.98	171.09
20	中青旅控股股份有限公司	北京	14.58	52.31	12.63	46.18
21	恒力集团有限公司	江苏	49.77	272.09	52.97	29.36
22	中国铝业股份有限公司	北京	5.46	71.00	1.09	34.93
23	用友网络科技股份有限公司	北京	10.46	40.10	15.23	26.23
24	上海宝信软件股份有限公司	上海	25.19	38.22	8.71	9.90
25	北京千方科技股份有限公司	北京	20.28	40.68	19.26	17.22
26	中国石油化工集团有限公司	北京	2.52	21.38	-2.14	3.93
27	老凤祥股份有限公司	上海	13.35	51.95	10.94	34.72

续表

序号	企业名称	地区	营收增长率（%）	利润增长率（%）	资产增长率（%）	资本积累率（%）
28	金川集团股份有限公司	甘肃	5.79	33.00	-0.68	6.92
29	烽火通信科技股份有限公司	湖北	1.76	24.88	7.79	20.44
30	芜湖三七互娱网络科技集团股份有限公司	安徽	73.30	139.65	20.84	22.12
31	温氏食品集团股份有限公司	广东	27.79	265.00	21.55	34.89
32	华新水泥股份有限公司	湖北	14.47	35.50	10.51	40.15
33	蓝思科技股份有限公司	湖南	9.16	281.36	9.01	31.56
34	新希望六和股份有限公司	四川	18.80	262.57	33.94	51.33
35	三一集团有限公司	湖南	36.44	425.58	30.27	22.81
36	北京汽车集团有限公司	北京	4.26	-28.94	9.23	-7.06
37	中国铁路工程集团有限公司	北京	14.86	29.22	12.54	17.89
38	中国移动通信集团有限公司	北京	1.12	8.00	5.82	5.14
39	深信服科技股份有限公司	广东	42.35	25.80	31.95	25.70
40	山东太阳纸业股份有限公司	山东	20.47	8.56	23.94	42.38
41	广东生益科技股份有限公司	广东	10.52	56.27	20.56	46.09
42	北京京东世纪贸易有限公司	北京	24.86	252.17	24.17	36.95
43	中国华润有限公司	广东	7.58	7.36	12.41	18.66
44	碧桂园控股有限公司	广东	28.18	14.25	17.03	25.23
45	潍柴动力股份有限公司	山东	9.48	37.53	15.37	77.48
46	国电电力发展股份有限公司	北京	78.04	309.80	33.88	142.56
47	北京金隅集团股份有限公司	北京	10.48	58.82	5.16	43.12
48	红狮控股集团有限公司	浙江	14.74	-11.94	15.97	32.10
49	华东医药股份有限公司	浙江	15.60	29.03	11.69	29.47
50	石药控股集团有限公司	河北	21.25	30.59	19.45	29.62
51	江苏恒瑞医药股份有限公司	江苏	33.70	31.01	23.23	26.41
52	长城汽车股份有限公司	河北	-3.04	-12.99	1.16	3.57
53	华域汽车系统股份有限公司	上海	-8.36	6.09	4.07	29.40
54	浙江吉利控股集团有限公司	浙江	0.70	-34.67	18.67	14.09
55	中原大地传媒股份有限公司	河南	5.52	14.05	6.94	8.15
56	江苏恒立液压股份有限公司	江苏	28.57	55.16	15.89	23.47
57	扬子江药业集团有限公司	江苏	11.94	13.61	20.01	19.66
58	冀南钢铁集团有限公司	河北	122.81	92.56	44.22	53.22
59	永辉超市股份有限公司	福建	20.36	-1.86	32.11	5.68

续表

序号	企业名称	地区	营收增长率（%）	利润增长率（%）	资产增长率（%）	资本积累率（%）
60	中国航天科技集团有限公司	北京	0.24	11.42	9.54	10.45
61	浙江龙盛控股有限公司	浙江	7.56	20.02	-0.90	22.47
62	经纬纺织机械股份有限公司	北京	24.22	105.20	-8.44	164.30
63	北京奥赛康药业股份有限公司	北京	14.92	16.39	24.81	36.90
64	厦门亿联网络技术股份有限公司	福建	37.13	45.08	28.73	25.62
65	九州通医药集团股份有限公司	湖北	14.19	32.89	6.71	18.96
66	中国神华能源股份有限公司	北京	-8.42	17.49	-4.90	26.80
67	郑州煤矿机械集团股份有限公司	河南	-1.12	36.95	7.30	14.71
68	绿地控股集团股份有限公司	上海	22.86	84.18	10.53	87.42
69	物产中大集团股份有限公司	浙江	19.59	63.22	8.46	28.43
70	中南出版传媒集团股份有限公司	湖南	7.16	13.69	7.63	7.24
71	江西铜业集团有限公司	江西	10.76	34.71	23.41	16.72
72	上海医药集团股份有限公司	上海	17.27	24.47	8.00	26.59
73	上海复星医药（集团）股份有限公司	上海	14.72	38.24	7.89	40.13
74	山东豪迈机械科技股份有限公司	山东	17.79	16.73	21.99	14.15
75	安徽古井贡酒股份有限公司	安徽	19.93	27.29	10.88	24.07
76	沪士电子股份有限公司	江苏	29.68	111.41	24.83	28.05
77	中策橡胶集团有限公司	浙江	2.63	38.36	-0.35	14.89
78	桐昆集团股份有限公司	浙江	21.59	36.60	15.41	18.71
79	江苏凤凰出版传媒股份有限公司	江苏	6.76	6.71	9.46	9.17
80	索菲亚家居股份有限公司	广东	5.13	14.15	8.60	22.29
81	中国航天科工集团有限公司	北京	3.71	10.81	7.96	12.00
82	中国旅游集团中免股份有限公司	北京	2.04	74.96	14.30	37.42
83	深圳市裕同包装科技股份有限公司	广东	14.77	12.90	13.59	17.71
84	中远海运控股股份有限公司	天津	25.02	741.42	14.94	202.04
85	中文天地出版传媒集团股份有限公司	江西	-2.21	6.93	-3.84	7.14
86	纳爱斯集团有限公司	浙江	3.11	23.37	15.63	9.00
87	佛山市海天调味食品股份有限公司	广东	16.22	22.71	22.89	19.62
88	铜陵有色金属集团股份有限公司	安徽	9.89	46.98	2.09	11.93
89	中国核能电力股份有限公司	北京	17.20	77.49	7.47	94.45
90	山东出版传媒股份有限公司	山东	4.45	3.80	10.65	11.38
91	胜达集团有限公司	浙江	21.35	9.67	17.47	14.15

续表

序号	企业名称	地区	营收增长率（%）	利润增长率（%）	资产增长率（%）	资本积累率（%）
92	湖北省交通投资集团有限公司	湖北	28.20	151.57	13.63	15.98
93	河南双汇投资发展股份有限公司	河南	23.75	15.29	28.13	31.92
94	恒生电子股份有限公司	浙江	18.66	119.32	34.48	53.81
95	浙江三花智能控制股份有限公司	浙江	4.17	10.95	6.16	8.71
96	赛轮集团股份有限公司	山东	10.55	78.29	16.94	17.45
97	中国中煤能源股份有限公司	北京	24.15	150.18	2.96	27.38
98	广东东阳光科技控股股份有限公司	广东	26.43	83.34	34.58	43.79
99	隆基绿能科技股份有限公司	陕西	49.62	117.25	49.53	71.99
100	南山集团有限公司	山东	2.28	0.21	6.78	9.48
101	红豆集团有限公司	江苏	8.63	29.94	11.84	118.00
102	威高集团有限公司	山东	10.31	4.45	14.05	14.72
103	天地科技股份有限公司	北京	8.05	34.27	-1.78	37.18
104	晶科能源有限公司	江西	16.82	116.94	32.24	41.73
105	中国葛洲坝集团股份有限公司	湖北	9.26	40.92	7.45	54.73
106	中国医药集团有限公司	北京	23.09	7.72	15.07	23.42
107	浙江出版联合集团有限公司	浙江	-2.56	8.77	7.05	7.37
108	新华文轩出版传媒股份有限公司	四川	8.01	20.65	15.33	7.54
109	宁德时代新能源科技股份有限公司	福建	54.63	48.00	37.18	28.08
110	中国铁道建筑集团有限公司	北京	13.75	19.61	17.65	11.64
111	广州白云山医药集团股份有限公司	广东	53.79	0.01	10.51	19.85
112	泸州老窖股份有限公司	四川	21.15	33.18	27.94	15.27
113	南方出版传媒股份有限公司	广东	16.58	13.20	15.30	13.94
114	上海机电股份有限公司	上海	4.16	36.23	1.56	26.53
115	中国出版传媒股份有限公司	北京	18.44	23.35	12.69	25.69
116	金东纸业（江苏）股份有限公司	江苏	5.35	40.31	-1.51	4.27
117	杭叉集团股份有限公司	浙江	4.87	30.71	11.62	21.62
118	安徽省皖能股份有限公司	安徽	19.94	90.37	13.84	86.18
119	北京东方雨虹防水技术股份有限公司	北京	29.25	37.60	14.06	26.06
120	公牛集团股份有限公司	浙江	10.76	37.38	43.62	70.94
121	中国化学工程股份有限公司	北京	27.85	70.17	19.42	14.46
122	甘肃上峰水泥股份有限公司	甘肃	39.73	61.52	41.37	67.29
123	广州汽车工业集团有限公司	广东	1.83	-33.42	4.53	5.82

续表

序号	企业名称	地区	营收增长率（%）	利润增长率（%）	资产增长率（%）	资本积累率（%）
124	江苏中天科技股份有限公司	江苏	14.29	-7.23	25.58	11.50
125	东浩兰生（集团）有限公司	上海	13.33	31.66	0.94	9.42
126	金发科技股份有限公司	广东	15.68	102.59	29.87	4.62
127	新疆特变电工集团有限公司	新疆	-3.00	-1.69	10.08	10.27
128	招商局集团有限公司	北京	11.72	22.31	38.48	11.73
129	青山控股集团有限公司	浙江	15.94	49.08	20.50	36.08
130	鹏鼎控股（深圳）股份有限公司	广东	2.94	5.54	5.49	10.85
131	天洁集团有限公司	浙江	23.67	61.10	30.15	27.92
132	东方明珠新媒体股份有限公司	上海	-9.46	10.61	17.74	22.16
133	苏美达股份有限公司	江苏	2.94	218.87	-5.01	119.23
134	安徽合力股份有限公司	安徽	4.79	33.36	6.69	17.42
135	中国机械工业集团有限公司	北京	-0.85	-3.17	-2.75	1.59
136	江苏国泰国际集团股份有限公司	江苏	6.44	-6.96	2.28	8.51
137	江苏上上电缆集团有限公司	江苏	12.06	25.92	10.45	14.71
138	江西万年青水泥股份有限公司	江西	11.59	80.61	17.43	86.67
139	中国航空油料集团有限公司	北京	-0.20	24.71	22.34	24.93
140	紫金矿业集团股份有限公司	福建	28.40	23.62	9.70	41.09
141	大参林医药集团股份有限公司	广东	25.76	31.02	32.66	42.58
142	上海春秋国际旅行社（集团）有限公司	上海	23.23	25.67	10.27	15.46
143	中国电子科技集团有限公司	北京	3.26	3.69	13.61	10.90
144	宁波华翔电子股份有限公司	浙江	14.51	73.90	5.34	29.45
145	中国兵器工业集团有限公司	北京	4.35	38.72	8.19	11.23
146	陕西有色金属控股集团有限责任公司	陕西	1.20	38.94	5.55	-1.22
147	上海豫园旅游商城（集团）股份有限公司	上海	27.04	29.31	16.65	27.09
148	重庆华宇集团有限公司	重庆	138.06	152.46	51.66	66.17
149	协鑫集团有限公司	江苏	-9.34	1.09	-1.20	3.79
150	杭州海康威视数字技术股份有限公司	浙江	15.69	9.80	18.70	20.97
151	重庆百货大楼股份有限公司	重庆	1.33	23.22	7.31	16.09
152	浙江苏泊尔股份有限公司	浙江	11.22	14.72	11.42	15.87
153	新凤祥控股集团有限责任公司	山东	1.42	108.59	5.69	11.43
154	上海电气（集团）总公司	上海	23.75	66.23	27.61	12.78
155	浙江鼎力机械股份有限公司	浙江	39.93	44.46	33.74	23.30

续表

序号	企业名称	地区	营收增长率（%）	利润增长率（%）	资产增长率（%）	资本积累率（%）
156	云南锡业股份有限公司	云南	8.30	25.86	2.58	17.41
157	重庆智飞生物制品股份有限公司	重庆	102.50	63.05	60.68	37.47
158	国投电力控股股份有限公司	北京	3.47	100.07	1.82	97.38
159	北京首旅酒店（集团）股份有限公司	北京	-2.67	7.27	1.70	13.90
160	天瑞集团股份有限公司	河南	22.45	8.96	1.14	-2.89
161	上海百联集团股份有限公司	上海	4.20	4.12	22.57	34.41
162	天顺风能（苏州）股份有限公司	江苏	63.66	62.76	2.35	13.93
163	中盐内蒙古化工股份有限公司	内蒙古	165.71	304.63	109.04	147.73
164	中国南方电网有限责任公司	广东	5.75	7.41	14.56	14.36
165	晶澳太阳能科技股份有限公司	河北	7.67	74.09	20.80	49.91
166	无锡市太极实业股份有限公司	江苏	8.08	25.92	12.18	17.61
167	中国通用技术（集团）控股有限责任公司	北京	7.60	15.49	13.84	13.77
168	重药控股股份有限公司	重庆	31.16	36.73	26.67	21.07
169	深圳市景旺电子股份有限公司	广东	27.01	-3.19	14.99	35.86
170	宁波均胜电子股份有限公司	浙江	9.82	10.19	-4.04	37.54
171	启明星辰信息技术集团股份有限公司	北京	22.51	19.85	40.73	21.64
172	上海现代制药股份有限公司	上海	7.76	31.60	7.13	35.22
173	北京京能电力股份有限公司	北京	45.24	86.55	11.78	26.76
174	杭州市实业投资集团有限公司	浙江	142.38	11.05	-5.74	2.95
175	广西柳工机械股份有限公司	广西	6.04	35.90	13.92	12.38
176	宁波申洲针织有限公司	浙江	8.19	9.21	15.62	12.89
177	常州星宇车灯股份有限公司	江苏	20.06	29.32	18.01	11.83
178	江苏今世缘酒业股份有限公司	江苏	30.45	26.71	17.17	18.24
179	盛虹控股集团有限公司	江苏	34.19	33.13	11.98	20.74
180	富奥汽车零部件股份有限公司	吉林	28.16	0.18	10.60	16.83
181	奥瑞金科技股份有限公司	北京	14.60	203.15	9.59	6.62
182	大亚圣象家居股份有限公司	江苏	0.51	1.69	15.37	21.58
183	内蒙古鄂尔多斯资源股份有限公司	内蒙古	-4.48	63.73	1.54	86.24
184	国家能源投资集团有限责任公司	北京	2.56	26.11	-1.82	4.73
185	正泰集团股份有限公司	浙江	14.31	24.81	10.92	14.57
186	广东电力发展股份有限公司	广东	7.12	280.89	2.92	41.12
187	华能国际电力股份有限公司	北京	2.13	65.26	2.52	40.91

续表

序号	企业名称	地区	营收增长率（%）	利润增长率（%）	资产增长率（%）	资本积累率（%）
188	厦门建发集团有限公司	福建	20.19	10.39	34.85	21.23
189	玲珑集团有限公司	山东	12.49	60.16	3.53	16.83
190	海澜集团有限公司	江苏	2.64	-1.58	1.47	0.86
191	三花控股集团有限公司	浙江	10.88	28.88	-0.80	8.67
192	富通集团有限公司	浙江	12.27	-10.18	8.43	10.82
193	广州网易计算机系统有限公司	广东	-11.79	245.20	28.93	35.87
194	物美科技集团有限公司	北京	4.01	15.93	19.73	12.34
195	大悦城控股集团股份有限公司	广东	139.29	166.81	100.92	441.19
196	中国电影股份有限公司	北京	0.34	-17.01	5.64	15.79
197	山东魏桥创业集团有限公司	山东	-1.83	-2.97	-0.03	1.12
198	山西杏花村汾酒厂股份有限公司	山西	26.63	40.01	35.83	22.70
199	深圳迈瑞生物医疗电子股份有限公司	广东	20.38	25.96	18.53	22.82
200	深南电路股份有限公司	广东	38.44	76.92	43.33	34.40
201	中国工商银行股份有限公司	北京	10.52	5.27	8.70	15.54
202	浙江省国际贸易集团有限公司	浙江	9.49	15.01	11.81	13.29
203	完美世界股份有限公司	浙江	0.07	-15.18	4.07	20.02
204	德力西集团有限公司	浙江	6.30	1.90	3.87	3.07
205	云南白药集团股份有限公司	云南	11.07	26.21	63.47	92.60
206	中国外运股份有限公司	北京	0.44	8.24	0.64	30.19
207	陕西煤业股份有限公司	陕西	28.27	51.30	5.11	50.34
208	四川蓝光发展股份有限公司	四川	27.17	86.99	33.81	148.24
209	海尔集团公司	山东	8.98	-5.39	11.43	23.86
210	宏发科技股份有限公司	湖北	2.93	37.98	14.69	48.71
211	人民电器集团有限公司	浙江	5.03	9.98	-1.93	-11.64
212	月星集团有限公司	上海	6.27	12.55	8.15	14.92
213	江苏阳光集团有限公司	江苏	1.72	1.10	-6.65	5.61
214	招商银行股份有限公司	广东	8.51	15.97	9.95	14.37
215	牧原食品股份有限公司	河南	51.04	1118.06	77.22	158.04
216	江苏扬农化工股份有限公司	江苏	64.47	30.99	29.56	9.27
217	天马微电子股份有限公司	广东	4.74	-10.39	9.02	2.70
218	健康元药业集团股份有限公司	广东	6.93	164.51	1.81	80.27
219	路通建设集团股份有限公司	山东	12.30	5.60	28.55	26.84

续表

序号	企业名称	地区	营收增长率（%）	利润增长率（%）	资产增长率（%）	资本积累率（%）
220	立讯精密工业股份有限公司	广东	74.38	80.98	35.50	40.34
221	富士康工业互联网股份有限公司	广东	-1.61	10.08	2.50	23.59
222	江苏立华牧业股份有限公司	江苏	22.96	51.13	50.49	64.52
223	山东晨鸣纸业集团股份有限公司	山东	5.26	-30.14	-6.99	5.15
224	广西柳州医药股份有限公司	广西	26.82	44.81	22.36	21.09
225	中国民生银行股份有限公司	北京	15.10	9.13	11.46	26.37
226	东方日升新能源股份有限公司	浙江	47.70	320.89	36.35	26.07
227	中国冶金科工股份有限公司	北京	16.96	18.92	4.46	39.27
228	甘肃祁连山水泥集团股份有限公司	甘肃	20.03	99.60	10.32	29.98
229	深圳能源集团股份有限公司	广东	12.36	164.83	12.97	39.51
230	浙江世纪华通集团股份有限公司	浙江	17.30	69.77	4.92	55.83
231	中国光大集团股份公司	北京	17.10	9.90	8.89	9.83
232	长春一汽富维汽车零部件股份有限公司	吉林	30.59	43.50	72.35	40.87
233	红星美凯龙家居集团股份有限公司	上海	15.66	4.66	10.31	17.43
234	雅戈尔集团股份有限公司	浙江	28.91	7.47	6.68	-0.62
235	交通银行股份有限公司	上海	9.32	6.02	3.93	14.68
236	福建圣农发展股份有限公司	福建	26.08	173.61	4.25	36.16
237	龙蟒佰利联集团股份有限公司	河南	9.38	13.95	23.99	13.27
238	北京天坛生物制品股份有限公司	北京	11.97	75.52	24.62	53.57
239	大秦铁路股份有限公司	山西	2.01	4.31	1.43	14.77
240	杭州泰格医药科技股份有限公司	浙江	21.85	106.56	76.01	106.91
241	上海浦东发展银行股份有限公司	上海	11.16	6.42	11.39	18.98
242	漳州片仔癀药业股份有限公司	福建	20.06	21.35	32.34	38.94
243	沂州集团有限公司	山东	5.54	47.67	17.01	16.57
244	上海机场（集团）有限公司	上海	7.62	16.89	13.40	10.11
245	三房巷集团有限公司	江苏	8.07	112.84	2.78	19.23
246	广州市水务投资集团有限公司	广东	2.16	5.39	19.04	25.74
247	中国银行股份有限公司	北京	8.94	12.11	7.06	22.55
248	神州数码集团股份有限公司	广东	6.04	36.93	13.22	13.89
249	中国船舶重工集团动力股份有限公司	河北	0.10	-22.77	-2.08	41.07
250	四川水井坊股份有限公司	四川	25.53	42.60	23.39	13.74
251	中国兵器装备集团有限公司	北京	-10.45	284.78	2.18	13.37

续表

序号	企业名称	地区	营收增长率（%）	利润增长率（%）	资产增长率（%）	资本积累率（%）
252	三角轮胎股份有限公司	山东	5.72	75.43	3.78	7.46
253	中国中车集团有限公司	北京	4.54	12.29	8.04	7.03
254	中国建设银行股份有限公司	北京	7.09	5.72	9.53	13.09
255	广州智能装备产业集团有限公司	广东	5.57	45.59	22.91	34.94
256	内蒙古君正能源化工集团股份有限公司	内蒙古	15.84	7.94	28.50	19.37
257	平安银行股份有限公司	广东	18.20	13.61	15.22	30.39
258	通威集团有限公司	四川	15.11	19.04	20.58	13.39
259	华兰生物工程股份有限公司	河南	15.02	21.01	16.79	24.55
260	深圳劲嘉集团股份有限公司	广东	18.22	33.24	5.72	11.38
261	华鲁控股集团有限公司	山东	3.04	4.38	−0.76	17.59
262	新疆金风科技股份有限公司	新疆	33.11	−30.68	26.66	29.10
263	紫光股份有限公司	北京	11.99	80.46	12.73	21.83
264	宁波三星医疗电气股份有限公司	浙江	14.80	106.03	−4.94	8.41
265	丽珠医药集团股份有限公司	广东	5.91	35.06	3.09	15.24
266	舜宇集团有限公司	浙江	45.95	60.24	34.31	35.94
267	爱尔眼科医院集团股份有限公司	湖南	24.74	41.85	23.56	23.36
268	北京首都创业集团有限公司	北京	−5.13	14.66	9.51	16.95
269	青岛啤酒股份有限公司	山东	5.30	35.64	9.50	10.81
270	黑牡丹（集团）股份有限公司	江苏	15.07	93.74	13.07	21.63
271	中国国际海运集装箱（集团）股份有限公司	广东	−8.22	−25.75	8.32	47.46
272	南极电商股份有限公司	江苏	16.52	36.06	20.57	29.96
273	兴业银行股份有限公司	福建	14.54	−2.02	6.47	17.96
274	合力泰科技股份有限公司	山东	9.44	−22.01	22.64	21.19
275	中国中信集团有限公司	北京	11.03	−16.58	10.56	8.52
276	广东新宝电器股份有限公司	广东	8.06	36.96	14.30	10.89
277	江苏三木集团有限公司	江苏	0.52	0.14	−1.67	11.78
278	厦门盈趣科技股份有限公司	福建	38.71	20.49	15.01	12.67
279	阳光电源股份有限公司	安徽	25.41	12.59	23.40	13.61
280	四川科伦实业集团有限公司	四川	0.42	−25.01	8.13	4.10
281	重庆市金科投资控股（集团）有限责任公司	重庆	53.98	454.46	37.96	31.11
282	重庆市迪马实业股份有限公司	重庆	48.71	114.91	23.19	81.98
283	欣旺达电子股份有限公司	广东	24.10	6.94	26.30	11.85

续表

序号	企业名称	地区	营收增长率（%）	利润增长率（%）	资产增长率（%）	资本积累率（%）
284	双胞胎（集团）股份有限公司	江西	10.13	13.39	46.06	18.13
285	浙江中国小商品城集团股份有限公司	浙江	12.49	15.35	16.54	11.24
286	新大陆数字技术股份有限公司	福建	7.32	23.38	10.79	20.12
287	中国航空工业集团有限公司	北京	3.77	-13.12	6.39	5.74
288	广汇物流股份有限公司	四川	37.90	47.87	22.12	5.97
289	惠州亿纬锂能股份有限公司	广东	47.35	171.38	62.43	116.50
290	北京同仁堂股份有限公司	北京	-6.56	37.67	2.17	58.30
291	亿帆医药股份有限公司	浙江	11.98	18.40	13.21	18.08
292	深圳市汇顶科技股份有限公司	广东	73.95	212.10	46.84	56.77
293	浙江恒逸集团有限公司	浙江	45.98	228.47	34.30	27.84
294	天津城市基础设施建设投资集团有限公司	天津	2.86	3.56	9.37	6.64
295	万丰奥特控股集团有限公司	浙江	0.86	9.33	0.96	0.27
296	浙江卫星石化股份有限公司	浙江	7.47	34.73	30.48	15.15
297	江苏洋河酒厂股份有限公司	江苏	-4.28	-8.98	7.85	8.46
298	易见供应链管理股份有限公司	四川	13.26	-6.67	2.57	21.56
299	中国农业银行股份有限公司	北京	4.79	5.00	10.03	17.33
300	厦门象屿集团有限公司	福建	17.69	15.30	20.17	22.60
301	山东金岭集团有限公司	山东	1.19	-17.96	6.57	22.58
302	海亮集团有限公司	浙江	8.25	-23.10	3.59	8.73
303	南京云海特种金属股份有限公司	江苏	9.23	176.49	13.12	46.46
304	传化智联股份有限公司	浙江	0.65	100.01	1.85	34.75
305	三六零安全科技股份有限公司	北京	-2.19	68.31	15.00	19.60
306	天虹数科商业股份有限公司	广东	1.33	-4.82	2.33	5.90
307	南通三建控股有限公司	江苏	22.43	17.99	4.52	28.92
308	北京控股集团有限公司	北京	8.83	124.35	12.54	12.18
309	深圳市信维通信股份有限公司	广东	9.07	3.98	15.97	29.32
310	福莱特玻璃集团股份有限公司	浙江	56.89	76.09	35.07	23.01
311	得力集团有限公司	浙江	16.17	17.09	19.02	25.42
312	河南明泰铝业股份有限公司	河南	6.18	98.47	26.05	22.45
313	浙报数字文化集团股份有限公司	浙江	48.03	44.29	11.70	16.47
314	江苏省苏豪控股集团有限公司	江苏	-4.71	43.92	11.31	18.38
315	浙江大华技术股份有限公司	浙江	10.50	24.96	12.20	26.61

续表

序号	企业名称	地区	营收增长率（%）	利润增长率（%）	资产增长率（%）	资本积累率（%）
316	厦门国贸集团股份有限公司	福建	5.54	12.09	17.77	16.95
317	中天控股集团有限公司	浙江	17.80	70.97	21.89	20.29
318	歌尔股份有限公司	山东	47.99	47.41	16.53	6.10
319	中国交通建设集团有限公司	北京	12.68	-12.20	18.34	8.37
320	波司登股份有限公司	江苏	-13.86	-4.44	20.57	9.04
321	杭州巨星科技股份有限公司	浙江	11.64	26.03	19.94	14.62
322	山东新潮能源股份有限公司	山东	26.97	79.37	14.94	8.76
323	上海华谊（集团）公司	上海	-9.08	-36.31	10.98	14.63
324	中铁集装箱运输有限责任公司	北京	22.31	64.66	11.74	13.42
325	宁夏建材集团股份有限公司	宁夏	14.79	97.33	6.16	21.93
326	京沪高速铁路股份有限公司	北京	5.72	16.48	5.37	7.15
327	中天科技集团有限公司	江苏	15.24	-3.33	22.67	4.09
328	株洲旗滨集团股份有限公司	湖南	11.07	11.45	1.77	8.91
329	华邦生命健康股份有限公司	重庆	-4.56	82.25	0.32	46.10
330	复星国际有限公司	上海	30.75	10.40	12.02	12.92
331	河北建投能源投资股份有限公司	河北	-0.09	107.26	1.59	26.75
332	安琪酵母股份有限公司	湖北	14.47	9.71	10.32	23.40
333	江西济民可信集团有限公司	江西	19.88	131.86	87.14	40.02
334	西藏天路股份有限公司	西藏	11.95	85.21	33.84	82.15
335	江苏鱼跃医疗设备股份有限公司	江苏	10.82	4.73	15.25	12.59
336	深圳市汇川技术股份有限公司	广东	25.81	-13.43	44.11	43.16
337	中国电信集团有限公司	北京	2.40	13.09	6.74	2.58
338	中国邮政集团有限公司	北京	8.98	12.20	7.80	8.36
339	天能控股集团有限公司	浙江	6.09	17.39	33.28	16.53
340	中国国际航空股份有限公司	北京	-0.43	-1.15	20.74	8.75
341	山煤国际能源集团股份有限公司	山西	-1.27	617.76	-10.54	89.18
342	武汉武商集团股份有限公司	湖北	0.29	16.67	3.10	15.28
343	福耀玻璃工业集团股份有限公司	福建	4.35	-29.66	12.57	5.84
344	苏州东山精密制造股份有限公司	江苏	18.80	-13.00	1.72	3.36
345	杭州制氧机集团股份有限公司	浙江	3.62	-7.60	6.19	16.97
346	重庆医药（集团）股份有限公司	重庆	31.16	18.69	26.61	8.85
347	浙江荣盛控股集团有限公司	浙江	59.90	33.02	45.46	9.78

续表

序号	企业名称	地区	营收增长率(%)	利润增长率(%)	资产增长率(%)	资本积累率(%)
348	上海同济科技实业股份有限公司	上海	93.41	218.23	-1.46	56.21
349	泰豪集团有限公司	江西	15.05	5.09	5.35	7.84
350	无锡先导智能装备股份有限公司	江苏	20.41	3.12	12.95	24.46
351	华泰集团有限公司	山东	1.63	-21.38	3.10	7.55
352	中国南方航空股份有限公司	广东	7.45	3.75	24.32	18.54
353	万向集团公司	浙江	16.42	117.70	-0.48	-16.05
354	浙江东方金融控股集团股份有限公司	浙江	18.54	37.54	18.54	30.94
355	浙江省能源集团有限公司	浙江	19.39	10.46	14.65	6.57
356	中国广核集团有限公司	广东	12.26	18.95	11.42	12.74
357	华夏幸福基业股份有限公司	河北	25.55	25.02	11.74	68.32
358	浙江尖峰集团股份有限公司	浙江	5.51	36.60	11.71	29.01
359	中国长江电力股份有限公司	北京	-2.62	-4.61	0.33	5.49
360	浙江航民股份有限公司	浙江	-11.14	27.52	7.64	25.31
361	长江出版传媒股份有限公司	湖北	-25.97	9.66	4.46	11.52
362	中国核工业建设股份有限公司	北京	24.12	47.98	31.70	97.00
363	宁波方太厨具有限公司	浙江	-0.29	46.33	11.10	17.67
364	宁波银行股份有限公司	浙江	21.26	22.91	18.03	24.01
365	横店集团东磁股份有限公司	浙江	1.16	0.65	25.05	12.89
366	天士力医药集团股份有限公司	天津	5.61	-35.08	-4.61	12.61
367	中国国际技术智力合作集团有限公司	北京	35.50	10.91	13.04	15.25
368	海信集团有限公司	山东	0.18	77.94	4.61	11.55
369	鲁泰纺织股份有限公司	山东	-1.13	21.91	12.79	16.13
370	无锡威孚高科技集团股份有限公司	江苏	0.72	-3.90	14.68	9.87
371	航天工业发展股份有限公司	福建	14.89	61.19	16.44	19.23
372	蓝星安迪苏股份有限公司	北京	-2.47	35.77	-1.52	26.55
373	浙江森马服饰股份有限公司	浙江	23.01	-9.43	0.32	5.82
374	中信泰富特钢集团股份有限公司	湖北	477.58	956.29	845.38	473.99
375	江苏常熟农村商业银行股份有限公司	江苏	10.67	27.84	10.88	39.44
376	中国石油集团工程股份有限公司	新疆	10.97	-15.28	-0.68	1.39
377	王府井集团股份有限公司	北京	0.29	-21.33	11.06	11.71
378	顺丰控股股份有限公司	广东	23.37	26.00	28.94	14.65
379	山东华鲁恒升化工股份有限公司	山东	-1.16	-18.76	-2.52	17.93

续表

序号	企业名称	地区	营收增长率（%）	利润增长率（%）	资产增长率（%）	资本积累率（%）
380	杭州老板电器股份有限公司	浙江	4. 52	9. 55	12. 65	15. 37
381	杉杉控股有限公司	上海	8. 93	43. 95	0. 39	4. 50
382	郑州宇通集团有限公司	河南	-3. 70	38. 44	10. 14	11. 27
383	浙江省交通投资集团有限公司	浙江	9. 28	21. 57	18. 55	15. 40
384	敬业集团有限公司	河北	41. 38	-18. 84	12. 17	25. 12
385	北京蓝色光标数据科技股份有限公司	北京	21. 65	85. 96	12. 31	39. 36
386	环旭电子股份有限公司	上海	10. 89	6. 81	8. 74	9. 55
387	广西五洲交通股份有限公司	广西	18. 03	103. 82	3. 20	19. 14
388	上海环境集团股份有限公司	上海	41. 19	23. 74	38. 97	44. 95
389	云南恩捷新材料股份有限公司	云南	28. 57	80. 46	58. 30	27. 41
390	浙江闰土股份有限公司	浙江	0. 76	2. 36	8. 34	12. 90
391	浙江永利实业集团有限公司	浙江	1. 51	2. 75	4. 85	5. 82
392	吉林敖东药业集团股份有限公司	吉林	-7. 09	49. 00	4. 63	6. 74
393	中国巨石股份有限公司	浙江	4. 59	-10. 97	10. 65	12. 94
394	湖北济川药业股份有限公司	湖北	-3. 72	-3. 84	11. 12	11. 85
395	深圳市中金岭南有色金属股份有限公司	广东	14. 40	-5. 28	4. 17	10. 07
396	长沙银行股份有限公司	湖南	22. 07	17. 42	14. 31	34. 96
397	安徽迎驾贡酒股份有限公司	安徽	8. 26	19. 63	8. 53	9. 84
398	南京高科股份有限公司	江苏	-13. 78	95. 68	11. 99	35. 02
399	淮河能源（集团）股份有限公司	安徽	3. 64	124. 07	1. 91	25. 12
400	中国平安保险（集团）股份有限公司	广东	19. 66	53. 03	15. 12	53. 16
401	深圳市海普瑞药业集团股份有限公司	广东	-3. 95	69. 36	11. 62	23. 12
402	芒果超媒股份有限公司	湖南	29. 40	33. 73	41. 01	56. 40
403	广东海大集团股份有限公司	广东	12. 94	24. 51	8. 57	25. 77
404	天茂实业集团股份有限公司	湖北	62. 17	120. 02	15. 16	80. 88
405	卧龙控股集团有限公司	浙江	5. 43	40. 25	10. 87	13. 16
406	天津中环半导体股份有限公司	天津	22. 76	99. 48	15. 04	54. 21
407	北京光环新网科技股份有限公司	北京	17. 83	19. 30	7. 43	11. 26
408	深圳华强集团有限公司	广东	8. 87	4. 29	0. 00	8. 70
409	山东九羊集团有限公司	山东	22. 11	198. 33	5. 65	14. 05
410	广州视源电子科技股份有限公司	广东	0. 41	60. 54	42. 49	47. 48
411	维维集团股份有限公司	江苏	5. 33	7. 52	-4. 82	-1. 34

续表

序号	企业名称	地区	营收增长率（%）	利润增长率（%）	资产增长率（%）	资本积累率（%）
412	中国大唐集团有限公司	北京	0.10	37.80	1.70	18.95
413	上海银行股份有限公司	上海	13.47	12.75	10.32	9.89
414	广州农村商业银行股份有限公司	广东	11.26	15.23	17.14	29.29
415	九阳股份有限公司	山东	14.48	6.83	12.13	-1.56
416	大同煤业股份有限公司	山西	0.88	107.20	8.37	104.63
417	大商股份有限公司	辽宁	-8.29	-2.40	7.28	14.74
418	中国人寿保险股份有限公司	北京	15.87	417.89	14.51	28.57
419	浙江华峰氨纶股份有限公司	浙江	-8.88	-4.92	16.36	7.94
420	重庆啤酒股份有限公司	重庆	3.30	80.34	6.57	31.99
421	广州市建筑集团有限公司	广东	49.88	39.42	36.11	16.98
422	唐山三友化工股份有限公司	河北	1.69	-53.34	-2.10	8.98
423	科大讯飞股份有限公司	安徽	27.30	73.98	31.36	47.22
424	华夏银行股份有限公司	北京	17.32	6.05	12.69	24.04
425	北京学而思教育科技有限公司	北京	9.89	3.42	5.44	33.77
426	江苏东方盛虹股份有限公司	江苏	34.96	90.40	60.24	18.12
427	申万宏源集团股份有限公司	新疆	60.98	39.50	11.74	22.24
428	河北安丰钢铁有限公司	河北	19.57	0.00	26.88	23.93
429	福建发展高速公路股份有限公司	福建	9.07	47.34	-0.73	29.06
430	唯品会（中国）有限公司	广东	9.15	52.65	-53.60	11.42
431	广州越秀金融控股集团股份有限公司	广东	25.50	271.93	18.20	38.62
432	渤海银行股份有限公司	天津	8.66	17.73	7.60	48.20
433	无锡药明康德新药开发股份有限公司	江苏	33.89	-15.44	28.99	-1.57
434	四川省交通投资集团有限责任公司	四川	21.10	325.74	4.26	2.05
435	中国东方航空集团有限公司	上海	4.27	24.40	15.24	8.58
436	浙江伟星新型建材股份有限公司	浙江	2.07	0.66	4.56	7.18
437	广东塔牌集团股份有限公司	广东	3.93	0.65	7.39	9.10
438	北京银行股份有限公司	北京	13.77	7.94	6.38	8.58
439	阳光龙净集团有限公司	福建	12.31	4.52	18.11	24.34
440	南京银行股份有限公司	江苏	18.38	13.49	8.06	13.01
441	秦皇岛宏兴钢铁有限公司	河北	2.54	66.05	21.20	55.46
442	山东高速集团有限公司	山东	20.06	26.60	17.44	0.84
443	杭州银行股份有限公司	浙江	25.53	21.99	11.18	9.41

续表

序号	企业名称	地区	营收增长率（%）	利润增长率（%）	资产增长率（%）	资本积累率（%）
444	成都市兴蓉环境股份有限公司	四川	16.31	11.39	21.11	14.84
445	深圳市天健（集团）股份有限公司	广东	43.64	57.84	27.01	11.09
446	贵阳银行股份有限公司	贵州	16.00	16.75	11.34	15.78
447	金科地产集团股份有限公司	重庆	64.36	63.59	39.40	142.78
448	河北普阳钢铁有限公司	河北	32.93	-16.97	3.35	21.80
449	浙江海翔药业股份有限公司	浙江	8.20	27.40	-4.10	6.19
450	平顶山天安煤业股份有限公司	河南	17.28	85.81	10.83	26.66
451	云南省能源投资集团有限公司	云南	24.20	58.56	41.96	33.97
452	成都银行股份有限公司	四川	9.79	19.50	13.43	14.20
453	中国中化集团有限公司	北京	-4.44	-29.51	12.08	3.80
454	茂业商业股份有限公司	四川	-6.65	15.96	-1.58	39.46
455	浙商银行股份有限公司	浙江	19.06	5.99	9.36	25.14
456	江苏苏州农村商业银行股份有限公司	江苏	11.79	14.07	7.86	23.53
457	新疆天山水泥股份有限公司	新疆	680.60	64.78	-10.30	20.69
458	中节能太阳能股份有限公司	重庆	-0.51	5.01	9.44	5.77
459	四川路桥建设集团股份有限公司	四川	31.75	44.88	13.38	23.20
460	上海世茂股份有限公司	上海	3.75	59.80	17.77	103.60
461	内蒙古蒙电华能热电股份有限公司	内蒙古	5.34	52.54	3.83	33.54
462	新奥天然气股份有限公司	河北	-0.65	-10.40	3.56	18.56
463	西安银行股份有限公司	陕西	14.55	13.42	14.29	18.37
464	上海临港控股股份有限公司	上海	104.71	240.27	143.52	139.16
465	浙江巨化股份有限公司	浙江	-0.39	-57.35	0.78	5.02
466	江苏扬子江船业集团公司	江苏	-4.32	-11.68	9.46	8.70
467	湖南华菱钢铁股份有限公司	湖南	17.70	-1.89	10.23	85.53
468	光明食品（集团）有限公司	上海	-1.57	-8.01	7.23	9.38
469	拉卡拉支付股份有限公司	北京	-13.73	34.72	122.04	71.08
470	华帝股份有限公司	广东	-5.69	12.35	12.88	20.31
471	上海氯碱化工股份有限公司	上海	-9.86	-23.14	13.31	18.88
472	中国人民保险集团股份有限公司	北京	10.27	66.55	9.80	61.90
473	青岛农村商业银行股份有限公司	山东	16.98	16.50	16.16	19.02
474	诸城外贸有限责任公司	山东	11.89	10.26	2.78	8.24
475	宋城演艺发展股份有限公司	浙江	-18.67	6.04	2.07	16.66

续表

序号	企业名称	地区	营收增长率（%）	利润增长率（%）	资产增长率（%）	资本积累率（%）
476	重庆农村商业银行股份有限公司	重庆	1.97	8.99	8.38	24.62
477	云南驰宏锌锗股份有限公司	云南	-13.44	22.16	-1.49	23.37
478	四川双马水泥股份有限公司	四川	-6.66	4.41	16.33	20.94
479	福建星网锐捷通讯股份有限公司	福建	1.47	46.94	9.31	31.49
480	北京光线传媒股份有限公司	北京	89.70	-31.07	1.32	3.86
481	中国东方电气集团有限公司	四川	5.34	56.59	-3.92	8.74
482	申能（集团）有限公司	上海	15.60	15.90	20.74	25.69
483	中国太平洋保险（集团）股份有限公司	上海	8.78	57.36	14.40	22.56
484	安徽金禾实业股份有限公司	安徽	-3.89	-11.32	7.98	14.34
485	南京钢铁集团有限公司	江苏	16.17	-1.95	3.94	18.18
486	重庆水务集团股份有限公司	重庆	9.04	17.20	8.75	7.28
487	国家开发投资集团有限公司	北京	16.94	-2.59	8.51	6.27
488	春秋航空股份有限公司	上海	12.88	22.31	10.50	12.88
489	重庆银行股份有限公司	重庆	10.92	11.61	11.29	11.80
490	佳都集团有限公司	广东	5.74	65.01	14.40	9.08
491	广东南海农村商业银行股份有限公司	广东	2.75	17.77	7.77	12.36
492	中国电力建设集团有限公司	北京	14.93	0.41	13.97	-0.82
493	盛京银行股份有限公司	辽宁	7.32	6.13	3.66	39.14
494	国电南瑞科技股份有限公司	江苏	13.61	11.97	9.72	17.52
495	广州交通投资集团有限公司	广东	11.67	209.60	6.50	10.03
496	江苏江阴农村商业银行股份有限公司	江苏	6.86	18.01	10.00	12.89
497	辛集市澳森钢铁集团有限公司	河北	7.95	10.17	9.07	15.32
498	江苏中南建设集团股份有限公司	江苏	79.08	110.78	23.28	54.17
499	赣州银行股份有限公司	江西	27.63	10.41	24.14	29.64
500	山东黄金矿业股份有限公司	山东	14.31	-1.90	29.39	19.41

五、2020 中国企业信用 500 强地区分布

序号	企业名称	综合信用指数	营业收入（万元）	利润（万元）	资产（万元）	所有者权益（万元）
北京						
1	中国建筑股份有限公司	99.600	141983659	6320524	203445193	50183532
2	中国建材集团有限公司	99.449	39810386	1487200	59619589	17645500
3	国家电网有限公司	98.165	265219573	5506044	415585039	175172188
4	中国保利集团有限公司	97.410	39479996	1403017	131288649	8892068
5	中青旅控股股份有限公司	97.404	1405357	90996	1643670	894588
6	中国铝业股份有限公司	97.366	19007416	148808	20307066	7072506
7	用友网络科技股份有限公司	97.312	850966	132131	1753838	829419
8	北京千方科技股份有限公司	97.293	872219	107281	1622041	931480
9	中国石油化工集团有限公司	97.289	281179985	4693019	221171940	75050116
10	北京汽车集团有限公司	97.164	50123000	516000	50089000	6899000
11	中国铁路工程集团有限公司	97.150	85197793	1060636	106563043	10140813
12	中国移动通信集团有限公司	97.147	74975548	8390397	185420203	103610351
13	北京京东世纪贸易有限公司	97.088	57688848	1218415	25972370	8185597
14	国电电力发展股份有限公司	97.059	11659929	491913	36484785	11664854
15	北京金隅集团股份有限公司	97.053	9182931	517815	28212376	8253135
16	中国航天科技集团有限公司	96.953	25014549	1815762	47753096	21107471
17	经纬纺织机械股份有限公司	96.924	933548	160741	3571857	2208138
18	北京奥赛康药业股份有限公司	96.902	451863	77990	369210	251657
19	中国神华能源股份有限公司	96.883	24187100	5154000	55848400	41561900
20	中国航天科工集团有限公司	96.714	25978759	1353300	34873944	13919081
21	中国旅游集团中免股份有限公司	96.714	4796650	541471	3068726	2231036
22	中国核能电力股份有限公司	96.633	4606716	840738	34763893	9028284
23	中国中煤能源股份有限公司	96.478	12929373	859274	27248317	11736908
24	天地科技股份有限公司	96.446	1938357	129115	3672526	2160100
25	中国医药集团有限公司	96.380	48835454	630173	39360646	7201693
26	中国铁道建筑集团有限公司	96.320	83110141	939010	108384828	8670940

续表

序号	企业名称	综合信用指数	营业收入（万元）	利润（万元）	资产（万元）	所有者权益（万元）
27	中国出版传媒股份有限公司	96.251	631465	74193	1321332	771592
28	北京东方雨虹防水技术股份有限公司	96.227	1815434	207526	2241566	995987
29	中国化学工程股份有限公司	96.187	10412860	328726	11586539	3759182
30	招商局集团有限公司	96.104	33938447	3615278	193589455	35322282
31	中国机械工业集团有限公司	96.055	29790741	312464	38361111	6852642
32	中国航空油料集团有限公司	95.953	27970383	392859	6764797	2569904
33	中国电子科技集团有限公司	95.927	22762256	1203820	40306764	15673046
34	中国兵器工业集团有限公司	95.846	47471017	886821	42840254	11592078
35	国投电力控股股份有限公司	95.652	4243346	873106	22472151	7439418
36	北京首旅酒店（集团）股份有限公司	95.650	831110	91933	1711000	929683
37	中国通用技术（集团）控股有限责任公司	95.498	18348000	338162	19720204	4519257
38	启明星辰信息技术集团股份有限公司	95.422	308950	68187	689616	436777
39	北京京能电力股份有限公司	95.409	1843836	166335	7655708	2904415
40	奥瑞金科技股份有限公司	95.307	936916	68324	1473305	572947
41	国家能源投资集团有限责任公司	95.210	55611631	2945847	175028540	41763568
42	华能国际电力股份有限公司	95.188	17348480	237791	41359654	11728884
43	物美科技集团有限公司	95.106	4297699	237353	7349849	2760669
44	中国电影股份有限公司	95.070	906841	124057	1725851	1293833
45	中国工商银行股份有限公司	95.027	85516400	31336100	3010943600	269200300
46	中国外运股份有限公司	94.927	7765009	292701	6188641	3025148
47	中国民生银行股份有限公司	94.699	18044100	5492400	668184100	53082900
48	中国冶金科工股份有限公司	94.656	33863761	757682	45850621	11690551
49	中国光大集团股份公司	94.631	32440000	1374500	521048600	14471400
50	北京天坛生物制品股份有限公司	94.611	328186	89425	631441	517736
51	中国银行股份有限公司	94.400	54918200	20189100	2276974400	197669600
52	中国兵器装备集团有限公司	94.345	20078000	682400	33993800	7041500
53	中国中车集团有限公司	94.308	23975206	361462	43049762	7159649
54	中国建设银行股份有限公司	94.282	70562900	26922200	2543626100	223512700
55	紫光股份有限公司	94.205	5409906	307463	5473926	3235885
56	北京首都创业集团有限公司	94.167	4745880	256642	35848259	2467188
57	中国中信集团有限公司	94.112	51893114	2519383	748677828	36336116
58	中国航空工业集团有限公司	93.995	45532992	399400	100861611	19343289

续表

序号	企业名称	综合信用指数	营业收入（万元）	利润（万元）	资产（万元）	所有者权益（万元）
59	北京同仁堂股份有限公司	93.964	1327712	156160	2092182	1466022
60	中国农业银行股份有限公司	93.806	62726800	21292400	2487828800	195976200
61	三六零安全科技股份有限公司	93.769	1284110	594951	3375157	2868170
62	北京控股集团有限公司	93.758	10071001	89308	36062500	3766602
63	中国交通建设集团有限公司	93.573	65696723	920618	161641403	12787784
64	中铁集装箱运输有限责任公司	93.454	3642514	101410	2476058	1341739
65	京沪高速铁路股份有限公司	93.424	3294217	1193725	18515136	15877419
66	中国电信集团有限公司	93.291	46539040	1245268	90096360	37702798
67	中国邮政集团有限公司	93.254	61724771	3067973	1057771356	38035481
68	中国国际航空股份有限公司	93.241	13618069	725205	29425355	10137664
69	中国长江电力股份有限公司	92.987	4987409	2156745	29648288	15001597
70	中国核工业建设股份有限公司	92.949	6374077	142182	12445990	1984600
71	中国国际技术智力合作集团有限公司	92.890	12294331	74105	1386841	493094
72	蓝星安迪苏股份有限公司	92.844	1113549	125740	2112726	1721453
73	王府井集团股份有限公司	92.697	2678884	94512	2410630	1206607
74	北京蓝色光标数据科技股份有限公司	92.478	2810572	72331	1905134	882697
75	北京光环新网科技股份有限公司	92.233	709717	79625	1223321	834550
76	中国大唐集团有限公司	92.122	18973335	294799	75853345	11037991
77	中国人寿保险股份有限公司	91.964	74516500	5901400	372673400	40934200
78	华夏银行股份有限公司	91.857	8473400	2211500	302078900	26933700
79	北京学而思教育科技有限公司	91.802	1765255	251059	2572543	1710680
80	北京银行股份有限公司	91.529	6312900	2159100	273704000	20896300
81	中国中化集团有限公司	91.227	55527470	327053	54889301	5309181
82	拉卡拉支付股份有限公司	90.833	489942	81693	1118687	501754
83	中国人民保险集团股份有限公司	90.719	55551500	2240100	113277100	24683900
84	北京光线传媒股份有限公司	90.497	282945	94661	1098911	897835
85	国家开发投资集团有限公司	90.431	14194552	603397	63185483	8980461
86	中国电力建设集团有限公司	90.316	46543026	533887	96881760	7851905
安徽						
1	安徽海螺集团有限责任公司	98.528	23430999	1224857	22018127	5191359
2	芜湖三七互娱网络科技集团股份有限公司	97.200	1322714	241684	1014526	729371
3	安徽古井贡酒股份有限公司	96.769	1041696	215780	1387130	943215

续表

序号	企业名称	综合信用指数	营业收入（万元）	利润（万元）	资产（万元）	所有者权益（万元）
4	铜陵有色金属集团股份有限公司	96.668	9295107	104178	4797007	2006616
5	安徽省皖能股份有限公司	96.228	1609224	105895	3289929	1823937
6	安徽合力股份有限公司	96.056	1013023	77700	793568	537969
7	阳光电源股份有限公司	94.058	1300333	91153	2281913	875481
8	安徽迎驾贡酒股份有限公司	92.342	377698	93154	696884	476440
9	淮河能源（集团）股份有限公司	92.333	1149152	93232	1709777	1083762
10	科大讯飞股份有限公司	91.860	1007869	94307	2010084	1173484
11	安徽金禾实业股份有限公司	90.453	397186	80836	614933	448216
重庆						
1	重庆华宇集团有限公司	95.813	7776600	906791	9960000	3884400
2	重庆医药（集团）股份有限公司	93.179	3384381	80373	2483276	655204
3	重庆农村商业银行股份有限公司	90.590	2662981	998811	102979011	8936220
4	重庆银行股份有限公司	90.412	1179104	420749	50123186	3694943
5	重庆百货大楼股份有限公司	95.714	3453561	102416	1514777	645810
6	重庆智飞生物制品股份有限公司	95.663	1058732	236644	1094242	574734
7	重药控股股份有限公司	95.448	3384382	94435	2547995	886167
8	重庆市金科投资控股（集团）有限责任公司	94.043	19066570	1221568	32930458	1233092
9	重庆市迪马实业股份有限公司	94.039	1969731	218487	7251175	1504985
10	华邦生命健康股份有限公司	93.400	1009137	93190	2663640	1324373
11	重庆啤酒股份有限公司	91.959	358192	72854	351435	151135
12	金科地产集团股份有限公司	91.288	6777337	635700	32160502	5215116
13	中节能太阳能股份有限公司	91.142	501109	90531	3744986	1346668
14	重庆水务集团股份有限公司	90.440	563855	166597	2171285	1517115
福建						
1	永辉超市股份有限公司	96.981	8487696	145284	5235302	2045442
2	厦门亿联网络技术股份有限公司	96.890	248935	123529	482727	439587
3	宁德时代新能源科技股份有限公司	96.343	4578802	501267	10135198	4218788
4	紫金矿业集团股份有限公司	95.949	13609798	506090	12383095	5707960
5	厦门建发集团有限公司	95.183	33969015	461014	34134471	5180549
6	福建圣农发展股份有限公司	94.614	1455844	411912	1527880	1055751
7	漳州片仔癀药业股份有限公司	94.540	572227	138694	881080	696976
8	兴业银行股份有限公司	94.140	18130800	6670200	714568100	54965200

续表

序号	企业名称	综合信用指数	营业收入（万元）	利润（万元）	资产（万元）	所有者权益（万元）
9	厦门盈趣科技股份有限公司	94. 074	385444	98042	543694	419279
10	厦门象屿集团有限公司	93. 800	28418162	151973	13936652	1999148
11	厦门国贸集团股份有限公司	93. 609	21804694	245707	8947280	2749187
12	福耀玻璃工业集团股份有限公司	93. 190	2110388	289818	3882628	2136908
13	航天工业发展股份有限公司	92. 872	403926	72255	1086099	818929
14	福建发展高速公路股份有限公司	91. 698	290414	108072	1717245	1173470
15	阳光龙净集团有限公司	91. 497	24807843	424235	41831136	2616792
16	福建星网锐捷通讯股份有限公司	90. 509	926577	85416	765063	483652
17	新大陆数字技术股份有限公司	94. 008	618153	72283	1224977	631464
甘肃						
1	金川集团股份有限公司	97. 258	23367452	205896	11541878	3502424
2	甘肃上峰水泥股份有限公司	96. 186	741206	237812	989946	577970
3	甘肃祁连山水泥集团股份有限公司	94. 648	693133	130695	1070268	748357
广东						
1	华为投资控股有限公司	99. 833	85883300	6260500	85866100	29510600
2	美的集团股份有限公司	99. 371	27938051	2527714	30195542	10749610
3	腾讯控股有限公司	99. 306	37728900	9331000	95398600	43270600
4	万科企业股份有限公司	99. 235	36789388	5513161	172992945	27057912
5	珠海格力电器股份有限公司	97. 986	20050833	2482724	28297216	11204766
6	正威国际集团有限公司	97. 465	61389924	1248581	16140102	10133897
7	温氏食品集团股份有限公司	97. 200	7314450	1444450	6557892	4662811
8	深信服科技股份有限公司	97. 118	458990	75890	677244	432097
9	广东生益科技股份有限公司	97. 096	1324109	156339	1553491	935362
10	中国华润有限公司	97. 085	65462930	2467450	161797240	22973360
11	碧桂园控股有限公司	97. 076	48590800	3955000	190715200	15193900
12	索菲亚家居股份有限公司	96. 719	768608	109482	848401	590928
13	深圳市裕同包装科技股份有限公司	96. 710	984487	106754	1257455	665424
14	佛山市海天调味食品股份有限公司	96. 669	1979689	535624	2475389	1659771
15	广东东阳光科技控股股份有限公司	96. 478	1476721	199947	2640707	977820
16	广州白云山医药集团股份有限公司	96. 307	6495178	344129	5689366	2598949
17	南方出版传媒股份有限公司	96. 266	652532	74182	1074518	623747
18	广州汽车工业集团有限公司	96. 170	37072213	390003	30536136	4508245

续表

序号	企业名称	综合信用指数	营业收入（万元）	利润（万元）	资产（万元）	所有者权益（万元）
19	金发科技股份有限公司	96. 150	2928592	126424	2916965	1070623
20	鹏鼎控股（深圳）股份有限公司	96. 093	2661463	292461	2885619	1982925
21	大参林医药集团股份有限公司	95. 944	1114117	69654	867193	433170
22	中国南方电网有限责任公司	95. 571	56634191	1266392	93365226	36881931
23	深圳市景旺电子股份有限公司	95. 438	633212	77707	882003	562864
24	广东电力发展股份有限公司	95. 193	2936016	180717	7547203	3418969
25	广州网易计算机系统有限公司	95. 108	5924100	2123800	11212400	6145400
26	大悦城控股集团股份有限公司	95. 087	3378662	370536	18318257	4254104
27	深圳迈瑞生物医疗电子股份有限公司	95. 033	1655599	468482	2563415	1861705
28	深南电路股份有限公司	95. 031	1052420	123354	1221937	500292
29	招商银行股份有限公司	94. 800	26970300	9342300	741724000	61770700
30	天马微电子股份有限公司	94. 779	3028197	82936	6545101	2670722
31	健康元药业集团股份有限公司	94. 779	1198015	185002	2543761	1738403
32	立讯精密工业股份有限公司	94. 743	6251631	492742	4937791	2174970
33	富士康工业互联网股份有限公司	94. 728	40869758	1860605	20561295	8934869
34	深圳能源集团股份有限公司	94. 646	2081700	182914	9611205	3358485
35	广州市水务投资集团有限公司	94. 421	2683758	120687	16880444	4600201
36	神州数码集团股份有限公司	94. 383	8680338	70166	2942090	437487
37	广州智能装备产业集团有限公司	94. 265	5110062	125327	6281993	1369187
38	平安银行股份有限公司	94. 247	13795800	2819500	393907000	31298300
39	深圳劲嘉集团股份有限公司	94. 226	398870	96642	867268	723171
40	丽珠医药集团股份有限公司	94. 202	938470	146158	1797646	1227524
41	中国国际海运集装箱（集团）股份有限公司	94. 160	8581534	251011	17210752	5503798
42	广东新宝电器股份有限公司	94. 108	912453	68849	815067	432785
43	欣旺达电子股份有限公司	94. 034	2524066	75012	2358911	599368
44	顺丰控股股份有限公司	92. 693	11219340	562479	9253539	4249361
45	惠州亿纬锂能股份有限公司	93. 979	641164	154882	1629455	771176
46	深圳市汇顶科技股份有限公司	93. 950	647325	231736	784878	643942
47	天虹数科商业股份有限公司	93. 767	1939253	86081	1663343	695524
48	深圳市信维通信股份有限公司	93. 737	513404	102707	836932	476160
49	深圳市汇川技术股份有限公司	93. 310	739037	101014	1488601	893638
50	南方出版传媒股份有限公司	96. 266	652532	74182	1074518	623747

续表

序号	企业名称	综合信用指数	营业收入（万元）	利润（万元）	资产（万元）	所有者权益（万元）
51	中国南方航空股份有限公司	93.101	15432200	309500	30664600	7705400
52	中国广核集团有限公司	92.998	10985062	672090	74663180	11369043
53	深圳市中金岭南有色金属股份有限公司	92.370	2283757	87139	2032060	1136383
54	中国平安保险（集团）股份有限公司	92.329	116886700	16436500	822292900	85237000
55	深圳市海普瑞药业集团股份有限公司	92.325	462465	104355	1524221	747111
56	广东海大集团股份有限公司	92.321	4761259	178951	1885432	974199
57	深圳华强集团有限公司	92.221	2517255	103083	6827379	1530901
58	广州视源电子科技股份有限公司	92.157	1705270	161229	997338	501913
59	广州农村商业银行股份有限公司	92.062	4099293	752034	89415429	6834669
60	广州市建筑集团有限公司	91.875	10509851	69070	6903192	1045223
61	唯品会（中国）有限公司	91.689	8675323	420618	1594325	1593394
62	广州越秀金融控股集团股份有限公司	91.680	837198	167363	11453379	2332554
63	广东塔牌集团股份有限公司	91.537	689070	173439	1175202	979209
64	深圳市天健（集团）股份有限公司	91.338	1466529	123364	4031337	966053
65	华帝股份有限公司	90.770	574806	76056	597603	311662
66	佳都集团有限公司	90.355	702716	71259	1352380	219604
67	广东南海农村商业银行股份有限公司	90.340	888320	322811	20071154	1961367
68	广州交通投资集团有限公司	90.256	831986	108930	8955262	3495278
广西						
1	广西柳工机械股份有限公司	95.401	1917730	107381	2986137	1083052
2	广西柳州医药股份有限公司	94.704	1485683	76485	1195821	465752
3	广西五洲交通股份有限公司	92.473	214744	86446	1094212	425556
贵州						
1	贵州茅台酒股份有限公司	99.138	8885434	4397000	18304237	14187638
2	贵阳银行股份有限公司	91.311	1466804	599789	56039929	4032718
河北						
1	石药控股集团有限公司	97.035	3645631	502785	4906022	2436123
2	长城汽车股份有限公司	97.000	9621069	453073	11309641	5439923
3	冀南钢铁集团有限公司	96.985	13014264	1024646	3242670	2949913
4	晶澳太阳能科技股份有限公司	95.535	2115548	125196	2852761	798939
5	中国船舶重工集团动力股份有限公司	94.378	2969124	104067	5601570	3657067
6	河北建投能源投资股份有限公司	93.354	1396372	89504	3235823	1388375

续表

序号	企业名称	综合信用指数	营业收入（万元）	利润（万元）	资产（万元）	所有者权益（万元）
7	敬业集团有限公司	92.487	12740208	564980	4373718	2325372
8	唐山三友化工股份有限公司	91.866	2051513	74000	2480415	1204157
9	河北安丰钢铁有限公司	91.755	3137288	259918	1654577	1051466
10	秦皇岛宏兴钢铁有限公司	91.422	1789746	180713	935780	790594
11	河北普阳钢铁有限公司	91.281	7862351	337928	2493251	1908296
12	新奥天然气股份有限公司	91.057	1354405	118384	2435263	1012752
13	辛集市澳森钢铁集团有限公司	90.188	1842836	98233	805603	739487
14	华夏幸福基业股份有限公司	92.992	10520954	1468495	45781195	7368621
河南						
1	中原大地传媒股份有限公司	96.998	949839	83736	1232202	833309
2	郑州煤矿机械集团股份有限公司	96.878	2572142	113991	2971260	1314225
3	河南双汇投资发展股份有限公司	96.537	6034831	566599	2863334	1711539
4	天瑞集团股份有限公司	95.647	4618932	176452	7500533	3836645
5	牧原食品股份有限公司	94.800	2022133	633646	5288659	3171157
6	龙蟒佰利联集团股份有限公司	94.611	1141989	260455	2594278	1407194
7	华兰生物工程股份有限公司	94.239	369994	137888	758320	688394
8	河南明泰铝业股份有限公司	93.677	1414762	98370	1176801	726608
9	郑州宇通集团有限公司	92.576	4205999	260448	10005730	1926782
10	平顶山天安煤业股份有限公司	91.274	2363539	132883	5426080	1629955
湖北						
1	东风汽车集团有限公司	97.422	58064514	917686	49751333	9953365
2	烽火通信科技股份有限公司	97.255	2466198	105385	3149106	1205574
3	华新水泥股份有限公司	97.200	3143921	702079	3664539	2336768
4	九州通医药集团股份有限公司	96.884	9949708	178148	7114777	2196771
5	湖北省交通投资集团有限公司	96.588	3342957	358342	44033277	12606977
6	中国葛洲坝集团股份有限公司	96.385	10994570	656361	23446337	6623150
7	安琪酵母股份有限公司	93.339	765275	93988	990664	529738
8	武汉武商集团股份有限公司	93.198	1775609	122500	2359514	950988
9	长江出版传媒股份有限公司	92.956	767126	80345	1081852	745411
10	中信泰富特钢集团股份有限公司	92.791	7261987	538900	7258501	2527658
11	湖北济川药业股份有限公司	92.374	693999	162297	866464	610443
12	天茂实业集团股份有限公司	92.268	5019208	291855	20527395	3435347

续表

序号	企业名称	综合信用指数	营业收入（万元）	利润（万元）	资产（万元）	所有者权益（万元）
13	宏发科技股份有限公司	94.876	708149	96424	1019734	659080
湖南						
1	蓝思科技股份有限公司	97.200	3025776	242931	4702855	2243751
2	三一集团有限公司	97.194	8758632	421001	15726559	3592286
3	中南出版传媒集团股份有限公司	96.872	1026086	140733	2180586	1445186
4	爱尔眼科医院集团股份有限公司	94.178	999010	143116	1189475	702273
5	长沙银行股份有限公司	92.360	1701694	525856	60199774	4183323
6	芒果超媒股份有限公司	92.321	1250066	115750	1707821	881996
7	湖南华菱钢铁股份有限公司	90.874	10732181	665168	8292832	325277
8	株洲旗滨集团股份有限公司	93.405	930576	134589	1306534	824478
吉林						
1	富奥汽车零部件股份有限公司	95.329	1006381	88324	1292060	745368
2	长春一汽富维汽车零部件股份有限公司	94.624	1777058	70990	1612510	683133
3	吉林敖东药业集团股份有限公司	92.384	308838	139340	2580090	2244470
江苏						
1	恒力集团有限公司	97.388	55673993	1434756	23525440	3621583
2	江苏恒瑞医药股份有限公司	97.028	2328858	532645	2755648	2493753
3	江苏恒立液压股份有限公司	96.991	541402	129815	842688	561416
4	扬子江药业集团有限公司	96.990	9018503	611893	4798447	3700037
5	沪士电子股份有限公司	96.767	712854	120598	823622	513406
6	江苏凤凰出版传媒股份有限公司	96.734	1258544	141381	2382202	1455511
7	红豆集团有限公司	96.456	7205495	145127	4824610	1946371
8	金东纸业（江苏）股份有限公司	96.238	3473697	203271	6602111	2007991
9	江苏中天科技股份有限公司	96.168	3877100	196826	4019390	2148964
10	苏美达股份有限公司	96.069	8436525	145237	4058062	969630
11	江苏国泰国际集团股份有限公司	96.021	6122367	94505	2352261	845822
12	江苏上上电缆集团有限公司	95.995	1907934	77664	834058	613389
13	协鑫集团有限公司	95.778	10137109	145338	18852637	3976262
14	天顺风能（苏州）股份有限公司	95.617	605845	76440	1306619	594793
15	无锡市太极实业股份有限公司	95.514	1691743	72143	2004879	756925
16	常州星宇车灯股份有限公司	95.375	609180	78953	855424	488526
17	江苏今世缘酒业股份有限公司	95.356	487360	145812	1006229	720627

续表

序号	企业名称	综合信用指数	营业收入（万元）	利润（万元）	资产（万元）	所有者权益（万元）
18	盛虹控股集团有限公司	95.330	19253573	336063	9447104	1956439
19	大亚圣象家居股份有限公司	95.281	729801	73703	800383	526172
20	海澜集团有限公司	95.154	12322537	545429	11136057	8349281
21	江苏阳光集团有限公司	94.818	3882343	198564	2164176	1065230
22	江苏扬农化工股份有限公司	94.790	870147	117284	963748	505734
23	江苏立华牧业股份有限公司	94.719	887047	196425	856570	682447
24	三房巷集团有限公司	94.475	7300384	160284	2474126	1020803
25	黑牡丹（集团）股份有限公司	94.160	777696	128213	3075132	950901
26	南极电商股份有限公司	94.159	390685	120616	548482	485873
27	江苏三木集团有限公司	94.096	2442192	72468	1329143	687697
28	江苏洋河酒厂股份有限公司	93.850	2312648	738609	5345504	3649155
29	南京云海特种金属股份有限公司	93.778	557206	91102	512111	267537
30	南通三建控股有限公司	93.759	14979608	448736	5833206	1988206
31	江苏省苏豪控股集团有限公司	93.647	1773139	131187	2760887	936693
32	波司登股份有限公司	93.552	2989473	353239	3678253	2089932
33	中天科技集团有限公司	93.420	6203496	80091	4528681	621368
34	江苏鱼跃医疗设备股份有限公司	93.315	463593	76157	796573	615657
35	苏州东山精密制造股份有限公司	93.189	2355283	70565	3167027	869740
36	无锡先导智能装备股份有限公司	93.107	468398	76557	951670	428416
37	无锡威孚高科技集团股份有限公司	92.875	878436	230274	2395835	1748465
38	江苏常熟农村商业银行股份有限公司	92.711	644505	189964	18483947	1789925
39	南京高科股份有限公司	92.338	293021	187536	2908116	1259787
40	维维集团股份有限公司	92.140	3868037	197671	2337134	1638578
41	江苏东方盛虹股份有限公司	91.796	2488777	161216	3504225	1530001
42	无锡药明康德新药开发股份有限公司	91.637	1287221	191141	2923913	1740971
43	南京银行股份有限公司	91.486	3244226	1256650	134343537	8792820
44	江苏苏州农村商业银行股份有限公司	91.159	352084	91503	12595532	1162484
45	江苏扬子江船业集团公司	90.875	4525138	375223	12117407	4084148
46	南京钢铁集团有限公司	90.443	13731673	211598	5486434	1763114
47	国电南瑞科技股份有限公司	90.284	3242359	466029	5742488	3265254
48	江苏江阴农村商业银行股份有限公司	90.237	340435	101178	12634309	1187305
49	江苏中南建设集团股份有限公司	90.162	7183079	462257	29057059	2682261

续表

序号	企业名称	综合信用指数	营业收入（万元）	利润（万元）	资产（万元）	所有者权益（万元）
江西						
1	江西铜业集团有限公司	96.845	25547222	117086	15774676	2600856
2	中文天地出版传媒集团股份有限公司	96.679	1125818	173136	2281434	1423823
3	晶科能源有限公司	96.396	5646956	182081	6905134	1958283
4	江西万年青水泥股份有限公司	95.989	1139043	205457	1180614	752297
5	双胞胎（集团）股份有限公司	94.033	6666497	175318	2242685	1109492
6	江西济民可信集团有限公司	93.331	2570348	194430	1681976	697653
7	泰豪集团有限公司	93.138	1496147	76109	2235543	724809
8	赣州银行股份有限公司	90.092	758597	93281	16941393	1191659
辽宁						
1	大商股份有限公司	91.987	2188787	96404	1895478	926987
2	盛京银行股份有限公司	90.295	4987128	544322	102148080	7855553
内蒙古						
1	中盐内蒙古化工股份有限公司	95.576	1004588	108262	1413728	596562
2	内蒙古鄂尔多斯资源股份有限公司	95.227	2278992	151179	4835072	1696482
3	内蒙古君正能源化工集团股份有限公司	94.263	980474	246632	3154794	1957340
4	内蒙古蒙电华能热电股份有限公司	91.067	1447716	119384	4460932	1750584
山东						
1	浪潮集团有限公司	97.409	11234474	330415	9362062	3365044
2	山东太阳纸业股份有限公司	97.097	2276270	219756	3229517	1469988
3	潍柴动力股份有限公司	97.069	17436089	1190701	23683167	6977473
4	山东豪迈机械科技股份有限公司	96.769	438706	86278	679177	495713
5	山东出版传媒股份有限公司	96.631	976696	154144	1614693	1075828
6	赛轮集团股份有限公司	96.502	1512784	119119	1787733	740936
7	南山集团有限公司	96.464	11117000	510855	13185717	5897503
8	威高集团有限公司	96.452	4959070	438809	6037726	3420818
9	新凤祥控股集团有限责任公司	95.695	4814084	93010	2834490	961218
10	玲珑集团有限公司	95.161	1835184	101006	3278124	690878
11	山东魏桥创业集团有限公司	95.069	27928123	547223	24269723	7120053
12	海尔集团公司	94.881	29001580	769138	39774318	4720025
13	路通建设集团股份有限公司	94.772	1137092	177216	966725	876997
14	山东晨鸣纸业集团股份有限公司	94.718	3039543	175330	9795891	2633977

续表

序号	企业名称	综合信用指数	营业收入（万元）	利润（万元）	资产（万元）	所有者权益（万元）
15	沂州集团有限公司	94.526	4098971	77490	1431075	544617
16	三角轮胎股份有限公司	94.338	794078	84739	1507506	1007149
17	华鲁控股集团有限公司	94.218	2471048	103757	3661851	856862
18	青岛啤酒股份有限公司	94.161	2798376	192912	3731238	1991337
19	合力泰科技股份有限公司	94.116	1849984	105941	3364396	1362943
20	山东金岭集团有限公司	93.791	4152181	231545	1464847	1258514
21	歌尔股份有限公司	93.588	3514781	127914	3466030	1612920
22	山东新潮能源股份有限公司	93.503	607002	107757	2844589	1611943
23	华泰集团有限公司	93.104	7498149	104523	3275463	1017204
24	海信集团有限公司	92.882	12686273	70847	12307215	1177365
25	鲁泰纺织股份有限公司	92.881	680138	98933	1188543	829930
26	山东华鲁恒升化工股份有限公司	92.674	1419048	245303	1818725	1423119
27	山东九羊集团有限公司	92.160	4305631	153945	1723898	1249992
28	九阳股份有限公司	92.033	935144	80576	746780	375099
29	山东高速集团有限公司	91.388	8479337	374094	72175044	7268329
30	青岛农村商业银行股份有限公司	90.685	872919	284725	34166738	2441527
31	诸城外贸有限责任公司	90.641	1761615	71719	2019079	959437
32	山东黄金矿业股份有限公司	90.091	6263070	142139	5815557	2581774
山西						
1	山西杏花村汾酒厂股份有限公司	95.043	1188007	205357	1606777	762459
2	大秦铁路股份有限公司	94.594	7991695	1517059	14804379	12222310
3	山煤国际能源集团股份有限公司	93.221	3765716	157986	4324120	1040101
4	大同煤业股份有限公司	91.989	1135805	136695	2748918	1127679
陕西						
1	隆基绿能科技股份有限公司	96.477	3289746	555716	5930397	2829482
2	陕西有色金属控股集团有限责任公司	95.833	13713247	70828	13993852	3317133
3	陕西煤业股份有限公司	94.896	7340344	1663243	12668352	7616987
4	西安银行股份有限公司	91.012	684530	267854	27828272	2366758
上海						
1	上海汽车集团股份有限公司	98.483	84332437	3528891	84933328	30083962
2	中国宝武钢铁集团有限公司	97.620	55220616	2004354	86219413	27350208
3	上海锦江国际酒店股份有限公司	97.410	1509902	127912	3887427	1435605

续表

序号	企业名称	综合信用指数	营业收入（万元）	利润（万元）	资产（万元）	所有者权益（万元）
4	上海宝信软件股份有限公司	97.307	684904	92487	1026768	726909
5	老凤祥股份有限公司	97.288	4962866	183028	1718100	834099
6	华域汽车系统股份有限公司	97.000	14402363	851629	13912743	5870153
7	绿地控股集团股份有限公司	96.878	42808263	2095011	114570653	13139230
8	上海医药集团股份有限公司	96.833	18656580	483074	13702640	4938593
9	上海复星医药（集团）股份有限公司	96.810	2858515	374352	7611965	3920421
10	上海机电股份有限公司	96.264	2211625	172804	3418757	1367025
11	东浩兰生（集团）有限公司	96.164	17492306	103698	3530875	1349354
12	东方明珠新媒体股份有限公司	96.079	1234460	222927	4469223	3451287
13	上海春秋国际旅行社（集团）有限公司	95.944	1995657	120489	3146912	854984
14	上海豫园旅游商城（集团）股份有限公司	95.827	4291223	390615	9945317	3647354
15	上海电气（集团）总公司	95.695	14172695	234403	32005188	3416474
16	上海百联集团股份有限公司	95.639	5045877	90803	5569277	2192762
17	上海现代制药股份有限公司	95.419	1219911	92847	1763846	920319
18	月星集团有限公司	94.827	2910559	251482	5751398	1976199
19	红星美凯龙家居集团股份有限公司	94.621	1646924	468624	12229442	4898485
20	交通银行股份有限公司	94.618	23247200	7806200	990560000	80091200
21	上海浦东发展银行股份有限公司	94.573	19068800	5950600	700592900	56105100
22	上海机场（集团）有限公司	94.513	1782659	368809	9682767	6422674
23	上海华谊（集团）公司	93.475	5509381	164345	7889211	2002521
24	复星国际有限公司	93.399	14298213	1480091	71568119	12255234
25	上海同济科技实业股份有限公司	93.140	635104	95865	1215212	357265
26	环旭电子股份有限公司	92.478	3720419	126011	2191185	1030686
27	上海环境集团股份有限公司	92.465	364675	71505	2088520	858195
28	上海银行股份有限公司	92.080	4980029	2033286	223708194	17722663
29	中国东方航空集团有限公司	91.570	13340695	371626	33466016	4300518
30	上海世茂股份有限公司	91.110	2144913	384141	12756391	4820407
31	上海临港控股股份有限公司	90.959	394977	148125	3778045	1628590
32	光明食品（集团）有限公司	90.850	15551918	121639	27604507	6636554
33	上海氯碱化工股份有限公司	90.733	646377	80933	573404	465458
34	申能（集团）有限公司	90.488	4880455	421469	18905820	10208002
35	中国太平洋保险（集团）股份有限公司	90.478	38548900	2835400	152833300	18332000

续表

序号	企业名称	综合信用指数	营业收入（万元）	利润（万元）	资产（万元）	所有者权益（万元）
36	春秋航空股份有限公司	90.430	1480352	183819	2936674	1504134
37	杉杉控股有限公司	92.625	5055360	69056	5426323	924014
四川						
1	宜宾五粮液股份有限公司	97.481	5011811	1822826	10639697	7609605
2	新希望六和股份有限公司	97.200	8205054	618056	6421767	3264987
3	新华文轩出版传媒股份有限公司	96.346	884246	112467	1532450	911997
4	泸州老窖股份有限公司	96.289	1581693	464224	2891997	1955473
5	广汇物流股份有限公司	93.985	286950	81443	1607686	676118
6	四川蓝光发展股份有限公司	94.896	3919368	415884	20189032	3912067
7	四川水井坊股份有限公司	94.372	353869	82628	394598	211199
8	通威集团有限公司	94.243	8122176	194334	5806612	1655532
9	四川科伦实业集团有限公司	94.046	4141754	93792	3601546	1385476
10	易见供应链管理股份有限公司	93.827	1534663	89245	1555523	860856
11	四川省交通投资集团有限责任公司	91.579	5678085	94847	39247918	12781954
12	成都市兴蓉环境股份有限公司	91.349	483802	110053	2533750	1199489
13	成都银行股份有限公司	91.237	1272506	555575	55838573	3563009
14	茂业商业股份有限公司	91.186	1223377	139684	1915560	781611
15	四川路桥建设集团股份有限公司	91.113	5272548	169758	9761548	1724508
16	四川双马水泥股份有限公司	90.552	181046	72637	485314	421194
17	中国东方电气集团有限公司	90.493	3405005	107618	9188284	1609902
天津						
1	中远海运控股股份有限公司	96.681	15105668	1034975	26222403	6912524
2	天津城市基础设施建设投资集团有限公司	93.941	1588770	161327	83145067	24810188
3	天士力医药集团股份有限公司	92.894	1899831	100317	2401238	1186237
4	天津中环半导体股份有限公司	92.239	1688697	126124	4911852	2054852
5	渤海银行股份有限公司	91.676	5806765	833553	111311651	8278137
西藏						
1	西藏天路股份有限公司	93.330	562130	83261	1146274	554585
新疆						
1	新疆特变电工集团有限公司	96.140	5211512	251955	12854491	4564132
2	新疆金风科技股份有限公司	94.210	3824455	222975	10305708	3222425
3	中国石油集团工程股份有限公司	92.702	6505390	80914	9311358	2380588

续表

序号	企业名称	综合信用指数	营业收入（万元）	利润（万元）	资产（万元）	所有者权益（万元）
4	申万宏源集团股份有限公司	91.793	2459341	580334	38853726	8483141
5	新疆天山水泥股份有限公司	91.154	968822	182898	1527824	1013816
云南						
1	云南锡业股份有限公司	95.672	4288723	110909	3513731	1403344
2	云南白药集团股份有限公司	94.949	2966467	417305	4965805	3809991
3	云南恩捷新材料股份有限公司	92.452	315956	93557	1219319	488113
4	云南省能源投资集团有限公司	91.272	11231307	146639	18884178	5394946
5	云南驰宏锌锗股份有限公司	90.558	1640334	76082	3137278	1771741
浙江						
1	阿里巴巴集团控股有限公司	99.556	50971100	14943300	131298500	75540100
2	红狮控股集团有限公司	97.044	5184828	549022	4767102	2004583
3	华东医药股份有限公司	97.043	3544570	292540	2146397	1286662
4	浙江吉利控股集团有限公司	97.000	33081765	851018	39568809	6594004
5	浙江龙盛控股有限公司	96.951	3767260	511926	5472308	2589965
6	物产中大集团股份有限公司	96.873	35892249	391276	9333204	3065456
7	中策橡胶集团有限公司	96.740	2758809	110970	2494415	992951
8	桐昆集团股份有限公司	96.734	5058243	289630	4000094	1907697
9	纳爱斯集团有限公司	96.676	2426594	147397	2162695	1760398
10	胜达集团有限公司	96.630	2301352	99877	1288017	843283
11	恒生电子股份有限公司	96.532	387184	141541	835950	489338
12	浙江三花智能控制股份有限公司	96.510	1128749	143382	1479019	936542
13	浙江出版联合集团有限公司	96.351	1198587	108033	2291560	1486310
14	杭叉集团股份有限公司	96.231	885411	71438	627938	468420
15	公牛集团股份有限公司	96.197	1004044	230372	741656	555130
16	青山控股集团有限公司	96.096	26260199	570541	7050805	2173111
17	天洁集团有限公司	96.087	2507853	119544	1216522	547722
18	宁波华翔电子股份有限公司	95.874	1709344	127262	1713061	1050146
19	杭州海康威视数字技术股份有限公司	95.733	5765811	1246518	7535800	4547286
20	浙江苏泊尔股份有限公司	95.710	1985348	191565	1184795	684461
21	浙江鼎力机械股份有限公司	95.687	238936	69408	485945	320749
22	宁波均胜电子股份有限公司	95.431	6169890	145223	5692483	1710714
23	杭州市实业投资集团有限公司	95.408	13343296	124236	5573646	1408430

续表

序号	企业名称	综合信用指数	营业收入（万元）	利润（万元）	资产（万元）	所有者权益（万元）
24	宁波申洲针织有限公司	95.398	2266527	495854	3185486	2517245
25	正泰集团股份有限公司	95.206	8054552	185742	7208362	1458336
26	三花控股集团有限公司	95.130	2804796	111100	2270570	935013
27	富通集团有限公司	95.114	4508115	148049	3092590	1087417
28	浙江省国际贸易集团有限公司	95.013	6392986	127701	9929485	1546868
29	完美世界股份有限公司	94.996	803902	144716	1662939	1012875
30	德力西集团有限公司	94.978	5985488	91402	2139655	734626
31	人民电器集团有限公司	94.858	4538646	171038	1171337	782281
32	东方日升新能源股份有限公司	94.688	1440425	97803	2560949	936807
33	浙江世纪华通集团股份有限公司	94.644	1468972	228537	3235912	2454572
34	雅戈尔集团股份有限公司	94.620	1242117	395162	8066132	2800689
35	杭州泰格医药科技股份有限公司	94.586	280331	97532	753265	552165
36	宁波三星医疗电气股份有限公司	94.202	673913	104682	1361113	808379
37	舜宇集团有限公司	94.200	3784870	399130	3069307	1255289
38	浙江中国小商品城集团股份有限公司	94.016	404277	124883	3132323	1308430
39	亿帆医药股份有限公司	93.963	518684	87312	1106580	782171
40	浙江恒逸集团有限公司	93.945	21516382	142633	10419573	1136138
41	万丰奥特控股集团有限公司	93.925	3137670	237059	3281581	1361522
42	浙江卫星石化股份有限公司	93.902	1077867	126727	1792582	925735
43	海亮集团有限公司	93.786	18797284	120842	5715734	1872064
44	传化智联股份有限公司	93.776	2027966	163804	3048353	1638827
45	福莱特玻璃集团股份有限公司	93.689	480680	71724	939228	451289
46	得力集团有限公司	93.678	3211106	158208	2114714	725091
47	浙报数字文化集团股份有限公司	93.671	282731	69021	1119322	905810
48	浙江大华技术股份有限公司	93.617	2614943	316086	2956465	1597617
49	中天控股集团有限公司	93.605	10603657	262096	9230791	1650848
50	杭州巨星科技股份有限公司	93.522	662546	90365	1113250	761643
51	天能控股集团有限公司	93.247	14013209	148173	4411754	494559
52	杭州制氧机集团股份有限公司	93.184	818701	68458	1204934	620836
53	浙江荣盛控股集团有限公司	93.166	20563698	181736	20511470	2152260
54	万向集团公司	93.084	13050755	253990	9441057	1606123
55	浙江东方金融控股集团股份有限公司	93.077	1172715	96776	2176683	1208209

续表

序号	企业名称	综合信用指数	营业收入（万元）	利润（万元）	资产（万元）	所有者权益（万元）
56	浙江省能源集团有限公司	93.020	11180545	518771	24150783	7988499
57	浙江尖峰集团股份有限公司	92.988	354754	80392	547518	408030
58	浙江航民股份有限公司	92.969	669446	84410	704440	538200
59	宁波方太厨具有限公司	92.945	1094448	138658	1199282	702290
60	宁波银行股份有限公司	92.917	3508139	1379084	131771705	10073611
61	横店集团东磁股份有限公司	92.916	656364	69345	849950	534205
62	浙江森马服饰股份有限公司	92.823	1933677	153390	1662069	1179440
63	杭州老板电器股份有限公司	92.646	776058	161425	1065192	697428
64	浙江省交通投资集团有限公司	92.545	15047209	514827	48094486	9987723
65	浙江闰土股份有限公司	92.415	651317	134398	1091071	899393
66	浙江永利实业集团有限公司	92.387	1113277	75439	2328871	1451410
67	中国巨石股份有限公司	92.376	1049329	211346	3360424	1608054
68	卧龙控股集团有限公司	92.266	3851776	152435	3398112	931611
69	浙江华峰氨纶股份有限公司	91.963	1378525	184148	1697461	776060
70	浙江伟星新型建材股份有限公司	91.555	466406	98476	482467	390570
71	杭州银行股份有限公司	91.357	2140874	660212	102407011	6254460
72	浙江海翔药业股份有限公司	91.275	294141	77078	674720	572446
73	浙商银行股份有限公司	91.169	4636391	1468041	180078587	12624641
74	浙江巨化股份有限公司	90.918	1559523	91806	1538530	1321679
75	宋城演艺发展股份有限公司	90.601	261175	136490	1104108	988239
宁夏						
1	宁夏建材集团股份有限公司	93.437	479047	84512	754374	591207

六、2020 中国企业信用 500 强行业分布

序号	企业名称	综合信用指数	营业收入（万元）	利润（万元）	资产（万元）	所有者权益（万元）
农副食品及农产品加工业						
1	温氏食品集团股份有限公司	97.200	7314450	1444450	6557892	4662811
2	新希望六和股份有限公司	97.200	8205054	618056	6421767	3264987
3	通威集团有限公司	94.243	8122176	194334	5806612	1655532
4	双胞胎（集团）股份有限公司	94.033	6666497	175318	2242685	1109492
5	广东海大集团股份有限公司	92.321	4761259	178951	1885432	974199
食品（含饮料、乳制品、肉食品等）加工制造业						
1	佛山市海天调味食品股份有限公司	96.669	1979689	535624	2475389	1659771
2	河南双汇投资发展股份有限公司	96.537	6034831	566599	2863334	1711539
3	中盐内蒙古化工股份有限公司	95.576	1004588	108262	1413728	596562
4	安琪酵母股份有限公司	93.339	765275	93988	990664	529738
5	维维集团股份有限公司	92.140	3868037	197671	2337134	1638578
6	光明食品（集团）有限公司	90.850	15551918	121639	27604507	6636554
7	诸城外贸有限责任公司	90.641	1761615	71719	2019079	959437
酿酒制造业						
1	贵州茅台酒股份有限公司	99.138	8885434	4397000	18304237	14187638
2	宜宾五粮液股份有限公司	97.481	5011811	1822826	10639697	7609605
3	安徽古井贡酒股份有限公司	96.769	1041696	215780	1387130	943215
4	泸州老窖股份有限公司	96.289	1581693	464224	2891997	1955473
5	江苏今世缘酒业股份有限公司	95.356	487360	145812	1006229	720627
6	山西杏花村汾酒厂股份有限公司	95.043	1188007	205357	1606777	762459
7	四川水井坊股份有限公司	94.372	353869	82628	394598	211199
8	青岛啤酒股份有限公司	94.161	2798376	192912	3731238	1991337
9	江苏洋河酒厂股份有限公司	93.850	2312648	738609	5345504	3649155
10	安徽迎驾贡酒股份有限公司	92.342	377698	93154	696884	476440
11	重庆啤酒股份有限公司	91.959	358192	72854	351435	151135

续表

序号	企业名称	综合信用指数	营业收入（万元）	利润（万元）	资产（万元）	所有者权益（万元）
纺织、印染业						
1	桐昆集团股份有限公司	96.734	5058243	289630	4000094	1907697
2	山东魏桥创业集团有限公司	95.069	27928123	547223	24269723	7120053
3	江苏阳光集团有限公司	94.818	3882343	198564	2164176	1065230
4	浙江航民股份有限公司	92.969	669446	84410	704440	538200
5	浙江永利实业集团有限公司	92.387	1113277	75439	2328871	1451410
纺织品、服装、鞋帽、服饰加工业						
1	红豆集团有限公司	96.456	7205495	145127	4824610	1946371
2	宁波申洲针织有限公司	95.398	2266527	495854	3185486	2517245
3	内蒙古鄂尔多斯资源股份有限公司	95.227	2278992	151179	4835072	1696482
4	海澜集团有限公司	95.154	12322537	545429	11136057	8349281
5	雅戈尔集团股份有限公司	94.620	1242117	395162	8066132	2800689
6	波司登股份有限公司	93.552	2989473	353239	3678253	2089932
7	鲁泰纺织股份有限公司	92.881	680138	98933	1188543	829930
8	浙江森马服饰股份有限公司	92.823	1933677	153390	1662069	1179440
9	杉杉控股有限公司	92.625	5055360	69056	5426323	924014
造纸及纸制品（含木材、藤、竹、家具等）加工、印刷、包装业						
1	山东太阳纸业股份有限公司	97.097	2276270	219756	3229517	1469988
2	索菲亚家居股份有限公司	96.719	768608	109482	848401	590928
3	深圳市裕同包装科技股份有限公司	96.710	984487	106754	1257455	665424
4	胜达集团有限公司	96.630	2301352	99877	1288017	843283
5	金东纸业（江苏）股份有限公司	96.238	3473697	203271	6602111	2007991
6	奥瑞金科技股份有限公司	95.307	936916	68324	1473305	572947
7	大亚圣象家居股份有限公司	95.281	729801	73703	800383	526172
8	山东晨鸣纸业集团股份有限公司	94.718	3039543	175330	9795891	2633977
9	深圳劲嘉集团股份有限公司	94.226	398870	96642	867268	723171
10	华泰集团有限公司	93.104	7498149	104523	3275463	1017204
11	云南恩捷新材料股份有限公司	92.452	315956	93557	1219319	488113
生活用品（含文体、玩具、工艺品、珠宝）等轻工产品加工制造业						
1	老凤祥股份有限公司	97.288	4962866	183028	1718100	834099
石化产品、炼焦及其他燃料生产加工业						
1	中国石油化工集团有限公司	97.289	281179985	4693019	221171940	75050116

续表

序号	企业名称	综合信用指数	营业收入（万元）	利润（万元）	资产（万元）	所有者权益（万元）
化学原料及化学制品（含精细化工、日化、肥料等）制造业						
1	浙江龙盛控股有限公司	96.951	3767260	511926	5472308	2589965
2	纳爱斯集团有限公司	96.676	2426594	147397	2162695	1760398
3	江苏扬农化工股份有限公司	94.790	870147	117284	963748	505734
4	龙蟒佰利联集团股份有限公司	94.611	1141989	260455	2594278	1407194
化学原料及化学制品（含精细化工、日化、肥料等）制造业						
5	内蒙古君正能源化工集团股份有限公司	94.263	980474	246632	3154794	1957340
6	江苏三木集团有限公司	94.096	2442192	72468	1329143	687697
7	浙江卫星石化股份有限公司	93.902	1077867	126727	1792582	925735
8	山东金岭集团有限公司	93.791	4152181	231545	1464847	1258514
9	上海华谊（集团）公司	93.475	5509381	164345	7889211	2002521
10	蓝星安迪苏股份有限公司	92.844	1113549	125740	2112726	1721453
11	山东华鲁恒升化工股份有限公司	92.674	1419048	245303	1818725	1423119
12	浙江闰土股份有限公司	92.415	651317	134398	1091071	899393
13	浙江华峰氨纶股份有限公司	91.963	1378525	184148	1697461	776060
14	唐山三友化工股份有限公司	91.866	2051513	74000	2480415	1204157
15	新奥天然气股份有限公司	91.057	1354405	118384	2435263	1012752
16	浙江巨化股份有限公司	90.918	1559523	91806	1538530	1321679
17	上海氯碱化工股份有限公司	90.733	646377	80933	573404	465458
18	安徽金禾实业股份有限公司	90.453	397186	80836	614933	448216
医药、生物制药、医疗设备制造业						
1	华东医药股份有限公司	97.043	3544570	292540	2146397	1286662
2	石药控股集团有限公司	97.035	3645631	502785	4906022	2436123
3	江苏恒瑞医药股份有限公司	97.028	2328858	532645	2755648	2493753
4	扬子江药业集团有限公司	96.990	9018503	611893	4798447	3700037
5	北京奥赛康药业股份有限公司	96.902	451863	77990	369210	251657
6	上海医药集团股份有限公司	96.833	18656580	483074	13702640	4938593
7	上海复星医药（集团）股份有限公司	96.810	2858515	374352	7611965	3920421
8	威高集团有限公司	96.452	4959070	438809	6037726	3420818
9	广州白云山医药集团股份有限公司	96.307	6495178	344129	5689366	2598949
10	重庆智飞生物制品股份有限公司	95.663	1058732	236644	1094242	574734
11	上海现代制药股份有限公司	95.419	1219911	92847	1763846	920319

续表

序号	企业名称	综合信用指数	营业收入（万元）	利润（万元）	资产（万元）	所有者权益（万元）
12	深圳迈瑞生物医疗电子股份有限公司	95.033	1655599	468482	2563415	1861705
13	云南白药集团股份有限公司	94.949	2966467	417305	4965805	3809991
14	健康元药业集团股份有限公司	94.779	1198015	185002	2543761	1738403
15	北京天坛生物制品股份有限公司	94.611	328186	89425	631441	517736
16	漳州片仔癀药业股份有限公司	94.540	572227	138694	881080	696976
17	华兰生物工程股份有限公司	94.239	369994	137888	758320	688394
18	华鲁控股集团有限公司	94.218	2471048	103757	3661851	856862
19	丽珠医药集团股份有限公司	94.202	938470	146158	1797646	1227524
20	四川科伦实业集团有限公司	94.046	4141754	93792	3601546	1385476
21	北京同仁堂股份有限公司	93.964	1327712	156160	2092182	1466022
22	亿帆医药股份有限公司	93.963	518684	87312	1106580	782171
23	华邦生命健康股份有限公司	93.400	1009137	93190	2663640	1324373
24	江西济民可信集团有限公司	93.331	2570348	194430	1681976	697653
25	江苏鱼跃医疗设备股份有限公司	93.315	463593	76157	796573	615657
26	天士力医药集团股份有限公司	92.894	1899831	100317	2401238	1186237
27	吉林敖东药业集团股份有限公司	92.384	308838	139340	2580090	2244470
28	湖北济川药业股份有限公司	92.374	693999	162297	866464	610443
29	深圳市海普瑞药业集团股份有限公司	92.325	462465	104355	1524221	747111
30	无锡药明康德新药开发股份有限公司	91.637	1287221	191141	2923913	1740971
31	浙江海翔药业股份有限公司	91.275	294141	77078	674720	572446
化学纤维制造业						
1	恒力集团有限公司	97.388	55673993	1434756	23525440	3621583
2	盛虹控股集团有限公司	95.330	19253573	336063	9447104	1956439
3	三房巷集团有限公司	94.475	7300384	160284	2474126	1020803
4	浙江恒逸集团有限公司	93.945	21516382	142633	10419573	1136138
5	浙江荣盛控股集团有限公司	93.166	20563698	181736	20511470	2152260
6	江苏东方盛虹股份有限公司	91.796	2488777	161216	3504225	1530001
橡胶、塑料制品业						
1	中策橡胶集团有限公司	96.740	2758809	110970	2494415	992951
2	赛轮集团股份有限公司	96.502	1512784	119119	1787733	740936
3	金发科技股份有限公司	96.150	2928592	126424	2916965	1070623
4	杭州市实业投资集团有限公司	95.408	13343296	124236	5573646	1408430

续表

序号	企业名称	综合信用指数	营业收入（万元）	利润（万元）	资产（万元）	所有者权益（万元）
5	玲珑集团有限公司	95.161	1835184	101006	3278124	690878
6	三角轮胎股份有限公司	94.338	794078	84739	1507506	1007149
建筑材料及玻璃等制造业及非金属矿物制品业						
1	中国建材集团有限公司	99.449	39810386	1487200	59619589	17645500
2	安徽海螺集团有限责任公司	98.528	23430999	1224857	22018127	5191359
3	华新水泥股份有限公司	97.200	3143921	702079	3664539	2336768
4	北京金隅集团股份有限公司	97.053	9182931	517815	28212376	8253135
5	红狮控股集团有限公司	97.044	5184828	549022	4767102	2004583
6	北京东方雨虹防水技术股份有限公司	96.227	1815434	207526	2241566	995987
7	甘肃上峰水泥股份有限公司	96.186	741206	237812	989946	577970
8	江西万年青水泥股份有限公司	95.989	1139043	205457	1180614	752297
9	天瑞集团股份有限公司	95.647	4618932	176452	7500533	3836645
10	甘肃祁连山水泥集团股份有限公司	94.648	693133	130695	1070268	748357
11	沂州集团有限公司	94.526	4098971	77490	1431075	544617
12	福莱特玻璃集团股份有限公司	93.689	480680	71724	939228	451289
13	宁夏建材集团股份有限公司	93.437	479047	84512	754374	591207
14	株洲旗滨集团股份有限公司	93.405	930576	134589	1306534	824478
15	福耀玻璃工业集团股份有限公司	93.190	2110388	289818	3882628	2136908
16	浙江尖峰集团股份有限公司	92.988	354754	80392	547518	408030
17	中国巨石股份有限公司	92.376	1049329	211346	3360424	1608054
18	浙江伟星新型建材股份有限公司	91.555	466406	98476	482467	390570
19	广东塔牌集团股份有限公司	91.537	689070	173439	1175202	979209
20	新疆天山水泥股份有限公司	91.154	968822	182898	1527824	1013816
21	四川双马水泥股份有限公司	90.552	181046	72637	485314	421194
黑色冶金及压延加工业						
1	中国宝武钢铁集团有限公司	97.620	55220616	2004354	86219413	27350208
2	冀南钢铁集团有限公司	96.985	13014264	1024646	3242670	2949913
3	青山控股集团有限公司	96.096	26260199	570541	7050805	2173111
4	中信泰富特钢集团股份有限公司	92.791	7261987	538900	7258501	2527658
5	敬业集团有限公司	92.487	12740208	564980	4373718	2325372
6	山东九羊集团有限公司	92.160	4305631	153945	1723898	1249992
7	河北安丰钢铁有限公司	91.755	3137288	259918	1654577	1051466

续表

序号	企业名称	综合信用指数	营业收入（万元）	利润（万元）	资产（万元）	所有者权益（万元）
8	秦皇岛宏兴钢铁有限公司	91.422	1789746	180713	935780	790594
9	河北普阳钢铁有限公司	91.281	7862351	337928	2493251	1908296
10	湖南华菱钢铁股份有限公司	90.874	10732181	665168	8292832	3252787
11	南京钢铁集团有限公司	90.443	13731673	211598	5486434	1763114
12	辛集市澳森钢铁集团有限公司	90.188	1842836	98233	805603	739487
一般有色冶金及压延加工业						
1	正威国际集团有限公司	97.465	61389924	1248581	16140102	10133897
2	中国铝业股份有限公司	97.366	19007416	148808	20307066	7072506
3	金川集团股份有限公司	97.258	23367452	205896	11541878	3502424
4	江西铜业集团有限公司	96.845	25547222	117086	15774676	2600856
5	铜陵有色金属集团股份有限公司	96.668	9295107	104178	4797007	2006616
6	广东东阳光科技控股股份有限公司	96.478	1476721	199947	2640707	977820
7	南山集团有限公司	96.464	11117000	510855	13185717	5897503
8	陕西有色金属控股集团有限责任公司	95.833	13713247	70828	13993852	3317133
9	新凤祥控股集团有限责任公司	95.695	4814084	93010	2834490	961218
10	云南锡业股份有限公司	95.672	4288723	110909	3513731	1403344
11	海亮集团有限公司	93.786	18797284	120842	5715734	1872064
12	南京云海特种金属股份有限公司	93.778	557206	91102	512111	267537
13	河南明泰铝业股份有限公司	93.677	1414762	98370	1176801	726608
14	深圳市中金岭南有色金属股份有限公司	92.370	2283757	87139	2032060	1136383
15	云南驰宏锌锗股份有限公司	90.558	1640334	76082	3137278	1771741
黄金冶炼及压延加工业						
1	紫金矿业集团股份有限公司	95.949	13609798	506090	12383095	5707960
2	山东黄金矿业股份有限公司	90.091	6263070	142139	5815557	2581774
金属制品、加工工具、工业辅助产品加工制造业						
1	杭州巨星科技股份有限公司	93.522	662546	90365	1113250	761643
2	苏州东山精密制造股份有限公司	93.189	2355283	70565	3167027	869740
工程机械、设备和特种装备（含电梯、仓储设备）及零配件制造业						
1	三一集团有限公司	97.194	8758632	421001	15726559	3592286
2	浙江三花智能控制股份有限公司	96.510	1128749	143382	1479019	936542
3	天地科技股份有限公司	96.446	1938357	129115	3672526	2160100
4	上海机电股份有限公司	96.264	2211625	172804	3418757	1367025

续表

序号	企业名称	综合信用指数	营业收入（万元）	利润（万元）	资产（万元）	所有者权益（万元）
5	杭叉集团股份有限公司	96.231	885411	71438	627938	468420
6	安徽合力股份有限公司	96.056	1013023	77700	793568	537969
7	天顺风能（苏州）股份有限公司	95.617	605845	76440	1306619	594793
8	晶澳太阳能科技股份有限公司	95.535	2115548	125196	2852761	798939
9	广西柳工机械股份有限公司	95.401	1917730	107381	2986137	1083052
10	新疆金风科技股份有限公司	94.210	3824455	222975	10305708	3222425
11	中国国际海运集装箱（集团）股份有限公司	94.160	8581534	251011	17210752	5503798
12	深圳市汇川技术股份有限公司	93.310	739037	101014	1488601	893638
13	杭州制氧机集团股份有限公司	93.184	818701	68458	1204934	620836
通用机械设备和专用机械设备及零配件制造业						
1	江苏恒立液压股份有限公司	96.991	541402	129815	842688	561416
2	经纬纺织机械股份有限公司	96.924	933548	160741	3571857	2208138
3	郑州煤矿机械集团股份有限公司	96.878	2572142	113991	2971260	1314225
4	山东豪迈机械科技股份有限公司	96.769	438706	86278	679177	495713
5	天洁集团有限公司	96.087	2507853	119544	1216522	547722
6	浙江鼎力机械股份有限公司	95.687	238936	69408	485945	320749
电力、电气等设备、机械、元器件及光伏、电池、线缆制造业						
1	隆基绿能科技股份有限公司	96.477	3289746	555716	5930397	2829482
2	晶科能源有限公司	96.396	5646956	182081	6905134	1958283
3	宁德时代新能源科技股份有限公司	96.343	4578802	501267	10135198	4218788
4	公牛集团股份有限公司	96.197	1004044	230372	741656	555130
5	江苏中天科技股份有限公司	96.168	3877100	196826	4019390	2148964
6	新疆特变电工集团有限公司	96.140	5211512	251955	12854491	4564132
7	江苏上上电缆集团有限公司	95.995	1907934	77664	834058	613389
8	协鑫集团有限公司	95.778	10137109	145338	18852637	3976262
9	正泰集团股份有限公司	95.206	8054552	185742	7208362	1458336
10	富通集团有限公司	95.114	4508115	148049	3092590	1087417
11	深南电路股份有限公司	95.031	1052420	123354	1221937	500292
12	德力西集团有限公司	94.978	5985488	91402	2139655	734626
13	人民电器集团有限公司	94.858	4538646	171038	1171337	782281
14	东方日升新能源股份有限公司	94.688	1440425	97803	2560949	936807
15	中国船舶重工集团动力股份有限公司	94.378	2969124	104067	5601570	3657067

续表

序号	企业名称	综合信用指数	营业收入（万元）	利润（万元）	资产（万元）	所有者权益（万元）
16	广州智能装备产业集团有限公司	94.265	5110062	125327	6281993	1369187
17	阳光电源股份有限公司	94.058	1300333	91153	2281913	875481
18	欣旺达电子股份有限公司	94.034	2524066	75012	2358911	599368
19	惠州亿纬锂能股份有限公司	93.979	641164	154882	1629455	771176
20	中天科技集团有限公司	93.420	6203496	80091	4528681	621368
21	天能控股集团有限公司	93.247	14013209	148173	4411754	494559
22	无锡先导智能装备股份有限公司	93.107	468398	76557	951670	428416
23	横店集团东磁股份有限公司	92.916	656364	69345	849950	534205
24	中节能太阳能股份有限公司	91.142	501109	90531	3744986	1346668
船舶、轨道交通设备及零部件制造业						
1	中国中车集团有限公司	94.308	23975206	361462	43049762	7159649
2	江苏扬子江船业集团公司	90.875	4525138	375223	12117407	4084148
家用电器及零配件制造业						
1	美的集团股份有限公司	99.371	27938051	2527714	30195542	10749610
2	珠海格力电器股份有限公司	97.986	20050833	2482724	28297216	11204766
3	浙江苏泊尔股份有限公司	95.710	1985348	191565	1184795	684461
4	海尔集团公司	94.881	29001580	769138	39774318	4720025
5	广东新宝电器股份有限公司	94.108	912453	68849	815067	432785
6	宁波方太厨具有限公司	92.945	1094448	138658	1199282	702290
7	海信集团有限公司	92.882	12686273	70847	12307215	1177365
8	杭州老板电器股份有限公司	92.646	776058	161425	1065192	697428
9	九阳股份有限公司	92.033	935144	80576	746780	375099
10	华帝股份有限公司	90.770	574806	76056	597603	311662
电子元器件与仪器仪表、自动化控制设备制造业						
1	蓝思科技股份有限公司	97.200	3025776	242931	4702855	2243751
2	广东生益科技股份有限公司	97.096	1324109	156339	1553491	935362
3	沪士电子股份有限公司	96.767	712854	120598	823622	513406
4	鹏鼎控股（深圳）股份有限公司	96.093	2661463	292461	2885619	1982925
5	中国电子科技集团有限公司	95.927	22762256	1203820	40306764	15673046
6	无锡市太极实业股份有限公司	95.514	1691743	72143	2004879	756925
7	深圳市景旺电子股份有限公司	95.438	633212	77707	882003	562864
8	三花控股集团有限公司	95.130	2804796	111100	2270570	935013

续表

序号	企业名称	综合信用指数	营业收入（万元）	利润（万元）	资产（万元）	所有者权益（万元）
9	宏发科技股份有限公司	94.876	708149	96424	1019734	659080
10	天马微电子股份有限公司	94.779	3028197	82936	6545101	2670722
11	富士康工业互联网股份有限公司	94.728	40869758	1860605	20561295	8934869
12	宁波三星医疗电气股份有限公司	94.202	673913	104682	1361113	808379
13	合力泰科技股份有限公司	94.116	1849984	105941	3364396	1362943
14	厦门盈趣科技股份有限公司	94.074	385444	98042	543694	419279
15	深圳市信维通信股份有限公司	93.737	513404	102707	836932	476160
16	泰豪集团有限公司	93.138	1496147	76109	2235543	724809
动力、电力生产等装备、设备制造业						
1	潍柴动力股份有限公司	97.069	17436089	1190701	23683167	6977473
2	上海电气（集团）总公司	95.695	14172695	234403	32005188	3416474
3	卧龙控股集团有限公司	92.266	3851776	152435	3398112	931611
4	中国东方电气集团有限公司	90.493	3405005	107618	9188284	1609902
计算机、通信器材、办公、影像等设备及零部件制造业						
1	华为投资控股有限公司	99.833	85883300	6260500	85866100	29510600
2	杭州海康威视数字技术股份有限公司	95.733	5765811	1246518	7535800	4547286
3	立讯精密工业股份有限公司	94.743	6251631	492742	4937791	2174970
4	舜宇集团有限公司	94.200	3784870	399130	3069307	1255289
5	深圳市汇顶科技股份有限公司	93.950	647325	231736	784878	643942
6	得力集团有限公司	93.678	3211106	158208	2114714	725091
7	浙江大华技术股份有限公司	93.617	2614943	316086	2956465	1597617
8	歌尔股份有限公司	93.588	3514781	127914	3466030	1612920
9	环旭电子股份有限公司	92.478	3720419	126011	2191185	1030686
10	天津中环半导体股份有限公司	92.239	1688697	126124	4911852	2054852
11	广州视源电子科技股份有限公司	92.157	1705270	161229	997338	501913
12	科大讯飞股份有限公司	91.860	1007869	94307	2010084	1173484
13	福建星网锐捷通讯股份有限公司	90.509	926577	85416	765063	483652
汽车及零配件制造业						
1	上海汽车集团股份有限公司	98.483	84332437	3528891	84933328	30083962
2	东风汽车集团有限公司	97.422	58064514	917686	49751333	9953365
3	北京汽车集团有限公司	97.164	50123000	516000	50089000	6899000
4	长城汽车股份有限公司	97.000	9621069	453073	11309641	5439923

续表

序号	企业名称	综合信用指数	营业收入（万元）	利润（万元）	资产（万元）	所有者权益（万元）
5	华域汽车系统股份有限公司	97.000	14402363	851629	13912743	5870153
6	浙江吉利控股集团有限公司	97.000	33081765	851018	39568809	6594004
7	广州汽车工业集团有限公司	96.170	37072213	390003	30536136	4508245
8	宁波华翔电子股份有限公司	95.874	1709344	127262	1713061	1050146
9	宁波均胜电子股份有限公司	95.431	6169890	145223	5692483	1710714
10	常州星宇车灯股份有限公司	95.375	609180	78953	855424	488526
11	富奥汽车零部件股份有限公司	95.329	1006381	88324	1292060	745368
12	浙江世纪华通集团股份有限公司	94.644	1468972	228537	3235912	2454572
13	长春一汽富维汽车零部件股份有限公司	94.624	1777058	70990	1612510	683133
14	万丰奥特控股集团有限公司	93.925	3137670	237059	3281581	1361522
15	万向集团公司	93.084	13050755	253990	9441057	1606123
16	无锡威孚高科技集团股份有限公司	92.875	878436	230274	2395835	1748465
17	郑州宇通集团有限公司	92.576	4205999	260448	10005730	1926782
航空航天及国防军工业						
1	中国航天科技集团有限公司	96.953	25014549	1815762	47753096	21107471
2	中国航天科工集团有限公司	96.714	25978759	1353300	34873944	13919081
3	中国兵器工业集团有限公司	95.846	47471017	886821	42840254	11592078
4	中国兵器装备集团有限公司	94.345	20078000	682400	33993800	7041500
5	中国航空工业集团有限公司	93.995	45532992	399400	100861611	19343289
6	航天工业发展股份有限公司	92.872	403926	72255	1086099	818929
综合制造业（以制造业为主，含有服务业）						
1	复星国际有限公司	93.399	14298213	1480091	71568119	12255234
2	天茂实业集团股份有限公司	92.268	5019208	291855	20527395	3435347
能源（电、热、燃气等）供应、开发、减排及再循环服务业						
1	国家电网有限公司	98.165	265219573	5506044	415585039	175112188
2	中国南方电网有限责任公司	95.571	56634191	1266392	93365226	36881931
3	浙江省能源集团有限公司	93.020	11180545	518771	24150783	7988499
4	上海环境集团股份有限公司	92.465	364675	71505	2088520	858195
5	云南省能源投资集团有限公司	91.272	11231307	146639	18884178	5394946
6	申能（集团）有限公司	90.488	4880455	421469	18905820	10208002
7	国电南瑞科技股份有限公司	90.284	3242359	466029	5742488	3265254
铁路运输及辅助服务业						

续表

序号	企业名称	综合信用指数	营业收入（万元）	利润（万元）	资产（万元）	所有者权益（万元）
1	大秦铁路股份有限公司	94.594	7991695	1517059	14804379	12222310
2	中铁集装箱运输有限责任公司	93.454	3642514	101410	2476058	1341739
3	京沪高速铁路股份有限公司	93.424	3294217	1193725	18515136	15877419
陆路运输、城市公交、道路及交通辅助等服务业						
1	浙江省交通投资集团有限公司	92.545	15047209	514827	48094486	9987723
2	广西五洲交通股份有限公司	92.473	214744	86446	1094212	425556
3	福建发展高速公路股份有限公司	91.698	290414	108072	1717245	1173470
4	四川省交通投资集团有限责任公司	91.579	5678085	94847	39247918	12781954
5	山东高速集团有限公司	91.388	8479337	374094	72175044	7268329
6	广州交通投资集团有限公司	90.256	831986	108930	8955262	3495278
水上运输业						
1	中远海运控股股份有限公司	96.681	15105668	1034975	26222403	6912524
航空运输及相关服务业						
1	中国国际航空股份有限公司	93.241	13618069	725205	29425355	10137664
2	中国南方航空股份有限公司	93.101	15432200	309500	30664600	7705400
3	中国东方航空集团有限公司	91.570	13340695	371626	33466016	4300518
4	春秋航空股份有限公司	90.430	1480352	183819	2936674	1504134
航空港及相关服务业						
1	上海机场（集团）有限公司	94.513	1782659	368809	9682767	6422674
电信、邮寄、速递等服务业						
1	中国移动通信集团有限公司	97.147	74975548	8390397	185420203	103610351
2	中国电信集团有限公司	93.291	46539040	1245268	90096360	37702798
3	中国邮政集团有限公司	93.254	61724771	3067973	1057771356	38035481
4	顺丰控股股份有限公司	92.693	11219340	562479	9253539	4249361
软件、程序、计算机应用、网络工程等计算机、微电子服务业						
1	用友网络科技股份有限公司	97.312	850966	132131	1753838	829419
2	上海宝信软件股份有限公司	97.307	684904	92487	1026768	726909
3	北京千方科技股份有限公司	97.293	872219	107281	1622041	931480
4	烽火通信科技股份有限公司	97.255	2466198	105385	3149106	1205574
5	浪潮集团有限公司	97.236	11234474	330415	9362062	3365044
6	深信服科技股份有限公司	97.118	458990	75890	677244	432097
7	厦门亿联网络技术股份有限公司	96.890	248935	123529	482727	439587

续表

序号	企业名称	综合信用指数	营业收入（万元）	利润（万元）	资产（万元）	所有者权益（万元）
8	恒生电子股份有限公司	96.532	387184	141541	835950	489338
9	启明星辰信息技术集团股份有限公司	95.422	308950	68187	689616	436777
10	神州数码集团股份有限公司	94.383	8680338	70166	2942090	437487
11	拉卡拉支付股份有限公司	90.833	489942	81693	1118687	501754
物流、仓储、运输、配送服务业						
1	厦门建发集团有限公司	95.183	33969015	461014	34134471	5180549
2	中国外运股份有限公司	94.927	7765009	292701	6188641	3025148
3	广汇物流股份有限公司	93.985	286950	81443	1607686	676118
4	厦门象屿集团有限公司	93.800	28418162	151973	13936652	1999148
5	淮河能源（集团）股份有限公司	92.333	1149152	93232	1709777	1083762
矿产、能源内外商贸批发业						
1	中国航空油料集团有限公司	95.953	27970383	392859	6764797	2569904
化工产品及医药内外商贸批发业						
1	中国中化集团有限公司	91.227	55527470	327053	54889301	5309181
机电、电子产品内外贸及批发业						
1	中国通用技术（集团）控股有限责任公司	95.498	18348000	338162	19720204	4519257
2	佳都集团有限公司	90.355	702716	71259	1352380	219604
生活消费品（家用、文体、玩具、工艺品、珠宝等）内外批发及商贸业						
1	江苏国泰国际集团股份有限公司	96.021	6122367	94505	2352261	845822
2	浙江省国际贸易集团有限公司	95.013	6392986	127701	9929485	1546868
3	江苏省苏豪控股集团有限公司	93.647	1773139	131187	2760887	936693
综合性内外商贸及批发、零售业						
1	物产中大集团股份有限公司	96.873	35892249	391276	9333204	3065456
2	厦门国贸集团股份有限公司	93.609	21804694	245707	8947280	2749187
3	浙江东方金融控股集团股份有限公司	93.077	1172715	96776	2176683	1208209
医药专营批发、零售业及医疗服务业						
1	九州通医药集团股份有限公司	96.884	9949708	178148	7114777	2196771
2	中国医药集团有限公司	96.380	48835454	630173	39360646	7201693
3	大参林医药集团股份有限公司	95.944	1114117	69654	867193	433170
4	重药控股股份有限公司	95.448	3384382	94435	2547995	886167
5	广西柳州医药股份有限公司	94.704	1485683	76485	1195821	465752
6	杭州泰格医药科技股份有限公司	94.586	280331	97532	753265	552165

续表

序号	企业名称	综合信用指数	营业收入（万元）	利润（万元）	资产（万元）	所有者权益（万元）
7	爱尔眼科医院集团股份有限公司	94.178	999010	143116	1189475	702273
8	重庆医药（集团）股份有限公司	93.179	3384381	80373	2483276	655204
商业零售业及连锁超市						
1	永辉超市股份有限公司	96.981	8487696	145284	5235302	2045442
2	上海豫园旅游商城（集团）股份有限公司	95.827	4291223	390615	9945317	3647354
3	重庆百货大楼股份有限公司	95.714	3453561	102416	1514777	645810
4	上海百联集团股份有限公司	95.639	5045877	90803	5569277	2192762
5	物美科技集团有限公司	95.106	4297699	237353	7349849	2760669
6	月星集团有限公司	94.827	2910559	251482	5751398	1976199
7	红星美凯龙家居集团股份有限公司	94.621	1646924	468624	12229442	4898485
8	天虹数科商业股份有限公司	93.767	1939253	86081	1663343	695524
9	武汉武商集团股份有限公司	93.198	1775609	122500	2359514	950988
10	王府井集团股份有限公司	92.697	2678884	94512	2410630	1206607
11	大商股份有限公司	91.987	2188787	96404	1895478	926987
12	茂业商业股份有限公司	91.186	1223377	139684	1915560	781611
银行业						
1	中国工商银行股份有限公司	95.027	85516400	31336100	3010943600	269200300
2	招商银行股份有限公司	94.800	26970300	9342300	741724000	61770700
3	中国民生银行股份有限公司	94.699	18044100	5492400	668184100	53082900
4	交通银行股份有限公司	94.618	23247200	7806200	990560000	80091200
5	上海浦东发展银行股份有限公司	94.573	19068800	5950600	700592900	56105100
6	中国银行股份有限公司	94.400	54918200	20189100	2276974400	197669600
7	中国建设银行股份有限公司	94.282	70562900	26922200	2543626100	223512700
8	平安银行股份有限公司	94.247	13795800	2819500	393907000	31298300
9	兴业银行股份有限公司	94.140	18130800	6670200	714568100	54965200
10	中国农业银行股份有限公司	93.806	62726800	21292400	2487828800	195976200
11	宁波银行股份有限公司	92.917	3508139	1379084	131771705	10073611
12	江苏常熟农村商业银行股份有限公司	92.711	644505	189964	18483947	1789925
13	长沙银行股份有限公司	92.360	1701694	525856	60199774	4183323
14	上海银行股份有限公司	92.080	4980029	2033286	223708194	17722663
15	广州农村商业银行股份有限公司	92.062	4099293	752034	89415429	6834669
16	华夏银行股份有限公司	91.857	8473400	2211500	302078900	26933700

续表

序号	企业名称	综合信用指数	营业收入（万元）	利润（万元）	资产（万元）	所有者权益（万元）
17	渤海银行股份有限公司	91.676	5806765	833553	111311651	8278137
18	北京银行股份有限公司	91.529	6312900	2159100	273704000	20896300
19	南京银行股份有限公司	91.486	3244226	1256650	134343537	8792820
20	杭州银行股份有限公司	91.357	2140874	660212	102407011	6254460
21	贵阳银行股份有限公司	91.311	1466804	599789	56039929	4032718
22	成都银行股份有限公司	91.237	1272506	555575	55838573	3563009
23	浙商银行股份有限公司	91.169	4636391	1468041	180078587	12624641
24	江苏苏州农村商业银行股份有限公司	91.159	352084	91503	12595532	1162484
25	西安银行股份有限公司	91.012	684530	267854	27828272	2366758
26	青岛农村商业银行股份有限公司	90.685	872919	284725	34166738	2441527
27	重庆农村商业银行股份有限公司	90.590	2662981	998811	102979011	8936220
28	重庆银行股份有限公司	90.412	1179104	420749	50123186	3694943
29	广东南海农村商业银行股份有限公司	90.340	888320	322811	20071154	1961367
30	盛京银行股份有限公司	90.295	4987128	544322	102148080	7855553
31	江苏江阴农村商业银行股份有限公司	90.237	340435	101178	12634309	1187305
32	赣州银行股份有限公司	90.092	758597	93281	16941393	1191659
保险业						
1	中国平安保险（集团）股份有限公司	92.329	116886700	16436500	822292900	85237000
2	中国人寿保险股份有限公司	91.964	74516500	5901400	372673400	40934200
3	中国人民保险集团股份有限公司	90.719	55551500	2240100	113277100	24683900
4	中国太平洋保险（集团）股份有限公司	90.478	38548900	2835400	152833300	18332000
多元化投资控股、商务服务业						
1	招商局集团有限公司	96.104	33938447	3615278	193589455	35322282
2	中国光大集团股份公司	94.631	32440000	1374500	521048600	14471400
3	中国中信集团有限公司	94.112	51893114	2519383	748677828	36336116
4	重庆市金科投资控股（集团）有限责任公司	94.043	19066570	1221568	32930458	1233092
5	华夏幸福基业股份有限公司	92.992	10520954	1468495	45781195	7368621
6	申万宏源集团股份有限公司	91.793	2459341	580334	38853726	8483141
7	广州越秀金融控股集团股份有限公司	91.680	837198	167363	11453379	2332554
8	阳光龙净集团有限公司	91.497	24807843	424235	41831136	2616792
9	上海世茂股份有限公司	91.110	2144913	384141	12756391	4820407
10	国家开发投资集团有限公司	90.431	14194552	603397	63185483	8980461

续表

序号	企业名称	综合信用指数	营业收入（万元）	利润（万元）	资产（万元）	所有者权益（万元）
房地产开发与经营、物业及房屋装饰、修缮、管理等服务业						
1	万科企业股份有限公司	99.235	36789388	5513161	172992945	27057912
2	碧桂园控股有限公司	97.076	48590800	3955000	190715200	15193900
3	绿地控股集团股份有限公司	96.878	42808263	2095011	114570653	13139230
4	重庆华宇集团有限公司	95.813	7776600	906791	9960000	3884400
5	大悦城控股集团股份有限公司	95.087	3378662	370536	18318257	4254104
6	金科地产集团股份有限公司	91.288	6777337	635700	32160502	5215116
7	上海临港控股股份有限公司	90.959	394977	148125	3778045	1628590
8	江苏中南建设集团股份有限公司	90.162	7183079	462257	29057059	2682261
旅游、旅馆及娱乐服务业						
1	上海锦江国际酒店股份有限公司	97.410	1509902	127912	3887427	1435605
2	中青旅控股股份有限公司	97.404	1405357	90996	1643670	894588
3	中国旅游集团中免股份有限公司	96.714	4796650	541471	3068726	2231036
4	上海春秋国际旅行社（集团）有限公司	95.944	1995657	120489	3146912	854984
5	北京首旅酒店（集团）股份有限公司	95.650	831110	91933	1711000	929683
公用事业、市政、水务、航道等公共设施投资、经营与管理业						
1	湖北省交通投资集团有限公司	96.588	3342957	358342	44033277	12606977
2	路通建设集团股份有限公司	94.772	1137092	177216	966725	876997
3	广州市水务投资集团有限公司	94.421	2683758	120687	16880444	4600201
4	北京首都创业集团有限公司	94.167	4745880	256642	35848259	2467188
5	天津城市基础设施建设投资集团有限公司	93.941	1588770	161327	83145067	24810188
6	北京控股集团有限公司	93.758	10071001	89308	36062500	3766602
7	成都市兴蓉环境股份有限公司	91.349	483802	110053	2533750	1199489
8	重庆水务集团股份有限公司	90.440	563855	166597	2171285	1517115
人力资源、会展博览、国内外经济合作等社会综合服务业						
1	中国国际技术智力合作集团有限公司	92.890	12294331	74105	1386841	493094
2	北京蓝色光标数据科技股份有限公司	92.478	2810572	72331	1905134	882697
科技研发、推广及地勘、规划、设计、评估、咨询、认证等承包服务业						
1	中国化学工程股份有限公司	96.187	10412860	328726	11586539	3759182
2	上海同济科技实业股份有限公司	93.140	635104	95865	1215212	357265
3	中国石油集团工程股份有限公司	92.702	6505390	80914	9311358	2380588
文化产业（书刊出版、印刷、发行与销售及影视、音像、文体、演艺等）						

续表

序号	企业名称	综合信用指数	营业收入（万元）	利润（万元）	资产（万元）	所有者权益（万元）
1	中原大地传媒股份有限公司	96.998	949839	83736	1232202	833309
2	中南出版传媒集团股份有限公司	96.872	1026086	140733	2180586	1445186
3	江苏凤凰出版传媒股份有限公司	96.734	1258544	141381	2382202	1455511
4	中文天地出版传媒集团股份有限公司	96.679	1125818	173136	2281434	1423823
5	山东出版传媒股份有限公司	96.631	976696	154144	1614693	1075828
6	浙江出版联合集团有限公司	96.351	1198587	108033	2291560	1486310
7	新华文轩出版传媒股份有限公司	96.346	884246	112467	1532450	911997
8	南方出版传媒股份有限公司	96.266	652532	74182	1074518	623747
9	中国出版传媒股份有限公司	96.251	631465	74193	1321332	771592
10	东方明珠新媒体股份有限公司	96.079	1234460	222927	4469223	3451287
11	中国电影股份有限公司	95.070	906841	124057	1725851	1293833
12	完美世界股份有限公司	94.996	803902	144716	1662939	1012875
13	浙报数字文化集团股份有限公司	93.671	282731	69021	1119322	905810
14	长江出版传媒股份有限公司	92.956	767126	80345	1081852	745411
15	北京学而思教育科技有限公司	91.802	1765255	251059	2572543	1710680
16	宋城演艺发展股份有限公司	90.601	261175	136490	1104108	988239
17	北京光线传媒股份有限公司	90.497	282945	94661	1098911	897835
信息、传媒、电子商务、网购、娱乐等互联网服务业						
1	阿里巴巴集团控股有限公司	99.556	50971100	14943300	131298500	75540100
2	腾讯控股有限公司	99.306	37728900	9331000	95398600	43270600
3	芜湖三七互娱网络科技集团股份有限公司	97.200	1322714	241684	1014526	729371
4	北京京东世纪贸易有限公司	97.088	57688848	1218415	25972370	8185597
5	广州网易计算机系统有限公司	95.108	5924100	2123800	11212400	6145400
6	紫光股份有限公司	94.205	5409906	307463	5473926	3235885
7	南极电商股份有限公司	94.159	390685	120616	548482	485873
8	三六零安全科技股份有限公司	93.769	1284110	594951	3375157	2868170
9	芒果超媒股份有限公司	92.321	1250066	115750	1707821	881996
10	北京光环新网科技股份有限公司	92.233	709717	79625	1223321	834550
11	唯品会（中国）有限公司	91.689	8675323	420618	1594325	1593394
综合服务业（以服务业为主，含有制造业）						
1	中国保利集团有限公司	97.410	39479996	1403017	131288649	8892068
2	中国华润有限公司	97.085	65462930	2467450	161797240	22973360

续表

序号	企业名称	综合信用指数	营业收入（万元）	利润（万元）	资产（万元）	所有者权益（万元）
3	中国葛洲坝集团股份有限公司	96.385	10994570	656361	23446337	6623150
4	东浩兰生（集团）有限公司	96.164	17492306	103698	3530875	1349354
5	苏美达股份有限公司	96.069	8436525	145237	4058062	969630
6	中国机械工业集团有限公司	96.055	29790741	312464	38361111	6852642
7	四川蓝光发展股份有限公司	94.896	3919368	415884	20189032	3912067
8	黑牡丹（集团）股份有限公司	94.160	777696	128213	3075132	950901
9	重庆市迪马实业股份有限公司	94.039	1969731	218487	7251175	1504985
10	浙江中国小商品城集团股份有限公司	94.016	404277	124883	3132323	1308430
11	新大陆数字技术股份有限公司	94.008	618153	72283	1224977	631464
12	易见供应链管理股份有限公司	93.827	1534663	89245	1555523	860856
13	传化智联股份有限公司	93.776	2027966	163804	3048353	1638827
14	南京高科股份有限公司	92.338	293021	187536	2908116	1259787
15	深圳华强集团有限公司	92.221	2517255	103083	6827379	1530901
农业、渔业、畜牧业及林业						
1	牧原食品股份有限公司	94.800	2022133	633646	5288659	3171157
2	江苏立华牧业股份有限公司	94.719	887047	196425	856570	682447
3	福建圣农发展股份有限公司	94.614	1455844	411912	1527880	1055751
煤炭采掘及采选业						
1	中国神华能源股份有限公司	96.883	24187100	5154000	55848400	41561900
2	中国中煤能源股份有限公司	96.478	12929373	859274	27248317	11736908
3	国家能源投资集团有限责任公司	95.210	55611631	2945847	175028540	41763568
4	陕西煤业股份有限公司	94.896	7340344	1663243	12668352	7616987
5	山煤国际能源集团股份有限公司	93.221	3765716	157986	4324120	1040101
6	大同煤业股份有限公司	91.989	1135805	136695	2748918	1127679
7	平顶山天安煤业股份有限公司	91.274	2363539	132883	5426080	1629955
石油、天然气开采及生产业						
1	山东新潮能源股份有限公司	93.503	607002	107757	2844589	1611943
建筑业						
1	中国建筑股份有限公司	99.600	141983659	6320524	203445193	50183532
2	中国铁路工程集团有限公司	97.150	85197793	1060636	106563043	10140813
3	中国铁道建筑集团有限公司	96.320	83110141	939010	108384828	8670940
4	中国冶金科工股份有限公司	94.656	33863761	757682	45850621	11690551

续表

序号	企业名称	综合信用指数	营业收入（万元）	利润（万元）	资产（万元）	所有者权益（万元）
5	南通三建控股有限公司	93.759	14979608	448736	5833206	1988206
6	中天控股集团有限公司	93.605	10603657	262096	9230791	1650848
7	中国交通建设集团有限公司	93.573	65696723	920618	161641403	12787784
8	西藏天路股份有限公司	93.330	562130	83261	1146274	554585
9	中国核工业建设股份有限公司	92.949	6374077	142182	12445990	1984600
10	广州市建筑集团有限公司	91.875	10509851	69070	6903192	1045223
11	深圳市天健（集团）股份有限公司	91.338	1466529	123364	4031337	966053
12	四川路桥建设集团股份有限公司	91.113	5272548	169758	9761548	1724508
13	中国电力建设集团有限公司	90.316	46543026	533887	96881760	7851905
电力生产业						
1	国电电力发展股份有限公司	97.059	11659929	491913	36484785	11664854
2	中国核能电力股份有限公司	96.633	4606716	840738	34763893	9028284
3	安徽省皖能股份有限公司	96.228	1609224	105895	3289929	1823937
4	国投电力控股股份有限公司	95.652	4243346	873106	22472151	7439418
5	北京京能电力股份有限公司	95.409	1843836	166335	7655708	2904415
6	广东电力发展股份有限公司	95.193	2936016	180717	7547203	3418969
7	华能国际电力股份有限公司	95.188	17348480	237791	41359654	11728884
8	深圳能源集团股份有限公司	94.646	2081700	182914	9611205	3358485
9	河北建投能源投资股份有限公司	93.354	1396372	89504	3235823	1388375
10	中国广核集团有限公司	92.998	10985062	672090	74663180	11369043
11	中国长江电力股份有限公司	92.987	4987409	2156745	29648288	15001597
12	中国大唐集团有限公司	92.122	18973335	294799	75853345	11037991
13	内蒙古蒙电华能热电股份有限公司	91.067	1447716	119384	4460932	1750584

第九章

2020 中国制造业企业信用 100 强评价资料

一、2020 中国制造业企业信用 100 强排序

序号	企业名称	地区	综合信用指数	信用环境指数	信用能力指数	信用行为指数
1	华为投资控股有限公司	广东	99.833	13.833	72.000	14.000
2	中国建材集团有限公司	北京	99.449	13.600	71.866	13.983
3	美的集团股份有限公司	广东	99.371	13.824	72.000	13.547
4	贵州茅台酒股份有限公司	贵州	99.138	13.831	72.000	13.307
5	安徽海螺集团有限责任公司	安徽	98.528	13.600	72.000	12.928
6	上海汽车集团股份有限公司	上海	98.483	14.000	72.000	12.483
7	珠海格力电器股份有限公司	广东	97.986	12.953	71.585	13.448
8	江西铜业股份有限公司	江西	97.855	11.986	71.869	14.000
9	中国宝武钢铁集团有限公司	上海	97.620	13.839	69.781	14.000
10	宜宾五粮液股份有限公司	四川	97.481	13.881	72.000	11.600
11	正威国际集团有限公司	广东	97.465	13.265	72.000	12.200
12	东风汽车集团有限公司	湖北	97.422	13.822	72.000	11.600
13	恒力集团有限公司	江苏	97.388	14.000	71.788	11.600
14	中国石油化工集团有限公司	北京	97.289	13.411	70.780	13.098
15	温氏食品集团股份有限公司	广东	97.200	13.600	72.000	11.600
16	华新水泥股份有限公司	湖北	97.200	13.600	72.000	11.600
17	蓝思科技股份有限公司	湖南	97.200	13.600	72.000	11.600
18	新希望六和股份有限公司	四川	97.200	13.600	72.000	11.600
19	三一集团有限公司	湖南	97.194	13.594	72.000	11.600
20	北京汽车集团有限公司	北京	97.164	13.564	72.000	11.600
21	山东太阳纸业股份有限公司	山东	97.097	13.497	72.000	11.600
22	潍柴动力股份有限公司	山东	97.069	13.469	72.000	11.600
23	北京金隅集团股份有限公司	北京	97.053	13.600	71.853	11.600
24	红狮控股集团有限公司	浙江	97.044	13.600	71.844	11.600
25	华东医药股份有限公司	浙江	97.043	13.443	72.000	11.600
26	石药控股集团有限公司	河北	97.035	13.435	72.000	11.600
27	江苏恒瑞医药股份有限公司	江苏	97.028	13.428	72.000	11.600
28	长城汽车股份有限公司	河北	97.000	13.400	72.000	11.600

续表

序号	企业名称	地区	综合信用指数	信用环境指数	信用能力指数	信用行为指数
29	华域汽车系统股份有限公司	上海	97.000	13.400	72.000	11.600
30	浙江吉利控股集团有限公司	浙江	97.000	13.400	72.000	11.600
31	扬子江药业集团有限公司	江苏	96.990	13.390	72.000	11.600
32	冀南钢铁集团有限公司	河北	96.985	13.985	72.000	11.000
33	中国航天科技集团有限公司	北京	96.953	14.000	71.353	11.600
34	浙江龙盛控股有限公司	浙江	96.951	13.443	71.908	11.600
35	上海医药集团股份有限公司	上海	96.833	13.415	71.817	11.600
36	上海复星医药（集团）股份有限公司	上海	96.810	13.450	71.760	11.600
37	安徽古井贡酒股份有限公司	安徽	96.769	13.695	71.474	11.600
38	桐昆集团股份有限公司	浙江	96.734	13.385	71.749	11.600
39	中国航天科工集团有限公司	北京	96.714	14.000	71.114	11.600
40	佛山市海天调味食品股份有限公司	广东	96.669	13.069	72.000	11.600
41	河南双汇投资发展股份有限公司	河南	96.537	12.956	71.981	11.600
42	隆基绿能科技股份有限公司	陕西	96.477	12.877	72.000	11.600
43	南山集团有限公司	山东	96.464	12.236	70.229	14.000
44	威高集团有限公司	山东	96.452	13.087	71.765	11.600
45	浙江正泰电器股份有限公司	浙江	96.449	13.397	71.452	11.600
46	宁德时代新能源科技股份有限公司	福建	96.343	12.743	72.000	11.600
47	广州白云山医药集团股份有限公司	广东	96.307	12.917	71.790	11.600
48	泸州老窖股份有限公司	四川	96.289	13.869	70.820	11.600
49	华润三九医药股份有限公司	广东	96.248	13.536	71.112	11.600
50	公牛集团股份有限公司	浙江	96.197	12.636	71.961	11.600
51	甘肃上峰水泥股份有限公司	甘肃	96.186	13.600	70.986	11.600
52	广州汽车工业集团有限公司	广东	96.170	13.400	71.170	11.600
53	新疆特变电工集团有限公司	新疆	96.140	12.665	71.875	11.600
54	青山控股集团有限公司	浙江	96.096	13.864	70.631	11.600
55	鹏鼎控股（深圳）股份有限公司	广东	96.093	13.116	71.377	11.600
56	紫金矿业集团股份有限公司	福建	95.949	13.225	71.124	11.600
57	中国电子科技集团有限公司	北京	95.927	13.045	71.282	11.600
58	中国兵器工业集团有限公司	北京	95.846	14.000	70.246	11.600
59	杭州海康威视数字技术股份有限公司	浙江	95.733	13.852	72.000	9.881
60	上海电气（集团）总公司	上海	95.695	13.845	70.250	11.600
61	重庆智飞生物制品股份有限公司	重庆	95.663	13.427	70.636	11.600

续表

序号	企业名称	地区	综合信用指数	信用环境指数	信用能力指数	信用行为指数
62	宁波申洲针织有限公司	浙江	95. 398	13. 101	70. 697	11. 600
63	盛虹控股集团有限公司	江苏	95. 330	13. 837	69. 893	11. 600
64	海澜集团有限公司	江苏	95. 154	12. 642	70. 912	11. 600
65	山东魏桥创业集团有限公司	山东	95. 069	12. 633	70. 836	11. 600
66	深圳迈瑞生物医疗电子股份有限公司	广东	95. 033	13. 447	69. 986	11. 600
67	云南白药集团股份有限公司	云南	94. 949	13. 326	70. 022	11. 600
68	海尔集团公司	山东	94. 881	13. 145	70. 136	11. 600
69	立讯精密工业股份有限公司	广东	94. 743	14. 000	72. 000	8. 743
70	富士康工业互联网股份有限公司	广东	94. 728	13. 362	69. 766	11. 600
71	浙江世纪华通集团股份有限公司	浙江	94. 644	13. 400	69. 644	11. 600
72	雅戈尔集团股份有限公司	浙江	94. 620	13. 217	69. 803	11. 600
73	龙蟒佰利联集团股份有限公司	河南	94. 611	13. 411	69. 600	11. 600
74	通威股份有限公司	四川	94. 498	13. 600	69. 298	11. 600
75	中国兵器装备集团有限公司	北京	94. 345	14. 000	68. 745	11. 600
76	中国中车集团有限公司	北京	94. 308	14. 000	68. 708	11. 600
77	内蒙古君正能源化工集团股份有限公司	内蒙古	94. 263	13. 098	69. 565	11. 600
78	新疆金风科技股份有限公司	新疆	94. 210	12. 080	70. 530	11. 600
79	舜宇集团有限公司	浙江	94. 200	14. 000	71. 598	8. 602
80	中国国际海运集装箱（集团）股份有限公司	广东	94. 160	11. 653	70. 906	11. 600
81	中国航空工业集团有限公司	北京	93. 995	14. 000	68. 395	11. 600
82	深圳市汇顶科技股份有限公司	广东	93. 950	13. 600	72. 000	8. 350
83	万丰奥特控股集团有限公司	浙江	93. 925	13. 400	68. 925	11. 600
84	江苏洋河酒厂股份有限公司	江苏	93. 850	12. 685	69. 565	11. 600
85	山东金岭集团有限公司	山东	93. 791	11. 994	70. 197	11. 600
86	浙江大华技术股份有限公司	浙江	93. 617	13. 951	71. 189	8. 477
87	波司登股份有限公司	江苏	93. 552	12. 246	69. 706	11. 600
88	福耀玻璃工业集团股份有限公司	福建	93. 190	13. 298	68. 292	11. 600
89	万向集团公司	浙江	93. 084	13. 400	68. 084	11. 600
90	无锡威孚高科技集团股份有限公司	江苏	92. 875	13. 270	68. 005	11. 600
91	中信泰富特钢集团股份有限公司	湖北	92. 791	13. 986	67. 206	11. 600
92	山东华鲁恒升化工股份有限公司	山东	92. 674	11. 886	69. 189	11. 600
93	郑州宇通集团有限公司	河南	92. 576	13. 400	67. 576	11. 600
94	敬业集团有限公司	河北	92. 487	12. 772	68. 115	11. 600

续表

序号	企业名称	地区	综合信用指数	信用环境指数	信用能力指数	信用行为指数
95	天茂实业集团股份有限公司	湖北	92.268	13.857	66.811	11.600
96	河北安丰钢铁有限公司	河北	91.755	12.867	67.288	11.600
97	河北普阳钢铁有限公司	河北	91.281	12.903	66.777	11.600
98	江苏扬子江船业集团公司	江苏	90.875	13.561	65.714	11.600
99	湖南华菱钢铁股份有限公司	湖南	90.874	13.119	66.155	11.600
100	南京钢铁集团有限公司	江苏	90.443	13.328	65.515	11.600

二、2020 中国制造业企业信用 100 强收益性指标

序号	企业名称	地区	综合信用指数	营收利润率（%）	资产利润率（%）	净资产利润率（%）
1	华为投资控股有限公司	广东	99.833	7.290	7.291	21.214
2	中国建材集团有限公司	北京	99.449	3.736	2.494	8.428
3	美的集团股份有限公司	广东	99.371	9.048	8.371	23.514
4	贵州茅台酒股份有限公司	贵州	99.138	49.485	24.022	30.992
5	安徽海螺集团有限责任公司	安徽	98.528	5.228	5.563	23.594
6	上海汽车集团股份有限公司	上海	98.483	4.185	4.155	11.730
7	珠海格力电器股份有限公司	广东	97.986	12.382	8.774	22.158
8	江西铜业股份有限公司	江西	97.855	0.906	1.615	3.690
9	中国宝武钢铁集团有限公司	上海	97.620	3.630	2.325	7.328
10	宜宾五粮液股份有限公司	四川	97.481	36.371	17.132	23.954
11	正威国际集团有限公司	广东	97.465	2.034	7.736	12.321
12	东风汽车集团有限公司	湖北	97.422	1.580	1.845	9.220
13	恒力集团有限公司	江苏	97.388	2.577	6.099	39.617
14	中国石油化工集团有限公司	北京	97.289	1.669	2.122	6.253
15	温氏食品集团股份有限公司	广东	97.200	19.748	22.026	30.978
16	华新水泥股份有限公司	湖北	97.200	22.331	19.159	30.045
17	蓝思科技股份有限公司	湖南	97.200	8.029	5.166	10.827
18	新希望六和股份有限公司	四川	97.200	7.533	9.624	18.930
19	三一集团有限公司	湖南	97.194	4.807	2.677	11.720
20	北京汽车集团有限公司	北京	97.164	1.029	1.030	7.479
21	山东太阳纸业股份有限公司	山东	97.097	9.654	6.805	14.950
22	潍柴动力股份有限公司	山东	97.069	6.829	5.028	17.065
23	北京金隅集团股份有限公司	北京	97.053	5.639	1.835	6.274
24	红狮控股集团有限公司	浙江	97.044	10.589	11.517	27.388
25	华东医药股份有限公司	浙江	97.043	8.253	13.629	22.736
26	石药控股集团有限公司	河北	97.035	13.791	10.248	20.639
27	江苏恒瑞医药股份有限公司	江苏	97.028	22.872	19.329	21.359

续表

序号	企业名称	地区	综合信用指数	营收利润率（%）	资产利润率（%）	净资产利润率（%）
28	长城汽车股份有限公司	河北	97.000	4.709	4.006	8.329
29	华域汽车系统股份有限公司	上海	97.000	5.913	6.121	14.508
30	浙江吉利控股集团有限公司	浙江	97.000	2.572	2.151	12.906
31	扬子江药业集团有限公司	江苏	96.990	6.785	12.752	16.537
32	冀南钢铁集团有限公司	河北	96.985	7.873	31.599	34.735
33	中国航天科技集团有限公司	北京	96.953	7.259	3.802	8.602
34	浙江龙盛控股有限公司	浙江	96.951	13.589	9.355	19.766
35	上海医药集团股份有限公司	上海	96.833	2.589	3.525	9.782
36	上海复星医药（集团）股份有限公司	上海	96.810	13.096	4.918	9.549
37	安徽古井贡酒股份有限公司	安徽	96.769	20.714	15.556	22.877
38	桐昆集团股份有限公司	浙江	96.734	5.726	7.241	15.182
39	中国航天科工集团有限公司	北京	96.714	5.209	3.881	9.723
40	佛山市海天调味食品股份有限公司	广东	96.669	27.056	21.638	32.271
41	河南双汇投资发展股份有限公司	河南	96.537	9.389	19.788	33.105
42	隆基绿能科技股份有限公司	陕西	96.477	16.892	9.371	19.640
43	南山集团有限公司	山东	96.464	4.595	3.874	8.662
44	威高集团有限公司	山东	96.452	8.849	7.268	12.828
45	浙江正泰电器股份有限公司	浙江	96.449	13.137	7.183	15.914
46	宁德时代新能源科技股份有限公司	福建	96.343	10.948	4.946	11.882
47	广州白云山医药集团股份有限公司	广东	96.307	5.298	6.049	13.241
48	泸州老窖股份有限公司	四川	96.289	29.350	16.052	23.740
49	华润三九医药股份有限公司	广东	96.248	14.550	10.640	16.605
50	公牛集团股份有限公司	浙江	96.197	22.944	31.062	41.499
51	甘肃上峰水泥股份有限公司	甘肃	96.186	32.084	24.023	41.146
52	广州汽车工业集团有限公司	广东	96.170	1.052	1.277	8.651
53	新疆特变电工集团有限公司	新疆	96.140	4.835	1.960	5.520
54	青山控股集团有限公司	浙江	96.096	2.173	8.092	26.255
55	鹏鼎控股（深圳）股份有限公司	广东	96.093	10.989	10.135	14.749
56	紫金矿业集团股份有限公司	福建	95.949	3.719	4.087	8.866
57	中国电子科技集团有限公司	北京	95.927	5.289	2.987	7.681
58	中国兵器工业集团有限公司	北京	95.846	1.868	2.070	7.650
59	杭州海康威视数字技术股份有限公司	浙江	95.733	21.619	16.541	27.412

续表

序号	企业名称	地区	综合信用指数	营收利润率（%）	资产利润率（%）	净资产利润率（%）
60	上海电气（集团）总公司	上海	95.695	1.654	0.732	6.861
61	重庆智飞生物制品股份有限公司	重庆	95.663	22.352	21.626	41.175
62	宁波申洲针织有限公司	浙江	95.398	21.877	15.566	19.698
63	盛虹控股集团有限公司	江苏	95.330	1.745	3.557	17.177
64	海澜集团有限公司	江苏	95.154	4.426	4.898	6.533
65	山东魏桥创业集团有限公司	山东	95.069	1.959	2.255	7.686
66	深圳迈瑞生物医疗电子股份有限公司	广东	95.033	28.297	18.276	25.164
67	云南白药集团股份有限公司	云南	94.949	14.067	8.404	10.953
68	海尔集团公司	山东	94.881	2.652	1.934	16.295
69	立讯精密工业股份有限公司	广东	94.743	7.882	9.979	22.655
70	富士康工业互联网股份有限公司	广东	94.728	4.553	9.049	20.824
71	浙江世纪华通集团股份有限公司	浙江	94.644	15.558	7.063	9.311
72	雅戈尔集团股份有限公司	浙江	94.620	31.814	4.899	14.109
73	龙蟒佰利联集团股份有限公司	河南	94.611	22.807	10.040	18.509
74	通威股份有限公司	四川	94.498	7.142	5.729	14.829
75	中国兵器装备集团有限公司	北京	94.345	3.399	2.007	9.691
76	中国中车集团有限公司	北京	94.308	1.508	0.840	5.049
77	内蒙古君正能源化工集团股份有限公司	内蒙古	94.263	25.154	7.818	12.600
78	新疆金风科技股份有限公司	新疆	94.210	5.830	2.164	6.919
79	舜宇集团有限公司	浙江	94.200	10.545	13.004	31.796
80	中国国际海运集装箱（集团）股份有限公司	广东	94.160	2.925	1.458	4.561
81	中国航空工业集团有限公司	北京	93.995	0.877	0.396	2.065
82	深圳市汇顶科技股份有限公司	广东	93.950	35.799	29.525	35.987
83	万丰奥特控股集团有限公司	浙江	93.925	7.555	7.224	17.411
84	江苏洋河酒厂股份有限公司	江苏	93.850	31.938	13.817	20.241
85	山东金岭集团有限公司	山东	93.791	5.576	15.807	18.398
86	浙江大华技术股份有限公司	浙江	93.617	12.088	10.691	19.785
87	波司登股份有限公司	江苏	93.552	11.816	9.603	16.902
88	福耀玻璃工业集团股份有限公司	福建	93.190	13.733	7.464	13.562
89	万向集团公司	浙江	93.084	1.946	2.690	15.814
90	无锡威孚高科技集团股份有限公司	江苏	92.875	26.214	9.611	13.170
91	中信泰富特钢集团股份有限公司	湖北	92.791	7.421	7.424	21.320

续表

序号	企业名称	地区	综合信用指数	营收利润率（%）	资产利润率（%）	净资产利润率（%）
92	山东华鲁恒升化工股份有限公司	山东	92.674	17.286	13.488	17.237
93	郑州宇通集团有限公司	河南	92.576	6.192	2.603	13.517
94	敬业集团有限公司	河北	92.487	4.435	12.918	24.296
95	天茂实业集团股份有限公司	湖北	92.268	5.815	1.422	8.496
96	河北安丰钢铁有限公司	河北	91.755	8.285	15.709	24.720
97	河北普阳钢铁有限公司	河北	91.281	4.298	13.554	17.708
98	江苏扬子江船业集团公司	江苏	90.875	8.292	3.097	9.187
99	湖南华菱钢铁股份有限公司	湖南	90.874	6.198	8.021	20.449
100	南京钢铁集团有限公司	江苏	90.443	1.541	3.857	12.001

三、2020 中国制造业企业信用 100 强流动性和安全性指标

序号	企业名称	地区	综合信用指数	资产周转率（次/年）	所有者权益比率（%）	资本保值增值率（%）
1	华为投资控股有限公司	广东	99.833	1.000	34.368	126.909
2	中国建材集团有限公司	北京	99.449	0.668	29.597	109.047
3	美的集团股份有限公司	广东	99.371	0.925	35.600	130.428
4	贵州茅台酒股份有限公司	贵州	99.138	0.485	77.510	138.967
5	安徽海螺集团有限责任公司	安徽	98.528	1.064	23.578	128.915
6	上海汽车集团股份有限公司	上海	98.483	0.993	35.421	115.057
7	珠海格力电器股份有限公司	广东	97.986	0.709	39.597	127.185
8	江西铜业股份有限公司	江西	97.855	1.782	43.756	104.377
9	中国宝武钢铁集团有限公司	上海	97.620	0.640	31.722	107.966
10	宜宾五粮液股份有限公司	四川	97.481	0.471	71.521	128.712
11	正威国际集团有限公司	广东	97.465	3.804	62.787	114.042
12	东风汽车集团有限公司	湖北	97.422	1.167	20.006	109.940
13	恒力集团有限公司	江苏	97.388	2.367	15.394	151.248
14	中国石油化工集团有限公司	北京	97.289	1.271	33.933	106.499
15	温氏食品集团股份有限公司	广东	97.200	1.115	71.102	141.785
16	华新水泥股份有限公司	湖北	97.200	0.858	63.767	142.109
17	蓝思科技股份有限公司	湖南	97.200	0.643	47.710	114.244
18	新希望六和股份有限公司	四川	97.200	1.278	50.843	128.647
19	三一集团有限公司	湖南	97.194	0.557	22.842	114.393
20	北京汽车集团有限公司	北京	97.164	1.001	13.773	106.952
21	山东太阳纸业股份有限公司	山东	97.097	0.705	45.517	121.285
22	潍柴动力股份有限公司	山东	97.069	0.736	29.462	130.287
23	北京金隅集团股份有限公司	北京	97.053	0.325	29.254	108.980
24	红狮控股集团有限公司	浙江	97.044	1.088	42.050	136.180
25	华东医药股份有限公司	浙江	97.043	1.651	59.945	129.436
26	石药控股集团有限公司	河北	97.035	0.743	49.656	126.752
27	江苏恒瑞医药股份有限公司	江苏	97.028	0.845	90.496	126.999

续表

序号	企业名称	地区	综合信用指数	资产周转率（次/年）	所有者权益比率（%）	资本保值增值率（%）
28	长城汽车股份有限公司	河北	97.000	0.851	48.100	108.626
29	华域汽车系统股份有限公司	上海	97.000	1.035	42.193	118.773
30	浙江吉利控股集团有限公司	浙江	97.000	0.836	16.665	114.724
31	扬子江药业集团有限公司	江苏	96.990	1.879	77.109	119.789
32	冀南钢铁集团有限公司	河北	96.985	4.013	90.972	153.221
33	中国航天科技集团有限公司	北京	96.953	0.524	44.201	109.501
34	浙江龙盛控股有限公司	浙江	96.951	0.688	47.329	124.207
35	上海医药集团股份有限公司	上海	96.833	1.362	36.041	112.382
36	上海复星医药（集团）股份有限公司	上海	96.810	0.376	51.503	113.380
37	安徽古井贡酒股份有限公司	安徽	96.769	0.751	67.998	128.385
38	桐昆集团股份有限公司	浙江	96.734	1.265	47.691	118.022
39	中国航天科工集团有限公司	北京	96.714	0.745	39.913	110.890
40	佛山市海天调味食品股份有限公司	广东	96.669	0.800	67.051	138.603
41	河南双汇投资发展股份有限公司	河南	96.537	2.108	59.774	143.671
42	隆基绿能科技股份有限公司	陕西	96.477	0.555	47.712	133.779
43	南山集团有限公司	山东	96.464	0.843	44.726	109.484
44	威高集团有限公司	山东	96.452	0.821	56.657	114.715
45	浙江正泰电器股份有限公司	浙江	96.449	0.547	45.139	118.341
46	宁德时代新能源科技股份有限公司	福建	96.343	0.452	41.625	115.218
47	广州白云山医药集团股份有限公司	广东	96.307	1.142	45.681	115.870
48	泸州老窖股份有限公司	四川	96.289	0.547	67.617	127.364
49	华润三九医药股份有限公司	广东	96.248	0.731	64.078	119.756
50	公牛集团股份有限公司	浙江	96.197	1.354	74.850	170.937
51	甘肃上峰水泥股份有限公司	甘肃	96.186	0.749	58.384	168.834
52	广州汽车工业集团有限公司	广东	96.170	1.214	14.764	109.154
53	新疆特变电工集团有限公司	新疆	96.140	0.405	35.506	106.087
54	青山控股集团有限公司	浙江	96.096	3.724	30.821	135.726
55	鹏鼎控股（深圳）股份有限公司	广东	96.093	0.922	68.717	116.350
56	紫金矿业集团股份有限公司	福建	95.949	1.099	46.095	112.510
57	中国电子科技集团有限公司	北京	95.927	0.565	38.884	108.518
58	中国兵器工业集团有限公司	北京	95.846	1.108	27.059	108.509
59	杭州海康威视数字技术股份有限公司	浙江	95.733	0.765	60.342	133.161

续表

序号	企业名称	地区	综合信用指数	资产周转率（次/年）	所有者权益比率（%）	资本保值增值率（%）
60	上海电气（集团）总公司	上海	95.695	0.443	10.675	107.738
61	重庆智飞生物制品股份有限公司	重庆	95.663	0.968	52.523	156.601
62	宁波申洲针织有限公司	浙江	95.398	0.712	79.022	122.237
63	盛虹控股集团有限公司	江苏	95.330	2.038	20.709	120.740
64	海澜集团有限公司	江苏	95.154	1.107	74.975	106.589
65	山东魏桥创业集团有限公司	山东	95.069	1.151	29.337	107.771
66	深圳迈瑞生物医疗电子股份有限公司	广东	95.033	0.646	72.626	130.906
67	云南白药集团股份有限公司	云南	94.949	0.597	76.725	121.095
68	海尔集团公司	山东	94.881	0.729	11.867	120.183
69	立讯精密工业股份有限公司	广东	94.743	1.266	44.047	131.794
70	富士康工业互联网股份有限公司	广东	94.728	1.988	43.455	125.736
71	浙江世纪华通集团股份有限公司	浙江	94.644	0.454	75.854	114.509
72	雅戈尔集团股份有限公司	浙江	94.620	0.154	34.722	114.022
73	龙蟒佰利联集团股份有限公司	河南	94.611	0.440	54.242	120.966
74	通威股份有限公司	四川	94.498	0.802	38.633	118.201
75	中国兵器装备集团有限公司	北京	94.345	0.591	20.714	110.986
76	中国中车集团有限公司	北京	94.308	0.557	16.631	105.404
77	内蒙古君正能源化工集团股份有限公司	内蒙古	94.263	0.311	62.043	115.041
78	新疆金风科技股份有限公司	新疆	94.210	0.371	31.268	108.933
79	舜宇集团有限公司	浙江	94.200	1.233	40.898	143.223
80	中国国际海运集装箱（集团）股份有限公司	广东	94.160	0.499	31.979	106.725
81	中国航空工业集团有限公司	北京	93.995	0.451	19.178	102.183
82	深圳市汇顶科技股份有限公司	广东	93.950	0.825	82.044	156.418
83	万丰奥特控股集团有限公司	浙江	93.925	0.956	41.490	117.458
84	江苏洋河酒厂股份有限公司	江苏	93.850	0.433	68.266	121.953
85	山东金岭集团有限公司	山东	93.791	2.835	85.914	122.553
86	浙江大华技术股份有限公司	浙江	93.617	0.884	54.038	125.049
87	波司登股份有限公司	江苏	93.552	0.813	56.819	118.430
88	福耀玻璃工业集团股份有限公司	福建	93.190	0.544	55.038	114.354
89	万向集团公司	浙江	93.084	1.382	17.012	113.276
90	无锡威孚高科技集团股份有限公司	江苏	92.875	0.367	72.979	114.470
91	中信泰富特钢集团股份有限公司	湖北	92.791	1.000	34.823	222.375

续表

序号	企业名称	地区	综合信用指数	资产周转率（次/年）	所有者权益比率（%）	资本保值增值率（%）
92	山东华鲁恒升化工股份有限公司	山东	92.674	0.780	78.248	120.327
93	郑州宇通集团有限公司	河南	92.576	0.420	19.257	115.040
94	敬业集团有限公司	河北	92.487	2.913	53.167	130.399
95	天茂实业集团股份有限公司	湖北	92.268	0.245	16.735	115.367
96	河北安丰钢铁有限公司	河北	91.755	1.896	63.549	130.634
97	河北普阳钢铁有限公司	河北	91.281	3.153	76.538	121.570
98	江苏扬子江船业集团公司	江苏	90.875	0.373	33.705	109.986
99	湖南华菱钢铁股份有限公司	湖南	90.874	1.294	39.224	137.939
100	南京钢铁集团有限公司	江苏	90.443	2.503	32.136	114.183

四、2020 中国制造业企业信用 100 强成长性指标

序号	企业名称	地区	营收增长率（%）	利润增长率（%）	资产增长率（%）	资本积累率（%）
1	华为投资控股有限公司	广东	19.084	5.703	28.968	26.841
2	中国建材集团有限公司	北京	14.397	9.838	2.634	7.338
3	美的集团股份有限公司	广东	7.593	24.944	14.507	29.401
4	贵州茅台酒股份有限公司	贵州	20.662	24.902	14.511	25.734
5	安徽海螺集团有限责任公司	安徽	24.295	13.680	14.666	22.550
6	上海汽车集团股份有限公司	上海	-6.525	-2.000	8.504	28.362
7	珠海格力电器股份有限公司	广东	1.204	-5.250	12.633	22.688
8	江西铜业股份有限公司	江西	11.645	-10.995	31.155	18.620
9	中国宝武钢铁集团有限公司	上海	25.896	39.756	21.127	8.706
10	宜宾五粮液股份有限公司	四川	25.201	36.192	23.582	19.860
11	正威国际集团有限公司	广东	21.536	27.284	10.676	13.972
12	东风汽车集团有限公司	湖北	-3.467	-13.273	9.137	7.816
13	恒力集团有限公司	江苏	49.767	272.094	52.967	29.359
14	中国石油化工集团有限公司	北京	2.516	21.384	-2.140	3.927
15	温氏食品集团股份有限公司	广东	27.795	264.996	21.555	34.886
16	华新水泥股份有限公司	湖北	14.466	35.499	10.506	40.153
17	蓝思科技股份有限公司	湖南	9.165	281.361	9.014	31.562
18	新希望六和股份有限公司	四川	18.805	262.571	33.944	51.331
19	三一集团有限公司	湖南	36.439	425.581	30.268	22.809
20	北京汽车集团有限公司	北京	4.263	-28.938	9.232	-7.056
21	山东太阳纸业股份有限公司	山东	20.474	8.563	23.944	42.376
22	潍柴动力股份有限公司	山东	9.485	37.534	15.372	77.482
23	北京金隅集团股份有限公司	北京	10.482	58.817	5.162	43.121
24	红狮控股集团有限公司	浙江	14.738	-11.941	15.970	32.100
25	华东医药股份有限公司	浙江	15.596	29.030	11.691	29.467
26	石药控股集团有限公司	河北	21.248	30.586	19.452	29.621
27	江苏恒瑞医药股份有限公司	江苏	33.705	31.012	23.233	26.406

续表

序号	企业名称	地区	营收增长率（%）	利润增长率（%）	资产增长率（%）	资本积累率（%）
28	长城汽车股份有限公司	河北	-3.043	-12.993	1.159	3.569
29	华域汽车系统股份有限公司	上海	-8.365	6.093	4.070	29.400
30	浙江吉利控股集团有限公司	浙江	0.699	-34.668	18.672	14.090
31	扬子江药业集团有限公司	江苏	11.936	13.608	20.013	19.660
32	冀南钢铁集团有限公司	河北	122.812	92.557	44.220	53.221
33	中国航天科技集团有限公司	北京	0.236	11.421	9.538	10.448
34	浙江龙盛控股有限公司	浙江	7.558	20.018	-0.903	22.469
35	上海医药集团股份有限公司	上海	17.275	24.470	7.997	26.587
36	上海复星医药（集团）股份有限公司	上海	14.716	38.243	7.893	40.126
37	安徽古井贡酒股份有限公司	安徽	19.926	27.287	10.882	24.075
38	桐昆集团股份有限公司	浙江	21.590	36.602	15.407	18.705
39	中国航天科工集团有限公司	北京	3.709	10.806	7.963	12.003
40	佛山市海天调味食品股份有限公司	广东	16.217	22.714	22.886	19.622
41	河南双汇投资发展股份有限公司	河南	23.747	15.291	28.125	31.919
42	隆基绿能科技股份有限公司	陕西	49.618	117.250	49.534	71.988
43	南山集团有限公司	山东	2.276	0.208	6.782	9.484
44	威高集团有限公司	山东	10.312	4.454	14.054	14.715
45	浙江正泰电器股份有限公司	浙江	10.230	10.556	16.172	15.256
46	宁德时代新能源科技股份有限公司	福建	54.630	47.996	37.178	28.082
47	广州白云山医药集团股份有限公司	广东	53.791	0.009	10.511	19.851
48	泸州老窖股份有限公司	四川	21.152	33.182	27.937	15.267
49	华润三九医药股份有限公司	广东	9.489	49.369	11.501	18.971
50	公牛集团股份有限公司	浙江	10.761	37.383	43.617	70.937
51	甘肃上峰水泥股份有限公司	甘肃	39.729	61.518	41.372	67.291
52	广州汽车工业集团有限公司	广东	1.832	-33.419	4.528	5.818
53	新疆特变电工集团有限公司	新疆	-3.002	-1.690	10.079	10.274
54	青山控股集团有限公司	浙江	15.938	49.084	20.498	36.075
55	鹏鼎控股（深圳）股份有限公司	广东	2.939	5.535	5.494	10.854
56	紫金矿业集团股份有限公司	福建	28.401	23.624	9.702	41.093
57	中国电子科技集团有限公司	北京	3.264	3.688	13.613	10.896
58	中国兵器工业集团有限公司	北京	4.345	38.724	8.187	11.226
59	杭州海康威视数字技术股份有限公司	浙江	15.693	9.798	18.703	20.970

续表

序号	企业名称	地区	营收增长率（%）	利润增长率（%）	资产增长率（%）	资本积累率（%）
60	上海电气（集团）总公司	上海	23.749	66.227	27.614	12.785
61	重庆智飞生物制品股份有限公司	重庆	102.500	63.049	60.677	37.467
62	宁波申洲针织有限公司	浙江	8.186	9.207	15.617	12.887
63	盛虹控股集团有限公司	江苏	34.190	33.128	11.978	20.740
64	海澜集团有限公司	江苏	2.638	-1.578	1.469	0.860
65	山东魏桥创业集团有限公司	山东	-1.830	-2.966	-0.028	1.116
66	深圳迈瑞生物医疗电子股份有限公司	广东	20.378	25.962	18.526	22.817
67	云南白药集团股份有限公司	云南	11.069	26.205	63.469	92.599
68	海尔集团公司	山东	8.980	-5.391	11.434	23.857
69	立讯精密工业股份有限公司	广东	74.383	80.980	35.499	40.339
70	富士康工业互联网股份有限公司	广东	-1.608	10.080	2.497	23.590
71	浙江世纪华通集团股份有限公司	浙江	17.297	69.770	4.916	55.828
72	雅戈尔集团股份有限公司	浙江	28.911	7.471	6.678	-0.620
73	龙蟒佰利联集团股份有限公司	河南	9.380	13.948	23.988	13.274
74	通威股份有限公司	四川	36.390	32.871	21.665	22.734
75	中国兵器装备集团有限公司	北京	-10.450	284.776	2.182	13.366
76	中国中车集团有限公司	北京	4.535	12.293	8.037	7.032
77	内蒙古君正能源化工集团股份有限公司	内蒙古	15.843	7.944	28.501	19.366
78	新疆金风科技股份有限公司	新疆	33.114	-30.680	26.662	29.097
79	舜宇集团有限公司	浙江	45.954	60.237	34.312	35.941
80	中国国际海运集装箱（集团）股份有限公司	广东	-8.217	-25.746	8.323	47.456
81	中国航空工业集团有限公司	北京	3.766	-13.118	6.390	5.741
82	深圳市汇顶科技股份有限公司	广东	73.952	212.102	46.837	56.773
83	万丰奥特控股集团有限公司	浙江	0.860	9.325	0.957	0.269
84	江苏洋河酒厂股份有限公司	江苏	-4.277	-8.984	7.851	8.462
85	山东金岭集团有限公司	山东	1.194	-17.956	6.573	22.582
86	浙江大华技术股份有限公司	浙江	10.495	24.963	12.197	26.606
87	波司登股份有限公司	江苏	-13.860	-4.437	20.572	9.038
88	福耀玻璃工业集团股份有限公司	福建	4.346	-29.664	12.571	5.835
89	万向集团公司	浙江	16.420	117.701	-0.475	-16.050
90	无锡威孚高科技集团股份有限公司	江苏	0.719	-3.896	14.677	9.871
91	中信泰富特钢集团股份有限公司	湖北	477.583	956.294	845.376	473.990

续表

序号	企业名称	地区	营收增长率（%）	利润增长率（%）	资产增长率（%）	资本积累率（%）
92	山东华鲁恒升化工股份有限公司	山东	-1.159	-18.764	-2.518	17.925
93	郑州宇通集团有限公司	河南	-3.695	38.442	10.139	11.269
94	敬业集团有限公司	河北	41.379	-18.844	12.170	25.118
95	天茂实业集团股份有限公司	湖北	62.167	120.016	15.158	80.883
96	河北安丰钢铁有限公司	河北	19.574	0.000	26.876	23.927
97	河北普阳钢铁有限公司	河北	32.927	-16.966	3.347	21.805
98	江苏扬子江船业集团公司	江苏	-4.324	-11.684	9.462	8.698
99	湖南华菱钢铁股份有限公司	湖南	17.705	-1.893	10.225	85.528
100	南京钢铁集团有限公司	江苏	16.167	-1.953	3.942	18.178

五、2020 中国制造业企业信用 100 强地区分布

序号	企业名称	综合信用指数	营业收入（万元）	利润（万元）	资产（万元）	所有者权益（万元）
北京						
1	中国建材集团有限公司	99.449	39810386	1487200	59619589	17645500
2	中国石油化工集团有限公司	97.289	281179985	4693019	221171940	75050116
3	北京汽车集团有限公司	97.164	50123000	516000	50089000	6899000
4	北京金隅集团股份有限公司	97.053	9182931	517815	28212376	8253135
5	中国航天科技集团有限公司	96.953	25014549	1815762	47753096	21107471
6	中国航天科工集团有限公司	96.714	25978759	1353300	34873944	13919081
7	中国电子科技集团有限公司	95.927	22762256	1203820	40306764	15673046
8	中国兵器工业集团有限公司	95.846	47471017	886821	42840254	11592078
9	中国兵器装备集团有限公司	94.345	20078000	682400	33993800	7041500
10	中国中车集团有限公司	94.308	23975206	361462	43049762	7159649
11	中国航空工业集团有限公司	93.995	45532992	399400	100861611	19343289
安徽						
1	安徽海螺集团有限责任公司	98.528	23430999	1224857	22018127	5191359
2	安徽古井贡酒股份有限公司	96.769	1041696	215780	1387130	943215
重庆						
1	重庆智飞生物制品股份有限公司	95.663	1058732	236644	1094242	574734
福建						
1	宁德时代新能源科技股份有限公司	96.343	4578802	501267	10135198	4218788
2	紫金矿业集团股份有限公司	95.949	13609798	506090	12383095	5707960
3	福耀玻璃工业集团股份有限公司	93.190	2110388	289818	3882628	2136908
甘肃						
1	甘肃上峰水泥股份有限公司	96.186	741206	237812	989946	577970
广东						
1	华为投资控股有限公司	99.833	85883300	6260500	85866100	29510600
2	美的集团股份有限公司	99.371	27938051	2527714	30195542	10749610
3	珠海格力电器股份有限公司	97.986	20050833	2482724	28297216	11204766

续表

序号	企业名称	综合信用指数	营业收入（万元）	利润（万元）	资产（万元）	所有者权益（万元）
4	正威国际集团有限公司	97.465	61389924	1248581	16140102	10133897
5	温氏食品集团股份有限公司	97.200	7314450	1444450	6557892	4662811
6	佛山市海天调味食品股份有限公司	96.669	1979689	535624	2475389	1659771
7	广州白云山医药集团股份有限公司	96.307	6495178	344129	5689366	2598949
8	华润三九医药股份有限公司	96.248	1470192	213908	2010353	1288188
9	广州汽车工业集团有限公司	96.170	37072213	390003	30536136	4508245
10	鹏鼎控股（深圳）股份有限公司	96.093	2661463	292461	2885619	1982925
11	深圳迈瑞生物医疗电子股份有限公司	95.033	1655599	468482	2563415	1861705
12	立讯精密工业股份有限公司	94.743	6251631	492742	4937791	2174970
13	富士康工业互联网股份有限公司	94.728	40869758	1860605	20561295	8934869
14	中国国际海运集装箱（集团）股份有限公司	94.160	8581534	251011	17210752	5503798
15	深圳市汇顶科技股份有限公司	93.950	647325	231736	784878	643942
贵州						
1	贵州茅台酒股份有限公司	99.138	8885434	4397000	18304237	14187638
河北						
1	石药控股集团有限公司	97.035	3645631	502785	4906022	2436123
2	长城汽车股份有限公司	97.000	9621069	453073	11309641	5439923
3	冀南钢铁集团有限公司	96.985	13014264	1024646	3242670	2949913
4	敬业集团有限公司	92.487	12740208	564980	4373718	2325372
5	河北安丰钢铁有限公司	91.755	3137288	259918	1654577	1051466
6	河北普阳钢铁有限公司	91.281	7862351	337928	2493251	1908296
河南						
1	河南双汇投资发展股份有限公司	96.537	6034831	566599	2863334	1711539
2	龙蟒佰利联集团股份有限公司	94.611	1141989	260455	2594278	1407194
3	郑州宇通集团有限公司	92.576	4205999	260448	10005730	1926782
湖北						
1	东风汽车集团有限公司	97.422	58064514	917686	49751333	9953365
2	华新水泥股份有限公司	97.200	3143921	702079	3664539	2336768
3	中信泰富特钢集团股份有限公司	92.791	7261987	538900	7258501	2527658
4	天茂实业集团股份有限公司	92.268	5019208	291855	20527395	3435347
湖南						
1	蓝思科技股份有限公司	97.200	3025776	242931	4702855	2243751

续表

序号	企业名称	综合信用指数	营业收入（万元）	利润（万元）	资产（万元）	所有者权益（万元）
2	三一集团有限公司	97.194	8758632	421001	15726559	3592286
3	湖南华菱钢铁股份有限公司	90.874	10732181	665168	8292832	3252787
江苏						
1	恒力集团有限公司	97.388	55673993	1434756	23525440	3621583
2	江苏恒瑞医药股份有限公司	97.028	2328858	532645	2755648	2493753
3	扬子江药业集团有限公司	96.990	9018503	611893	4798447	3700037
4	盛虹控股集团有限公司	95.330	19253573	336063	9447104	1956439
5	海澜集团有限公司	95.154	12322537	545429	11136057	8349281
6	江苏洋河酒厂股份有限公司	93.850	2312648	738609	5345504	3649155
7	波司登股份有限公司	93.552	2989473	353239	3678253	2089932
8	无锡威孚高科技集团股份有限公司	92.875	878436	230274	2395835	1748465
9	江苏扬子江船业集团公司	90.875	4525138	375223	12117407	4084148
10	南京钢铁集团有限公司	90.443	13731673	211598	5486434	1763114
江西						
1	江西铜业股份有限公司	97.855	24036034	217839	13491392	5903260
内蒙古						
1	内蒙古君正能源化工集团股份有限公司	94.263	980474	246632	3154794	1957340
山东						
1	山东太阳纸业股份有限公司	97.097	2276270	219756	3229517	1469988
2	潍柴动力股份有限公司	97.069	17436089	1190701	23683167	6977473
3	南山集团有限公司	96.464	11117000	510855	13185717	5897503
4	威高集团有限公司	96.452	4959070	438809	6037726	3420818
5	山东魏桥创业集团有限公司	95.069	27928123	547223	24269723	7120053
6	海尔集团公司	94.881	29001580	769138	39774318	4720025
7	山东金岭集团有限公司	93.791	4152181	231545	1464847	1258514
8	山东华鲁恒升化工股份有限公司	92.674	1419048	245303	1818725	1423119
陕西						
1	隆基绿能科技股份有限公司	96.477	3289746	555716	5930397	2829482
上海						
1	上海汽车集团股份有限公司	98.483	84332437	3528891	84933328	30083962
2	中国宝武钢铁集团有限公司	97.620	55220616	2004354	86219413	27350208
3	华域汽车系统股份有限公司	97.000	14402363	851629	13912743	5870153

续表

序号	企业名称	综合信用指数	营业收入（万元）	利润（万元）	资产（万元）	所有者权益（万元）
4	上海医药集团股份有限公司	96.833	18656580	483074	13702640	4938593
5	上海复星医药（集团）股份有限公司	96.810	2858515	374352	7611965	3920421
6	上海电气（集团）总公司	95.695	14172695	234403	32005188	3416474
四川						
1	宜宾五粮液股份有限公司	97.481	5011811	1822826	10639697	7609605
2	新希望六和股份有限公司	97.200	8205054	618056	6421767	3264987
3	泸州老窖股份有限公司	96.289	1581693	464224	2891997	1955473
4	通威股份有限公司	94.498	3755512	268234	4682095	1808819
新疆						
1	新疆特变电工集团有限公司	96.140	5211512	251955	12854491	4564132
2	新疆金风科技股份有限公司	94.210	3824455	222975	10305708	3222425
云南						
1	云南白药集团股份有限公司	94.949	2966467	417305	4965805	3809991
浙江						
1	红狮控股集团有限公司	97.044	5184828	549022	4767102	2004583
2	华东医药股份有限公司	97.043	3544570	292540	2146397	1286662
3	浙江吉利控股集团有限公司	97.000	33081765	851018	39568809	6594004
4	浙江龙盛控股有限公司	96.951	3767260	511926	5472308	2589965
5	桐昆集团股份有限公司	96.734	5058243	289630	4000094	1907697
6	浙江正泰电器股份有限公司	96.449	3022591	397070	5527745	2495161
7	公牛集团股份有限公司	96.197	1004044	230372	741656	555130
8	青山控股集团有限公司	96.096	26260199	570541	7050805	2173111
9	杭州海康威视数字技术股份有限公司	95.733	5765811	1246518	7535800	4547286
10	宁波申洲针织有限公司	95.398	2266527	495854	3185486	2517245
11	浙江世纪华通集团股份有限公司	94.644	1468972	228537	3235912	2454572
12	雅戈尔集团股份有限公司	94.620	1242117	395162	8066132	2800689
13	舜宇集团有限公司	94.200	3784870	399130	3069307	1255289
14	万丰奥特控股集团有限公司	93.925	3137670	237059	3281581	1361522
15	浙江大华技术股份有限公司	93.617	2614943	316086	2956465	1597617
16	万向集团公司	93.084	13050755	253990	9441057	1606123

六、2020 中国制造业企业信用 100 强行业分布

序号	企业名称	综合信用指数	营业收入（万元）	利润（万元）	资产（万元）	所有者权益（万元）
农副食品加工业						
1	温氏食品集团股份有限公司	97.200	7314450	1444450	6557892	4662811
2	新希望六和股份有限公司	97.200	8205054	618056	6421767	3264987
3	通威股份有限公司	94.498	3755512	268234	4682095	1808819
食品（含乳制品、饮料）制造业						
1	佛山市海天调味食品股份有限公司	96.669	1979689	535624	2475389	1659771
2	河南双汇投资发展股份有限公司	96.537	6034831	566599	2863334	1711539
酿酒制造业						
1	贵州茅台酒股份有限公司	99.138	8885434	4397000	18304237	14187638
2	宜宾五粮液股份有限公司	97.481	5011811	1822826	10639697	7609605
3	安徽古井贡酒股份有限公司	96.769	1041696	215780	1387130	943215
4	泸州老窖股份有限公司	96.289	1581693	464224	2891997	1955473
5	江苏洋河酒厂股份有限公司	93.850	2312648	738609	5345504	3649155
纺织、印染业						
1	桐昆集团股份有限公司	96.734	5058243	289630	4000094	1907697
2	山东魏桥创业集团有限公司	95.069	27928123	547223	24269723	7120053
纺织品、服装、服饰、鞋帽、皮革及辅料加工业						
1	宁波申洲针织有限公司	95.398	2266527	495854	3185486	2517245
2	海澜集团有限公司	95.154	12322537	545429	11136057	8349281
3	雅戈尔集团股份有限公司	94.620	1242117	395162	8066132	2800689
4	波司登股份有限公司	93.552	2989473	353239	3678253	2089932
造纸及纸制品（含木材、藤、竹、家具等）加工、印刷、包装业						
1	山东太阳纸业股份有限公司	97.097	2276270	219756	3229517	1469988
石化产品、炼焦及其他燃料生产加工业						
1	中国石油化工集团有限公司	97.289	281179985	4693019	221171940	75050116
化学原料及化学制品（含精细化工、日化、肥料等）制造业						
1	浙江龙盛控股有限公司	96.951	3767260	511926	5472308	2589965

续表

序号	企业名称	综合信用指数	营业收入（万元）	利润（万元）	资产（万元）	所有者权益（万元）
2	龙蟒佰利联集团股份有限公司	94.611	1141989	260455	2594278	1407194
3	内蒙古君正能源化工集团股份有限公司	94.263	980474	246632	3154794	1957340
4	山东金岭集团有限公司	93.791	4152181	231545	1464847	1258514
5	山东华鲁恒升化工股份有限公司	92.674	1419048	245303	1818725	1423119
医药、生物制药、医疗设备制造业						
1	华东医药股份有限公司	97.043	3544570	292540	2146397	1286662
2	石药控股集团有限公司	97.035	3645631	502785	4906022	2436123
3	江苏恒瑞医药股份有限公司	97.028	2328858	532645	2755648	2493753
4	扬子江药业集团有限公司	96.990	9018503	611893	4798447	3700037
5	上海医药集团股份有限公司	96.833	18656580	483074	13702640	4938593
6	上海复星医药（集团）股份有限公司	96.810	2858515	374352	7611965	3920421
7	威高集团有限公司	96.452	4959070	438809	6037726	3420818
8	广州白云山医药集团股份有限公司	96.307	6495178	344129	5689366	2598949
9	华润三九医药股份有限公司	96.248	1470192	213908	2010353	1288188
10	重庆智飞生物制品股份有限公司	95.663	1058732	236644	1094242	574734
11	深圳迈瑞生物医疗电子股份有限公司	95.033	1655599	468482	2563415	1861705
12	云南白药集团股份有限公司	94.949	2966467	417305	4965805	3809991
化学纤维制造业						
1	恒力集团有限公司	97.388	55673993	1434756	23525440	3621583
2	盛虹控股集团有限公司	95.330	19253573	336063	9447104	1956439
建筑材料及玻璃等制造业及非金属矿物制品业						
1	中国建材集团有限公司	99.449	39810386	1487200	59619589	17645500
2	安徽海螺集团有限责任公司	98.528	23430999	1224857	22018127	5191359
3	华新水泥股份有限公司	97.200	3143921	702079	3664539	2336768
4	北京金隅集团股份有限公司	97.053	9182931	517815	28212376	8253135
5	红狮控股集团有限公司	97.044	5184828	549022	4767102	2004583
6	甘肃上峰水泥股份有限公司	96.186	741206	237812	989946	577970
7	福耀玻璃工业集团股份有限公司	93.190	2110388	289818	3882628	2136908
黑色冶金及压延加工业						
1	中国宝武钢铁集团有限公司	97.620	55220616	2004354	86219413	27350208
2	冀南钢铁集团有限公司	96.985	13014264	1024646	3242670	2949913
3	青山控股集团有限公司	96.096	26260199	570541	7050805	2173111

续表

序号	企业名称	综合信用指数	营业收入（万元）	利润（万元）	资产（万元）	所有者权益（万元）
4	中信泰富特钢集团股份有限公司	92.791	7261987	538900	7258501	2527658
5	敬业集团有限公司	92.487	12740208	564980	4373718	2325372
6	河北安丰钢铁有限公司	91.755	3137288	259918	1654577	1051466
7	河北普阳钢铁有限公司	91.281	7862351	337928	2493251	1908296
8	湖南华菱钢铁股份有限公司	90.874	10732181	665168	8292832	3252787
9	南京钢铁集团有限公司	90.443	13731673	211598	5486434	1763114
一般有色冶金及压延加工业						
1	江西铜业股份有限公司	97.855	24036034	217839	13491392	5903260
2	正威国际集团有限公司	97.465	61389924	1248581	16140102	10133897
3	南山集团有限公司	96.464	11117000	510855	13185717	5897503
黄金冶炼及压延加工业						
1	紫金矿业集团股份有限公司	95.949	13609798	506090	12383095	5707960
工程机械、电梯、仓储等特种机械、设备及零配件制造业						
1	三一集团有限公司	97.194	8758632	421001	15726559	3592286
2	新疆金风科技股份有限公司	94.210	3824455	222975	10305708	3222425
3	中国国际海运集装箱（集团）股份有限公司	94.160	8581534	251011	17210752	5503798
电力、电气等设备、机械、元器件及光伏、电池、线缆制造业						
1	隆基绿能科技股份有限公司	96.477	3289746	555716	5930397	2829482
2	宁德时代新能源科技股份有限公司	96.343	4578802	501267	10135198	4218788
3	公牛集团股份有限公司	96.197	1004044	230372	741656	555130
4	新疆特变电工集团有限公司	96.140	5211512	251955	12854491	4564132
船舶、轨道交通设备及零部件制造业						
1	中国中车集团有限公司	94.308	23975206	361462	43049762	7159649
2	江苏扬子江船业集团公司	90.875	4525138	375223	12117407	4084148
家用电器及零配件制造业						
1	美的集团股份有限公司	99.371	27938051	2527714	30195542	10749610
2	珠海格力电器股份有限公司	97.986	20050833	2482724	28297216	11204766
3	海尔集团公司	94.881	29001580	769138	39774318	4720025
电子元器件与仪器仪表、自动化控制设备制造业						
1	蓝思科技股份有限公司	97.200	3025776	242931	4702855	2243751
2	浙江正泰电器股份有限公司	96.449	3022591	397070	5527745	2495161
3	鹏鼎控股（深圳）股份有限公司	96.093	2661463	292461	2885619	1982925

续表

序号	企业名称	综合信用指数	营业收入（万元）	利润（万元）	资产（万元）	所有者权益（万元）
4	中国电子科技集团有限公司	95.927	22762256	1203820	40306764	15673046
5	富士康工业互联网股份有限公司	94.728	40869758	1860605	20561295	8934869
动力、电力生产等装备、设备制造业						
1	潍柴动力股份有限公司	97.069	17436089	1190701	23683167	6977473
2	上海电气（集团）总公司	95.695	14172695	234403	32005188	3416474
计算机、通信器材、办公等电子设备及零部件制造业						
1	华为投资控股有限公司	99.833	85883300	6260500	85866100	29510600
2	杭州海康威视数字技术股份有限公司	95.733	5765811	1246518	7535800	4547286
3	立讯精密工业股份有限公司	94.743	6251631	492742	4937791	2174970
4	舜宇集团有限公司	94.200	3784870	399130	3069307	1255289
5	深圳市汇顶科技股份有限公司	93.950	647325	231736	784878	643942
6	浙江大华技术股份有限公司	93.617	2614943	316086	2956465	1597617
汽车及零配件制造业						
1	上海汽车集团股份有限公司	98.483	84332437	3528891	84933328	30083962
2	东风汽车集团有限公司	97.422	58064514	917686	49751333	9953365
3	北京汽车集团有限公司	97.164	50123000	516000	50089000	6899000
4	长城汽车股份有限公司	97.000	9621069	453073	11309641	5439923
5	华域汽车系统股份有限公司	97.000	14402363	851629	13912743	5870153
6	浙江吉利控股集团有限公司	97.000	33081765	851018	39568809	6594004
7	广州汽车工业集团有限公司	96.170	37072213	390003	30536136	4508245
8	浙江世纪华通集团股份有限公司	94.644	1468972	228537	3235912	2454572
9	万丰奥特控股集团有限公司	93.925	3137670	237059	3281581	1361522
10	万向集团公司	93.084	13050755	253990	9441057	1606123
11	无锡威孚高科技集团股份有限公司	92.875	878436	230274	2395835	1748465
12	郑州宇通集团有限公司	92.576	4205999	260448	10005730	1926782
航空航天及国防军工业						
1	中国航天科技集团有限公司	96.953	25014549	1815762	47753096	21107471
2	中国航天科工集团有限公司	96.714	25978759	1353300	34873944	13919081
3	中国兵器工业集团有限公司	95.846	47471017	886821	42840254	11592078
4	中国兵器装备集团有限公司	94.345	20078000	682400	33993800	7041500
5	中国航空工业集团有限公司	93.995	45532992	399400	100861611	19343289
综合制造业（以制造业为主，含有服务业）						
1	天茂实业集团股份有限公司	92.268	5019208	291855	20527395	3435347

第十章

2020 中国服务业企业信用 100 强评价资料

一、2020 中国服务业企业信用 100 强排序

序号	企业名称	地区	综合信用指数	信用环境指数	信用能力指数	信用行为指数
1	阿里巴巴集团控股有限公司	浙江	99.556	13.556	72.000	14.000
2	腾讯控股有限公司	广东	99.306	13.390	71.916	14.000
3	万科企业股份有限公司	广东	99.235	13.635	72.000	13.600
4	国家电网有限公司	北京	98.165	13.159	71.006	14.000
5	航天信息股份有限公司	北京	97.491	13.891	72.000	11.600
6	中国保利集团有限公司	北京	97.410	13.810	72.000	11.600
7	浪潮集团有限公司	山东	97.409	13.809	72.000	11.600
8	芜湖三七互娱网络科技集团股份有限公司	安徽	97.200	13.600	72.000	11.600
9	中国移动通信集团有限公司	北京	97.147	14.000	69.147	14.000
10	北京京东世纪贸易有限公司	北京	97.088	13.594	71.894	11.600
11	中国华润有限公司	广东	97.085	13.529	71.956	11.600
12	碧桂园控股有限公司	广东	97.076	12.962	71.340	12.774
13	九州通医药集团股份有限公司	湖北	96.884	13.830	71.454	11.600
14	绿地控股集团股份有限公司	上海	96.878	13.836	71.442	11.600
15	物产中大集团股份有限公司	浙江	96.873	13.290	71.983	11.600
16	中国旅游集团中免股份有限公司	北京	96.714	14.000	71.114	11.600
17	中远海运控股股份有限公司	天津	96.681	14.000	71.081	11.600
18	湖北省交通投资集团有限公司	湖北	96.588	13.901	71.086	11.600
19	中国葛洲坝集团股份有限公司	湖北	96.385	13.787	70.998	11.600
20	中国医药集团有限公司	北京	96.380	13.563	71.217	11.600
21	中国化学工程股份有限公司	北京	96.187	13.373	71.215	11.600
22	招商局集团有限公司	北京	96.104	13.829	69.911	12.364
23	东方明珠新媒体股份有限公司	上海	96.079	13.237	71.242	11.600
24	中国机械工业集团有限公司	北京	96.055	13.082	71.372	11.600
25	中国航空油料集团有限公司	北京	95.953	13.814	70.539	11.600
26	上海豫园旅游商城（集团）股份有限公司	上海	95.827	13.819	70.409	11.600
27	重庆华宇集团有限公司	重庆	95.813	13.965	70.248	11.600
28	中国南方电网有限责任公司	广东	95.571	13.400	70.571	11.600

续表

序号	企业名称	地区	综合信用指数	信用环境指数	信用能力指数	信用行为指数
29	中国通用技术（集团）控股有限责任公司	北京	95.498	13.813	70.085	11.600
30	厦门建发集团有限公司	福建	95.183	13.983	69.600	11.600
31	广州网易计算机系统有限公司	广东	95.108	14.000	69.508	11.600
32	物美科技集团有限公司	北京	95.106	13.819	69.687	11.600
33	中国工商银行股份有限公司	北京	95.027	13.827	67.200	14.000
34	中国外运股份有限公司	北京	94.927	13.982	69.345	11.600
35	四川蓝光发展股份有限公司	四川	94.896	13.780	69.515	11.600
36	月星集团有限公司	上海	94.827	13.814	69.413	11.600
37	招商银行股份有限公司	广东	94.800	13.600	67.200	14.000
38	中国民生银行股份有限公司	北京	94.699	13.499	67.200	14.000
39	中国光大集团股份公司	北京	94.631	13.617	69.413	11.600
40	红星美凯龙家居集团股份有限公司	上海	94.621	13.421	69.600	11.600
41	交通银行股份有限公司	上海	94.618	13.471	67.147	14.000
42	大秦铁路股份有限公司	山西	94.594	13.352	69.641	11.600
43	上海浦东发展银行股份有限公司	上海	94.573	13.461	67.112	14.000
44	上海机场（集团）有限公司	上海	94.513	13.406	69.507	11.600
45	中国银行股份有限公司	北京	94.400	14.000	66.400	14.000
46	中国建设银行股份有限公司	北京	94.282	13.882	66.400	14.000
47	平安银行股份有限公司	广东	94.247	13.571	66.676	14.000
48	紫光股份有限公司	北京	94.205	13.524	69.081	11.600
49	北京首都创业集团有限公司	北京	94.167	13.810	68.757	11.600
50	兴业银行股份有限公司	福建	94.140	13.128	67.012	14.000
51	中国中信集团有限公司	北京	94.112	12.710	69.803	11.600
52	重庆市金科投资控股（集团）有限责任公司	重庆	94.043	14.000	68.443	11.600
53	中国农业银行股份有限公司	北京	93.806	13.881	65.925	14.000
54	三六零安全科技股份有限公司	北京	93.769	13.395	68.774	11.600
55	厦门国贸集团股份有限公司	福建	93.609	13.045	68.964	11.600
56	京沪高速铁路股份有限公司	北京	93.424	13.867	67.956	11.600
57	中国电信集团有限公司	北京	93.291	14.000	67.691	11.600
58	中国邮政集团有限公司	北京	93.254	14.000	67.551	11.703
59	中国国际航空股份有限公司	北京	93.241	13.278	68.363	11.600
60	中国南方航空股份有限公司	广东	93.101	13.613	67.888	11.600
61	浙江省能源集团有限公司	浙江	93.020	13.807	67.613	11.600

续表

序号	企业名称	地区	综合信用指数	信用环境指数	信用能力指数	信用行为指数
62	华夏幸福基业股份有限公司	河北	92.992	13.725	67.667	11.600
63	宁波银行股份有限公司	浙江	92.917	13.600	66.517	12.800
64	江苏常熟农村商业银行股份有限公司	江苏	92.711	13.600	66.311	12.800
65	顺丰控股股份有限公司	广东	92.693	13.692	67.402	11.600
66	浙江省交通投资集团有限公司	浙江	92.545	13.274	67.671	11.600
67	长沙银行股份有限公司	湖南	92.360	13.559	66.001	12.800
68	中国平安保险（集团）股份有限公司	广东	92.329	11.200	67.129	14.000
69	上海银行股份有限公司	上海	92.080	13.600	65.680	12.800
70	广州农村商业银行股份有限公司	广东	92.062	13.590	65.672	12.800
71	中国人寿保险股份有限公司	北京	91.964	11.200	66.764	14.000
72	华夏银行股份有限公司	北京	91.857	13.407	65.650	12.800
73	北京学而思教育科技有限公司	北京	91.802	13.002	67.200	11.600
74	申万宏源集团股份有限公司	新疆	91.793	13.378	66.815	11.600
75	唯品会（中国）有限公司	广东	91.689	13.748	66.341	11.600
76	渤海银行股份有限公司	天津	91.676	13.581	65.295	12.800
77	中国东方航空集团有限公司	上海	91.570	13.830	66.140	11.600
78	北京银行股份有限公司	北京	91.529	13.492	65.237	12.800
79	阳光龙净集团有限公司	福建	91.497	13.483	66.413	11.600
80	南京银行股份有限公司	江苏	91.486	13.579	65.107	12.800
81	山东高速集团有限公司	山东	91.388	13.590	66.198	11.600
82	杭州银行股份有限公司	浙江	91.357	13.600	64.957	12.800
83	贵阳银行股份有限公司	贵州	91.311	13.600	64.911	12.800
84	金科地产集团股份有限公司	重庆	91.288	13.738	65.950	11.600
85	成都银行股份有限公司	四川	91.237	13.600	64.837	12.800
86	中国中化集团有限公司	北京	91.227	11.397	68.230	11.600
87	浙商银行股份有限公司	浙江	91.169	13.361	65.008	12.800
88	上海世茂股份有限公司	上海	91.110	13.472	66.039	11.600
89	西安银行股份有限公司	陕西	91.012	13.588	64.624	12.800
90	中国人民保险集团股份有限公司	北京	90.719	11.200	66.719	12.800
91	青岛农村商业银行股份有限公司	山东	90.685	13.595	64.290	12.800
92	重庆农村商业银行股份有限公司	重庆	90.590	13.600	64.190	12.800
93	申能（集团）有限公司	上海	90.488	13.804	65.084	11.600
94	中国太平洋保险（集团）股份有限公司	上海	90.478	11.200	66.478	12.800

续表

序号	企业名称	地区	综合信用指数	信用环境指数	信用能力指数	信用行为指数
95	国家开发投资集团有限公司	北京	90. 431	13. 363	65. 468	11. 600
96	春秋航空股份有限公司	上海	90. 430	13. 441	65. 389	11. 600
97	重庆银行股份有限公司	重庆	90. 412	13. 600	64. 012	12. 800
98	广东南海农村商业银行股份有限公司	广东	90. 340	13. 600	63. 940	12. 800
99	盛京银行股份有限公司	辽宁	90. 295	13. 485	64. 009	12. 800
100	国电南瑞科技股份有限公司	江苏	90. 284	13. 400	65. 284	11. 600

二、2020 中国服务业企业信用 100 强收益性指标

序号	企业名称	地区	综合信用指数	营收利润率（%）	资产利润率（%）	净资产利润率（%）
1	阿里巴巴集团控股有限公司	浙江	99.556	29.317	11.381	19.782
2	腾讯控股有限公司	广东	99.306	24.732	9.781	21.564
3	万科企业股份有限公司	广东	99.235	14.986	3.187	20.375
4	国家电网有限公司	北京	98.165	2.076	1.325	3.143
5	航天信息股份有限公司	北京	97.491	7.122	10.440	16.762
6	中国保利集团有限公司	北京	97.410	3.554	1.069	15.778
7	浪潮集团有限公司	山东	97.409	2.941	3.529	9.819
8	芜湖三七互娱网络科技集团股份有限公司	安徽	97.200	18.272	23.822	33.136
9	中国移动通信集团有限公司	北京	97.147	11.191	4.525	8.098
10	北京京东世纪贸易有限公司	北京	97.088	2.112	4.691	14.885
11	中国华润有限公司	广东	97.085	3.769	1.525	10.740
12	碧桂园控股有限公司	广东	97.076	8.139	2.074	26.030
13	九州通医药集团股份有限公司	湖北	96.884	1.790	2.504	8.110
14	绿地控股集团股份有限公司	上海	96.878	4.894	1.829	15.945
15	物产中大集团股份有限公司	浙江	96.873	1.090	4.192	12.764
16	中国旅游集团中免股份有限公司	北京	96.714	11.289	17.645	24.270
17	中远海运控股股份有限公司	天津	96.681	6.852	3.947	14.972
18	湖北省交通投资集团有限公司	湖北	96.588	10.719	0.814	2.842
19	中国葛洲坝集团股份有限公司	湖北	96.385	5.970	2.799	9.910
20	中国医药集团有限公司	北京	96.380	1.290	1.601	8.750
21	中国化学工程股份有限公司	北京	96.187	3.157	2.837	8.745
22	招商局集团有限公司	北京	96.104	10.652	1.867	10.235
23	东方明珠新媒体股份有限公司	上海	96.079	18.059	4.988	6.459
24	中国机械工业集团有限公司	北京	96.055	1.049	0.815	4.560
25	中国航空油料集团有限公司	北京	95.953	1.405	5.807	15.287
26	上海豫园旅游商城（集团）股份有限公司	上海	95.827	9.103	3.928	10.710
27	重庆华宇集团有限公司	重庆	95.813	11.661	9.104	23.344

续表

序号	企业名称	地区	综合信用指数	营收利润率（%）	资产利润率（%）	净资产利润率（%）
28	中国南方电网有限责任公司	广东	95.571	2.236	1.356	3.434
29	中国通用技术（集团）控股有限责任公司	北京	95.498	1.843	1.715	7.483
30	厦门建发集团有限公司	福建	95.183	1.357	1.351	8.899
31	广州网易计算机系统有限公司	广东	95.108	35.850	18.942	34.559
32	物美科技集团有限公司	北京	95.106	5.523	3.229	8.598
33	中国工商银行股份有限公司	北京	95.027	36.643	1.041	11.640
34	中国外运股份有限公司	北京	94.927	3.769	4.730	9.676
35	四川蓝光发展股份有限公司	四川	94.896	10.611	2.060	10.631
36	月星集团有限公司	上海	94.827	8.640	4.373	12.726
37	招商银行股份有限公司	广东	94.800	34.639	1.260	15.124
38	中国民生银行股份有限公司	北京	94.699	30.439	0.822	10.347
39	中国光大集团股份公司	北京	94.631	4.237	0.264	9.498
40	红星美凯龙家居集团股份有限公司	上海	94.621	28.455	3.832	9.567
41	交通银行股份有限公司	上海	94.618	33.579	0.788	9.747
42	大秦铁路股份有限公司	山西	94.594	18.983	10.247	12.412
43	上海浦东发展银行股份有限公司	上海	94.573	31.206	0.849	10.606
44	上海机场（集团）有限公司	上海	94.513	20.689	3.809	5.742
45	中国银行股份有限公司	北京	94.400	36.762	0.887	10.214
46	中国建设银行股份有限公司	北京	94.282	38.153	1.058	12.045
47	平安银行股份有限公司	广东	94.247	20.437	0.716	9.008
48	紫光股份有限公司	北京	94.205	5.683	5.617	9.502
49	北京首都创业集团有限公司	北京	94.167	5.408	0.716	10.402
50	兴业银行股份有限公司	福建	94.140	36.789	0.933	12.135
51	中国中信集团有限公司	北京	94.112	4.855	0.337	6.934
52	重庆市金科投资控股（集团）有限责任公司	重庆	94.043	6.407	3.710	99.065
53	中国农业银行股份有限公司	北京	93.806	33.945	0.856	10.865
54	三六零安全科技股份有限公司	北京	93.769	46.332	17.627	20.743
55	厦门国贸集团股份有限公司	福建	93.609	1.127	2.746	8.937
56	京沪高速铁路股份有限公司	北京	93.424	36.237	6.447	7.518
57	中国电信集团有限公司	北京	93.291	2.676	1.382	3.303
58	中国邮政集团有限公司	北京	93.254	4.970	0.290	8.066
59	中国国际航空股份有限公司	北京	93.241	5.325	2.465	7.154

续表

序号	企业名称	地区	综合信用指数	营收利润率（%）	资产利润率（%）	净资产利润率（%）
60	中国南方航空股份有限公司	广东	93.101	2.006	1.009	4.017
61	浙江省能源集团有限公司	浙江	93.020	4.640	2.148	6.494
62	华夏幸福基业股份有限公司	河北	92.992	13.958	3.208	19.929
63	宁波银行股份有限公司	浙江	92.917	39.311	1.047	13.690
64	江苏常熟农村商业银行股份有限公司	江苏	92.711	29.474	1.028	10.613
65	顺丰控股股份有限公司	广东	92.693	5.013	6.079	13.237
66	浙江省交通投资集团有限公司	浙江	92.545	3.421	1.070	5.155
67	长沙银行股份有限公司	湖南	92.360	30.902	0.874	12.570
68	中国平安保险（集团）股份有限公司	广东	92.329	14.062	1.999	19.283
69	上海银行股份有限公司	上海	92.080	40.829	0.909	11.473
70	广州农村商业银行股份有限公司	广东	92.062	18.345	0.841	11.003
71	中国人寿保险股份有限公司	北京	91.964	7.920	1.584	14.417
72	华夏银行股份有限公司	北京	91.857	26.099	0.732	8.211
73	北京学而思教育科技有限公司	北京	91.802	14.222	9.759	14.676
74	申万宏源集团股份有限公司	新疆	91.793	23.597	1.494	6.841
75	唯品会（中国）有限公司	广东	91.689	4.848	26.382	26.398
76	渤海银行股份有限公司	天津	91.676	14.355	0.749	10.069
77	中国东方航空集团有限公司	上海	91.570	2.786	1.110	8.641
78	北京银行股份有限公司	北京	91.529	34.201	0.789	10.332
79	阳光龙净集团有限公司	福建	91.497	1.710	1.014	16.212
80	南京银行股份有限公司	江苏	91.486	38.735	0.935	14.292
81	山东高速集团有限公司	山东	91.388	4.412	0.518	5.147
82	杭州银行股份有限公司	浙江	91.357	30.838	0.645	10.556
83	贵阳银行股份有限公司	贵州	91.311	40.891	1.070	14.873
84	金科地产集团股份有限公司	重庆	91.288	9.380	1.977	12.190
85	成都银行股份有限公司	四川	91.237	43.660	0.995	15.593
86	中国中化集团有限公司	北京	91.227	0.589	0.596	6.160
87	浙商银行股份有限公司	浙江	91.169	31.663	0.815	11.628
88	上海世茂股份有限公司	上海	91.110	17.909	3.011	7.969
89	西安银行股份有限公司	陕西	91.012	39.130	0.963	11.317
90	中国人民保险集团股份有限公司	北京	90.719	5.706	2.798	12.840
91	青岛农村商业银行股份有限公司	山东	90.685	32.618	0.833	11.662

续表

序号	企业名称	地区	综合信用指数	营收利润率（%）	资产利润率（%）	净资产利润率（%）
92	重庆农村商业银行股份有限公司	重庆	90. 590	37. 507	0. 970	11. 177
93	申能（集团）有限公司	上海	90. 488	8. 636	2. 229	4. 129
94	中国太平洋保险（集团）股份有限公司	上海	90. 478	7. 355	1. 855	15. 467
95	国家开发投资集团有限公司	北京	90. 431	4. 251	0. 955	6. 719
96	春秋航空股份有限公司	上海	90. 430	12. 417	6. 259	12. 221
97	重庆银行股份有限公司	重庆	90. 412	35. 684	0. 839	11. 387
98	广东南海农村商业银行股份有限公司	广东	90. 340	36. 339	1. 608	16. 458
99	盛京银行股份有限公司	辽宁	90. 295	10. 915	0. 533	6. 929
100	国电南瑞科技股份有限公司	江苏	90. 284	14. 373	8. 115	14. 272

三、2020 中国服务业企业信用 100 强流动性和安全性指标

序号	企业名称	地区	综合信用指数	资产周转率（次/年）	所有者权益比率（%）	资本保值增值率（%）
1	阿里巴巴集团控股有限公司	浙江	99.556	0.388	57.533	130.357
2	腾讯控股有限公司	广东	99.306	0.395	45.358	128.843
3	万科企业股份有限公司	广东	99.235	0.213	15.641	135.394
4	国家电网有限公司	北京	98.165	0.638	42.151	103.341
5	航天信息股份有限公司	北京	97.491	1.466	62.283	121.724
6	中国保利集团有限公司	北京	97.410	0.301	6.773	118.968
7	浪潮集团有限公司	山东	97.409	1.200	35.943	126.618
8	芜湖三七互娱网络科技集团股份有限公司	安徽	97.200	1.304	71.893	140.465
9	中国移动通信集团有限公司	北京	97.147	0.404	55.879	108.514
10	北京京东世纪贸易有限公司	北京	97.088	2.221	31.517	120.385
11	中国华润有限公司	广东	97.085	0.405	14.199	112.745
12	碧桂园控股有限公司	广东	97.076	0.255	7.967	132.597
13	九州通医药集团股份有限公司	湖北	96.884	1.398	30.876	109.647
14	绿地控股集团股份有限公司	上海	96.878	0.374	11.468	129.884
15	物产中大集团股份有限公司	浙江	96.873	3.846	32.845	116.393
16	中国旅游集团中免股份有限公司	北京	96.714	1.563	72.702	133.351
17	中远海运控股股份有限公司	天津	96.681	0.576	26.361	145.223
18	湖北省交通投资集团有限公司	湖北	96.588	0.076	28.631	103.296
19	中国葛洲坝集团股份有限公司	湖北	96.385	0.469	28.248	115.334
20	中国医药集团有限公司	北京	96.380	1.241	18.297	110.799
21	中国化学工程股份有限公司	北京	96.187	0.899	32.444	110.009
22	招商局集团有限公司	北京	96.104	0.175	18.246	111.436
23	东方明珠新媒体股份有限公司	上海	96.079	0.276	77.223	107.890
24	中国机械工业集团有限公司	北京	96.055	0.777	17.864	104.632
25	中国航空油料集团有限公司	北京	95.953	4.135	37.989	119.098
26	上海豫园旅游商城（集团）股份有限公司	上海	95.827	0.431	36.674	113.611
27	重庆华宇集团有限公司	重庆	95.813	0.781	39.000	138.791

续表

序号	企业名称	地区	综合信用指数	资产周转率（次/年）	所有者权益比率（%）	资本保值增值率（%）
28	中国南方电网有限责任公司	广东	95.571	0.607	39.503	103.927
29	中国通用技术（集团）控股有限责任公司	北京	95.498	0.930	22.917	108.513
30	厦门建发集团有限公司	福建	95.183	0.995	15.177	110.788
31	广州网易计算机系统有限公司	广东	95.108	0.528	54.809	146.954
32	物美科技集团有限公司	北京	95.106	0.585	37.561	109.659
33	中国工商银行股份有限公司	北京	95.027	0.028	8.941	113.449
34	中国外运股份有限公司	北京	94.927	1.255	48.882	112.597
35	四川蓝光发展股份有限公司	四川	94.896	0.194	19.377	126.390
36	月星集团有限公司	上海	94.827	0.506	34.360	114.624
37	招商银行股份有限公司	广东	94.800	0.036	8.328	117.297
38	中国民生银行股份有限公司	北京	94.699	0.027	7.944	113.075
39	中国光大集团股份公司	北京	94.631	0.062	2.777	110.431
40	红星美凯龙家居集团股份有限公司	上海	94.621	0.135	40.055	111.234
41	交通银行股份有限公司	上海	94.618	0.023	8.085	111.177
42	大秦铁路股份有限公司	山西	94.594	0.540	82.559	114.245
43	上海浦东发展银行股份有限公司	上海	94.573	0.027	8.008	112.619
44	上海机场（集团）有限公司	上海	94.513	0.184	66.331	106.323
45	中国银行股份有限公司	北京	94.400	0.024	8.681	112.517
46	中国建设银行股份有限公司	北京	94.282	0.028	8.787	113.621
47	平安银行股份有限公司	广东	94.247	0.035	7.946	111.746
48	紫光股份有限公司	北京	94.205	0.988	59.115	111.576
49	北京首都创业集团有限公司	北京	94.167	0.132	6.882	112.165
50	兴业银行股份有限公司	福建	94.140	0.025	7.692	114.315
51	中国中信集团有限公司	北京	94.112	0.069	4.853	107.525
52	重庆市金科投资控股（集团）有限责任公司	重庆	94.043	0.579	3.745	229.882
53	中国农业银行股份有限公司	北京	93.806	0.025	7.877	112.748
54	三六零安全科技股份有限公司	北京	93.769	0.380	84.979	124.808
55	厦门国贸集团股份有限公司	福建	93.609	2.437	30.727	110.453
56	京沪高速铁路股份有限公司	北京	93.424	0.178	85.754	108.056
57	中国电信集团有限公司	北京	93.291	0.517	41.847	103.388
58	中国邮政集团有限公司	北京	93.254	0.058	3.596	108.740
59	中国国际航空股份有限公司	北京	93.241	0.463	34.452	107.780

续表

序号	企业名称	地区	综合信用指数	资产周转率（次/年）	所有者权益比率（%）	资本保值增值率（%）
60	中国南方航空股份有限公司	广东	93.101	0.503	25.128	104.761
61	浙江省能源集团有限公司	浙江	93.020	0.463	33.078	106.921
62	华夏幸福基业股份有限公司	河北	92.992	0.230	16.095	133.545
63	宁波银行股份有限公司	浙江	92.917	0.027	7.645	116.978
64	江苏常熟农村商业银行股份有限公司	江苏	92.711	0.035	9.684	114.799
65	顺丰控股股份有限公司	广东	92.693	1.212	45.921	115.176
66	浙江省交通投资集团有限公司	浙江	92.545	0.313	20.767	105.949
67	长沙银行股份有限公司	湖南	92.360	0.028	6.949	116.965
68	中国平安保险（集团）股份有限公司	广东	92.329	0.142	10.366	129.535
69	上海银行股份有限公司	上海	92.080	0.022	7.922	112.607
70	广州农村商业银行股份有限公司	广东	92.062	0.046	7.644	114.227
71	中国人寿保险股份有限公司	北京	91.964	0.200	10.984	118.536
72	华夏银行股份有限公司	北京	91.857	0.028	8.916	110.185
73	北京学而思教育科技有限公司	北京	91.802	0.686	66.498	119.633
74	申万宏源集团股份有限公司	新疆	91.793	0.063	21.834	108.362
75	唯品会（中国）有限公司	广东	91.689	5.441	99.942	129.413
76	渤海银行股份有限公司	天津	91.676	0.052	7.437	114.922
77	中国东方航空集团有限公司	上海	91.570	0.399	12.850	109.383
78	北京银行股份有限公司	北京	91.529	0.023	7.635	111.219
79	阳光龙净集团有限公司	福建	91.497	0.593	6.256	120.158
80	南京银行股份有限公司	江苏	91.486	0.024	6.545	116.151
81	山东高速集团有限公司	山东	91.388	0.117	10.070	105.190
82	杭州银行股份有限公司	浙江	91.357	0.021	6.107	111.549
83	贵阳银行股份有限公司	贵州	91.311	0.026	7.196	117.221
84	金科地产集团股份有限公司	重庆	91.288	0.211	16.216	129.594
85	成都银行股份有限公司	四川	91.237	0.023	6.381	117.807
86	中国中化集团有限公司	北京	91.227	1.012	9.673	106.394
87	浙商银行股份有限公司	浙江	91.169	0.026	7.011	114.552
88	上海世茂股份有限公司	上海	91.110	0.168	37.788	116.225
89	西安银行股份有限公司	陕西	91.012	0.025	8.505	113.397
90	中国人民保险集团股份有限公司	北京	90.719	0.490	21.791	120.788
91	青岛农村商业银行股份有限公司	山东	90.685	0.026	7.146	113.880

续表

序号	企业名称	地区	综合信用指数	资产周转率（次/年）	所有者权益比率（%）	资本保值增值率（%）
92	重庆农村商业银行股份有限公司	重庆	90.590	0.026	8.678	113.929
93	申能（集团）有限公司	上海	90.488	0.258	53.994	105.190
94	中国太平洋保险（集团）股份有限公司	上海	90.478	0.252	11.995	118.956
95	国家开发投资集团有限公司	北京	90.431	0.225	14.213	107.140
96	春秋航空股份有限公司	上海	90.430	0.504	51.219	113.795
97	重庆银行股份有限公司	重庆	90.412	0.024	7.372	112.730
98	广东南海农村商业银行股份有限公司	广东	90.340	0.044	9.772	118.493
99	盛京银行股份有限公司	辽宁	90.295	0.049	7.690	109.641
100	国电南瑞科技股份有限公司	江苏	90.284	0.565	56.861	116.773

四、2020 中国服务业企业信用 100 强成长性指标

序号	企业名称	地区	营收增长率（%）	利润增长率（%）	资产增长率（%）	资本积累率（%）
1	阿里巴巴集团控股有限公司	浙江	35.258	70.030	36.050	53.457
2	腾讯控股有限公司	广东	20.658	18.536	31.853	33.754
3	万科企业股份有限公司	广东	23.587	63.243	13.172	73.711
4	国家电网有限公司	北京	3.591	1.824	5.766	6.290
5	航天信息股份有限公司	北京	21.346	49.239	7.761	29.602
6	中国保利集团有限公司	北京	29.169	41.791	20.749	20.215
7	浪潮集团有限公司	山东	10.570	108.433	15.984	171.089
8	芜湖三七互娱网络科技集团股份有限公司	安徽	73.296	139.647	20.838	22.118
9	中国移动通信集团有限公司	北京	1.116	7.996	5.819	5.141
10	北京京东世纪贸易有限公司	北京	24.862	252.166	24.172	36.949
11	中国华润有限公司	广东	7.579	7.355	12.406	18.662
12	碧桂园控股有限公司	广东	28.181	14.247	17.025	25.228
13	九州通医药集团股份有限公司	湖北	14.185	32.889	6.710	18.956
14	绿地控股集团股份有限公司	上海	22.862	84.180	10.531	87.424
15	物产中大集团股份有限公司	浙江	19.591	63.219	8.459	28.433
16	中国旅游集团中免股份有限公司	北京	2.040	74.964	14.302	37.419
17	中远海运控股股份有限公司	天津	25.016	741.423	14.938	202.039
18	湖北省交通投资集团有限公司	湖北	28.197	151.569	13.627	15.975
19	中国葛洲坝集团股份有限公司	湖北	9.262	40.919	7.449	54.732
20	中国医药集团有限公司	北京	23.089	7.720	15.065	23.416
21	中国化学工程股份有限公司	北京	27.851	70.168	19.421	14.464
22	招商局集团有限公司	北京	11.719	22.307	38.476	11.735
23	东方明珠新媒体股份有限公司	上海	-9.455	10.611	17.737	22.157
24	中国机械工业集团有限公司	北京	-0.851	-3.165	-2.745	1.591
25	中国航空油料集团有限公司	北京	-0.202	24.710	22.335	24.930
26	上海豫园旅游商城（集团）股份有限公司	上海	27.045	29.311	16.655	27.088
27	重庆华宇集团有限公司	重庆	138.060	152.462	51.656	66.169

续表

序号	企业名称	地区	营收增长率（%）	利润增长率（%）	资产增长率（%）	资本积累率（%）
28	中国南方电网有限责任公司	广东	5.750	7.410	14.559	14.356
29	中国通用技术（集团）控股有限责任公司	北京	7.600	15.490	13.840	13.766
30	厦门建发集团有限公司	福建	20.193	10.394	34.852	21.226
31	广州网易计算机系统有限公司	广东	-11.787	245.198	28.926	35.865
32	物美科技集团有限公司	北京	4.012	15.932	19.733	12.344
33	中国工商银行股份有限公司	北京	10.516	5.269	8.700	15.537
34	中国外运股份有限公司	北京	0.438	8.243	0.638	30.190
35	四川蓝光发展股份有限公司	四川	27.167	86.992	33.808	148.239
36	月星集团有限公司	上海	6.271	12.547	8.153	14.919
37	招商银行股份有限公司	广东	8.508	15.967	9.955	14.365
38	中国民生银行股份有限公司	北京	15.100	9.134	11.460	26.366
39	中国光大集团股份公司	北京	17.103	9.898	8.888	9.826
40	红星美凯龙家居集团股份有限公司	上海	15.656	4.664	10.314	17.430
41	交通银行股份有限公司	上海	9.319	6.019	3.928	14.677
42	大秦铁路股份有限公司	山西	2.007	4.307	1.435	14.769
43	上海浦东发展银行股份有限公司	上海	11.161	6.424	11.389	18.977
44	上海机场（集团）有限公司	上海	7.624	16.890	13.400	10.113
45	中国银行股份有限公司	北京	8.942	12.108	7.065	22.549
46	中国建设银行股份有限公司	北京	7.093	5.720	9.532	13.087
47	平安银行股份有限公司	广东	18.200	13.607	15.225	30.387
48	紫光股份有限公司	北京	11.993	80.463	12.726	21.834
49	北京首都创业集团有限公司	北京	-5.131	14.662	9.514	16.945
50	兴业银行股份有限公司	福建	14.544	-2.020	6.467	17.963
51	中国中信集团有限公司	北京	11.028	-16.584	10.561	8.524
52	重庆市金科投资控股（集团）有限责任公司	重庆	53.976	454.457	37.959	31.107
53	中国农业银行股份有限公司	北京	4.791	5.001	10.035	17.330
54	三六零安全科技股份有限公司	北京	-2.195	68.311	15.004	19.596
55	厦门国贸集团股份有限公司	福建	5.542	12.093	17.767	16.953
56	京沪高速铁路股份有限公司	北京	5.725	16.484	5.373	7.154
57	中国电信集团有限公司	北京	2.398	13.092	6.735	2.581
58	中国邮政集团有限公司	北京	8.977	12.204	7.805	8.360
59	中国国际航空股份有限公司	北京	-0.434	-1.149	20.736	8.754

续表

序号	企业名称	地区	营收增长率（%）	利润增长率（%）	资产增长率（%）	资本积累率（%）
60	中国南方航空股份有限公司	广东	7.449	3.755	24.322	18.539
61	浙江省能源集团有限公司	浙江	19.390	10.464	14.647	6.570
62	华夏幸福基业股份有限公司	河北	25.550	25.023	11.740	68.324
63	宁波银行股份有限公司	浙江	21.262	22.906	18.030	24.014
64	江苏常熟农村商业银行股份有限公司	江苏	10.671	27.839	10.879	39.444
65	顺丰控股股份有限公司	广东	23.367	26.000	28.943	14.650
66	浙江省交通投资集团有限公司	浙江	9.282	21.575	18.553	15.404
67	长沙银行股份有限公司	湖南	22.065	17.415	14.311	34.964
68	中国平安保险（集团）股份有限公司	广东	19.659	53.034	15.119	53.164
69	上海银行股份有限公司	上海	13.472	12.747	10.322	9.890
70	广州农村商业银行股份有限公司	广东	11.264	15.231	17.145	29.294
71	中国人寿保险股份有限公司	北京	15.871	417.894	14.514	28.574
72	华夏银行股份有限公司	北京	17.316	6.047	12.692	24.038
73	北京学而思教育科技有限公司	北京	9.892	3.425	5.445	33.774
74	申万宏源集团股份有限公司	新疆	60.979	39.497	11.737	22.237
75	唯品会（中国）有限公司	广东	9.153	52.652	-53.597	11.423
76	渤海银行股份有限公司	天津	8.660	17.731	7.605	48.197
77	中国东方航空集团有限公司	上海	4.266	24.396	15.241	8.584
78	北京银行股份有限公司	北京	13.771	7.944	6.381	8.580
79	阳光龙净集团有限公司	福建	12.306	4.517	18.111	24.340
80	南京银行股份有限公司	江苏	18.378	13.489	8.057	13.007
81	山东高速集团有限公司	山东	20.058	26.599	17.437	0.838
82	杭州银行股份有限公司	浙江	25.533	21.989	11.184	9.411
83	贵阳银行股份有限公司	贵州	15.996	16.752	11.339	15.784
84	金科地产集团股份有限公司	重庆	64.364	63.591	39.405	142.781
85	成都银行股份有限公司	四川	9.792	19.501	13.427	14.201
86	中国中化集团有限公司	北京	-4.440	-29.511	12.076	3.800
87	浙商银行股份有限公司	浙江	19.056	5.992	9.358	25.138
88	上海世茂股份有限公司	上海	3.748	59.804	17.766	103.597
89	西安银行股份有限公司	陕西	14.552	13.422	14.289	18.373
90	中国人民保险集团股份有限公司	北京	10.265	66.550	9.798	61.896
91	青岛农村商业银行股份有限公司	山东	16.981	16.495	16.158	19.020

续表

序号	企业名称	地区	营收增长率（%）	利润增长率（%）	资产增长率（%）	资本积累率（%）
92	重庆农村商业银行股份有限公司	重庆	1.966	8.993	8.379	24.618
93	申能（集团）有限公司	上海	15.598	15.896	20.739	25.691
94	中国太平洋保险（集团）股份有限公司	上海	8.784	57.356	14.400	22.560
95	国家开发投资集团有限公司	北京	16.943	-2.591	8.513	6.270
96	春秋航空股份有限公司	上海	12.883	22.314	10.504	12.883
97	重庆银行股份有限公司	重庆	10.921	11.609	11.294	11.795
98	广东南海农村商业银行股份有限公司	广东	2.753	17.766	7.774	12.359
99	盛京银行股份有限公司	辽宁	7.316	6.132	3.658	39.140
100	国电南瑞科技股份有限公司	江苏	13.606	11.970	9.715	17.522

五、2020 中国服务业企业信用 100 强地区分布

序号	企业名称	综合信用指数	营业收入（万元）	利润（万元）	资产（万元）	所有者权益（万元）
北京						
1	国家电网有限公司	98.165	265219573	5506044	415585039	175172188
2	航天信息股份有限公司	97.491	3390408	241468	2312883	1440544
3	中国保利集团有限公司	97.410	39479996	1403017	131288649	8892068
4	中国移动通信集团有限公司	97.147	74975548	8390397	185420203	103610351
5	北京京东世纪贸易有限公司	97.088	57688848	1218415	25972370	8185597
6	中国旅游集团中免股份有限公司	96.714	4796650	541471	3068726	2231036
7	中国医药集团有限公司	96.380	48835454	630173	39360646	7201693
8	中国化学工程股份有限公司	96.187	10412860	328726	11586539	3759182
9	招商局集团有限公司	96.104	33938447	3615278	193589455	35322282
10	中国机械工业集团有限公司	96.055	29790741	312464	38361111	6852642
11	中国航空油料集团有限公司	95.953	27970383	392859	6764797	2569904
12	中国通用技术（集团）控股有限责任公司	95.498	18348000	338162	19720204	4519257
13	物美科技集团有限公司	95.106	4297699	237353	7349849	2760669
14	中国工商银行股份有限公司	95.027	85516400	31336100	3010943600	269200300
15	中国外运股份有限公司	94.927	7765009	292701	6188641	3025148
16	中国民生银行股份有限公司	94.699	18044100	5492400	668184100	53082900
17	中国光大集团股份公司	94.631	32440000	1374500	521048600	14471400
18	中国银行股份有限公司	94.400	54918200	20189100	2276974400	197669600
19	中国建设银行股份有限公司	94.282	70562900	26922200	2543626100	223512700
20	紫光股份有限公司	94.205	5409906	307463	5473926	3235885
21	北京首都创业集团有限公司	94.167	4745880	256642	35848259	2467188
22	中国中信集团有限公司	94.112	51893114	2519383	748677828	36336116
23	中国农业银行股份有限公司	93.806	62726800	21292400	2487828800	195976200
24	三六零安全科技股份有限公司	93.769	1284110	594951	3375157	2868170
25	京沪高速铁路股份有限公司	93.424	3294217	1193725	18515136	15877419
26	中国电信集团有限公司	93.291	46539040	1245268	90096360	37702798

续表

序号	企业名称	综合信用指数	营业收入（万元）	利润（万元）	资产（万元）	所有者权益（万元）
27	中国邮政集团有限公司	93.254	61724771	3067973	1057771356	38035481
28	中国国际航空股份有限公司	93.241	13618069	725205	29425355	10137664
29	中国人寿保险股份有限公司	91.964	74516500	5901400	372673400	40934200
30	华夏银行股份有限公司	91.857	8473400	2211500	302078900	26933700
31	北京学而思教育科技有限公司	91.802	1765255	251059	2572543	1710680
32	北京银行股份有限公司	91.529	6312900	2159100	273704000	20896300
33	中国中化集团有限公司	91.227	55527470	327053	54889301	5309181
34	中国人民保险集团股份有限公司	90.719	55551500	2240100	113277100	24683900
35	国家开发投资集团有限公司	90.431	14194552	603397	63185483	8980461
安徽						
1	芜湖三七互娱网络科技集团股份有限公司	97.200	1322714	241684	1014526	729371
重庆						
1	重庆华宇集团有限公司	95.813	7776600	906791	9960000	3884400
2	重庆银行股份有限公司	90.412	1179104	420749	50123186	3694943
3	重庆市金科投资控股（集团）有限责任公司	94.043	19066570	1221568	32930458	1233092
4	金科地产集团股份有限公司	91.288	6777337	635700	32160502	5215116
5	成都银行股份有限公司	91.237	1272506	555575	55838573	3563009
6	重庆农村商业银行股份有限公司	90.590	2662981	998811	102979011	8936220
福建						
1	厦门建发集团有限公司	95.183	33969015	461014	34134471	5180549
2	兴业银行股份有限公司	94.140	18130800	6670200	714568100	54965200
3	厦门国贸集团股份有限公司	93.609	21804694	245707	8947280	2749187
4	阳光龙净集团有限公司	91.497	24807843	424235	41831136	2616792
广东						
1	腾讯控股有限公司	99.306	37728900	9331000	95398600	43270600
2	万科企业股份有限公司	99.235	36789388	5513161	172992945	27057912
3	中国华润有限公司	97.085	65462930	2467450	161797240	22973360
4	碧桂园控股有限公司	97.076	48590800	3955000	190715200	15193900
5	中国南方电网有限责任公司	95.571	56634191	1266392	93365226	36881931
6	广州网易计算机系统有限公司	95.108	5924100	2123800	11212400	6145400
7	招商银行股份有限公司	94.800	26970300	9342300	741724000	61770700
8	平安银行股份有限公司	94.247	13795800	2819500	393907000	31298300

续表

序号	企业名称	综合信用指数	营业收入（万元）	利润（万元）	资产（万元）	所有者权益（万元）
9	中国南方航空股份有限公司	93.101	15432200	309500	30664600	7705400
10	中国平安保险（集团）股份有限公司	92.329	116886700	16436500	822292900	85237000
11	广州农村商业银行股份有限公司	92.062	4099293	752034	89415429	6834669
12	唯品会（中国）有限公司	91.689	8675323	420618	1594325	1593394
13	广东南海农村商业银行股份有限公司	90.340	888320	322811	20071154	1961367
14	顺丰控股股份有限公司	92.693	11219340	562479	9253539	4249361
贵州						
1	贵阳银行股份有限公司	91.311	1466804	599789	56039929	4032718
湖北						
1	九州通医药集团股份有限公司	96.884	9949708	178148	7114777	2196771
2	湖北省交通投资集团有限公司	96.588	3342957	358342	44033277	12606977
3	中国葛洲坝集团股份有限公司	96.385	10994570	656361	23446337	6623150
湖南						
1	长沙银行股份有限公司	92.360	1701694	525856	60199774	4183323
江苏						
1	江苏常熟农村商业银行股份有限公司	92.711	644505	189964	18483947	1789925
2	南京银行股份有限公司	91.486	3244226	1256650	134343537	8792820
3	国电南瑞科技股份有限公司	90.284	3242359	466029	5742488	3265254
辽宁						
1	盛京银行股份有限公司	90.295	4987128	544322	102148080	7855553
山东						
1	浪潮集团有限公司	97.409	11234474	330415	9362062	3365044
2	山东高速集团有限公司	91.388	8479337	374094	72175044	7268329
3	青岛农村商业银行股份有限公司	90.685	872919	284725	34166738	2441527
山西						
1	大秦铁路股份有限公司	94.594	7991695	1517059	14804379	12222310
陕西						
1	西安银行股份有限公司	91.012	684530	267854	27828272	2366758
上海						
1	绿地控股集团股份有限公司	96.878	42808263	2095011	114570653	13139230
2	东方明珠新媒体股份有限公司	96.079	1234460	222927	4469223	3451287
3	上海豫园旅游商城（集团）股份有限公司	95.827	4291223	390615	9945317	3647354

续表

序号	企业名称	综合信用指数	营业收入（万元）	利润（万元）	资产（万元）	所有者权益（万元）
4	月星集团有限公司	94.827	2910559	251482	5751398	1976199
5	红星美凯龙家居集团股份有限公司	94.621	1646924	468624	12229442	4898485
6	交通银行股份有限公司	94.618	23247200	7806200	990560000	80091200
7	上海浦东发展银行股份有限公司	94.573	19068800	5950600	700592900	56105100
8	上海机场（集团）有限公司	94.513	1782659	368809	9682767	6422674
9	上海银行股份有限公司	92.080	4980029	2033286	223708194	17722663
10	中国东方航空集团有限公司	91.570	13340695	371626	33466016	4300518
11	上海世茂股份有限公司	91.110	2144913	384141	12756391	4820407
12	申能（集团）有限公司	90.488	4880455	421469	18905820	10208002
13	中国太平洋保险（集团）股份有限公司	90.478	38548900	2835400	152833300	18332000
14	春秋航空股份有限公司	90.430	1480352	183819	2936674	1504134
四川						
1	四川蓝光发展股份有限公司	94.896	3919368	415884	20189032	3912067
天津						
1	中远海运控股股份有限公司	96.681	15105668	1034975	26222403	6912524
2	渤海银行股份有限公司	91.676	5806765	833553	111311651	8278137
新疆						
1	申万宏源集团股份有限公司	91.793	2459341	580334	38853726	8483141
浙江						
1	阿里巴巴集团控股有限公司	99.556	50971100	14943300	131298500	75540100
2	物产中大集团股份有限公司	96.873	35892249	391276	9333204	3065456
3	浙江省能源集团有限公司	93.020	11180545	518771	24150783	7988499
4	宁波银行股份有限公司	92.917	3508139	1379084	131771705	10073611
5	浙江省交通投资集团有限公司	92.545	15047209	514827	48094486	9987723
6	杭州银行股份有限公司	91.357	2140874	660212	102407011	6254460
7	浙商银行股份有限公司	91.169	4636391	1468041	180078587	12624641
河北						
1	华夏幸福基业股份有限公司	92.992	10520954	1468495	45781195	7368621

六、2020 中国服务业企业信用 100 强行业分布

序号	企业名称	综合信用指数	营业收入（万元）	利润（万元）	资产（万元）	所有者权益（万元）
能源（电、热、燃气等）供应、开发、减排及再循环服务业						
1	国家电网有限公司	98. 165	265219573	5506044	415585039	175172188
2	中国南方电网有限责任公司	95. 571	56634191	1266392	93365226	36881931
3	浙江省能源集团有限公司	93. 020	11180545	518771	24150783	7988499
4	申能（集团）有限公司	90. 488	4880455	421469	18905820	10208002
5	国电南瑞科技股份有限公司	90. 284	3242359	466029	5742488	3265254
铁路运输及辅助服务业						
1	大秦铁路股份有限公司	94. 594	7991695	1517059	14804379	12222310
2	京沪高速铁路股份有限公司	93. 424	3294217	1193725	18515136	15877419
陆路运输、城市公交、道路及交通辅助等服务业						
1	浙江省交通投资集团有限公司	92. 545	15047209	514827	48094486	9987723
2	山东高速集团有限公司	91. 388	8479337	374094	72175044	7268329
水上运输业						
1	中远海运控股股份有限公司	96. 681	15105668	1034975	26222403	6912524
航空运输及相关服务业						
1	中国国际航空股份有限公司	93. 241	13618069	725205	29425355	10137664
2	中国南方航空股份有限公司	93. 101	15432200	309500	30664600	7705400
3	中国东方航空集团有限公司	91. 570	13340695	371626	33466016	4300518
4	春秋航空股份有限公司	90. 430	1480352	183819	2936674	1504134
航空港及相关服务业						
1	上海机场（集团）有限公司	94. 513	1782659	368809	9682767	6422674
电信、邮寄、速递等服务业						
1	中国移动通信集团有限公司	97. 147	74975548	8390397	185420203	103610351
2	中国电信集团有限公司	93. 291	46539040	1245268	90096360	37702798
3	中国邮政集团有限公司	93. 254	61724771	3067973	1057771356	38035481
4	顺丰控股股份有限公司	92. 693	11219340	562479	9253539	4249361
软件、程序、计算机应用、网络工程等计算机、微电子服务业						

续表

序号	企业名称	综合信用指数	营业收入（万元）	利润（万元）	资产（万元）	所有者权益（万元）
1	航天信息股份有限公司	97.491	3390408	241468	2312883	1440544
2	浪潮集团有限公司	97.409	11234474	330415	9362062	3365044
物流、仓储、运输、配送服务业						
1	厦门建发集团有限公司	95.183	33969015	461014	34134471	5180549
2	中国外运股份有限公司	94.927	7765009	292701	6188641	3025148
矿产、能源内外商贸批发业						
1	中国航空油料集团有限公司	95.953	27970383	392859	6764797	2569904
化工产品及医药内外商贸批发业						
1	中国中化集团有限公司	91.227	55527470	327053	54889301	5309181
机电、电子产品内外贸及批发业						
1	中国通用技术（集团）控股有限责任公司	95.498	18348000	338162	19720204	4519257
综合性内外商贸及批发、零售业						
1	物产中大集团股份有限公司	96.873	35892249	391276	9333204	3065456
2	厦门国贸集团股份有限公司	93.609	21804694	245707	8947280	2749187
医药专营批发、零售业及医疗服务业						
1	九州通医药集团股份有限公司	96.884	9949708	178148	7114777	2196771
2	中国医药集团有限公司	96.380	48835454	630173	39360646	7201693
商业零售业及连锁超市						
1	上海豫园旅游商城（集团）股份有限公司	95.827	4291223	390615	9945317	3647354
2	物美科技集团有限公司	95.106	4297699	237353	7349849	2760669
3	月星集团有限公司	94.827	2910559	251482	5751398	1976199
4	红星美凯龙家居集团股份有限公司	94.621	1646924	468624	12229442	4898485
银行业						
1	中国工商银行股份有限公司	95.027	85516400	31336100	3010943600	269200300
2	招商银行股份有限公司	94.800	26970300	9342300	741724000	61770700
3	中国民生银行股份有限公司	94.699	18044100	5492400	668184100	53082900
4	交通银行股份有限公司	94.618	23247200	7806200	990560000	80091200
5	上海浦东发展银行股份有限公司	94.573	19068800	5950600	700592900	56105100
6	中国银行股份有限公司	94.400	54918200	20189100	2276974400	197669600
7	中国建设银行股份有限公司	94.282	70562900	26922200	2543626100	223512700
8	平安银行股份有限公司	94.247	13795800	2819500	393907000	31298300
9	兴业银行股份有限公司	94.140	18130800	6670200	714568100	54965200

续表

序号	企业名称	综合信用指数	营业收入（万元）	利润（万元）	资产（万元）	所有者权益（万元）
10	中国农业银行股份有限公司	93.806	62726800	21292400	2487828800	195976200
11	宁波银行股份有限公司	92.917	3508139	1379084	131771705	10073611
12	江苏常熟农村商业银行股份有限公司	92.711	644505	189964	18483947	1789925
13	长沙银行股份有限公司	92.360	1701694	525856	60199774	4183323
14	上海银行股份有限公司	92.080	4980029	2033286	223708194	17722663
15	广州农村商业银行股份有限公司	92.062	4099293	752034	89415429	6834669
16	华夏银行股份有限公司	91.857	8473400	2211500	302078900	26933700
17	渤海银行股份有限公司	91.676	5806765	833553	111311651	8278137
18	北京银行股份有限公司	91.529	6312900	2159100	273704000	20896300
19	南京银行股份有限公司	91.486	3244226	1256650	134343537	8792820
20	杭州银行股份有限公司	91.357	2140874	660212	102407011	6254460
21	贵阳银行股份有限公司	91.311	1466804	599789	56039929	4032718
22	成都银行股份有限公司	91.237	1272506	555575	55838573	3563009
23	浙商银行股份有限公司	91.169	4636391	1468041	180078587	12624641
24	西安银行股份有限公司	91.012	684530	267854	27828272	2366758
25	青岛农村商业银行股份有限公司	90.685	872919	284725	34166738	2441527
26	重庆农村商业银行股份有限公司	90.590	2662981	998811	102979011	8936220
27	重庆银行股份有限公司	90.412	1179104	420749	50123186	3694943
28	广东南海农村商业银行股份有限公司	90.340	888320	322811	20071154	1961367
29	盛京银行股份有限公司	90.295	4987128	544322	102148080	7855553
保险业						
1	中国平安保险（集团）股份有限公司	92.329	116886700	16436500	822292900	85237000
2	中国人寿保险股份有限公司	91.964	74516500	5901400	372673400	40934200
3	中国人民保险集团股份有限公司	90.719	55551500	2240100	113277100	24683900
4	中国太平洋保险（集团）股份有限公司	90.478	38548900	2835400	152833300	18332000
多元化投资控股、商务服务业						
1	招商局集团有限公司	96.104	33938447	3615278	193589455	35322282
2	中国光大集团股份公司	94.631	32440000	1374500	521048600	14471400
3	中国中信集团有限公司	94.112	51893114	2519383	748677828	36336116
4	重庆市金科投资控股（集团）有限责任公司	94.043	19066570	1221568	32930458	1233092
5	华夏幸福基业股份有限公司	92.992	10520954	1468495	45781195	7368621
6	申万宏源集团股份有限公司	91.793	2459341	580334	38853726	8483141
7	阳光龙净集团有限公司	91.497	24807843	424235	41831136	2616792
8	上海世茂股份有限公司	91.110	2144913	384141	12756391	4820407

续表

序号	企业名称	综合信用指数	营业收入（万元）	利润（万元）	资产（万元）	所有者权益（万元）
9	国家开发投资集团有限公司	90.431	14194552	603397	63185483	8980461
房地产开发与经营、物业及房屋装饰、修缮、管理等服务业						
1	万科企业股份有限公司	99.235	36789388	5513161	172992945	27057912
2	碧桂园控股有限公司	97.076	48590800	3955000	190715200	15193900
3	绿地控股集团股份有限公司	96.878	42808263	2095011	114570653	13139230
4	重庆华宇集团有限公司	95.813	7776600	906791	9960000	3884400
5	金科地产集团股份有限公司	91.288	6777337	635700	32160502	5215116
旅游、旅馆及娱乐服务业						
1	中国旅游集团中免股份有限公司	96.714	4796650	541471	3068726	2231036
公用事业、市政、水务、航道等公共设施投资、经营与管理业						
1	湖北省交通投资集团有限公司	96.588	3342957	358342	44033277	12606977
2	北京首都创业集团有限公司	94.167	4745880	256642	35848259	2467188
科技研发、推广及地勘、规划、设计、评估、咨询、认证等承包服务业						
1	中国化学工程股份有限公司	96.187	10412860	328726	11586539	3759182
文化产业（书刊出版、印刷、发行与销售及影视、音像、文体、演艺等）						
1	东方明珠新媒体股份有限公司	96.079	1234460	222927	4469223	3451287
2	北京学而思教育科技有限公司	91.802	1765255	251059	2572543	1710680
信息、传媒、电子商务、网购、娱乐等互联网服务业						
1	阿里巴巴集团控股有限公司	99.556	50971100	14943300	131298500	75540100
2	腾讯控股有限公司	99.306	37728900	9331000	95398600	43270600
3	芜湖三七互娱网络科技集团股份有限公司	97.200	1322714	241684	1014526	729371
4	北京京东世纪贸易有限公司	97.088	57688848	1218415	25972370	8185597
5	广州网易计算机系统有限公司	95.108	5924100	2123800	11212400	6145400
6	紫光股份有限公司	94.205	5409906	307463	5473926	3235885
7	三六零安全科技股份有限公司	93.769	1284110	594951	3375157	2868170
8	唯品会（中国）有限公司	91.689	8675323	420618	1594325	1593394
综合服务业（以服务业为主，含有制造业）						
1	中国保利集团有限公司	97.410	39479996	1403017	131288649	8892068
2	中国华润有限公司	97.085	65462930	2467450	161797240	22973360
3	中国葛洲坝集团股份有限公司	96.385	10994570	656361	23446337	6623150
4	中国机械工业集团有限公司	96.055	29790741	312464	38361111	6852642
5	四川蓝光发展股份有限公司	94.896	3919368	415884	20189032	3912067

第十一章

2020 中国民营企业信用 100 强评价资料

一、2020 中国民营企业信用 100 强排序

序号	企业名称	地区	综合信用指数	信用环境指数	信用能力指数	信用行为指数
1	华为投资控股有限公司	广东	99.833	13.833	72.000	14.000
2	美的集团股份有限公司	广东	99.371	13.824	72.000	13.547
3	正威国际集团有限公司	广东	97.465	13.265	72.000	12.200
4	恒力集团有限公司	江苏	97.388	14.000	71.788	11.600
5	山东玲珑轮胎股份有限公司	山东	97.296	13.898	71.798	11.600
6	芜湖三七互娱网络科技集团股份有限公司	安徽	97.200	13.600	72.000	11.600
7	温氏食品集团股份有限公司	广东	97.200	13.600	72.000	11.600
8	新希望六和股份有限公司	四川	97.200	13.600	72.000	11.600
9	三一集团有限公司	湖南	97.194	13.594	72.000	11.600
10	山东太阳纸业股份有限公司	山东	97.097	13.497	72.000	11.600
11	北京京东世纪贸易有限公司	北京	97.088	13.594	71.894	11.600
12	碧桂园控股有限公司	广东	97.076	12.962	71.340	12.774
13	红狮控股集团有限公司	浙江	97.044	13.600	71.844	11.600
14	华东医药股份有限公司	浙江	97.043	13.443	72.000	11.600
15	江苏恒瑞医药股份有限公司	江苏	97.028	13.428	72.000	11.600
16	长城汽车股份有限公司	河北	97.000	13.400	72.000	11.600
17	浙江吉利控股集团有限公司	浙江	97.000	13.400	72.000	11.600
18	扬子江药业集团有限公司	江苏	96.990	13.390	72.000	11.600
19	冀南钢铁集团有限公司	河北	96.985	13.985	72.000	11.000
20	浙江龙盛控股有限公司	浙江	96.951	13.443	71.908	11.600
21	上海复星医药（集团）股份有限公司	上海	96.810	13.450	71.760	11.600
22	桐昆集团股份有限公司	浙江	96.734	13.385	71.749	11.600
23	索菲亚家居股份有限公司	广东	96.719	13.815	71.304	11.600
24	深圳市裕同包装科技股份有限公司	广东	96.710	13.798	71.312	11.600
25	纳爱斯集团有限公司	浙江	96.676	13.440	71.636	11.600
26	佛山市海天调味食品股份有限公司	广东	96.669	13.069	72.000	11.600
27	河南双汇投资发展股份有限公司	河南	96.537	12.956	71.981	11.600
28	广东东阳光科技控股股份有限公司	广东	96.478	13.165	69.600	13.713

续表

序号	企业名称	地区	综合信用指数	信用环境指数	信用能力指数	信用行为指数
29	隆基绿能科技股份有限公司	陕西	96.477	12.877	72.000	11.600
30	南山集团有限公司	山东	96.464	12.236	70.229	14.000
31	红豆集团有限公司	江苏	96.456	13.732	71.123	11.600
32	威高集团有限公司	山东	96.452	13.087	71.765	11.600
33	宁德时代新能源科技股份有限公司	福建	96.343	12.743	72.000	11.600
34	金东纸业（江苏）股份有限公司	江苏	96.238	13.873	70.766	11.600
35	北京东方雨虹防水技术股份有限公司	北京	96.227	13.600	71.027	11.600
36	公牛集团股份有限公司	浙江	96.197	12.636	71.961	11.600
37	甘肃上峰水泥股份有限公司	甘肃	96.186	13.600	70.986	11.600
38	江苏中天科技股份有限公司	江苏	96.168	12.665	71.903	11.600
39	新疆特变电工集团有限公司	新疆	96.140	12.665	71.875	11.600
40	青山控股集团有限公司	浙江	96.096	13.864	70.631	11.600
41	宁波华翔电子股份有限公司	浙江	95.874	13.400	70.874	11.600
42	重庆华宇集团有限公司	重庆	95.813	13.965	70.248	11.600
43	协鑫集团有限公司	江苏	95.778	12.612	71.566	11.600
44	天瑞集团股份有限公司	河南	95.647	13.600	70.447	11.600
45	宁波申洲针织有限公司	浙江	95.398	13.101	70.697	11.600
46	盛虹控股集团有限公司	江苏	95.330	13.837	69.893	11.600
47	正泰集团股份有限公司	浙江	95.206	12.743	70.863	11.600
48	海澜集团有限公司	江苏	95.154	12.642	70.912	11.600
49	三花控股集团有限公司	浙江	95.130	13.455	70.075	11.600
50	富通集团有限公司	浙江	95.114	12.499	71.015	11.600
51	物美科技集团有限公司	北京	95.106	13.819	69.687	11.600
52	山东魏桥创业集团有限公司	山东	95.069	12.633	70.836	11.600
53	完美世界股份有限公司	浙江	94.996	12.078	71.318	11.600
54	四川蓝光发展股份有限公司	四川	94.896	13.780	69.515	11.600
55	人民电器集团有限公司	浙江	94.858	12.800	70.458	11.600
56	月星集团有限公司	上海	94.827	13.814	69.413	11.600
57	江苏阳光集团有限公司	江苏	94.818	12.855	70.363	11.600
58	路通建设集团股份有限公司	山东	94.772	13.415	69.757	11.600
59	江苏立华牧业股份有限公司	江苏	94.719	11.200	71.919	11.600
60	浙江世纪华通集团股份有限公司	浙江	94.644	13.400	69.644	11.600
61	红星美凯龙家居集团股份有限公司	上海	94.621	13.421	69.600	11.600

续表

序号	企业名称	地区	综合信用指数	信用环境指数	信用能力指数	信用行为指数
62	内蒙古君正能源化工集团股份有限公司	内蒙古	94.263	13.098	69.565	11.600
63	通威集团有限公司	四川	94.243	13.600	69.043	11.600
64	华兰生物工程股份有限公司	河南	94.239	13.434	69.206	11.600
65	双胞胎（集团）股份有限公司	江西	94.033	13.562	68.871	11.600
66	深圳市汇顶科技股份有限公司	广东	93.950	13.600	72.000	8.350
67	万丰奥特控股集团有限公司	浙江	93.925	13.400	68.925	11.600
68	山东金岭集团有限公司	山东	93.791	11.994	70.197	11.600
69	海亮集团有限公司	浙江	93.786	11.489	70.697	11.600
70	南通三建控股有限公司	江苏	93.759	13.982	68.176	11.600
71	得力集团有限公司	浙江	93.678	13.900	71.539	8.239
72	中天控股集团有限公司	浙江	93.605	13.769	68.237	11.600
73	波司登股份有限公司	江苏	93.552	12.246	69.706	11.600
74	株洲旗滨集团股份有限公司	湖南	93.405	13.600	68.205	11.600
75	江西济民可信集团有限公司	江西	93.331	13.600	68.131	11.600
76	天能控股集团有限公司	浙江	93.247	12.723	68.924	11.600
77	浙江荣盛控股集团有限公司	浙江	93.166	13.825	67.741	11.600
78	华泰集团有限公司	山东	93.104	12.417	69.086	11.600
79	万向集团公司	浙江	93.084	13.400	68.084	11.600
80	华夏幸福基业股份有限公司	河北	92.992	13.725	67.667	11.600
81	宁波方太厨具有限公司	浙江	92.945	13.545	67.799	11.600
82	浙江森马服饰股份有限公司	浙江	92.823	12.603	68.620	11.600
83	郑州宇通集团有限公司	河南	92.576	13.400	67.576	11.600
84	敬业集团有限公司	河北	92.487	12.772	68.115	11.600
85	吉林敖东药业集团股份有限公司	吉林	92.384	13.600	67.184	11.600
86	湖北济川药业股份有限公司	湖北	92.374	12.548	68.226	11.600
87	天茂实业集团股份有限公司	湖北	92.268	13.857	66.811	11.600
88	卧龙控股集团有限公司	浙江	92.266	13.549	67.117	11.600
89	维维集团股份有限公司	江苏	92.140	12.728	67.813	11.600
90	浙江华峰氨纶股份有限公司	浙江	91.963	12.449	67.914	11.600
91	北京学而思教育科技有限公司	北京	91.802	13.002	67.200	11.600
92	江苏东方盛虹股份有限公司	江苏	91.796	13.494	66.703	11.600
93	河北安丰钢铁有限公司	河北	91.755	12.867	67.288	11.600
94	阳光龙净集团有限公司	福建	91.497	13.483	66.413	11.600

续表

序号	企业名称	地区	综合信用指数	信用环境指数	信用能力指数	信用行为指数
95	秦皇岛宏兴钢铁有限公司	河北	91.422	13.543	66.278	11.600
96	河北普阳钢铁有限公司	河北	91.281	12.903	66.777	11.600
97	茂业商业股份有限公司	四川	91.186	13.793	65.793	11.600
98	江苏扬子江船业集团公司	江苏	90.875	13.561	65.714	11.600
99	宋城演艺发展股份有限公司	浙江	90.601	12.690	66.311	11.600
100	春秋航空股份有限公司	上海	90.430	13.441	65.389	11.600

二、2020 中国民营企业信用 100 强收益性指标

序号	企业名称	地区	综合信用指数	营收利润率（%）	资产利润率（%）	净资产利润率（%）
1	华为投资控股有限公司	广东	99.833	7.29	7.29	21.21
2	美的集团股份有限公司	广东	99.371	9.05	8.37	23.51
3	正威国际集团有限公司	广东	97.465	2.03	7.74	12.32
4	恒力集团有限公司	江苏	97.388	2.58	6.10	39.62
5	山东玲珑轮胎股份有限公司	山东	97.296	9.71	6.27	15.12
6	芜湖三七互娱网络科技集团股份有限公司	安徽	97.200	18.27	23.82	33.14
7	温氏食品集团股份有限公司	广东	97.200	19.75	22.03	30.98
8	新希望六和股份有限公司	四川	97.200	7.53	9.62	18.93
9	三一集团有限公司	湖南	97.194	4.81	2.68	11.72
10	山东太阳纸业股份有限公司	山东	97.097	9.65	6.80	14.95
11	北京京东世纪贸易有限公司	北京	97.088	2.11	4.69	14.88
12	碧桂园控股有限公司	广东	97.076	8.14	2.07	26.03
13	红狮控股集团有限公司	浙江	97.044	10.59	11.52	27.39
14	华东医药股份有限公司	浙江	97.043	8.25	13.63	22.74
15	江苏恒瑞医药股份有限公司	江苏	97.028	22.87	19.33	21.36
16	长城汽车股份有限公司	河北	97.000	4.71	4.01	8.33
17	浙江吉利控股集团有限公司	浙江	97.000	2.57	2.15	12.91
18	扬子江药业集团有限公司	江苏	96.990	6.78	12.75	16.54
19	冀南钢铁集团有限公司	河北	96.985	7.87	31.60	34.73
20	浙江龙盛控股有限公司	浙江	96.951	13.59	9.35	19.77
21	上海复星医药（集团）股份有限公司	上海	96.810	13.10	4.92	9.55
22	桐昆集团股份有限公司	浙江	96.734	5.73	7.24	15.18
23	索菲亚家居股份有限公司	广东	96.719	14.24	12.90	18.53
24	深圳市裕同包装科技股份有限公司	广东	96.710	10.84	8.49	16.04
25	纳爱斯集团有限公司	浙江	96.676	6.07	6.82	8.37
26	佛山市海天调味食品股份有限公司	广东	96.669	27.06	21.64	32.27
27	河南双汇投资发展股份有限公司	河南	96.537	9.39	19.79	33.10

续表

序号	企业名称	地区	综合信用指数	营收利润率（%）	资产利润率（%）	净资产利润率（%）
28	广东东阳光科技控股股份有限公司	广东	96.478	13.54	7.57	20.45
29	隆基绿能科技股份有限公司	陕西	96.477	16.89	9.37	19.64
30	南山集团有限公司	山东	96.464	4.60	3.87	8.66
31	红豆集团有限公司	江苏	96.456	2.01	3.01	7.46
32	威高集团有限公司	山东	96.452	8.85	7.27	12.83
33	宁德时代新能源科技股份有限公司	福建	96.343	10.95	4.95	11.88
34	金东纸业（江苏）股份有限公司	江苏	96.238	5.85	3.08	10.12
35	北京东方雨虹防水技术股份有限公司	北京	96.227	11.43	9.26	20.84
36	公牛集团股份有限公司	浙江	96.197	22.94	31.06	41.50
37	甘肃上峰水泥股份有限公司	甘肃	96.186	32.08	24.02	41.15
38	江苏中天科技股份有限公司	江苏	96.168	5.08	4.90	9.16
39	新疆特变电工集团有限公司	新疆	96.140	4.83	1.96	5.52
40	青山控股集团有限公司	浙江	96.096	2.17	8.09	26.25
41	宁波华翔电子股份有限公司	浙江	95.874	7.45	7.43	12.12
42	重庆华宇集团有限公司	重庆	95.813	11.66	9.10	23.34
43	协鑫集团有限公司	江苏	95.778	1.43	0.77	3.66
44	天瑞集团股份有限公司	河南	95.647	3.82	2.35	4.60
45	宁波申洲针织有限公司	浙江	95.398	21.88	15.57	19.70
46	盛虹控股集团有限公司	江苏	95.330	1.75	3.56	17.18
47	正泰集团股份有限公司	浙江	95.206	2.31	2.58	12.74
48	海澜集团有限公司	江苏	95.154	4.43	4.90	6.53
49	三花控股集团有限公司	浙江	95.130	3.96	4.89	11.88
50	富通集团有限公司	浙江	95.114	3.28	4.79	13.61
51	物美科技集团有限公司	北京	95.106	5.52	3.23	8.60
52	山东魏桥创业集团有限公司	山东	95.069	1.96	2.25	7.69
53	完美世界股份有限公司	浙江	94.996	18.00	8.70	14.29
54	四川蓝光发展股份有限公司	四川	94.896	10.61	2.06	10.63
55	人民电器集团有限公司	浙江	94.858	3.77	14.60	21.86
56	月星集团有限公司	上海	94.827	8.64	4.37	12.73
57	江苏阳光集团有限公司	江苏	94.818	5.11	9.18	18.64
58	路通建设集团股份有限公司	山东	94.772	15.59	18.33	20.21
59	江苏立华牧业股份有限公司	江苏	94.719	22.14	22.93	28.78

续表

序号	企业名称	地区	综合信用指数	营收利润率（%）	资产利润率（%）	净资产利润率（%）
60	浙江世纪华通集团股份有限公司	浙江	94.644	15.56	7.06	9.31
61	红星美凯龙家居集团股份有限公司	上海	94.621	28.45	3.83	9.57
62	内蒙古君正能源化工集团股份有限公司	内蒙古	94.263	25.15	7.82	12.60
63	通威集团有限公司	四川	94.243	2.39	3.35	11.74
64	华兰生物工程股份有限公司	河南	94.239	37.27	18.18	20.03
65	双胞胎（集团）股份有限公司	江西	94.033	2.63	7.82	15.80
66	深圳市汇顶科技股份有限公司	广东	93.950	35.80	29.53	35.99
67	万丰奥特控股集团有限公司	浙江	93.925	7.56	7.22	17.41
68	山东金岭集团有限公司	山东	93.791	5.58	15.81	18.40
69	海亮集团有限公司	浙江	93.786	0.64	2.11	6.46
70	南通三建控股有限公司	江苏	93.759	3.00	7.69	22.57
71	得力集团有限公司	浙江	93.678	4.93	7.48	21.82
72	中天控股集团有限公司	浙江	93.605	2.47	2.84	15.88
73	波司登股份有限公司	江苏	93.552	11.82	9.60	16.90
74	株洲旗滨集团股份有限公司	湖南	93.405	14.46	10.30	16.32
75	江西济民可信集团有限公司	江西	93.331	7.56	11.56	27.87
76	天能控股集团有限公司	浙江	93.247	1.06	3.36	29.96
77	浙江荣盛控股集团有限公司	浙江	93.166	0.88	0.89	8.44
78	华泰集团有限公司	山东	93.104	1.39	3.19	10.28
79	万向集团公司	浙江	93.084	1.95	2.69	15.81
80	华夏幸福基业股份有限公司	河北	92.992	13.96	3.21	19.93
81	宁波方太厨具有限公司	浙江	92.945	12.67	11.56	19.74
82	浙江森马服饰股份有限公司	浙江	92.823	7.93	9.23	13.01
83	郑州宇通集团有限公司	河南	92.576	6.19	2.60	13.52
84	敬业集团有限公司	河北	92.487	4.43	12.92	24.30
85	吉林敖东药业集团股份有限公司	吉林	92.384	45.12	5.40	6.21
86	湖北济川药业股份有限公司	湖北	92.374	23.39	18.73	26.59
87	天茂实业集团股份有限公司	湖北	92.268	5.81	1.42	8.50
88	卧龙控股集团有限公司	浙江	92.266	3.96	4.49	16.36
89	维维集团股份有限公司	江苏	92.140	5.11	8.46	12.06
90	浙江华峰氨纶股份有限公司	浙江	91.963	13.36	10.85	23.73
91	北京学而思教育科技有限公司	北京	91.802	14.22	9.76	14.68

续表

序号	企业名称	地区	综合信用指数	营收利润率（%）	资产利润率（%）	净资产利润率（%）
92	江苏东方盛虹股份有限公司	江苏	91.796	6.48	4.60	10.54
93	河北安丰钢铁有限公司	河北	91.755	8.28	15.71	24.72
94	阳光龙净集团有限公司	福建	91.497	1.71	1.01	16.21
95	秦皇岛宏兴钢铁有限公司	河北	91.422	10.10	19.31	22.86
96	河北普阳钢铁有限公司	河北	91.281	4.30	13.55	17.71
97	茂业商业股份有限公司	四川	91.186	11.42	7.29	17.87
98	江苏扬子江船业集团公司	江苏	90.875	8.29	3.10	9.19
99	宋城演艺发展股份有限公司	浙江	90.601	52.26	12.36	13.81
100	春秋航空股份有限公司	上海	90.430	12.42	6.26	12.22

三、2020 中国民营企业信用 100 强流动性和安全性指标

序号	企业名称	地区	综合信用指数	资产周转率（次/年）	所有者权益比率（%）	资本保值增值率（%）
1	华为投资控股有限公司	广东	99.833	1.00	34.37	126.91
2	美的集团股份有限公司	广东	99.371	0.93	35.60	130.43
3	正威国际集团有限公司	广东	97.465	3.80	62.79	114.04
4	恒力集团有限公司	江苏	97.388	2.37	15.39	151.25
5	山东玲珑轮胎股份有限公司	山东	97.296	0.65	41.50	116.66
6	芜湖三七互娱网络科技集团股份有限公司	安徽	97.200	1.30	71.89	140.46
7	温氏食品集团股份有限公司	广东	97.200	1.12	71.10	141.79
8	新希望六和股份有限公司	四川	97.200	1.28	50.84	128.65
9	三一集团有限公司	湖南	97.194	0.56	22.84	114.39
10	山东太阳纸业股份有限公司	山东	97.097	0.70	45.52	121.28
11	北京京东世纪贸易有限公司	北京	97.088	2.22	31.52	120.38
12	碧桂园控股有限公司	广东	97.076	0.25	7.97	132.60
13	红狮控股集团有限公司	浙江	97.044	1.09	42.05	136.18
14	华东医药股份有限公司	浙江	97.043	1.65	59.95	129.44
15	江苏恒瑞医药股份有限公司	江苏	97.028	0.85	90.50	127.00
16	长城汽车股份有限公司	河北	97.000	0.85	48.10	108.63
17	浙江吉利控股集团有限公司	浙江	97.000	0.84	16.66	114.72
18	扬子江药业集团有限公司	江苏	96.990	1.88	77.11	119.79
19	冀南钢铁集团有限公司	河北	96.985	4.01	90.97	153.22
20	浙江龙盛控股有限公司	浙江	96.951	0.69	47.33	124.21
21	上海复星医药（集团）股份有限公司	上海	96.810	0.38	51.50	113.38
22	桐昆集团股份有限公司	浙江	96.734	1.26	47.69	118.02
23	索菲亚家居股份有限公司	广东	96.719	0.91	69.65	122.66
24	深圳市裕同包装科技股份有限公司	广东	96.710	0.78	52.92	118.88
25	纳爱斯集团有限公司	浙江	96.676	1.12	81.40	109.13
26	佛山市海天调味食品股份有限公司	广东	96.669	0.80	67.05	138.60
27	河南双汇投资发展股份有限公司	河南	96.537	2.11	59.77	143.67

续表

序号	企业名称	地区	综合信用指数	资产周转率（次/年）	所有者权益比率（%）	资本保值增值率（%）
28	广东东阳光科技控股股份有限公司	广东	96.478	0.56	37.03	129.40
29	隆基绿能科技股份有限公司	陕西	96.477	0.55	47.71	133.78
30	南山集团有限公司	山东	96.464	0.84	44.73	109.48
31	红豆集团有限公司	江苏	96.456	1.49	40.34	116.25
32	威高集团有限公司	山东	96.452	0.82	56.66	114.72
33	宁德时代新能源科技股份有限公司	福建	96.343	0.45	41.63	115.22
34	金东纸业（江苏）股份有限公司	江苏	96.238	0.53	30.41	110.55
35	北京东方雨虹防水技术股份有限公司	北京	96.227	0.81	44.43	126.27
36	公牛集团股份有限公司	浙江	96.197	1.35	74.85	170.94
37	甘肃上峰水泥股份有限公司	甘肃	96.186	0.75	58.38	168.83
38	江苏中天科技股份有限公司	江苏	96.168	0.96	53.46	110.21
39	新疆特变电工集团有限公司	新疆	96.140	0.41	35.51	106.09
40	青山控股集团有限公司	浙江	96.096	3.72	30.82	135.73
41	宁波华翔电子股份有限公司	浙江	95.874	1.00	61.30	115.69
42	重庆华宇集团有限公司	重庆	95.813	0.78	39.00	138.79
43	协鑫集团有限公司	江苏	95.778	0.54	21.09	103.79
44	天瑞集团股份有限公司	河南	95.647	0.62	51.15	104.47
45	宁波申洲针织有限公司	浙江	95.398	0.71	79.02	122.24
46	盛虹控股集团有限公司	江苏	95.330	2.04	20.71	120.74
47	正泰集团股份有限公司	浙江	95.206	1.12	20.23	114.59
48	海澜集团有限公司	江苏	95.154	1.11	74.98	106.59
49	三花控股集团有限公司	浙江	95.130	1.24	41.18	112.91
50	富通集团有限公司	浙江	95.114	1.46	35.16	115.09
51	物美科技集团有限公司	北京	95.106	0.58	37.56	109.66
52	山东魏桥创业集团有限公司	山东	95.069	1.15	29.34	107.77
53	完美世界股份有限公司	浙江	94.996	0.48	60.91	117.15
54	四川蓝光发展股份有限公司	四川	94.896	0.19	19.38	126.39
55	人民电器集团有限公司	浙江	94.858	3.87	66.79	119.32
56	月星集团有限公司	上海	94.827	0.51	34.36	114.62
57	江苏阳光集团有限公司	江苏	94.818	1.79	49.22	119.69
58	路通建设集团股份有限公司	山东	94.772	1.18	90.72	125.63
59	江苏立华牧业股份有限公司	江苏	94.719	1.04	79.67	147.35

续表

序号	企业名称	地区	综合信用指数	资产周转率（次/年）	所有者权益比率（%）	资本保值增值率（%）
60	浙江世纪华通集团股份有限公司	浙江	94.644	0.45	75.85	114.51
61	红星美凯龙家居集团股份有限公司	上海	94.621	0.13	40.05	111.23
62	内蒙古君正能源化工集团股份有限公司	内蒙古	94.263	0.31	62.04	115.04
63	通威集团有限公司	四川	94.243	1.40	28.51	113.31
64	华兰生物工程股份有限公司	河南	94.239	0.49	90.78	124.95
65	双胞胎（集团）股份有限公司	江西	94.033	2.97	49.47	118.67
66	深圳市汇顶科技股份有限公司	广东	93.950	0.82	82.04	156.42
67	万丰奥特控股集团有限公司	浙江	93.925	0.96	41.49	117.46
68	山东金岭集团有限公司	山东	93.791	2.83	85.91	122.55
69	海亮集团有限公司	浙江	93.786	3.29	32.75	107.02
70	南通三建控股有限公司	江苏	93.759	2.57	34.08	129.10
71	得力集团有限公司	浙江	93.678	1.52	34.29	127.37
72	中天控股集团有限公司	浙江	93.605	1.15	17.88	119.10
73	波司登股份有限公司	江苏	93.552	0.81	56.82	118.43
74	株洲旗滨集团股份有限公司	湖南	93.405	0.71	63.10	117.78
75	江西济民可信集团有限公司	江西	93.331	1.53	41.48	139.02
76	天能控股集团有限公司	浙江	93.247	3.18	11.21	134.91
77	浙江荣盛控股集团有限公司	浙江	93.166	1.00	10.49	109.27
78	华泰集团有限公司	山东	93.104	2.29	31.06	111.05
79	万向集团公司	浙江	93.084	1.38	17.01	113.28
80	华夏幸福基业股份有限公司	河北	92.992	0.23	16.10	133.55
81	宁波方太厨具有限公司	浙江	92.945	0.91	58.56	123.23
82	浙江森马服饰股份有限公司	浙江	92.823	1.16	70.96	113.76
83	郑州宇通集团有限公司	河南	92.576	0.42	19.26	115.04
84	敬业集团有限公司	河北	92.487	2.91	53.17	130.40
85	吉林敖东药业集团股份有限公司	吉林	92.384	0.12	86.99	106.63
86	湖北济川药业股份有限公司	湖北	92.374	0.80	70.45	129.74
87	天茂实业集团股份有限公司	湖北	92.268	0.24	16.74	115.37
88	卧龙控股集团有限公司	浙江	92.266	1.13	27.42	118.52
89	维维集团股份有限公司	江苏	92.140	1.66	70.11	111.90
90	浙江华峰氨纶股份有限公司	浙江	91.963	0.81	45.72	125.61
91	北京学而思教育科技有限公司	北京	91.802	0.69	66.50	119.63

续表

序号	企业名称	地区	综合信用指数	资产周转率（次/年）	所有者权益比率（%）	资本保值增值率（%）
92	江苏东方盛虹股份有限公司	江苏	91.796	0.71	43.66	112.45
93	河北安丰钢铁有限公司	河北	91.755	1.90	63.55	130.63
94	阳光龙净集团有限公司	福建	91.497	0.59	6.26	120.16
95	秦皇岛宏兴钢铁有限公司	河北	91.422	1.91	84.49	135.53
96	河北普阳钢铁有限公司	河北	91.281	3.15	76.54	121.57
97	茂业商业股份有限公司	四川	91.186	0.64	40.80	124.92
98	江苏扬子江船业集团公司	江苏	90.875	0.37	33.70	109.99
99	宋城演艺发展股份有限公司	浙江	90.601	0.24	89.51	116.11
100	春秋航空股份有限公司	上海	90.430	0.50	51.22	113.80

四、2020 中国民营企业信用 100 强成长性指标

序号	企业名称	地区	营收增长率（%）	利润增长率（%）	资产增长率（%）	资本积累率（%）
1	华为投资控股有限公司	广东	19.08	5.70	28.97	26.84
2	美的集团股份有限公司	广东	7.59	24.94	14.51	29.40
3	正威国际集团有限公司	广东	21.54	27.28	10.68	13.97
4	恒力集团有限公司	江苏	49.77	272.09	52.97	29.36
5	山东玲珑轮胎股份有限公司	山东	12.17	41.16	3.05	10.23
6	芜湖三七互娱网络科技集团股份有限公司	安徽	73.30	139.65	20.84	22.12
7	温氏食品集团股份有限公司	广东	27.79	265.00	21.55	34.89
8	新希望六和股份有限公司	四川	18.80	262.57	33.94	51.33
9	三一集团有限公司	湖南	36.44	425.58	30.27	22.81
10	山东太阳纸业股份有限公司	山东	20.47	8.56	23.94	42.38
11	北京京东世纪贸易有限公司	北京	24.86	252.17	24.17	36.95
12	碧桂园控股有限公司	广东	28.18	14.25	17.03	25.23
13	红狮控股集团有限公司	浙江	14.74	-11.94	15.97	32.10
14	华东医药股份有限公司	浙江	15.60	29.03	11.69	29.47
15	江苏恒瑞医药股份有限公司	江苏	33.70	31.01	23.23	26.41
16	长城汽车股份有限公司	河北	-3.04	-12.99	1.16	3.57
17	浙江吉利控股集团有限公司	浙江	0.70	-34.67	18.67	14.09
18	扬子江药业集团有限公司	江苏	11.94	13.61	20.01	19.66
19	冀南钢铁集团有限公司	河北	122.81	92.56	44.22	53.22
20	浙江龙盛控股有限公司	浙江	7.56	20.02	-0.90	22.47
21	上海复星医药（集团）股份有限公司	上海	14.72	38.24	7.89	40.13
22	桐昆集团股份有限公司	浙江	21.59	36.60	15.41	18.71
23	索菲亚家居股份有限公司	广东	5.13	14.15	8.60	22.29
24	深圳市裕同包装科技股份有限公司	广东	14.77	12.90	13.59	17.71
25	纳爱斯集团有限公司	浙江	3.11	23.37	15.63	9.00
26	佛山市海天调味食品股份有限公司	广东	16.22	22.71	22.89	19.62
27	河南双汇投资发展股份有限公司	河南	23.75	15.29	28.13	31.92

续表

序号	企业名称	地区	营收增长率（%）	利润增长率（%）	资产增长率（%）	资本积累率（%）
28	广东东阳光科技控股股份有限公司	广东	26.43	83.34	34.58	43.79
29	隆基绿能科技股份有限公司	陕西	49.62	117.25	49.53	71.99
30	南山集团有限公司	山东	2.28	0.21	6.78	9.48
31	红豆集团有限公司	江苏	8.63	29.94	11.84	118.00
32	威高集团有限公司	山东	10.31	4.45	14.05	14.72
33	宁德时代新能源科技股份有限公司	福建	54.63	48.00	37.18	28.08
34	金东纸业（江苏）股份有限公司	江苏	5.35	40.31	-1.51	4.27
35	北京东方雨虹防水技术股份有限公司	北京	29.25	37.60	14.06	26.06
36	公牛集团股份有限公司	浙江	10.76	37.38	43.62	70.94
37	甘肃上峰水泥股份有限公司	甘肃	39.73	61.52	41.37	67.29
38	江苏中天科技股份有限公司	江苏	14.29	-7.23	25.58	11.50
39	新疆特变电工集团有限公司	新疆	-3.00	-1.69	10.08	10.27
40	青山控股集团有限公司	浙江	15.94	49.08	20.50	36.08
41	宁波华翔电子股份有限公司	浙江	14.51	73.90	5.34	29.45
42	重庆华宇集团有限公司	重庆	138.06	152.46	51.66	66.17
43	协鑫集团有限公司	江苏	-9.34	1.09	-1.20	3.79
44	天瑞集团股份有限公司	河南	22.45	8.96	1.14	-2.89
45	宁波申洲针织有限公司	浙江	8.19	9.21	15.62	12.89
46	盛虹控股集团有限公司	江苏	34.19	33.13	11.98	20.74
47	正泰集团股份有限公司	浙江	14.31	24.81	10.92	14.57
48	海澜集团有限公司	江苏	2.64	-1.58	1.47	0.86
49	三花控股集团有限公司	浙江	10.88	28.88	-0.80	8.67
50	富通集团有限公司	浙江	12.27	-10.18	8.43	10.82
51	物美科技集团有限公司	北京	4.01	15.93	19.73	12.34
52	山东魏桥创业集团有限公司	山东	-1.83	-2.97	-0.03	1.12
53	完美世界股份有限公司	浙江	0.07	-15.18	4.07	20.02
54	四川蓝光发展股份有限公司	四川	27.17	86.99	33.81	148.24
55	人民电器集团有限公司	浙江	5.03	9.98	-1.93	-11.64
56	月星集团有限公司	上海	6.27	12.55	8.15	14.92
57	江苏阳光集团有限公司	江苏	1.72	1.10	-6.65	5.61
58	路通建设集团股份有限公司	山东	12.30	5.60	28.55	26.84
59	江苏立华牧业股份有限公司	江苏	22.96	51.13	50.49	64.52

续表

序号	企业名称	地区	营收增长率（%）	利润增长率（%）	资产增长率（%）	资本积累率（%）
60	浙江世纪华通集团股份有限公司	浙江	17.30	69.77	4.92	55.83
61	红星美凯龙家居集团股份有限公司	上海	15.66	4.66	10.31	17.43
62	内蒙古君正能源化工集团股份有限公司	内蒙古	15.84	7.94	28.50	19.37
63	通威集团有限公司	四川	15.11	19.04	20.58	13.39
64	华兰生物工程股份有限公司	河南	15.02	21.01	16.79	24.55
65	双胞胎（集团）股份有限公司	江西	10.13	13.39	46.06	18.13
66	深圳市汇顶科技股份有限公司	广东	73.95	212.10	46.84	56.77
67	万丰奥特控股集团有限公司	浙江	0.86	9.33	0.96	0.27
68	山东金岭集团有限公司	山东	1.19	-17.96	6.57	22.58
69	海亮集团有限公司	浙江	8.25	-23.10	3.59	8.73
70	南通三建控股有限公司	江苏	22.43	17.99	4.52	28.92
71	得力集团有限公司	浙江	16.17	17.09	19.02	25.42
72	中天控股集团有限公司	浙江	17.80	70.97	21.89	20.29
73	波司登股份有限公司	江苏	-13.86	-4.44	20.57	9.04
74	株洲旗滨集团股份有限公司	湖南	11.07	11.45	1.77	8.91
75	江西济民可信集团有限公司	江西	19.88	131.86	87.14	40.02
76	天能控股集团有限公司	浙江	6.09	17.39	33.28	16.53
77	浙江荣盛控股集团有限公司	浙江	59.90	33.02	45.46	9.78
78	华泰集团有限公司	山东	1.63	-21.38	3.10	7.55
79	万向集团公司	浙江	16.42	117.70	-0.48	-16.05
80	华夏幸福基业股份有限公司	河北	25.55	25.02	11.74	68.32
81	宁波方太厨具有限公司	浙江	-0.29	46.33	11.10	17.67
82	浙江森马服饰股份有限公司	浙江	23.01	-9.43	0.32	5.82
83	郑州宇通集团有限公司	河南	-3.70	38.44	10.14	11.27
84	敬业集团有限公司	河北	41.38	-18.84	12.17	25.12
85	吉林敖东药业集团股份有限公司	吉林	-7.09	49.00	4.63	6.74
86	湖北济川药业股份有限公司	湖北	-3.72	-3.84	11.12	11.85
87	天茂实业集团股份有限公司	湖北	62.17	120.02	15.16	80.88
88	卧龙控股集团有限公司	浙江	5.43	40.25	10.87	13.16
89	维维集团股份有限公司	江苏	5.33	7.52	-4.82	-1.34
90	浙江华峰氨纶股份有限公司	浙江	-8.88	-4.92	16.36	7.94
91	北京学而思教育科技有限公司	北京	9.89	3.42	5.44	33.77

续表

序号	企业名称	地区	营收增长率（%）	利润增长率（%）	资产增长率（%）	资本积累率（%）
92	江苏东方盛虹股份有限公司	江苏	34.96	90.40	60.24	18.12
93	河北安丰钢铁有限公司	河北	19.57	0.00	26.88	23.93
94	阳光龙净集团有限公司	福建	12.31	4.52	18.11	24.34
95	秦皇岛宏兴钢铁有限公司	河北	2.54	66.05	21.20	55.46
96	河北普阳钢铁有限公司	河北	32.93	-16.97	3.35	21.80
97	茂业商业股份有限公司	四川	-6.65	15.96	-1.58	39.46
98	江苏扬子江船业集团公司	江苏	-4.32	-11.68	9.46	8.70
99	宋城演艺发展股份有限公司	浙江	-18.67	6.04	2.07	16.66
100	春秋航空股份有限公司	上海	12.88	22.31	10.50	12.88

五、2020 中国民营企业信用 100 强地区分布

序号	企业名称	综合信用指数	营业收入（万元）	利润（万元）	资产（万元）	所有者权益（万元）
北京						
1	北京京东世纪贸易有限公司	97.088	57688848	1218415	25972370	8185597
2	北京东方雨虹防水技术股份有限公司	96.227	1815434	207526	2241566	995987
3	物美科技集团有限公司	95.106	4297699	237353	7349849	2760669
4	北京学而思教育科技有限公司	91.802	1765255	251059	2572543	1710680
安徽						
1	芜湖三七互娱网络科技集团股份有限公司	97.200	1322714	241684	1014526	729371
重庆						
1	重庆华宇集团有限公司	95.813	7776600	906791	9960000	3884400
福建						
1	宁德时代新能源科技股份有限公司	96.343	4578802	501267	10135198	4218788
2	阳光龙净集团有限公司	91.497	24807843	424235	41831136	2616792
甘肃						
1	甘肃上峰水泥股份有限公司	96.186	741206	237812	989946	577970
广东						
1	华为投资控股有限公司	99.833	85883300	6260500	85866100	29510600
2	美的集团股份有限公司	99.371	27938051	2527714	30195542	10749610
3	正威国际集团有限公司	97.465	61389924	1248581	16140102	10133897
4	温氏食品集团股份有限公司	97.200	7314450	1444450	6557892	4662811
5	碧桂园控股有限公司	97.076	48590800	3955000	190715200	15193900
6	索菲亚家居股份有限公司	96.719	768608	109482	848401	590928
7	深圳市裕同包装科技股份有限公司	96.710	984487	106754	1257455	665424
8	佛山市海天调味食品股份有限公司	96.669	1979689	535624	2475389	1659771
9	广东东阳光科技控股股份有限公司	96.478	1476721	199947	2640707	977820
10	深圳市汇顶科技股份有限公司	93.950	647325	231736	784878	643942
河北						
1	长城汽车股份有限公司	97.000	9621069	453073	11309641	5439923

续表

序号	企业名称	综合信用指数	营业收入（万元）	利润（万元）	资产（万元）	所有者权益（万元）
2	冀南钢铁集团有限公司	96.985	13014264	1024646	3242670	2949913
3	敬业集团有限公司	92.487	12740208	564980	4373718	2325372
4	河北安丰钢铁有限公司	91.755	3137288	259918	1654577	1051466
5	秦皇岛宏兴钢铁有限公司	91.422	1789746	180713	935780	790594
6	河北普阳钢铁有限公司	91.281	7862351	337928	2493251	1908296
7	华夏幸福基业股份有限公司	92.992	10520954	1468495	45781195	7368621
河南						
1	河南双汇投资发展股份有限公司	96.537	6034831	566599	2863334	1711539
2	天瑞集团股份有限公司	95.647	4618932	176452	7500533	3836645
3	华兰生物工程股份有限公司	94.239	369994	137888	758320	688394
4	郑州宇通集团有限公司	92.576	4205999	260448	10005730	1926782
湖北						
1	湖北济川药业股份有限公司	92.374	693999	162297	866464	610443
2	天茂实业集团股份有限公司	92.268	5019208	291855	20527395	3435347
湖南						
1	三一集团有限公司	97.194	8758632	421001	15726559	3592286
2	株洲旗滨集团股份有限公司	93.405	930576	134589	1306534	824478
吉林						
1	吉林敖东药业集团股份有限公司	92.384	308838	139340	2580090	2244470
江苏						
1	恒力集团有限公司	97.388	55673993	1434756	23525440	3621583
2	江苏恒瑞医药股份有限公司	97.028	2328858	532645	2755648	2493753
3	扬子江药业集团有限公司	96.990	9018503	611893	4798447	3700037
4	红豆集团有限公司	96.456	7205495	145127	4824610	1946371
5	金东纸业（江苏）股份有限公司	96.238	3473697	203271	6602111	2007991
6	江苏中天科技股份有限公司	96.168	3877100	196826	4019390	2148964
7	协鑫集团有限公司	95.778	10137109	145338	18852637	3976262
8	盛虹控股集团有限公司	95.330	19253573	336063	9447104	1956439
9	海澜集团有限公司	95.154	12322537	545429	11136057	8349281
10	江苏阳光集团有限公司	94.818	3882343	198564	2164176	1065230
11	江苏立华牧业股份有限公司	94.719	887047	196425	856570	682447
12	南通三建控股有限公司	93.759	14979608	448736	5833206	1988206

续表

序号	企业名称	综合信用指数	营业收入（万元）	利润（万元）	资产（万元）	所有者权益（万元）
13	波司登股份有限公司	93.552	2989473	353239	3678253	2089932
14	维维集团股份有限公司	92.140	3868037	197671	2337134	1638578
15	江苏东方盛虹股份有限公司	91.796	2488777	161216	3504225	1530001
16	江苏扬子江船业集团公司	90.875	4525138	375223	12117407	4084148
江西						
1	双胞胎（集团）股份有限公司	94.033	6666497	175318	2242685	1109492
2	江西济民可信集团有限公司	93.331	2570348	194430	1681976	697653
内蒙古						
1	内蒙古君正能源化工集团股份有限公司	94.263	980474	246632	3154794	1957340
山东						
1	山东玲珑轮胎股份有限公司	97.296	1716416	166746	2658064	1103156
2	山东太阳纸业股份有限公司	97.097	2276270	219756	3229517	1469988
3	南山集团有限公司	96.464	11117000	510855	13185717	5897503
4	威高集团有限公司	96.452	4959070	438809	6037726	3420818
5	山东魏桥创业集团有限公司	95.069	27928123	547223	24269723	7120053
6	路通建设集团股份有限公司	94.772	1137092	177216	966725	876997
7	山东金岭集团有限公司	93.791	4152181	231545	1464847	1258514
8	华泰集团有限公司	93.104	7498149	104523	3275463	1017204
陕西						
1	隆基绿能科技股份有限公司	96.477	3289746	555716	5930397	2829482
上海						
1	上海复星医药（集团）股份有限公司	96.810	2858515	374352	7611965	3920421
2	月星集团有限公司	94.827	2910559	251482	5751398	1976199
3	红星美凯龙家居集团股份有限公司	94.621	1646924	468624	12229442	4898485
4	春秋航空股份有限公司	90.430	1480352	183819	2936674	1504134
四川						
1	新希望六和股份有限公司	97.200	8205054	618056	6421767	3264987
2	四川蓝光发展股份有限公司	94.896	3919368	415884	20189032	3912067
3	通威集团有限公司	94.243	8122176	194334	5806612	1655532
4	茂业商业股份有限公司	91.186	1223377	139684	1915560	781611
新疆						
1	新疆特变电工集团有限公司	96.140	5211512	251955	12854491	4564132

续表

序号	企业名称	综合信用指数	营业收入（万元）	利润（万元）	资产（万元）	所有者权益（万元）
浙江						
1	红狮控股集团有限公司	97.044	5184828	549022	4767102	2004583
2	华东医药股份有限公司	97.043	3544570	292540	2146397	1286662
3	浙江吉利控股集团有限公司	97.000	33081765	851018	39568809	6594004
4	浙江龙盛控股有限公司	96.951	3767260	511926	5472308	2589965
5	桐昆集团股份有限公司	96.734	5058243	289630	4000094	1907697
6	纳爱斯集团有限公司	96.676	2426594	147397	2162695	1760398
7	公牛集团股份有限公司	96.197	1004044	230372	741656	555130
8	青山控股集团有限公司	96.096	26260199	570541	7050805	2173111
9	宁波华翔电子股份有限公司	95.874	1709344	127262	1713061	1050146
10	宁波申洲针织有限公司	95.398	2266527	495854	3185486	2517245
11	正泰集团股份有限公司	95.206	8054552	185742	7208362	1458336
12	三花控股集团有限公司	95.130	2804796	111100	2270570	935013
13	富通集团有限公司	95.114	4508115	148049	3092590	1087417
14	完美世界股份有限公司	94.996	803902	144716	1662939	1012875
15	人民电器集团有限公司	94.858	4538646	171038	1171337	782281
16	浙江世纪华通集团股份有限公司	94.644	1468972	228537	3235912	2454572
17	万丰奥特控股集团有限公司	93.925	3137670	237059	3281581	1361522
18	海亮集团有限公司	93.786	18797284	120842	5715734	1872064
19	得力集团有限公司	93.678	3211106	158208	2114714	725091
20	中天控股集团有限公司	93.605	10603657	262096	9230791	1650848
21	天能控股集团有限公司	93.247	14013209	148173	4411754	494559
22	浙江荣盛控股集团有限公司	93.166	20563698	181736	20511470	2152260
23	万向集团公司	93.084	13050755	253990	9441057	1606123
24	宁波方太厨具有限公司	92.945	1094448	138658	1199282	702290
25	浙江森马服饰股份有限公司	92.823	1933677	153390	1662069	1179440
26	卧龙控股集团有限公司	92.266	3851776	152435	3398112	931611
27	浙江华峰氨纶股份有限公司	91.963	1378525	184148	1697461	776060
28	宋城演艺发展股份有限公司	90.601	261175	136490	1104108	988239

六、2020 中国民营企业信用 100 强行业分布

序号	企业名称	综合信用指数	营业收入（万元）	利润（万元）	资产（万元）	所有者权益（万元）
农副食品及农产品加工业						
1	温氏食品集团股份有限公司	97.200	7314450	1444450	6557892	4662811
2	新希望六和股份有限公司	97.200	8205054	618056	6421767	3264987
3	通威集团有限公司	94.243	8122176	194334	5806612	1655532
4	双胞胎（集团）股份有限公司	94.033	6666497	175318	2242685	1109492
食品（含饮料、乳制品、肉食品等）加工制造业						
1	佛山市海天调味食品股份有限公司	96.669	1979689	535624	2475389	1659771
2	河南双汇投资发展股份有限公司	96.537	6034831	566599	2863334	1711539
3	维维集团股份有限公司	92.140	3868037	197671	2337134	1638578
纺织、印染业						
1	桐昆集团股份有限公司	96.734	5058243	289630	4000094	1907697
2	山东魏桥创业集团有限公司	95.069	27928123	547223	24269723	7120053
3	江苏阳光集团有限公司	94.818	3882343	198564	2164176	1065230
纺织品、服装、服饰、鞋帽、皮革加工业						
1	红豆集团有限公司	96.456	7205495	145127	4824610	1946371
2	宁波申洲针织有限公司	95.398	2266527	495854	3185486	2517245
3	海澜集团有限公司	95.154	12322537	545429	11136057	8349281
4	波司登股份有限公司	93.552	2989473	353239	3678253	2089932
5	浙江森马服饰股份有限公司	92.823	1933677	153390	1662069	1179440
造纸及纸制品（含木材、藤、竹、家具等）加工、印刷、包装业						
1	山东太阳纸业股份有限公司	97.097	2276270	219756	3229517	1469988
2	索菲亚家居股份有限公司	96.719	768608	109482	848401	590928
3	深圳市裕同包装科技股份有限公司	96.710	984487	106754	1257455	665424
4	金东纸业（江苏）股份有限公司	96.238	3473697	203271	6602111	2007991
5	华泰集团有限公司	93.104	7498149	104523	3275463	1017204
化学原料及化学制品（含精细化工、日化、肥料等）制造业						
1	浙江龙盛控股有限公司	96.951	3767260	511926	5472308	2589965

续表

序号	企业名称	综合信用指数	营业收入（万元）	利润（万元）	资产（万元）	所有者权益（万元）
2	纳爱斯集团有限公司	96.676	2426594	147397	2162695	1760398
3	内蒙古君正能源化工集团股份有限公司	94.263	980474	246632	3154794	1957340
4	山东金岭集团有限公司	93.791	4152181	231545	1464847	1258514
5	浙江华峰氨纶股份有限公司	91.963	1378525	184148	1697461	776060
医药、生物制药、医疗设备制造业						
1	华东医药股份有限公司	97.043	3544570	292540	2146397	1286662
2	江苏恒瑞医药股份有限公司	97.028	2328858	532645	2755648	2493753
3	扬子江药业集团有限公司	96.990	9018503	611893	4798447	3700037
4	上海复星医药（集团）股份有限公司	96.810	2858515	374352	7611965	3920421
5	威高集团有限公司	96.452	4959070	438809	6037726	3420818
6	华兰生物工程股份有限公司	94.239	369994	137888	758320	688394
7	江西济民可信集团有限公司	93.331	2570348	194430	1681976	697653
8	吉林敖东药业集团股份有限公司	92.384	308838	139340	2580090	2244470
9	湖北济川药业股份有限公司	92.374	693999	162297	866464	610443
化学纤维制造业						
1	恒力集团有限公司	97.388	55673993	1434756	23525440	3621583
2	盛虹控股集团有限公司	95.330	19253573	336063	9447104	1956439
3	浙江荣盛控股集团有限公司	93.166	20563698	181736	20511470	2152260
4	江苏东方盛虹股份有限公司	91.796	2488777	161216	3504225	1530001
橡胶、塑料制品业						
1	山东玲珑轮胎股份有限公司	97.296	1716416	166746	2658064	1103156
建筑材料及玻璃等制造业及非金属矿物制品业						
1	红狮控股集团有限公司	97.044	5184828	549022	4767102	2004583
2	北京东方雨虹防水技术股份有限公司	96.227	1815434	207526	2241566	995987
3	甘肃上峰水泥股份有限公司	96.186	741206	237812	989946	577970
4	天瑞集团股份有限公司	95.647	4618932	176452	7500533	3836645
5	株洲旗滨集团股份有限公司	93.405	930576	134589	1306534	824478
黑色冶金及压延加工业						
1	冀南钢铁集团有限公司	96.985	13014264	1024646	3242670	2949913
2	青山控股集团有限公司	96.096	26260199	570541	7050805	2173111
3	敬业集团有限公司	92.487	12740208	564980	4373718	2325372
4	河北安丰钢铁有限公司	91.755	3137288	259918	1654577	1051466

续表

序号	企业名称	综合信用指数	营业收入（万元）	利润（万元）	资产（万元）	所有者权益（万元）
5	秦皇岛宏兴钢铁有限公司	91.422	1789746	180713	935780	790594
6	河北普阳钢铁有限公司	91.281	7862351	337928	2493251	1908296
一般有色冶金及压延加工业						
1	正威国际集团有限公司	97.465	61389924	1248581	16140102	10133897
2	广东东阳光科技控股股份有限公司	96.478	1476721	199947	2640707	977820
3	南山集团有限公司	96.464	11117000	510855	13185717	5897503
4	海亮集团有限公司	93.786	18797284	120842	5715734	1872064
工程机械、设备和特种装备（含电梯、仓储设备）及零配件制造业						
1	三一重工股份有限公司	97.194	8758632	421001	15726559	3592286
电力、电气等设备、机械、元器件及光伏、电池、线缆制造业						
1	隆基绿能科技股份有限公司	96.477	3289746	555716	5930397	2829482
2	宁德时代新能源科技股份有限公司	96.343	4578802	501267	10135198	4218788
3	公牛集团股份有限公司	96.197	1004044	230372	741656	555130
4	江苏中天科技股份有限公司	96.168	3877100	196826	4019390	2148964
5	新疆特变电工集团有限公司	96.140	5211512	251955	12854491	4564132
6	协鑫集团有限公司	95.778	10137109	145338	18852637	3976262
7	正泰集团股份有限公司	95.206	8054552	185742	7208362	1458336
8	富通集团有限公司	95.114	4508115	148049	3092590	1087417
9	人民电器集团有限公司	94.858	4538646	171038	1171337	782281
10	天能控股集团有限公司	93.247	14013209	148173	4411754	494559
船舶、轨道交通设备及零部件制造业						
1	江苏扬子江船业集团公司	90.875	4525138	375223	12117407	4084148
家用电器及零配件制造业						
1	美的集团股份有限公司	99.371	27938051	2527714	30195542	10749610
2	宁波方太厨具有限公司	92.945	1094448	138658	1199282	702290
电子元器件与仪器仪表、自动化控制设备制造业						
1	三花控股集团有限公司	95.130	2804796	111100	2270570	935013
动力、电力生产等装备、设备制造业						
1	卧龙控股集团有限公司	92.266	3851776	152435	3398112	931611
计算机、通信器材、办公、影像等设备及零部件制造业						
1	华为投资控股有限公司	99.833	85883300	6260500	85866100	29510600
2	深圳市汇顶科技股份有限公司	93.950	647325	231736	784878	643942

续表

序号	企业名称	综合信用指数	营业收入（万元）	利润（万元）	资产（万元）	所有者权益（万元）
3	得力集团有限公司	93.678	3211106	158208	2114714	725091
汽车及零配件制造业						
1	长城汽车股份有限公司	97.000	9621069	453073	11309641	5439923
2	浙江吉利控股集团有限公司	97.000	33081765	851018	39568809	6594004
3	宁波华翔电子股份有限公司	95.874	1709344	127262	1713061	1050146
4	浙江世纪华通集团股份有限公司	94.644	1468972	228537	3235912	2454572
5	万丰奥特控股集团有限公司	93.925	3137670	237059	3281581	1361522
6	万向集团公司	93.084	13050755	253990	9441057	1606123
7	郑州宇通集团有限公司	92.576	4205999	260448	10005730	1926782
综合制造业（以制造业为主，含有服务业）						
1	天茂实业集团股份有限公司	92.268	5019208	291855	20527395	3435347
航空运输及相关服务业						
1	春秋航空股份有限公司	90.430	1480352	183819	2936674	1504134
商业零售业及连锁超市						
1	物美科技集团有限公司	95.106	4297699	237353	7349849	2760669
2	月星集团有限公司	94.827	2910559	251482	5751398	1976199
3	红星美凯龙家居集团股份有限公司	94.621	1646924	468624	12229442	4898485
4	茂业商业股份有限公司	91.186	1223377	139684	1915560	781611
多元化投资控股、商务服务业						
1	华夏幸福基业股份有限公司	92.992	10520954	1468495	45781195	7368621
2	阳光龙净集团有限公司	91.497	24807843	424235	41831136	2616792
房地产开发与经营、物业及房屋装饰、修缮、管理等服务业						
1	碧桂园控股有限公司	97.076	48590800	3955000	190715200	15193900
2	重庆华宇集团有限公司	95.813	7776600	906791	9960000	3884400
公用事业、市政、水务、航道等公共设施投资、经营与管理业						
1	路通建设集团股份有限公司	94.772	1137092	177216	966725	876997
文化产业（书刊出版、印刷、发行与销售及影视、音像、文体、演艺等）						
1	完美世界股份有限公司	94.996	803902	144716	1662939	1012875
2	北京学而思教育科技有限公司	91.802	1765255	251059	2572543	1710680
3	宋城演艺发展股份有限公司	90.601	261175	136490	1104108	988239
信息、传媒、电子商务、网购、娱乐等互联网服务业						
1	芜湖三七互娱网络科技集团股份有限公司	97.200	1322714	241684	1014526	729371

续表

序号	企业名称	综合信用指数	营业收入（万元）	利润（万元）	资产（万元）	所有者权益（万元）
2	北京京东世纪贸易有限公司	97.088	57688848	1218415	25972370	8185597
综合服务业（以服务业为主，含有制造业）						
1	四川蓝光发展股份有限公司	94.896	3919368	415884	20189032	3912067
农业、渔业、畜牧业及林业						
1	江苏立华牧业股份有限公司	94.719	887047	196425	856570	682447
建筑业						
1	南通三建控股有限公司	93.759	14979608	448736	5833206	1988206
2	中天控股集团有限公司	93.605	10603657	262096	9230791	1650848

第十二章

2020中国上市公司信用500强评价资料

一、2020 中国上市公司信用 500 强排序

序号	企业名称	股票简称	股票代码	综合信用指数	信用环境指数	信用能力指数	信用行为指数
1	中国建筑股份有限公司	中国建筑	601668	99.600	14.000	72.000	13.600
2	美的集团股份有限公司	美的集团	000333	99.371	13.824	72.000	13.547
3	万科企业股份有限公司	万科 A	000002	99.235	13.635	72.000	13.600
4	贵州茅台酒股份有限公司	贵州茅台	600519	99.138	13.831	72.000	13.307
5	安徽海螺水泥股份有限公司	海螺水泥	600585	99.100	13.600	72.000	13.500
6	上海汽车集团股份有限公司	上汽集团	600104	98.483	14.000	72.000	12.483
7	中国石油化工股份有限公司	中国石化	600028	98.159	13.150	71.009	14.000
8	珠海格力电器股份有限公司	格力电器	000651	97.986	12.953	71.585	13.448
9	江西铜业股份有限公司	江西铜业	600362	97.855	11.986	71.869	14.000
10	航天信息股份有限公司	航天信息	600271	97.491	13.891	72.000	11.600
11	用友网络科技股份有限公司	用友网络	600588	97.488	13.888	72.000	11.600
12	上海宝信软件股份有限公司	宝信软件	600845	97.483	13.883	72.000	11.600
13	宜宾五粮液股份有限公司	五粮液	000858	97.481	13.881	72.000	11.600
14	北京千方科技股份有限公司	千方科技	002373	97.469	13.869	72.000	11.600
15	上海电气集团股份有限公司	上海电气	601727	97.452	13.852	72.000	11.600
16	烽火通信科技股份有限公司	烽火通信	600498	97.429	13.829	72.000	11.600
17	上海锦江国际酒店股份有限公司	锦江酒店	600754	97.410	13.835	71.975	11.600
18	中青旅控股股份有限公司	中青旅	600138	97.404	13.853	71.951	11.600
19	中国铝业股份有限公司	中国铝业	601600	97.366	13.249	71.865	12.252
20	山东玲珑轮胎股份有限公司	玲珑轮胎	601966	97.296	13.898	71.798	11.600
21	老凤祥股份有限公司	老凤祥	600612	97.288	13.890	71.798	11.600
22	中国中铁股份有限公司	中国中铁	601390	97.236	14.000	71.636	11.600
23	中顺洁柔纸业股份有限公司	中顺洁柔	002511	97.224	13.659	71.965	11.600
24	芜湖三七互娱网络科技集团股份有限公司	三七互娱	002555	97.200	13.600	72.000	11.600
25	温氏食品集团股份有限公司	温氏股份	300498	97.200	13.600	72.000	11.600
26	华新水泥股份有限公司	华新水泥	600801	97.200	13.600	72.000	11.600
27	蓝思科技股份有限公司	蓝思科技	300433	97.200	13.600	72.000	11.600

续表

序号	企业名称	股票简称	股票代码	综合信用指数	信用环境指数	信用能力指数	信用行为指数
28	新希望六和股份有限公司	新希望	000876	97.200	13.600	72.000	11.600
29	中国中车股份有限公司	中国中车	601766	97.199	14.000	71.599	11.600
30	三一重工股份有限公司	三一重工	600031	97.193	13.593	72.000	11.600
31	浪潮电子信息产业股份有限公司	浪潮信息	000977	97.184	13.848	71.735	11.600
32	中国铁建股份有限公司	中国铁建	601186	97.173	14.000	71.573	11.600
33	深信服科技股份有限公司	深信服	300454	97.118	13.775	71.743	11.600
34	山东太阳纸业股份有限公司	太阳纸业	002078	97.097	13.497	72.000	11.600
35	广东生益科技股份有限公司	生益科技	600183	97.096	13.496	72.000	11.600
36	潍柴动力股份有限公司	潍柴动力	000338	97.069	13.469	72.000	11.600
37	国电电力发展股份有限公司	国电电力	600795	97.059	13.873	71.586	11.600
38	北京金隅集团股份有限公司	金隅集团	601992	97.053	13.600	71.853	11.600
39	华东医药股份有限公司	华东医药	000963	97.043	13.443	72.000	11.600
40	江苏恒瑞医药股份有限公司	恒瑞医药	600276	97.028	13.428	72.000	11.600
41	中化国际（控股）股份有限公司	中化国际	600500	97.022	13.422	72.000	11.600
42	长城汽车股份有限公司	长城汽车	601633	97.000	13.400	72.000	11.600
43	华域汽车系统股份有限公司	华域汽车	600741	97.000	13.400	72.000	11.600
44	中原大地传媒股份有限公司	中原传媒	000719	96.998	13.398	72.000	11.600
45	江苏恒立液压股份有限公司	恒立液压	601100	96.991	13.391	72.000	11.600
46	永辉超市股份有限公司	永辉超市	601933	96.981	13.381	72.000	11.600
47	经纬纺织机械股份有限公司	经纬纺机	000666	96.924	13.324	72.000	11.600
48	北京奥赛康药业股份有限公司	奥赛康	002755	96.902	13.324	71.979	11.600
49	厦门亿联网络技术股份有限公司	亿联网络	300628	96.890	13.929	71.362	11.600
50	九州通医药集团股份有限公司	九州通	600998	96.884	13.830	71.454	11.600
51	中国神华能源股份有限公司	中国神华	601088	96.883	11.731	71.152	14.000
52	郑州煤矿机械集团股份有限公司	郑煤机	601717	96.878	13.278	72.000	11.600
53	绿地控股集团股份有限公司	绿地控股	600606	96.878	13.836	71.442	11.600
54	物产中大集团股份有限公司	物产中大	600704	96.873	13.290	71.983	11.600
55	中南出版传媒集团股份有限公司	中南传媒	601098	96.872	13.399	71.873	11.600
56	国药集团一致药业股份有限公司	国药一致	000028	96.870	13.804	71.467	11.600
57	国药集团药业股份有限公司	国药股份	600511	96.862	13.836	71.426	11.600
58	中航工业机电系统股份有限公司	中航机电	002013	96.853	13.253	72.000	11.600
59	安徽楚江科技新材料股份有限公司	楚江新材	002171	96.848	13.353	71.894	11.600

续表

序号	企业名称	股票简称	股票代码	综合信用指数	信用环境指数	信用能力指数	信用行为指数
60	上海医药集团股份有限公司	上海医药	601607	96.833	13.415	71.817	11.600
61	上海国际机场股份有限公司	上海机场	600009	96.826	13.836	71.390	11.600
62	海尔智家股份有限公司	海尔智家	600690	96.820	13.864	71.356	11.600
63	云南铜业股份有限公司	云南铜业	000878	96.820	13.353	71.866	11.600
64	上海复星医药（集团）股份有限公司	复星医药	600196	96.810	13.450	71.760	11.600
65	重庆宗申动力机械股份有限公司	宗申动力	001696	96.775	13.275	71.900	11.600
66	山东豪迈机械科技股份有限公司	豪迈科技	002595	96.769	13.169	72.000	11.600
67	安徽古井贡酒股份有限公司	古井贡酒	000596	96.769	13.695	71.474	11.600
68	沪士电子股份有限公司	沪电股份	002463	96.767	13.600	71.567	11.600
69	桐昆集团股份有限公司	桐昆股份	601233	96.734	13.385	71.749	11.600
70	江苏凤凰出版传媒股份有限公司	凤凰传媒	601928	96.734	13.134	72.000	11.600
71	北京华宇软件股份有限公司	华宇软件	300271	96.720	13.754	71.366	11.600
72	索菲亚家居股份有限公司	索菲亚	002572	96.719	13.815	71.304	11.600
73	中国旅游集团中免股份有限公司	中国中免	601888	96.714	14.000	71.114	11.600
74	深圳市裕同包装科技股份有限公司	裕同科技	002831	96.710	13.798	71.312	11.600
75	中远海运控股股份有限公司	中远海控	601919	96.681	14.000	71.081	11.600
76	中文天地出版传媒集团股份有限公司	中文传媒	600373	96.679	13.089	71.990	11.600
77	佛山市海天调味食品股份有限公司	海天味业	603288	96.669	13.069	72.000	11.600
78	铜陵有色金属集团股份有限公司	铜陵有色	000630	96.668	13.263	71.805	11.600
79	嘉事堂药业股份有限公司	嘉事堂	002462	96.636	13.454	71.582	11.600
80	中国核能电力股份有限公司	中国核电	601985	96.633	13.889	71.144	11.600
81	山东出版传媒股份有限公司	山东出版	601019	96.631	13.031	72.000	11.600
82	大唐国际发电股份有限公司	大唐发电	601991	96.593	13.855	71.138	11.600
83	河南双汇投资发展股份有限公司	双汇发展	000895	96.537	12.956	71.981	11.600
84	恒生电子股份有限公司	恒生电子	600570	96.532	14.000	70.932	11.600
85	浙江三花智能控制股份有限公司	三花智控	002050	96.510	13.429	71.481	11.600
86	赛轮集团股份有限公司	赛轮轮胎	601058	96.502	13.946	70.956	11.600
87	中国中煤能源股份有限公司	中煤能源	601898	96.478	13.921	70.957	11.600
88	广东东阳光科技控股股份有限公司	东阳光	600673	96.478	13.165	69.600	13.713
89	隆基绿能科技股份有限公司	隆基股份	601012	96.477	12.877	72.000	11.600
90	江西正邦科技股份有限公司	正邦科技	002157	96.456	13.600	71.256	11.600
91	浙江正泰电器股份有限公司	正泰电器	601877	96.449	13.397	71.452	11.600

续表

序号	企业名称	股票简称	股票代码	综合信用指数	信用环境指数	信用能力指数	信用行为指数
92	天地科技股份有限公司	天地科技	600582	96.446	13.436	71.409	11.600
93	中国葛洲坝集团股份有限公司	葛洲坝	600068	96.385	13.787	70.998	11.600
94	厦门象屿股份有限公司	厦门象屿	600057	96.349	13.977	70.772	11.600
95	新华文轩出版传媒股份有限公司	新华文轩	601811	96.346	13.414	71.332	11.600
96	宁德时代新能源科技股份有限公司	宁德时代	300750	96.343	12.743	72.000	11.600
97	广州海格通信集团股份有限公司	海格通信	002465	96.339	13.842	70.897	11.600
98	广州白云山医药集团股份有限公司	白云山	600332	96.307	12.917	71.790	11.600
99	泸州老窖股份有限公司	泸州老窖	000568	96.289	13.869	70.820	11.600
100	南方出版传媒股份有限公司	南方传媒	601900	96.266	13.374	71.292	11.600
101	上海机电股份有限公司	上海机电	600835	96.264	13.461	71.203	11.600
102	中国出版传媒股份有限公司	中国出版	601949	96.251	13.389	71.262	11.600
103	华润三九医药股份有限公司	华润三九	000999	96.248	13.536	71.112	11.600
104	杭叉集团股份有限公司	杭叉集团	603298	96.231	13.464	71.167	11.600
105	安徽省皖能股份有限公司	皖能电力	000543	96.228	13.458	71.169	11.600
106	北京东方雨虹防水技术股份有限公司	东方雨虹	002271	96.227	13.600	71.027	11.600
107	恒力石化股份有限公司	恒力石化	600346	96.216	14.000	70.616	11.600
108	公牛集团股份有限公司	公牛集团	603195	96.197	12.636	71.961	11.600
109	中国化学工程股份有限公司	中国化学	601117	96.187	13.373	71.215	11.600
110	甘肃上峰水泥股份有限公司	上峰水泥	000672	96.186	13.600	70.986	11.600
111	特变电工股份有限公司	特变电工	600089	96.180	12.733	71.846	11.600
112	江苏中天科技股份有限公司	中天科技	600522	96.168	12.665	71.903	11.600
113	金发科技股份有限公司	金发科技	600143	96.150	13.925	70.624	11.600
114	鹏鼎控股（深圳）股份有限公司	鹏鼎控股	002938	96.093	13.116	71.377	11.600
115	东方明珠新媒体股份有限公司	东方明珠	600637	96.079	13.237	71.242	11.600
116	广州尚品宅配家居股份有限公司	尚品宅配	300616	96.077	13.699	70.778	11.600
117	苏美达股份有限公司	苏美达	600710	96.069	13.879	70.590	11.600
118	中建西部建设股份有限公司	西部建设	002302	96.065	13.600	70.865	11.600
119	安徽合力股份有限公司	安徽合力	600761	96.056	13.477	70.979	11.600
120	浙江龙盛集团股份有限公司	浙江龙盛	600352	96.006	13.472	70.934	11.600
121	江西万年青水泥股份有限公司	万年青	000789	95.989	13.600	70.789	11.600
122	贵州航天电器股份有限公司	航天电器	002025	95.974	13.410	70.964	11.600
123	紫金矿业集团股份有限公司	紫金矿业	601899	95.949	13.225	71.124	11.600

续表

序号	企业名称	股票简称	股票代码	综合信用指数	信用环境指数	信用能力指数	信用行为指数
124	大参林医药集团股份有限公司	大参林	603233	95.944	13.393	70.950	11.600
125	中国交通建设股份有限公司	中国交建	601800	95.915	14.000	70.315	11.600
126	罗欣药业集团股份有限公司	罗欣药业	002793	95.900	13.237	71.063	11.600
127	宁波华翔电子股份有限公司	宁波华翔	002048	95.874	13.400	70.874	11.600
128	上海豫园旅游商城（集团）股份有限公司	豫园股份	600655	95.827	13.819	70.409	11.600
129	杭州海康威视数字技术股份有限公司	海康威视	002415	95.733	13.852	72.000	9.881
130	重庆百货大楼股份有限公司	重庆百货	600729	95.714	13.839	70.275	11.600
131	浙江苏泊尔股份有限公司	苏泊尔	002032	95.710	13.416	70.694	11.600
132	思源电气股份有限公司	思源电气	002028	95.693	12.651	71.442	11.600
133	浙江鼎力机械股份有限公司	浙江鼎力	603338	95.687	13.299	70.788	11.600
134	云南锡业股份有限公司	锡业股份	000960	95.672	13.254	70.818	11.600
135	重庆智飞生物制品股份有限公司	智飞生物	300122	95.663	13.427	70.636	11.600
136	国投电力控股股份有限公司	国投电力	600886	95.652	13.962	70.090	11.600
137	北京首旅酒店（集团）股份有限公司	首旅酒店	600258	95.650	13.503	70.548	11.600
138	上海百联集团股份有限公司	百联股份	600827	95.639	13.470	70.569	11.600
139	永高股份有限公司	永高股份	002641	95.630	13.738	70.292	11.600
140	天顺风能（苏州）股份有限公司	天顺风能	002531	95.617	13.485	70.532	11.600
141	华润双鹤药业股份有限公司	华润双鹤	600062	95.595	13.217	70.778	11.600
142	中盐内蒙古化工股份有限公司	中盐化工	600328	95.576	13.209	70.766	11.600
143	佳都新太科技股份有限公司	佳都科技	600728	95.559	14.000	69.959	11.600
144	晶澳太阳能科技股份有限公司	晶澳科技	002459	95.535	13.483	70.452	11.600
145	无锡市太极实业股份有限公司	太极实业	600667	95.514	13.430	70.484	11.600
146	海澜之家股份有限公司	海澜之家	600398	95.452	12.464	71.387	11.600
147	重药控股股份有限公司	重药控股	000950	95.448	13.830	70.018	11.600
148	北京中长石基信息技术股份有限公司	石基信息	002153	95.447	13.372	70.475	11.600
149	浙江天宇药业股份有限公司	天宇股份	300702	95.445	13.600	70.245	11.600
150	深圳市景旺电子股份有限公司	景旺电子	603228	95.438	12.778	71.060	11.600
151	宁波均胜电子股份有限公司	均胜电子	600699	95.431	13.400	70.431	11.600
152	启明星辰信息技术集团股份有限公司	启明星辰	002439	95.422	13.778	70.043	11.600
153	上海现代制药股份有限公司	现代制药	600420	95.419	13.436	70.383	11.600
154	北京京能电力股份有限公司	京能电力	600578	95.409	13.469	70.340	11.600
155	中国中材国际工程股份有限公司	中材国际	600970	95.406	13.408	70.398	11.600

续表

序号	企业名称	股票简称	股票代码	综合信用指数	信用环境指数	信用能力指数	信用行为指数
156	广西柳工机械股份有限公司	柳工	000528	95.401	13.454	70.346	11.600
157	冰轮环境技术股份有限公司	冰轮环境	000811	95.395	13.332	70.463	11.600
158	常州星宇车灯股份有限公司	星宇股份	601799	95.375	13.400	70.375	11.600
159	江苏今世缘酒业股份有限公司	今世缘	603369	95.356	13.407	70.350	11.600
160	许继电气股份有限公司	许继电气	000400	95.331	12.817	70.914	11.600
161	富奥汽车零部件股份有限公司	富奥股份	000030	95.329	13.332	70.397	11.600
162	奥瑞金科技股份有限公司	奥瑞金	002701	95.307	14.000	69.707	11.600
163	河钢资源股份有限公司	河钢资源	000923	95.304	13.596	70.108	11.600
164	大亚圣象家居股份有限公司	大亚圣象	000910	95.281	13.241	70.440	11.600
165	东华软件股份公司	东华软件	002065	95.274	12.137	71.537	11.600
166	浙江海亮股份有限公司	海亮股份	002203	95.264	13.235	70.430	11.600
167	内蒙古鄂尔多斯资源股份有限公司	鄂尔多斯	600295	95.227	13.844	69.783	11.600
168	江苏卓胜微电子股份有限公司	卓胜微	300782	95.213	13.350	70.262	11.600
169	朗新科技集团股份有限公司	朗新科技	300682	95.203	14.000	69.603	11.600
170	广东电力发展股份有限公司	粤电力 A	000539	95.193	13.530	70.063	11.600
171	华能国际电力股份有限公司	华能国际	600011	95.188	13.732	69.855	11.600
172	山东南山铝业股份有限公司	南山铝业	600219	95.158	13.058	69.139	12.961
173	厦门建发股份有限公司	建发股份	600153	95.151	13.951	69.600	11.600
174	申能股份有限公司	申能股份	600642	95.112	13.558	69.954	11.600
175	江苏恩华药业股份有限公司	恩华药业	002262	95.100	13.477	70.023	11.600
176	大悦城控股集团股份有限公司	大悦城	000031	95.087	13.716	69.770	11.600
177	中国电影股份有限公司	中国电影	600977	95.070	12.050	71.420	11.600
178	中航光电科技股份有限公司	中航光电	002179	95.069	12.706	70.763	11.600
179	铜陵精达特种电磁线股份有限公司	精达股份	600577	95.057	12.734	70.723	11.600
180	山西杏花村汾酒厂股份有限公司	山西汾酒	600809	95.043	13.855	69.588	11.600
181	深圳迈瑞生物医疗电子股份有限公司	迈瑞医疗	300760	95.033	13.447	69.986	11.600
182	深南电路股份有限公司	深南电路	002916	95.031	12.854	70.578	11.600
183	中国工商银行股份有限公司	工商银行	601398	95.027	13.827	67.200	14.000
184	天津中新药业集团股份有限公司	中新药业	600329	95.012	13.417	69.995	11.600
185	卧龙电气驱动集团股份有限公司	卧龙电驱	600580	94.999	12.589	70.810	11.600
186	完美世界股份有限公司	完美世界	002624	94.996	12.078	71.318	11.600
187	中钢国际工程技术股份有限公司	中钢国际	000928	94.968	13.367	70.001	11.600

续表

序号	企业名称	股票简称	股票代码	综合信用指数	信用环境指数	信用能力指数	信用行为指数
188	云南白药集团股份有限公司	云南白药	000538	94.949	13.326	70.022	11.600
189	浙商中拓集团股份有限公司	浙商中拓	000906	94.947	13.331	70.016	11.600
190	中国外运股份有限公司	中国外运	601598	94.927	13.982	69.345	11.600
191	江西洪城水业股份有限公司	洪城水业	600461	94.900	13.490	69.810	11.600
192	陕西煤业股份有限公司	陕西煤业	601225	94.896	13.150	70.146	11.600
193	四川蓝光发展股份有限公司	蓝光发展	600466	94.896	13.780	69.515	11.600
194	宏发科技股份有限公司	宏发股份	600885	94.876	13.459	69.816	11.600
195	凯莱英医药集团（天津）股份有限公司	凯莱英	002821	94.875	13.430	69.846	11.600
196	招商银行股份有限公司	招商银行	600036	94.800	13.600	67.200	14.000
197	牧原食品股份有限公司	牧原股份	002714	94.800	11.200	72.000	11.600
198	江苏扬农化工股份有限公司	扬农化工	600486	94.790	13.416	69.774	11.600
199	昆药集团股份有限公司	昆药集团	600422	94.788	13.466	69.722	11.600
200	天马微电子股份有限公司	深天马 A	000050	94.779	12.535	70.643	11.600
201	健康元药业集团股份有限公司	健康元	600380	94.779	13.600	69.579	11.600
202	健帆生物科技集团股份有限公司	健帆生物	300529	94.744	13.485	69.659	11.600
203	立讯精密工业股份有限公司	立讯精密	002475	94.743	14.000	72.000	8.743
204	上海振华重工（集团）股份有限公司	振华重工	600320	94.740	13.407	69.733	11.600
205	普洛药业股份有限公司	普洛药业	000739	94.738	13.505	69.633	11.600
206	富士康工业互联网股份有限公司	工业富联	601138	94.728	13.362	69.766	11.600
207	江苏立华牧业股份有限公司	立华股份	300761	94.719	11.200	71.919	11.600
208	山东晨鸣纸业集团股份有限公司	晨鸣纸业	000488	94.718	12.093	71.025	11.600
209	广西柳州医药股份有限公司	柳药股份	603368	94.704	13.464	69.639	11.600
210	中国民生银行股份有限公司	民生银行	600016	94.699	13.499	67.200	14.000
211	中国电力建设股份有限公司	中国电建	601669	94.696	14.000	69.096	11.600
212	东方日升新能源股份有限公司	东方日升	300118	94.688	12.902	70.186	11.600
213	中国冶金科工股份有限公司	中国中冶	601618	94.656	14.000	69.056	11.600
214	甘肃祁连山水泥集团股份有限公司	祁连山	600720	94.648	13.600	69.448	11.600
215	深圳能源集团股份有限公司	深圳能源	000027	94.646	13.520	69.525	11.600
216	浙江世纪华通集团股份有限公司	世纪华通	002602	94.644	13.400	69.644	11.600
217	中国光大银行股份有限公司	光大银行	601818	94.643	13.529	67.114	14.000
218	长春一汽富维汽车零部件股份有限公司	一汽富维	600742	94.624	13.396	69.628	11.600
219	红星美凯龙家居集团股份有限公司	美凯龙	601828	94.621	13.421	69.600	11.600

续表

序号	企业名称	股票简称	股票代码	综合信用指数	信用环境指数	信用能力指数	信用行为指数
220	雅戈尔集团股份有限公司	雅戈尔	600177	94.620	13.217	69.803	11.600
221	交通银行股份有限公司	交通银行	601328	94.618	13.471	67.147	14.000
222	福建圣农发展股份有限公司	圣农发展	002299	94.614	11.200	71.814	11.600
223	龙蟒佰利联集团股份有限公司	龙蟒佰利	002601	94.611	13.411	69.600	11.600
224	北京天坛生物制品股份有限公司	天坛生物	600161	94.611	13.600	69.411	11.600
225	大秦铁路股份有限公司	大秦铁路	601006	94.594	13.352	69.641	11.600
226	杭州泰格医药科技股份有限公司	泰格医药	300347	94.586	13.600	69.386	11.600
227	上海浦东发展银行股份有限公司	浦发银行	600000	94.573	13.461	67.112	14.000
228	中信银行股份有限公司	中信银行	601998	94.570	13.551	67.020	14.000
229	漳州片仔癀药业股份有限公司	片仔癀	600436	94.540	13.358	69.582	11.600
230	中国科技出版传媒股份有限公司	中国科传	601858	94.510	12.748	70.162	11.600
231	通威股份有限公司	通威股份	600438	94.498	13.600	69.298	11.600
232	中航沈飞股份有限公司	中航沈飞	600760	94.497	13.400	69.497	11.600
233	通策医疗股份有限公司	通策医疗	600763	94.464	13.529	69.336	11.600
234	仁和药业股份有限公司	仁和药业	000650	94.459	13.445	69.415	11.600
235	深圳市海王生物工程股份有限公司	海王生物	000078	94.442	13.418	69.424	11.600
236	中国银行股份有限公司	中国银行	601988	94.400	14.000	66.400	14.000
237	深圳市洲明科技股份有限公司	洲明科技	300232	94.398	12.539	70.259	11.600
238	神州数码集团股份有限公司	神州数码	000034	94.383	13.851	68.932	11.600
239	中国船舶重工集团动力股份有限公司	中国动力	600482	94.378	11.904	70.874	11.600
240	四川水井坊股份有限公司	水井坊	600779	94.372	13.558	69.214	11.600
241	北京首创股份有限公司	首创股份	600008	94.357	13.830	68.926	11.600
242	三角轮胎股份有限公司	三角轮胎	601163	94.338	13.934	68.804	11.600
243	日月重工股份有限公司	日月股份	603218	94.291	13.334	69.357	11.600
244	安徽鸿路钢结构（集团）股份有限公司	鸿路钢构	002541	94.285	13.739	68.946	11.600
245	中国建设银行股份有限公司	建设银行	601939	94.282	13.882	66.400	14.000
246	山东仙坛股份有限公司	仙坛股份	002746	94.267	10.969	71.698	11.600
247	内蒙古君正能源化工集团股份有限公司	君正集团	601216	94.263	13.098	69.565	11.600
248	康龙化成（北京）新药技术股份有限公司	康龙化成	300759	94.262	13.316	69.346	11.600
249	平安银行股份有限公司	平安银行	000001	94.247	13.571	66.676	14.000
250	华兰生物工程股份有限公司	华兰生物	002007	94.239	13.434	69.206	11.600
251	深圳劲嘉集团股份有限公司	劲嘉股份	002191	94.226	13.501	69.125	11.600

续表

序号	企业名称	股票简称	股票代码	综合信用指数	信用环境指数	信用能力指数	信用行为指数
252	新疆金风科技股份有限公司	金风科技	002202	94.210	12.080	70.530	11.600
253	紫光股份有限公司	紫光股份	000938	94.205	13.524	69.081	11.600
254	宁波三星医疗电气股份有限公司	三星医疗	601567	94.202	13.600	69.002	11.600
255	丽珠医药集团股份有限公司	丽珠集团	000513	94.202	13.499	69.103	11.600
256	上海紫江企业集团股份有限公司	紫江企业	600210	94.196	13.398	69.198	11.600
257	爱尔眼科医院集团股份有限公司	爱尔眼科	300015	94.178	13.485	69.093	11.600
258	深圳华强实业股份有限公司	深圳华强	000062	94.177	13.074	69.503	11.600
259	青岛啤酒股份有限公司	青岛啤酒	600600	94.161	13.842	68.720	11.600
260	黑牡丹（集团）股份有限公司	黑牡丹	600510	94.160	13.543	69.017	11.600
261	中国国际海运集装箱（集团）股份有限公司	中集集团	000039	94.160	11.653	70.906	11.600
262	南极电商股份有限公司	南极电商	002127	94.159	13.132	69.427	11.600
263	兴业银行股份有限公司	兴业银行	601166	94.140	13.128	67.012	14.000
264	合力泰科技股份有限公司	合力泰	002217	94.116	12.067	70.449	11.600
265	浙江富润数字科技股份有限公司	浙江富润	600070	94.100	13.600	68.900	11.600
266	淄博齐翔腾达化工股份有限公司	齐翔腾达	002408	94.098	11.954	70.544	11.600
267	大博医疗科技股份有限公司	大博医疗	002901	94.085	13.290	69.195	11.600
268	厦门盈趣科技股份有限公司	盈趣科技	002925	94.074	13.390	69.083	11.600
269	阳光电源股份有限公司	阳光电源	300274	94.058	12.709	69.750	11.600
270	广州汽车集团股份有限公司	广汽集团	601238	94.043	13.015	69.428	11.600
271	重庆市迪马实业股份有限公司	迪马股份	600565	94.039	13.461	68.978	11.600
272	欣旺达电子股份有限公司	欣旺达	300207	94.034	12.704	69.730	11.600
273	浙江中国小商品城集团股份有限公司	小商品城	600415	94.016	13.388	69.028	11.600
274	新大陆数字技术股份有限公司	新大陆	000997	94.008	13.405	69.003	11.600
275	广汇物流股份有限公司	广汇物流	600603	93.985	13.600	68.785	11.600
276	惠州亿纬锂能股份有限公司	亿纬锂能	300014	93.979	12.779	69.600	11.600
277	北京同仁堂股份有限公司	同仁堂	600085	93.964	13.462	68.902	11.600
278	亿帆医药股份有限公司	亿帆医药	002019	93.963	13.426	68.937	11.600
279	深圳市汇顶科技股份有限公司	汇顶科技	603160	93.950	13.600	72.000	8.350
280	深圳市德赛电池科技股份有限公司	德赛电池	000049	93.919	12.785	69.534	11.600
281	中国邮政储蓄银行股份有限公司	邮储银行	601658	93.918	13.600	66.318	14.000
282	浙江卫星石化股份有限公司	卫星石化	002648	93.902	13.468	68.834	11.600
283	江苏省农垦农业发展股份有限公司	苏垦农发	601952	93.879	11.200	71.079	11.600

续表

序号	企业名称	股票简称	股票代码	综合信用指数	信用环境指数	信用能力指数	信用行为指数
284	浙江美大实业股份有限公司	浙江美大	002677	93.870	13.472	68.798	11.600
285	金圆环保股份有限公司	金圆股份	000546	93.867	13.600	68.667	11.600
286	江苏洋河酒厂股份有限公司	洋河股份	002304	93.850	12.685	69.565	11.600
287	海信视像科技股份有限公司	海信视像	600060	93.835	13.738	68.497	11.600
288	四川科伦药业股份有限公司	科伦药业	002422	93.834	12.329	69.906	11.600
289	易见供应链管理股份有限公司	易见股份	600093	93.827	12.739	69.488	11.600
290	上海梅林正广和股份有限公司	上海梅林	600073	93.816	13.078	69.138	11.600
291	中国农业银行股份有限公司	农业银行	601288	93.806	13.881	65.925	14.000
292	南京云海特种金属股份有限公司	云海金属	002182	93.778	13.400	68.778	11.600
293	传化智联股份有限公司	传化智联	002010	93.776	13.499	68.677	11.600
294	山河智能装备股份有限公司	山河智能	002097	93.772	13.419	68.753	11.600
295	江中药业股份有限公司	江中药业	600750	93.769	12.802	69.367	11.600
296	三六零安全科技股份有限公司	三六零	601360	93.769	13.395	68.774	11.600
297	江苏康缘药业股份有限公司	康缘药业	600557	93.769	13.435	68.734	11.600
298	天虹数科商业股份有限公司	天虹股份	002419	93.767	13.070	69.097	11.600
299	智度科技股份有限公司	智度股份	000676	93.748	12.589	69.559	11.600
300	深圳市信维通信股份有限公司	信维通信	300136	93.737	13.003	69.134	11.600
301	福莱特玻璃集团股份有限公司	福莱特	601865	93.689	13.600	68.489	11.600
302	中材科技股份有限公司	中材科技	002080	93.686	13.600	68.486	11.600
303	河南明泰铝业股份有限公司	明泰铝业	601677	93.677	13.175	68.902	11.600
304	浙报数字文化集团股份有限公司	浙数文化	600633	93.671	13.005	69.066	11.600
305	迈克生物股份有限公司	迈克生物	300463	93.651	13.435	68.616	11.600
306	浙江大华技术股份有限公司	大华股份	002236	93.617	13.951	71.189	8.477
307	厦门国贸集团股份有限公司	厦门国贸	600755	93.609	13.045	68.964	11.600
308	歌尔股份有限公司	歌尔股份	002241	93.588	13.961	71.434	8.193
309	美盈森集团股份有限公司	美盈森	002303	93.585	13.478	68.507	11.600
310	浙江晶盛机电股份有限公司	晶盛机电	300316	93.574	13.057	68.916	11.600
311	浙江久立特材科技股份有限公司	久立特材	002318	93.564	13.531	68.434	11.600
312	杭州巨星科技股份有限公司	巨星科技	002444	93.522	13.068	68.854	11.600
313	山东新潮能源股份有限公司	新潮能源	600777	93.503	13.600	68.303	11.600
314	航天时代电子技术股份有限公司	航天电子	600879	93.479	12.728	69.151	11.600
315	华夏航空股份有限公司	华夏航空	002928	93.467	13.560	68.307	11.600

续表

序号	企业名称	股票简称	股票代码	综合信用指数	信用环境指数	信用能力指数	信用行为指数
316	杭州解百集团股份有限公司	杭州解百	600814	93.464	13.600	68.264	11.600
317	郑州宇通客车股份有限公司	宇通客车	600066	93.456	12.965	68.891	11.600
318	宁夏建材集团股份有限公司	宁夏建材	600449	93.437	13.600	68.237	11.600
319	江苏国泰国际集团股份有限公司	江苏国泰	002091	93.425	13.264	68.561	11.600
320	京沪高速铁路股份有限公司	京沪高铁	601816	93.424	13.867	67.956	11.600
321	中国东方航空股份有限公司	东方航空	600115	93.409	13.818	67.991	11.600
322	株洲旗滨集团股份有限公司	旗滨集团	601636	93.405	13.600	68.205	11.600
323	华邦生命健康股份有限公司	华邦健康	002004	93.400	13.503	68.297	11.600
324	北京首商集团股份有限公司	首商股份	600723	93.393	13.471	68.322	11.600
325	河北建投能源投资股份有限公司	建投能源	000600	93.354	13.501	68.253	11.600
326	安琪酵母股份有限公司	安琪酵母	600298	93.339	12.815	68.925	11.600
327	西藏天路股份有限公司	西藏天路	600326	93.330	13.600	68.130	11.600
328	一心堂药业集团股份有限公司	一心堂	002727	93.324	13.420	68.304	11.600
329	江苏鱼跃医疗设备股份有限公司	鱼跃医疗	002223	93.315	13.079	68.637	11.600
330	骆驼集团股份有限公司	骆驼股份	601311	93.311	13.398	68.313	11.600
331	深圳市汇川技术股份有限公司	汇川技术	300124	93.310	12.459	69.250	11.600
332	佛燃能源集团股份有限公司	佛燃能源	002911	93.292	13.424	68.268	11.600
333	上海润达医疗科技股份有限公司	润达医疗	603108	93.286	13.525	68.160	11.600
334	中国国际航空股份有限公司	中国国航	601111	93.241	13.278	68.363	11.600
335	山煤国际能源集团股份有限公司	山煤国际	600546	93.221	13.600	68.021	11.600
336	天康生物股份有限公司	天康生物	002100	93.202	11.200	70.402	11.600
337	武汉武商集团股份有限公司	鄂武商 A	000501	93.198	13.831	67.766	11.600
338	福耀玻璃工业集团股份有限公司	福耀玻璃	600660	93.190	13.298	68.292	11.600
339	山东华泰纸业股份有限公司	华泰股份	600308	93.190	12.734	68.856	11.600
340	苏州东山精密制造股份有限公司	东山精密	002384	93.189	12.115	69.475	11.600
341	杭州制氧机集团股份有限公司	杭氧股份	002430	93.184	12.562	69.022	11.600
342	北京东方国信科技股份有限公司	东方国信	300166	93.169	12.786	68.782	11.600
343	安徽江南化工股份有限公司	江南化工	002226	93.155	13.575	67.980	11.600
344	招商局港口集团股份有限公司	招商港口	001872	93.141	13.822	67.720	11.600
345	上海同济科技实业股份有限公司	同济科技	600846	93.140	13.600	67.940	11.600
346	招商局公路网络科技控股股份有限公司	招商公路	001965	93.129	13.194	68.334	11.600
347	中节能万润股份有限公司	万润股份	002643	93.122	13.444	68.079	11.600

续表

序号	企业名称	股票简称	股票代码	综合信用指数	信用环境指数	信用能力指数	信用行为指数
348	无锡先导智能装备股份有限公司	先导智能	300450	93.107	12.435	69.072	11.600
349	中国南方航空股份有限公司	南方航空	600029	93.101	13.613	67.888	11.600
350	海思科医药集团股份有限公司	海思科	002653	93.079	13.507	67.973	11.600
351	浙江东方金融控股集团股份有限公司	浙江东方	600120	93.077	13.262	68.215	11.600
352	石家庄以岭药业股份有限公司	以岭药业	002603	93.070	12.984	68.486	11.600
353	浙江华海药业股份有限公司	华海药业	600521	93.030	13.600	67.830	11.600
354	华夏幸福基业股份有限公司	华夏幸福	600340	92.992	13.725	67.667	11.600
355	浙江尖峰集团股份有限公司	尖峰集团	600668	92.988	13.600	67.788	11.600
356	中国长江电力股份有限公司	长江电力	600900	92.987	11.521	69.866	11.600
357	浙江航民股份有限公司	航民股份	600987	92.969	13.413	67.956	11.600
358	长江出版传媒股份有限公司	长江传媒	600757	92.956	12.919	68.437	11.600
359	中国核工业建设股份有限公司	中国核建	601611	92.949	13.575	67.774	11.600
360	宁波银行股份有限公司	宁波银行	002142	92.917	13.600	66.517	12.800
361	横店集团东磁股份有限公司	横店东磁	002056	92.916	12.480	68.837	11.600
362	天士力医药集团股份有限公司	天士力	600535	92.894	11.450	69.844	11.600
363	鲁泰纺织股份有限公司	鲁泰A	000726	92.881	13.090	68.191	11.600
364	无锡威孚高科技集团股份有限公司	威孚高科	000581	92.875	13.270	68.005	11.600
365	航天工业发展股份有限公司	航天发展	000547	92.872	13.527	67.745	11.600
366	蓝星安迪苏股份有限公司	安迪苏	600299	92.844	13.477	67.767	11.600
367	深圳康泰生物制品股份有限公司	康泰生物	300601	92.824	13.492	67.731	11.600
368	浙江森马服饰股份有限公司	森马服饰	002563	92.823	12.603	68.620	11.600
369	中信泰富特钢集团股份有限公司	中信特钢	000708	92.791	13.986	67.206	11.600
370	海信家电集团股份有限公司	海信家电	000921	92.757	13.780	67.377	11.600
371	内蒙古第一机械集团股份有限公司	内蒙一机	600967	92.747	13.191	67.956	11.600
372	江苏常熟农村商业银行股份有限公司	常熟银行	601128	92.711	13.600	66.311	12.800
373	昊华化工科技集团股份有限公司	昊华科技	600378	92.705	13.025	68.080	11.600
374	中国石油集团工程股份有限公司	中油工程	600339	92.702	12.315	68.787	11.600
375	王府井集团股份有限公司	王府井	600859	92.697	12.374	68.723	11.600
376	顺丰控股股份有限公司	顺丰控股	002352	92.693	13.692	67.402	11.600
377	长春欧亚集团股份有限公司	欧亚集团	600697	92.681	13.876	67.205	11.600
378	山东华鲁恒升化工股份有限公司	华鲁恒升	600426	92.674	11.886	69.189	11.600
379	舍得酒业股份有限公司	ST舍得	600702	92.654	13.515	67.539	11.600

续表

序号	企业名称	股票简称	股票代码	综合信用指数	信用环境指数	信用能力指数	信用行为指数
380	杭州老板电器股份有限公司	老板电器	002508	92.646	13.401	67.645	11.600
381	光明乳业股份有限公司	光明乳业	600597	92.619	13.114	67.905	11.600
382	四川和邦生物科技股份有限公司	和邦生物	603077	92.587	13.464	67.522	11.600
383	华工科技产业股份有限公司	华工科技	000988	92.556	13.518	67.438	11.600
384	山东省药用玻璃股份有限公司	山东药玻	600529	92.550	13.600	67.350	11.600
385	浙江京新药业股份有限公司	京新药业	002020	92.543	13.502	67.441	11.600
386	北京蓝色光标数据科技股份有限公司	蓝色光标	300058	92.478	13.866	67.012	11.600
387	环旭电子股份有限公司	环旭电子	601231	92.478	13.914	70.374	8.190
388	广西五洲交通股份有限公司	五洲交通	600368	92.473	13.600	67.273	11.600
389	上海环境集团股份有限公司	上海环境	601200	92.465	13.351	67.514	11.600
390	云南恩捷新材料股份有限公司	恩捷股份	002812	92.452	13.600	67.252	11.600
391	浙江闰土股份有限公司	闰土股份	002440	92.415	12.939	67.876	11.600
392	吉林敖东药业集团股份有限公司	吉林敖东	000623	92.384	13.600	67.184	11.600
393	中国巨石股份有限公司	中国巨石	600176	92.376	13.472	67.304	11.600
394	湖北济川药业股份有限公司	济川药业	600566	92.374	12.548	68.226	11.600
395	深圳市中金岭南有色金属股份有限公司	中金岭南	000060	92.370	12.018	68.752	11.600
396	迪安诊断技术集团股份有限公司	迪安诊断	300244	92.365	13.455	67.310	11.600
397	长沙银行股份有限公司	长沙银行	601577	92.360	13.559	66.001	12.800
398	安徽迎驾贡酒股份有限公司	迎驾贡酒	603198	92.342	13.453	67.290	11.600
399	南京高科股份有限公司	南京高科	600064	92.338	13.600	67.138	11.600
400	淮河能源（集团）股份有限公司	淮河能源	600575	92.333	13.600	67.133	11.600
401	中国平安保险（集团）股份有限公司	中国平安	601318	92.329	11.200	67.129	14.000
402	深圳市海普瑞药业集团股份有限公司	海普瑞	002399	92.325	13.600	67.125	11.600
403	芒果超媒股份有限公司	芒果超媒	300413	92.321	13.013	67.708	11.600
404	广东海大集团股份有限公司	海大集团	002311	92.321	13.600	67.121	11.600
405	广东宝丽华新能源股份有限公司	宝新能源	000690	92.309	13.539	67.170	11.600
406	上海家化联合股份有限公司	上海家化	600315	92.276	13.076	67.600	11.600
407	天茂实业集团股份有限公司	天茂集团	000627	92.268	13.857	66.811	11.600
408	天津中环半导体股份有限公司	中环股份	002129	92.239	13.755	70.294	8.190
409	北京光环新网科技股份有限公司	光环新网	300383	92.233	13.056	67.577	11.600
410	广州视源电子科技股份有限公司	视源股份	002841	92.157	13.814	70.101	8.243
411	浙江阳光照明电器集团股份有限公司	阳光照明	600261	92.108	12.612	67.895	11.600

续表

序号	企业名称	股票简称	股票代码	综合信用指数	信用环境指数	信用能力指数	信用行为指数
412	上海银行股份有限公司	上海银行	601229	92.080	13.600	65.680	12.800
413	深圳香江控股股份有限公司	香江控股	600162	92.069	13.324	67.145	11.600
414	九阳股份有限公司	九阳股份	002242	92.033	13.166	67.268	11.600
415	大同煤业股份有限公司	晋控煤业	601001	91.989	13.520	66.869	11.600
416	大商股份有限公司	大商股份	600694	91.987	12.987	67.400	11.600
417	中国人寿保险股份有限公司	中国人寿	601628	91.964	11.200	66.764	14.000
418	浙江华峰氨纶股份有限公司	华峰化学	002064	91.963	12.449	67.914	11.600
419	重庆啤酒股份有限公司	重庆啤酒	600132	91.959	13.600	66.759	11.600
420	山东国瓷功能材料股份有限公司	国瓷材料	300285	91.934	12.841	67.493	11.600
421	莱克电气股份有限公司	莱克电气	603355	91.913	13.435	66.878	11.600
422	唐山三友化工股份有限公司	三友化工	600409	91.866	10.624	69.642	11.600
423	科大讯飞股份有限公司	科大讯飞	002230	91.860	13.586	70.132	8.142
424	华夏银行股份有限公司	华夏银行	600015	91.857	13.407	65.650	12.800
425	胜宏科技（惠州）股份有限公司	胜宏科技	300476	91.827	13.423	66.804	11.600
426	江苏东方盛虹股份有限公司	东方盛虹	000301	91.796	13.494	66.703	11.600
427	申万宏源集团股份有限公司	申万宏源	000166	91.793	13.378	66.815	11.600
428	宝山钢铁股份有限公司	宝钢股份	600019	91.757	11.517	66.746	13.494
429	崇达技术股份有限公司	崇达技术	002815	91.752	12.532	67.620	11.600
430	福建发展高速公路股份有限公司	福建高速	600033	91.698	13.573	66.525	11.600
431	广州越秀金融控股集团股份有限公司	越秀金控	000987	91.680	13.600	66.480	11.600
432	无锡药明康德新药开发股份有限公司	药明康德	603259	91.637	12.431	67.605	11.600
433	无锡华光环保能源集团股份有限公司	华光环能	600475	91.559	12.530	67.429	11.600
434	浙江伟星新型建材股份有限公司	伟星新材	002372	91.555	13.492	66.463	11.600
435	广东塔牌集团股份有限公司	塔牌集团	002233	91.537	13.556	66.381	11.600
436	北京银行股份有限公司	北京银行	601169	91.529	13.492	65.237	12.800
437	新洋丰农业科技股份有限公司	新洋丰	000902	91.497	11.898	67.999	11.600
438	南京银行股份有限公司	南京银行	601009	91.486	13.579	65.107	12.800
439	江河创建集团股份有限公司	江河集团	601886	91.469	12.669	67.199	11.600
440	杭州银行股份有限公司	杭州银行	600926	91.357	13.600	64.957	12.800
441	成都市兴蓉环境股份有限公司	兴蓉环境	000598	91.349	13.388	66.361	11.600
442	深圳市天健（集团）股份有限公司	天健集团	000090	91.338	13.600	66.138	11.600
443	贵阳银行股份有限公司	贵阳银行	601997	91.311	13.600	64.911	12.800

续表

序号	企业名称	股票简称	股票代码	综合信用指数	信用环境指数	信用能力指数	信用行为指数
444	金科地产集团股份有限公司	金科股份	000656	91.288	13.738	65.950	11.600
445	浙江海翔药业股份有限公司	海翔药业	002099	91.275	13.524	66.151	11.600
446	平顶山天安煤业股份有限公司	平煤股份	601666	91.274	13.429	66.245	11.600
447	成都银行股份有限公司	成都银行	601838	91.237	13.600	64.837	12.800
448	茂业商业股份有限公司	茂业商业	600828	91.186	13.793	65.793	11.600
449	美克国际家居用品股份有限公司	美克家居	600337	91.185	13.028	66.558	11.600
450	合肥美亚光电技术股份有限公司	美亚光电	002690	91.185	13.495	66.090	11.600
451	葵花药业集团股份有限公司	葵花药业	002737	91.185	13.461	66.124	11.600
452	浙商银行股份有限公司	浙商银行	601916	91.169	13.361	65.008	12.800
453	蓝帆医疗股份有限公司	蓝帆医疗	002382	91.159	13.470	66.089	11.600
454	江苏苏州农村商业银行股份有限公司	苏农银行	603323	91.159	13.599	64.760	12.800
455	新疆天山水泥股份有限公司	天山股份	000877	91.154	12.796	66.758	11.600
456	华测检测认证集团股份有限公司	华测检测	300012	91.152	13.084	66.468	11.600
457	威海光威复合材料股份有限公司	光威复材	300699	91.143	13.512	66.031	11.600
458	中节能太阳能股份有限公司	太阳能	000591	91.142	12.534	67.008	11.600
459	金堆城钼业股份有限公司	金钼股份	601958	91.138	13.114	66.424	11.600
460	四川路桥建设集团股份有限公司	四川路桥	600039	91.113	13.600	65.913	11.600
461	上海世茂股份有限公司	世茂股份	600823	91.110	13.472	66.039	11.600
462	厦门钨业股份有限公司	厦门钨业	600549	91.072	12.386	67.085	11.600
463	内蒙古蒙电华能热电股份有限公司	内蒙华电	600863	91.067	13.075	66.392	11.600
464	新奥天然气股份有限公司	新奥股份	600803	91.057	12.369	67.089	11.600
465	山东高速路桥集团股份有限公司	山东路桥	000498	91.053	13.316	66.137	11.600
466	东方电气股份有限公司	东方电气	600875	91.025	13.255	66.170	11.600
467	西安银行股份有限公司	西安银行	600928	91.012	13.588	64.624	12.800
468	广东明珠集团股份有限公司	广东明珠	600382	90.984	13.419	65.965	11.600
469	杭萧钢构股份有限公司	杭萧钢构	600477	90.983	11.486	67.896	11.600
470	上海临港控股股份有限公司	上海临港	600848	90.959	13.600	65.759	11.600
471	浙江巨化股份有限公司	巨化股份	600160	90.918	10.238	69.080	11.600
472	明阳智慧能源集团股份公司	明阳智能	601615	90.901	13.408	65.893	11.600
473	湖南华菱钢铁股份有限公司	华菱钢铁	000932	90.874	13.119	66.155	11.600
474	拉卡拉支付股份有限公司	拉卡拉	300773	90.833	13.770	65.463	11.600
475	华帝股份有限公司	华帝股份	002035	90.770	13.350	65.820	11.600

续表

序号	企业名称	股票简称	股票代码	综合信用指数	信用环境指数	信用能力指数	信用行为指数
476	上海氯碱化工股份有限公司	氯碱化工	600618	90.733	11.533	67.600	11.600
477	中国人民保险集团股份有限公司	中国人保	601319	90.719	11.200	66.719	12.800
478	青岛农村商业银行股份有限公司	青农商行	002958	90.685	13.595	64.290	12.800
479	中粮屯河糖业股份有限公司	中粮糖业	600737	90.606	13.062	65.944	11.600
480	宋城演艺发展股份有限公司	宋城演艺	300144	90.601	12.690	66.311	11.600
481	重庆农村商业银行股份有限公司	渝农商行	601077	90.590	13.600	64.190	12.800
482	招商局蛇口工业区控股股份有限公司	招商蛇口	001979	90.564	12.770	66.194	11.600
483	云南驰宏锌锗股份有限公司	驰宏锌锗	600497	90.558	12.537	66.421	11.600
484	四川双马水泥股份有限公司	四川双马	000935	90.552	13.553	65.399	11.600
485	福建星网锐捷通讯股份有限公司	星网锐捷	002396	90.509	13.600	68.780	8.129
486	北京光线传媒股份有限公司	光线传媒	300251	90.497	10.220	68.678	11.600
487	中国太平洋保险（集团）股份有限公司	中国太保	601601	90.478	11.200	66.478	12.800
488	安徽金禾实业股份有限公司	金禾实业	002597	90.453	12.204	66.649	11.600
489	重庆水务集团股份有限公司	重庆水务	601158	90.440	13.454	65.386	11.600
490	春秋航空股份有限公司	春秋航空	601021	90.430	13.441	65.389	11.600
491	广东万和新电气股份有限公司	万和电气	002543	90.396	13.472	65.323	11.600
492	中国南玻集团股份有限公司	南玻 A	000012	90.310	13.600	65.110	11.600
493	鸿达兴业股份有限公司	鸿达兴业	002002	90.301	12.767	65.933	11.600
494	国电南瑞科技股份有限公司	国电南瑞	600406	90.284	13.400	65.284	11.600
495	江苏江阴农村商业银行股份有限公司	江阴银行	002807	90.237	13.600	63.837	12.800
496	浙江水晶光电科技股份有限公司	水晶光电	002273	90.222	13.430	68.717	8.075
497	江苏中南建设集团股份有限公司	中南建设	000961	90.162	13.889	64.673	11.600
498	神州高铁技术股份有限公司	神州高铁	000008	90.092	13.458	65.034	11.600
499	山东黄金矿业股份有限公司	山东黄金	600547	90.091	12.267	66.224	11.600
500	江苏华西村股份有限公司	华西股份	000936	90.073	13.587	64.886	11.600

二、2020中国上市公司信用500强收益性指标

序号	企业名称	股票代码	综合信用指数	营收利润率（%）	资产利润率（%）	净资产利润率（%）
1	中国建筑股份有限公司	601668	99.600	4.45	3.11	12.59
2	美的集团股份有限公司	000333	99.371	9.05	8.37	23.51
3	万科企业股份有限公司	000002	99.235	14.99	3.19	20.38
4	贵州茅台酒股份有限公司	600519	99.138	49.49	24.02	30.99
5	安徽海螺水泥股份有限公司	600585	99.100	21.88	19.21	24.14
6	上海汽车集团股份有限公司	600104	98.483	4.18	4.15	11.73
7	中国石油化工股份有限公司	600028	98.159	2.43	4.11	8.22
8	珠海格力电器股份有限公司	000651	97.986	12.38	8.77	22.16
9	江西铜业股份有限公司	600362	97.855	0.91	1.61	3.69
10	航天信息股份有限公司	600271	97.491	7.12	10.44	16.76
11	用友网络科技股份有限公司	600588	97.488	15.53	7.53	15.93
12	上海宝信软件股份有限公司	600845	97.483	13.50	9.01	12.72
13	宜宾五粮液股份有限公司	000858	97.481	36.37	17.13	23.95
14	北京千方科技股份有限公司	002373	97.469	12.30	6.61	11.52
15	上海电气集团股份有限公司	601727	97.452	4.56	2.07	6.35
16	烽火通信科技股份有限公司	600498	97.429	4.27	3.35	8.74
17	上海锦江国际酒店股份有限公司	600754	97.410	8.47	3.29	8.91
18	中青旅控股股份有限公司	600138	97.404	6.47	5.54	10.17
19	中国铝业股份有限公司	601600	97.366	0.78	0.73	2.10
20	山东玲珑轮胎股份有限公司	601966	97.296	9.71	6.27	15.12
21	老凤祥股份有限公司	600612	97.288	3.69	10.65	21.94
22	中国中铁股份有限公司	601390	97.236	2.98	2.40	10.34
23	中顺洁柔纸业股份有限公司	002511	97.224	9.10	10.02	14.81
24	芜湖三七互娱网络科技集团股份有限公司	002555	97.200	18.27	23.82	33.14
25	温氏食品集团股份有限公司	300498	97.200	19.75	22.03	30.98
26	华新水泥股份有限公司	600801	97.200	22.33	19.16	30.04
27	蓝思科技股份有限公司	300433	97.200	8.03	5.17	10.83

续表

序号	企业名称	股票代码	综合信用指数	营收利润率（%）	资产利润率（%）	净资产利润率（%）
28	新希望六和股份有限公司	000876	97.200	7.53	9.62	18.93
29	中国中车股份有限公司	601766	97.199	6.04	3.60	8.70
30	三一重工股份有限公司	600031	97.193	15.19	12.70	25.25
31	浪潮电子信息产业股份有限公司	000977	97.184	1.85	3.25	9.27
32	中国铁建股份有限公司	601186	97.173	2.72	2.09	8.63
33	深信服科技股份有限公司	300454	97.118	16.53	11.21	17.56
34	山东太阳纸业股份有限公司	002078	97.097	9.65	6.80	14.95
35	广东生益科技股份有限公司	600183	97.096	11.81	10.06	16.71
36	潍柴动力股份有限公司	000338	97.069	6.83	5.03	17.06
37	国电电力发展股份有限公司	600795	97.059	4.22	1.35	4.22
38	北京金隅集团股份有限公司	601992	97.053	5.64	1.84	6.27
39	华东医药股份有限公司	000963	97.043	8.25	13.63	22.74
40	江苏恒瑞医药股份有限公司	600276	97.028	22.87	19.33	21.36
41	中化国际（控股）股份有限公司	600500	97.022	3.02	3.03	6.32
42	长城汽车股份有限公司	601633	97.000	4.71	4.01	8.33
43	华域汽车系统股份有限公司	600741	97.000	5.91	6.12	14.51
44	中原大地传媒股份有限公司	000719	96.998	8.82	6.80	10.05
45	江苏恒立液压股份有限公司	601100	96.991	23.98	15.40	23.12
46	永辉超市股份有限公司	601933	96.981	1.71	2.78	7.10
47	经纬纺织机械股份有限公司	000666	96.924	17.22	4.50	7.28
48	北京奥赛康药业股份有限公司	002755	96.902	17.26	21.12	30.99
49	厦门亿联网络技术股份有限公司	300628	96.890	49.62	25.59	28.10
50	九州通医药集团股份有限公司	600998	96.884	1.79	2.50	8.11
51	中国神华能源股份有限公司	601088	96.883	21.31	9.23	12.40
52	郑州煤矿机械集团股份有限公司	601717	96.878	4.43	3.84	8.67
53	绿地控股集团股份有限公司	600606	96.878	4.89	1.83	15.94
54	物产中大集团股份有限公司	600704	96.873	1.09	4.19	12.76
55	中南出版传媒集团股份有限公司	601098	96.872	13.72	6.45	9.74
56	国药集团一致药业股份有限公司	000028	96.870	2.85	4.43	9.66
57	国药集团药业股份有限公司	600511	96.862	4.21	7.77	15.47
58	中航工业机电系统股份有限公司	002013	96.853	8.73	3.72	8.35
59	安徽楚江科技新材料股份有限公司	002171	96.848	2.81	5.66	8.56

续表

序号	企业名称	股票代码	综合信用指数	营收利润率（%）	资产利润率（%）	净资产利润率（%）
60	上海医药集团股份有限公司	601607	96.833	2.59	3.53	9.78
61	上海国际机场股份有限公司	600009	96.826	48.07	14.15	16.21
62	海尔智家股份有限公司	600690	96.820	6.14	6.58	18.98
63	云南铜业股份有限公司	000878	96.820	1.54	2.30	8.04
64	上海复星医药（集团）股份有限公司	600196	96.810	13.10	4.92	9.55
65	重庆宗申动力机械股份有限公司	001696	96.775	7.99	5.52	9.82
66	山东豪迈机械科技股份有限公司	002595	96.769	19.67	12.70	17.40
67	安徽古井贡酒股份有限公司	000596	96.769	20.71	15.56	22.88
68	沪士电子股份有限公司	002463	96.767	16.92	14.64	23.49
69	桐昆集团股份有限公司	601233	96.734	5.73	7.24	15.18
70	江苏凤凰出版传媒股份有限公司	601928	96.734	11.23	5.93	9.71
71	北京华宇软件股份有限公司	300271	96.720	16.58	7.96	9.71
72	索菲亚家居股份有限公司	002572	96.719	14.24	12.90	18.53
73	中国旅游集团中免股份有限公司	601888	96.714	11.29	17.64	24.27
74	深圳市裕同包装科技股份有限公司	002831	96.710	10.84	8.49	16.04
75	中远海运控股股份有限公司	601919	96.681	6.85	3.95	14.97
76	中文天地出版传媒集团股份有限公司	600373	96.679	15.38	7.59	12.16
77	佛山市海天调味食品股份有限公司	603288	96.669	27.06	21.64	32.27
78	铜陵有色金属集团股份有限公司	000630	96.668	1.12	2.17	5.19
79	嘉事堂药业股份有限公司	002462	96.636	2.97	5.06	13.40
80	中国核能电力股份有限公司	601985	96.633	18.25	2.42	9.31
81	山东出版传媒股份有限公司	601019	96.631	15.78	9.55	14.33
82	大唐国际发电股份有限公司	601991	96.593	3.12	1.06	3.64
83	河南双汇投资发展股份有限公司	000895	96.537	9.39	19.79	33.10
84	恒生电子股份有限公司	600570	96.532	36.56	16.93	28.92
85	浙江三花智能控制股份有限公司	002050	96.510	12.70	9.69	15.31
86	赛轮集团股份有限公司	601058	96.502	7.87	6.66	16.08
87	中国中煤能源股份有限公司	601898	96.478	6.65	3.15	7.32
88	广东东阳光科技控股股份有限公司	600673	96.478	13.54	7.57	20.45
89	隆基绿能科技股份有限公司	601012	96.477	16.89	9.37	19.64
90	江西正邦科技股份有限公司	002157	96.456	6.91	5.49	16.97
91	浙江正泰电器股份有限公司	601877	96.449	13.14	7.18	15.91

续表

序号	企业名称	股票代码	综合信用指数	营收利润率（%）	资产利润率（%）	净资产利润率（%）
92	天地科技股份有限公司	600582	96.446	6.66	3.52	5.98
93	中国葛洲坝集团股份有限公司	600068	96.385	5.97	2.80	9.91
94	厦门象屿股份有限公司	600057	96.349	0.54	2.22	6.69
95	新华文轩出版传媒股份有限公司	601811	96.346	12.72	7.34	12.33
96	宁德时代新能源科技股份有限公司	300750	96.343	10.95	4.95	11.88
97	广州海格通信集团股份有限公司	002465	96.339	12.13	4.27	5.57
98	广州白云山医药集团股份有限公司	600332	96.307	5.30	6.05	13.24
99	泸州老窖股份有限公司	000568	96.289	29.35	16.05	23.74
100	南方出版传媒股份有限公司	601900	96.266	11.37	6.90	11.89
101	上海机电股份有限公司	600835	96.264	7.81	5.05	12.64
102	中国出版传媒股份有限公司	601949	96.251	11.75	5.62	9.62
103	华润三九医药股份有限公司	000999	96.248	14.55	10.64	16.61
104	杭叉集团股份有限公司	603298	96.231	8.07	11.38	15.25
105	安徽省皖能股份有限公司	000543	96.228	6.58	3.22	5.81
106	北京东方雨虹防水技术股份有限公司	002271	96.227	11.43	9.26	20.84
107	恒力石化股份有限公司	600346	96.216	10.03	5.80	27.53
108	公牛集团股份有限公司	603195	96.197	22.94	31.06	41.50
109	中国化学工程股份有限公司	601117	96.187	3.16	2.84	8.74
110	甘肃上峰水泥股份有限公司	000672	96.186	32.08	24.02	41.15
111	特变电工股份有限公司	600089	96.180	6.46	2.34	5.56
112	江苏中天科技股份有限公司	600522	96.168	5.08	4.90	9.16
113	金发科技股份有限公司	600143	96.150	4.32	4.33	11.81
114	鹏鼎控股（深圳）股份有限公司	002938	96.093	10.99	10.14	14.75
115	东方明珠新媒体股份有限公司	600637	96.079	18.06	4.99	6.46
116	广州尚品宅配家居股份有限公司	300616	96.077	7.28	8.64	15.03
117	苏美达股份有限公司	600710	96.069	1.72	3.58	14.98
118	中建西部建设股份有限公司	002302	96.065	3.20	3.27	7.95
119	安徽合力股份有限公司	600761	96.056	7.67	9.79	14.44
120	浙江龙盛集团股份有限公司	600352	96.006	24.84	10.29	19.78
121	江西万年青水泥股份有限公司	000789	95.989	18.04	17.40	27.31
122	贵州航天电器股份有限公司	002025	95.974	12.98	8.20	12.47
123	紫金矿业集团股份有限公司	601899	95.949	3.72	4.09	8.87

续表

序号	企业名称	股票代码	综合信用指数	营收利润率（%）	资产利润率（%）	净资产利润率（%）
124	大参林医药集团股份有限公司	603233	95.944	6.25	8.03	16.08
125	中国交通建设股份有限公司	601800	95.915	3.90	1.93	7.29
126	罗欣药业集团股份有限公司	002793	95.900	8.35	8.50	17.23
127	宁波华翔电子股份有限公司	002048	95.874	7.45	7.43	12.12
128	上海豫园旅游商城（集团）股份有限公司	600655	95.827	9.10	3.93	10.71
129	杭州海康威视数字技术股份有限公司	002415	95.733	21.62	16.54	27.41
130	重庆百货大楼股份有限公司	600729	95.714	2.97	6.76	15.86
131	浙江苏泊尔股份有限公司	002032	95.710	9.65	16.17	27.99
132	思源电气股份有限公司	002028	95.693	9.03	6.51	11.08
133	浙江鼎力机械股份有限公司	603338	95.687	29.05	14.28	21.64
134	云南锡业股份有限公司	000960	95.672	2.59	3.16	7.90
135	重庆智飞生物制品股份有限公司	300122	95.663	22.35	21.63	41.17
136	国投电力控股股份有限公司	600886	95.652	20.58	3.89	11.74
137	北京首旅酒店（集团）股份有限公司	600258	95.650	11.06	5.37	9.89
138	上海百联集团股份有限公司	600827	95.639	1.80	1.63	4.14
139	永高股份有限公司	002641	95.630	8.17	8.98	15.19
140	天顺风能（苏州）股份有限公司	002531	95.617	12.62	5.85	12.85
141	华润双鹤药业股份有限公司	600062	95.595	11.37	9.46	12.29
142	中盐内蒙古化工股份有限公司	600328	95.576	10.78	7.66	18.15
143	佳都新太科技股份有限公司	600728	95.559	13.59	6.94	13.84
144	晶澳太阳能科技股份有限公司	002459	95.535	5.92	4.39	15.67
145	无锡市太极实业股份有限公司	600667	95.514	4.26	3.60	9.53
146	海澜之家股份有限公司	600398	95.452	14.42	10.95	22.85
147	重药控股股份有限公司	000950	95.448	2.79	3.71	10.66
148	北京中长石基信息技术股份有限公司	002153	95.447	12.70	4.27	4.99
149	浙江天宇药业股份有限公司	300702	95.445	27.75	20.62	28.75
150	深圳市景旺电子股份有限公司	603228	95.438	12.27	8.81	13.81
151	宁波均胜电子股份有限公司	600699	95.431	2.35	2.55	8.49
152	启明星辰信息技术集团股份有限公司	002439	95.422	22.07	9.89	15.61
153	上海现代制药股份有限公司	600420	95.419	7.61	5.26	10.09
154	北京京能电力股份有限公司	600578	95.409	9.02	2.17	5.73
155	中国中材国际工程股份有限公司	600970	95.406	6.54	4.84	14.97

续表

序号	企业名称	股票代码	综合信用指数	营收利润率（%）	资产利润率（%）	净资产利润率（%）
156	广西柳工机械股份有限公司	000528	95.401	5.60	3.60	9.91
157	冰轮环境技术股份有限公司	000811	95.395	12.27	6.31	11.80
158	常州星宇车灯股份有限公司	601799	95.375	12.96	9.23	16.16
159	江苏今世缘酒业股份有限公司	603369	95.356	29.92	14.49	20.23
160	许继电气股份有限公司	000400	95.331	4.87	3.28	5.70
161	富奥汽车零部件股份有限公司	000030	95.329	8.78	6.84	11.85
162	奥瑞金科技股份有限公司	002701	95.307	7.40	4.70	11.60
163	河钢资源股份有限公司	000923	95.304	9.11	4.12	7.35
164	大亚圣象家居股份有限公司	000910	95.281	10.10	9.21	14.01
165	东华软件股份公司	002065	95.274	6.53	3.43	6.02
166	浙江海亮股份有限公司	002203	95.264	2.63	4.42	11.09
167	内蒙古鄂尔多斯资源股份有限公司	600295	95.227	6.63	3.13	8.91
168	江苏卓胜微电子股份有限公司	300782	95.213	32.69	25.71	29.13
169	朗新科技集团股份有限公司	300682	95.203	34.37	17.22	21.99
170	广东电力发展股份有限公司	000539	95.193	6.16	2.39	5.29
171	华能国际电力股份有限公司	600011	95.188	1.37	0.57	2.03
172	山东南山铝业股份有限公司	600219	95.158	8.07	3.17	4.18
173	厦门建发股份有限公司	600153	95.151	2.36	2.70	12.05
174	申能股份有限公司	600642	95.112	7.28	4.16	7.46
175	江苏恩华药业股份有限公司	002262	95.100	15.84	15.64	18.23
176	大悦城控股集团股份有限公司	000031	95.087	10.97	2.02	8.71
177	中国电影股份有限公司	600977	95.070	13.68	7.19	9.59
178	中航光电科技股份有限公司	002179	95.069	12.69	7.68	13.31
179	铜陵精达特种电磁线股份有限公司	600577	95.057	4.45	8.55	12.97
180	山西杏花村汾酒厂股份有限公司	600809	95.043	17.29	12.78	26.93
181	深圳迈瑞生物医疗电子股份有限公司	300760	95.033	28.30	18.28	25.16
182	深南电路股份有限公司	002916	95.031	11.72	10.09	24.66
183	中国工商银行股份有限公司	601398	95.027	36.64	1.04	11.64
184	天津中新药业集团股份有限公司	600329	95.012	9.08	8.10	11.50
185	卧龙电气驱动集团股份有限公司	600580	94.999	8.12	5.12	13.59
186	完美世界股份有限公司	002624	94.996	18.00	8.70	14.29
187	中钢国际工程技术股份有限公司	000928	94.968	4.01	2.93	10.31

续表

序号	企业名称	股票代码	综合信用指数	营收利润率（%）	资产利润率（%）	净资产利润率（%）
188	云南白药集团股份有限公司	000538	94.949	14.07	8.40	10.95
189	浙商中拓集团股份有限公司	000906	94.947	0.79	3.94	17.12
190	中国外运股份有限公司	601598	94.927	3.77	4.73	9.68
191	江西洪城水业股份有限公司	600461	94.900	10.79	4.91	11.23
192	陕西煤业股份有限公司	601225	94.896	22.66	13.13	21.84
193	四川蓝光发展股份有限公司	600466	94.896	10.61	2.06	10.63
194	宏发科技股份有限公司	600885	94.876	13.62	9.46	14.63
195	凯莱英医药集团（天津）股份有限公司	002821	94.875	22.51	14.74	18.19
196	招商银行股份有限公司	600036	94.800	34.64	1.26	15.12
197	牧原食品股份有限公司	002714	94.800	31.34	11.98	19.98
198	江苏扬农化工股份有限公司	600486	94.790	13.48	12.17	23.19
199	昆药集团股份有限公司	600422	94.788	5.76	6.29	10.79
200	天马微电子股份有限公司	000050	94.779	2.74	1.27	3.11
201	健康元药业集团股份有限公司	600380	94.779	15.44	7.27	10.64
202	健帆生物科技集团股份有限公司	300529	94.744	39.72	22.80	26.20
203	立讯精密工业股份有限公司	002475	94.743	7.88	9.98	22.66
204	上海振华重工（集团）股份有限公司	600320	94.740	2.02	0.67	2.68
205	普洛药业股份有限公司	000739	94.738	7.67	8.48	14.69
206	富士康工业互联网股份有限公司	601138	94.728	4.55	9.05	20.82
207	江苏立华牧业股份有限公司	300761	94.719	22.14	22.93	28.78
208	山东晨鸣纸业集团股份有限公司	000488	94.718	5.77	1.79	6.66
209	广西柳州医药股份有限公司	603368	94.704	5.15	6.40	16.42
210	中国民生银行股份有限公司	600016	94.699	30.44	0.82	10.35
211	中国电力建设股份有限公司	601669	94.696	3.04	1.30	5.48
212	东方日升新能源股份有限公司	300118	94.688	6.79	3.82	10.44
213	中国冶金科工股份有限公司	601618	94.656	2.24	1.65	6.48
214	甘肃祁连山水泥集团股份有限公司	600720	94.648	18.86	12.21	17.46
215	深圳能源集团股份有限公司	000027	94.646	8.79	1.90	5.45
216	浙江世纪华通集团股份有限公司	002602	94.644	15.56	7.06	9.31
217	中国光大银行股份有限公司	601818	94.643	28.19	0.79	9.70
218	长春一汽富维汽车零部件股份有限公司	600742	94.624	3.99	4.40	10.39
219	红星美凯龙家居集团股份有限公司	601828	94.621	28.45	3.83	9.57

续表

序号	企业名称	股票代码	综合信用指数	营收利润率（%）	资产利润率（%）	净资产利润率（%）
220	雅戈尔集团股份有限公司	600177	94.620	31.81	4.90	14.11
221	交通银行股份有限公司	601328	94.618	33.58	0.79	9.75
222	福建圣农发展股份有限公司	002299	94.614	28.29	26.96	39.02
223	龙蟒佰利联集团股份有限公司	002601	94.611	22.81	10.04	18.51
224	北京天坛生物制品股份有限公司	600161	94.611	27.25	14.16	17.27
225	大秦铁路股份有限公司	601006	94.594	18.98	10.25	12.41
226	杭州泰格医药科技股份有限公司	300347	94.586	34.79	12.95	17.66
227	上海浦东发展银行股份有限公司	600000	94.573	31.21	0.85	10.61
228	中信银行股份有限公司	601998	94.570	26.12	0.73	9.20
229	漳州片仔癀药业股份有限公司	600436	94.540	24.24	15.74	19.90
230	中国科技出版传媒股份有限公司	601858	94.510	18.42	8.23	11.60
231	通威股份有限公司	600438	94.498	7.14	5.73	14.83
232	中航沈飞股份有限公司	600760	94.497	3.71	3.01	9.45
233	通策医疗股份有限公司	600763	94.464	26.81	19.09	25.78
234	仁和药业股份有限公司	000650	94.459	13.52	12.42	14.23
235	深圳市海王生物工程股份有限公司	000078	94.442	1.33	1.34	7.04
236	中国银行股份有限公司	601988	94.400	36.76	0.89	10.21
237	深圳市洲明科技股份有限公司	300232	94.398	9.60	7.16	17.39
238	神州数码集团股份有限公司	000034	94.383	0.81	2.38	16.04
239	中国船舶重工集团动力股份有限公司	600482	94.378	3.50	1.86	2.85
240	四川水井坊股份有限公司	600779	94.372	23.35	20.94	39.12
241	北京首创股份有限公司	600008	94.357	7.32	1.37	3.87
242	三角轮胎股份有限公司	601163	94.338	10.67	5.62	8.41
243	日月重工股份有限公司	603218	94.291	14.47	7.66	14.24
244	安徽鸿路钢结构（集团）股份有限公司	002541	94.285	5.20	4.38	11.32
245	中国建设银行股份有限公司	601939	94.282	38.15	1.06	12.05
246	山东仙坛股份有限公司	002746	94.267	30.08	24.61	30.83
247	内蒙古君正能源化工集团股份有限公司	601216	94.263	25.15	7.82	12.60
248	康龙化成（北京）新药技术股份有限公司	300759	94.262	14.12	5.34	6.77
249	平安银行股份有限公司	000001	94.247	20.44	0.72	9.01
250	华兰生物工程股份有限公司	002007	94.239	37.27	18.18	20.03
251	深圳劲嘉集团股份有限公司	002191	94.226	24.23	11.14	13.36

续表

序号	企业名称	股票代码	综合信用指数	营收利润率（%）	资产利润率（%）	净资产利润率（%）
252	新疆金风科技股份有限公司	002202	94.210	5.83	2.16	6.92
253	紫光股份有限公司	000938	94.205	5.68	5.62	9.50
254	宁波三星医疗电气股份有限公司	601567	94.202	15.53	7.69	12.95
255	丽珠医药集团股份有限公司	000513	94.202	15.57	8.13	11.91
256	上海紫江企业集团股份有限公司	600210	94.196	5.64	4.82	10.06
257	爱尔眼科医院集团股份有限公司	300015	94.178	14.33	12.03	20.38
258	深圳华强实业股份有限公司	000062	94.177	5.00	6.32	12.56
259	青岛啤酒股份有限公司	600600	94.161	6.89	5.17	9.69
260	黑牡丹（集团）股份有限公司	600510	94.160	16.49	4.17	13.48
261	中国国际海运集装箱（集团）股份有限公司	000039	94.160	2.93	1.46	4.56
262	南极电商股份有限公司	002127	94.159	30.87	21.99	24.82
263	兴业银行股份有限公司	601166	94.140	36.79	0.93	12.14
264	合力泰科技股份有限公司	002217	94.116	5.73	3.15	7.77
265	浙江富润数字科技股份有限公司	600070	94.100	17.53	11.52	17.25
266	淄博齐翔腾达化工股份有限公司	002408	94.098	2.10	4.47	7.71
267	大博医疗科技股份有限公司	002901	94.085	38.07	21.38	27.30
268	厦门盈趣科技股份有限公司	002925	94.074	25.44	18.03	23.38
269	阳光电源股份有限公司	300274	94.058	7.01	3.99	10.41
270	广州汽车集团股份有限公司	601238	94.043	11.24	4.88	8.14
271	重庆市迪马实业股份有限公司	600565	94.039	11.09	3.01	14.52
272	欣旺达电子股份有限公司	300207	94.034	2.97	3.18	12.52
273	浙江中国小商品城集团股份有限公司	600415	94.016	30.89	3.99	9.54
274	新大陆数字技术股份有限公司	000997	94.008	11.69	5.90	11.45
275	广汇物流股份有限公司	600603	93.985	28.38	5.07	12.05
276	惠州亿纬锂能股份有限公司	300014	93.979	24.16	9.51	20.08
277	北京同仁堂股份有限公司	600085	93.964	11.76	7.46	10.65
278	亿帆医药股份有限公司	002019	93.963	16.83	7.89	11.16
279	深圳市汇顶科技股份有限公司	603160	93.950	35.80	29.53	35.99
280	深圳市德赛电池科技股份有限公司	000049	93.919	3.63	7.64	23.41
281	中国邮政储蓄银行股份有限公司	601658	93.918	22.05	0.60	11.22
282	浙江卫星石化股份有限公司	002648	93.902	11.76	7.07	13.69
283	江苏省农垦农业发展股份有限公司	601952	93.879	7.62	7.60	9.78

续表

序号	企业名称	股票代码	综合信用指数	营收利润率（%）	资产利润率（%）	净资产利润率（%）
284	浙江美大实业股份有限公司	002677	93.870	27.31	23.15	30.28
285	金圆环保股份有限公司	000546	93.867	7.09	6.33	11.81
286	江苏洋河酒厂股份有限公司	002304	93.850	31.94	13.82	20.24
287	海信视像科技股份有限公司	600060	93.835	2.37	2.76	4.96
288	四川科伦药业股份有限公司	002422	93.834	5.79	3.24	7.35
289	易见供应链管理股份有限公司	600093	93.827	5.82	5.74	10.37
290	上海梅林正广和股份有限公司	600073	93.816	2.40	4.08	8.60
291	中国农业银行股份有限公司	601288	93.806	33.94	0.86	10.86
292	南京云海特种金属股份有限公司	002182	93.778	16.35	17.79	34.05
293	传化智联股份有限公司	002010	93.776	8.08	5.37	10.00
294	山河智能装备股份有限公司	002097	93.772	6.97	3.29	10.25
295	江中药业股份有限公司	600750	93.769	19.57	10.07	12.22
296	三六零安全科技股份有限公司	601360	93.769	46.33	17.63	20.74
297	江苏康缘药业股份有限公司	600557	93.769	11.31	8.45	12.64
298	天虹数科商业股份有限公司	002419	93.767	4.44	5.18	12.38
299	智度科技股份有限公司	000676	93.748	5.58	6.56	9.12
300	深圳市信维通信股份有限公司	300136	93.737	20.01	12.27	21.57
301	福莱特玻璃集团股份有限公司	601865	93.689	14.92	7.64	15.89
302	中材科技股份有限公司	002080	93.686	10.51	4.88	11.18
303	河南明泰铝业股份有限公司	601677	93.677	6.95	8.36	13.54
304	浙报数字文化集团股份有限公司	600633	93.671	24.41	6.17	7.62
305	迈克生物股份有限公司	300463	93.651	17.55	10.29	17.00
306	浙江大华技术股份有限公司	002236	93.617	12.09	10.69	19.78
307	厦门国贸集团股份有限公司	600755	93.609	1.13	2.75	8.94
308	歌尔股份有限公司	002241	93.588	3.64	3.69	7.93
309	美盈森集团股份有限公司	002303	93.585	15.64	7.30	10.10
310	浙江晶盛机电股份有限公司	300316	93.574	20.07	7.94	13.23
311	浙江久立特材科技股份有限公司	002318	93.564	11.44	8.49	14.24
312	杭州巨星科技股份有限公司	002444	93.522	13.64	8.12	11.86
313	山东新潮能源股份有限公司	600777	93.503	17.75	3.79	6.68
314	航天时代电子技术股份有限公司	600879	93.479	3.66	1.72	3.86
315	华夏航空股份有限公司	002928	93.467	9.29	5.13	18.05

续表

序号	企业名称	股票代码	综合信用指数	营收利润率（%）	资产利润率（%）	净资产利润率（%）
316	杭州解百集团股份有限公司	600814	93.464	7.30	8.12	13.07
317	郑州宇通客车股份有限公司	600066	93.456	6.43	5.35	11.10
318	宁夏建材集团股份有限公司	600449	93.437	17.64	11.20	14.29
319	江苏国泰国际集团股份有限公司	002091	93.425	3.68	6.15	12.91
320	京沪高速铁路股份有限公司	601816	93.424	36.24	6.45	7.52
321	中国东方航空股份有限公司	600115	93.409	2.88	1.23	4.95
322	株洲旗滨集团股份有限公司	601636	93.405	14.46	10.30	16.32
323	华邦生命健康股份有限公司	002004	93.400	9.23	3.50	7.04
324	北京首商集团股份有限公司	600723	93.393	4.98	7.09	10.78
325	河北建投能源投资股份有限公司	000600	93.354	6.41	2.77	6.45
326	安琪酵母股份有限公司	600298	93.339	12.28	9.49	17.74
327	西藏天路股份有限公司	600326	93.330	14.81	7.26	15.01
328	一心堂药业集团股份有限公司	002727	93.324	5.76	7.58	13.13
329	江苏鱼跃医疗设备股份有限公司	002223	93.315	16.43	9.56	12.37
330	骆驼集团股份有限公司	601311	93.311	6.70	5.28	8.73
331	深圳市汇川技术股份有限公司	300124	93.310	13.67	6.79	11.30
332	佛燃能源集团股份有限公司	002911	93.292	7.93	7.24	13.66
333	上海润达医疗科技股份有限公司	603108	93.286	7.25	5.66	14.53
334	中国国际航空股份有限公司	601111	93.241	5.33	2.46	7.15
335	山煤国际能源集团股份有限公司	600546	93.221	4.20	3.65	15.19
336	天康生物股份有限公司	002100	93.202	7.92	5.31	11.47
337	武汉武商集团股份有限公司	000501	93.198	6.90	5.19	12.88
338	福耀玻璃工业集团股份有限公司	600660	93.190	13.73	7.46	13.56
339	山东华泰纸业股份有限公司	600308	93.190	4.83	4.77	7.79
340	苏州东山精密制造股份有限公司	002384	93.189	3.00	2.23	8.11
341	杭州制氧机集团股份有限公司	002430	93.184	8.36	5.68	11.03
342	北京东方国信科技股份有限公司	300166	93.169	23.42	7.51	8.87
343	安徽江南化工股份有限公司	002226	93.155	14.32	4.26	7.78
344	招商局港口集团股份有限公司	001872	93.141	23.90	1.85	8.06
345	上海同济科技实业股份有限公司	600846	93.140	15.09	7.89	26.83
346	招商局公路网络科技控股股份有限公司	001965	93.129	59.44	5.35	9.02
347	中节能万润股份有限公司	002643	93.122	18.60	9.04	10.65

续表

序号	企业名称	股票代码	综合信用指数	营收利润率（%）	资产利润率（%）	净资产利润率（%）
348	无锡先导智能装备股份有限公司	300450	93.107	16.34	8.04	17.87
349	中国南方航空股份有限公司	600029	93.101	2.01	1.01	4.02
350	海思科医药集团股份有限公司	002653	93.079	12.06	9.43	19.98
351	浙江东方金融控股集团股份有限公司	600120	93.077	8.25	4.45	8.01
352	石家庄以岭药业股份有限公司	002603	93.070	10.35	6.65	7.58
353	浙江华海药业股份有限公司	600521	93.030	11.26	5.66	10.50
354	华夏幸福基业股份有限公司	600340	92.992	13.96	3.21	19.93
355	浙江尖峰集团股份有限公司	600668	92.988	22.66	14.68	19.70
356	中国长江电力股份有限公司	600900	92.987	43.24	7.27	14.38
357	浙江航民股份有限公司	600987	92.969	12.61	11.98	15.68
358	长江出版传媒股份有限公司	600757	92.956	10.47	7.43	10.78
359	中国核工业建设股份有限公司	601611	92.949	2.23	1.14	7.16
360	宁波银行股份有限公司	002142	92.917	39.31	1.05	13.69
361	横店集团东磁股份有限公司	002056	92.916	10.57	8.16	12.98
362	天士力医药集团股份有限公司	600535	92.894	5.28	4.18	8.46
363	鲁泰纺织股份有限公司	000726	92.881	14.55	8.32	11.92
364	无锡威孚高科技集团股份有限公司	000581	92.875	26.21	9.61	13.17
365	航天工业发展股份有限公司	000547	92.872	17.89	6.65	8.82
366	蓝星安迪苏股份有限公司	600299	92.844	11.29	5.95	7.30
367	深圳康泰生物制品股份有限公司	300601	92.824	29.56	14.54	20.86
368	浙江森马服饰股份有限公司	002563	92.823	7.93	9.23	13.01
369	中信泰富特钢集团股份有限公司	000708	92.791	7.42	7.42	21.32
370	海信家电集团股份有限公司	000921	92.757	5.21	5.74	15.63
371	内蒙古第一机械集团股份有限公司	600967	92.747	4.54	2.27	6.23
372	江苏常熟农村商业银行股份有限公司	601128	92.711	29.47	1.03	10.61
373	昊华化工科技集团股份有限公司	600378	92.705	11.42	6.14	8.83
374	中国石油集团工程股份有限公司	600339	92.702	1.24	0.87	3.40
375	王府井集团股份有限公司	600859	92.697	3.53	3.92	7.83
376	顺丰控股股份有限公司	002352	92.693	5.01	6.08	13.24
377	长春欧亚集团股份有限公司	600697	92.681	3.58	2.63	10.25
378	山东华鲁恒升化工股份有限公司	600426	92.674	17.29	13.49	17.24
379	舍得酒业股份有限公司	600702	92.654	20.31	9.32	16.61

续表

序号	企业名称	股票代码	综合信用指数	营收利润率（%）	资产利润率（%）	净资产利润率（%）
380	杭州老板电器股份有限公司	002508	92.646	20.80	15.15	23.15
381	光明乳业股份有限公司	600597	92.619	3.02	3.87	9.20
382	四川和邦生物科技股份有限公司	603077	92.587	8.49	3.50	4.42
383	华工科技产业股份有限公司	000988	92.556	9.07	5.16	7.93
384	山东省药用玻璃股份有限公司	600529	92.550	15.33	8.87	11.86
385	浙江京新药业股份有限公司	002020	92.543	14.31	9.28	14.07
386	北京蓝色光标数据科技股份有限公司	300058	92.478	2.57	3.80	8.19
387	环旭电子股份有限公司	601231	92.478	3.39	5.75	12.23
388	广西五洲交通股份有限公司	600368	92.473	40.26	7.90	20.31
389	上海环境集团股份有限公司	601200	92.465	19.61	3.42	8.33
390	云南恩捷新材料股份有限公司	002812	92.452	29.61	7.67	19.17
391	浙江闰土股份有限公司	002440	92.415	20.63	12.32	14.94
392	吉林敖东药业集团股份有限公司	000623	92.384	45.12	5.40	6.21
393	中国巨石股份有限公司	600176	92.376	20.14	6.29	13.14
394	湖北济川药业股份有限公司	600566	92.374	23.39	18.73	26.59
395	深圳市中金岭南有色金属股份有限公司	000060	92.370	3.82	4.29	7.67
396	迪安诊断技术集团股份有限公司	300244	92.365	6.81	5.35	11.20
397	长沙银行股份有限公司	601577	92.360	30.90	0.87	12.57
398	安徽迎驾贡酒股份有限公司	603198	92.342	24.66	13.37	19.55
399	南京高科股份有限公司	600064	92.338	64.00	6.45	14.89
400	淮河能源（集团）股份有限公司	600575	92.333	8.11	5.45	8.60
401	中国平安保险（集团）股份有限公司	601318	92.329	14.06	2.00	19.28
402	深圳市海普瑞药业集团股份有限公司	002399	92.325	22.56	6.85	13.97
403	芒果超媒股份有限公司	300413	92.321	9.26	6.78	13.12
404	广东海大集团股份有限公司	002311	92.321	3.76	9.49	18.37
405	广东宝丽华新能源股份有限公司	000690	92.309	15.70	4.65	9.29
406	上海家化联合股份有限公司	600315	92.276	7.33	5.00	8.86
407	天茂实业集团股份有限公司	000627	92.268	5.81	1.42	8.50
408	天津中环半导体股份有限公司	002129	92.239	7.47	2.57	6.14
409	北京光环新网科技股份有限公司	300383	92.233	11.22	6.51	9.54
410	广州视源电子科技股份有限公司	002841	92.157	9.45	16.17	32.12
411	浙江阳光照明电器集团股份有限公司	600261	92.108	9.40	7.88	13.29

续表

序号	企业名称	股票代码	综合信用指数	营收利润率（%）	资产利润率（%）	净资产利润率（%）
412	上海银行股份有限公司	601229	92.080	40.83	0.91	11.47
413	深圳香江控股股份有限公司	600162	92.069	9.52	2.02	8.27
414	九阳股份有限公司	002242	92.033	8.62	10.79	21.48
415	大同煤业股份有限公司	601001	91.989	12.04	4.97	12.12
416	大商股份有限公司	600694	91.987	4.40	5.09	10.40
417	中国人寿保险股份有限公司	601628	91.964	7.92	1.58	14.42
418	浙江华峰氨纶股份有限公司	002064	91.963	13.36	10.85	23.73
419	重庆啤酒股份有限公司	600132	91.959	20.34	20.73	48.20
420	山东国瓷功能材料股份有限公司	300285	91.934	25.24	11.31	13.74
421	莱克电气股份有限公司	603355	91.913	8.81	9.34	15.70
422	唐山三友化工股份有限公司	600409	91.866	3.61	2.98	6.15
423	科大讯飞股份有限公司	002230	91.860	9.36	4.69	8.04
424	华夏银行股份有限公司	600015	91.857	26.10	0.73	8.21
425	胜宏科技（惠州）股份有限公司	300476	91.827	11.91	6.62	13.91
426	江苏东方盛虹股份有限公司	000301	91.796	6.48	4.60	10.54
427	申万宏源集团股份有限公司	000166	91.793	23.60	1.49	6.84
428	宝山钢铁股份有限公司	600019	91.757	4.61	3.97	7.04
429	崇达技术股份有限公司	002815	91.752	14.11	9.78	13.52
430	福建发展高速公路股份有限公司	600033	91.698	37.21	6.29	9.21
431	广州越秀金融控股集团股份有限公司	000987	91.680	19.99	1.46	7.18
432	无锡药明康德新药开发股份有限公司	603259	91.637	14.85	6.54	10.98
433	无锡华光环保能源集团股份有限公司	600475	91.559	7.17	3.72	7.56
434	浙江伟星新型建材股份有限公司	002372	91.555	21.11	20.41	25.21
435	广东塔牌集团股份有限公司	002233	91.537	25.17	14.76	17.71
436	北京银行股份有限公司	601169	91.529	34.20	0.79	10.33
437	新洋丰农业科技股份有限公司	000902	91.497	7.08	6.80	9.87
438	南京银行股份有限公司	601009	91.486	38.73	0.94	14.29
439	江河创建集团股份有限公司	601886	91.469	2.87	1.89	5.92
440	杭州银行股份有限公司	600926	91.357	30.84	0.64	10.56
441	成都市兴蓉环境股份有限公司	000598	91.349	22.75	4.34	9.17
442	深圳市天健（集团）股份有限公司	000090	91.338	8.41	3.06	12.77
443	贵阳银行股份有限公司	601997	91.311	40.89	1.07	14.87

续表

序号	企业名称	股票代码	综合信用指数	营收利润率（%）	资产利润率（%）	净资产利润率（%）
444	金科地产集团股份有限公司	000656	91.288	9.38	1.98	12.19
445	浙江海翔药业股份有限公司	002099	91.275	26.20	11.42	13.46
446	平顶山天安煤业股份有限公司	601666	91.274	5.62	2.45	8.15
447	成都银行股份有限公司	601838	91.237	43.66	0.99	15.59
448	茂业商业股份有限公司	600828	91.186	11.42	7.29	17.87
449	美克国际家居用品股份有限公司	600337	91.185	8.19	5.64	9.87
450	合肥美亚光电技术股份有限公司	002690	91.185	36.29	19.67	22.85
451	葵花药业集团股份有限公司	002737	91.185	14.53	11.96	18.52
452	浙商银行股份有限公司	601916	91.169	31.66	0.82	11.63
453	蓝帆医疗股份有限公司	002382	91.159	14.95	3.92	6.14
454	江苏苏州农村商业银行股份有限公司	603323	91.159	25.99	0.73	7.87
455	新疆天山水泥股份有限公司	000877	91.154	18.88	11.97	18.04
456	华测检测认证集团股份有限公司	300012	91.152	15.20	10.91	15.08
457	威海光威复合材料股份有限公司	300699	91.143	30.43	12.84	16.06
458	中节能太阳能股份有限公司	000591	91.142	18.07	2.42	6.72
459	金堆城钼业股份有限公司	601958	91.138	7.09	4.24	4.79
460	四川路桥建设集团股份有限公司	600039	91.113	3.22	1.74	9.84
461	上海世茂股份有限公司	600823	91.110	17.91	3.01	7.97
462	厦门钨业股份有限公司	600549	91.072	3.22	2.39	5.73
463	内蒙古蒙电华能热电股份有限公司	600863	91.067	8.25	2.68	6.82
464	新奥天然气股份有限公司	600803	91.057	8.74	4.86	11.69
465	山东高速路桥集团股份有限公司	000498	91.053	3.52	2.56	9.93
466	东方电气股份有限公司	600875	91.025	4.20	1.54	4.34
467	西安银行股份有限公司	600928	91.012	39.13	0.96	11.32
468	广东明珠集团股份有限公司	600382	90.984	50.65	7.71	9.06
469	杭萧钢构股份有限公司	600477	90.983	7.24	5.47	13.08
470	上海临港控股股份有限公司	600848	90.959	37.50	3.92	9.10
471	浙江巨化股份有限公司	600160	90.918	5.89	5.97	6.95
472	明阳智慧能源集团股份公司	601615	90.901	6.30	1.91	9.33
473	湖南华菱钢铁股份有限公司	000932	90.874	6.20	8.02	20.45
474	拉卡拉支付股份有限公司	300773	90.833	16.67	7.30	16.28
475	华帝股份有限公司	002035	90.770	13.23	12.73	24.40

续表

序号	企业名称	股票代码	综合信用指数	营收利润率（%）	资产利润率（%）	净资产利润率（%）
476	上海氯碱化工股份有限公司	600618	90. 733	12. 52	14. 11	17. 39
477	中国人民保险集团股份有限公司	601319	90. 719	5. 71	2. 80	12. 84
478	青岛农村商业银行股份有限公司	002958	90. 685	32. 62	0. 83	11. 66
479	中粮屯河糖业股份有限公司	600737	90. 606	3. 32	3. 79	7. 46
480	宋城演艺发展股份有限公司	300144	90. 601	52. 26	12. 36	13. 81
481	重庆农村商业银行股份有限公司	601077	90. 590	37. 51	0. 97	11. 18
482	招商局蛇口工业区控股股份有限公司	001979	90. 564	19. 31	3. 05	8. 29
483	云南驰宏锌锗股份有限公司	600497	90. 558	4. 64	2. 43	4. 29
484	四川双马水泥股份有限公司	000935	90. 552	40. 12	14. 97	17. 25
485	福建星网锐捷通讯股份有限公司	002396	90. 509	9. 22	11. 16	17. 66
486	北京光线传媒股份有限公司	300251	90. 497	33. 46	8. 61	10. 54
487	中国太平洋保险（集团）股份有限公司	601601	90. 478	7. 36	1. 86	15. 47
488	安徽金禾实业股份有限公司	002597	90. 453	20. 35	13. 15	18. 04
489	重庆水务集团股份有限公司	601158	90. 440	29. 55	7. 67	10. 98
490	春秋航空股份有限公司	601021	90. 430	12. 42	6. 26	12. 22
491	广东万和新电气股份有限公司	002543	90. 396	9. 79	8. 74	15. 57
492	中国南玻集团股份有限公司	000012	90. 310	5. 35	3. 08	5. 68
493	鸿达兴业股份有限公司	002002	90. 301	11. 89	3. 75	8. 60
494	国电南瑞科技股份有限公司	600406	90. 284	14. 37	8. 12	14. 27
495	江苏江阴农村商业银行股份有限公司	002807	90. 237	29. 72	0. 80	8. 52
496	浙江水晶光电科技股份有限公司	002273	90. 222	16. 64	7. 81	10. 37
497	江苏中南建设集团股份有限公司	000961	90. 162	6. 44	1. 59	17. 23
498	神州高铁技术股份有限公司	000008	90. 092	14. 20	3. 80	6. 04
499	山东黄金矿业股份有限公司	600547	90. 091	2. 27	2. 44	5. 51
500	江苏华西村股份有限公司	000936	90. 073	19. 40	4. 70	10. 51

三、2020 中国上市公司信用 500 强流动性和安全性指标

序号	企业名称	股票代码	综合信用指数	资产周转率（次/年）	所有者权益比率（%）	资本保值增值率（%）
1	中国建筑股份有限公司	601668	99.600	0.70	24.67	125.91
2	美的集团股份有限公司	000333	99.371	0.93	35.60	130.43
3	万科企业股份有限公司	000002	99.235	0.21	15.64	135.39
4	贵州茅台酒股份有限公司	600519	99.138	0.49	77.51	138.97
5	安徽海螺水泥股份有限公司	600585	99.100	0.88	79.61	130.48
6	上海汽车集团股份有限公司	600104	98.483	0.99	35.42	115.06
7	中国石油化工股份有限公司	600028	98.159	1.69	49.96	110.04
8	珠海格力电器股份有限公司	000651	97.986	0.71	39.60	127.18
9	江西铜业股份有限公司	600362	97.855	1.78	43.76	104.38
10	航天信息股份有限公司	600271	97.491	1.47	62.28	121.72
11	用友网络科技股份有限公司	600588	97.488	0.49	47.29	120.11
12	上海宝信软件股份有限公司	600845	97.483	0.67	70.80	113.98
13	宜宾五粮液股份有限公司	000858	97.481	0.47	71.52	128.71
14	北京千方科技股份有限公司	002373	97.469	0.54	57.43	113.50
15	上海电气集团股份有限公司	601727	97.452	0.45	32.65	110.15
16	烽火通信科技股份有限公司	600498	97.429	0.78	38.28	110.53
17	上海锦江国际酒店股份有限公司	600754	97.410	0.39	36.93	110.13
18	中青旅控股股份有限公司	600138	97.404	0.86	54.43	114.87
19	中国铝业股份有限公司	601600	97.366	0.94	34.83	102.84
20	山东玲珑轮胎股份有限公司	601966	97.296	0.65	41.50	116.66
21	老凤祥股份有限公司	600612	97.288	2.89	48.55	129.56
22	中国中铁股份有限公司	601390	97.236	0.81	23.24	113.23
23	中顺洁柔纸业股份有限公司	002511	97.224	1.10	67.65	118.24
24	芜湖三七互娱网络科技集团股份有限公司	002555	97.200	1.30	71.89	140.46
25	温氏食品集团股份有限公司	300498	97.200	1.12	71.10	141.79
26	华新水泥股份有限公司	600801	97.200	0.86	63.77	142.11
27	蓝思科技股份有限公司	300433	97.200	0.64	47.71	114.24

续表

序号	企业名称	股票代码	综合信用指数	资产周转率（次/年）	所有者权益比率（%）	资本保值增值率（%）
28	新希望六和股份有限公司	000876	97.200	1.28	50.84	128.65
29	中国中车股份有限公司	601766	97.199	0.60	41.41	110.76
30	三一重工股份有限公司	600031	97.193	0.84	50.28	136.51
31	浪潮电子信息产业股份有限公司	000977	97.184	1.76	35.05	110.64
32	中国铁建股份有限公司	601186	97.173	0.77	24.23	113.32
33	深信服科技股份有限公司	300454	97.118	0.68	63.80	122.08
34	山东太阳纸业股份有限公司	002078	97.097	0.70	45.52	121.28
35	广东生益科技股份有限公司	600183	97.096	0.85	60.21	124.42
36	潍柴动力股份有限公司	000338	97.069	0.74	29.46	130.29
37	国电电力发展股份有限公司	600795	97.059	0.32	31.97	110.23
38	北京金隅集团股份有限公司	601992	97.053	0.33	29.25	108.98
39	华东医药股份有限公司	000963	97.043	1.65	59.95	129.44
40	江苏恒瑞医药股份有限公司	600276	97.028	0.85	90.50	127.00
41	中化国际（控股）股份有限公司	600500	97.022	1.00	47.99	114.21
42	长城汽车股份有限公司	601633	97.000	0.85	48.10	108.63
43	华域汽车系统股份有限公司	600741	97.000	1.04	42.19	118.77
44	中原大地传媒股份有限公司	000719	96.998	0.77	67.63	110.87
45	江苏恒立液压股份有限公司	601100	96.991	0.64	66.62	128.55
46	永辉超市股份有限公司	601933	96.981	1.62	39.07	107.51
47	经纬纺织机械股份有限公司	000666	96.924	0.26	61.82	119.24
48	北京奥赛康药业股份有限公司	002755	96.902	1.22	68.16	142.43
49	厦门亿联网络技术股份有限公司	300628	96.890	0.52	91.06	135.30
50	九州通医药集团股份有限公司	600998	96.884	1.40	30.88	109.65
51	中国神华能源股份有限公司	601088	96.883	0.43	74.42	115.72
52	郑州煤矿机械集团股份有限公司	601717	96.878	0.87	44.23	109.95
53	绿地控股集团股份有限公司	600606	96.878	0.37	11.47	129.88
54	物产中大集团股份有限公司	600704	96.873	3.85	32.84	116.39
55	中南出版传媒集团股份有限公司	601098	96.872	0.47	66.28	110.44
56	国药集团一致药业股份有限公司	000028	96.870	1.55	45.82	112.77
57	国药集团药业股份有限公司	600511	96.862	1.85	50.26	120.37
58	中航工业机电系统股份有限公司	002013	96.853	0.43	44.61	111.51
59	安徽楚江科技新材料股份有限公司	002171	96.848	2.01	66.15	110.72

续表

序号	企业名称	股票代码	综合信用指数	资产周转率（次/年）	所有者权益比率（%）	资本保值增值率（%）
60	上海医药集团股份有限公司	601607	96.833	1.36	36.04	112.38
61	上海国际机场股份有限公司	600009	96.826	0.29	87.30	117.01
62	海尔智家股份有限公司	600690	96.820	1.07	34.67	131.30
63	云南铜业股份有限公司	000878	96.820	1.49	28.62	112.67
64	上海复星医药（集团）股份有限公司	600196	96.810	0.38	51.50	113.38
65	重庆宗申动力机械股份有限公司	001696	96.775	0.69	56.20	111.31
66	山东豪迈机械科技股份有限公司	002595	96.769	0.65	72.99	119.87
67	安徽古井贡酒股份有限公司	000596	96.769	0.75	68.00	128.38
68	沪士电子股份有限公司	002463	96.767	0.87	62.34	130.08
69	桐昆集团股份有限公司	601233	96.734	1.26	47.69	118.02
70	江苏凤凰出版传媒股份有限公司	601928	96.734	0.53	61.10	110.60
71	北京华宇软件股份有限公司	300271	96.720	0.48	82.01	113.70
72	索菲亚家居股份有限公司	002572	96.719	0.91	69.65	122.66
73	中国旅游集团中免股份有限公司	601888	96.714	1.56	72.70	133.35
74	深圳市裕同包装科技股份有限公司	002831	96.710	0.78	52.92	118.88
75	中远海运控股股份有限公司	601919	96.681	0.58	26.36	145.22
76	中文天地出版传媒集团股份有限公司	600373	96.679	0.49	62.41	113.03
77	佛山市海天调味食品股份有限公司	603288	96.669	0.80	67.05	138.60
78	铜陵有色金属集团股份有限公司	000630	96.668	1.94	41.83	105.81
79	嘉事堂药业股份有限公司	002462	96.636	1.70	37.76	126.42
80	中国核能电力股份有限公司	601985	96.633	0.13	25.97	118.11
81	山东出版传媒股份有限公司	601019	96.631	0.60	66.63	115.96
82	大唐国际发电股份有限公司	601991	96.593	0.34	28.98	105.94
83	河南双汇投资发展股份有限公司	000895	96.537	2.11	59.77	143.67
84	恒生电子股份有限公司	600570	96.532	0.46	58.54	144.49
85	浙江三花智能控制股份有限公司	002050	96.510	0.76	63.32	116.64
86	赛轮集团股份有限公司	601058	96.502	0.85	41.45	118.88
87	中国中煤能源股份有限公司	601898	96.478	0.47	43.07	109.33
88	广东东阳光科技控股股份有限公司	600673	96.478	0.56	37.03	129.40
89	隆基绿能科技股份有限公司	601012	96.477	0.55	47.71	133.78
90	江西正邦科技股份有限公司	002157	96.456	0.80	32.35	126.13
91	浙江正泰电器股份有限公司	601877	96.449	0.55	45.14	118.34

续表

序号	企业名称	股票代码	综合信用指数	资产周转率（次/年）	所有者权益比率（%）	资本保值增值率（%）
92	天地科技股份有限公司	600582	96.446	0.53	58.82	108.20
93	中国葛洲坝集团股份有限公司	600068	96.385	0.47	28.25	115.33
94	厦门象屿股份有限公司	600057	96.349	4.14	33.16	111.97
95	新华文轩出版传媒股份有限公司	601811	96.346	0.58	59.51	113.26
96	宁德时代新能源科技股份有限公司	300750	96.343	0.45	41.63	115.22
97	广州海格通信集团股份有限公司	002465	96.339	0.35	76.80	106.63
98	广州白云山医药集团股份有限公司	600332	96.307	1.14	45.68	115.87
99	泸州老窖股份有限公司	000568	96.289	0.55	67.62	127.36
100	南方出版传媒股份有限公司	601900	96.266	0.61	58.05	113.55
101	上海机电股份有限公司	600835	96.264	0.65	39.99	115.99
102	中国出版传媒股份有限公司	601949	96.251	0.48	58.40	112.09
103	华润三九医药股份有限公司	000999	96.248	0.73	64.08	119.76
104	杭叉集团股份有限公司	603298	96.231	1.41	74.60	118.55
105	安徽省皖能股份有限公司	000543	96.228	0.49	55.44	110.81
106	北京东方雨虹防水技术股份有限公司	002271	96.227	0.81	44.43	126.27
107	恒力石化股份有限公司	600346	96.216	0.58	21.07	136.66
108	公牛集团股份有限公司	603195	96.197	1.35	74.85	170.94
109	中国化学工程股份有限公司	601117	96.187	0.90	32.44	110.01
110	甘肃上峰水泥股份有限公司	000672	96.186	0.75	58.38	168.83
111	特变电工股份有限公司	600089	96.180	0.36	42.09	107.31
112	江苏中天科技股份有限公司	600522	96.168	0.96	53.46	110.21
113	金发科技股份有限公司	600143	96.150	1.00	36.70	112.35
114	鹏鼎控股（深圳）股份有限公司	002938	96.093	0.92	68.72	116.35
115	东方明珠新媒体股份有限公司	600637	96.079	0.28	77.22	107.89
116	广州尚品宅配家居股份有限公司	300616	96.077	1.19	57.50	117.35
117	苏美达股份有限公司	600710	96.069	2.08	23.89	132.84
118	中建西部建设股份有限公司	002302	96.065	1.02	41.11	111.26
119	安徽合力股份有限公司	600761	96.056	1.28	67.79	116.96
120	浙江龙盛集团股份有限公司	600352	96.006	0.41	51.99	126.57
121	江西万年青水泥股份有限公司	000789	95.989	0.96	63.72	150.98
122	贵州航天电器股份有限公司	002025	95.974	0.63	65.74	117.04
123	紫金矿业集团股份有限公司	601899	95.949	1.10	46.09	112.51

续表

序号	企业名称	股票代码	综合信用指数	资产周转率（次/年）	所有者权益比率（%）	资本保值增值率（%）
124	大参林医药集团股份有限公司	603233	95.944	1.28	49.95	122.93
125	中国交通建设股份有限公司	601800	95.915	0.50	26.45	110.96
126	罗欣药业集团股份有限公司	002793	95.900	1.02	49.31	121.23
127	宁波华翔电子股份有限公司	002048	95.874	1.00	61.30	115.69
128	上海豫园旅游商城（集团）股份有限公司	600655	95.827	0.43	36.67	113.61
129	杭州海康威视数字技术股份有限公司	002415	95.733	0.77	60.34	133.16
130	重庆百货大楼股份有限公司	600729	95.714	2.28	42.63	118.41
131	浙江苏泊尔股份有限公司	002032	95.710	1.68	57.77	132.43
132	思源电气股份有限公司	002028	95.693	0.72	58.77	112.60
133	浙江鼎力机械股份有限公司	603338	95.687	0.49	66.01	126.68
134	云南锡业股份有限公司	000960	95.672	1.22	39.94	109.28
135	重庆智飞生物制品股份有限公司	300122	95.663	0.97	52.52	156.60
136	国投电力控股股份有限公司	600886	95.652	0.19	33.11	123.16
137	北京首旅酒店（集团）股份有限公司	600258	95.650	0.49	54.34	111.26
138	上海百联集团股份有限公司	600827	95.639	0.91	39.37	105.57
139	永高股份有限公司	002641	95.630	1.10	59.10	117.66
140	天顺风能（苏州）股份有限公司	002531	95.617	0.46	45.52	114.64
141	华润双鹤药业股份有限公司	600062	95.595	0.83	76.94	113.60
142	中盐内蒙古化工股份有限公司	600328	95.576	0.71	42.20	144.96
143	佳都新太科技股份有限公司	600728	95.559	0.51	50.14	118.94
144	晶澳太阳能科技股份有限公司	002459	95.535	0.74	28.01	123.49
145	无锡市太极实业股份有限公司	600667	95.514	0.84	37.75	111.21
146	海澜之家股份有限公司	600398	95.452	0.76	47.94	124.44
147	重药控股股份有限公司	000950	95.448	1.33	34.78	112.90
148	北京中长石基信息技术股份有限公司	002153	95.447	0.34	85.46	105.60
149	浙江天宇药业股份有限公司	300702	95.445	0.74	71.72	140.49
150	深圳市景旺电子股份有限公司	603228	95.438	0.72	63.82	118.76
151	宁波均胜电子股份有限公司	600699	95.431	1.08	30.05	111.68
152	启明星辰信息技术集团股份有限公司	002439	95.422	0.45	63.34	118.99
153	上海现代制药股份有限公司	600420	95.419	0.69	52.18	113.64
154	北京京能电力股份有限公司	600578	95.409	0.24	37.94	107.26
155	中国中材国际工程股份有限公司	600970	95.406	0.74	32.35	118.30

续表

序号	企业名称	股票代码	综合信用指数	资产周转率（次/年）	所有者权益比率（%）	资本保值增值率（%）
156	广西柳工机械股份有限公司	000528	95.401	0.64	36.27	111.14
157	冰轮环境技术股份有限公司	000811	95.395	0.51	53.43	116.59
158	常州星宇车灯股份有限公司	601799	95.375	0.71	57.11	118.07
159	江苏今世缘酒业股份有限公司	603369	95.356	0.48	71.62	123.92
160	许继电气股份有限公司	000400	95.331	0.67	57.50	106.38
161	富奥汽车零部件股份有限公司	000030	95.329	0.78	57.69	113.84
162	奥瑞金科技股份有限公司	002701	95.307	0.64	40.55	112.90
163	河钢资源股份有限公司	000923	95.304	0.45	55.98	108.32
164	大亚圣象家居股份有限公司	000910	95.281	0.91	65.74	117.03
165	东华软件股份公司	002065	95.274	0.53	57.02	106.30
166	浙江海亮股份有限公司	002203	95.264	1.68	39.81	113.49
167	内蒙古鄂尔多斯资源股份有限公司	600295	95.227	0.47	35.09	116.60
168	江苏卓胜微电子股份有限公司	300782	95.213	0.79	88.27	204.66
169	朗新科技集团股份有限公司	300682	95.203	0.50	78.29	160.79
170	广东电力发展股份有限公司	000539	95.193	0.39	45.30	107.46
171	华能国际电力股份有限公司	600011	95.188	0.42	28.36	102.86
172	山东南山铝业股份有限公司	600219	95.158	0.39	75.88	104.54
173	厦门建发股份有限公司	600153	95.151	1.14	22.38	128.90
174	申能股份有限公司	600642	95.112	0.57	55.73	110.89
175	江苏恩华药业股份有限公司	002262	95.100	0.99	85.80	122.23
176	大悦城控股集团股份有限公司	000031	95.087	0.18	23.22	147.14
177	中国电影股份有限公司	600977	95.070	0.53	74.97	111.10
178	中航光电科技股份有限公司	002179	95.069	0.61	57.72	119.23
179	铜陵精达特种电磁线股份有限公司	600577	95.057	1.92	65.92	116.81
180	山西杏花村汾酒厂股份有限公司	600809	95.043	0.74	47.45	133.05
181	深圳迈瑞生物医疗电子股份有限公司	300760	95.033	0.65	72.63	130.91
182	深南电路股份有限公司	002916	95.031	0.86	40.94	133.14
183	中国工商银行股份有限公司	601398	95.027	0.03	8.94	113.45
184	天津中新药业集团股份有限公司	600329	95.012	0.89	70.42	112.90
185	卧龙电气驱动集团股份有限公司	600580	94.999	0.63	37.66	116.68
186	完美世界股份有限公司	002624	94.996	0.48	60.91	117.15
187	中钢国际工程技术股份有限公司	000928	94.968	0.73	28.47	111.86

续表

序号	企业名称	股票代码	综合信用指数	资产周转率（次/年）	所有者权益比率（%）	资本保值增值率（%）
188	云南白药集团股份有限公司	000538	94.949	0.60	76.72	121.10
189	浙商中拓集团股份有限公司	000906	94.947	4.99	23.00	120.71
190	中国外运股份有限公司	601598	94.927	1.25	48.88	112.60
191	江西洪城水业股份有限公司	600461	94.900	0.45	43.72	116.46
192	陕西煤业股份有限公司	601225	94.896	0.58	60.13	132.83
193	四川蓝光发展股份有限公司	600466	94.896	0.19	19.38	126.39
194	宏发科技股份有限公司	600885	94.876	0.69	64.63	121.76
195	凯莱英医药集团（天津）股份有限公司	002821	94.875	0.65	81.02	122.06
196	招商银行股份有限公司	600036	94.800	0.04	8.33	117.30
197	牧原食品股份有限公司	002714	94.800	0.38	59.96	151.56
198	江苏扬农化工股份有限公司	600486	94.790	0.90	52.48	125.34
199	昆药集团股份有限公司	600422	94.788	1.09	58.29	112.24
200	天马微电子股份有限公司	000050	94.779	0.46	40.80	103.19
201	健康元药业集团股份有限公司	600380	94.779	0.47	68.34	119.18
202	健帆生物科技集团股份有限公司	300529	94.744	0.57	87.01	133.48
203	立讯精密工业股份有限公司	002475	94.743	1.27	44.05	131.79
204	上海振华重工（集团）股份有限公司	600320	94.740	0.33	24.96	103.27
205	普洛药业股份有限公司	000739	94.738	1.11	57.77	116.55
206	富士康工业互联网股份有限公司	601138	94.728	1.99	43.45	125.74
207	江苏立华牧业股份有限公司	300761	94.719	1.04	79.67	147.35
208	山东晨鸣纸业集团股份有限公司	000488	94.718	0.31	26.89	107.00
209	广西柳州医药股份有限公司	603368	94.704	1.24	38.95	119.88
210	中国民生银行股份有限公司	600016	94.699	0.03	7.94	113.07
211	中国电力建设股份有限公司	601669	94.696	0.43	23.79	112.31
212	东方日升新能源股份有限公司	300118	94.688	0.56	36.58	113.16
213	中国冶金科工股份有限公司	601618	94.656	0.74	25.50	109.03
214	甘肃祁连山水泥集团股份有限公司	600720	94.648	0.65	69.92	122.70
215	深圳能源集团股份有限公司	000027	94.646	0.22	34.94	107.60
216	浙江世纪华通集团股份有限公司	002602	94.644	0.45	75.85	114.51
217	中国光大银行股份有限公司	601818	94.643	0.03	8.16	111.65
218	长春一汽富维汽车零部件股份有限公司	600742	94.624	1.10	42.36	114.64
219	红星美凯龙家居集团股份有限公司	601828	94.621	0.13	40.05	111.23

续表

序号	企业名称	股票代码	综合信用指数	资产周转率（次/年）	所有者权益比率（%）	资本保值增值率（%）
220	雅戈尔集团股份有限公司	600177	94.620	0.15	34.72	114.02
221	交通银行股份有限公司	601328	94.618	0.02	8.09	111.18
222	福建圣农发展股份有限公司	002299	94.614	0.95	69.10	153.12
223	龙蟒佰利联集团股份有限公司	002601	94.611	0.44	54.24	120.97
224	北京天坛生物制品股份有限公司	600161	94.611	0.52	81.99	126.53
225	大秦铁路股份有限公司	601006	94.594	0.54	82.56	114.25
226	杭州泰格医药科技股份有限公司	300347	94.586	0.37	73.30	136.55
227	上海浦东发展银行股份有限公司	600000	94.573	0.03	8.01	112.62
228	中信银行股份有限公司	601998	94.570	0.03	7.89	111.22
229	漳州片仔癀药业股份有限公司	600436	94.540	0.65	79.10	127.65
230	中国科技出版传媒股份有限公司	601858	94.510	0.45	70.91	113.07
231	通威股份有限公司	600438	94.498	0.80	38.63	118.20
232	中航沈飞股份有限公司	600760	94.497	0.81	31.90	111.20
233	通策医疗股份有限公司	600763	94.464	0.71	74.05	138.61
234	仁和药业股份有限公司	000650	94.459	0.92	87.31	118.26
235	深圳市海王生物工程股份有限公司	000078	94.442	1.01	19.07	109.30
236	中国银行股份有限公司	601988	94.400	0.02	8.68	112.52
237	深圳市洲明科技股份有限公司	300232	94.398	0.75	41.16	122.72
238	神州数码集团股份有限公司	000034	94.383	2.95	14.87	118.27
239	中国船舶重工集团动力股份有限公司	600482	94.378	0.53	65.29	104.01
240	四川水井坊股份有限公司	600779	94.372	0.90	53.52	144.50
241	北京首创股份有限公司	600008	94.357	0.19	35.32	106.21
242	三角轮胎股份有限公司	601163	94.338	0.53	66.81	109.04
243	日月重工股份有限公司	603218	94.291	0.53	53.78	116.99
244	安徽鸿路钢结构（集团）股份有限公司	002541	94.285	0.84	38.72	112.64
245	中国建设银行股份有限公司	601939	94.282	0.03	8.79	113.62
246	山东仙坛股份有限公司	002746	94.267	0.82	79.85	143.41
247	内蒙古君正能源化工集团股份有限公司	601216	94.263	0.31	62.04	115.04
248	康龙化成（北京）新药技术股份有限公司	300759	94.262	0.38	78.89	122.79
249	平安银行股份有限公司	000001	94.247	0.04	7.95	111.75
250	华兰生物工程股份有限公司	002007	94.239	0.49	90.78	124.95
251	深圳劲嘉集团股份有限公司	002191	94.226	0.46	83.38	114.88

续表

序号	企业名称	股票代码	综合信用指数	资产周转率（次/年）	所有者权益比率（%）	资本保值增值率（%）
252	新疆金风科技股份有限公司	002202	94.210	0.37	31.27	108.93
253	紫光股份有限公司	000938	94.205	0.99	59.11	111.58
254	宁波三星医疗电气股份有限公司	601567	94.202	0.50	59.39	114.04
255	丽珠医药集团股份有限公司	000513	94.202	0.52	68.29	113.72
256	上海紫江企业集团股份有限公司	600210	94.196	0.85	47.93	111.63
257	爱尔眼科医院集团股份有限公司	300015	94.178	0.84	59.04	125.14
258	深圳华强实业股份有限公司	000062	94.177	1.26	50.32	115.31
259	青岛啤酒股份有限公司	600600	94.161	0.75	53.37	110.73
260	黑牡丹（集团）股份有限公司	600510	94.160	0.25	30.92	116.40
261	中国国际海运集装箱（集团）股份有限公司	000039	94.160	0.50	31.98	106.73
262	南极电商股份有限公司	002127	94.159	0.71	88.59	132.26
263	兴业银行股份有限公司	601166	94.140	0.03	7.69	114.32
264	合力泰科技股份有限公司	002217	94.116	0.55	40.51	109.42
265	浙江富润数字科技股份有限公司	600070	94.100	0.66	66.78	123.23
266	淄博齐翔腾达化工股份有限公司	002408	94.098	2.13	58.00	108.66
267	大博医疗科技股份有限公司	002901	94.085	0.56	78.32	133.25
268	厦门盈趣科技股份有限公司	002925	94.074	0.71	77.12	126.35
269	阳光电源股份有限公司	300274	94.058	0.57	38.37	111.83
270	广州汽车集团股份有限公司	601238	94.043	0.43	60.01	108.77
271	重庆市迪马实业股份有限公司	600565	94.039	0.27	20.76	126.42
272	欣旺达电子股份有限公司	300207	94.034	1.07	25.41	114.00
273	浙江中国小商品城集团股份有限公司	600415	94.016	0.13	41.77	110.62
274	新大陆数字技术股份有限公司	000997	94.008	0.50	51.55	113.75
275	广汇物流股份有限公司	600603	93.985	0.18	42.06	112.77
276	惠州亿纬锂能股份有限公司	300014	93.979	0.39	47.33	143.48
277	北京同仁堂股份有限公司	600085	93.964	0.63	70.07	116.86
278	亿帆医药股份有限公司	002019	93.963	0.47	70.68	113.18
279	深圳市汇顶科技股份有限公司	603160	93.950	0.82	82.04	156.42
280	深圳市德赛电池科技股份有限公司	000049	93.919	2.10	32.62	138.27
281	中国邮政储蓄银行股份有限公司	601658	93.918	0.03	5.32	112.87
282	浙江卫星石化股份有限公司	002648	93.902	0.60	51.64	115.76
283	江苏省农垦农业发展股份有限公司	601952	93.879	1.00	77.66	110.94

续表

序号	企业名称	股票代码	综合信用指数	资产周转率（次/年）	所有者权益比率（%）	资本保值增值率（%）
284	浙江美大实业股份有限公司	002677	93.870	0.85	76.47	133.70
285	金圆环保股份有限公司	000546	93.867	0.89	53.56	115.69
286	江苏洋河酒厂股份有限公司	002304	93.850	0.43	68.27	121.95
287	海信视像科技股份有限公司	600060	93.835	1.16	55.57	105.73
288	四川科伦药业股份有限公司	002422	93.834	0.56	44.17	108.00
289	易见供应链管理股份有限公司	600093	93.827	0.99	55.34	112.60
290	上海梅林正广和股份有限公司	600073	93.816	1.70	47.52	114.72
291	中国农业银行股份有限公司	601288	93.806	0.03	7.88	112.75
292	南京云海特种金属股份有限公司	002182	93.778	1.09	52.24	149.87
293	传化智联股份有限公司	002010	93.776	0.67	53.76	113.47
294	山河智能装备股份有限公司	002097	93.772	0.47	32.15	111.20
295	江中药业股份有限公司	600750	93.769	0.51	82.46	114.74
296	三六零安全科技股份有限公司	601360	93.769	0.38	84.98	124.81
297	江苏康缘药业股份有限公司	600557	93.769	0.75	66.89	113.71
298	天虹数科商业股份有限公司	002419	93.767	1.17	41.81	113.11
299	智度科技股份有限公司	000676	93.748	1.17	71.88	110.35
300	深圳市信维通信股份有限公司	300136	93.737	0.61	56.89	127.89
301	福莱特玻璃集团股份有限公司	601865	93.689	0.51	48.05	119.55
302	中材科技股份有限公司	002080	93.686	0.46	43.64	113.43
303	河南明泰铝业股份有限公司	601677	93.677	1.20	61.74	116.58
304	浙报数字文化集团股份有限公司	600633	93.671	0.25	80.92	108.87
305	迈克生物股份有限公司	300463	93.651	0.59	60.54	120.99
306	浙江大华技术股份有限公司	002236	93.617	0.88	54.04	125.05
307	厦门国贸集团股份有限公司	600755	93.609	2.44	30.73	110.45
308	歌尔股份有限公司	002241	93.588	1.01	46.54	108.41
309	美盈森集团股份有限公司	002303	93.585	0.47	72.27	111.85
310	浙江晶盛机电股份有限公司	300316	93.574	0.40	59.99	115.38
311	浙江久立特材科技股份有限公司	002318	93.564	0.74	59.60	116.00
312	杭州巨星科技股份有限公司	002444	93.522	0.60	68.42	113.60
313	山东新潮能源股份有限公司	600777	93.503	0.21	56.67	107.27
314	航天时代电子技术股份有限公司	600879	93.479	0.47	44.44	104.22
315	华夏航空股份有限公司	002928	93.467	0.55	28.40	123.65

续表

序号	企业名称	股票代码	综合信用指数	资产周转率（次/年）	所有者权益比率（%）	资本保值增值率（%）
316	杭州解百集团股份有限公司	600814	93.464	1.11	62.14	119.62
317	郑州宇通客车股份有限公司	600066	93.456	0.83	48.24	111.78
318	宁夏建材集团股份有限公司	600449	93.437	0.64	78.37	117.43
319	江苏国泰国际集团股份有限公司	002091	93.425	1.67	47.60	118.55
320	京沪高速铁路股份有限公司	601816	93.424	0.18	85.75	108.06
321	中国东方航空股份有限公司	600115	93.409	0.43	24.88	106.25
322	株洲旗滨集团股份有限公司	601636	93.405	0.71	63.10	117.78
323	华邦生命健康股份有限公司	002004	93.400	0.38	49.72	110.28
324	北京首商集团股份有限公司	600723	93.393	1.43	65.80	112.42
325	河北建投能源投资股份有限公司	000600	93.354	0.43	42.91	108.17
326	安琪酵母股份有限公司	600298	93.339	0.77	53.47	121.89
327	西藏天路股份有限公司	600326	93.330	0.49	48.38	127.35
328	一心堂药业集团股份有限公司	002727	93.324	1.32	57.72	114.91
329	江苏鱼跃医疗设备股份有限公司	002223	93.315	0.58	77.29	113.93
330	骆驼集团股份有限公司	601311	93.311	0.79	60.54	110.35
331	深圳市汇川技术股份有限公司	300124	93.310	0.50	60.03	116.18
332	佛燃能源集团股份有限公司	002911	93.292	0.91	52.98	119.71
333	上海润达医疗科技股份有限公司	603108	93.286	0.78	38.93	120.40
334	中国国际航空股份有限公司	601111	93.241	0.46	34.45	107.78
335	山煤国际能源集团股份有限公司	600546	93.221	0.87	24.05	128.74
336	天康生物股份有限公司	002100	93.202	0.67	46.30	118.46
337	武汉武商集团股份有限公司	000501	93.198	0.75	40.30	114.85
338	福耀玻璃工业集团股份有限公司	600660	93.190	0.54	55.04	114.35
339	山东华泰纸业股份有限公司	600308	93.190	0.99	61.26	108.52
340	苏州东山精密制造股份有限公司	002384	93.189	0.74	27.46	108.39
341	杭州制氧机集团股份有限公司	002430	93.184	0.68	51.52	112.90
342	北京东方国信科技股份有限公司	300166	93.169	0.32	84.72	110.15
343	安徽江南化工股份有限公司	002226	93.155	0.30	54.83	109.32
344	招商局港口集团股份有限公司	001872	93.141	0.08	22.96	109.42
345	上海同济科技实业股份有限公司	600846	93.140	0.52	29.40	141.92
346	招商局公路网络科技控股股份有限公司	001965	93.129	0.09	59.33	110.70
347	中节能万润股份有限公司	002643	93.122	0.49	84.87	112.04

续表

序号	企业名称	股票代码	综合信用指数	资产周转率（次/年）	所有者权益比率（%）	资本保值增值率（%）
348	无锡先导智能装备股份有限公司	300450	93.107	0.49	45.02	122.24
349	中国南方航空股份有限公司	600029	93.101	0.50	25.13	104.76
350	海思科医药集团股份有限公司	002653	93.079	0.78	47.20	123.43
351	浙江东方金融控股集团股份有限公司	600120	93.077	0.54	55.51	110.49
352	石家庄以岭药业股份有限公司	002603	93.070	0.64	87.69	107.98
353	浙江华海药业股份有限公司	600521	93.030	0.50	53.86	114.91
354	华夏幸福基业股份有限公司	600340	92.992	0.23	16.10	133.55
355	浙江尖峰集团股份有限公司	600668	92.988	0.65	74.52	125.42
356	中国长江电力股份有限公司	600900	92.987	0.17	50.60	115.17
357	浙江航民股份有限公司	600987	92.969	0.95	76.40	119.65
358	长江出版传媒股份有限公司	600757	92.956	0.71	68.90	112.02
359	中国核工业建设股份有限公司	601611	92.949	0.51	15.95	114.11
360	宁波银行股份有限公司	002142	92.917	0.03	7.64	116.98
361	横店集团东磁股份有限公司	002056	92.916	0.77	62.85	114.65
362	天士力医药集团股份有限公司	600535	92.894	0.79	49.40	109.52
363	鲁泰纺织股份有限公司	000726	92.881	0.57	69.83	113.84
364	无锡威孚高科技集团股份有限公司	000581	92.875	0.37	72.98	114.47
365	航天工业发展股份有限公司	000547	92.872	0.37	75.40	110.52
366	蓝星安迪苏股份有限公司	600299	92.844	0.53	81.48	109.24
367	深圳康泰生物制品股份有限公司	300601	92.824	0.49	69.68	131.35
368	浙江森马服饰股份有限公司	002563	92.823	1.16	70.96	113.76
369	中信泰富特钢集团股份有限公司	000708	92.791	1.00	34.82	222.38
370	海信家电集团股份有限公司	000921	92.757	1.10	36.72	126.53
371	内蒙古第一机械集团股份有限公司	600967	92.747	0.50	36.48	106.82
372	江苏常熟农村商业银行股份有限公司	601128	92.711	0.03	9.68	114.80
373	昊华化工科技集团股份有限公司	600378	92.705	0.54	69.53	111.03
374	中国石油集团工程股份有限公司	600339	92.702	0.70	25.57	103.45
375	王府井集团股份有限公司	600859	92.697	1.11	50.05	108.75
376	顺丰控股股份有限公司	002352	92.693	1.21	45.92	115.18
377	长春欧亚集团股份有限公司	600697	92.681	0.73	25.71	119.34
378	山东华鲁恒升化工股份有限公司	600426	92.674	0.78	78.25	120.33
379	舍得酒业股份有限公司	600702	92.654	0.46	56.10	121.40

续表

序号	企业名称	股票代码	综合信用指数	资产周转率（次/年）	所有者权益比率（%）	资本保值增值率（%）
380	杭州老板电器股份有限公司	002508	92.646	0.73	65.47	126.70
381	光明乳业股份有限公司	600597	92.619	1.28	42.05	112.79
382	四川和邦生物科技股份有限公司	603077	92.587	0.41	79.07	104.62
383	华工科技产业股份有限公司	000988	92.556	0.57	65.03	108.71
384	山东省药用玻璃股份有限公司	600529	92.550	0.58	74.81	113.01
385	浙江京新药业股份有限公司	002020	92.543	0.65	65.97	114.65
386	北京蓝色光标数据科技股份有限公司	300058	92.478	1.48	46.33	111.42
387	环旭电子股份有限公司	601231	92.478	1.70	47.04	113.39
388	广西五洲交通股份有限公司	600368	92.473	0.20	38.89	124.20
389	上海环境集团股份有限公司	601200	92.465	0.17	41.09	112.08
390	云南恩捷新材料股份有限公司	002812	92.452	0.26	40.03	124.42
391	浙江闰土股份有限公司	002440	92.415	0.60	82.43	116.87
392	吉林敖东药业集团股份有限公司	000623	92.384	0.12	86.99	106.63
393	中国巨石股份有限公司	600176	92.376	0.31	47.85	114.84
394	湖北济川药业股份有限公司	600566	92.374	0.80	70.45	129.74
395	深圳市中金岭南有色金属股份有限公司	000060	92.370	1.12	55.92	108.44
396	迪安诊断技术集团股份有限公司	300244	92.365	0.79	47.80	115.66
397	长沙银行股份有限公司	601577	92.360	0.03	6.95	116.97
398	安徽迎驾贡酒股份有限公司	603198	92.342	0.54	68.37	121.48
399	南京高科股份有限公司	600064	92.338	0.10	43.32	120.10
400	淮河能源（集团）股份有限公司	600575	92.333	0.67	63.39	110.76
401	中国平安保险（集团）股份有限公司	601318	92.329	0.14	10.37	129.54
402	深圳市海普瑞药业集团股份有限公司	002399	92.325	0.30	49.02	117.20
403	芒果超媒股份有限公司	300413	92.321	0.73	51.64	120.53
404	广东海大集团股份有限公司	002311	92.321	2.53	51.67	123.10
405	广东宝丽华新能源股份有限公司	000690	92.309	0.30	50.04	109.97
406	上海家化联合股份有限公司	600315	92.276	0.68	56.39	109.58
407	天茂实业集团股份有限公司	000627	92.268	0.24	16.74	115.37
408	天津中环半导体股份有限公司	002129	92.239	0.34	41.83	109.47
409	北京光环新网科技股份有限公司	300383	92.233	0.58	68.22	110.62
410	广州视源电子科技股份有限公司	002841	92.157	1.71	50.33	147.38
411	浙江阳光照明电器集团股份有限公司	600261	92.108	0.84	59.30	114.04

续表

序号	企业名称	股票代码	综合信用指数	资产周转率（次/年）	所有者权益比率（%）	资本保值增值率（%）
412	上海银行股份有限公司	601229	92.080	0.02	7.92	112.61
413	深圳香江控股股份有限公司	600162	92.069	0.21	24.41	109.23
414	九阳股份有限公司	002242	92.033	1.25	50.23	121.15
415	大同煤业股份有限公司	601001	91.989	0.41	41.02	124.81
416	大商股份有限公司	600694	91.987	1.15	48.91	111.93
417	中国人寿保险股份有限公司	601628	91.964	0.20	10.98	118.54
418	浙江华峰氨纶股份有限公司	002064	91.963	0.81	45.72	125.61
419	重庆啤酒股份有限公司	600132	91.959	1.02	43.01	163.63
420	山东国瓷功能材料股份有限公司	300285	91.934	0.45	82.30	116.90
421	莱克电气股份有限公司	603355	91.913	1.06	59.50	118.06
422	唐山三友化工股份有限公司	600409	91.866	0.83	48.55	106.70
423	科大讯飞股份有限公司	002230	91.860	0.50	58.38	111.83
424	华夏银行股份有限公司	600015	91.857	0.03	8.92	110.18
425	胜宏科技（惠州）股份有限公司	300476	91.827	0.56	47.56	115.55
426	江苏东方盛虹股份有限公司	000301	91.796	0.71	43.66	112.45
427	申万宏源集团股份有限公司	000166	91.793	0.06	21.83	108.36
428	宝山钢铁股份有限公司	600019	91.757	0.86	56.30	107.62
429	崇达技术股份有限公司	002815	91.752	0.69	72.35	118.09
430	福建发展高速公路股份有限公司	600033	91.698	0.17	68.33	111.89
431	广州越秀金融控股集团股份有限公司	000987	91.680	0.07	20.37	109.95
432	无锡药明康德新药开发股份有限公司	603259	91.637	0.44	59.54	110.81
433	无锡华光环保能源集团股份有限公司	600475	91.559	0.52	49.22	110.53
434	浙江伟星新型建材股份有限公司	002372	91.555	0.97	80.95	127.02
435	广东塔牌集团股份有限公司	002233	91.537	0.59	83.32	119.32
436	北京银行股份有限公司	601169	91.529	0.02	7.63	111.22
437	新洋丰农业科技股份有限公司	000902	91.497	0.96	68.89	110.62
438	南京银行股份有限公司	601009	91.486	0.02	6.55	116.15
439	江河创建集团股份有限公司	601886	91.469	0.66	31.83	107.09
440	杭州银行股份有限公司	600926	91.357	0.02	6.11	111.55
441	成都市兴蓉环境股份有限公司	000598	91.349	0.19	47.34	110.54
442	深圳市天健（集团）股份有限公司	000090	91.338	0.36	23.96	114.19
443	贵阳银行股份有限公司	601997	91.311	0.03	7.20	117.22

续表

序号	企业名称	股票代码	综合信用指数	资产周转率（次/年）	所有者权益比率（%）	资本保值增值率（%）
444	金科地产集团股份有限公司	000656	91.288	0.21	16.22	129.59
445	浙江海翔药业股份有限公司	002099	91.275	0.44	84.84	114.30
446	平顶山天安煤业股份有限公司	601666	91.274	0.44	30.04	110.33
447	成都银行股份有限公司	601838	91.237	0.02	6.38	117.81
448	茂业商业股份有限公司	600828	91.186	0.64	40.80	124.92
449	美克国际家居用品股份有限公司	600337	91.185	0.69	57.17	109.53
450	合肥美亚光电技术股份有限公司	002690	91.185	0.54	86.08	123.58
451	葵花药业集团股份有限公司	002737	91.185	0.82	64.60	119.41
452	浙商银行股份有限公司	601916	91.169	0.03	7.01	114.55
453	蓝帆医疗股份有限公司	002382	91.159	0.26	63.83	106.66
454	江苏苏州农村商业银行股份有限公司	603323	91.159	0.03	9.23	109.72
455	新疆天山水泥股份有限公司	000877	91.154	0.63	66.36	121.77
456	华测检测认证集团股份有限公司	300012	91.152	0.72	72.36	117.81
457	威海光威复合材料股份有限公司	300699	91.143	0.42	79.99	118.23
458	中节能太阳能股份有限公司	000591	91.142	0.13	35.96	107.11
459	金堆城钼业股份有限公司	601958	91.138	0.60	88.57	104.98
460	四川路桥建设集团股份有限公司	600039	91.113	0.54	17.67	112.13
461	上海世茂股份有限公司	600823	91.110	0.17	37.79	116.22
462	厦门钨业股份有限公司	600549	91.072	0.74	41.65	107.73
463	内蒙古蒙电华能热电股份有限公司	600863	91.067	0.32	39.24	109.11
464	新奥天然气股份有限公司	600803	91.057	0.56	41.59	113.86
465	山东高速路桥集团股份有限公司	000498	91.053	0.73	25.74	116.38
466	东方电气股份有限公司	600875	91.025	0.37	35.48	104.83
467	西安银行股份有限公司	600928	91.012	0.02	8.50	113.40
468	广东明珠集团股份有限公司	600382	90.984	0.15	85.10	110.98
469	杭萧钢构股份有限公司	600477	90.983	0.76	41.79	114.83
470	上海临港控股股份有限公司	600848	90.959	0.10	43.11	121.75
471	浙江巨化股份有限公司	600160	90.918	1.01	85.91	107.29
472	明阳智慧能源集团股份公司	601615	90.901	0.30	20.44	114.85
473	湖南华菱钢铁股份有限公司	000932	90.874	1.29	39.22	137.94
474	拉卡拉支付股份有限公司	300773	90.833	0.44	44.85	127.85
475	华帝股份有限公司	002035	90.770	0.96	52.15	129.36

续表

序号	企业名称	股票代码	综合信用指数	资产周转率（次/年）	所有者权益比率（%）	资本保值增值率（%）
476	上海氯碱化工股份有限公司	600618	90.733	1.13	81.17	120.67
477	中国人民保险集团股份有限公司	601319	90.719	0.49	21.79	120.79
478	青岛农村商业银行股份有限公司	002958	90.685	0.03	7.15	113.88
479	中粮屯河糖业股份有限公司	600737	90.606	1.14	50.82	108.34
480	宋城演艺发展股份有限公司	300144	90.601	0.24	89.51	116.11
481	重庆农村商业银行股份有限公司	601077	90.590	0.03	8.68	113.93
482	招商局蛇口工业区控股股份有限公司	001979	90.564	0.16	36.81	124.84
483	云南驰宏锌锗股份有限公司	600497	90.558	0.52	56.47	105.30
484	四川双马水泥股份有限公司	000935	90.552	0.37	86.79	120.86
485	福建星网锐捷通讯股份有限公司	002396	90.509	1.21	63.22	123.22
486	北京光线传媒股份有限公司	300251	90.497	0.26	81.70	110.95
487	中国太平洋保险（集团）股份有限公司	601601	90.478	0.25	11.99	118.96
488	安徽金禾实业股份有限公司	002597	90.453	0.65	72.89	120.62
489	重庆水务集团股份有限公司	601158	90.440	0.26	69.87	111.78
490	春秋航空股份有限公司	601021	90.430	0.50	51.22	113.80
491	广东万和新电气股份有限公司	002543	90.396	0.89	56.15	118.53
492	中国南玻集团股份有限公司	000012	90.310	0.58	54.20	106.16
493	鸿达兴业股份有限公司	002002	90.301	0.32	43.58	110.35
494	国电南瑞科技股份有限公司	600406	90.284	0.56	56.86	116.77
495	江苏江阴农村商业银行股份有限公司	002807	90.237	0.03	9.40	109.62
496	浙江水晶光电科技股份有限公司	002273	90.222	0.47	75.32	112.87
497	江苏中南建设集团股份有限公司	000961	90.162	0.25	9.23	126.57
498	神州高铁技术股份有限公司	000008	90.092	0.27	62.90	106.25
499	山东黄金矿业股份有限公司	600547	90.091	1.08	44.39	106.57
500	江苏华西村股份有限公司	000936	90.073	0.24	44.67	113.46

四、2020 中国上市公司信用500强成长性指标

序号	企业名称	股票代码	营收增长率（%）	利润增长率（%）	资产增长率（%）	资本积累率（%）
1	中国建筑股份有限公司	601668	18.39	65.28	9.27	105.70
2	美的集团股份有限公司	000333	7.59	24.94	14.51	29.40
3	万科企业股份有限公司	000002	23.59	63.24	13.17	73.71
4	贵州茅台酒股份有限公司	600519	20.66	24.90	14.51	25.73
5	安徽海螺水泥股份有限公司	600585	22.30	15.22	19.55	26.29
6	上海汽车集团股份有限公司	600104	-6.53	-2.00	8.50	28.36
7	中国石油化工股份有限公司	600028	2.59	14.32	10.22	22.07
8	珠海格力电器股份有限公司	000651	1.20	-5.25	12.63	22.69
9	江西铜业股份有限公司	600362	11.64	-10.99	31.16	18.62
10	航天信息股份有限公司	600271	21.35	49.24	7.76	29.60
11	用友网络科技股份有限公司	600588	10.46	40.10	15.23	26.23
12	上海宝信软件股份有限公司	600845	25.19	38.22	8.71	9.90
13	宜宾五粮液股份有限公司	000858	25.20	36.19	23.58	19.86
14	北京千方科技股份有限公司	002373	20.28	40.68	19.26	17.22
15	上海电气集团股份有限公司	601727	26.05	92.69	28.37	59.87
16	烽火通信科技股份有限公司	600498	1.76	24.88	7.79	20.44
17	上海锦江国际酒店股份有限公司	600754	2.73	18.17	-3.14	13.74
18	中青旅控股股份有限公司	600138	14.58	52.31	12.63	46.18
19	中国铝业股份有限公司	601600	5.46	71.00	1.09	34.93
20	山东玲珑轮胎股份有限公司	601966	12.17	41.16	3.05	10.23
21	老凤祥股份有限公司	600612	13.35	51.95	10.94	34.72
22	中国中铁股份有限公司	601390	15.34	47.56	12.04	28.00
23	中顺洁柔纸业股份有限公司	002511	16.84	48.36	17.11	23.13
24	芜湖三七互娱网络科技集团股份有限公司	002555	73.30	139.65	20.84	22.12
25	温氏食品集团股份有限公司	300498	27.79	265.00	21.55	34.89
26	华新水泥股份有限公司	600801	14.47	35.50	10.51	40.15
27	蓝思科技股份有限公司	300433	9.16	281.36	9.01	31.56

续表

序号	企业名称	股票代码	营收增长率（%）	利润增长率（%）	资产增长率（%）	资本积累率（%）
28	新希望六和股份有限公司	000876	18.80	262.57	33.94	51.33
29	中国中车股份有限公司	601766	4.53	22.28	7.29	23.64
30	三一重工股份有限公司	600031	35.55	87.93	22.73	44.60
31	浪潮电子信息产业股份有限公司	000977	10.04	45.06	14.88	14.85
32	中国铁建股份有限公司	601186	13.74	26.14	17.82	54.23
33	深信服科技股份有限公司	300454	42.35	25.80	31.95	25.70
34	山东太阳纸业股份有限公司	002078	20.47	8.56	23.94	42.38
35	广东生益科技股份有限公司	600183	10.52	56.27	20.56	46.09
36	潍柴动力股份有限公司	000338	9.48	37.53	15.37	77.48
37	国电电力发展股份有限公司	600795	78.04	309.80	33.88	142.56
38	北京金隅集团股份有限公司	601992	10.48	58.82	5.16	43.12
39	华东医药股份有限公司	000963	15.60	29.03	11.69	29.47
40	江苏恒瑞医药股份有限公司	600276	33.70	31.01	23.23	26.41
41	中化国际（控股）股份有限公司	600500	-11.86	75.35	4.65	124.81
42	长城汽车股份有限公司	601633	-3.04	-12.99	1.16	3.57
43	华域汽车系统股份有限公司	600741	-8.36	6.09	4.07	29.40
44	中原大地传媒股份有限公司	000719	5.52	14.05	6.94	8.15
45	江苏恒立液压股份有限公司	601100	28.57	55.16	15.89	23.47
46	永辉超市股份有限公司	601933	20.36	-1.86	32.11	5.68
47	经纬纺织机械股份有限公司	000666	24.22	105.20	-8.44	164.30
48	北京奥赛康药业股份有限公司	002755	14.92	16.39	24.81	36.90
49	厦门亿联网络技术股份有限公司	300628	37.13	45.08	28.73	25.62
50	九州通医药集团股份有限公司	600998	14.19	32.89	6.71	18.96
51	中国神华能源股份有限公司	601088	-8.42	17.49	-4.90	26.80
52	郑州煤矿机械集团股份有限公司	601717	-1.12	36.95	7.30	14.71
53	绿地控股集团股份有限公司	600606	22.86	84.18	10.53	87.42
54	物产中大集团股份有限公司	600704	19.59	63.22	8.46	28.43
55	中南出版传媒集团股份有限公司	601098	7.16	13.69	7.63	7.24
56	国药集团一致药业股份有限公司	000028	20.69	22.59	15.87	32.20
57	国药集团药业股份有限公司	600511	15.24	33.93	12.48	31.70
58	中航工业机电系统股份有限公司	002013	4.25	26.59	6.61	37.90
59	安徽楚江科技新材料股份有限公司	002171	30.07	17.29	27.67	25.18

续表

序号	企业名称	股票代码	营收增长率（%）	利润增长率（%）	资产增长率（%）	资本积累率（%）
60	上海医药集团股份有限公司	601607	17. 27	24. 47	8. 00	26. 59
61	上海国际机场股份有限公司	600009	17. 52	24. 33	31. 60	4. 92
62	海尔智家股份有限公司	600690	9. 52	65. 78	12. 45	64. 94
63	云南铜业股份有限公司	000878	33. 44	681. 25	13. 68	57. 65
64	上海复星医药（集团）股份有限公司	600196	14. 72	38. 24	7. 89	40. 13
65	重庆宗申动力机械股份有限公司	001696	0. 32	24. 00	1. 78	15. 26
66	山东豪迈机械科技股份有限公司	002595	17. 79	16. 73	21. 99	14. 15
67	安徽古井贡酒股份有限公司	000596	19. 93	27. 29	10. 88	24. 07
68	沪士电子股份有限公司	002463	29. 68	111. 41	24. 83	28. 05
69	桐昆集团股份有限公司	601233	21. 59	36. 60	15. 41	18. 71
70	江苏凤凰出版传媒股份有限公司	601928	6. 76	6. 71	9. 46	9. 17
71	北京华宇软件股份有限公司	300271	29. 60	16. 93	25. 37	41. 12
72	索菲亚家居股份有限公司	002572	5. 13	14. 15	8. 60	22. 29
73	中国旅游集团中免股份有限公司	601888	2. 04	74. 96	14. 30	37. 42
74	深圳市裕同包装科技股份有限公司	002831	14. 77	12. 90	13. 59	17. 71
75	中远海运控股股份有限公司	601919	25. 02	741. 42	14. 94	202. 04
76	中文天地出版传媒集团股份有限公司	600373	−2. 21	6. 93	−3. 84	7. 14
77	佛山市海天调味食品股份有限公司	603288	16. 22	22. 71	22. 89	19. 62
78	铜陵有色金属集团股份有限公司	000630	9. 89	46. 98	2. 09	11. 93
79	嘉事堂药业股份有限公司	002462	23. 53	14. 75	20. 16	97. 13
80	中国核能电力股份有限公司	601985	17. 20	77. 49	7. 47	94. 45
81	山东出版传媒股份有限公司	601019	4. 45	3. 80	10. 65	11. 38
82	大唐国际发电股份有限公司	601991	2. 21	−13. 68	−2. 01	29. 30
83	河南双汇投资发展股份有限公司	000895	23. 75	15. 29	28. 13	31. 92
84	恒生电子股份有限公司	600570	18. 66	119. 32	34. 48	53. 81
85	浙江三花智能控制股份有限公司	002050	4. 17	10. 95	6. 16	8. 71
86	赛轮集团股份有限公司	601058	10. 55	78. 29	16. 94	17. 45
87	中国中煤能源股份有限公司	601898	24. 15	150. 18	2. 96	27. 38
88	广东东阳光科技控股股份有限公司	600673	26. 43	83. 34	34. 58	43. 79
89	隆基绿能科技股份有限公司	601012	49. 62	117. 25	49. 53	71. 99
90	江西正邦科技股份有限公司	002157	10.　88	75. 15	44. 58	44. 99
91	浙江正泰电器股份有限公司	601877	10. 23	10. 56	16. 17	15. 26

续表

序号	企业名称	股票代码	营收增长率（%）	利润增长率（%）	资产增长率（%）	资本积累率（%）
92	天地科技股份有限公司	600582	8.05	34.27	-1.78	37.18
93	中国葛洲坝集团股份有限公司	600068	9.26	40.92	7.45	54.73
94	厦门象屿股份有限公司	600057	16.41	36.48	19.97	78.98
95	新华文轩出版传媒股份有限公司	601811	8.01	20.65	15.33	7.54
96	宁德时代新能源科技股份有限公司	300750	54.63	48.00	37.18	28.08
97	广州海格通信集团股份有限公司	002465	13.20	29.91	13.49	19.20
98	广州白云山医药集团股份有限公司	600332	53.79	0.01	10.51	19.85
99	泸州老窖股份有限公司	000568	21.15	33.18	27.94	15.27
100	南方出版传媒股份有限公司	601900	16.58	13.20	15.30	13.94
101	上海机电股份有限公司	600835	4.16	36.23	1.56	26.53
102	中国出版传媒股份有限公司	601949	18.44	23.35	12.69	25.69
103	华润三九医药股份有限公司	000999	9.49	49.37	11.50	18.97
104	杭叉集团股份有限公司	603298	4.87	30.71	11.62	21.62
105	安徽省皖能股份有限公司	000543	19.94	90.37	13.84	86.18
106	北京东方雨虹防水技术股份有限公司	002271	29.25	37.60	14.06	26.06
107	恒力石化股份有限公司	600346	67.78	204.35	39.23	33.17
108	公牛集团股份有限公司	603195	10.76	37.38	43.62	70.94
109	中国化学工程股份有限公司	601117	27.85	70.17	19.42	14.46
110	甘肃上峰水泥股份有限公司	000672	39.73	61.52	41.37	67.29
111	特变电工股份有限公司	600089	-6.62	16.72	10.40	31.63
112	江苏中天科技股份有限公司	600522	14.29	-7.23	25.58	11.50
113	金发科技股份有限公司	600143	15.68	102.59	29.87	4.62
114	鹏鼎控股（深圳）股份有限公司	002938	2.94	5.54	5.49	10.85
115	东方明珠新媒体股份有限公司	600637	-9.46	10.61	17.74	22.16
116	广州尚品宅配家居股份有限公司	300616	9.26	10.80	14.95	15.46
117	苏美达股份有限公司	600710	2.94	218.87	-5.01	119.23
118	中建西部建设股份有限公司	002302	21.47	141.79	13.27	41.61
119	安徽合力股份有限公司	600761	4.79	33.36	6.69	17.42
120	浙江龙盛集团股份有限公司	600352	12.00	29.06	-1.21	34.30
121	江西万年青水泥股份有限公司	000789	11.59	80.61	17.43	86.67
122	贵州航天电器股份有限公司	002025	24.69	27.77	18.47	36.65
123	紫金矿业集团股份有限公司	601899	28.40	23.62	9.70	41.09

续表

序号	企业名称	股票代码	营收增长率（%）	利润增长率（%）	资产增长率（%）	资本积累率（%）
124	大参林医药集团股份有限公司	603233	25.76	31.02	32.66	42.58
125	中国交通建设股份有限公司	601800	13.02	6.53	16.65	50.31
126	罗欣药业集团股份有限公司	002793	22.18	23.74	25.13	23.21
127	宁波华翔电子股份有限公司	002048	14.51	73.90	5.34	29.45
128	上海豫园旅游商城（集团）股份有限公司	600655	27.04	29.31	16.65	27.09
129	杭州海康威视数字技术股份有限公司	002415	15.69	9.80	18.70	20.97
130	重庆百货大楼股份有限公司	600729	1.33	23.22	7.31	16.09
131	浙江苏泊尔股份有限公司	002032	11.22	14.72	11.42	15.87
132	思源电气股份有限公司	002028	32.74	95.44	16.70	13.75
133	浙江鼎力机械股份有限公司	603338	39.93	44.46	33.74	23.30
134	云南锡业股份有限公司	000960	8.30	25.86	2.58	17.41
135	重庆智飞生物制品股份有限公司	300122	102.50	63.05	60.68	37.47
136	国投电力控股股份有限公司	600886	3.47	100.07	1.82	97.38
137	北京首旅酒店（集团）股份有限公司	600258	−2.67	7.27	1.70	13.90
138	上海百联集团股份有限公司	600827	4.20	4.12	22.57	34.41
139	永高股份有限公司	002641	17.50	109.96	5.56	16.29
140	天顺风能（苏州）股份有限公司	002531	63.66	62.76	2.35	13.93
141	华润双鹤药业股份有限公司	600062	14.05	10.10	9.42	10.67
142	中盐内蒙古化工股份有限公司	600328	165.71	304.63	109.04	147.73
143	佳都新太科技股份有限公司	600728	7.09	159.78	30.55	36.81
144	晶澳太阳能科技股份有限公司	002459	7.67	74.09	20.80	49.91
145	无锡市太极实业股份有限公司	600667	8.08	25.92	12.18	17.61
146	海澜之家股份有限公司	600398	15.09	−8.31	−2.28	6.97
147	重药控股股份有限公司	000950	31.16	36.73	26.67	21.07
148	北京中长石基信息技术股份有限公司	002153	18.24	0.37	6.63	12.18
149	浙江天宇药业股份有限公司	300702	43.88	257.89	8.02	40.84
150	深圳市景旺电子股份有限公司	603228	27.01	−3.19	14.99	35.86
151	宁波均胜电子股份有限公司	600699	9.82	10.19	−4.04	37.54
152	启明星辰信息技术集团股份有限公司	002439	22.51	19.85	40.73	21.64
153	上海现代制药股份有限公司	600420	7.76	31.60	7.13	35.22
154	北京京能电力股份有限公司	600578	45.24	86.55	11.78	26.76
155	中国中材国际工程股份有限公司	600970	13.36	16.49	6.01	22.27

续表

序号	企业名称	股票代码	营收增长率（%）	利润增长率（%）	资产增长率（%）	资本积累率（%）
156	广西柳工机械股份有限公司	000528	6.04	35.90	13.92	12.38
157	冰轮环境技术股份有限公司	000811	5.94	65.98	22.83	40.54
158	常州星宇车灯股份有限公司	601799	20.06	29.32	18.01	11.83
159	江苏今世缘酒业股份有限公司	603369	30.45	26.71	17.17	18.24
160	许继电气股份有限公司	000400	23.61	147.65	3.52	11.89
161	富奥汽车零部件股份有限公司	000030	28.16	0.18	10.60	16.83
162	奥瑞金科技股份有限公司	002701	14.60	203.15	9.59	6.62
163	河钢资源股份有限公司	000923	16.65	294.04	3.71	13.15
164	大亚圣象家居股份有限公司	000910	0.51	1.69	15.37	21.58
165	东华软件股份公司	002065	4.47	-28.36	5.18	4.62
166	浙江海亮股份有限公司	002203	1.63	19.18	27.60	21.60
167	内蒙古鄂尔多斯资源股份有限公司	600295	-4.48	63.73	1.54	86.24
168	江苏卓胜微电子股份有限公司	300782	169.98	206.27	255.16	258.32
169	朗新科技集团股份有限公司	300682	11.10	444.41	42.87	176.43
170	广东电力发展股份有限公司	000539	7.12	280.89	2.92	41.12
171	华能国际电力股份有限公司	600011	2.13	65.26	2.52	40.91
172	山东南山铝业股份有限公司	600219	6.36	20.74	4.70	8.69
173	厦门建发股份有限公司	600153	20.28	70.44	35.84	139.90
174	申能股份有限公司	600642	7.23	54.77	13.88	45.90
175	江苏恩华药业股份有限公司	002262	7.55	25.20	4.25	21.93
176	大悦城控股集团股份有限公司	000031	139.29	166.81	100.92	441.19
177	中国电影股份有限公司	600977	0.34	-17.01	5.64	15.79
178	中航光电科技股份有限公司	002179	17.18	21.89	13.89	44.43
179	铜陵精达特种电磁线股份有限公司	600577	0.84	22.10	11.07	29.61
180	山西杏花村汾酒厂股份有限公司	600809	26.63	40.01	35.83	22.70
181	深圳迈瑞生物医疗电子股份有限公司	300760	20.38	25.96	18.53	22.82
182	深南电路股份有限公司	002916	38.44	76.92	43.33	34.40
183	中国工商银行股份有限公司	601398	10.52	5.27	8.70	15.54
184	天津中新药业集团股份有限公司	600329	9.99	13.12	10.38	12.10
185	卧龙电气驱动集团股份有限公司	600580	1053.88	58.31	6.77	22.77
186	完美世界股份有限公司	002624	0.07	-15.18	4.07	20.02
187	中钢国际工程技术股份有限公司	000928	60.32	21.96	17.72	15.08

续表

序号	企业名称	股票代码	营收增长率（%）	利润增长率（%）	资产增长率（%）	资本积累率（%）
188	云南白药集团股份有限公司	000538	11.07	26.21	63.47	92.60
189	浙商中拓集团股份有限公司	000906	16.07	89.35	26.40	20.96
190	中国外运股份有限公司	601598	0.44	8.24	0.64	30.19
191	江西洪城水业股份有限公司	600461	22.92	72.86	18.46	46.54
192	陕西煤业股份有限公司	601225	28.27	51.30	5.11	50.34
193	四川蓝光发展股份有限公司	600466	27.17	86.99	33.81	148.24
194	宏发科技股份有限公司	600885	2.93	37.98	14.69	48.71
195	凯莱英医药集团（天津）股份有限公司	002821	34.07	29.32	18.00	21.31
196	招商银行股份有限公司	600036	8.51	15.97	9.95	14.37
197	牧原食品股份有限公司	002714	51.04	1118.06	77.22	158.04
198	江苏扬农化工股份有限公司	600486	64.47	30.99	29.56	9.27
199	昆药集团股份有限公司	600422	14.33	39.41	7.88	13.44
200	天马微电子股份有限公司	000050	4.74	-10.39	9.02	2.70
201	健康元药业集团股份有限公司	600380	6.93	164.51	1.81	80.27
202	健帆生物科技集团股份有限公司	300529	40.86	41.47	21.57	27.79
203	立讯精密工业股份有限公司	002475	74.38	80.98	35.50	40.34
204	上海振华重工（集团）股份有限公司	600320	12.76	12.21	5.40	22.29
205	普洛药业股份有限公司	000739	13.08	49.34	13.42	12.67
206	富士康工业互联网股份有限公司	601138	-1.61	10.08	2.50	23.59
207	江苏立华牧业股份有限公司	300761	22.96	51.13	50.49	64.52
208	山东晨鸣纸业集团股份有限公司	000488	5.26	-30.14	-6.99	5.15
209	广西柳州医药股份有限公司	603368	26.82	44.81	22.36	21.09
210	中国民生银行股份有限公司	600016	15.10	9.13	11.46	26.37
211	中国电力建设股份有限公司	601669	18.26	37.77	14.02	124.64
212	东方日升新能源股份有限公司	300118	47.70	320.89	36.35	26.07
213	中国冶金科工股份有限公司	601618	16.96	18.92	4.46	39.27
214	甘肃祁连山水泥集团股份有限公司	600720	20.03	99.60	10.32	29.98
215	深圳能源集团股份有限公司	000027	12.36	164.83	12.97	39.51
216	浙江世纪华通集团股份有限公司	002602	17.30	69.77	4.92	55.83
217	中国光大银行股份有限公司	601818	20.47	11.24	8.63	20.08
218	长春一汽富维汽车零部件股份有限公司	600742	30.59	43.50	72.35	40.87
219	红星美凯龙家居集团股份有限公司	601828	15.66	4.66	10.31	17.43

续表

序号	企业名称	股票代码	营收增长率（%）	利润增长率（%）	资产增长率（%）	资本积累率（%）
220	雅戈尔集团股份有限公司	600177	28.91	7.47	6.68	-0.62
221	交通银行股份有限公司	601328	9.32	6.02	3.93	14.68
222	福建圣农发展股份有限公司	002299	26.08	173.61	4.25	36.16
223	龙蟒佰利联集团股份有限公司	002601	9.38	13.95	23.99	13.27
224	北京天坛生物制品股份有限公司	600161	11.97	75.52	24.62	53.57
225	大秦铁路股份有限公司	601006	2.01	4.31	1.43	14.77
226	杭州泰格医药科技股份有限公司	300347	21.85	106.56	76.01	106.91
227	上海浦东发展银行股份有限公司	600000	11.16	6.42	11.39	18.98
228	中信银行股份有限公司	601998	13.79	10.07	11.27	21.95
229	漳州片仔癀药业股份有限公司	600436	20.06	21.35	32.34	38.94
230	中国科技出版传媒股份有限公司	601858	12.73	8.80	13.42	12.71
231	通威股份有限公司	600438	36.39	32.87	21.66	22.73
232	中航沈飞股份有限公司	600760	17.91	18.47	2.76	18.56
233	通策医疗股份有限公司	600763	22.52	52.90	24.72	49.76
234	仁和药业股份有限公司	000650	4.04	22.28	7.97	28.32
235	深圳市海王生物工程股份有限公司	000078	8.11	33.31	0.10	31.99
236	中国银行股份有限公司	601988	8.94	12.11	7.06	22.55
237	深圳市洲明科技股份有限公司	300232	23.87	30.49	17.13	30.69
238	神州数码集团股份有限公司	000034	6.04	36.93	13.22	13.89
239	中国船舶重工集团动力股份有限公司	600482	0.10	-22.77	-2.08	41.07
240	四川水井坊股份有限公司	600779	25.53	42.60	23.39	13.74
241	北京首创股份有限公司	600008	19.69	51.72	15.78	60.63
242	三角轮胎股份有限公司	601163	5.72	75.43	3.78	7.46
243	日月重工股份有限公司	603218	48.30	79.84	62.85	19.32
244	安徽鸿路钢结构（集团）股份有限公司	002541	36.58	34.38	22.38	11.63
245	中国建设银行股份有限公司	601939	7.09	5.72	9.53	13.09
246	山东仙坛股份有限公司	002746	37.07	164.39	39.35	40.83
247	内蒙古君正能源化工集团股份有限公司	601216	15.84	7.94	28.50	19.37
248	康龙化成（北京）新药技术股份有限公司	300759	29.20	56.44	114.79	236.55
249	平安银行股份有限公司	000001	18.20	13.61	15.22	30.39
250	华兰生物工程股份有限公司	002007	15.02	21.01	16.79	24.55
251	深圳劲嘉集团股份有限公司	002191	18.22	33.24	5.72	11.38

续表

序号	企业名称	股票代码	营收增长率（%）	利润增长率（%）	资产增长率（%）	资本积累率（%）
252	新疆金风科技股份有限公司	002202	33.11	-30.68	26.66	29.10
253	紫光股份有限公司	000938	11.99	80.46	12.73	21.83
254	宁波三星医疗电气股份有限公司	601567	14.80	106.03	-4.94	8.41
255	丽珠医药集团股份有限公司	000513	5.91	35.06	3.09	15.24
256	上海紫江企业集团股份有限公司	600210	2.23	20.13	3.92	15.62
257	爱尔眼科医院集团股份有限公司	300015	24.74	41.85	23.56	23.36
258	深圳华强实业股份有限公司	000062	21.66	4.62	10.18	21.89
259	青岛啤酒股份有限公司	600600	5.30	35.64	9.50	10.81
260	黑牡丹（集团）股份有限公司	600510	15.07	93.74	13.07	21.63
261	中国国际海运集装箱（集团）股份有限公司	000039	-8.22	-25.75	8.32	47.46
262	南极电商股份有限公司	002127	16.52	36.06	20.57	29.96
263	兴业银行股份有限公司	601166	14.54	-2.02	6.47	17.96
264	合力泰科技股份有限公司	002217	9.44	-22.01	22.64	21.19
265	浙江富润数字科技股份有限公司	600070	13.09	153.06	14.82	34.63
266	淄博齐翔腾达化工股份有限公司	002408	7.64	-25.08	22.71	12.43
267	大博医疗科技股份有限公司	002901	62.77	28.88	34.46	21.78
268	厦门盈趣科技股份有限公司	002925	38.71	20.49	15.01	12.67
269	阳光电源股份有限公司	300274	25.41	12.59	23.40	13.61
270	广州汽车集团股份有限公司	601238	-16.51	-38.44	4.00	7.71
271	重庆市迪马实业股份有限公司	600565	48.71	114.91	23.19	81.98
272	欣旺达电子股份有限公司	300207	24.10	6.94	26.30	11.85
273	浙江中国小商品城集团股份有限公司	600415	12.49	15.35	16.54	11.24
274	新大陆数字技术股份有限公司	000997	7.32	23.38	10.79	20.12
275	广汇物流股份有限公司	600603	37.90	47.87	22.12	5.97
276	惠州亿纬锂能股份有限公司	300014	47.35	171.38	62.43	116.50
277	北京同仁堂股份有限公司	600085	-6.56	37.67	2.17	58.30
278	亿帆医药股份有限公司	002019	11.98	18.40	13.21	18.08
279	深圳市汇顶科技股份有限公司	603160	73.95	212.10	46.84	56.77
280	深圳市德赛电池科技股份有限公司	000049	6.92	66.89	-0.59	63.46
281	中国邮政储蓄银行股份有限公司	601658	6.06	16.52	7.36	14.64
282	浙江卫星石化股份有限公司	002648	7.47	34.73	30.48	15.15
283	江苏省农垦农业发展股份有限公司	601952	64.38	1.09	15.34	11.85

续表

序号	企业名称	股票代码	营收增长率（%）	利润增长率（%）	资产增长率（%）	资本积累率（%）
284	浙江美大实业股份有限公司	002677	20.24	21.85	11.58	11.29
285	金圆环保股份有限公司	000546	2.47	54.54	8.74	32.85
286	江苏洋河酒厂股份有限公司	002304	-4.28	-8.98	7.85	8.46
287	海信视像科技股份有限公司	600060	-2.91	105.63	-0.42	15.44
288	四川科伦药业股份有限公司	002422	7.86	-15.78	7.24	8.95
289	易见供应链管理股份有限公司	600093	13.26	-6.67	2.57	21.56
290	上海梅林正广和股份有限公司	600073	5.52	83.26	18.85	71.27
291	中国农业银行股份有限公司	601288	4.79	5.00	10.03	17.33
292	南京云海特种金属股份有限公司	002182	9.23	176.49	13.12	46.46
293	传化智联股份有限公司	002010	0.65	100.01	1.85	34.75
294	山河智能装备股份有限公司	002097	29.05	20.51	9.91	9.30
295	江中药业股份有限公司	600750	39.55	1.95	24.69	20.63
296	三六零安全科技股份有限公司	601360	-2.19	68.31	15.00	19.60
297	江苏康缘药业股份有限公司	600557	19.40	19.73	9.06	8.48
298	天虹数科商业股份有限公司	002419	1.33	-4.82	2.33	5.90
299	智度科技股份有限公司	000676	41.96	-14.90	17.35	13.51
300	深圳市信维通信股份有限公司	300136	9.07	3.98	15.97	29.32
301	福莱特玻璃集团股份有限公司	601865	56.89	76.09	35.07	23.01
302	中材科技股份有限公司	002080	18.73	52.92	21.81	20.19
303	河南明泰铝业股份有限公司	601677	6.18	98.47	26.05	22.45
304	浙报数字文化集团股份有限公司	600633	48.03	44.29	11.70	16.47
305	迈克生物股份有限公司	300463	20.02	27.14	20.64	23.46
306	浙江大华技术股份有限公司	002236	10.50	24.96	12.20	26.61
307	厦门国贸集团股份有限公司	600755	5.54	12.09	17.77	16.95
308	歌尔股份有限公司	002241	47.99	47.41	16.53	6.10
309	美盈森集团股份有限公司	002303	4.41	32.25	14.12	17.36
310	浙江晶盛机电股份有限公司	300316	22.64	7.20	24.11	16.23
311	浙江久立特材科技股份有限公司	002318	9.20	67.11	15.37	12.34
312	杭州巨星科技股份有限公司	002444	11.64	26.03	19.94	14.62
313	山东新潮能源股份有限公司	600777	26.97	79.37	14.94	8.76
314	航天时代电子技术股份有限公司	600879	1.35	9.75	13.06	9.38
315	华夏航空股份有限公司	002928	26.93	102.96	25.82	30.98

续表

序号	企业名称	股票代码	营收增长率（%）	利润增长率（%）	资产增长率（%）	资本积累率（%）
316	杭州解百集团股份有限公司	600814	8.31	213.47	5.73	50.13
317	郑州宇通客车股份有限公司	600066	-3.99	-14.81	-0.49	6.16
318	宁夏建材集团股份有限公司	600449	14.79	97.33	6.16	21.93
319	江苏国泰国际集团股份有限公司	002091	6.86	42.37	8.84	43.65
320	京沪高速铁路股份有限公司	601816	5.72	16.48	5.37	7.15
321	中国东方航空股份有限公司	600115	5.16	28.57	19.50	26.24
322	株洲旗滨集团股份有限公司	601636	11.07	11.45	1.77	8.91
323	华邦生命健康股份有限公司	002004	-4.56	82.25	0.32	46.10
324	北京首商集团股份有限公司	600723	-1.26	35.92	0.64	15.23
325	河北建投能源投资股份有限公司	000600	-0.09	107.26	1.59	26.75
326	安琪酵母股份有限公司	600298	14.47	9.71	10.32	23.40
327	西藏天路股份有限公司	600326	11.95	85.21	33.84	82.15
328	一心堂药业集团股份有限公司	002727	14.20	15.78	8.25	13.61
329	江苏鱼跃医疗设备股份有限公司	002223	10.82	4.73	15.25	12.59
330	骆驼集团股份有限公司	601311	-2.17	8.01	6.87	18.57
331	深圳市汇川技术股份有限公司	300124	25.81	-13.43	44.11	43.16
332	佛燃能源集团股份有限公司	002911	26.16	40.81	28.54	44.28
333	上海润达医疗科技股份有限公司	603108	18.24	95.11	19.75	40.34
334	中国国际航空股份有限公司	601111	-0.43	-1.15	20.74	8.75
335	山煤国际能源集团股份有限公司	600546	-1.27	617.76	-10.54	89.18
336	天康生物股份有限公司	002100	41.78	88.82	31.09	60.92
337	武汉武商集团股份有限公司	000501	0.29	16.67	3.10	15.28
338	福耀玻璃工业集团股份有限公司	600660	4.35	-29.66	12.57	5.84
339	山东华泰纸业股份有限公司	600308	-8.29	-9.08	-2.64	9.33
340	苏州东山精密制造股份有限公司	002384	18.80	-13.00	1.72	3.36
341	杭州制氧机集团股份有限公司	002430	3.62	-7.60	6.19	16.97
342	北京东方国信科技股份有限公司	300166	7.73	-2.83	9.76	14.43
343	安徽江南化工股份有限公司	002226	25.92	137.17	1.37	19.81
344	招商局港口集团股份有限公司	001872	24.94	165.79	22.40	16.94
345	上海同济科技实业股份有限公司	600846	93.41	218.23	-1.46	56.21
346	招商局公路网络科技控股股份有限公司	001965	21.09	24.43	8.12	18.64
347	中节能万润股份有限公司	002643	9.06	20.10	15.42	13.05

续表

序号	企业名称	股票代码	营收增长率（%）	利润增长率（%）	资产增长率（%）	资本积累率（%）
348	无锡先导智能装备股份有限公司	300450	20.41	3.12	12.95	24.46
349	中国南方航空股份有限公司	600029	7.45	3.75	24.32	18.54
350	海思科医药集团股份有限公司	002653	14.90	42.50	15.33	17.27
351	浙江东方金融控股集团股份有限公司	600120	18.54	37.54	18.54	30.94
352	石家庄以岭药业股份有限公司	002603	20.99	0.64	5.99	5.18
353	浙江华海药业股份有限公司	600521	5.76	464.44	3.49	41.99
354	华夏幸福基业股份有限公司	600340	25.55	25.02	11.74	68.32
355	浙江尖峰集团股份有限公司	600668	5.51	36.60	11.71	29.01
356	中国长江电力股份有限公司	600900	-2.62	-4.61	0.33	5.49
357	浙江航民股份有限公司	600987	-11.14	27.52	7.64	25.31
358	长江出版传媒股份有限公司	600757	-25.97	9.66	4.46	11.52
359	中国核工业建设股份有限公司	601611	24.12	47.98	31.70	97.00
360	宁波银行股份有限公司	002142	21.26	22.91	18.03	24.01
361	横店集团东磁股份有限公司	002056	1.16	0.65	25.05	12.89
362	天士力医药集团股份有限公司	600535	5.61	-35.08	-4.61	12.61
363	鲁泰纺织股份有限公司	000726	-1.13	21.91	12.79	16.13
364	无锡威孚高科技集团股份有限公司	000581	0.72	-3.90	14.68	9.87
365	航天工业发展股份有限公司	000547	14.89	61.19	16.44	19.23
366	蓝星安迪苏股份有限公司	600299	-2.47	35.77	-1.52	26.55
367	深圳康泰生物制品股份有限公司	300601	-3.65	31.86	18.46	50.28
368	浙江森马服饰股份有限公司	002563	23.01	-9.43	0.32	5.82
369	中信泰富特钢集团股份有限公司	000708	0.60	50.45	3.45	31.25
370	海信家电集团股份有限公司	000921	3.98	41.60	55.72	69.77
371	内蒙古第一机械集团股份有限公司	600967	3.38	7.97	24.67	9.40
372	江苏常熟农村商业银行股份有限公司	601128	10.67	27.84	10.88	39.44
373	昊华化工科技集团股份有限公司	600378	12.41	2.29	5.66	24.95
374	中国石油集团工程股份有限公司	600339	10.97	-15.28	-0.68	1.39
375	王府井集团股份有限公司	600859	0.29	-21.33	11.06	11.71
376	顺丰控股股份有限公司	002352	23.37	26.00	28.94	14.65
377	长春欧亚集团股份有限公司	600697	7.23	130.81	1.50	88.77
378	山东华鲁恒升化工股份有限公司	600426	-1.16	-18.76	-2.52	17.93
379	舍得酒业股份有限公司	600702	19.79	57.52	19.29	28.79

续表

序号	企业名称	股票代码	营收增长率（%）	利润增长率（%）	资产增长率（%）	资本积累率（%）
380	杭州老板电器股份有限公司	002508	4.52	9.55	12.65	15.37
381	光明乳业股份有限公司	600597	7.52	99.69	-1.65	38.97
382	四川和邦生物科技股份有限公司	603077	-0.66	39.53	9.01	4.38
383	华工科技产业股份有限公司	000988	4.35	74.70	9.58	9.92
384	山东省药用玻璃股份有限公司	600529	15.77	28.05	11.82	9.70
385	浙江京新药业股份有限公司	002020	23.88	41.05	12.69	4.18
386	北京蓝色光标数据科技股份有限公司	300058	21.65	85.96	12.31	39.36
387	环旭电子股份有限公司	601231	10.89	6.81	8.74	9.55
388	广西五洲交通股份有限公司	600368	18.03	103.82	3.20	19.14
389	上海环境集团股份有限公司	601200	41.19	23.74	38.97	44.95
390	云南恩捷新材料股份有限公司	002812	28.57	80.46	58.30	27.41
391	浙江闰土股份有限公司	002440	0.76	2.36	8.34	12.90
392	吉林敖东药业集团股份有限公司	000623	-7.09	49.00	4.63	6.74
393	中国巨石股份有限公司	600176	4.59	-10.97	10.65	12.94
394	湖北济川药业股份有限公司	600566	-3.72	-3.84	11.12	11.85
395	深圳市中金岭南有色金属股份有限公司	000060	14.40	-5.28	4.17	10.07
396	迪安诊断技术集团股份有限公司	300244	21.33	48.11	0.79	39.78
397	长沙银行股份有限公司	601577	22.07	17.42	14.31	34.96
398	安徽迎驾贡酒股份有限公司	603198	8.26	19.63	8.53	9.84
399	南京高科股份有限公司	600064	-13.78	95.68	11.99	35.02
400	淮河能源（集团）股份有限公司	600575	3.64	124.07	1.91	25.12
401	中国平安保险（集团）股份有限公司	601318	19.66	53.03	15.12	53.16
402	深圳市海普瑞药业集团股份有限公司	002399	-3.95	69.36	11.62	23.12
403	芒果超媒股份有限公司	300413	29.40	33.73	41.01	56.40
404	广东海大集团股份有限公司	002311	12.94	24.51	8.57	25.77
405	广东宝丽华新能源股份有限公司	000690	46.75	90.79	-12.07	7.26
406	上海家化联合股份有限公司	600315	6.43	3.09	9.72	8.13
407	天茂实业集团股份有限公司	000627	62.17	120.02	15.16	80.88
408	天津中环半导体股份有限公司	002129	22.76	99.48	15.04	54.21
409	北京光环新网科技股份有限公司	300383	17.83	19.30	7.43	11.26
410	广州视源电子科技股份有限公司	002841	0.41	60.54	42.49	47.48
411	浙江阳光照明电器集团股份有限公司	600261	-5.34	29.92	-3.99	5.69

续表

序号	企业名称	股票代码	营收增长率（%）	利润增长率（%）	资产增长率（%）	资本积累率（%）
412	上海银行股份有限公司	601229	13.47	12.75	10.32	9.89
413	深圳香江控股股份有限公司	600162	19.15	-7.80	6.68	11.61
414	九阳股份有限公司	002242	14.48	6.83	12.13	-1.56
415	大同煤业股份有限公司	601001	0.88	107.20	8.37	104.63
416	大商股份有限公司	600694	-8.29	-2.40	7.28	14.74
417	中国人寿保险股份有限公司	601628	15.87	417.89	14.51	28.57
418	浙江华峰氨纶股份有限公司	002064	-8.88	-4.92	16.36	7.94
419	重庆啤酒股份有限公司	600132	3.30	80.34	6.57	31.99
420	山东国瓷功能材料股份有限公司	300285	19.76	0.09	9.76	22.98
421	莱克电气股份有限公司	603355	-2.74	18.73	20.19	15.00
422	唐山三友化工股份有限公司	600409	1.69	-53.34	-2.10	8.98
423	科大讯飞股份有限公司	002230	27.30	73.98	31.36	47.22
424	华夏银行股份有限公司	600015	17.32	6.05	12.69	24.04
425	胜宏科技（惠州）股份有限公司	300476	17.58	21.62	29.53	11.76
426	江苏东方盛虹股份有限公司	000301	34.96	90.40	60.24	18.12
427	申万宏源集团股份有限公司	000166	60.98	39.50	11.74	22.24
428	宝山钢铁股份有限公司	600019	-4.17	-37.54	1.34	8.18
429	崇达技术股份有限公司	002815	1.95	-6.18	8.44	33.88
430	福建发展高速公路股份有限公司	600033	9.07	47.34	-0.73	29.06
431	广州越秀金融控股集团股份有限公司	000987	25.50	271.93	18.20	38.62
432	无锡药明康德新药开发股份有限公司	603259	33.89	-15.44	28.99	-1.57
433	无锡华光环保能源集团股份有限公司	600475	-6.02	19.85	16.89	39.22
434	浙江伟星新型建材股份有限公司	002372	2.07	0.66	4.56	7.18
435	广东塔牌集团股份有限公司	002233	3.93	0.65	7.39	9.10
436	北京银行股份有限公司	601169	13.77	7.94	6.38	8.58
437	新洋丰农业科技股份有限公司	000902	-7.01	-19.33	7.99	7.65
438	南京银行股份有限公司	601009	18.38	13.49	8.06	13.01
439	江河创建集团股份有限公司	601886	17.26	-11.30	4.93	19.63
440	杭州银行股份有限公司	600926	25.53	21.99	11.18	9.41
441	成都市兴蓉环境股份有限公司	000598	16.31	11.39	21.11	14.84
442	深圳市天健（集团）股份有限公司	000090	43.64	57.84	27.01	11.09
443	贵阳银行股份有限公司	601997	16.00	16.75	11.34	15.78

续表

序号	企业名称	股票代码	营收增长率（%）	利润增长率（%）	资产增长率（%）	资本积累率（%）
444	金科地产集团股份有限公司	000656	64.36	63.59	39.40	142.78
445	浙江海翔药业股份有限公司	002099	8.20	27.40	-4.10	6.19
446	平顶山天安煤业股份有限公司	601666	17.28	85.81	10.83	26.66
447	成都银行股份有限公司	601838	9.79	19.50	13.43	14.20
448	茂业商业股份有限公司	600828	-6.65	15.96	-1.58	39.46
449	美克国际家居用品股份有限公司	600337	6.21	1.44	-7.42	-3.42
450	合肥美亚光电技术股份有限公司	002690	21.06	21.59	2.11	3.22
451	葵花药业集团股份有限公司	002737	-2.24	12.75	4.94	4.79
452	浙商银行股份有限公司	601916	19.06	5.99	9.36	25.14
453	蓝帆医疗股份有限公司	002382	31.00	49.83	4.42	8.53
454	江苏苏州农村商业银行股份有限公司	603323	11.79	14.07	7.86	23.53
455	新疆天山水泥股份有限公司	000877	22.14	31.880	-10.31	14.84
456	华测检测认证集团股份有限公司	300012	18.74	79.26	9.23	18.07
457	威海光威复合材料股份有限公司	300699	25.77	38.56	13.25	13.52
458	中节能太阳能股份有限公司	000591	-0.51	5.01	9.44	5.77
459	金堆城钼业股份有限公司	601958	4.25	70.13	-1.87	3.97
460	四川路桥建设集团股份有限公司	600039	31.75	44.88	13.38	23.20
461	上海世茂股份有限公司	600823	3.75	59.80	17.77	103.60
462	厦门钨业股份有限公司	600549	-11.05	12.29	4.29	34.90
463	内蒙古蒙电华能热电股份有限公司	600863	5.34	52.54	3.83	33.54
464	新奥天然气股份有限公司	600803	-0.65	-10.40	3.56	18.56
465	山东高速路桥集团股份有限公司	000498	57.50	23.46	34.20	65.01
466	东方电气股份有限公司	600875	6.95	22.33	-1.87	11.25
467	西安银行股份有限公司	600928	14.55	13.42	14.29	18.37
468	广东明珠集团股份有限公司	600382	65.08	54.79	12.00	21.16
469	杭萧钢构股份有限公司	600477	7.26	-15.47	11.09	13.35
470	上海临港控股股份有限公司	600848	-17.70	10.12	33.44	36.95
471	浙江巨化股份有限公司	600160	-0.39	-57.35	0.78	5.02
472	明阳智慧能源集团股份公司	601615	52.03	55.25	55.36	59.30
473	湖南华菱钢铁股份有限公司	000932	17.70	-1.89	10.23	85.53
474	拉卡拉支付股份有限公司	300773	-13.73	34.72	122.04	71.08
475	华帝股份有限公司	002035	-5.69	12.35	12.88	20.31

续表

序号	企业名称	股票代码	营收增长率（%）	利润增长率（%）	资产增长率（%）	资本积累率（%）
476	上海氯碱化工股份有限公司	600618	-9.86	-23.14	13.31	18.88
477	中国人民保险集团股份有限公司	601319	10.27	66.55	9.80	61.90
478	青岛农村商业银行股份有限公司	002958	16.98	16.50	16.16	19.02
479	中粮屯河糖业股份有限公司	600737	5.20	21.30	3.66	11.83
480	宋城演艺发展股份有限公司	300144	-18.67	6.04	2.07	16.66
481	重庆农村商业银行股份有限公司	601077	1.97	8.99	8.38	24.62
482	招商局蛇口工业区控股股份有限公司	001979	10.64	23.73	45.95	199.53
483	云南驰宏锌锗股份有限公司	600497	-13.44	22.16	-1.49	23.37
484	四川双马水泥股份有限公司	000935	-6.66	4.41	16.33	20.94
485	福建星网锐捷通讯股份有限公司	002396	1.47	46.94	9.31	31.49
486	北京光线传媒股份有限公司	300251	89.70	-31.07	1.32	3.86
487	中国太平洋保险（集团）股份有限公司	601601	8.78	57.36	14.40	22.56
488	安徽金禾实业股份有限公司	002597	-3.89	-11.32	7.98	14.34
489	重庆水务集团股份有限公司	601158	9.04	17.20	8.75	7.28
490	春秋航空股份有限公司	601021	12.88	22.31	10.50	12.88
491	广东万和新电气股份有限公司	002543	-10.04	24.49	2.41	19.04
492	中国南玻集团股份有限公司	000012	-1.30	23.72	-4.78	8.38
493	鸿达兴业股份有限公司	002002	-12.33	3.14	18.85	20.27
494	国电南瑞科技股份有限公司	600406	13.61	11.97	9.72	17.52
495	江苏江阴农村商业银行股份有限公司	002807	6.86	18.01	10.00	12.89
496	浙江水晶光电科技股份有限公司	002273	28.98	6.58	12.62	24.07
497	江苏中南建设集团股份有限公司	000961	79.08	110.78	23.28	54.17
498	神州高铁技术股份有限公司	000008	25.55	40.72	15.08	3.60
499	山东黄金矿业股份有限公司	600547	14.31	-1.90	29.39	19.41
500	江苏华西村股份有限公司	000936	8.69	92.66	9.40	28.06

五、2020 中国上市公司信用 500 强地区分布

序号	企业名称	股票代码	营业收入（万元）	利润（万元）	资产（万元）	所有者权益（万元）
北京						
1	中国建筑股份有限公司	601668	141983659	6320524	203445193	50183532
2	中国石油化工股份有限公司	600028	296619300	7212200	175507100	87690500
3	航天信息股份有限公司	600271	3390408	241468	2312883	1440544
4	用友网络科技股份有限公司	600588	850966	132131	1753838	829419
5	北京千方科技股份有限公司	002373	872219	107281	1622041	931480
6	中青旅控股股份有限公司	600138	1405357	90996	1643670	894588
7	中国铝业股份有限公司	601600	19007416	148808	20307066	7072506
8	中国中铁股份有限公司	601390	85088428	2537827	105618593	24547500
9	中国中车股份有限公司	601766	22901083	1382370	38357249	15882848
10	三一重工股份有限公司	600031	7566576	1149445	9054130	4552675
11	中国铁建股份有限公司	601186	83045216	2262369	108123921	26202157
12	国电电力发展股份有限公司	600795	11659929	491913	36484785	11664854
13	北京金隅集团股份有限公司	601992	9182931	517815	28212376	8253135
14	经纬纺织机械股份有限公司	000666	933548	160741	3571857	2208138
15	北京奥赛康药业股份有限公司	002755	451863	77990	369210	251657
16	中国神华能源股份有限公司	601088	24187100	5154000	55848400	41561900
17	国药集团药业股份有限公司	600511	4464448	188048	2419365	1215876
18	中航工业机电系统股份有限公司	002013	1213138	105918	2843482	1268551
19	北京华宇软件股份有限公司	300271	351015	58195	730998	599508
20	中国旅游集团中免股份有限公司	601888	4796650	541471	3068726	2231036
21	嘉事堂药业股份有限公司	002462	2218657	37596	1303739	492286
22	中国核能电力股份有限公司	601985	4606716	840738	34763893	9028284
23	大唐国际发电股份有限公司	601991	9545306	106581	28212033	6481513
24	中国中煤能源股份有限公司	601898	12929373	859274	27248317	11736908
25	天地科技股份有限公司	600582	1938357	129115	3672526	2160100
26	中国出版传媒股份有限公司	601949	631465	74193	1321332	771592

续表

序号	企业名称	股票代码	营业收入（万元）	利润（万元）	资产（万元）	所有者权益（万元）
27	北京东方雨虹防水技术股份有限公司	002271	1815434	207526	2241566	995987
28	中国化学工程股份有限公司	601117	10412860	328726	11586539	3759182
29	中国交通建设股份有限公司	601800	55479237	2161983	112039949	29637931
30	国投电力控股股份有限公司	600886	4243346	873106	22472151	7439418
31	北京首旅酒店（集团）股份有限公司	600258	831110	91933	1711000	929683
32	华润双鹤药业股份有限公司	600062	938099	106646	1127686	867656
33	北京中长石基信息技术股份有限公司	002153	366254	46518	1090682	932135
34	启明星辰信息技术集团股份有限公司	002439	308950	68187	689616	436777
35	北京京能电力股份有限公司	600578	1843836	166335	7655708	2904415
36	中国中材国际工程股份有限公司	600970	2437439	159305	3290698	1064396
37	奥瑞金科技股份有限公司	002701	936916	68324	1473305	572947
38	东华软件股份公司	002065	884901	57774	1683500	959897
39	华能国际电力股份有限公司	600011	17348480	237791	41359654	11728884
40	中国电影股份有限公司	600977	906841	124057	1725851	1293833
41	中国工商银行股份有限公司	601398	85516400	31336100	3010943600	269200300
42	中国外运股份有限公司	601598	7765009	292701	6188641	3025148
43	中国民生银行股份有限公司	600016	18044100	5492400	668184100	53082900
44	中国电力建设股份有限公司	601669	34847774	1060143	81322762	19347106
45	中国冶金科工股份有限公司	601618	33863761	757682	45850621	11690551
46	中国光大银行股份有限公司	601818	13281200	3744100	473343100	38605400
47	北京天坛生物制品股份有限公司	600161	328186	89425	631441	517736
48	中信银行股份有限公司	601998	18758400	4899400	675043300	53252400
49	中国科技出版传媒股份有限公司	601858	250810	46187	561494	398172
50	中国银行股份有限公司	601988	54918200	20189100	2276974400	197669600
51	北京首创股份有限公司	600008	1490727	109151	7987236	2821446
52	中国建设银行股份有限公司	601939	70562900	26922200	2543626100	223512700
53	康龙化成（北京）新药技术股份有限公司	300759	375716	53067	993504	783802
54	紫光股份有限公司	000938	5409906	307463	5473926	3235885
55	北京同仁堂股份有限公司	600085	1327712	156160	2092182	1466022
56	中国邮政储蓄银行股份有限公司	601658	27680900	6103600	1021670600	54386700
57	中国农业银行股份有限公司	601288	62726800	21292400	2487828800	195976200
58	三六零安全科技股份有限公司	601360	1284110	594951	3375157	2868170

续表

序号	企业名称	股票代码	营业收入（万元）	利润（万元）	资产（万元）	所有者权益（万元）
59	京沪高速铁路股份有限公司	601816	3294217	1193725	18515136	15877419
60	北京首商集团股份有限公司	600723	994402	49473	697574	459004
61	中国国际航空股份有限公司	601111	13618069	725205	29425355	10137664
62	北京东方国信科技股份有限公司	300166	215047	50361	670251	567840
63	招商局公路网络科技控股股份有限公司	001965	818507	486520	9091321	5393808
64	中国长江电力股份有限公司	600900	4987409	2156745	29648288	15001597
65	中国核工业建设股份有限公司	601611	6374077	142182	12445990	1984600
66	蓝星安迪苏股份有限公司	600299	1113549	125740	2112726	1721453
67	王府井集团股份有限公司	600859	2678884	94512	2410630	1206607
68	北京蓝色光标数据科技股份有限公司	300058	2810572	72331	1905134	882697
69	北京光环新网科技股份有限公司	300383	709717	79625	1223321	834550
70	中国人寿保险股份有限公司	601628	74516500	5901400	372673400	40934200
71	华夏银行股份有限公司	600015	8473400	2211500	302078900	26933700
72	北京银行股份有限公司	601169	6312900	2159100	273704000	20896300
73	江河创建集团股份有限公司	601886	1880518	53982	2863421	911344
74	拉卡拉支付股份有限公司	300773	489942	81693	1118687	501754
75	中国人民保险集团股份有限公司	601319	55551500	2240100	113277100	24683900
76	北京光线传媒股份有限公司	300251	282945	94661	1098911	897835
77	神州高铁技术股份有限公司	000008	322014	45742	1204454	757648
安徽						
1	安徽海螺水泥股份有限公司	600585	15703033	3435201	17877718	14232045
2	芜湖三七互娱网络科技集团股份有限公司	002555	1322714	241684	1014526	729371
3	安徽楚江科技新材料股份有限公司	002171	1704797	47923	846146	559765
4	安徽古井贡酒股份有限公司	000596	1041696	215780	1387130	943215
5	铜陵有色金属集团股份有限公司	000630	9295107	104178	4797007	2006616
6	安徽省皖能股份有限公司	000543	1609224	105895	3289929	1823937
7	安徽合力股份有限公司	600761	1013023	77700	793568	537969
8	铜陵精达特种电磁线股份有限公司	600577	1199743	53405	624677	411802
9	安徽鸿路钢结构（集团）股份有限公司	002541	1075492	55912	1275250	493802
10	阳光电源股份有限公司	300274	1300333	91153	2281913	875481
11	安徽江南化工股份有限公司	002226	363319	52043	1220561	669240
12	安徽迎驾贡酒股份有限公司	603198	377698	93154	696884	476440

续表

序号	企业名称	股票代码	营业收入（万元）	利润（万元）	资产（万元）	所有者权益（万元）
13	淮河能源（集团）股份有限公司	600575	1149152	93232	1709777	1083762
14	科大讯飞股份有限公司	002230	1007869	94307	2010084	1173484
15	合肥美亚光电技术股份有限公司	002690	150078	54456	276897	238352
16	安徽金禾实业股份有限公司	002597	397186	80836	614933	448216
重庆						
1	重庆宗申动力机械股份有限公司	001696	580679	46384	840935	472566
2	重庆百货大楼股份有限公司	600729	3453561	102416	1514777	645810
3	重庆智飞生物制品股份有限公司	300122	1058732	236644	1094242	574734
4	重药控股股份有限公司	000950	3384382	94435	2547995	886167
5	重庆市迪马实业股份有限公司	600565	1969731	218487	7251175	1504985
6	华邦生命健康股份有限公司	002004	1009137	93190	2663640	1324373
7	重庆啤酒股份有限公司	600132	358192	72854	351435	151135
8	金科地产集团股份有限公司	000656	6777337	635700	32160502	5215116
9	中节能太阳能股份有限公司	000591	501109	90531	3744986	1346668
10	重庆农村商业银行股份有限公司	601077	2662981	998811	102979011	8936220
11	重庆水务集团股份有限公司	601158	563855	166597	2171285	1517115
福建						
1	永辉超市股份有限公司	601933	8487696	145284	5235302	2045442
2	厦门亿联网络技术股份有限公司	300628	248935	123529	482727	439587
3	厦门象屿股份有限公司	600057	27241168	145772	6573246	2179602
4	宁德时代新能源科技股份有限公司	300750	4578802	501267	10135198	4218788
5	紫金矿业集团股份有限公司	601899	13609798	506090	12383095	5707960
6	厦门建发股份有限公司	600153	33723867	796312	29539866	6610444
7	福建圣农发展股份有限公司	002299	1455844	411912	1527880	1055751
8	漳州片仔癀药业股份有限公司	600436	572227	138694	881080	696976
9	兴业银行股份有限公司	601166	18130800	6670200	714568100	54965200
10	大博医疗科技股份有限公司	002901	125732	47871	223877	175346
11	厦门盈趣科技股份有限公司	002925	385444	98042	543694	419279
12	厦门国贸集团股份有限公司	600755	21804694	245707	8947280	2749187
13	福耀玻璃工业集团股份有限公司	600660	2110388	289818	3882628	2136908
14	航天工业发展股份有限公司	000547	403926	72255	1086099	818929
15	福建发展高速公路股份有限公司	600033	290414	108072	1717245	1173470

续表

序号	企业名称	股票代码	营业收入（万元）	利润（万元）	资产（万元）	所有者权益（万元）
16	厦门钨业股份有限公司	600549	1739552	56036	2347118	977559
17	福建星网锐捷通讯股份有限公司	002396	926577	85416	765063	483652
18	新大陆数字技术股份有限公司	000997	618153	72283	1224977	631464
甘肃						
1	甘肃上峰水泥股份有限公司	000672	741206	237812	989946	577970
2	甘肃祁连山水泥集团股份有限公司	600720	693133	130695	1070268	748357
广东						
1	美的集团股份有限公司	000333	27938051	2527714	30195542	10749610
2	万科企业股份有限公司	000002	36789388	5513161	172992945	27057912
3	珠海格力电器股份有限公司	000651	20050833	2482724	28297216	11204766
4	中顺洁柔纸业股份有限公司	002511	663491	60383	602627	407700
5	温氏食品集团股份有限公司	300498	7314450	1444450	6557892	4662811
6	深信服科技股份有限公司	300454	458990	75890	677244	432097
7	广东生益科技股份有限公司	600183	1324109	156339	1553491	935362
8	国药集团一致药业股份有限公司	000028	5204576	148422	3352061	1535984
9	索菲亚家居股份有限公司	002572	768608	109482	848401	590928
10	深圳市裕同包装科技股份有限公司	002831	984487	106754	1257455	665424
11	佛山市海天调味食品股份有限公司	603288	1979689	535624	2475389	1659771
12	广东东阳光科技控股股份有限公司	600673	1476721	199947	2640707	977820
13	广州海格通信集团股份有限公司	002465	460711	55889	1307670	1004240
14	广州白云山医药集团股份有限公司	600332	6495178	344129	5689366	2598949
15	南方出版传媒股份有限公司	601900	652532	74182	1074518	623747
16	华润三九医药股份有限公司	000999	1470192	213908	2010353	1288188
17	金发科技股份有限公司	600143	2928592	126424	2916965	1070623
18	鹏鼎控股（深圳）股份有限公司	002938	2661463	292461	2885619	1982925
19	广州尚品宅配家居股份有限公司	300616	726079	52862	611766	351776
20	大参林医药集团股份有限公司	603233	1114117	69654	867193	433170
21	佳都新太科技股份有限公司	600728	501185	68095	980889	491840
22	深圳市景旺电子股份有限公司	603228	633212	77707	882003	562864
23	广东电力发展股份有限公司	000539	2936016	180717	7547203	3418969
24	大悦城控股集团股份有限公司	000031	3378662	370536	18318257	4254104
25	深圳迈瑞生物医疗电子股份有限公司	300760	1655599	468482	2563415	1861705

续表

序号	企业名称	股票代码	营业收入（万元）	利润（万元）	资产（万元）	所有者权益（万元）
26	深南电路股份有限公司	002916	1052420	123354	1221937	500292
27	招商银行股份有限公司	600036	26970300	9342300	741724000	61770700
28	天马微电子股份有限公司	000050	3028197	82936	6545101	2670722
29	健康元药业集团股份有限公司	600380	1198015	185002	2543761	1738403
30	健帆生物科技集团股份有限公司	300529	143182	56869	249466	217053
31	立讯精密工业股份有限公司	002475	6251631	492742	4937791	2174970
32	富士康工业互联网股份有限公司	601138	40869758	1860605	20561295	8934869
33	深圳能源集团股份有限公司	000027	2081700	182914	9611205	3358485
34	深圳市海王生物工程股份有限公司	000078	4149270	55284	4116828	784891
35	深圳市洲明科技股份有限公司	300232	560426	53793	751661	309382
36	神州数码集团股份有限公司	000034	8680338	70166	2942090	437487
37	平安银行股份有限公司	000001	13795800	2819500	393907000	31298300
38	深圳劲嘉集团股份有限公司	002191	398870	96642	867268	723171
39	丽珠医药集团股份有限公司	000513	938470	146158	1797646	1227524
40	深圳华强实业股份有限公司	000062	1435528	71725	1135047	571128
41	中国国际海运集装箱（集团）股份有限公司	000039	8581534	251011	17210752	5503798
42	广州汽车集团股份有限公司	601238	5970432	671115	13740953	8245422
43	欣旺达电子股份有限公司	300207	2524066	75012	2358911	599368
44	顺丰控股股份有限公司	002352	11219340	562479	9253539	4249361
45	惠州亿纬锂能股份有限公司	300014	641164	154882	1629455	771176
46	深圳市汇顶科技股份有限公司	603160	647325	231736	784878	643942
47	深圳市德赛电池科技股份有限公司	000049	1844269	66984	877016	286125
48	天虹数科商业股份有限公司	002419	1939253	86081	1663343	695524
49	深圳市信维通信股份有限公司	300136	513404	102707	836932	476160
50	美盈森集团股份有限公司	002303	339213	53060	726943	525370
51	深圳市汇川技术股份有限公司	300124	739037	101014	1488601	893638
52	佛燃能源集团股份有限公司	002911	642688	50981	704332	373143
53	招商局港口集团股份有限公司	001872	1212383	289819	15669692	3597280
54	中国南方航空股份有限公司	600029	15432200	309500	30664600	7705400
55	深圳康泰生物制品股份有限公司	300601	194333	57451	395241	275423
56	海信家电集团股份有限公司	000921	3745304	195045	3399066	1248086
57	深圳市中金岭南有色金属股份有限公司	000060	2283757	87139	2032060	1136383

续表

序号	企业名称	股票代码	营业收入（万元）	利润（万元）	资产（万元）	所有者权益（万元）
58	中国平安保险（集团）股份有限公司	601318	116886700	16436500	822292900	85237000
59	深圳市海普瑞药业集团股份有限公司	002399	462465	104355	1524221	747111
60	广东海大集团股份有限公司	002311	4761259	178951	1885432	974199
61	广东宝丽华新能源股份有限公司	000690	562682	88315	1898619	950151
62	广州视源电子科技股份有限公司	002841	1705270	161229	997338	501913
63	深圳香江控股股份有限公司	600162	492746	46915	2324307	567419
64	胜宏科技（惠州）股份有限公司	300476	388462	46275	699232	332576
65	崇达技术股份有限公司	002815	372745	52590	537796	389105
66	广州越秀金融控股集团股份有限公司	000987	837198	167363	11453379	2332554
67	广东塔牌集团股份有限公司	002233	689070	173439	1175202	979209
68	深圳市天健（集团）股份有限公司	000090	1466529	123364	4031337	966053
69	华测检测认证集团股份有限公司	300012	318326	48397	443427	320842
70	广东明珠集团股份有限公司	600382	118611	60081	778855	662833
71	明阳智慧能源集团股份公司	601615	1049316	66133	3469561	709197
72	华帝股份有限公司	002035	574806	76056	597603	311662
73	招商局蛇口工业区控股股份有限公司	001979	9767218	1885688	61768809	22737047
74	广东万和新电气股份有限公司	002543	621971	60868	696324	391013
75	中国南玻集团股份有限公司	000012	1047203	56042	1820124	986586
广西						
1	广西柳工机械股份有限公司	000528	1917730	107381	2986137	1083052
2	广西柳州医药股份有限公司	603368	1485683	76485	1195821	465752
3	广西五洲交通股份有限公司	600368	214744	86446	1094212	425556
贵州						
1	贵州茅台酒股份有限公司	600519	8885434	4397000	18304237	14187638
2	贵州航天电器股份有限公司	002025	353371	45863	559399	367736
3	华夏航空股份有限公司	002928	540711	50224	979482	278193
4	贵阳银行股份有限公司	601997	1466804	599789	56039929	4032718
河北						
1	长城汽车股份有限公司	601633	9621069	453073	11309641	5439923
2	晶澳太阳能科技股份有限公司	002459	2115548	125196	2852761	798939
3	河钢资源股份有限公司	000923	579994	52861	1284326	718941
4	中国船舶重工集团动力股份有限公司	600482	2969124	104067	5601570	3657067

续表

序号	企业名称	股票代码	营业收入（万元）	利润（万元）	资产（万元）	所有者权益（万元）
5	河北建投能源投资股份有限公司	000600	1396372	89504	3235823	1388375
6	石家庄以岭药业股份有限公司	002603	582529	60304	906940	795254
7	唐山三友化工股份有限公司	600409	2051513	74000	2480415	1204157
8	新奥天然气股份有限公司	600803	1354405	118384	2435263	1012752
9	华夏幸福基业股份有限公司	600340	10520954	1468495	45781195	7368621
河南						
1	中原大地传媒股份有限公司	000719	949839	83736	1232202	833309
2	郑州煤矿机械集团股份有限公司	601717	2572142	113991	2971260	1314225
3	河南双汇投资发展股份有限公司	000895	6034831	566599	2863334	1711539
4	许继电气股份有限公司	000400	1015608	49446	1508963	867683
5	牧原食品股份有限公司	002714	2022133	633646	5288659	3171157
6	龙蟒佰利联集团股份有限公司	002601	1141989	260455	2594278	1407194
7	华兰生物工程股份有限公司	002007	369994	137888	758320	688394
8	智度科技股份有限公司	000676	1087375	60711	925877	665539
9	河南明泰铝业股份有限公司	601677	1414762	98370	1176801	726608
10	郑州宇通客车股份有限公司	600066	3047944	196072	3661949	1766581
11	平顶山天安煤业股份有限公司	601666	2363539	132883	5426080	1629955
黑龙江						
1	葵花药业集团股份有限公司	002737	437141	63511	530929	342965
湖北						
1	烽火通信科技股份有限公司	600498	2466198	105385	3149106	1205574
2	华新水泥股份有限公司	600801	3143921	702079	3664539	2336768
3	九州通医药集团股份有限公司	600998	9949708	178148	7114777	2196771
4	中国葛洲坝集团股份有限公司	600068	10994570	656361	23446337	6623150
5	航天时代电子技术股份有限公司	600879	1371221	50129	2922827	1298954
6	安琪酵母股份有限公司	600298	765275	93988	990664	529738
7	骆驼集团股份有限公司	601311	902339	60425	1143725	692418
8	武汉武商集团股份有限公司	000501	1775609	122500	2359514	950988
9	长江出版传媒股份有限公司	600757	767126	80345	1081852	745411
10	中信泰富特钢集团股份有限公司	000708	7261987	538900	7258501	2527658
11	华工科技产业股份有限公司	000988	546025	49548	961154	625010
12	湖北济川药业股份有限公司	600566	693999	162297	866464	610443

续表

序号	企业名称	股票代码	营业收入（万元）	利润（万元）	资产（万元）	所有者权益（万元）
13	天茂实业集团股份有限公司	000627	5019208	291855	20527395	3435347
14	新洋丰农业科技股份有限公司	000902	932750	66056	971808	669513
15	宏发科技股份有限公司	600885	708149	96424	1019734	659080
湖南						
1	蓝思科技股份有限公司	300433	3025776	242931	4702855	2243751
2	中南出版传媒集团股份有限公司	601098	1026086	140733	2180586	1445186
3	爱尔眼科医院集团股份有限公司	300015	999010	143116	1189475	702273
4	山河智能装备股份有限公司	002097	742736	51733	1570295	504802
5	长沙银行股份有限公司	601577	1701694	525856	60199774	4183323
6	芒果超媒股份有限公司	300413	1250066	115750	1707821	881996
7	湖南华菱钢铁股份有限公司	000932	10732181	665168	8292832	3252787
8	株洲旗滨集团股份有限公司	601636	930576	134589	1306534	824478
吉林						
1	富奥汽车零部件股份有限公司	000030	1006381	88324	1292060	745368
2	中钢国际工程技术股份有限公司	000928	1341408	53778	1832644	521734
3	长春一汽富维汽车零部件股份有限公司	600742	1777058	70990	1612510	683133
4	金圆环保股份有限公司	000546	817120	57893	915086	490083
5	长春欧亚集团股份有限公司	600697	1672731	59959	2275961	585172
6	吉林敖东药业集团股份有限公司	000623	308838	139340	2580090	2244470
江苏						
1	江苏恒瑞医药股份有限公司	600276	2328858	532645	2755648	2493753
2	江苏恒立液压股份有限公司	601100	541402	129815	842688	561416
3	沪士电子股份有限公司	002463	712854	120598	823622	513406
4	江苏凤凰出版传媒股份有限公司	601928	1258544	141381	2382202	1455511
5	江苏中天科技股份有限公司	600522	3877100	196826	4019390	2148964
6	苏美达股份有限公司	600710	8436525	145237	4058062	969630
7	天顺风能（苏州）股份有限公司	002531	605845	76440	1306619	594793
8	无锡市太极实业股份有限公司	600667	1691743	72143	2004879	756925
9	海澜之家股份有限公司	600398	2196969	316757	2891572	1386132
10	常州星宇车灯股份有限公司	601799	609180	78953	855424	488526
11	江苏今世缘酒业股份有限公司	603369	487360	145812	1006229	720627
12	大亚圣象家居股份有限公司	000910	729801	73703	800383	526172

续表

序号	企业名称	股票代码	营业收入（万元）	利润（万元）	资产（万元）	所有者权益（万元）
13	江苏卓胜微电子股份有限公司	300782	151239	49717	192313	170311
14	朗新科技集团股份有限公司	300682	296833	102017	592567	463902
15	江苏恩华药业股份有限公司	002262	414931	65707	420150	360482
16	江苏扬农化工股份有限公司	600486	870147	117284	963748	505734
17	江苏立华牧业股份有限公司	300761	887047	196425	856570	682447
18	黑牡丹（集团）股份有限公司	600510	777696	128213	3075132	950901
19	南极电商股份有限公司	002127	390685	120616	548482	485873
20	江苏省农垦农业发展股份有限公司	601952	802782	61202	805685	625693
21	江苏洋河酒厂股份有限公司	002304	2312648	738609	5345504	3649155
22	南京云海特种金属股份有限公司	002182	557206	91102	512111	267537
23	江苏康缘药业股份有限公司	600557	456580	51651	611082	408743
24	中材科技股份有限公司	002080	1359047	142848	2928511	1278141
25	江苏国泰国际集团股份有限公司	002091	3932613	144609	2352262	1119745
26	江苏鱼跃医疗设备股份有限公司	002223	463593	76157	796573	615657
27	苏州东山精密制造股份有限公司	002384	2355283	70565	3167027	869740
28	无锡先导智能装备股份有限公司	300450	468398	76557	951670	428416
29	无锡威孚高科技集团股份有限公司	000581	878436	230274	2395835	1748465
30	江苏常熟农村商业银行股份有限公司	601128	644505	189964	18483947	1789925
31	南京高科股份有限公司	600064	293021	187536	2908116	1259787
32	莱克电气股份有限公司	603355	570322	50227	537683	319898
33	江苏东方盛虹股份有限公司	000301	2488777	161216	3504225	1530001
34	无锡药明康德新药开发股份有限公司	603259	1287221	191141	2923913	1740971
35	无锡华光环保能源集团股份有限公司	600475	700516	50258	1350565	664685
36	南京银行股份有限公司	601009	3244226	1256650	134343537	8792820
37	江苏苏州农村商业银行股份有限公司	603323	352084	91503	12595532	1162484
38	鸿达兴业股份有限公司	002002	529965	63011	1680764	732463
39	国电南瑞科技股份有限公司	600406	3242359	466029	5742488	3265254
40	江苏江阴农村商业银行股份有限公司	002807	340435	101178	12634309	1187305
41	江苏中南建设集团股份有限公司	000961	7183079	462257	29057059	2682261
42	江苏华西村股份有限公司	000936	318687	61840	1317078	588328
江西						
1	江西铜业股份有限公司	600362	24036034	217839	13491392	5903260

续表

序号	企业名称	股票代码	营业收入（万元）	利润（万元）	资产（万元）	所有者权益（万元）
2	中文天地出版传媒集团股份有限公司	600373	1125818	173136	2281434	1423823
3	江西正邦科技股份有限公司	002157	2451777	164705	3083245	939327
4	江西万年青水泥股份有限公司	000789	1139043	205457	1180614	752297
5	江西洪城水业股份有限公司	600461	538099	58084	1182941	517143
6	仁和药业股份有限公司	000650	458117	61930	498443	435196
7	江中药业股份有限公司	600750	244940	47944	475919	392436
辽宁						
1	恒力石化股份有限公司	600346	10078237	1011237	17437754	3673879
2	中航沈飞股份有限公司	600760	2376086	88055	2922386	932257
3	大商股份有限公司	600694	2188787	96404	1895478	926987
内蒙古						
1	中盐内蒙古化工股份有限公司	600328	1004588	108262	1413728	596562
2	内蒙古鄂尔多斯资源股份有限公司	600295	2278992	151179	4835072	1696482
3	中航光电科技股份有限公司	002179	915883	116257	1513187	873348
4	内蒙古君正能源化工集团股份有限公司	601216	980474	246632	3154794	1957340
5	内蒙古第一机械集团股份有限公司	600967	1268111	57633	2534378	924604
6	内蒙古蒙电华能热电股份有限公司	600863	1447716	119384	4460932	1750584
山东						
1	山东玲珑轮胎股份有限公司	601966	1716416	166746	2658064	1103156
2	浪潮电子信息产业股份有限公司	000977	5165328	95539	2940909	1030822
3	山东太阳纸业股份有限公司	002078	2276270	219756	3229517	1469988
4	潍柴动力股份有限公司	000338	17436089	1190701	23683167	6977473
5	海尔智家股份有限公司	600690	20076198	1233439	18745424	6498986
6	山东豪迈机械科技股份有限公司	002595	438706	86278	679177	495713
7	山东出版传媒股份有限公司	601019	976696	154144	1614693	1075828
8	赛轮集团股份有限公司	601058	1512784	119119	1787733	740936
9	冰轮环境技术股份有限公司	000811	382083	46869	743218	397134
10	山东南山铝业股份有限公司	600219	2150901	173628	5475935	4154867
11	山东晨鸣纸业集团股份有限公司	000488	3039543	175330	9795891	2633977
12	三角轮胎股份有限公司	601163	794078	84739	1507506	1007149
13	山东仙坛股份有限公司	002746	353339	106276	431766	344762
14	青岛啤酒股份有限公司	600600	2798376	192912	3731238	1991337

续表

序号	企业名称	股票代码	营业收入（万元）	利润（万元）	资产（万元）	所有者权益（万元）
15	合力泰科技股份有限公司	002217	1849984	105941	3364396	1362943
16	淄博齐翔腾达化工股份有限公司	002408	3005769	63154	1413082	819613
17	海信视像科技股份有限公司	600060	3410474	80689	2927492	1626675
18	歌尔股份有限公司	002241	3514781	127914	3466030	1612920
19	山东新潮能源股份有限公司	600777	607002	107757	2844589	1611943
20	山东华泰纸业股份有限公司	600308	1353882	65381	1370197	839430
21	中节能万润股份有限公司	002643	287013	53383	590768	501373
22	鲁泰纺织股份有限公司	000726	680138	98933	1188543	829930
23	山东华鲁恒升化工股份有限公司	600426	1419048	245303	1818725	1423119
24	山东省药用玻璃股份有限公司	600529	299235	45869	517028	386778
25	九阳股份有限公司	002242	935144	80576	746780	375099
26	山东国瓷功能材料股份有限公司	300285	215308	54352	480566	395494
27	蓝帆医疗股份有限公司	002382	347561	51946	1325918	846349
28	威海光威复合材料股份有限公司	300699	171495	52179	406254	324949
29	山东高速路桥集团股份有限公司	000498	2326048	81931	3206123	825171
30	青岛农村商业银行股份有限公司	002958	872919	284725	34166738	2441527
31	山东黄金矿业股份有限公司	600547	6263070	142139	5815557	2581774
山西						
1	山西杏花村汾酒厂股份有限公司	600809	1188007	205357	1606777	762459
2	大秦铁路股份有限公司	601006	7991695	1517059	14804379	12222310
3	山煤国际能源集团股份有限公司	600546	3765716	157986	4324120	1040101
4	大同煤业股份有限公司	601001	1135805	136695	2748918	1127679
陕西						
1	隆基绿能科技股份有限公司	601012	3289746	555716	5930397	2829482
2	陕西煤业股份有限公司	601225	7340344	1663243	12668352	7616987
3	金堆城钼业股份有限公司	601958	915148	64882	1529203	1354340
4	西安银行股份有限公司	600928	684530	267854	27828272	2366758
上海						
1	上海汽车集团股份有限公司	600104	84332437	3528891	84933328	30083962
2	上海宝信软件股份有限公司	600845	684904	92487	1026768	726909
3	上海电气集团股份有限公司	601727	12750896	581261	28052359	9158917
4	上海锦江国际酒店股份有限公司	600754	1509902	127912	3887427	1435605

续表

序号	企业名称	股票代码	营业收入（万元）	利润（万元）	资产（万元）	所有者权益（万元）
5	老凤祥股份有限公司	600612	4962866	183028	1718100	834099
6	中化国际（控股）股份有限公司	600500	5284646	159760	5266805	2527484
7	华域汽车系统股份有限公司	600741	14402363	851629	13912743	5870153
8	绿地控股集团股份有限公司	600606	42808263	2095011	114570653	13139230
9	上海医药集团股份有限公司	601607	18656580	483074	13702640	4938593
10	上海国际机场股份有限公司	600009	1094467	526086	3717123	3244972
11	上海复星医药（集团）股份有限公司	600196	2858515	374352	7611965	3920421
12	上海机电股份有限公司	600835	2211625	172804	3418757	1367025
13	东方明珠新媒体股份有限公司	600637	1234460	222927	4469223	3451287
14	上海豫园旅游商城（集团）股份有限公司	600655	4291223	390615	9945317	3647354
15	思源电气股份有限公司	002028	638010	57581	884515	519823
16	上海百联集团股份有限公司	600827	5045877	90803	5569277	2192762
17	上海现代制药股份有限公司	600420	1219911	92847	1763846	920319
18	申能股份有限公司	600642	3884130	282598	6794407	3786455
19	上海振华重工（集团）股份有限公司	600320	2459559	49712	7441078	1857104
20	红星美凯龙家居集团股份有限公司	601828	1646924	468624	12229442	4898485
21	交通银行股份有限公司	601328	23247200	7806200	990560000	80091200
22	上海浦东发展银行股份有限公司	600000	19068800	5950600	700592900	56105100
23	上海紫江企业集团股份有限公司	600210	921096	51987	1078115	516703
24	上海梅林正广和股份有限公司	600073	2340354	56079	1372924	652443
25	中国东方航空股份有限公司	600115	12086000	348300	28293600	7039700
26	上海润达医疗科技股份有限公司	603108	705195	51110	903285	351639
27	上海同济科技实业股份有限公司	600846	635104	95865	1215212	357265
28	光明乳业股份有限公司	600597	2256324	68245	1763711	741694
29	环旭电子股份有限公司	601231	3720419	126011	2191185	1030686
30	上海环境集团股份有限公司	601200	364675	71505	2088520	858195
31	上海家化联合股份有限公司	600315	759695	55709	1114749	628575
32	上海银行股份有限公司	601229	4980029	2033286	223708194	17722663
33	宝山钢铁股份有限公司	600019	29205746	1346901	33963300	19121592
34	上海世茂股份有限公司	600823	2144913	384141	12756391	4820407
35	上海临港控股股份有限公司	600848	394977	148125	3778045	1628590
36	上海氯碱化工股份有限公司	600618	646377	80933	573404	465458

续表

序号	企业名称	股票代码	营业收入（万元）	利润（万元）	资产（万元）	所有者权益（万元）
37	中国太平洋保险（集团）股份有限公司	601601	38548900	2835400	152833300	18332000
38	春秋航空股份有限公司	601021	1480352	183819	2936674	1504134
四川						
1	宜宾五粮液股份有限公司	000858	5011811	1822826	10639697	7609605
2	新希望六和股份有限公司	000876	8205054	618056	6421767	3264987
3	广汇物流股份有限公司	600603	286950	81443	1607686	676118
4	新华文轩出版传媒股份有限公司	601811	884246	112467	1532450	911997
5	泸州老窖股份有限公司	000568	1581693	464224	2891997	1955473
6	四川蓝光发展股份有限公司	600466	3919368	415884	20189032	3912067
7	通威股份有限公司	600438	3755512	268234	4682095	1808819
8	四川水井坊股份有限公司	600779	353869	82628	394598	211199
9	四川科伦药业股份有限公司	002422	1763627	102154	3148537	1390604
10	易见供应链管理股份有限公司	600093	1534663	89245	1555523	860856
11	迈克生物股份有限公司	300463	322296	56568	549684	332763
12	昊华化工科技集团股份有限公司	600378	470069	53684	874426	607985
13	舍得酒业股份有限公司	600702	265012	53837	577651	324044
14	四川和邦生物科技股份有限公司	603077	596910	50661	1448406	1145300
15	成都市兴蓉环境股份有限公司	000598	483802	110053	2533750	1199489
16	成都银行股份有限公司	601838	1272506	555575	55838573	3563009
17	茂业商业股份有限公司	600828	1223377	139684	1915560	781611
18	四川路桥建设集团股份有限公司	600039	5272548	169758	9761548	1724508
19	东方电气股份有限公司	600875	3284032	138087	8961897	3179843
20	四川双马水泥股份有限公司	000935	181046	72637	485314	421194
天津						
1	中远海运控股股份有限公司	601919	15105668	1034975	26222403	6912524
2	天津中新药业集团股份有限公司	600329	699388	63536	784318	552321
3	凯莱英医药集团（天津）股份有限公司	002821	245999	55386	375874	304550
4	天士力医药集团股份有限公司	600535	1899831	100317	2401238	1186237
5	天津中环半导体股份有限公司	002129	1688697	126124	4911852	2054852
西藏						
1	西藏天路股份有限公司	600326	562130	83261	1146274	554585
2	海思科医药集团股份有限公司	002653	393734	47485	503526	237665

续表

序号	企业名称	股票代码	营业收入（万元）	利润（万元）	资产（万元）	所有者权益（万元）
新疆						
1	特变电工股份有限公司	600089	3702965	239035	10222470	4302772
2	中建西部建设股份有限公司	002302	2289639	73357	2243464	922300
3	新疆金风科技股份有限公司	002202	3824455	222975	10305708	3222425
4	天康生物股份有限公司	002100	747632	59239	1115446	516482
5	中国石油集团工程股份有限公司	600339	6505390	80914	9311358	2380588
6	申万宏源集团股份有限公司	000166	2459341	580334	38853726	8483141
7	美克国际家居用品股份有限公司	600337	558798	45770	811194	463726
8	新疆天山水泥股份有限公司	000877	968822	182898	1527824	1013816
9	中粮屯河糖业股份有限公司	600737	1842483	61111	1612460	819532
云南						
1	云南铜业股份有限公司	000878	6329000	97476	4236392	1212659
2	云南锡业股份有限公司	000960	4288723	110909	3513731	1403344
3	云南白药集团股份有限公司	000538	2966467	417305	4965805	3809991
4	昆药集团股份有限公司	600422	811996	46776	743493	433414
5	一心堂药业集团股份有限公司	002727	1047909	60332	796281	459617
6	云南恩捷新材料股份有限公司	002812	315956	93557	1219319	488113
7	云南驰宏锌锗股份有限公司	600497	1640334	76082	3137278	1771741
浙江						
1	华东医药股份有限公司	000963	3544570	292540	2146397	1286662
2	物产中大集团股份有限公司	600704	35892249	391276	9333204	3065456
3	桐昆集团股份有限公司	601233	5058243	289630	4000094	1907697
4	恒生电子股份有限公司	600570	387184	141541	835950	489338
5	浙江三花智能控制股份有限公司	002050	1128749	143382	1479019	936542
6	浙江正泰电器股份有限公司	601877	3022591	397070	5527745	2495161
7	杭叉集团股份有限公司	603298	885411	71438	627938	468420
8	公牛集团股份有限公司	603195	1004044	230372	741656	555130
9	浙江龙盛集团股份有限公司	600352	2136499	530626	5158392	2681967
10	罗欣药业集团股份有限公司	002793	758879	63395	746056	367908
11	宁波华翔电子股份有限公司	002048	1709344	127262	1713061	1050146
12	杭州海康威视数字技术股份有限公司	002415	5765811	1246518	7535800	4547286
13	浙江苏泊尔股份有限公司	002032	1985348	191565	1184795	684461

续表

序号	企业名称	股票代码	营业收入（万元）	利润（万元）	资产（万元）	所有者权益（万元）
14	浙江鼎力机械股份有限公司	603338	238936	69408	485945	320749
15	永高股份有限公司	002641	629061	51372	572368	338247
16	浙江天宇药业股份有限公司	300702	211060	58573	284023	203714
17	宁波均胜电子股份有限公司	600699	6169890	145223	5692483	1710714
18	浙江海亮股份有限公司	002203	4125882	108306	2452226	976335
19	卧龙电气驱动集团股份有限公司	600580	1241611	100814	1970355	741947
20	完美世界股份有限公司	002624	803902	144716	1662939	1012875
21	普洛药业股份有限公司	000739	721071	55340	652259	376799
22	东方日升新能源股份有限公司	300118	1440425	97803	2560949	936807
23	浙江世纪华通集团股份有限公司	002602	1468972	228537	3235912	2454572
24	雅戈尔集团股份有限公司	600177	1242117	395162	8066132	2800689
25	杭州泰格医药科技股份有限公司	300347	280331	97532	753265	552165
26	通策医疗股份有限公司	600763	189422	50777	265980	196965
27	日月重工股份有限公司	603218	348583	50454	658764	354296
28	宁波三星医疗电气股份有限公司	601567	673913	104682	1361113	808379
29	浙江富润数字科技股份有限公司	600070	312914	54861	476225	318005
30	浙江中国小商品城集团股份有限公司	600415	404277	124883	3132323	1308430
31	亿帆医药股份有限公司	002019	518684	87312	1106580	782171
32	浙江卫星石化股份有限公司	002648	1077867	126727	1792582	925735
33	浙江美大实业股份有限公司	002677	168448	46001	198680	151925
34	传化智联股份有限公司	002010	2027966	163804	3048353	1638827
35	福莱特玻璃集团股份有限公司	601865	480680	71724	939228	451289
36	浙报数字文化集团股份有限公司	600633	282731	69021	1119322	905810
37	浙江大华技术股份有限公司	002236	2614943	316086	2956465	1597617
38	浙江晶盛机电股份有限公司	300316	310974	62406	786254	471640
39	浙江久立特材科技股份有限公司	002318	443686	50740	597851	356347
40	杭州巨星科技股份有限公司	002444	662546	90365	1113250	761643
41	杭州解百集团股份有限公司	600814	640002	46732	575387	357561
42	杭州制氧机集团股份有限公司	002430	818701	68458	1204934	620836
43	浙江东方金融控股集团股份有限公司	600120	1172715	96776	2176683	1208209
44	浙江华海药业股份有限公司	600521	538809	60683	1072935	577874
45	浙江尖峰集团股份有限公司	600668	354754	80392	547518	408030

续表

序号	企业名称	股票代码	营业收入（万元）	利润（万元）	资产（万元）	所有者权益（万元）
46	浙江航民股份有限公司	600987	669446	84410	704440	538200
47	宁波银行股份有限公司	002142	3508139	1379084	131771705	10073611
48	横店集团东磁股份有限公司	002056	656364	69345	849950	534205
49	浙江森马服饰股份有限公司	002563	1933677	153390	1662069	1179440
50	杭州老板电器股份有限公司	002508	776058	161425	1065192	697428
51	浙江京新药业股份有限公司	002020	364668	52195	562509	371071
52	浙江闰土股份有限公司	002440	651317	134398	1091071	899393
53	中国巨石股份有限公司	600176	1049329	211346	3360424	1608054
54	迪安诊断技术集团股份有限公司	300244	845321	57557	1075001	513819
55	浙江阳光照明电器集团股份有限公司	600261	531620	49960	633984	375982
56	浙江华峰氨纶股份有限公司	002064	1378525	184148	1697461	776060
57	浙江伟星新型建材股份有限公司	002372	466406	98476	482467	390570
58	杭州银行股份有限公司	600926	2140874	660212	102407011	6254460
59	浙江海翔药业股份有限公司	002099	294141	77078	674720	572446
60	浙商银行股份有限公司	601916	4636391	1468041	180078587	12624641
61	杭萧钢构股份有限公司	600477	663307	48015	878270	367039
62	浙江巨化股份有限公司	600160	1559523	91806	1538530	1321679
63	宋城演艺发展股份有限公司	300144	261175	136490	1104108	988239
64	浙江水晶光电科技股份有限公司	002273	299984	49925	639137	481383
65	浙商中拓集团股份有限公司	000906	7346391	57927	1471354	338358
宁夏						
1	宁夏建材集团股份有限公司	600449	479047	84512	754374	591207

六、2020中国上市公司信用500强行业分布

序号	企业名称	股票代码	营业收入（万元）	利润（万元）	资产（万元）	所有者权益（万元）
农副食品加工业						
1	新希望六和股份有限公司	000876	8205054	618056	6421767	3264987
2	温氏食品集团股份有限公司	300498	7314450	1444450	6557892	4662811
3	江西正邦科技股份有限公司	002157	2451777	164705	3083245	939327
4	通威股份有限公司	600438	3755512	268234	4682095	1808819
5	广东海大集团股份有限公司	002311	4761259	178951	1885432	974199
食品（含饮料、乳制品、肉食品等）加工制造业						
1	佛山市海天调味食品股份有限公司	603288	1979689	535624	2475389	1659771
2	河南双汇投资发展股份有限公司	000895	6034831	566599	2863334	1711539
3	中盐内蒙古化工股份有限公司	600328	1004588	108262	1413728	596562
4	上海梅林正广和股份有限公司	600073	2340354	56079	1372924	652443
5	安琪酵母股份有限公司	600298	765275	93988	990664	529738
6	光明乳业股份有限公司	600597	2256324	68245	1763711	741694
7	中粮屯河糖业股份有限公司	600737	1842483	61111	1612460	819532
酿酒制造业						
1	贵州茅台酒股份有限公司	600519	8885434	4397000	18304237	14187638
2	宜宾五粮液股份有限公司	000858	5011811	1822826	10639697	7609605
3	安徽古井贡酒股份有限公司	000596	1041696	215780	1387130	943215
4	泸州老窖股份有限公司	000568	1581693	464224	2891997	1955473
5	江苏今世缘酒业股份有限公司	603369	487360	145812	1006229	720627
6	山西杏花村汾酒厂股份有限公司	600809	1188007	205357	1606777	762459
7	四川水井坊股份有限公司	600779	353869	82628	394598	211199
8	青岛啤酒股份有限公司	600600	2798376	192912	3731238	1991337
9	江苏洋河酒厂股份有限公司	002304	2312648	738609	5345504	3649155
10	舍得酒业股份有限公司	600702	265012	53837	577651	324044
11	安徽迎驾贡酒股份有限公司	603198	377698	93154	696884	476440
12	重庆啤酒股份有限公司	600132	358192	72854	351435	151135

续表

序号	企业名称	股票代码	营业收入（万元）	利润（万元）	资产（万元）	所有者权益（万元）
纺织、印染业						
1	桐昆集团股份有限公司	601233	5058243	289630	4000094	1907697
2	浙江富润数字科技股份有限公司	600070	312914	54861	476225	318005
3	浙江航民股份有限公司	600987	669446	84410	704440	538200
纺织品、服装、鞋帽、服饰加工业						
1	海澜之家股份有限公司	600398	2196969	316757	2891572	1386132
2	内蒙古鄂尔多斯资源股份有限公司	600295	2278992	151179	4835072	1696482
3	雅戈尔集团股份有限公司	600177	1242117	395162	8066132	2800689
4	鲁泰纺织股份有限公司	000726	680138	98933	1188543	829930
5	浙江森马服饰股份有限公司	002563	1933677	153390	1662069	1179440
造纸及纸制品（含木材、藤、竹、家具等）加工、印刷、包装业						
1	中顺洁柔纸业股份有限公司	002511	663491	60383	602627	407700
2	山东太阳纸业股份有限公司	002078	2276270	219756	3229517	1469988
3	索菲亚家居股份有限公司	002572	768608	109482	848401	590928
4	深圳市裕同包装科技股份有限公司	002831	984487	106754	1257455	665424
5	广州尚品宅配家居股份有限公司	300616	726079	52862	611766	351776
6	奥瑞金科技股份有限公司	002701	936916	68324	1473305	572947
7	大亚圣象家居股份有限公司	000910	729801	73703	800383	526172
8	山东晨鸣纸业集团股份有限公司	000488	3039543	175330	9795891	2633977
9	深圳劲嘉集团股份有限公司	002191	398870	96642	867268	723171
10	美盈森集团股份有限公司	002303	339213	53060	726943	525370
11	山东华泰纸业股份有限公司	600308	1353882	65381	1370197	839430
12	云南恩捷新材料股份有限公司	002812	315956	93557	1219319	488113
13	美克国际家居用品股份有限公司	600337	558798	45770	811194	463726
生活用品（含文体、玩具、工艺品、珠宝）等轻工产品加工制造业						
1	老凤祥股份有限公司	600612	4962866	183028	1718100	834099
石化产品、炼焦及其他燃料生产加工业						
1	中国石油化工股份有限公司	600028	296619300	7212200	175507100	87690500
化学原料及化学制品（含精细化工、日化、肥料等）制造业						
1	中化国际（控股）股份有限公司	600500	5284646	159760	5266805	2527484
2	浙江龙盛集团股份有限公司	600352	2136499	530626	5158392	2681967
3	江苏扬农化工股份有限公司	600486	870147	117284	963748	505734

续表

序号	企业名称	股票代码	营业收入（万元）	利润（万元）	资产（万元）	所有者权益（万元）
4	龙蟒佰利联集团股份有限公司	002601	1141989	260455	2594278	1407194
5	内蒙古君正能源化工集团股份有限公司	601216	980474	246632	3154794	1957340
6	淄博齐翔腾达化工股份有限公司	002408	3005769	63154	1413082	819613
7	浙江卫星石化股份有限公司	002648	1077867	126727	1792582	925735
8	安徽江南化工股份有限公司	002226	363319	52043	1220561	669240
9	中节能万润股份有限公司	002643	287013	53383	590768	501373
10	蓝星安迪苏股份有限公司	600299	1113549	125740	2112726	1721453
11	昊华化工科技集团股份有限公司	600378	470069	53684	874426	607985
12	山东华鲁恒升化工股份有限公司	600426	1419048	245303	1818725	1423119
13	浙江闰土股份有限公司	002440	651317	134398	1091071	899393
14	上海家化联合股份有限公司	600315	759695	55709	1114749	628575
15	浙江华峰氨纶股份有限公司	002064	1378525	184148	1697461	776060
16	唐山三友化工股份有限公司	600409	2051513	74000	2480415	1204157
17	新洋丰农业科技股份有限公司	000902	932750	66056	971808	669513
18	新奥天然气股份有限公司	600803	1354405	118384	2435263	1012752
19	浙江巨化股份有限公司	600160	1559523	91806	1538530	1321679
20	上海氯碱化工股份有限公司	600618	646377	80933	573404	465458
21	安徽金禾实业股份有限公司	002597	397186	80836	614933	448216
22	鸿达兴业股份有限公司	002002	529965	63011	1680764	732463
医药、生物制药、医疗设备制造业						
1	华东医药股份有限公司	000963	3544570	292540	2146397	1286662
2	江苏恒瑞医药股份有限公司	600276	2328858	532645	2755648	2493753
3	北京奥赛康药业股份有限公司	002755	451863	77990	369210	251657
4	上海医药集团股份有限公司	601607	18656580	483074	13702640	4938593
5	上海复星医药（集团）股份有限公司	600196	2858515	374352	7611965	3920421
6	广州白云山医药集团股份有限公司	600332	6495178	344129	5689366	2598949
7	华润三九医药股份有限公司	000999	1470192	213908	2010353	1288188
8	重庆智飞生物制品股份有限公司	300122	1058732	236644	1094242	574734
9	华润双鹤药业股份有限公司	600062	938099	106646	1127686	867656
10	浙江天宇药业股份有限公司	300702	211060	58573	284023	203714
11	上海现代制药股份有限公司	600420	1219911	92847	1763846	920319
12	江苏恩华药业股份有限公司	002262	414931	65707	420150	360482

续表

序号	企业名称	股票代码	营业收入（万元）	利润（万元）	资产（万元）	所有者权益（万元）
13	深圳迈瑞生物医疗电子股份有限公司	300760	1655599	468482	2563415	1861705
14	天津中新药业集团股份有限公司	600329	699388	63536	784318	552321
15	云南白药集团股份有限公司	000538	2966467	417305	4965805	3809991
16	凯莱英医药集团（天津）股份有限公司	002821	245999	55386	375874	304550
17	昆药集团股份有限公司	600422	811996	46776	743493	433414
18	健康元药业集团股份有限公司	600380	1198015	185002	2543761	1738403
19	健帆生物科技集团股份有限公司	300529	143182	56869	249466	217053
20	普洛药业股份有限公司	000739	721071	55340	652259	376799
21	北京天坛生物制品股份有限公司	600161	328186	89425	631441	517736
22	漳州片仔癀药业股份有限公司	600436	572227	138694	881080	696976
23	仁和药业股份有限公司	000650	458117	61930	498443	435196
24	深圳市海王生物工程股份有限公司	000078	4149270	55284	4116828	784891
25	康龙化成（北京）新药技术股份有限公司	300759	375716	53067	993504	783802
26	华兰生物工程股份有限公司	002007	369994	137888	758320	688394
27	丽珠医药集团股份有限公司	000513	938470	146158	1797646	1227524
28	大博医疗科技股份有限公司	002901	125732	47871	223877	175346
29	北京同仁堂股份有限公司	600085	1327712	156160	2092182	1466022
30	亿帆医药股份有限公司	002019	518684	87312	1106580	782171
31	四川科伦药业股份有限公司	002422	1763627	102154	3148537	1390604
32	江中药业股份有限公司	600750	244940	47944	475919	392436
33	江苏康缘药业股份有限公司	600557	456580	51651	611082	408743
34	迈克生物股份有限公司	300463	322296	56568	549684	332763
35	华邦生命健康股份有限公司	002004	1009137	93190	2663640	1324373
36	江苏鱼跃医疗设备股份有限公司	002223	463593	76157	796573	615657
37	海思科医药集团股份有限公司	002653	393734	47485	503526	237665
38	石家庄以岭药业股份有限公司	002603	582529	60304	906940	795254
39	浙江华海药业股份有限公司	600521	538809	60683	1072935	577874
40	天士力医药集团股份有限公司	600535	1899831	100317	2401238	1186237
41	深圳康泰生物制品股份有限公司	300601	194333	57451	395241	275423
42	四川和邦生物科技股份有限公司	603077	596910	50661	1448406	1145300
43	浙江京新药业股份有限公司	002020	364668	52195	562509	371071
44	吉林敖东药业集团股份有限公司	000623	308838	139340	2580090	2244470

续表

序号	企业名称	股票代码	营业收入（万元）	利润（万元）	资产（万元）	所有者权益（万元）
45	湖北济川药业股份有限公司	600566	693999	162297	866464	610443
46	深圳市海普瑞药业集团股份有限公司	002399	462465	104355	1524221	747111
47	无锡药明康德新药开发股份有限公司	603259	1287221	191141	2923913	1740971
48	浙江海翔药业股份有限公司	002099	294141	77078	674720	572446
49	合肥美亚光电技术股份有限公司	002690	150078	54456	276897	238352
50	葵花药业集团股份有限公司	002737	437141	63511	530929	342965
51	蓝帆医疗股份有限公司	002382	347561	51946	1325918	846349
化学纤维制造业						
1	恒力石化股份有限公司	600346	10078237	1011237	17437754	3673879
2	江苏东方盛虹股份有限公司	000301	2488777	161216	3504225	1530001
3	威海光威复合材料股份有限公司	300699	171495	52179	406254	324949
4	江苏华西村股份有限公司	000936	318687	61840	1317078	588328
橡胶、塑料制品业						
1	山东玲珑轮胎股份有限公司	601966	1716416	166746	2658064	1103156
2	赛轮集团股份有限公司	601058	1512784	119119	1787733	740936
3	金发科技股份有限公司	600143	2928592	126424	2916965	1070623
4	永高股份有限公司	002641	629061	51372	572368	338247
5	三角轮胎股份有限公司	601163	794078	84739	1507506	1007149
建筑材料及玻璃等制造业及非金属矿物制品业						
1	安徽海螺水泥股份有限公司	600585	15703033	3435201	17877718	14232045
2	华新水泥股份有限公司	600801	3143921	702079	3664539	2336768
3	北京金隅集团股份有限公司	601992	9182931	517815	28212376	8253135
4	北京东方雨虹防水技术股份有限公司	002271	1815434	207526	2241566	995987
5	甘肃上峰水泥股份有限公司	000672	741206	237812	989946	577970
6	中建西部建设股份有限公司	002302	2289639	73357	2243464	922300
7	江西万年青水泥股份有限公司	000789	1139043	205457	1180614	752297
8	甘肃祁连山水泥集团股份有限公司	600720	693133	130695	1070268	748357
9	金圆环保股份有限公司	000546	817120	57893	915086	490083
10	福莱特玻璃集团股份有限公司	601865	480680	71724	939228	451289
11	中材科技股份有限公司	002080	1359047	142848	2928511	1278141
12	宁夏建材集团股份有限公司	600449	479047	84512	754374	591207
13	株洲旗滨集团股份有限公司	601636	930576	134589	1306534	824478

续表

序号	企业名称	股票代码	营业收入（万元）	利润（万元）	资产（万元）	所有者权益（万元）
14	福耀玻璃工业集团股份有限公司	600660	2110388	289818	3882628	2136908
15	浙江尖峰集团股份有限公司	600668	354754	80392	547518	408030
16	山东省药用玻璃股份有限公司	600529	299235	45869	517028	386778
17	中国巨石股份有限公司	600176	1049329	211346	3360424	1608054
18	浙江伟星新型建材股份有限公司	002372	466406	98476	482467	390570
19	广东塔牌集团股份有限公司	002233	689070	173439	1175202	979209
20	新疆天山水泥股份有限公司	000877	968822	182898	1527824	1013816
21	四川双马水泥股份有限公司	000935	181046	72637	485314	421194
22	中国南玻集团股份有限公司	000012	1047203	56042	1820124	986586
黑色冶金及压延加工业						
1	中信泰富特钢集团股份有限公司	000708	7261987	538900	7258501	2527658
2	宝山钢铁股份有限公司	600019	29205746	1346901	33963300	19121592
3	湖南华菱钢铁股份有限公司	000932	10732181	665168	8292832	3252787
一般有色冶金及压延加工业						
1	江西铜业股份有限公司	600362	24036034	217839	13491392	5903260
2	中国铝业股份有限公司	601600	19007416	148808	20307066	7072506
3	云南铜业股份有限公司	000878	6329000	97476	4236392	1212659
4	铜陵有色金属集团股份有限公司	000630	9295107	104178	4797007	2006616
5	广东东阳光科技控股股份有限公司	600673	1476721	199947	2640707	977820
6	云南锡业股份有限公司	000960	4288723	110909	3513731	1403344
7	浙江海亮股份有限公司	002203	4125882	108306	2452226	976335
8	山东南山铝业股份有限公司	600219	2150901	173628	5475935	4154867
9	南京云海特种金属股份有限公司	002182	557206	91102	512111	267537
10	河南明泰铝业股份有限公司	601677	1414762	98370	1176801	726608
11	深圳市中金岭南有色金属股份有限公司	000060	2283757	87139	2032060	1136383
12	金堆城钼业股份有限公司	601958	915148	64882	1529203	1354340
13	厦门钨业股份有限公司	600549	1739552	56036	2347118	977559
14	云南驰宏锌锗股份有限公司	600497	1640334	76082	3137278	1771741
黄金冶炼及压延加工业						
1	紫金矿业集团股份有限公司	601899	13609798	506090	12383095	5707960
2	山东黄金矿业股份有限公司	600547	6263070	142139	5815557	2581774

续表

序号	企业名称	股票代码	营业收入（万元）	利润（万元）	资产（万元）	所有者权益（万元）
金属制品、加工工具、工业辅助产品加工制造业						
1	安徽楚江科技新材料股份有限公司	002171	1704797	47923	846146	559765
2	安徽鸿路钢结构（集团）股份有限公司	002541	1075492	55912	1275250	493802
3	浙江久立特材科技股份有限公司	002318	443686	50740	597851	356347
4	杭州巨星科技股份有限公司	002444	662546	90365	1113250	761643
5	苏州东山精密制造股份有限公司	002384	2355283	70565	3167027	869740
6	杭萧钢构股份有限公司	600477	663307	48015	878270	367039
工程机械、设备和特种装备（含电梯、仓储设备）及零配件制造业						
1	三一重工股份有限公司	600031	7566576	1149445	9054130	4552675
2	浙江三花智能控制股份有限公司	002050	1128749	143382	1479019	936542
3	天地科技股份有限公司	600582	1938357	129115	3672526	2160100
4	上海机电股份有限公司	600835	2211625	172804	3418757	1367025
5	杭叉集团股份有限公司	603298	885411	71438	627938	468420
6	安徽合力股份有限公司	600761	1013023	77700	793568	537969
7	天顺风能（苏州）股份有限公司	002531	605845	76440	1306619	594793
8	晶澳太阳能科技股份有限公司	002459	2115548	125196	2852761	798939
9	中国中材国际工程股份有限公司	600970	2437439	159305	3290698	1064396
10	广西柳工机械股份有限公司	000528	1917730	107381	2986137	1083052
11	河钢资源股份有限公司	000923	579994	52861	1284326	718941
12	上海振华重工（集团）股份有限公司	600320	2459559	49712	7441078	1857104
13	新疆金风科技股份有限公司	002202	3824455	222975	10305708	3222425
14	中国国际海运集装箱（集团）股份有限公司	000039	8581534	251011	17210752	5503798
15	山河智能装备股份有限公司	002097	742736	51733	1570295	504802
16	浙江晶盛机电股份有限公司	300316	310974	62406	786254	471640
17	深圳市汇川技术股份有限公司	300124	739037	101014	1488601	893638
18	杭州制氧机集团股份有限公司	002430	818701	68458	1204934	620836
19	内蒙古第一机械集团股份有限公司	600967	1268111	57633	2534378	924604
通用机械设备和专用机械设备及零配件制造业						
1	江苏恒立液压股份有限公司	601100	541402	129815	842688	561416
2	经纬纺织机械股份有限公司	000666	933548	160741	3571857	2208138
3	郑州煤矿机械集团股份有限公司	601717	2572142	113991	2971260	1314225
4	中航工业机电系统股份有限公司	002013	1213138	105918	2843482	1268551
5	重庆宗申动力机械股份有限公司	001696	580679	46384	840935	472566

续表

序号	企业名称	股票代码	营业收入（万元）	利润（万元）	资产（万元）	所有者权益（万元）
6	山东豪迈机械科技股份有限公司	002595	438706	86278	679177	495713
7	罗欣药业集团股份有限公司	002793	758879	63395	746056	367908
8	浙江鼎力机械股份有限公司	603338	238936	69408	485945	320749
9	冰轮环境技术股份有限公司	000811	382083	46869	743218	397134
10	日月重工股份有限公司	603218	348583	50454	658764	354296
电力、电气等设备、机械、元器件及光伏、电池、线缆制造业						
1	隆基绿能科技股份有限公司	601012	3289746	555716	5930397	2829482
2	宁德时代新能源科技股份有限公司	300750	4578802	501267	10135198	4218788
3	公牛集团股份有限公司	603195	1004044	230372	741656	555130
4	特变电工股份有限公司	600089	3702965	239035	10222470	4302772
5	江苏中天科技股份有限公司	600522	3877100	196826	4019390	2148964
6	思源电气股份有限公司	002028	638010	57581	884515	519823
7	许继电气股份有限公司	000400	1015608	49446	1508963	867683
8	中航光电科技股份有限公司	002179	915883	116257	1513187	873348
9	铜陵精达特种电磁线股份有限公司	600577	1199743	53405	624677	411802
10	深南电路股份有限公司	002916	1052420	123354	1221937	500292
11	东方日升新能源股份有限公司	300118	1440425	97803	2560949	936807
12	深圳市洲明科技股份有限公司	300232	560426	53793	751661	309382
13	中国船舶重工集团动力股份有限公司	600482	2969124	104067	5601570	3657067
14	阳光电源股份有限公司	300274	1300333	91153	2281913	875481
15	欣旺达电子股份有限公司	300207	2524066	75012	2358911	599368
16	惠州亿纬锂能股份有限公司	300014	641164	154882	1629455	771176
17	深圳市德赛电池科技股份有限公司	000049	1844269	66984	877016	286125
18	航天时代电子技术股份有限公司	600879	1371221	50129	2922827	1298954
19	无锡先导智能装备股份有限公司	300450	468398	76557	951670	428416
20	横店集团东磁股份有限公司	002056	656364	69345	849950	534205
21	浙江阳光照明电器集团股份有限公司	600261	531620	49960	633984	375982
22	无锡华光环保能源集团股份有限公司	600475	700516	50258	1350565	664685
23	中节能太阳能股份有限公司	000591	501109	90531	3744986	1346668
船舶、轨道交通设备及零部件制造业						
1	中国中车股份有限公司	601766	22901083	1382370	38357249	15882848

续表

序号	企业名称	股票代码	营业收入（万元）	利润（万元）	资产（万元）	所有者权益（万元）
家用电器及零配件制造业						
1	美的集团股份有限公司	000333	27938051	2527714	30195542	10749610
2	珠海格力电器股份有限公司	000651	20050833	2482724	28297216	11204766
3	海尔智家股份有限公司	600690	20076198	1233439	18745424	6498986
4	浙江苏泊尔股份有限公司	002032	1985348	191565	1184795	684461
5	浙江美大实业股份有限公司	002677	168448	46001	198680	151925
6	海信视像科技股份有限公司	600060	3410474	80689	2927492	1626675
7	海信家电集团股份有限公司	000921	3745304	195045	3399066	1248086
8	杭州老板电器股份有限公司	002508	776058	161425	1065192	697428
9	九阳股份有限公司	002242	935144	80576	746780	375099
10	莱克电气股份有限公司	603355	570322	50227	537683	319898
11	华帝股份有限公司	002035	574806	76056	597603	311662
12	广东万和新电气股份有限公司	002543	621971	60868	696324	391013
电子元器件与仪器仪表、自动化控制设备制造业						
1	蓝思科技股份有限公司	300433	3025776	242931	4702855	2243751
2	广东生益科技股份有限公司	600183	1324109	156339	1553491	935362
3	沪士电子股份有限公司	002463	712854	120598	823622	513406
4	浙江正泰电器股份有限公司	601877	3022591	397070	5527745	2495161
5	鹏鼎控股（深圳）股份有限公司	002938	2661463	292461	2885619	1982925
6	贵州航天电器股份有限公司	002025	353371	45863	559399	367736
7	无锡市太极实业股份有限公司	600667	1691743	72143	2004879	756925
8	深圳市景旺电子股份有限公司	603228	633212	77707	882003	562864
9	江苏卓胜微电子股份有限公司	300782	151239	49717	192313	170311
10	宏发科技股份有限公司	600885	708149	96424	1019734	659080
11	天马微电子股份有限公司	000050	3028197	82936	6545101	2670722
12	富士康工业互联网股份有限公司	601138	40869758	1860605	20561295	8934869
13	宁波三星医疗电气股份有限公司	601567	673913	104682	1361113	808379
14	合力泰科技股份有限公司	002217	1849984	105941	3364396	1362943
15	厦门盈趣科技股份有限公司	002925	385444	98042	543694	419279
16	智度科技股份有限公司	000676	1087375	60711	925877	665539
17	深圳市信维通信股份有限公司	300136	513404	102707	836932	476160
18	华工科技产业股份有限公司	000988	546025	49548	961154	625010
19	山东国瓷功能材料股份有限公司	300285	215308	54352	480566	395494

续表

序号	企业名称	股票代码	营业收入（万元）	利润（万元）	资产（万元）	所有者权益（万元）
20	胜宏科技（惠州）股份有限公司	300476	388462	46275	699232	332576
21	崇达技术股份有限公司	002815	372745	52590	537796	389105
动力、电力生产等装备、设备制造业						
1	上海电气集团股份有限公司	601727	12750896	581261	28052359	9158917
2	潍柴动力股份有限公司	000338	17436089	1190701	23683167	6977473
3	卧龙电气驱动集团股份有限公司	600580	1241611	100814	1970355	741947
4	东方电气股份有限公司	600875	3284032	138087	8961897	3179843
计算机、通信器材、办公、影像等设备及零部件制造业						
1	杭州海康威视数字技术股份有限公司	002415	5765811	1246518	7535800	4547286
2	立讯精密工业股份有限公司	002475	6251631	492742	4937791	2174970
3	深圳市汇顶科技股份有限公司	603160	647325	231736	784878	643942
4	浙江大华技术股份有限公司	002236	2614943	316086	2956465	1597617
5	歌尔股份有限公司	002241	3514781	127914	3466030	1612920
6	环旭电子股份有限公司	601231	3720419	126011	2191185	1030686
7	天津中环半导体股份有限公司	002129	1688697	126124	4911852	2054852
8	广州视源电子科技股份有限公司	002841	1705270	161229	997338	501913
9	科大讯飞股份有限公司	002230	1007869	94307	2010084	1173484
10	福建星网锐捷通讯股份有限公司	002396	926577	85416	765063	483652
11	浙江水晶光电科技股份有限公司	002273	299984	49925	639137	481383
汽车及零配件制造业						
1	上海汽车集团股份有限公司	600104	84332437	3528891	84933328	30083962
2	华域汽车系统股份有限公司	600741	14402363	851629	13912743	5870153
3	长城汽车股份有限公司	601633	9621069	453073	11309641	5439923
4	宁波华翔电子股份有限公司	002048	1709344	127262	1713061	1050146
5	宁波均胜电子股份有限公司	600699	6169890	145223	5692483	1710714
6	常州星宇车灯股份有限公司	601799	609180	78953	855424	488526
7	富奥汽车零部件股份有限公司	000030	1006381	88324	1292060	745368
8	浙江世纪华通集团股份有限公司	002602	1468972	228537	3235912	2454572
9	长春一汽富维汽车零部件股份有限公司	600742	1777058	70990	1612510	683133
10	中航沈飞股份有限公司	600760	2376086	88055	2922386	932257
11	广州汽车集团股份有限公司	601238	5970432	671115	13740953	8245422
12	郑州宇通客车股份有限公司	600066	3047944	196072	3661949	1766581

续表

序号	企业名称	股票代码	营业收入（万元）	利润（万元）	资产（万元）	所有者权益（万元）
13	骆驼集团股份有限公司	601311	902339	60425	1143725	692418
14	无锡威孚高科技集团股份有限公司	000581	878436	230274	2395835	1748465
航空航天、国防军工装备及零配件制造业						
1	航天工业发展股份有限公司	000547	403926	72255	1086099	818929
综合制造业（以制造业为主，含有服务业）						
1	天茂实业集团股份有限公司	000627	5019208	291855	20527395	3435347
能源（电、热、燃气等）供应、开发、减排及再循环服务业						
1	佛燃能源集团股份有限公司	002911	642688	50981	704332	373143
2	上海环境集团股份有限公司	601200	364675	71505	2088520	858195
3	明阳智慧能源集团股份公司	601615	1049316	66133	3469561	709197
4	国电南瑞科技股份有限公司	600406	3242359	466029	5742488	3265254
铁路运输及辅助服务业						
1	大秦铁路股份有限公司	601006	7991695	1517059	14804379	12222310
2	京沪高速铁路股份有限公司	601816	3294217	1193725	18515136	15877419
3	神州高铁技术股份有限公司	000008	322014	45742	1204454	757648
陆路运输、城市公交、道路及交通辅助等服务业						
1	招商局公路网络科技控股股份有限公司	001965	818507	486520	9091321	5393808
2	广西五洲交通股份有限公司	600368	214744	86446	1094212	425556
3	福建发展高速公路股份有限公司	600033	290414	108072	1717245	1173470
水上运输业						
1	中远海运控股股份有限公司	601919	15105668	1034975	26222403	6912524
港口服务业						
1	招商局港口集团股份有限公司	001872	1212383	289819	15669692	3597280
航空运输及相关服务业						
1	华夏航空股份有限公司	002928	540711	50224	979482	278193
2	中国东方航空股份有限公司	600115	12086000	348300	28293600	7039700
3	中国国际航空股份有限公司	601111	13618069	725205	29425355	10137664
4	中国南方航空股份有限公司	600029	15432200	309500	30664600	7705400
5	春秋航空股份有限公司	601021	1480352	183819	2936674	1504134
航空港及相关服务业						
1	上海国际机场股份有限公司	600009	1094467	526086	3717123	3244972

续表

序号	企业名称	股票代码	营业收入（万元）	利润（万元）	资产（万元）	所有者权益（万元）
电信、邮寄、速递等服务业						
1	顺丰控股股份有限公司	002352	11219340	562479	9253539	4249361
软件、程序、计算机应用、网络工程等计算机、微电子服务业						
1	航天信息股份有限公司	600271	3390408	241468	2312883	1440544
2	用友网络科技股份有限公司	600588	850966	132131	1753838	829419
3	上海宝信软件股份有限公司	600845	684904	92487	1026768	726909
4	北京千方科技股份有限公司	002373	872219	107281	1622041	931480
5	烽火通信科技股份有限公司	600498	2466198	105385	3149106	1205574
6	浪潮电子信息产业股份有限公司	000977	5165328	95539	2940909	1030822
7	深信服科技股份有限公司	300454	458990	75890	677244	432097
8	厦门亿联网络技术股份有限公司	300628	248935	123529	482727	439587
9	北京华宇软件股份有限公司	300271	351015	58195	730998	599508
10	恒生电子股份有限公司	600570	387184	141541	835950	489338
11	广州海格通信集团股份有限公司	002465	460711	55889	1307670	1004240
12	佳都新太科技股份有限公司	600728	501185	68095	980889	491840
13	北京中长石基信息技术股份有限公司	002153	366254	46518	1090682	932135
14	启明星辰信息技术集团股份有限公司	002439	308950	68187	689616	436777
15	东华软件股份公司	002065	884901	57774	1683500	959897
16	朗新科技集团股份有限公司	300682	296833	102017	592567	463902
17	神州数码集团股份有限公司	000034	8680338	70166	2942090	437487
18	北京东方国信科技股份有限公司	300166	215047	50361	670251	567840
19	拉卡拉支付股份有限公司	300773	489942	81693	1118687	501754
物流、仓储、运输、配送服务业						
1	厦门象屿股份有限公司	600057	27241168	145772	6573246	2179602
2	厦门建发股份有限公司	600153	33723867	796312	29539866	6610444
3	中国外运股份有限公司	601598	7765009	292701	6188641	3025148
4	广汇物流股份有限公司	600603	286950	81443	1607686	676118
5	淮河能源（集团）股份有限公司	600575	1149152	93232	1709777	1083762
6	深圳香江控股股份有限公司	600162	492746	46915	2324307	567419
机电、电子产品内外贸及批发业						
1	深圳华强实业股份有限公司	000062	1435528	71725	1135047	571128
综合性内外商贸及批发、零售业						
1	物产中大集团股份有限公司	600704	35892249	391276	9333204	3065456

续表

序号	企业名称	股票代码	营业收入（万元）	利润（万元）	资产（万元）	所有者权益（万元）
2	浙商中拓集团股份有限公司	000906	7346391	57927	1471354	338358
3	厦门国贸集团股份有限公司	600755	21804694	245707	8947280	2749187
4	江苏国泰国际集团股份有限公司	002091	3932613	144609	2352262	1119745
5	浙江东方金融控股集团股份有限公司	600120	1172715	96776	2176683	1208209
医药专营批发、零售业及医疗服务业						
1	九州通医药集团股份有限公司	600998	9949708	178148	7114777	2196771
2	国药集团一致药业股份有限公司	000028	5204576	148422	3352061	1535984
3	国药集团药业股份有限公司	600511	4464448	188048	2419365	1215876
4	嘉事堂药业股份有限公司	002462	2218657	37596	1303739	492286
5	大参林医药集团股份有限公司	603233	1114117	69654	867193	433170
6	重药控股股份有限公司	000950	3384382	94435	2547995	886167
7	广西柳州医药股份有限公司	603368	1485683	76485	1195821	465752
8	杭州泰格医药科技股份有限公司	300347	280331	97532	753265	552165
9	通策医疗股份有限公司	600763	189422	50777	265980	196965
10	爱尔眼科医院集团股份有限公司	300015	999010	143116	1189475	702273
11	一心堂药业集团股份有限公司	002727	1047909	60332	796281	459617
12	上海润达医疗科技股份有限公司	603108	705195	51110	903285	351639
13	迪安诊断技术集团股份有限公司	300244	845321	57557	1075001	513819
商业零售业及连锁超市						
1	永辉超市股份有限公司	601933	8487696	145284	5235302	2045442
2	上海豫园旅游商城（集团）股份有限公司	600655	4291223	390615	9945317	3647354
3	重庆百货大楼股份有限公司	600729	3453561	102416	1514777	645810
4	上海百联集团股份有限公司	600827	5045877	90803	5569277	2192762
5	红星美凯龙家居集团股份有限公司	601828	1646924	468624	12229442	4898485
6	天虹数科商业股份有限公司	002419	1939253	86081	1663343	695524
7	杭州解百集团股份有限公司	600814	640002	46732	575387	357561
8	北京首商集团股份有限公司	600723	994402	49473	697574	459004
9	武汉武商集团股份有限公司	000501	1775609	122500	2359514	950988
10	王府井集团股份有限公司	600859	2678884	94512	2410630	1206607
11	长春欧亚集团股份有限公司	600697	1672731	59959	2275961	585172
12	大商股份有限公司	600694	2188787	96404	1895478	926987
13	茂业商业股份有限公司	600828	1223377	139684	1915560	781611

续表

序号	企业名称	股票代码	营业收入（万元）	利润（万元）	资产（万元）	所有者权益（万元）
银行业						
1	中国工商银行股份有限公司	601398	85516400	31336100	3010943600	269200300
2	招商银行股份有限公司	600036	26970300	9342300	741724000	61770700
3	中国民生银行股份有限公司	600016	18044100	5492400	668184100	53082900
4	中国光大银行股份有限公司	601818	13281200	3744100	473343100	38605400
5	交通银行股份有限公司	601328	23247200	7806200	990560000	80091200
6	上海浦东发展银行股份有限公司	600000	19068800	5950600	700592900	56105100
7	中信银行股份有限公司	601998	18758400	4899400	675043300	53252400
8	中国银行股份有限公司	601988	54918200	20189100	2276974400	197669600
9	中国建设银行股份有限公司	601939	70562900	26922200	2543626100	223512700
10	平安银行股份有限公司	000001	13795800	2819500	393907000	31298300
11	兴业银行股份有限公司	601166	18130800	6670200	714568100	54965200
12	中国邮政储蓄银行股份有限公司	601658	27680900	6103600	1021670600	54386700
13	中国农业银行股份有限公司	601288	62726800	21292400	2487828800	195976200
14	宁波银行股份有限公司	002142	3508139	1379084	131771705	10073611
15	江苏常熟农村商业银行股份有限公司	601128	644505	189964	18483947	1789925
16	长沙银行股份有限公司	601577	1701694	525856	60199774	4183323
17	上海银行股份有限公司	601229	4980029	2033286	223708194	17722663
18	华夏银行股份有限公司	600015	8473400	2211500	302078900	26933700
19	北京银行股份有限公司	601169	6312900	2159100	273704000	20896300
20	南京银行股份有限公司	601009	3244226	1256650	134343537	8792820
21	杭州银行股份有限公司	600926	2140874	660212	102407011	6254460
22	贵阳银行股份有限公司	601997	1466804	599789	56039929	4032718
23	成都银行股份有限公司	601838	1272506	555575	55838573	3563009
24	浙商银行股份有限公司	601916	4636391	1468041	180078587	12624641
25	江苏苏州农村商业银行股份有限公司	603323	352084	91503	12595532	1162484
26	西安银行股份有限公司	600928	684530	267854	27828272	2366758
27	青岛农村商业银行股份有限公司	002958	872919	284725	34166738	2441527
28	重庆农村商业银行股份有限公司	601077	2662981	998811	102979011	8936220
29	江苏江阴农村商业银行股份有限公司	002807	340435	101178	12634309	1187305
保险业						
1	中国平安保险（集团）股份有限公司	601318	116886700	16436500	822292900	85237000

续表

序号	企业名称	股票代码	营业收入（万元）	利润（万元）	资产（万元）	所有者权益（万元）
2	中国人寿保险股份有限公司	601628	74516500	5901400	372673400	40934200
3	中国人民保险集团股份有限公司	601319	55551500	2240100	113277100	24683900
4	中国太平洋保险（集团）股份有限公司	601601	38548900	2835400	152833300	18332000
多元化投资控股、商务服务业						
1	华夏幸福基业股份有限公司	600340	10520954	1468495	45781195	7368621
2	申万宏源集团股份有限公司	000166	2459341	580334	38853726	8483141
3	广州越秀金融控股集团股份有限公司	000987	837198	167363	11453379	2332554
4	上海世茂股份有限公司	600823	2144913	384141	12756391	4820407
5	广东明珠集团股份有限公司	600382	118611	60081	778855	662833
房地产开发与经营、物业及房屋装饰、修缮、管理等服务业						
1	万科企业股份有限公司	000002	36789388	5513161	172992945	27057912
2	绿地控股集团股份有限公司	600606	42808263	2095011	114570653	13139230
3	大悦城控股集团股份有限公司	000031	3378662	370536	18318257	4254104
4	金科地产集团股份有限公司	000656	6777337	635700	32160502	5215116
5	上海临港控股股份有限公司	600848	394977	148125	3778045	1628590
6	招商局蛇口工业区控股股份有限公司	001979	9767218	1885688	61768809	22737047
7	江苏中南建设集团股份有限公司	000961	7183079	462257	29057059	2682261
旅游、旅馆及娱乐服务业						
1	上海锦江国际酒店股份有限公司	600754	1509902	127912	3887427	1435605
2	中青旅控股股份有限公司	600138	1405357	90996	1643670	894588
3	中国旅游集团中免股份有限公司	601888	4796650	541471	3068726	2231036
4	北京首旅酒店（集团）股份有限公司	600258	831110	91933	1711000	929683
公用事业、市政、水务、航道等公共设施投资、经营与管理业						
1	江西洪城水业股份有限公司	600461	538099	58084	1182941	517143
2	北京首创股份有限公司	600008	1490727	109151	7987236	2821446
3	成都市兴蓉环境股份有限公司	000598	483802	110053	2533750	1199489
4	重庆水务集团股份有限公司	601158	563855	166597	2171285	1517115
人力资源、会展博览、国内外经济合作等社会综合服务业						
1	北京蓝色光标数据科技股份有限公司	300058	2810572	72331	1905134	882697
科技研发、推广及地勘、规划、设计、评估、咨询、认证等承包服务业						
1	中国化学工程股份有限公司	601117	10412860	328726	11586539	3759182
2	上海同济科技实业股份有限公司	600846	635104	95865	1215212	357265

续表

序号	企业名称	股票代码	营业收入（万元）	利润（万元）	资产（万元）	所有者权益（万元）
3	中国石油集团工程股份有限公司	600339	6505390	80914	9311358	2380588
4	华测检测认证集团股份有限公司	300012	318326	48397	443427	320842
文化产业（书刊出版、印刷、发行与销售及影视、音像、文体、演艺等）						
1	中原大地传媒股份有限公司	000719	949839	83736	1232202	833309
2	中南出版传媒集团股份有限公司	601098	1026086	140733	2180586	1445186
3	江苏凤凰出版传媒股份有限公司	601928	1258544	141381	2382202	1455511
4	中文天地出版传媒集团股份有限公司	600373	1125818	173136	2281434	1423823
5	山东出版传媒股份有限公司	601019	976696	154144	1614693	1075828
6	新华文轩出版传媒股份有限公司	601811	884246	112467	1532450	911997
7	南方出版传媒股份有限公司	601900	652532	74182	1074518	623747
8	中国出版传媒股份有限公司	601949	631465	74193	1321332	771592
9	东方明珠新媒体股份有限公司	600637	1234460	222927	4469223	3451287
10	中国电影股份有限公司	600977	906841	124057	1725851	1293833
11	完美世界股份有限公司	002624	803902	144716	1662939	1012875
12	中国科技出版传媒股份有限公司	601858	250810	46187	561494	398172
13	浙报数字文化集团股份有限公司	600633	282731	69021	1119322	905810
14	长江出版传媒股份有限公司	600757	767126	80345	1081852	745411
15	宋城演艺发展股份有限公司	300144	261175	136490	1104108	988239
16	北京光线传媒股份有限公司	300251	282945	94661	1098911	897835
信息、传媒、电子商务、网购、娱乐等互联网服务业						
1	紫光股份有限公司	000938	5409906	307463	5473926	3235885
2	南极电商股份有限公司	002127	390685	120616	548482	485873
3	三六零安全科技股份有限公司	601360	1284110	594951	3375157	2868170
4	芒果超媒股份有限公司	300413	1250066	115750	1707821	881996
5	北京光环新网科技股份有限公司	300383	709717	79625	1223321	834550
综合服务业（以服务业为主，含有制造业）						
1	芜湖三七互娱网络科技集团股份有限公司	002555	1322714	241684	1014526	729371
2	中国葛洲坝集团股份有限公司	600068	10994570	656361	23446337	6623150
3	苏美达股份有限公司	600710	8436525	145237	4058062	969630
4	中钢国际工程技术股份有限公司	000928	1341408	53778	1832644	521734
5	四川蓝光发展股份有限公司	600466	3919368	415884	20189032	3912067
6	上海紫江企业集团股份有限公司	600210	921096	51987	1078115	516703

续表

序号	企业名称	股票代码	营业收入（万元）	利润（万元）	资产（万元）	所有者权益（万元）
7	黑牡丹（集团）股份有限公司	600510	777696	128213	3075132	950901
8	重庆市迪马实业股份有限公司	600565	1969731	218487	7251175	1504985
9	浙江中国小商品城集团股份有限公司	600415	404277	124883	3132323	1308430
10	新大陆数字技术股份有限公司	000997	618153	72283	1224977	631464
11	易见供应链管理股份有限公司	600093	1534663	89245	1555523	860856
12	传化智联股份有限公司	002010	2027966	163804	3048353	1638827
13	南京高科股份有限公司	600064	293021	187536	2908116	1259787
14	江河创建集团股份有限公司	601886	1880518	53982	2863421	911344
农业、渔业、畜牧业及林业						
1	牧原食品股份有限公司	002714	2022133	633646	5288659	3171157
2	江苏立华牧业股份有限公司	300761	887047	196425	856570	682447
3	福建圣农发展股份有限公司	002299	1455844	411912	1527880	1055751
4	山东仙坛股份有限公司	002746	353339	106276	431766	344762
5	江苏省农垦农业发展股份有限公司	601952	802782	61202	805685	625693
6	天康生物股份有限公司	002100	747632	59239	1115446	516482
煤炭采掘及采选业						
1	中国神华能源股份有限公司	601088	24187100	5154000	55848400	41561900
2	中国中煤能源股份有限公司	601898	12929373	859274	27248317	11736908
3	陕西煤业股份有限公司	601225	7340344	1663243	12668352	7616987
4	山煤国际能源集团股份有限公司	600546	3765716	157986	4324120	1040101
5	大同煤业股份有限公司	601001	1135805	136695	2748918	1127679
6	平顶山天安煤业股份有限公司	601666	2363539	132883	5426080	1629955
石油、天然气开采及生产业						
1	山东新潮能源股份有限公司	600777	607002	107757	2844589	1611943
建筑业						
1	中国建筑股份有限公司	601668	141983659	6320524	203445193	50183532
2	中国中铁股份有限公司	601390	85088428	2537827	105618593	24547500
3	中国铁建股份有限公司	601186	83045216	2262369	108123921	26202157
4	中国交通建设股份有限公司	601800	55479237	2161983	112039949	29637931
5	中国电力建设股份有限公司	601669	34847774	1060143	81322762	19347106
6	中国冶金科工股份有限公司	601618	33863761	757682	45850621	11690551
7	西藏天路股份有限公司	600326	562130	83261	1146274	554585

续表

序号	企业名称	股票代码	营业收入（万元）	利润（万元）	资产（万元）	所有者权益（万元）
8	中国核工业建设股份有限公司	601611	6374077	142182	12445990	1984600
9	深圳市天健（集团）股份有限公司	000090	1466529	123364	4031337	966053
10	四川路桥建设集团股份有限公司	600039	5272548	169758	9761548	1724508
11	山东高速路桥集团股份有限公司	000498	2326048	81931	3206123	825171
电力生产业						
1	国电电力发展股份有限公司	600795	11659929	491913	36484785	11664854
2	中国核能电力股份有限公司	601985	4606716	840738	34763893	9028284
3	大唐国际发电股份有限公司	601991	9545306	106581	28212033	6481513
4	安徽省皖能股份有限公司	000543	1609224	105895	3289929	1823937
5	国投电力控股股份有限公司	600886	4243346	873106	22472151	7439418
6	北京京能电力股份有限公司	600578	1843836	166335	7655708	2904415
7	广东电力发展股份有限公司	000539	2936016	180717	7547203	3418969
8	华能国际电力股份有限公司	600011	17348480	237791	41359654	11728884
9	申能股份有限公司	600642	3884130	282598	6794407	3786455
10	深圳能源集团股份有限公司	000027	2081700	182914	9611205	3358485
11	河北建投能源投资股份有限公司	000600	1396372	89504	3235823	1388375
12	中国长江电力股份有限公司	600900	4987409	2156745	29648288	15001597
13	广东宝丽华新能源股份有限公司	000690	562682	88315	1898619	950151
14	内蒙古蒙电华能热电股份有限公司	600863	1447716	119384	4460932	1750584

后　记

《中国企业信用发展报告 2020》是由中国企业改革与发展研究会、中国合作贸易企业协会、国信联合（北京）认证中心联合组织编写，全面、客观、真实反映我国企业信用发展状况以及经济效益变化趋势的综合性大型年度报告，是第 10 次向社会发布。其中，中国企业信用 500 强发展报告是第 9 次发布，中国制造业企业信用 100 强发展报告、中国服务业企业信用 100 强发展报告是第 8 次发布，中国民营企业信用 100 强发展报告是第 7 次发布，中国上市公司信用 500 强发展报告是第 6 次发布。本报告是在课题组开展中国企业信用调查评价活动过程中，历时一年采集大量信息和数据的基础上，经过深入分析研究，经专家委员会最后审定形成的。本活动得到了有关协会、商会组织和广大企业的大力支持，一些领导和专家给予了热情帮助和指导，在此深表感谢。

本报告的出版主旨，是以习近平新时代中国特色社会主义思想为指导，全面贯彻党的十九大和十九届二中、三中、四中、五中全会精神以及党中央和国务院关于加强社会信用体系建设的总体要求，推动我国企业立足新发展阶段，贯彻新发展理念，构建新发展格局，以促进我国企业高质量信用发展；贯彻实施《企业诚信管理体系》（GB/T 31950—2015）国家标准，进一步推进诚信建设，强化社会责任意识、规则意识、奉献意识，全面提高我国企业的诚信管理水平，全面提升我国企业在国际市场上的形象和竞争力。

本报告通过对中国企业的信用发展状况进行全面、客观、科学、公正的分析研究，剖析新时代宏观经济环境新变化以及企业面临的新问题、新挑战，引导我国企业进一步提高诚信管理水平和综合竞争能力。本报告为我国政府、协会商会组织及广大企业正确认识我国企业信用发展状况以及经济效益变化趋势提供决策参考依据，为企业提供一个参考坐标，同时也有利于国际社会客观公正地了解我国企业信用水平，将对我国企业全面提高诚信管理水平，全面提升国际影响力和竞争力起到积极的推动作用。

“中国企业信用发展分析研究”是一项系统工程。“2020 中国企业信用发展分析研究”课题组，经历一年的努力研究，在广大企业界同人的大力支持下，在各位专家评委的指导下，形成课题成果。2021 年我们将会继续开展中国企业信用发展调查评价研究工作，继续做好中国企业信用 500 强、中国制造业企业信用 100 强、中国服务业企业信用 100 强、中国民营企业信用 100 强和中国上市公司信用 500 强的分析研究及评价工作。申报 2021 中国企业信用 500 强、中国制造业企业信用 100 强、中国服务业企业信用 100 强、中国民营企业信用 100 强和中国上市公司信用 500 强的企业，请与中国企业改革与发展研究会、中国合作贸易企业协会联系。

本活动离不开企业家和企业界同人的热情支持，希望企业界的朋友能够一如既往地支持和配合我们的工作，继续提供有价值的信息和数据；希望各位领导和专家能够一如既往地对我们的工作给予支持和指导，为推动我国企业信用建设，推动我国经济高质量发展做出应有贡献。

由于时间仓促，本报告难免存在疏漏和不尽如人意之处，恳请企业界、经济界和其他各界人士、专家、广大读者提出宝贵的意见和建议。

本报告的编撰出版，受到国家社科基金社科学术社团主题学术活动资助，在此深表感谢。

在本书出版之际，我们向负责本书出版并给予大力支持的中国财富出版社表示感谢。

编　者

2020 年 12 月

诚信的力量

THE POWER OF INTEGRITY

2020中国企业信用发展报告
2020中国企业信用500强发展报告
2020中国制造业企业信用100强发展报告
2020中国服务业企业信用100强发展报告
2020中国民营企业信用100强发展报告
2020中国上市公司信用500强发展报告

部分企业介绍

中车时代电动汽车股份有限公司

中国中车以轨道交通装备、城市基础设施、新产业、服务业四大业务板块为主，成为全球规模大、品种全、技术领先的轨道交通装备供应商，也是中国高端装备最具代表性的产业集团之一，作为“国家名片”驰名国际。

中车时代电动汽车股份有限公司（以下简称中车电动）成立于 2007 年，是由中国中车集团整合国内外优质资源成立的专业从事电动汽车研发与制造的高新技术企业，将世界领先的轨道交通电气传动及控制技术成功应用于新能源汽车领域，并打造了新能源汽车从元器件到驱动电机、电池管理系统等关键零部件以及动力系统平台和整车制造的全产业链平台。中车电动目前拥有株洲、宁波、广州、石家庄、无锡、常德、重庆七大生产基地，用一颗环保的心生产的零排放、亲和环境的新能源汽车，成为继高铁之后，中国中车的产业新名片。

中车电动是承担国家“863”电动汽车项目最多的企业，涉及电机、电控、电源、动力系统集成、电动整车集成、电动整车试验与运营管理等全纵深的技术领域；拥有国家企业技术中心，专利 911 项，其中发明专利 445 项，海外专利 22 项；通过了高铁级焊接体系 ISO 3834 国际焊接体系认证、CTEAS 售后服务体系完善程度七星级（卓越）认证，并通过 ISO 9001、ISO/TS 16949 质量体系标准认证，通过欧盟产品认证，获得整车出口欧美的资质。2019 年，中车电动销量逆势上扬，在新能源客车行业排名全国第三，创历史新高。

中车电动以科技之智，行绿色之路；及道之所至，尽社会之责。中车电动始终坚持以创新驱动发展、以变革推动发展、以融合带动发展，成为人类绿色出行及物流高效畅通的连接者、中国乃至全球新能源汽车核心技术的引领者、未来交通新能源革命的推动者。

中国人民解放军第四八一〇工厂

中国人民解放军第四八一〇工厂位于辽宁省大连市旅顺口区，隶属中国人民解放军海军装备部，是海军舰船修理、改装和建造的大型企业。工厂始建于1883年，1965年更名为“中国人民解放军第四八一〇工厂”，第二厂名为“大连辽南船厂”。工厂具备完善的舰船建造、修理和改装能力，可进行24000吨以下各种类型的军用舰船及港口疏浚船、拖船、勘船、油田守护船、铝合金船、客滚船、危险化学品船等特种船舶的建造、修理和改装。

工厂设有10个生产单位、1个技术中心、15个行政处室、1个分厂、1个厂办公司，现有从业人员总数2616人。工厂占地面积47.57万平方米，拥有24000吨级、16000吨级船坞各一座、10000吨级半坞式连体船台三座、1500吨级室内船台一座、万吨级泊位三座、千吨级泊位一座；拥有露天起重设备30台，最大起重能力400吨；拥有大型弯板机、激光切割机、数控等离子切割机、数控划线机、1200吨油压机、数控肋骨冷弯机及数控弯管机等主要设备756台（套）。

工厂多次荣获全军、海军、大连市先进企业，全国五一劳动奖状，全国实施卓越绩效模式先进企业，全军质量管理奖，辽宁省质量管理奖，全军环境保护先进单位，海军全面质量管理先进企业，海军设备管理工作先进单位，全国质量管理小组活动优秀企业，全国职工教育先进单位，全国节能先进单位，全国思想政治工作优秀企业，全国实施用户满意工程先进单位，辽宁省百家清洁生产试点企业，辽宁省、大连市“重合同、守信用”先进单位等荣誉称号。

工厂本着“诚实守信，为顾客创造价值”的诚信经营理念赢得顾客信赖，保持着工厂持续发展的格局，持有武器承制单位资质证书、二级保密资格单位证书、职业健康安全管理体系认证证书、环境管理体系认证证书、质量管理体系认证证书、能源管理体系认证证书。

中铁第四勘察设计院集团有限公司

中铁第四勘察设计院集团有限公司（以下简称铁四院）是世界500强企业——中国铁建的领军企业，是国家认定企业技术中心及国家委托铁路、城市轨道交通专业投资咨询评估单位，综合实力位居全国勘察设计百强前列。40多个勘察设计专业，20余项甲级及专项资质，使铁四院具备了服务现代交通建设全产业链的综合技术优势。

在60多年发展历程中，铁四院积极投身铁路等交通基础设施建设，是我国铁路勘察设计的领军企业。铁四院设计建成高速铁路13000余千米，约占全国投入运营高铁里程的40%；累计承担30余个城市100余条城市轨道交通总体总包设计项目，业务量位居行业前列；创建并确立了高速铁路、现代铁路站房、水下隧道、城际铁路、市域铁路、磁浮轨道交通“六大核心品牌”，路网规划、铁路枢纽、复杂山区铁路、重载铁路、铁路现代物流、城市轨道交通、桥梁、四电集成“八大成套技术”。

铁四院积极推进“一主两翼”发展战略，经营领域覆盖铁路、城市轨道交通、公路市政工程、水下隧道、高层建筑、机场、港口工程、物流规划、城市地下管网、海绵城市建设、城区一体化建设等基础设施建设各方面，构建了勘察设计、资本运营、工程总承包、监理咨询、海外工程、房地产和高端制造七大业务板块协同发展的格局。

作为国际工程咨询工程师联合会（FIDIC）会员，铁四院积极开辟海外市场，经营足迹遍及五大洲20多个国家和地区，先后获得全国文明单位、全国五一劳动奖状、中央企业先进集体、全国优秀勘察设计院、中国AAA级信用企业、全国守合同重信用单位、全国文明诚信示范单位等荣誉称号。目前，铁四院正向打造具有全产业链服务能力的国际型工程公司破浪前行。

中国水利水电第五工程局有限公司

中国水利水电第五工程局有限公司（以下简称中国水电五局）是世界 500 强企业——中国电力建设集团（股份）有限公司全资子公司，优势骨干成员企业，是具有对外承包经营权的国有大型企业、国家高新技术企业，也是全国五一劳动奖状和全国青年文明号获得企业；拥有水利水电施工总承包特级，建筑、市政、机电施工总承包一级，桥梁、隧道、公路路基、输变电工程专业承包一级，水利行业设计甲级等资质。

中国水电五局是我国历史上成立最早、规模最大的部属水利水电工程施工劲旅之一，成立以来先后参与建设了岳城水库、宝珠寺水电站、南水北调工程、长河坝水电站、白鹤滩水电站、两河口水电站等 200 多项大中型水利水电工程，安装了 200 余台各类机组，参与了全国近三分之一的抽水蓄能电站建设，并因此造就了中国水电五局长期以建筑业为主的产业格局；先后参与建设了京沪高铁、西成客专、川藏铁路、石济客专、成都地铁、郑州市政道路等国家和省、市重点基础设施建设工程及重大水资源开发与水环境治理工程，业务范围由单纯的水利水电工程施工拓展至能源水利、基础设施、水资源与环境等多个领域；并掌握了 EPC、BOT、PPP 等投建一体、融建一体商业模式系统的运作能力，形成了较为完整的“投资—建造—运营”一体化产业链，为企业加快实现产业结构调整及战略转型升级奠定了良好基础。

目前，中国水电五局为四川省省级技术中心、四川省建设创新型企业、成都市知识产权示范单位、国家知识产权优势企业，成立了院士（专家）工作站；拥有国家专利总数 686 项、计算机软件著作权 74 项、行业标准规范 13 部、国家标准 2 部、国家科技进步奖 1 项、省部级科技进步奖 193 项、省部级工法 427 项。

中化学交通建设集团有限公司

中化学交通建设集团有限公司是国务院国资委直接监管的大型工程建设企业集团、中国企业 500 强——中国化学工程集团有限公司的控股子公司，是全国第一批获得公路工程施工总承包特级资质企业、全国第一家中外合资的公路特级施工企业、特级资质标准调整后全国第一批获得公路工程总承包特级资质企业，具有公路工程施工总承包特级、建筑工程施工总承包一级、市政公用工程施工总承包一级、工程设计公路行业甲级、桥梁工程专业承包一级、公路路面和路基工程专业承包一级、公路交通工程（公路安全设施）专业承包一级、隧道工程专业承包一级等资质。

公司自成立以来，以精湛的技术、规范的管理和务实的作风，致力于公路、桥梁、隧道的设计、建设和运营业务，以及与公路行业相关的材料生产和销售业务；业务遍布全国 22 个省以及巴基斯坦、蒙古和埃塞俄比亚等国家，已完工高速公路总里程达 2000 余千米，工程质量合格率保持 100%；承建的工程项目多次荣获中国建设工程鲁班奖、国家优质工程奖、交通运输部公路交通优质工程奖、山东省建筑工程质量奖等奖项。

作为国家高新技术企业，中化学交通建设集团有限公司拥有国家科学技术进步奖 2 项、省级科学技术进步奖 6 项、省级科研平台 4 个、省部级工法 8 项、专利 35 项，其中发明专利 11 项，科研成果多次获省级以上奖励。公司先后荣获山东省五一劳动奖状、公路建设行业“诚信百佳”企业、“守合同重信用”企业、全国公路交通系统重点工程劳动竞赛先进单位、山东省高速公路建设管理年活动优秀施工单位、质量安全管理先进单位、山东省交通系统质量管理先进单位、山东省建筑业外出施工先进单位等荣誉称号。

中国化学工程第十六建设有限公司

中国化学工程第十六建设有限公司是国务院国资委直属的大型综合性施工企业，是中国化学工程股份有限公司的全资子公司。公司始建于 1965 年，总部位于世界水电之都湖北宜昌，是集工程建造、建设管理、技术研发、投资运营、工程设计、设备制造、物资材料供应、检维修及生产试车保运服务为一体的中央企业，注册资金 10 亿元，年施工能力 100 亿元以上。

公司是中国施工行业品牌企业，主营石油化工、煤化工、基础化工、新材料新能源、医药、环保、食品、军工、市政、建筑、电力、防腐保温、土石方工程、机械运输、大型吊装、压力容器制造、长输管道、房地产、园林绿化等领域业务。公司是经国家认定的重点高新技术企业，在国内同行业中率先获得 ISO 9001（GB/T 19001）质量管理体系、OHSAS 18001（GB/T 28001）职业健康安全管理体系、ISO 14001（GB/T 24001）环境管理体系标准认证。

公司坚持走专业化、多元化、国际化发展道路，强力推进创新发展、转型发展、安全发展战略，始终秉承创新技术和管理、为客户提供期望的工程和服务、为利益相关方创造价值的宗旨，明势而为、合作共赢，致力于打造品牌化、国际化的工程建设公司。

中交上海航道勘察设计研究院有限公司

中交上海航道勘察设计研究院有限公司隶属于中交上海航道局有限公司，成立于 1960 年，1977 年恢复建制。作为水运行业首个甲级设计院，公司以世界级复杂河口治理典范——长江口深水航道治理工程为起点，先后打造了一系列勘察设计研究精品，荣获国家科学技术进步奖一等奖、全国优秀工程设计金奖、中国水利优质工程大禹奖、詹天佑土木工程奖等各类国家及省部级大奖百余项。

公司坚持涉水综合发展，强化创新驱动、技术引领，积极推动市政、水环境治理、信息化业务转型，努力为建设绿水青山、服务乡村振兴、建设美丽中国贡献控江治水的智慧和力量。公司秉承“求是严谨的治水精神”“艰苦奋斗的创业精神”“敢为人先的创新精神”，以前期策划、勘察测量、设计咨询、工程总承包、运营维护的一站式服务能力为依托，打造集水运工程、环境工程、城市开发、智慧运维为一体的综合产业链。

中交上海航道勘察设计研究院有限公司始终把树立企业良好形象放在首位，始终坚持“设计勘测创品牌、重诺守信客为本”的质量方针和“实事求是、一丝不苟、精心设计、精心研究”的办院方针，努力为我国水运工程建设做出贡献。

中煤地华盛水文地质勘察有限公司

总经理　蒋向明

中煤地华盛水文地质勘察有限公司始建于1990年，是隶属于国务院国资委的中央地质勘查单位，从事水文地质、工程地质、环境地质勘查，新能源开发利用，矿产资源勘查与开发，环境治理工程、市政工程建设等。公司拥有国家各类资质甲（一）级30项，乙（二）级11项，获得专利126件，软件著作权19件，承担10多项国家及行业标准制定、修订工作，通过质量、环境、职业健康质量体系认证；拥有各类高级职称人员200多人，享受国务院政府特殊津贴8人，2人入选“国家百千万人才工程”，10人加入国际矿井水协会，18人入选河北省“三三三人才工程”；拥有各种类型钻探设备1500余台套，各种物探设备40余台套，具有超大口径、超深孔及超复杂钻孔施工能力和多手段、多角度、立体化物探能力。

公司以服务国民经济建设为己任、国家能源安全生产为核心，足迹遍布全国26个省市，与20多个国家和地区开展技术交流和工程项目合作，发展成为全国煤炭地质系统唯一集地下水科学及环境科学研究、水资源勘查、设计和施工、矿井水勘查与防治、岩土工程、矿山地质环境及地质灾害评价治理于一体的具有专业特色的地质勘探队伍。

公司先后荣获国家科学技术进步奖、省部级特等奖、优质报告奖及新发现水资源奖等各类奖项220余项；形成了“基于地下水系统的水文地质勘查技术”“基于羽状多分支水平定向钻探的区域治理技术”“基于取热不取水的中深层闭式换热技术”“基于源头+末端的关闭矿山河流污染治理技术”等一系列核心技术。公司积极发挥专业技术优势，履行中央企业社会责任，不断发展壮大煤矿防治水、矿山环境恢复治理、环境污染治理和地热能开发利用等绿色勘查产业，取得重大突破。

中石油铁工油品销售有限公司

总经理 王之君

中石油铁工油品销售有限公司成立于2013年，由中国中铁和中国石油共同出资成立，注册资金1亿元，将中国中铁的市场优势和中国石油的资源优势相结合，依托中国石油的成品油网络设施和资源优势，为中国中铁的工程建设项目提供成品油、润滑油、沥青、加油卡等多种石化产品的战略集采专供服务。

公司成立以来，以“立足长远、互惠互利、合作双赢、共同发展”为目标，以服务项目为核心，以保供为目标，以制度化、信息化建设为抓手，以项目全生命周期管理为主线，构建市场化、透明化、公开化的集采专供机制，推动石化产品战略集采业务发展；打造工程单位、供应商、承运商、物贸公司和油品公司五方联动，需求、采购、供应、服务、结算五个环节闭环管理的战略集采融合平台，构建阳光战略集采供应链，帮助用户提升核心竞争力，提高企业现代化管理水平，践行“实现股东价值、成就客户事业、助力员工成长”的企业核心价值观。

公司石化产品战略集采业务取得快速发展，实现了直管项目集采全覆盖和中小项目集采率大幅提升，成品油业务稳步推进，沥青业务快速增长，联名加油卡全面铺开，创新润滑油脂网上专营店线上集采，积极探索海外项目战略采购服务模式，推动PPP高速公路项目服务区与中国石油合作经营。石化产品集采定制化专供模式得到各工程局和项目部的广泛认可，入选中关村科技企业，荣获国家级企业管理创新成果二等奖，被国务院国资委评价为中央企业间互助合作新模式和供给侧改革的有效手段。

鞍钢集团国际经济贸易有限公司

鞍钢集团国际经济贸易有限公司（以下简称鞍钢国贸）是隶属于世界500强企业——鞍钢集团有限公司的大型综合性外经贸企业，是中国冶金行业第一家具有独立进出口权的对外贸易服务企业，中国国际贸易行业百强企业之一，鞍钢集团产品和服务的海外独家代理商、国际化运营的综合贸易商、海外产业投资运营商、海外贸易融资平台和国际化战略的执行平台。鞍钢国贸成立于1981年12月，最初名称为中国冶金进出口公司鞍钢分公司，1991年更名为鞍钢进出口公司，1994年经国家对外经济贸易部批准取得对外经济技术合作、对外工程承包和劳务出口权限，扩权更名为鞍钢集团国际经济贸易公司。1998年与鞍钢供销公司合并，成为集内外贸销售、采购业务为一体的综合性贸易公司。2013年8月，根据股东（鞍钢集团）决定，整体剥离内贸业务，并整合攀钢区域国际贸易业务。2017年1月，鞍钢国贸实施公司制改制，更名为鞍钢集团国际经济贸易有限公司。

鞍钢国贸主要业务涉及钢铁产品、技术等出口及煤炭、矿石等大宗原燃材料、成套设备、备品备件进出口等各类商品及技术的进出口业务、国际工程承包、国际物流服务、国际金融服务等，在美国、日本、韩国、西班牙、意大利、澳大利亚、巴西、印度、印尼等国家，欧盟、东南亚、非洲、中东等地区共拥有18家海外分支机构及1300多家境内外合作伙伴，产品销售网络覆盖全球60多个国家和地区，年进出口贸易额达50亿美元以上。鞍钢国贸经营管理取得长足进展，已经发展成为具备广阔的国际化视野、先进的经营管理理念、丰富的国际贸易经验、迅捷的信息收集手段、强大的资源保证能力及高效的国际化运营团队的外经贸企业，在服务鞍钢的同时，为国内众多企业提供了国际贸易、投资与合作等服务。

包头北方创业有限责任公司

董事长　王永乐

包头北方创业有限责任公司（以下简称北方创业）隶属于内蒙古第一机械集团股份有限公司，是中国兵器工业集团有限公司重点发展民品制造的企业。围绕中国兵器工业集团有限公司和内蒙古第一机械集团股份有限公司的发展规划，公司确定“一个核心两个支撑”发展战略，以铁路货车为核心主业，战略性新兴产品和集装箱、压力容器为支撑业务。公司拥有完备的铁路货车和机械制造保障体系，先后通过 EN 15085、TSI、EC、CRCC、IRIS、ISO 9001、ISO 14001、ISO 45001 以及 AAR 等认证。2019 年公司被评为全国机械行业先进集体，是国家级高新技术企业、内蒙古自治区十大科技名牌企业、内蒙古自治区级企业技术中心和研发中心。

目前，公司拥有 200 余人的科技人才队伍，具有铁路车辆整车、转向架及相关配件的研发设计能力。成立 30 多年来，相继研制了敞车、罐车、平车、棚车、漏斗车等覆盖 60 吨级到 100 吨级的全系列车型，累计向国内外市场提供了近 10 万辆铁路货车整车产品，产品市场覆盖大洋洲、亚洲、非洲、北美洲、欧洲、南美洲。

经过多年的建设发展，公司已建成行业领先水平的中梁、底架、侧墙、端墙、车体、涂漆等生产线；拥有各类机械、动力设备 1120 余台（套），各类检测设备 60 余台（套），轮轴、车体制造等关重制造工序、检测工序配置了从意大利、美国、德国等国家进口的车床、镗床、磨床、焊接机器人、红外光谱、热失重分析等先进设备；具备年产整车 10000 辆生产能力，压力容器具有 A2 资质，可设计、制造Ⅰ、Ⅱ、Ⅲ类各型压力容器，非标装备有前沿的设计手段和强大的加工制造能力。

聚焦发展、展望未来，北方创业始终坚持党的领导，履行社会责任与担当，以市场需求为牵引，以科技创新为动力，以优质服务为宗旨，以体系化管理助推高质量发展，加快把公司打造成为国内领先、国际一流的轨道交通装备制造企业。

哈尔滨电机厂有限责任公司

党委书记、董事长　王　贵

哈尔滨电机厂有限责任公司前身为哈尔滨电机厂，始建于 1951 年 6 月，1994 年 10 月进行了股份制改造，是我国生产大中型发电设备的重点骨干企业。公司主营业务包括水轮机、水轮发电机、汽轮发电机、电站控制设备和新能源产品的设计制造，以及技术服务、安装、调试、产品运维保养、机组升级改造等。公司生产的发电设备遍布全国，并出口到 50 多个国家。

公司坚持技术领先战略，创造了我国发电设备制造史上的多项第一，为我国电力事业发展做出了卓越贡献。近年来，公司在大容量水、火、核电方面均实现新的突破，成功研制了 1000 兆瓦水电、 1000 兆瓦火电，AP1000、华龙一号等 1000 兆瓦级核电机组；公司研制的引水大泵打破国外垄断，脉冲发电机填补国内空白，大型抽水蓄能机组性能先进、指标优良，冲击发电机在行业内保持着绝对领先优势；公司开发的远程故障诊断系统，推动了中国发电设备运行智能化发展。

公司将积极把握和适应市场新形势新变化，以习近平新时代中国特色社会主义思想为指导，响应“一带一路”倡议，贯彻落实哈电集团“12348”发展战略，布局“12455”发展规划，加快转型升级，推动企业高质量发展，为中国乃至世界发电设备的进步贡献哈电力量。

山西杏花村汾酒集团有限责任公司

党委书记、董事长　李秋喜

山西杏花村汾酒厂始建于 1949 年，1993 年改制成立山西杏花村汾酒（集团）公司；2002 年经山西省人民政府批准，成立山西杏花村汾酒集团有限责任公司。公司是全国工业品牌培育示范企业，大型清香型白酒产销基地，有员工 13000 余人。公司核心子公司山西杏花村汾酒厂股份有限公司于 1994 年 1 月在上海证券交易所挂牌上市，是“中国白酒第一股”“山西第一股”。汾酒集团以上市公司为主体，形成了以白酒产业为主，原粮基地、包装彩印、国际贸易、机械制造、文化旅游协调发展的产业布局。

公司拥有“杏花村”“竹叶青”“汾”三个中国驰名商标。杏花村汾酒酿造作坊遗址是全国重点文物保护单位，并入选世界文化遗产预备名单；汾酒酿制技艺是首批国家级非物质文化遗产，竹叶青酒炮制技艺是省级非物质文化遗产；汾酒技术中心是国家级企业技术中心、博士后科研工作站。公司还被评为全国企业文化示范基地、全国十大工业旅游示范基地、国家级酒文化学术活动基地等。

近年来，公司相继获得国家质量管理奖、国家科学技术进步奖、全国国企管理创新成果一等奖、中国商标金奖、山西省政府质量奖等多项荣誉。

贵州茅台酒厂（集团）习酒有限责任公司

贵州茅台酒厂（集团）习酒有限责任公司（以下简称习酒公司），其前身为创建于明清时期的殷、罗二姓白酒作坊，1952 年通过收购组建为国营企业，1998 年并入茅台集团，属茅台集团全资子公司，是中国名优白酒企业。厂区地处黔北高原赤水河中游、红军长征“四渡赤水”的二郎滩渡口。习酒公司占地面积近 2.93 平方千米，拥有员工近 7000 人，其中，有国家级评酒委员 10 人，贵州省评酒委员 32 人，中国白酒大师、中国白酒工艺大师、中国首席白酒品酒师、贵州酿酒大师各 1 人，各类专业技术人才近 2000 人。习酒公司具有 4 万余吨的优质基酒年生产、包装能力及 12 万吨的基酒贮存能力。2019 年实现销售额 79.8 亿元。

习酒公司主要产品有酱香型君品系列、窖藏系列、金钻系列，浓香型习水系列等。主导品牌“习酒”先后被评为省优、部优、国优，1988 年荣获国家质量奖称号，2011 年荣获贵州十大名酒之首称号，2014 年被认定为国家地理标志保护产品等。1993 年和 2012 年，习酒公司先后两次荣获全国五一劳动奖状；2019 年，荣获第十八届全国质量奖，在“华樽杯”第 11 届中国酒类品牌价值评议中以 486.29 亿元位列中国白酒行业第 9 名、贵州省第 2 名。

习酒公司始终秉承中国传统白酒的技艺精华，坚守纯粮固态发酵工艺，坚持“以诚取信、以质取胜、锐意创新、追求卓越”的质量方针，致力于做精产品、做优质量、做好服务。

双星集团有限责任公司

双星集团有限责任公司（以下简称双星）是一家具有百年历史的国有企业，总部位于青岛市西海岸新区。2008 年以前，双星主业主要为鞋和服装。2008 年鞋服产业全面改制后从集团分离，双星全面转行到轮胎产业。双星轮胎是山东省轮胎行业唯一一家国有主板上市公司。2014 年 1 月 16 日，双星开启了“二次创业、创轮胎世界名牌”的新征程，通过智慧转型，关闭了所有老工厂，淘汰了90%以上的落后产能，建成了全球轮胎行业第一个全流程“工业 4.0”智能化工厂。同时，培育了智能装备、工业机器人（含智能物流）和废旧橡塑循环利用三个新产业，搭建“研发 4.0+工业 4.0+服务 4.0”产业互联网生态圈，被国家工业和信息化部授予“品牌培育”“技术创新”“质量标杆”“智能制造”“绿色制造”“绿色产品”“绿色供应链”“服务转型”全产业链试点示范企业，被称为“中国轮胎智能制造的引领者”。2018 年，双星控股曾名列全球前十的韩国锦湖轮胎，双星轮胎品牌连续六年荣登“亚洲品牌 500 强”中国轮胎榜首。

2020 年 1 月 16 日，双星开启了“三次创业、创世界一流企业”的新征程，围绕橡胶轮胎、人工智能及高端装备、废旧橡塑循环利用三大产业，实施智慧生态、智慧轮胎、智能装备、环保新材料的“三智一新”战略，致力于将双星打造成为科技、时代、智慧型的世界一流企业。

江苏阳光集团有限公司

江苏阳光集团有限公司（以下简称阳光集团）成立于1986年，是一家生产经营精纺面料、高档服装产品的国家大型一级企业，是中国最大的精毛纺面料生产企业、国家重点高新技术企业、国家520家重点企业和国家重点扶持的33家企业之一，精毛纺面料全程生产量世界第一。阳光集团拥有员工15000余名，其中各类专业技术人员2000余名。

阳光集团先后通过了ISO 9001、ISO 14001、OHSAS 18001、SA 8000、GB/T 23331、GB/T 19022六项管理体系认证，在全国各大中城市设有销售分公司，是金融、电力、检察、法院、公安、航空、电信、海关、商检、铁路等系统8000多家单位的定点设计和生产厂家，产品外销日本、美国、欧洲国家、澳大利亚等20多个国家和地区，连续在中国毛纺界保持生产规模大、花色品种多、产品品质优、科技含量高、技术装备好的五项全国领先。

阳光集团坚持以产品创新、技术创新为主导，连续八年获得了行业科技创新最高奖的“纺织之光”科学技术奖；累计申报各类专利2063项，获授权专利1031项，参与51项国际、国家和行业的标准制定；获得省部级科技进步奖19项，主持或参与起草制定国际、国家和行业标准80余项。2019年实现销售收入387.61亿元，利润20.1亿元。精纺呢绒国内市场占有率达18%左右，排名行业第一；经中国品牌价值评估，品牌价值为234亿元，居纺织行业第一位；在2019年纺织服装行业500强中排名第三。

30多年来，阳光集团坚持以品牌建设为依托、以科技创新为主导，运用品牌积累的无形资产，走纺织服装专业化发展道路，以纺织服装为主业，为实现做大、做强、做优的发展目标，铸就一流的国际品牌，打造一流的纺织服装品牌企业而不懈努力。

山东金岭集团有限公司

山东金岭集团有限公司是一家以化工材料、热电能源、地产开发、餐饮服务、金融服务为主导产业的大型企业。多年来，公司不断推动科技创新，优化产品结构，拉长产业链条，发展循环经济，促进转型升级，实现了企业的持续、快速、健康发展。公司先后入选中国企业 500 强、中国制造业企业 500 强、中国化工企业 500 强、中国民营企业 500 强、中国石油和化工民营企业 100 强、中国企业信用 500 强、中国制造业企业信用 100 强、山东省企业 100 强、山东省纳税 100 强等多个榜单，荣获国家级高新技术企业、国家火炬计划盐化工特色产业基地、中国优秀企业、全国行业诚信经营示范单位、山东省诚信企业、山东工业突出贡献奖、山东省生态文明与循环经济新技术十佳典范企业、山东省质量竞争力百强企业、首届东营市功勋企业等多项荣誉称号。

在今后的发展中，公司将主动适应经济发展新常态，紧跟国家“一带一路”倡议，开拓国际国内两大市场，集中优势，加大投入，上马一批科技含量高、市场前景好、发展空间大的产业项目，进一步拓宽经营领域、壮大企业规模、增强发展后劲，同时积极转变发展方式，促进产业结构调整和优化升级，推动企业又好又快地发展。

广西柳州钢铁集团有限公司

广西柳州钢铁集团有限公司（以下简称柳钢集团）是我国西南、华南地区最大的钢铁联合企业，全球 50 大钢企之一。柳钢集团以钢铁制造为主业，集成了以用户需求为导向的低成本、高效率、洁净钢生产服务平台。主要产品为冷轧卷板、热轧卷板、热镀锌板、中厚板、带肋钢筋、高速线材、圆棒材、中型材、不锈钢等，已形成 60 多个系列、500 多个品种。产品在满足华南，辐射华东、华中、西南市场的同时，还远销至东亚、南亚、欧洲、美洲、非洲等 10 多个国家和地区，广泛应用于汽车、家电、石油化工、机械制造、能源交通、船舶、桥梁建筑、金属制品、核电、电子仪表等行业。此外，柳钢集团业务涵盖物流与贸易、环保与资源综合利用、能源与化工、房地产、医疗养老等多元产业板块。

柳钢集团秉承“包容、创新、超越、共享”的企业核心理念，立足柳州本部，大手笔实施沿海战略，加快发展向海经济，着力打造防城港千万吨级钢铁新基地和建设我国南方重要的中金不锈钢生产基地，形成了以柳州本部为主体，防城港钢铁基地和玉林中金公司为两翼的“一体两翼”战略布局。按照“做优做精钢铁主业，做大做强多元产业”的发展思路，深耕钢铁主业，整合多元产业资源，形成了钢铁主业与多元产业“两翼齐飞”的新格局。

向海图强，逐梦深蓝。迈向新征程，柳钢集团正稳步朝着“建一流集团、做世界强企、创领先价值、铸百年品牌”的企业愿景加速推进，力争在“十四五”进入世界 500 强，续写新时代的发展传奇。

广西宏桂资本运营集团有限公司

广西宏桂资本运营集团有限公司（以下简称广西宏桂集团）成立于2008年7月，是广西壮族自治区直属国有独资企业，自治区首家国有资本运营公司试点企业。成立之初，广西宏桂集团主要负责对自治区本级党政机关和参公管理等事业单位的经营性资产及富余资产进行整合运营，同时搭建广西投融资平台，支持和促进广西经济发展。2016年6月，广西壮族自治区人民政府将广西宏桂集团确定为自治区国有资本运营公司试点企业，广西宏桂集团在承担原有整合运营自治区本级行政事业单位经营性资产职能的基础上，以国有资本运营为主要手段，成为自治区国有资本流动重组、调整产业发展和优化布局的市场化运作专业平台。

根据企业功能定位、现有产业布局及未来规划调整，广西宏桂集团逐步形成了三个主业：资产经营与管理、资本运营与投资、要素交易与咨询；主要的产业板块涉及基金与股权投资、仓储物流、产权交易、酒店管理、资产经营、科技实业、房地产开发、资产租赁、招投标代理、进出口贸易等领域。

“十三五”时期是广西宏桂集团大变革、大发展的关键时期，企业综合实力稳步提升。“十四五”时期，广西宏桂集团将坚持以习近平新时代中国特色社会主义思想为指导，深入贯彻落实党的十九大及十九届二中、三中、四中、五中全会精神，按照自治区建设壮美广西、共圆复兴梦想的总目标、总要求，进一步解放思想、改革创新，不断提升竞争力、创新力、控制力、影响力、抗风险能力，加快构建现代企业治理体系，按照“围绕管资本、整合新资源、聚焦市场化、创立基金群、建设大平台”的战略主线，致力构建优治理、调结构、兴产业、建平台“四位一体”的现代资本运营产融齐驱新宏桂。

广西融桂物流集团有限公司

广西融桂物流集团有限公司（以下简称广西融桂集团）成立于 1993 年，为广西人民政府直属大型国有独资企业——广西宏桂资本运营集团有限公司全资子公司，于 2017 年由广西荣桂贸易公司更名为广西荣桂物流集团有限公司，2020 年更名为广西融桂物流集团有限公司；目前拥有直属分公司 2 家、全资子公司 5 家、混改（控股）公司 1 家，是国海证券有限责任公司及广西糖业集团有限公司第二大股东、广西北部湾银行第三大股东。广西融桂集团深耕广西食糖产业，业务分布广西钦州、来宾、贵港、柳州、北海、崇左 6 市，是全国通用仓储行业百强企业、华商储备商品管理中心的国家储备库，也是郑州商品交易所、广西糖网食糖批发市场有限责任公司、昆明商品中心批发市场的指定交割库，成为广西仓储行业的领军企业之一。

广西融桂集团坚持“企业和市场同步、管理与世界接轨”的经营方针和“诚信、创新、合作、务实”的核心价值，以仓储、物流为主营业务，同时涉及供应链、冷链、贸易、大宗农副产品等领域，全面提升国有资产质量，实现国有资产持续保值增值。2018 年，广西融桂集团成功入围国务院国资委“双百行动”试点企业；2019 年 9 月，广西融桂集团与深圳市怡亚通供应链股份有限公司、广东金岭糖业集团有限公司、广西国有企业改革发展一期基金合伙企业等共同成立混改控股公司广西融桂怡亚通供应链有限公司。广西融桂集团以“混”促“改”，持续深化改革，加快构建连接世界物品流动的供应链服务平台，推动企业高质量发展。

安徽马钢矿业资源集团有限公司

安徽马钢矿业资源集团有限公司成立于2011年4月6日，是由马钢（集团）控股有限公司出资设立的全资子公司。公司现有从业人员1.17万人，拥有铁矿资源储量近15亿吨。公司下辖南山矿业公司、姑山矿业公司、桃冲矿业公司3个分公司和罗河矿业有限责任公司1个控股子公司、张庄矿业有限责任公司1个子公司。公司主导产品为含铁矿产品、冶金辅料（白云石）、建材（石灰石等）三大类18个品种，产品主要销往安徽本地市场，以及湖南、江西等地，其中铁精矿在安徽市场占有率为49.58%。

公司矿业开采具有近百年历史。伴随着马钢集团几十年的发展历程，公司传承了艰苦创业、开拓奉献的矿山精神。2019年，在行业九大矿业公司对标中，公司利润总额排名第4位，净资产收益率、产量排名第5位，资产、铁精矿单位制造成本排名第7位，资产负债率排名第2位。在全国冶金矿山行业综合实力处于中上水平，盈利能力较强，资产状况良好，负债率较低。

公司是华东、华南地区最大的冶金矿业公司之一，建立了企业内控体系，通过了三标体系认证，导入了卓越绩效评价模式，拥有较为完善的管理体系。公司积极借鉴国内先进技术，在资源综合利用、深井开采技术、富水矿山防治水、高阶段大矿房开采、露天采场内排等方面取得了技术突破。公司先后荣获第五届、第六届全国冶金矿山十佳厂矿，第四届省属企业文明单位等荣誉称号。公司16个生产单元首批获得了国家安全生产标准化一级企业，11个班组被授予全国安全管理标准化示范班组，高村、姑山、和睦山、长龙山四个铁矿获得了国家绿色矿山试点单位称号，张庄矿被评为国家级绿色工厂示范单位。

淮北矿业集团大榭能源化工有限公司

淮北矿业集团大榭能源化工有限公司成立于2004年，是淮北矿业集团控股子公司，注册资本1亿元。公司主要从事能源化工贸易业务，经营的产品包括冶炼精煤、动力煤、焦炭、化工产品、有色金属等大宗商品。公司与国内十多家大型矿业集团和下游数十家大型钢铁、焦化、电力企业建立了长期战略合作关系，业务遍及十多个省市区。2017年以来，公司相继开展了期货业务和国际贸易业务。近三年来，年均销售收入保持在200亿元以上。2015—2017年连续三年被商务部授予AAA级信用企业，成为安徽省首家、煤炭行业为数不多的煤炭流通企业高信用单位，显著提高了企业信誉，成为国内业界较有影响力的能源化工贸易企业。

近年来，公司在诚信经营、商业模式、风险管控、人才建设、资源整合等方面多措并举、成效显著。"诚信、创新、前瞻、高效"的经营理念深入人心，创新驱动的内生动力充分激发，成为淮北矿业集团迈入"质量新时代"的标兵。同时，公司积极践行企业社会责任，在大宗贸易行业内的影响力不断提高。公司上下一心、砥砺前行，正迈向国内一流大型能源化工贸易企业的行列。

江苏交通控股有限公司

江苏交通控股有限公司成立于2000年，是江苏重点交通基础设施建设项目省级投融资平台。公司主要承担四项职责：一是负责全省高速公路、铁路、机场、港口等重点交通基础设施建设项目的投融资；二是负责省铁路集团、省港口集团、东部机场集团的出资任务；三是负责全省高速公路、过江桥梁的运营和管理；四是依托交通主业，负责相关竞争性企业的资产和市场经营管理，涉及金融投资、电力能源、智慧交通、文化传媒、工程养护、客运渡运、酒店管理等领域。目前，公司下辖33家企事业单位，其中路桥企业14家、非路桥企业18家、事业单位1家，员工2.8万余名。

2019年，公司全口径总资产、净资产分别为5725亿元和2463亿元，全口径实现营业收入562亿元，实现利润总额166亿元，上缴各项税费56亿元。公司资产总额、利润总额和纳税总额在江苏省属企业中位居第一，主要效益指标在全国同行和地方国有企业中位居前列。近年来，公司围绕“交通强省”战略实施，基本构建了江苏高速、江苏铁路、江苏港口、江苏机场四大板块的产业布局，初步形成了以经营性综合大交通投融资为主体、金融和“交通+”为两翼的“一主两翼”发展格局。公司信用评级继续维持AAA等级，国际评级结果处于行业顶尖水平。

交控科技股份有限公司

交控科技股份有限公司（以下简称交控科技）成立于2009年12月，2019年7月成为首批科创板上市企业。公司是国内领先的全生命周期管家式服务的轨道交通整体解决方案提供商，以具有自主知识产权的CBTC技术为核心，专业从事城市轨道交通信号系统的研发、关键设备的研制、系统集成以及信号系统总承包、维保维护服务及其他相关技术服务等业务，为城市轨道交通提供基于通信的列车控制系统（CBTC）、全自动运行系统（FAO）、互联互通系统（I–CBTC）、城轨云系统、TIDS系统的解决方案，涵盖标准制定、理论研究、系统设计、产品研发、智能制造、测试验证、工程实施、培训和运营维护等，从而实现轨道交通信号系统全生命周期服务和保障。

公司拥有国内轨道交通信号系统领域领先的研发能力和技术，拥有城市轨道交通信号系统领域国家发展和改革委员会批复的国家级工程实验室，以及多个省部级科研开发及产业化平台。公司核心产品CBTC荣获国家科学技术进步奖二等奖、FAO荣获北京科学技术奖一等奖、无感改造成套装备获城市轨道交通科技进步奖特等奖。公司承担北京地铁燕房线和重庆互联互通两项国家级创新示范工程。

厦门港务控股集团有限公司

厦门港务控股集团有限公司前身是厦门市交通国有资产投资有限公司，是在厦门市政府对全市国有资产进行整体重组和变革基础上组建的厦门市十大国有企业集团之一，是海峡西岸最大、最具实力的港口及综合物流运营商之一，集装箱吞吐量位列全国第 8 位，是全国服务业 500 强企业，位列厦门百强企业第 7 位。集团是一家以港口为依托、拥有完善的物流通道、完整的物流链条及高端物流专业人才和信息网络的企业，在船舶代理、装卸、公正交接、助靠离泊、仓储、运输等港流领域处于行业领先地位。

集团拥有东南沿海实力领先的国际船舶企业、全身规模领先的货物装卸码头、厦门港内贸集装箱装卸码头、福建省规模领先的集装箱运输车队、厦门港提供海上专业拖轮服务的企业和先进的物流信息管理系统；同时拥有密集的物流网络，与世界 180 多个国家和地区的客户建立了密切的业务关系。集团业务贯穿货物进出港所涉及的航运代理、理货公证、报关、陆运、集拼、报关、仓储、集装箱堆存等各环节，构成了完整、高效的港口综合物流服务供应链。集团拥有生产性泊位 81 个，岸线总长 16.7 千米，可靠泊 20 万吨级集装箱船舶、20 万吨级散杂货船舶和 15 万总吨级邮轮。

集团现有成员企业 148 家，拥有厦门国际港务股份有限公司、厦门港务发展股份有限公司 2 家上市公司。集团组建以来，先后荣获中国企业教育先进单位百强企业、中国货运业大奖（金轮奖）21 世纪海上丝绸之路建设突出贡献奖、金砖国家领导人厦门会晤筹备及服务保障工作先进集体、全国交通建设系统先进、厦门市诚信示范企业等百余项荣誉称号。

福建海峡环保集团股份有限公司

福建海峡环保集团股份有限公司位于福州市晋安区鼓山镇洋里路16号，是由福州市水务投资发展有限公司控股的上市公司。公司前身是成立于2002年7月的福州市洋里污水处理厂，2009年12月改制为福州市洋里污水处理有限公司，2011年9月变更为福建海峡环保有限公司，2014年5月改制为福建海峡环保集团股份有限公司。2017年2月20日正式在上海证券交易所A股主板挂牌交易，代码603817，总股本4.5亿股，发行价4.04元/股，实现福州市20年来国有企业上市重大突破。

凭借上市国有企业的平台优势，公司不断整合福州市、福建省内以及周边区域的污水和固废板块，业务从单一的污水处理业务，发展为集市政污水处理、垃圾渗沥液处理、工业废水处理、乡镇污水处理以及污泥垃圾固废处置等为一体的综合业务板块，形成多门类、跨地域、多种所有制相结合的环保产业平台，成为全国领先的区域环境综合服务商。截至2019年12月31日，公司总资产39.69亿元，拥有全资、控股、参股公司共28家。职工总数约为739人，其中拥有高级职称职工人数为25人，中级职称人数为78人，硕士研究生以上学历27人，本科以上学历253人。公司取得ISO 9001、ISO 14001、OHSAS 18001等质量、环境、职业健康安全管理体系认证，城镇集中式污水、生活垃圾渗滤液和工业废水处理设施运营服务的一级资质认证，是中国环保行业AAA信用等级认证单位、福建省诚实守信示范单位、福建省科技型企业、福建省五一劳动奖状单位、福建省守合同重信用企业和福州市综合型总部企业。

青岛军民融合发展集团有限公司

青岛军民融合发展集团有限公司（以下简称融发集团）成立于2014年，注册资本23.765亿元，是青岛西海岸新区为推动军民融合国家战略而专门设立的区直属国有企业，企业外部信用评级AA+，主营开发建设、军民融合靠前保障、贸易、金融投资等业务；旗下现有山东融发舰船修造集团、山东融发特种装备维保集团、华鲁公路公司、蓬莱京鲁船业等30余家子公司。

自成立以来，融发集团全面融入和服务军民融合国家战略，坚持与中央企业、国有企业和行业领军企业战略合作，用平台思维和市场手段集聚优势资本、优势资源，在承接推动总投资上千亿元的重大工程项目的同时，加快企业市场化运营，实现了裂变式发展。2018年以来，集团总资产在2年内从58亿元增长到400亿元，增加了近6倍；完成投资约230亿元，上缴各类税费3.8亿元。2020年面对新冠肺炎疫情挑战，迅速组织复工复产，13个省市重点项目顺利推进，主要经济指标实现了逆势增长，1—8月实现投资纳统178亿元，约占全区的十分之一；营业收入、利税额较2019年同期分别增长176%、110%。集团获评山东省诚信建设示范企业、山东省富民兴鲁劳动奖章、青岛年度最具影响力企业、青岛市诚信企业、青岛市工人先锋号等50余项荣誉。

面向未来，融发集团将以承接军民融合国家战略使命为契机，以打造全国一流军民融合专业化投资平台为目标，深入推进军民融合政策转化、资源整合、产业集聚、资本运作，助力青岛西海岸新区打造军民融合创新示范区，为实现中国梦、强军梦贡献融发力量。

中科电力装备集团有限公司

中科电力装备集团有限公司（以下简称中科电力）致力于成为国际化的科技型、智能型、节能环保型高低压成套电气设备生产研发和解决方案提供商，陆续投资建设江苏、安徽、青海、河南、内蒙古、新疆、浙江七大生产制造基地和研发中心；是中国企业500强、中国制造业企业500强、高新技术企业。

中科电力七大生产制造基地和研发中心总投资200多亿元，引进了美国、德国、瑞士、加拿大、日本、比利时等国际先进的生产流水线和检测设备，具备智能电网综合节能自动化设备、成套电气设备、500千伏及以下节能型变压器、330千伏及以下特种变压器的设计、制造及试验能力。中科电力已通过ISO 9001、ISO 14001、OHSAS 18001三大体系认证、CCC认证和CE认证，具有电力工程设计乙级资质和电力工程施工总承包二级资质。产品广泛应用于国家电网、交通运输、城市建设、石油化工、冶金矿山等重大工程项目，畅销全国30多个省、市、自治区，并出口东南亚和南美等地区。

中科电力秉承产研结合、以研促产的理念，联合浙江大学、西安交大、西安高压电器研究院、中国电力科学研究院等高校、院所开展了一系列战略性技术合作，共建研发机构，以精益求精的工匠精神，不断推动“中国制造”向“中国智造”迈进，获批成立安徽省中科电力汪槱生院士工作站、安徽省博士后科研工作站、安徽省高压输配电装备工程技术研究中心、安徽省企业技术中心；多项产品荣获安徽省工业精品、安徽省名牌产品、安徽省新产品、安徽省科学技术研究成果、高新技术产品。

在当今经济全球化的时代背景下，中科电力将沿着“国际化、规模化、产业化”的发展道路，将“中科电力”品牌推向全球，朝着“做国际一流企业、创世界民族品牌”的宏伟目标迈进。

漳州片仔癀药业股份有限公司

董事长　刘建顺

漳州片仔癀药业股份有限公司是以医药制造、研发为主业的国家技术创新示范企业、中华老字号企业，现市值超 800 亿元，拥有 1 家研究院、35 家控股子公司、7 家参股公司，经营 6 大品类、470 多个产品系列，在全国 7 个省、直辖市建立 23 个科研、生产和药材基地。国宝名药片仔癀，为国家中药一级保护品种，中成药单品种出口连续多年位居全国第一，成“海丝”路上的“中国符号”。

近几年来，公司守正创新、传承发展中医药，积极践行“健康中国”国家战略，实施“一核两翼”大健康产业发展战略，推动片仔癀现代化、产业化，在高质量发展中，不断迈上新高度。2015 年至 2019 年，公司累计实现营收 184.12 亿元、利润总额 50.68 亿元、净利润 42.72 亿元，实现税收 24.8 亿元。上述指标年均复合增长率均超过 30%，净资产收益率年均达 20%以上，高于行业优势企业，成为行业佼佼者。

公司进入中国主板上市公司价值百强，荣获第六届福建省政府质量奖，企业技术中心通过国家评定，研发实力位居中国中药研发实力前 10 强（列第 7 位），片仔癀连续多年获得“中药大品种科技竞争力”排行榜清热解毒领域第 1 名。片仔癀品牌连续 6 年荣登胡润品牌榜，连续 5 年获评“健康中国”肝胆用药第一品牌，以 304.55 亿元的品牌价值稳居“2020 中华老字号品牌价值排行榜”第 2 位，以 566.96 亿元列“2020 年中国最具价值品牌 100 强”第 55 位。

直面新冠肺炎疫情大考，公司认真贯彻落实习近平总书记重要指示批示精神，以德制药、以药弘德，积极履行责任，坚持防疫生产“两手抓两不误”，在抗疫中践行初心使命，在大考中交出合格答卷，为实现伟大的“中国梦”贡献绵薄之力！

重庆智飞生物制品股份有限公司

董事长　蒋仁生

重庆智飞生物制品股份有限公司2002年投入生物制品行业，注册资金16亿元，现有员工近3000人，2019年实现营业收入109.5亿元，2010年9月在深圳证券交易所挂牌上市（股票代码：300122），成为第一家在创业板上市的民营疫苗企业，旗下有六家全资子公司及一家参股子公司，是一家集疫苗研发、生产、销售、配送及进出口为一体的生物高科技企业。

公司主营人用疫苗，在售自主产品包括喜菲贝®、盟威克®、微卡®、盟纳康®等。同时，公司作为美国默沙东进口疫苗国内指定代理机构，统一销售默沙东授权的4价人乳头瘤病毒疫苗（酿酒酵母）、9价人乳头瘤病毒疫苗（酿酒酵母）、口服5价重配轮状病毒减毒活疫苗（Vero细胞）、23价肺炎球菌多糖疫苗、甲型肝炎灭活疫苗（人二倍体细胞）等国内上市的进口疫苗。公司现已取得GMP证书6项，拥有发明专利21项，在研项目30项，涉及预防流脑、肺结核、肺炎、流感、狂犬病、诺如病毒、新冠病毒等人用疫苗项目。

公司经过近20年的努力发展，得到了社会各界的认可，荣获全国非公有制企业双强百佳党组织、重庆市精神文明单位、全国守合同重信用企业、全国商务诚信试点企业、2019年重庆企业100强、中国经济网2019中国资本年会A股最佳上市公司20强、中华全国工商业联合会医药业商会医药工业百强企业、中国AAA级信用企业等荣誉称号。

银川新华百货商业集团股份有限公司

银川新华百货商业集团股份有限公司（以下简称新华百货）是由原国有商业企业银川新华百货商店经股份制改制，于 1997 年 1 月创立的宁夏第一家商业上市公司。新华百货始终秉承“为股东创利润、为社会创财富、为员工创机会、为顾客创服务”的经营宗旨，改革创新，锐意进取。2019 年，公司实现年销售额 80 亿元、年纳税总额 2 亿元，解决就业岗位 20000 个以上。拥有 60 亿元资产的新华百货，已然成为宁夏流通领域的商业旗舰。

在日益激烈的市场竞争环境下，新华百货以改革创新之势迎难而上，在商业领域里开疆拓土。新华百货的商业版图横跨宁、内蒙古、陕、甘、青，业务领域辐射百货、超市、电器、通信、物流、餐饮六大业态。近 300 余家连锁发展规模，彰显出大型商业集团区域化发展的良好势头。新华百货先后荣获全国诚信金鼎、第六届全国文明单位、全国商务系统先进集体、全国三八红旗集体、宁夏改革开放三十年行业功勋奖、2017 中国服务业 500 强第 377 位、2018 年度宁夏质量百强企业、2019 年银川市依法诚信纳税百强企业、银川市地方贡献 50 强企业、银川市兴庆区民族团结进步示范企业等国家、省部及区市百余项荣誉。

新华百货深怀家国之情，以高度的社会责任感真诚回报社会。多年来，新华百货心系社会，匹夫有责时踊跃捐款，与国家同呼吸、共命运；民众有难时爱心捐助，帮助百姓渡过难关。近年来，新华百货共为社会捐款 1000 余万元。新华百货坚持平抑物价，在点滴之处构筑为百姓带来实惠与方便的百年老店。

今日新百，沐数载风雨，纳八方俊彦，顾之志存高远；明日新百，承诚信之德，立惠民之诺，思之前途无量。新华百货将秉承“新百为家，顾客至上，合作奋斗”的企业理念，依托现代经营技术，不断提升管理水平，创办百姓喜欢、在日常生活中离不开的百年老店，为提升大众生活品质、助力宁夏经济腾飞贡献力量。

唐山百货大楼集团有限责任公司

唐山百货大楼集团有限责任公司始建于 1984 年，是地震后新唐山的历史起点，河北商贸龙型企业、全国零售百强企业。集团下设 24 家经营单位，服务唐山市十个区县，总经营面积 76 万平方米，从业人员 2 万多人。

自 1993 年起，集团连续兼并收购了市纺织品批发公司、大小百批发公司、百货公司、糖酒公司等 11 个亏损企业，2002 年完成产权制度改革，成为股份制民营企业。改制后的企业，按照“占领市区、辐射县区”的战略思路，一路高歌猛进，实现了经营规模、经济效益、员工收入的跨越式增长，形成了集百货、超市、电器、物流、典当、电子商务于一体，经营网点遍布市、县区的战略经营格局，不断稳固区域龙头地位。

集团始终秉承“服务人民，奉献社会”的办店宗旨，大力弘扬“团结、严谨、创新、奋进”的企业精神，恪守“顾客满意是我们永恒追求”的经营理念，践行“定位高标准、办事高效率、落实抓细节、自身严要求”的工作准则，先后荣获全国五一劳动奖状、全国文明单位、河北省诚信企业、河北省服务名牌、唐山市先进集体等国家、省、市级荣誉称号 600 多项，位居 2019 中国零售百强第 62 位，连续二十几年跻身全国零售百强企业，连续十几年获省市级文明单位称号。集团公司党委书记、董事长解仁义曾当选第九届、第十届全国人大代表，并荣获全国劳动模范和全国五一劳动奖章等荣誉称号。

集团以“高质量发展”为目标，以顾客体验为核心，围绕“调结构、增功能、上项目、补短板、聚客流”战略部署，积极推进技术创新，不断提高企业经营管理水平和服务水平，释放发展活力，增强发展动力，正努力成为中华民族商业的典范。

美歌联合能源控股有限公司

美歌联合能源控股有限公司成立于2008年，旗下拥有美歌国际乍得石油天然气公司、美歌石油天然气美国休斯顿公司、家赫国际石油天然气乍得公司、家赫能源香港股份有限公司、峥嵘富华资产管理（北京）有限公司、中投国金（北京）文化发展有限公司、长春亚融实业有限公司、山西戎泉科技有限公司等27家海内外全资子公司。公司经营管理总资产600多亿元，正在开发的石油天然气资源价值200多亿元；在非洲、美洲持有石油区块以及多个贵金属矿，与中石油、中石化、中海油等企业长期保持密切的合作关系。

公司拥有多年的能源投资管理经验，在实业与海外能源行业的投资及管理中有很多成功的案例，响应全球经济一体化的号召，与众多海内外企业均有战略合作，发展稳健，势头良好。公司聘任资深油气技术专家和业内人士组成的集团管理团队，拥有丰富的能源企业管理经验及广泛的海内外资源，并且熟悉能源领域资产管理、公司并购，以及中外资本市场的运营及操作，为公司面向全球投资与发展提供良好的支持。

公司成立以来，秉承“厚德重责、敦行致远、和谐共赢”的核心价值观，实施大能源及适度多元化战略，坚持实体运营和资本运作相结合、内涵式发展与外延式扩张相结合的双驱动发展模式，立足北京，点扩境内与境外，大力发展石油天然气和煤炭、稀有金属业务、大宗贸易，稳健发展新能源和金融业务。

水发兴业能源（珠海）有限公司

水发兴业能源（珠海）有限公司（以下简称能源公司）成立于2007年，主营新能源业务开发、投资、设计、施工、运营等。随着新能源行业高速发展和政策的大力支持，能源公司业务蓬勃发展、迅速壮大，在同类企业中项目开发能力位居前三，施工能力位居前五。截至2019年年底，能源公司累计开发项目近4GW，建设项目超过5GW。

能源公司注重技术创新，与中山大学合作成立兴业光伏研究中心，与同济大学共建绿色建筑应用研究联合实验室，与国家新能源工程技术中心合作设立兴业分布式能源中心；通过ISO 9001质量管理体系认证、ISO 14001环境管理体系认证、OHSAS 18001职业健康安全管理体系认证、产品CE认证、CCC认证、康居认证、节能环保产品认证、金太阳认证、澳大利亚SAA认证、太阳能热利用工程设计资质、电力工程施工总承包三级等多项国家权威认证，并获得中国驰名商标、用户满意产品等多项殊荣。

2019年9月，水发兴业能源集团经过认购重组及混合所有制改革，业务范围再次扩大，囊括天然气、光伏、供热、风能、氢能、储能等综合能源的开发利用、投资建设及运维管理，力争成为国内综合能源服务提供商。能源公司依托上市国有企业的资本平台和集团工程技术研究中心的研发创新能力，将进一步加大力度开发和投资建设各类优质电站项目。

多年来，能源公司坚持“惠民、强企、利国、达善”的初心，秉承“以人为本、共同发展”的原则，致力于打造“社会认可、政府满意、行业尊重、员工自豪”的一流企业。在未来发展中，能源公司将倡导低碳生活，弘扬和谐理念，永葆创业激情，引领行业发展，努力成为世界领先的清洁能源应用方案提供商。

青岛能源华润燃气有限公司

青岛能源华润燃气有限公司由青岛能源集团有限公司与华润燃气投资（中国）有限公司于2015年4月30日合资组建运营，注册资本71757.86万元。公司员工2100余人，建有5座门站，拥有近140万管道天然气客户，公司燃气特许经营区域覆盖青岛市内三区、高新区全部及崂山区、城阳区、即墨区（含蓝色硅谷核心区）、西海岸新区、平度市、胶州市部分区域，总特许经营区域3500平方千米。

公司建立完善环胶州湾及至四市的“两主三支”天然气高压管网，建成各压力等级齐备的环路燃气管网，实现中石油、中石化的“双气源”供应和市区“双路”供气。公司紧抓岛城能源结构转型契机，搭建以天然气冷、热、电业务为核心的能源互联产业框架，耦合可再生能源和清洁能源多能互补、能源互联的产业体系。公司围绕大气污染防治和国家乡村振兴战略，加快推进“煤改气”和农村清洁取暖，实施以“气代煤”为主、多能互补为辅的精准化服务方案，推动区域内管道燃气镇镇通和农村“气代煤”改造，促进能源结构转型升级。公司率先推动岛城交通清洁能源替代业务，已形成加气站建设、车辆改装、加气服务、车载钢瓶检修的完整产业链，建成覆盖全市域的加气站网络。2014年又率先开发船用气市场，成为国内海船首家、山东省第一家通过审批的企业，获得省、市科技支持资金。2019年建成投运公司第一座充换电站，拓宽公司新业务领域，推进产业链深度融合。

公司秉持“用心惠民”服务价值取向，连续多年入选中国AAA级信用企业。公司以实现“一次办好”为目标，对标国内标杆省市工作标准，提高燃气报装服务质量和办事效率，实现服务流程优化升级，全力打造全国一流营商环境。

山东济华燃气有限公司

山东济华燃气有限公司是由济南能源集团有限公司和港华燃气投资有限公司于 2005 年 11 月 16 日合资组建的中外合资经营企业，注册资本 4 亿元，其中济南能源集团有限公司出资 2.04 亿元，占注册资本的 51%，港华燃气投资有限公司出资 1.96 亿元，占注册资本的 49%。公司承接济南市的天然气管道供气及相关业务，资产总额超过 40.5 亿元。2010 年 6 月，公司获得济南市政府授予的经营区域 30 年特许经营权，主要担负着济南市 98 万户天然气居民用户、3000 余户工商业用户的供气任务。

公司燃气管网跨越市中、槐荫、天桥、历城、长清、南山以及齐河、茌平等多个地区，拥有天然气接收门站 4 座，调压站 20 座，投运西泉泸 LNG 储气调峰站 1 座，可储气 60 万立方米；拥有高中低压燃气管网 3400 余千米，已具备高压输气、储存、中压环网输配供气的整体格局，基本形成环状供气模式。公司现拥有五路气源，在原有的中石油冀宁联络线、中石化榆济线、宣宁线的基础上，顺利完成中石化齐河榆济线开口和济青二线增加下气点工作，通过齐河华店门站引入了中石化榆济线和济青二线气源，天然气年接收能力约为 50 亿立方米。

目前，公司拥有 6 个综合型服务站点和 5 个合作营业厅，济华热线（88612319）为客户提供 24 小时服务。公司全面提升管理和服务能力，在安全运营、内部管理、服务质量、品牌建设等多个方面，取得了优异的成绩，先后通过了 ISO 9001 质量管理体系、ISO 14001 环境管理体系、ISO 45001 职业健康安全管理体系认证。

多年来，公司先后荣获国家级、省市级信用评价 AAA 级企业、市级安全生产先进单位、省级守合同重信用企业、山东省履行社会责任示范企业、山东省级劳动关系和谐企业、山东省富民兴鲁劳动奖状等多个称号及奖项，并连续 33 年荣获省级文明单位称号。

云南建投第一水利水电建设有限公司

董事长　李自翔

云南建投第一水利水电建设有限公司创建于 1954 年，是云南省建设投资控股集团有限公司的子公司，前身为云南省建筑机械化施工公司。2007 年公司改制重组并更名为云南建工水利水电建设有限公司，2016 年 8 月公司更名为云南建投第一水利水电建设有限公司。经过多年的发展，公司已经从单一水利施工走向集水利水电、房屋建筑、隧道、公路、矿山施工、环保工程、河湖整治、设备租赁、机械维修和检测检验为一体的大型综合施工总承包企业。

公司自成立以来，一直致力于水利水电建设事业，参与了南水北调、黔中调水、牛栏江—滇池补水、蒙开个地区河库连通工程等 400 余项国家、省级重点水利水电工程建设，承建了云南省 60% 以上的大中型水利项目，被誉为“高原铁军”，30 多项工程荣获国家、省级优质工程奖。目前，公司正按照“百亿元企业”的战略要求，以水利水电为主业，积极拓展水生态、林业生态、高原湖泊治理等新兴领域以及房建、市政、公路等强相关业务，并通过 PPP、EPC 等新模式承接项目，业务范围已扩展到贵州、四川、新疆、西藏、湖北、河北、广东、重庆等地以及东南亚的老挝、缅甸，非洲的毛里塔尼亚等国。

公司现有职工 1200 余人，各类机械设备 1000 余台（套），注册资本 10 亿元，总资产 54.63 亿元，年产值能力达 60 亿元以上，是目前云南省唯一同获鲁班奖、大禹奖、国优金奖的水利水电建设企业，是水利部第一批水利安全生产标准化一级单位，连续 20 多年获得守合同重信用企业荣誉称号，2012 年以来连续获得全国优秀施工企业、全国优秀水利企业荣誉称号，连续获评全国企业信用评价 AAA 级信用企业，2018 年通过国家高新技术企业认定。

云南建投第二水利水电建设有限公司

云南建投第二水利水电建设有限公司始建于 1983 年，前身为中国有色十四冶机械化工程公司，2016 年变更为云南建投第二水利水电建设有限公司，现为云南省建设投资控股集团有限公司下属的国有独资施工总承包企业，是云南建投集团重点打造的水利水电专业板块。经过多年的发展，公司已从单一房建、公路施工走向集水利水电、公路市政、房屋建筑、生态环保、矿山施工等业务为一体的国有综合施工总承包企业。公司现有水利水电工程施工总承包、公路工程施工总承包、市政公用工程施工总承包、建筑工程施工总承包，以及环保工程、钢结构工程、公路路面、公路路基、桥梁、隧道、水工金属结构制作与安装工程、河湖整治工程专业承包等资质。公司坚定不移地做专做精水利水电主业，持续做强做大公路、市政板块，推进生态环保、房建、矿山、土石方、设备租赁等业务多元化协同发展。

公司自创建以来，按照“立足云南、放眼全国、辐射东南亚”的区域发展思路，承建过广西平果氧化铝厂，老挝川圹省高速公路、老挝万象至万荣高速公路、老挝万象赛色塔综合开发区等省外、国外项目。公司迈步祖国大江南北，争当集团“走出去”的主力军，以优质高效、文明守约得到了社会各界及业主方的高度信赖和好评。

经过近 40 年的发展，公司荣获中国建筑工程鲁班奖、优质工程一等奖等奖项，荣获国家高新技术企业、云南省 AAA 级信用企业、昆明市守合同重信用企业（连续 10 年）、纳税信用 A 级企业、云南省水利水电施工企业安全生产标准化建设达标企业等荣誉，并获得多项国家发明专利及实用新型专利。

广东水电二局股份有限公司

广东水电二局股份有限公司（以下简称粤水电）成立于2001年12月，是广东建工集团控股的上市公司，是国家级高新技术企业；2006年8月在深交所上市（股票简称：粤水电，股票代码：002060）；现有员工4000多人，拥有专业分公司、投资公司10余家；经营业务涵盖了水利水电，轨道交通、市政公用等工程建设领域，以及水电、风电、光伏等清洁能源的投资开发；项目遍布全国近30个省区以及越南等国家；企业总资产约260亿元，年营业收入约110亿元。

粤水电具有水利水电施工总承包特级资质，市政公用、公路、房屋建筑、机电安装等4项总承包一级资质，多项专业承包资质，设计勘察咨询资质，以及对外承包工程经营资格；拥有包括盾构机（18台套）、硬岩掘进机、双轮铣槽机等施工设备3000多台（套）；先后组建了广东省省级企业技术中心、广东省水利水电建设工程技术研究中心等科技创新平台，形成了成熟的技术、管理和创新体系；打造了设计、施工、投资、建设、运营管理"一条龙"式全过程服务体系；作为广东省水利建设的龙头企业和地铁建设的主力军，承建了飞来峡水利枢纽、东深供水改造工程、乐昌峡水利枢纽、鉴江供水枢纽、潮州供水枢纽等省内重大水利工程和广州、深圳、佛山、东莞、南昌、武汉等城市地铁。

粤水电承建项目荣获国家科技进步奖、鲁班奖、国家优质工程金质奖、大禹奖、中国市政金杯示范工程、詹天佑奖等行业最高奖项，先后获得全国文明单位、全国优秀施工企业、全国优秀水利企业、守合同重信用企业、全国创建和谐劳动关系模范企业等几十项国家级、省部级荣誉称号。

陕西路桥集团有限公司

陕西路桥集团有限公司是由原陕西省路桥工程总公司改制组建的大型公路施工企业，主要从事公路、桥梁、隧道、交通工程、市政工程等施工和技术开发与咨询、试验检测等相关辅助业务。公司拥有公路工程施工总承包一级资质，路基、路面、桥梁、隧道专业承包一级资质，通过 QEOHS 认证，具有对外承包工程的经营资格。公司注册资金 3.1 亿元，现有职工 2298 人，其中大专以上学历的各类专业技术人员 1306 人，中高级以上职称人员 532 人（其中高级职称 180 人），注册建造师 121 人。公司拥有公路桥梁施工、试验检测等大型设备 1200 台（套），具有可同时开工 150 千米以上高等级公路和 15~20 座特大型桥梁、年完成产值 100 亿元的施工能力。

公司成立 20 多年来，根植三秦大地，足迹遍布大江南北、塞外边陲，先后在国内 20 多个省区参与建成高等级公路 1200 多千米，修建大中型桥梁 130 多座；公司还走出国门，参与了伊拉克、巴布亚新几内亚、安哥拉、阿联酋等国的技术援助和公路、市政工程项目。公司承建的工程在质量安全、工期进度、文明施工方面均取得优异成绩，工程优良率达 98%以上，得到建设单位和行业主管部门的广泛好评。

2017—2019 年，陕西路桥集团有限公司新承接任务总额 189.76 亿元，完成产值总额 81.34 亿元，实现利润 3783.4 万元；年均新接任务 63.25 亿元，年均完成产值 40.67 亿元，年均利润 1001.72 万元；公司年施工产值呈平稳增长态势。

银川市产城资本投资控股有限公司

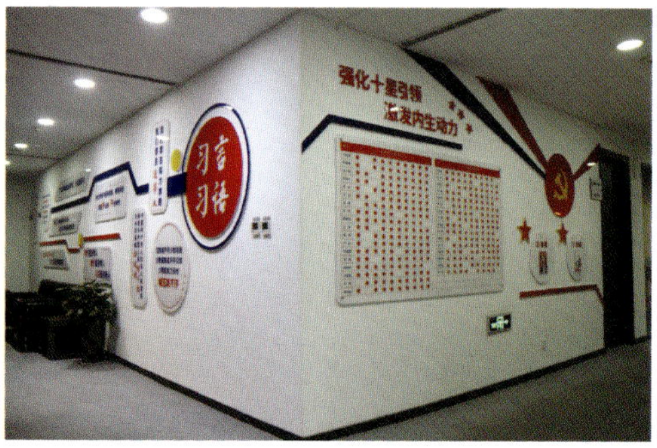

银川市产城资本投资控股有限公司（以下简称产城资本）成立于 1998 年 4 月 3 日，是经银川市政府批准并出资成立的大型国有独资企业，注册资本逾 100 亿元，获得三家权威评级机构 AA+信用评级。产城资本成立以来，得到市委、市政府、国资委的大力支持，先后通过股权收购、资产划拨等方式，完成了欣荣公司、同城化公司、宁闽公司、土投公司、融晟公司的股权划转，将永宁县、贺兰县优质资产进行重组整合，扩大了业务范围及资产规模。

产城资本建立了完善的管理制度，并对制度在执行的过程中不断进行修订和优化，目前已形成了财务、投融资、合规风控、党建、行政、人事、安全、工会八大类制度共计 65 项管理办法，为企业各项工作有序开展提供了规范的指南，实现了由经验管理向制度管理转型。产城资本采用现代企业管理制度集团化运营，业务包含产业运营、城市运营、资本运营三大模式。产城资本把握“一带一路”重大机遇，服务于区域产业布局和城市建设，通过优质企业孵化、打通企业上下游产业链和嫁接资本市场等措施，实现传统产业改造升级并打造若干新兴产业，形成产业集群，实现经济转型升级，致力于为银川市经济社会的可持续发展做出积极贡献。

产城资本秉持“以产兴城、以城聚产”的企业宗旨，致力于将企业打造成为西北乃至全国一流的产业城市资本运营集团。

湖南金钟置业投资集团有限公司

湖南金钟置业投资集团有限公司（以下简称金钟集团）是一家集房地产开发、投融资、广告传媒、智慧物业管理等于一体的综合性集团企业，旗下现有多家子公司，员工 3000 多人。2019 年度营业额超 120 亿元，2020 年荣登湖南地产排行榜 TOP9，湖南本土房企 TOP3。

金钟集团在奋力发展的同时不忘回馈社会，专注社会公益慈善事业，连续 7 年举办 8 场大型公益演唱会，所有门票都无偿赠送给市民，助力城市的文化事业发展。金钟集团还与当地乡镇携手“助力脱贫攻坚”，赞助贫困户、爱心捐资助学、爱心送考、抗洪抢险等，都有金钟人的身影。2020 年新冠肺炎疫情期间，金钟集团更是捐资捐物 300 万元，共捐赠 25 万只医用口罩、4000 副医用手套、1000 件医用防护服，与每位战斗的英雄风雨同心，为“最美逆行者”、战斗于一线的医疗工作者提供有力的援助！

2020 年公司品牌升级，金钟集团未来几年的战略主要以物业服务为基础，将积极开展各类社区生活服务，以“安居+e 生活”供应商形式发展，打造智慧物业管理、电子商务服务、智慧养老服务、智慧家居，用三年打造一家大健康、大数据、大服务、类金融的 5G 智慧物业上市公司。金钟集团秉承缔造城市梦想的企业使命，一直在创业的路上，斗志永远昂扬、激情永不停歇、奋斗永不止步！

东方时尚驾驶学校股份有限公司

东方时尚驾驶学校股份有限公司（股票简称：东方时尚，股票代码：603377）被称为“全球驾驶员培训行业的第一股”，金牛企业奖获得者。总公司位于北京市大兴区，北京公司占地面积超过 2 平方千米，员工 5000 余人，拥有花园般的环境、酒店式的服务，是世界纪录协会认证的“世界上规模最大的驾驶员培训机构”。东方时尚是全国第一个残疾人驾驶汽车训练示范基地，拥有外籍学员培训资质。公安部道路交通安全研究中心与东方时尚建立战略合作关系，联合建立机动车驾驶人考试实验基地。东方时尚将 VR 技术与 5G 网络应用于驾培行业，建立数字化、智能化、标准化的驾驶培训素质教育体系，打造智能驾驶培训示范基地，推进智能科技与驾驶培训的结合，推动行业升级，促进应试教学向素质教育的转变，以独特的经营理念和管理模式成为“开创全新理念的先锋，引领驾培行业脚步”之先驱。登陆资本市场后，公司发展稳健。目前，云南、内蒙古、山东以及河北石家庄、湖北荆州等地的东方时尚已投入运营，重庆、湖南、天津、广东、山西晋中、江苏苏州等项目正在筹建当中。各外阜子公司的建成，将大幅拉升东方时尚在全国市场的占有率，巩固行业领先地位，扩大领先优势。

放眼未来，东方时尚将以科技赋能，打造素质教育、高效便捷、节能环保的新一代智能驾培项目；将围绕国家民航事业发展需求，与高校强强联合，投资航空学院，建设实训基地，申办飞行技术等重点专业，切入飞行员培训市场，以此更好地回馈投资者和社会，为建设和谐交通、构建和谐社会做出更大的贡献！

北京驭驾同行科技有限公司

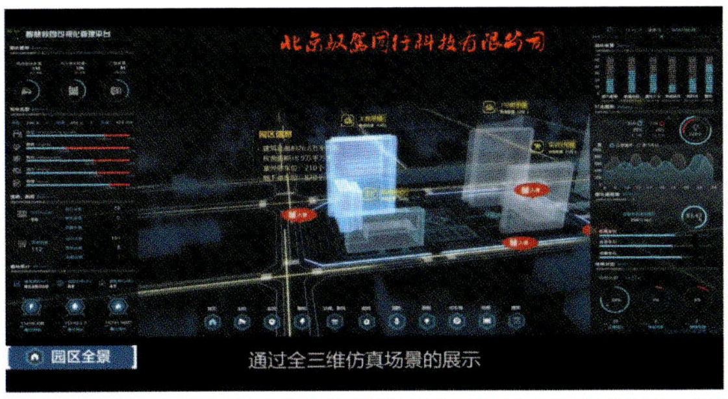

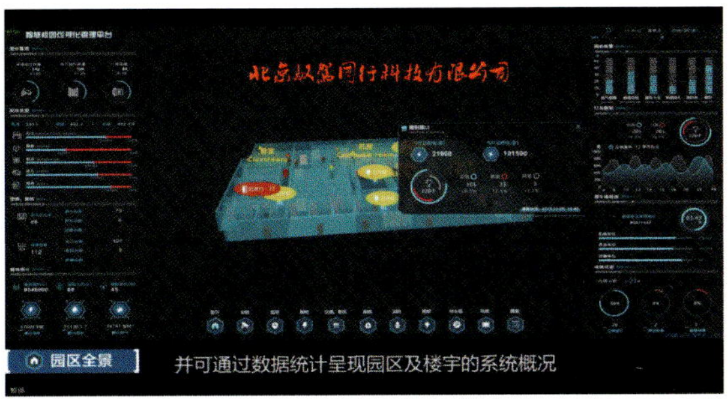

北京驭驾同行科技有限公司成立于2009年，是国家高新技术企业。自成立以来，公司一直深耕于智能化、信息化、智慧化“系统集成”领域，为各行各业提供满足其业务需要的软硬件智慧化整体解决方案，尤其擅长在建筑智能化、文博行业安防工程项目、雪亮工程等业务应用领域里，提供前期方案设计、标书制作、项目实施、售后服务全项目周期解决方案。公司合作伙伴遍布司法、公安、住建委、开发商等企事业单位，致力于成为优秀系统集成商，成为有品质担当的合作伙伴。

在发展过程中，公司积累了丰富的软件开发定制与软/硬件集成经验，为客户提供最能解决问题的方案。业务涉及智能安全防范系统、弱电智能化集成（如综合布线、机房建设）、文博行业安防信息化工程等软硬件系统集成及政务公共服务综合信息平台、平安城市、智能交通、数字城管、智慧交警、智慧社区、智慧教育、静态交通指挥调度（治安立体防控）等智慧城市相关领域的集成。基于多年的行业应用，公司依托中国科学院、清华大学、中国人民大学等科研院校的技术与理念，获得近30项知识产权，开启可视化、智慧化、集约化智能安防指挥调度新模式。

典型案例涉及文博行业（蚌埠市博物馆、阳原裘皮城博物馆、禹会村遗址国家考古公园等）、政务应用行业（阳原县住建局数字城管、桥西区公安局视频图像智能化综合应用、尚义县公安局雪亮工程二期、太原市公安局停车场治安联网工程等）、建筑智能化应用（蚌埠市职教园区智能化、淇河酒店智能化、309医院智能化等）。公司在各业务单位的支持与关怀下，秉承“诚信、踏实、耐心、创新”的创业精神，本着“承揽一项业务，出一个精品”的创业原则，一起成长。

安徽省国维通信工程有限责任公司

总经理　胡国维

安徽省国维通信工程有限责任公司成立于 2002 年 5 月，业务覆盖公安、铁路、广电、电信运营商等领域，是一家集铁路电务工程、电信运营商基础网络设计、施工、综合代维、ICT 项目集成、软件开发于一体的综合服务商。多年来，公司始终致力于为客户提供通信信息系统集成服务、综合代维、网络优化、电信工程项目的服务。

公司已取得的资质有通信工程施工总承包一级（安徽省民营企业中首家）、安徽省安全技术防范行业一级、电子与智能化工程专业承包二级、建筑装修装饰工程专业承包二级、建筑工程施工总承包三级、电力工程施工总承包三级、铁路电务工程专业承包三级、钢结构工程专业承包三级、施工劳务（不分等级）、增值电信业务经营许可证—信息服务业务、劳务派遣经营许可证，以及 ISO9001 质量管理体系认证、ISO14001 环境管理体系认证、OHSAS18001 职业健康与安全管理体系认证，是安徽省通信行业暨互联网协会常务理事单位（常务理事及以上单位中首家通信民营企业），安徽省安全技术防范行业协会常务理事单位。

公司拥有一批经验丰富的中、高级职称的管理人员和具备行业专业技能证书的骨干员工，具有人才、技术、资金等优势和专业的运行维护体系。公司秉承“诚信、务实、激情、超越”的企业宗旨，“先做人后做事，先做强再做大，人做好事做好”的经营理念，为用户提供满意的服务，为员工和社会创造价值，努力成为客户满意的集成服务供应商。

无锡动力工程股份有限公司

无锡动力工程股份有限公司是专业研制、生产非道路用柴油机及其成套产品的省级高新技术企业。公司前身为成立于 1956 年的公私合营无锡动力机厂，1994 年改制为无锡动力工程股份有限公司。公司秉承创业 60 多年形成的“爱厂自强争一流，共益共荣兴动力”的企业精神，坚持创新变革，已成长为行业内知名企业。公司多次获得中国内燃机制造十强企业、中国内燃机行业排头兵企业、全国机械行业文明单位、中国机械 500 强等荣誉称号，并于 2008 年获得中国内燃机工业诞辰一百周年成就奖。公司注重全面提升质量管理水平，通过了 ISO 9001 质量管理体系认证，同时为配合新一代新型、节能环保产品的研发和批产，公司全面推进 ISO 14001 和 OHSAS 18001 贯标，并于 2012 年 9 月首次通过了英国劳氏公司的认证。

公司与中国兵器工业集团合作研发并经世界知名柴油机设计咨询公司咨询改进提升具有领先水平的新一代“蓝迪”系列发动机，功率覆盖 430kW~1320kW。该系列产品属国家科技项目“江苏省重大科技成果转化项目”认定产品，是功率强劲、运行可靠、性价比高的节能环保型产品，投放市场后深受用户欢迎，在机场（首都国际机场、浦东国际机场等）、交通（高铁、地铁、高速公路）、石油天然气输送（中俄天然气输送、中哈石油）、房地产（恒大、万科、碧桂园等）、大型养殖基地、高端酒店、三甲医院等非道路用配套动力领域得到了广泛应用。

近年来，公司紧抓机遇，积极推动产品升级换代及工艺水平提升，致力提升公司管理水平。公司牢牢树立“和谐、诚信、共赢”的经营理念，大力弘扬“以人为本、统筹兼顾、崇尚变革、奋发图强”的企业文化，坚持以市场为导向，以客户为关注焦点，努力打造一流品牌动力，为公司相关方不断创造新的价值。

上海金盾消防安全科技有限公司

上海金盾消防安全科技有限公司成立于 2011 年 9 月，专注于固定消防灭火系统（设备），是集消防安全产品科研开发、方案设计、生产制造、成套设备供应于一体的高新技术企业。2014 年 12 月，公司被美国泰科公司收购；2015 年 10 月，美国泰科公司与美国江森自控公司合并重组成立新的江森自控公司。目前，公司为美国江森自控公司旗下子公司。

公司通过了 ISO 9001 质量管理体系认证、ISO 14001 环境管理体系认证、OHSAS 18001 职业健康安全管理体系认证，建立了完备的技术开发、生产、销售体系，建设了 ERP 系统、OA 系统、U9 系统、PDM、BOM 数据库等信息化系统，实现公司管理的规范化、高效化。公司有 3 项产品通过国家技术鉴定认证，301 项产品通过自愿性认证，18 项产品通过 UL 认证，6 项产品通过 FM 认证，是中国消防行业产品技术领先、类别齐全的领头企业。公司注重技术创新以及知识产权保护，拥有授权发明专利 8 项，实用新型专利 13 项，外观专利 2 项。

公司以“建设一个安全、舒适、可持续发展的世界”为愿景，以“帮助客户随时随地取得成功”为使命，坚持“诚信为先、使命为本、客户至上、着眼未来”的经营宗旨，秉承“以人为本、关注健康安全，顾客至上、追求卓越品质，环境友好、共赢和谐未来”的方针理念，以优质的服务回馈社会。

重庆市协谦消防工程有限公司

董事长　陈远刚

重庆市协谦消防工程有限公司是一家专业从事消防工程设计建设的综合性集团，坐落于重庆市南岸区花园路。公司主营业务包括机电设备安装、水电安装、公共安全技术防范工程设计，销售消防材料、消防机电设备（包括水性涂料、建筑材料等），消防设施维护和保养，企业管理咨询，商务信息咨询。公司拥有经重庆市批准的消防设施工程专业二级资质，在重庆开州以及四川西昌均设有分公司。

公司依法开展经营，做到日常管理依法、尊法、守法，各项合同及开发节点流程，都经过相关法务顾问审核；严格遵守国家法律法规，依法缴纳各种税费，依法为员工缴纳社会保险；恪守职业道德，杜绝损人利己行为；履约守诺，真诚对待客户，不因自身利益而侵害、损害他人合法权益；在日常管理接待过程中，要求员工展现企业诚信形象。

公司自成立以来，始终秉承“责任、诚信、高效、安全”的理念，坚持做到让客户满意、让客户放心。公司以客户需求为导向，注重技术、人才、开发、服务、工程质量，崇尚科学进步，致力于打造更加精干、高效的协谦专业施工团队，为创建更多优质工程做出努力，为地方经济发展、社会和谐稳定创造良好的消防安全环境。

元气森林（北京）食品科技集团有限公司

元气森林（北京）食品科技集团有限公司成立于2016年，是国家高新技术企业和中关村高新技术企业。集团成立之初就以打造国际知名的中国食品品牌为己任，通过“0糖0脂0卡”的健康概念以及清新的风格包装，迅速从一众巨头饮品中脱颖而出。目前，集团在安徽滁州建成自有工厂，并在广东肇庆、天津西青同步建设南北生产基地，未来将在全国和海外陆续建成产业园，满足国内外用户需求。

元气森林的产品分为“常温”和“冷链”两类，精选全球优质生产原料，由统实、健力宝、奥瑞金、蓝带等知名企业代工生产。截至目前，元气森林系列产品线下渠道已覆盖30多个省区、17个便利系统、50000多家现代渠道门店、190000多家传统渠道门店、8000多家校园渠道门店。近三年来，集团申请了8项发明专利、130项外观设计专利和2项软件著作权，目前2件发明专利和60件外观专利已授权，其他6件发明专利已进入实质审查阶段。这些知识产权技术应用于各条产品线的产品研发，保证了产品品质和市场占有率及竞争力，同时出口10多个国家和地区，深受国内外用户的认可和欢迎。

2021年，元气森林将继续扩大产业布局，快速落地矿泉水业务线、常温奶业务线、新零售食品业务线等多条业务线，对标行业知名企业，完善业务布局，以科技创新为引领，做大做强中国健康食品品牌。

开月（北京）食品科技有限公司

董事长　刘　妍

开月（北京）食品科技有限公司成立于 2020 年 1 月 6 日，是一家大健康领域集产品研发、销售、教育为一体的多元化经营企业。公司前身为北京舒多科技发展有限公司，是从事医疗器械的经营企业，2020 年 1 月 6 日变更为开月（北京）食品科技有限公司。公司位于北京市大兴区，交通便利，环境优雅。

公司专注于小分子蛋白肽、蛋白质、氨基酸等营养食品的研发、销售，拥有一支有信仰、经验丰富、积极向上、充满活力、服务于大健康领域的专业团队，组织机构设有总经理、副总经理、食品运营部、综合管理部、财务部、质量管理部、库房、开月健康学院。目前，公司研发、销售的品牌为溢卓越、月菩提、月梵熙、月七曜四款营养食品。同时，公司成立开月健康学院，设立开月营养学讲座、开月大健康知识讲座、开月心理学辅导讲座，提供各种大健康文化服务。公司引进国家海外高端技术人才团队，历经数十年研发酶解专利技术，拥有经验丰富的商业策划团队，为开月小分子蛋白肽产品提供专业的技术指导，以及商业销售股权设计方案、投资策略和高效审慎的风险控股方案。

未来，公司将秉承“质量第一、服务至上、科学调养、健康活力”的宗旨，坚持“诚信、务实、实事、求是”的原则，严把产品质量关，以优质的产品、周到的服务、合理的价格、方便快捷的查询—订购—配送模式，努力降低客户采购成本，扩大产品市场占有率，为客户提供更好的服务。

辽宁天益堂大药房医药连锁有限公司

辽宁天益堂大药房医药连锁有限公司现拥有大中型医疗机构、便民门诊及诊所20余家，大中型连锁药店200余家。集团公司总营业面积近10万平方米，其中办公面积1万余平方米，仓储面积2万余平方米，药店总营业面积5万余平方米。公司经营药品、保健食品、消杀剂、医疗器械等产品1万余种，拥有职工1000余人，其中70%以上为大中专医药学专业院校毕业。公司连锁门店主要辐射辽宁省盘锦市、鞍山市及周边城市。

公司自成立以来，着力打造盘锦地区乃至辽西地区门店，包括航母店、旗舰店、护卫店、医疗器械专营店、珍贵药材专卖店、社区店、商超店、乡镇店等具有特色的门店，在辽宁省药品零售业中名列前茅，至力于打造天益堂大药房一流的购药环境，全力服务于辽宁省百姓，使天益堂大药房向更高质量、更高标准的现代化药房发展。

创百年老店，做一流品牌。在未来的发展中，天益堂人将继续秉承“医者仁心、大医精诚、救死扶伤、治病救人”的初衷，“以市场为导向、向管理要效益、靠质量求生存、凭信誉求发展”的经营宗旨，“质量第一、提高素质、搞活流通、诚信服务”的质量方针，回馈社会，服务于民，为健康事业而不懈奋斗！

贝亲母婴用品（上海）有限公司

董事长　贺来健

公司名字“贝亲”来自英文单词鸽子“PIGEON”的音译。1951 年，贝亲公司用这个象征和平的名字命名，以表达对婴儿在一个和平繁荣的世界里快乐成长的强烈愿望。1957 年，贝亲公司在日本成立，在“爱”的企业理念和“爱才能生爱”的信念下不断发展壮大。2002 年，贝亲进入中国市场，带着制造出高品质产品、为中国的消费者提供专业的母婴用品的使命，贝亲母婴用品（上海）有限公司于 2006 年 4 月 18 日在贺来健的带领下创立。

公司主要的经营活动有：研发、生产、加工、组装母婴、儿童用化妆品（发用、护肤、美容修饰、香水类）、日用塑料制品、家用电子产品、服饰及其他日用品，销售公司自产产品。在此之后，在贺来健的主持下，贝亲母婴用品（常州）有限公司于 2010 年创立，主要生产纸尿裤、湿巾、妈妈乳垫等纸类母婴用品。至此，贝亲在中国的生产基地基本建成，集团规模化基本形成。

贝亲以“成为全世界宝宝与家庭信赖的母婴用品制造商”为企业愿景，秉承“诚实、沟通、认同、信赖、激情”的企业核心价值观，以“爱为源动力，不断为婴幼儿及需要帮助的人提供产品与服务”为企业使命，致力于成为母婴用品的引领者。自 2009 年创办四川省芦山县贝亲希望小学开始，贝亲每年在中国创办 1 所希望小学，至今已经有 10 所。贝亲也保持着良好的品牌形象。

广西鱼峰集团有限公司

广西鱼峰集团有限公司（原柳州水泥厂）始建于 1958 年，是国家第二个五年计划期间投资兴建的大型水泥企业之一，是广西北部湾国际港务集团二级公司。目前，集团旗下有鱼峰股份、融安鱼峰、鹿寨金利、来宾鱼峰、鱼峰商砼、都安鱼峰、国投鱼峰、都安商砼、金州水泥、金久水泥、三合水泥、黔桂商砼、湛江鱼峰、云燕水泥、北海鱼峰等生产基地，专业从事熟料、水泥、矿粉、砂石骨料及水泥制品的生产和销售，具备年水泥产能 1800 万吨以上。通过国家质量管理、环境管理、测量管理、职业健康安全管理、能源管理“五大体系”认证，属国家高新技术企业。

鱼峰水泥产品销往中国港澳地区、东南亚各国及安哥拉、苏丹等国家，并广泛应用于诸多大型项目，参与建设广州白云机场、珠海国际机场、桂林两江国际机场、柳州机场、南昆铁路、黔桂铁路、桂海高速、电湛高速、柳江大桥、虎门大桥、海口世纪大桥、南海填海工程、防城港核电站、三峡大坝、大化电站、岩滩电站、龙滩电站、大藤峡大坝、文莱苏丹王宫、香港新机场等大批重点项目和优质工程。

集团累计承担了国家、自治区级、市级研发项目 46 项，取得科技成果 44 项，获得专利授权 92 项，2011 年荣获国家技术发明奖二等奖，实现广西国家级技术发明奖“零”的突破，2011 年荣获全国五一劳动奖状。2018 年成立广西绿色水泥产业工程院有限公司，致力于绿色环保建材研究开发及应用、成果转化和培育优秀技术人才。

2020 年，鱼峰集团稳步推进企业战略决策和品牌建设，在“稳增长、调结构、增效益”的经营实践中进一步凸显发展潜能，品牌影响力和市场竞争力不断增强，并凭借自身的发展业绩和抢眼表现，跻身 2020 中国建材企业 50 强，排名第 46 位，在 2020 中国最具成长性建材企业 100 强榜单中排名第 16 位。

广州华新集团有限公司

广州华新集团有限公司（以下简称华新集团）是一家多元化发展的集团公司，业务领域涵盖华新贸易、华新时尚、华新制造、华新健康、华新农业、华新置业、华新投融、华新饮食八大板块。1986 年，适逢变革之初、百废待兴，华新集团创始团队抱着改变命运、创造更美好生活的希望，凭着方刚之血气，开启了艰苦卓越的创业之路。1990 年，以分销物流为事业基石，企业正式创办，致力于成为立志创新、勇于开拓的中华民族新一代，故取名“华新”。

经过 30 多年的风雨兼程，华新人坚持以“团结、勤奋、诚信、自强、进取”的“华新十字精神”为指引，宝剑砥砺，让而立之年的华新集团成长为多元化企业集团。

今天的华新集团，业务已经跨越分销物流、时尚产业、生产制造、医疗健康、现代农业、物业地产、股权投资、现代餐饮八大领域，并在各领域均取得良好发展业绩。华新集团的各大事业板块都关注国计民生，与国家进步、百姓生活息息相关，都拥有长足的发展前景，我们对此充满信心和力量。华新集团致力于衣、食、住、医疗、养老等民生领域，通过“用华新企业之光点亮华新爱心之光”的慈爱文化和创新精神，让社会因为我们的存在而更加美好。

上海金湖挤出设备有限公司

上海金湖挤出设备有限公司成立于 1998 年 6 月，主要业务包括管材设备、型材设备的生产、加工、销售，模具的制造、加工销售，纺织专用设备制造、销售，产业用纺织制成品生产、销售，机械设备及其配件、钢材的销售，机电设备安装、维修和货物进出口，技术进出口。

公司是专业生产各类塑料管道生产线，各类塑料异型材生产线，各类塑料板材、片材、流涎膜生产线，各种用途的单螺杆、双螺杆挤出机，各类塑料机械用螺杆、机筒的高新技术企业，现在主导产品为塑料挤出成型机。

公司拥有关于塑料挤出成型机的发明授权专利 8 项，实用新型专利 75 项。其自主研发的 SJZ110/220 大型高效锥形双螺杆挤出机产品是国内最先进的锥平双螺杆技术产品，填补了当时国内大口径管道市场技术的空白，是挤出设备领域又一创新性的杰作。公司的 SJZ110/220 大型锥形双螺杆挤出机已成功申请国家发明专利，其专利号为：ZL20151115618.9。

公司先后获得上海市专利试点企业、上海市高新技术企业、2018 年度纳税突出贡献企业、塑料挤出成型机十强企业、嘉定区先进制造业金奖和银奖、中国民营企业 500 强、上海市百强民营企业、上海市星级企业、上海市诚信企业、中国轻工优秀民营百强企业、中国机械优质产品、中国十佳塑料机械企业、中国塑料机械行业十强企业、嘉定区先进制造业金奖及银奖等荣誉，在行业内处于国产品牌领先地位。

陕西银通金融设备服务有限责任公司

陕西银通金融设备服务有限公司成立于 2015 年 9 月，是西安金融电子结算中心全资子公司，公司前身为西安金融电子结算中心在 2009 年 3 月成立的自助设备维护部。公司经营范围：金融自助设备委托管理、清机加钞及日常技术维护，受银行委托的现金清分服务，金融自助设备的采购、销售、运行服务，金融自助设备的外包服务。

经过多年发展，公司取得了 ISO 9001 质量管理体系认证、ISO 27001 信息安全管理体系认证、AAA 级信用企业认证；同时自主研发建设了“eTMs 自助设备运营服务管理平台”“eT.CDMs 现金缴存管理系统”和“eT.COMs 现金作业管理系统”，实现了公司业务管理的专业化、规范化和流程化。公司现与省内 17 家商业银行开展自助设备维护管理业务合作，承接管理包括工商银行、中国建设银行、中国银行等商业银行自助设备达 3000 余台，与浦发银行西安分行、长安银行渭南分行、中国银行渭南分行开展现金清分管理业务合作，与西安文旅、延长石油工贸公司、中石油安康分公司等七家单位合作开展“商银通”现金缴存业务。公司在西安市及渭南市设有多个业务运行部，直营业务服务区域覆盖西安市区及周边县区、咸阳市区、渭南市区、汉中市区，联营业务覆盖全省。

未来，公司将围绕“让银通金融服务便利生活、创造价值、成就事业”的愿景，践行“金银融通、通功易事”的使命，恪守“上善上德、格物致知、忠恕任事”的核心价值观，坚守公司战略目标大方向，以创新引领实施公司战略转型和业务转型，实现公司的可持续发展。

河南省怡博工贸有限公司

董事长　党社伟

河南省怡博工贸有限公司成立于2003年，下属雪佛龙储运公司、汉高石化公司、星琰文化传媒公司、财务部、售后服务部、运输服务部六大部门，是石油巨头、世界500强企业——雪佛龙公司在国内大项目战略合作供应服务商。公司实施名牌战略，凭借一流的产品质量、完善的营销网络和精湛的技术服务，受到了客户的一致好评，在市场上确立了一定的知名度和竞争力，树立了良好的品牌形象。

公司成立以来，十分重视团队管理建设，建立健全各项管理机制，以专业的队伍、严谨的管理、过硬的产品品质赢得了客户的信赖。公司通过了ISO 9001质量管理体系认证，产品广泛应于机械设备领域。公司以骄人的业绩获得厂家全面的价格优惠和技术支持，获得雪佛龙中国销量最大贡献奖，连续多年被评为优秀供应商、优秀战备合作伙伴等荣誉。

多年来，不断为客户提供满意的产品和服务，是公司始终不变的追求。凭借丰富的市场营销经验，销售团队不仅为客户提供全球性工程和商业资源，还提供更多的常规服务供客户选择（如油样分析、废油管理、技术培训等），在物流供应链的改进或专业的测试程序方面为客户提供帮助，为企业设备运营提供增值服务。

公司一直以“品质保证、服务专业、顾客满意”为经营宗旨，开拓进取，务实创新，将在专业化与多元化并行的轨道上一如既往地稳健前行，将最好的产品和服务带给最需要的客户。

宁夏宏信亿诚实业有限公司

董事长　李治勇

宁夏宏信亿诚实业有限公司成立于 2015 年 8 月，主要经营项目包括建筑装饰装修工程专业施工、环保建设工程专业施工、房屋建设工程专业施工、市政公用建设工程专业施工、钢结构建设工程专业施工、园林建筑工程专业施工、建筑智能化建设工程专业施工、消防设施建设工程专业施工、金属门窗建设工程专业施工、电子建设工程专业施工、土石方建设工程专业施工、建筑防水建设工程专业施工、建筑上水建设工程专业施工、建筑装饰建设工程专项设计。

目前，公司各项管理制度完善，能自觉做到重合同守信用，把企业效益和社会效益结合起来，不断谋求新的发展。公司在逐年提高的同时积累了丰富的施工经验，掌握了各种新型施工技术。公司恪守“质量第一、客户至上”的服务宗旨，遵循“优质、高效、服务、团结、奉献”的工作态度，制定和完善了一系列规章制度，有力地保证了各项工程建设和服务项目的顺利进行。

公司自成立以来取得了辉煌的成绩：2016 年中标宁夏彭阳公路建设工程；2017 年为龙马地产开发的龙马阳光城项目提供相关材料供应；2020 年 9 月，注册域名并整合丝路宁夏电商网站，在为宁夏的中小企业带来共享资源平台的同时，带动宁夏当地经济的发展；2020 年 9 月，在政府的旧城改造工程中，承揽了银川市 170 多个老旧小区的上水改造工程，为银川市民创造良好的生活环境居住条件做出了积极贡献。

中联万国置业集团有限公司

董事长 薛志杰

中联万国置业集团有限公司（以下简称中联万国集团）始创于2010年，是集专业市场与城市综合体开发运营、房地产开发、海外投资与贸易、电子商务平台开发与运营、物业管理、星级酒店、休闲娱乐、国际贸易、实业投资、电子数码、金融投资、商业管理、产业园区等多元产业为一体的综合性企业集团。

中联万国集团秉承“诚信铸就品质、创新引领未来”的发展理念，以投资并购实施资源整合，并不断导入新兴产业的发展模式，采取专业化、多元化的运作体系，统筹推进“国际化、品牌化、专业化”的发展战略，搭建“多点支撑、多业并举、多元发展”的产业格局，致力于每一个项目区域的产业振兴。成立至今，中联万国集团已在国内投建多个项目，累计物业开发总面积超500万平方米，自持物业总面积近40万平方米。

近年来，中联万国集团不断创新超越，多元化发展能力和经营管理水平持续提升，参与房地产开发、商业运营管理、国际和国内贸易的经验更加成熟，企业资产规模不断扩大，品牌影响力日益增强。目前，中联万国集团拥有近20余家子公司，分布在辽宁、浙江、江苏、湖南、陕西、四川、上海、安徽等地，业务领域涵盖城市综合体开发运营、地产开发、金融投资、商贸物流、产业园区和文旅等产业，逐步发展成独具核心竞争力的多元化综合性产业集团。

经过十年的发展蜕变，中联万国集团在全国各地开发建设了许多标杆性项目，如“亿丰国际商贸城”“亿佰家国际家居广场”“亿丰城市广场”“亿丰壹号公馆”“中联万国商贸城”“亿丰赛格数码广场”“远发金屋广场”“国盛商业广场”“星邻里城市广场”“中联万国影城”“中联万国酒店”等。着眼全国的战略布局，足以见证中联万国集团强大的品牌影响力。

深圳市明喆物业管理有限公司

董事长　高海清

深圳市明喆物业管理有限公司（以下简称明喆）是明喆集团母公司，成立于2000年10月，注册资金10582万元，总部位于深圳市福田区。公司拥有国家一级物管资质、国家一级清洁资质、深圳甲级清洁资质，在管项目类型包括医院、学校、政府机关、大型国有企业、大型公共场馆等物业，致力于为客户提供高品质一体化服务。

公司不仅能为客户提供保洁绿化、秩序维护、消防管理、设施维护等常规类后勤服务，还能为众多高端客户提供车辆管理、宿舍管理、导医导诊、患者护理、超市服务、商务服务等一系列具有差异化服务特征的特色服务；并在此基础上，为更大范围的客户群提供辅助服务和技术延伸，包括节能环保策划及应用、园林绿化设计及应用、小额信贷服务、投资顾问分析及资产升值托管等在内的科技创新与金融支持性服务。

经过20多年的茁壮成长，公司市场遍及4个直辖市及广东、内蒙古、辽宁、吉林、黑龙江、山东、新疆、四川、云南等24个省，拥有8家子公司、80余家分公司、400余个项目、4万余名员工，年产值近30亿元。公司已跃居全国物管行业综合实力500强第22名、机构物业前三甲，先后获得全国医院物业服务领先企业、全国校园物业百强企业、深圳市物业管理综合实力七强、广东省守合同重信用企业（连续9年获得）、深圳市福田区区长质量奖、广东省著名商标、深圳市知名品牌、金钥匙联盟中国服务贡献奖等荣誉称号。如今的明喆，已成为集物业、餐饮、电梯服务、信息技术等为一体的国内后勤支撑自营品牌。

广饶科力达石化科技有限公司

广饶科力达石化科技有限公司创立于2012年，位于广饶县经济开发区广明路以北，南邻胶济铁路、济青高速，北靠东营海港、飞机场，厂区布局科学合理，地理位置优越，交通便利。公司是集化工、石油机械、贸易物流、科研于一体的大型石油综合加工销售企业，跨入广饶县重点炼化精细化工企业行列，主要产品：国Ⅴ柴油、汽油、蜡油、石脑油、渣油、加氢尾油、液化气等。

公司主要装置：220万吨/年原料预处理装置、60万吨/年润滑油加制氢精制装置、320万吨/年原料预处理装置、120万吨油品升级装置、1万吨/年硫黄回收联合装置及其配套辅助设施。年油品综合加工能力达720万吨，产品率先进入柴油国Ⅴ时代。公司目前油品储存能力达46万吨，企业计划后期设备生产规模达1000万吨/年，产品升级为国Ⅴ汽油、柴油。公司化工产品技术成熟，运输结算畅通，产品销往山东汇源建材防水材料、潍坊市宏源防水材料、江苏新海石化、山东金诚、寿光联盟、博兴永鑫、博兴京博等地炼厂。

公司坚持“诚信立业、造福社会、科学发展”的经营宗旨，注重企业后续发展，不断开拓进取，引进国内外先进技术设备，加快转型升级，提升产品质量，持续拉长产业链条和发展循环经济，节能减排，清洁生产，实现经济效益与社会效益同步提高，力求在两三年内发展成年销售收入逾百亿元的石油综合加工销售基地。

成都乘风阀门有限责任公司

成都乘风阀门有限责任公司建立于 1966 年，1999 年转制为有限责任公司，是成都成高阀门有限公司旗下的石油天然气管道和储运阀门专业研发、制造公司。公司研制的平板闸阀、节流截止放空阀、阀套式排污阀、金属密封三偏心蝶阀、锻钢及全焊接球阀、旋塞阀、调节阀等产品，拥有多项独特技术和国家专利，被列为国家重点火炬计划项目和国家级新产品项目，并多次获得省市科技进步奖。

公司拥有一批国内知名阀门专家和多项国家专利及高新技术成果，技术开发能力和生产制造能力处于国内同行业领先水平；拥有各类先进的加工、焊接设备 100 余台（套），其中大、中型数控龙门铣、龙门磨，各类车、钻、铣加工中心，数控机床及热处理设备 30 余台（套），材料成分、机性、晶相、无损等检测设备 20 余台（套）；拥有国内先进的压力检测线 1 套，集表面处理、清洗、油漆、烘干于一体的油漆自动生产线 2 条。先进可靠的硬件设备，是公司技术领先和产品质量的可靠保证。

自 2005 年开始，乘风牌阀门已连续十多年获得四川名牌产品称号，连续多年获得四川省重合同，守信用企业，四川省科技成果重点推广计划企业，成都市“好思路、好产品、好机制、好班子”四好企业，国家高新技术企业。自 1995 年起，公司先后取得了 ISO9001 质量管理体系认证、ISO14001 环境管理体系认证、OHSAS18001 职业健康安全管理体系认证、美国石油学会 API 认证、欧盟 CE 安全体系认证、TS 国家特种设备制造许可证、TUV 的 API607 和 API6FA 防火认证，并获得了四川省质量信誉 AAA 级企业、四川省质量管理先进单位、四川省用户满意产品、四川省著名商标、知识产权示范企业等荣誉称号。

同方泰德国际科技有限公司

同方泰德国际科技有限公司（以下简称同方泰德）2005 年成立于新加坡，2011 年 10 月 27 日在香港联交所主板挂牌上市（01206.HK）。

同方泰德是清华大学旗下第一家海外上市企业，也是第一家国内 A 股企业同方股份（600100.SH）成功分拆海外上市的高科技企业。

传承清华，始于同方。同方泰德历经数年发展，已快速成长为国内领先的城市能源、智能节能服务商，专注于城市能源管理、智慧节能服务，业务涵盖智慧建筑与园区、智慧交通、智慧能源三大领域，作为助力城市节能化发展的先行者，同方泰德是国内最早一批介入城市云端服务的企业，完成了多个细分行业的“智能+节能”解决方案。

未来，同方泰德将持续加速城市综合节能服务与技术创新，以“互联网+能源”为技术手段，结合云平台，为城市能源管控提供专业解决方案与定制化服务，通过资源整合与协作，助力客户和同方泰德共赢发展。

威胜信息技术股份有限公司

威胜信息（以下简称威胜信息）技术股份有限公司成立于 2004 年，是中国最早专业从事智慧公用事业的厂商之一，深耕行业 17 年，目前已成为世界级电力物联网的龙头企业及智慧城市领域的专业公司。2019 年 10 月 14 日，威胜信息首发上市申请，获科创板上市委同意；2019 年 12 月 24 日获中国证监会同意注册，成为湖南省首家科创版上市的企业。

威胜信息作为技术创新型高新技术企业，拥有研发人员 346 名，硕士及以上学历人员占研发技术人员总数的 28%。威胜信息主营业务是为智能电网、智慧能源（水、气、热）、智慧路灯、智慧安防/人防等领域提供物联网综合应用解决方案，产品贯穿物联网感知层、网络层与应用层；顺应物联网在垂直应用领域的纵深发展趋势，技术与产品开发涵盖芯片、感知设备、边缘网关、核心通信模块、行业应用平台，并形成行业应用整体解决方案；智慧公用事业整体解决方案在各领域成功应用，垂直应用平台集成进入多个互联网公共云平台。

威胜信息始终坚持“至诚致精、义利共生”的经营宗旨，以一系列资质认证为保证，为精准的产品与精益的服务保驾护航，先后获得国际知名机构 DNV 的 ISO 9001—2008 质量认证、国家质监总局 ISO 10012 测量管理体系与 ISO 27001 信息安全管理体系认证，同时通过软件能力成熟度集成模型 CMMI3 级认证。威胜信息在产品研发、制造、工程实施和售后服务等方面拥有丰富经验，业务范围覆盖全国 [illegible] 个省份，产品和服务质量得到客户的广泛认可。

舒华体育股份有限公司

舒华体育股份有限公司（以下简称舒华）创立于 1996 年，2020 年在上海证券交易所主板上市（股票代码：605299.SH）。舒华在全国布局有四大生产基地、两大运营中心（上海、泉州），建立了近千家线上线下销售和服务一体化渠道，全球业务涉及欧美、中东、东南亚等 60 多个国家和地区。2017 年，舒华被国家体育总局评为国家体育产业示范单位；2017—2018 年，在“中国轻工业健身器材行业十强企业”年度评价中，舒华连续两年位列行业第一位。

舒华坚持“产品智能化，运动娱乐化、科学化”的发展思路，与上海体育学院、北京体育大学、成都体育学院、郑州大学体育学院、中国体育科学学会运动医学分会（CASM）、美国运动医学学会（ACSM）等国内外权威机构及专家进行合作，共同致力于运动科学和产品研究；产品涵盖家庭健身、商用健身、全民健身、体能训练、老年健身、校园体育等解决方案和培训服务、商业空间道具等领域。目前舒华取得国家专利技术 180 项，并主导、参与 20 多项国家及团体标准制定。

一直以来，舒华致力于推动全民健身事业的发展和体育强国梦的实现。2013—2016 年，舒华连续四年成为中国奥委会唯一指定健身器材、按摩器材供应商。2014 年起，舒华产品先后入驻索契冬奥会、里约奥运会以及平昌冬奥会“中国之家”，为中国体育代表团提供专业健身训练装备。2020—2022 年，舒华还将连续三年成为国家体育总局冬季运动管理中心唯一指定健身器材赞助商，为中国冬奥健儿提供专业的体能训练解决方案和训练器材，助力征战 2022 年北京冬奥会，助推中国冰雪运动发展。此外，2015—2018 年，舒华成为中国健美协会战略合作伙伴。2017 年，舒华健身器械成为金砖国家领导人厦门会晤指定产品。2018 年，舒华与国际中学生体育联合会签订战略合作协议，携手推动青少年体育事业发展。

浙江新导向标识有限公司

董事长　张　琼

浙江新导向标识有限公司成立于 2000 年，是一家集城市环境标识、企业标识形象、零售连锁店标识、建筑物及周边环境物招牌的塑造、构思和策划，加油站整体形象包装设计，户内外广告产品制作业务为一身，为客户提供从理念到构思，从标识设计到生产、制作、安装、维护的全方位的广告、标识服务企业。

公司位于浙江宁波鄞州工业园区，厂房占地面积 6000 多平方米。在硬件方面，公司拥有美国进口麦迪克雕刻机（实际雕刻面积 1500 毫米×3500 毫米）2 台、大型压克力吸塑成型机 2 台（实际加工面积 3000 毫米×4000 毫米）、无尘汽车烤漆房、4 米金属高精度数控折边机、4 米金属高精度剪刀机、6 米金属开槽机、木工开料机、爱普生打印机等整套标识制作设备，同时配备安装专用的登高车辆 6 辆、运输车辆 8 辆、其他小型车辆若干辆，与多家物流公司及物流线路合作。

2006 年，公司成为中国石化集团总部指定的标识类产品供应商，为浙江、江西、安徽、上海、湖南、湖北等 8 个省市近万家加油站进行各种标识品的甲供。2013 年，公司开始涉足零售业企业、店铺的形象设计工程，现已成为中国移动、24 鲜、玖点、爱车行等零售业企业的标识供应商。

公司信守“以人为本、诚信立足、以质取胜、快速发展”的经营理念，坚持以“向用户提供一流的产品、一流的服务”为最终目标，愿与广大客户携手合作，共同发展。

贵州省仁怀市茅台镇金樽酒业有限公司

贵州省仁怀市茅台镇金樽酒业有限公司是在始建于 1992 年的清才烧坊的基础上发展而来，坐落于驰名中外的中国第一酒镇——茅台镇 7.5 平方千米酱香酒核心产区，与茅台酒厂同享得天独厚的土壤、气候、水源和微生物群等自然环境资源。公司占地 11 万余平方米，厂房建筑面积 2 万多平方米，酒厂始终严格秉承茅台镇传统酿造、勾调工艺，年产优质大曲酱香 800 余吨，常年基酒库存 3000 余吨，是茅台镇历史悠久的以酱香型白酒酿造、销售为一体的实体民营企业。

公司始终坚持把“酿每个人都喝得起、喝得到的真酱酒”的企业经营理念贯穿于生产、酿造、包装、销售等工作当中，先后研发“金樽吟”“匠心福”“天樽福”“华金樽”四大酱香酒系列，获得市场广泛好评，在市场经济大潮中取得了良好的经济效益和社会效益，产品在白酒行业中始终保持综合占有率良好的市场地位。近年来，公司在社会各界同人和政府领导的关怀支持下，先后获得中国 AAA 级信用级企业、2018 中国（行业）十大影响力品牌、中国消费者满意名特优品牌、中国著名品牌、国家合格评定质量信得过产品等荣誉称号。

在未来的市场竞争中，公司将秉承“传统的酿造工艺、专业的人才队伍、严格的企业管理、不断优化的产品结构”的发展理念，为广大消费者提供更多、更好的酱香美酒！